# LES COMBATTANTS DU 18 JUIN

*Les derniers feux*

DU MÊME AUTEUR

*Aux éditions France-Empire :*

UN SERGENT PARA (épuisé).
NAUFRAGE A BERLIN (épuisé).
ENFANT DE TROUPE.

*Aux éditions Fayard :*

Histoire de la ligne Maginot.
Tome I : FAITES SAUTER LA LIGNE MAGINOT ! *(couronné par l'Académie française).*
Tome II : ON A LIVRÉ LA LIGNE MAGINOT ! *(couronné par l'Académie française).*
Tome III : OFFENSIVE SUR LE RHIN.

JUIN 1940 LE MOIS MAUDIT *(couronné par l'Académie française).*
LES COMBATTANTS DU 18 JUIN. Tome I : Le sang versé *(couronné par l'Académie nationale de Bordeaux).*

*En préparation :*

LES COMBATTANTS DU 18 JUIN. Tome III : La fin des généraux.

*En 1983, l'Académie nationale de Metz a décerné à Roger Bruge son Prix de Littérature et d'Histoire (médaille d'argent) pour l'ensemble de son œuvre.*

Roger Bruge

# LES COMBATTANTS DU 18 JUIN

## LES DERNIERS FEUX

FAYARD

A mon conseiller et ami
le général de corps d'armée
*Pierre Renauld*

*« Je ne prétends pas que, dans l'actuel état des choses, les traîtres auraient dû être pendus, les désarmeurs fusillés, les défaitistes et antimilitaristes envoyés au bagne, les bluffeurs confondus ; et bannis ou destitués les lâches et les fuyards. Que ceux-là, par contre, devraient avoir tous les honneurs qui " y étaient ", y " sont restés ", s'y sont " battus ", fait hacher, ont à l'occasion même quelque peu étrillé l'adversaire, tout cela obscurément, sans aucune arrière-pensée, loin des zones ou les habituelles équipes spécialisées avec la matière immonde fabriquent de la gloire pour la collectivité élue. »*

Extrait d'une lettre du 2 juillet 1950
adressée au Secrétaire d'état aux Forces
armées par le colonel
d'Infanterie coloniale Paul Dousset

# ABRÉVIATIONS FRANÇAISES

58e BM : *58e bataillon de mitrailleurs.*
291e RI : *291e régiment d'infanterie.*
174e RIF : *174e régiment d'infanterie de forteresse.*
I, II, III/69e RIF : *1er, 2e, 3e bataillon du 69e RIF.*
2e BC Pyr. (ou 2e Pyrénéens) : *2e bataillon de chasseurs pyrénéens.*
5e RC Pol. : *5e régiment de chasseurs polonais.*
41e RMIC : *41e régiment de mitrailleurs de l'infanterie coloniale.*
49e RIA : *49e régiment d'infanterie alpine.*

52e DI : *52e division d'infanterie.*
2e DI Pol. : *2e division d'infanterie polonaise.*
1re DGP (ou 1re DG Pol.) *1re division de grenadiers polonais.*
16e BCC : *16e bataillon de chars de combat.*
1, 2, 3/16e BCC : *1e, 2e, 3e compagnie du 16e BCC.*
30e DIA : *30e division d'infanterie alpine.*
GRDI 46 : *groupe de reconnaissance de division d'infanterie n° 46.*
GRCA 23 : *groupe de reconnaissance de corps d'armée n° 23.*

23e RA : *23e régiment d'artillerie.*
153e RAP : *153e régiment d'artillerie à pied.*
197e RAL : *197e régiment d'artillerie lourde.*
117e RALH : *117e régiment d'artillerie lourde hippomobile.*
403e RADCA : *403e régiment d'artillerie de défense contre avions.*
69e RAMF : *69e régiment d'artillerie motorisé de forteresse.*
I, II, III/*69e RAMF : Ier, IIe, IIIe groupe du 69e RAMF.*
6, 7, 8/26e RA : *6e, 7e, 8e batterie du 26e RA.*

Divisions Poisot, Besse, de Girval, Dagnan, Chastanet, Senselme : *divisions de marche constituées avec les troupes d'intervalles de la ligne Maginot et portant le nom du commandant du Secteur fortifié.*

FM : *fusil-mitrailleur.*
CM 6 : *compagnie de mitrailleuses n° 6.*
PA : *point d'appui.*
PS : *poste de secours.*
PC : *poste de commandement.*
CHR : *compagnie hors rang.*
EHR : *escadron hors rang.*
ID : *infanterie divisionnaire.*
AD : *artillerie divisionnaire.*

La division tient un secteur, le régiment un sous-secteur, le bataillon un quartier et la compagnie un sous-quartier.

## ABRÉVIATIONS ALLEMANDES

*268e ID :* 268e Infanterie Division.
*8e Panzerdivision* (ou *8e Panzer*) : 8e Division blindée.
*20e Mot. Div. :* 20e Division motorisée.
*30e AK (ou 30e Korps) :* 30e corps d'armée.
*IR 270 :* Infanterie Regiment 270.
*I, II, III/IR 270 :* Ie, IIe, IIIe bataillon du IR 270.
*Ar 20 :* Artillerie Regiment 58.
*K 2 :* bataillon motocycliste n° 2.
*AA 4 :* Aufklärungs Abteilung n° 4 (groupe de reconnaissance divisionnaire).
*Panzerjäger Abteilung :* bataillon antichar motorisé.
*2e Schützen Brigade :* 2e brigade de fusiliers.
*2e Panzer Brigade :* 2e brigade blindée.
*Kampfgruppe :* groupement de combat autonome disposant d'infanterie, artillerie, transmissions éventuellement chars, motocyclistes, etc.
*37 Pak : Panzer Abwehr Kanone :* pièce antichar de 37 mm.
*88 Flak : Flieger Abwehr Kanone :* pièce de DCA de 88 mm utilisée également en DCB (défense contre blindés).
*Minenwerfer :* mortier allemand.
*Minen :* projectile du mortier allemand.
*Stosstrupp :* unité d'assaut de l'importance d'une section renforcée.
*Schützen :* fusilier voltigeur.

# GRADES DE L'ARMÉE ALLEMANDE
## *(Wehrmacht)*

*Gefreiter :* caporal. *Unteroffizier :* sergent. *Feldwebel :* adjudant. *Oberfeldwebel :* adjudant-chef. *Leutnant :* sous-lieutenant. *Oberleutnant :* lieutenant. *Hautpmann* (*Rittmeister* dans la cavalerie) : capitaine. *Major :* chef de bataillon. *Oberstleutenant :* lieutenant-colonel. *Oberst :* colonel.

PREMIÈRE PARTIE

# La cavalerie française sacrifiée

CHAPITRE PREMIER

# Koll à 6e *Panzer* : « J'attaque Xertigny ! »

Samedi 15 juin 1940. Le PC du lieutenant-colonel Paul Pichon est à Haegen, à quelques kilomètres au sud-ouest de Saverne. Né à Bordeaux en 1891, Pichon aura 49 ans au mois d'octobre mais il se sent plus âgé, accablé peut-être par la défaite désormais prévisible alors qu'il ne participe même pas à la bataille finale. Il a sous ses ordres depuis le début de la guerre le groupe de reconnaissance du 12e corps, le GRCA 24. On lui a subordonné voici quelque temps le GRDI 51 du chef d'escadrons Gigandet pour barrer les passages des Vosges entre la trouée de Schirmeck et celle de Molsheim et, depuis des jours et des jours, les cavaliers attendent... Sorti de Saint-Cyr en 1913, Pichon a fait l'objet de quatre citations en 1914 et 1918, la première — qui révèle son tempérament — pour avoir piqué du sabre un officier de *Uhlans* qui tentait de se dérober. Après ce fut le Maroc et trois nouvelles citations avant d'aborder le travail sérieux, le brevet d'état-major qu'il décroche en 1931. Et puis à nouveau la guerre, une « drôle de guerre », comme disent les journaux. La preuve, le samedi 15 juin, dix jours avant l'armistice, les cavaliers de Pichon défendent toujours l'Alsace alors que l'ennemi est entré à Paris la veille.

Vers midi, pourtant, quelque chose se met à bouger. Par message, Pichon reçoit du 12e corps l'ordre de faire mouvement. « Je dois mettre sans retard mes GR en route sur Rambervillers, m'y porter moi-même et y attendre de nouveaux ordres », écrit-il.

Dans la demi-heure qui suit, des estafettes alertent les escadrons et les départs s'échelonnent au début de l'après-midi.

« A 16 heures environ j'étais à Rambervillers où je ne trouvais aucune autorité militaire et aucun ordre » note Pichon.

Ses cavaliers ont 80 à 100 kilomètres à parcourir et les escadrons à cheval vont souffrir. A sa grande surprise, il voit arriver à Rambervillers le commandant Degatier, du GRDI 46 accompagné du capitaine Jeantet, son officier adjoint. Un quart d'heure plus tard se présente le lieutenant-colonel Jourdain, du GR de la 30ᵉ DIA, précédant le lieutenant-colonel de Bengy, célèbre par ses énormes moustaches « à la gauloise », chef de corps du GRDI 57. Ils ont tous reçu la même consigne : se rendre à Rambervillers et y attendre les ordres. Ils savent seulement qu'ils sont placés sous le commandement de Pichon et celui-ci, désireux de connaître au plus tôt sa mission, cherche à joindre par téléphone le PC de la Vᵉ armée. Quand il y parvient, il n'est pas plus avancé car on lui fait savoir qu'un officier de liaison est allé le rejoindre pour lui apporter des ordres. Vers 21 heures, enfin, le commandant Fourest, du 2ᵉ Bureau, et le capitaine La Chambre, sont à Rambervillers. Ils donnent à Pichon les détails de sa mission : prendre le commandement des cinq groupes de reconnaissance et « tenir face à l'ouest les passages de la Moselle, de Charmes exclu à Épinal exclu, tout en reconnaissant vers l'ouest en direction de Mirecourt.

« Et les liaisons ? demande Pichon.

— Au nord avec l'infanterie du 6ᵉ corps ; au sud avec un groupement composé du 55ᵉ bataillon de mitrailleurs et du groupe d'escadrons à cheval du GRCA 23.

— Qui commande ce groupement ?

— Le chef d'escadrons de Saint-Sernin dont le PC est à Xertigny. »

Il est entendu que Pichon rendra compte en passant par le 12ᵉ corps et qu'il recevra ses ordres par le même canal. Son propre PC sera à Hadigny-les-Verrières, à 8 kilomètres à l'est de Châtel-sur-Moselle. Le front du groupement étant d'environ 25 kilomètres, il importe surtout de tenir les points de passage de la rivière : Degatier ira à Portieux, Jourdain à Châtel et Gigandet à Girmont. Quant à son GR, Pichon le garde en réserve à Moriville et Rehaincourt, ainsi que le GR du lieutenant-colonel de Bengy dont la Vᵉ armée a conservé l'escadron moto pour une mission spéciale. Bengy aura son PC à Pallegney, à 6 kilomètres au sud de celui de Pichon. Tout étant réglé le commandant du groupement de GR se tourne vers Fourest : « Nous partons immédiatement [1]. »

Rambervillers n'étant qu'à une trentaine de kilomètres de la position fixée, les escadrons motorisés couvriront vite la distance. En revanche, les hommes des escadrons à cheval vont entamer leur deuxième nuit en selle, leur deuxième nuit sans sommeil.

Le mardi 16 juin, le GR de Degatier prend liaison à Charmes avec un bataillon de mitrailleurs coloniaux qui vient d'être retiré à la division Dagnan, le I/51ᵉ RMIC du commandant Dousset. Au sud, le commandant de Champeaux, du groupe d'escadrons motorisés du GRCA 24

1. Dans sa correspondance avec l'auteur, Fourest confirme : « Quand j'ai quitté Pichon, vers 22 heures les derniers éléments des GR partaient pour la Moselle. »

rencontrera Saint-Sernin à son PC de Xertigny. Pichon est un peu étonné de voir le 55e BM du commandant Carte sur le canal de l'Est, prolongé au sud par les cavaliers de Saint-Sernin mais il se rassure avec l'idée que les escadrons à cheval du GRCA 23 sont eux-mêmes en liaison avec des forces qui barrent la face sud du dispositif, vers Plombières et Remiremont. Pichon ignore que les seules informations reçues de cette région font état « de voies ferrées bloquées et de centaines de trains arrêtés les uns derrière les autres à la suite des coupures opérées en aval par des attaques aériennes ». La Moselle elle-même ne constitue pas un obstacle infranchissable. Avec l'été, ses eaux sont basses et les gués abondent.

Pichon se repose quelques heures à Hadigny puis, appliquant l'ordre « d'éclairer en direction de Mirecourt », c'est-à-dire à une trentaine de kilomètres à l'ouest de la rivière, il fait partir des patrouilles motocyclistes dans cette direction. Pour rien. Son rapport le prouve : « Aucune trace de l'ennemi mais nombreuses colonnes françaises en marche vers le sud et groupements en position. » Seul point positif, une patrouille a observé « de faibles détachements allemands sur la route de Chaumont à Langres. Rien sur la région plus au sud ».

Pichon, qui dispose d'une voiture-radio, transmet tous les renseignements au PC du 12e corps, à Cirey-sur-Vezouze (Vosges). Les « faibles détachements allemands » ne paraissent pas l'inquiéter. Faute d'aviation de reconnaissance — il est lui-même breveté observateur avion depuis 1927 — Pichon ne peut savoir qu'il s'agit d'éléments de liaison circulant entre une formidable machine de guerre, le groupement Gudérian lancé vers la frontière suisse, et les *12e* et *16e Armées* qui le suivent à distance.

Dans la nuit du dimanche 16 au lundi 17 Pichon est tiré de son sommeil par le lieutenant-colonel Guillemin, du 112e RAL qui rend compte que son régiment est désigné pour appuyer les cavaliers alignés derrière la rivière. Le commandant du groupement de GR n'est pas mécontent de recevoir de l'artillerie et il fait savoir à Guillemin « qu'il lui faut de toute urgence se préparer à battre la vallée de la Moselle et les pentes ouest, de manière à empêcher les chars de s'embosser et l'infanterie de franchir la rivière. »

Guillemin acquiesce et repart. Paralysé sur les routes par les encombrements, harcelé par les *Stukas,* le 112e RAL ne remplira que partiellement, et trop tard, la mission qui lui a été donnée. Le lundi matin, les patrouilles motocyclistes repartent vers l'ouest et le sud-ouest mais cette fois, Pichon exige qu'elles poussent « jusqu'à la transversale nord-sud Neufchâteau-Lamarche ». Les cavaliers du GR 46 prendront la direction de Colombey-les-Belles, ceux du GR 26 iront à Neufchâteau et le GR 51 jusqu'à Contrexéville. Et l'on attend les résultats. Vers midi, deux officiers de liaison de la Ve armée s'arrêtent à Hadigny.

« Étant donné la distance à laquelle se trouve l'ennemi, leur dit

Pichon, les GR pourraient avantageusement être poussés vers l'ouest. En tout cas, j'ai donné l'ordre à mes reconnaissances d'aller bien au-delà des points indiqués par l'armée. »

Les deux officiers prennent acte; ils rendront compte. Dans la journée, les escadrons à cheval rejoignent et s'intègrent au dispositif. Tout le monde est éreinté et les cavaliers les plus endurcis ne dissimulent pas leur fatigue et leur besoin de sommeil. Les animaux sont dans le même état et, dans chaque escadron, plusieurs d'entre eux ont été abandonnés en route, à bout de forces. Le soir, au retour des patrouilles motorisées, Pichon n'apprend rien de plus intéressant que la veille : le peloton La Roulandie, du GR 46 s'est heurté aux colonnes enchevêtrées des 21e et 42e corps vers Colombey-les-Belles, un peloton du GR 26 est allé sans difficulté jusqu'à Neufchâteau et le lieutenant de Favitski, du GR 51, a fait mieux encore. Coupant sans le savoir les axes de marche des *6[e]* et *8[e] Panzerdivisionen,* il est allé à Saint-Blin (Haute-Marne) pour revenir par Bourbonne-les-Bains, sans faire de mauvaise rencontre. « Départ à 13 h 30, retour à Dogneville à 23 heures avec 250 kilomètres au compteur ! » précise le lieutenant de Rohan-Chabot qui a participé à cette reconnaissance.

Dans la soirée, entouré du capitaine Stremler, des lieutenants Chambre et Proffit auxquels se sont joints les deux commandants de ses groupes d'escadrons, Vatin-Pérignon et de Champeaux, le lieutenant-colonel Pichon fait le point de la situation telle qu'elle apparaît à la lecture des comptes rendus de patrouilles : l'ennemi est sensiblement à l'ouest de la Meuse derrière laquelle des unités françaises sont en cours d'installation. Au sud-ouest, aucun contact mais des renseignements d'habitants signalent des incursions allemandes vers Bourbonne et Lamarche.

« Messieurs, observe Pichon, la direction sud-ouest réclame la plus grande vigilance.

— Que décidez-vous, mon colonel ? demande le chef d'escadrons de Champeaux.

— Les patrouilles repartiront demain. Nous devons savoir d'où viendra l'Allemand. »

Les officiers se séparent et chacun regagne son cantonnement ou sa chambre avec le secret espoir de n'être pas dérangé. Pichon n'aura pas cette chance car, de même que la nuit précédente, il est réveillé au plus fort de son sommeil. Le général Champon l'attend au PC du 12e corps à Cirey-sur-Vezouze. Remontant à contre-courant d'interminables colonnes d'artillerie dont certaines ne se gênent pas pour tenir toute la largeur de la route malgré l'obscurité, le chauffeur du colonel n'arrête sa voiture à Cirey que le 18 juin à 6 heures du matin [1]. Champon explique à Pichon

1. Selon les carnets du général Adeline, ancien chef du 4e Bureau du 12e corps, le PC a quitté Cirey à 4 h 30 pour Saint-Benoît-la-Chipotte mais une permanence a été assurée jusqu'à 7 h 30.

la manœuvre ordonnée par Prételat au général Condé qui commande maintenant les armées encerclées ; il s'agit d'une grande offensive vers le sud [1] et les GR enverront en avant de fortes reconnaissances « dans les directions de Chaumont, Langres et Gray ». Le commandant du 12e corps indique en outre que ses deux divisions, la 70e DI du général François et la 30e DIA du général Duron, ont reçu l'ordre de marcher vers la Moselle où elles relèveront la cavalerie.

Nanti de ces renseignements Pichon remonte dans sa voiture mais il est maintenant persuadé que la situation va évoluer et qu'il ne finira pas la guerre en montant la garde au bord d'une rivière. De retour à Hadigny — après quatre heures de route au milieu des encombrements — il fait préparer quatre reconnaissances lointaines. Celle du GR de Degatier éclairera vers Neufchâteau, celle du GR 26 vers Montigny-le-Roi, le GR 51 de Gigandet prenant à son compte le secteur sensible Darney-Bourbonne-les-Bains. La quatrième reconnaissance étant susceptible de prendre le contact, Pichon la confie au chef d'escadrons de Champeaux dont le groupe va se diriger vers la Saône sur l'axe Bains-les-Bains-Gray. Lorsqu'il l'apprend, le capitaine de Moucheron, dont l'escadron moto va prendre la tête de l'opération, ne se tient plus de joie : « J'ai la plus belle mission qu'on puisse confier à des cavaliers », note-t-il dans ses carnets.

Son enthousiasme n'est pas un fait isolé. Tous les cavaliers ont le même état d'esprit et, à l'idée d'en découdre, leur fatigue semble avoir disparu. Cependant, ils n'ont pas encore mis le contact moteur que le lieutenant-colonel Pichon reçoit la première douche glacée de la journée : le général Condé a annulé l'offensive vers le sud. Pichon hésite. Doit-il donner le contrordre à ses cavaliers ? Quel rôle veut-on lui faire jouer ?

« Voulant sortir de l'incertitude et préciser la situation de l'adversaire, rapporte-t-il, je laisse partir les découvertes. »

Pelotons motocyclistes en tête, les reconnaissances traversent une nouvelle fois la Moselle et se dirigent vers le sud-ouest. Chaque homme est persuadé que cette fois, ce ne sera pas pour rapporter un compte rendu négatif.

Le premier message reçu à Hadigny-les-Verrières émane du capitaine de Grouchy. Laconique, il indique que « des patrouilles ennemies ont été aperçues vers Montigny-le-Roi ».

Au GRDI 51, le capitaine Touchard est parti avec trois pelotons. Au lieutenant de Rohan-Chabot qui roule en tête, les habitants de Monthureux-sur-Saône affirment que « les boches sont à Bourbonne-les-

1. Voir *Les combattants du 18 juin*, tome I : le sang versé (Fayard, 1982).

Bains ». Le renseignement est confirmé à Fouchécourt, 12 kilomètres plus loin. A Ainvelle, 8 kilomètres avant Bourbonne, les cavaliers devinent que la prise de contact est imminente.

« Des automitrailleuses allemandes viennent faire un tour toutes les deux heures ! » raconte le garde-champêtre.

Rohan-Chabot monte une embuscade dans laquelle viennent se jeter, un quart d'heure plus tard, trois ou quatre side-cars et motos qui virent sur place au premier coup de mousqueton. La fusillade est brève et si le maréchal des logis Desprez est blessé, l'adversaire laisse un officier tué dans un side. Ses documents, dont une carte renseignée, sont portés par motocycliste au lieutenant-colonel Pichon. Les trois pelotons remontent ensuite vers Darney à environ 25 kilomètres au nord-est. Inexplicablement le capitaine Touchard ne rejoint pas son GR et décide de passer le reste de la journée à Darney [1]. Il rédige un compte rendu qu'il fait porter au chef d'escadrons Gigandet par le maréchal des logis Labarre et fait ensuite dresser des barricades dans la rue principale par ses hommes. Le soir, il partagera avec Rohan-Chabot la chambre mise gracieusement à leur disposition par M. Demard, percepteur à la retraite.

Les escadrons motorisés du GRCA 24 partent à 10 h 15 sous les ordres du chef d'escadrons de Champeaux à qui Pichon, soucieux d'être informé avec rapidité, a confié sa voiture-radio. La « chevauchée » sera brève car, à 11 h 30, le lieutenant de Villemandy fait porter un message au capitaine de Moucheron, de l'escadron moto : « Ennemi arrive sur Xertigny avec chars. Patrouille de pointe accrochée. »

Cette patrouille se composait du maréchal des logis Glandus et des cavaliers Cadillon, Maury, Theill et Mailler. Ils se sont trouvés nez à nez avec une colonne blindée ennemie et, sautant en voltige de leurs machines, les hommes ont tenté de dégager Glandus fait prisonnier. Ils ont dû renoncer et se sont repliés sur Xertigny où ils ont été incorporés à la défense du GRCA 23 par le chef d'escadrons de Saint-Sernin [2].

A Dounoux où il s'est arrêté au PC du groupe d'escadrons, le capitaine de Moucheron décide de faire explorer les itinéraires qui semblent libres. Le lieutenant Bellanger part vers le sud avec une patrouille qui se heurtera à l'ennemi vers Hadol et parviendra à faire demi-tour. Le peloton du lieutenant Viollet n'aura pas cette chance : se dirigeant vers Uriménil, il disparaît corps et biens.

« Le trompette Hénault fut la dernière estafette que j'ai pu renvoyer avec un renseignement, écrit Viollet, mais comme ceci se passait sous les

1. Le lieutenant de Favitski écrit dans son rapport que l'escadron Touchard était encerclé à Darney. C'est inexact, Touchard avait la voie libre pour rejoindre la Moselle.
2. Jean Glandus parviendra à s'évader et gagnera la zone libre à pied.

tirs d'armes automatiques que nous échangions avec les Allemands et que j'étais contraint de m'aplatir, il crut que j'étais tué et, de bonne foi, raconta la chose. (...) J'arrivai finalement au contact de blindés ennemis remontant vers le nord-est et, alors que les chars tiraient à vue sur nos véhicules rendus très vite inutilisables, je n'avais pas d'autre solution que de tenter de me dégager et de regagner mon unité en retraitant à pied à travers champs et bois [1]. »

Au début de l'après-midi, les routes se couvrent de fuyards et de réfugiés.

« C'est clair, dit le capitaine de Moucheron à Champeaux, l'ennemi arrive en force par tous les chemins du sud-ouest.

— Je vais rendre compte au colonel ! »

Informé par la voiture radio, Pichon se contente d'envoyer un message impératif à Champeaux : « Rentrez immédiatement à Épinal, vous allez recevoir une autre mission. »

Uriménil est à 5 ou 6 kilomètres au sud-ouest de Dounoux et l'on entend clairement le bruit du combat engagé par le peloton Viollet avec l'avant-garde allemande. Un petit avion de reconnaissance arborant la croix noire sur ses flancs vient tourner au-dessus de la localité où les hommes du PC du 55ᵉ BM se ruent vers les abris. Des salves de 105 éclatent aux abords de Dounoux et une voiture sanitaire qui arrive de Hadol au galop de ses chevaux affolés passe sur la route. « A 200 mètres, raconte de Moucheron, un obus culbute l'équipage dans le fossé. »

Inutile de s'attarder, le secteur devient brûlant. « Malgré mes scrupules d'abandonner Viollet, dit encore le commandant de l'escadron moto, j'obéis à l'ordre de reformer ma colonne et de me préparer à remplir une nouvelle mission. »

***

Dans le camp allemand, la soirée du lundi 17 juin est particulièrement joyeuse. On commente — et on « arrose » — le message envoyé par radio et en clair depuis le PC de Gudérian : la France a demandé l'armistice. Vers 22 heures, un autre message, codé celui-là, est transmis au *General* Reinhardt qui a installé le PC du *41ᵉ Korps* au château de La Rochelle, à environ 18 kilomètres de Jussey.

« Ordre de lancer un coup de main par surprise sur Épinal dans les délais les plus rapides. »

La *8ᵉ Panzer* n'ayant pas encore rejoint sa base de départ, Reinhardt décide de monter l'opération avec des éléments rapides de la *6ᵉ Panzer* et

1. Lettre du 17 avril 1983 adressée à l'auteur par M. Jacques Viollet de Limoges. L'officier et ses hommes furent capturés quelques heures plus tard dans un bois par des motocyclistes allemands.

de la *20ᵉ Mot. Division.* Le plan d'attaque figure dans le journal du *41ᵉ Korps.*

« A 23 heures, rassembler les unités pour le coup de main sur Épinal. Des avant-gardes avec fusiliers, pionniers d'assaut, de l'artillerie et quelques *Panzers IV*[1] à la *6ᵉ Panzerdivision.* La totalité des moyens ne sera pas engagée, il s'agit seulement de lancer une opération énergiquement conduite, avec des éléments légers mais très agressifs. »

Reinhardt ajoute *in fine :* « Si le coup de main échoue, les deux divisions reprendront l'attaque avec toutes leurs forces. »

L'ordre d'opération laisse comme d'habitude une large initiative aux exécutants : « La *20ᵉ Mot. Division* (moins deux bataillons) et la *6ᵉ Panzerdivision* déboucheront le 18 à 0 heure, pousseront sans arrêt sur Épinal et prendront la forteresse (*sic*) sans s'occuper des forts. La *6ᵉ Panzerdivision* entrera dans la ville par l'ouest et enlèvera la citadelle. La *20ᵉ Mot. Division* attaquera par le sud. Avancer au plus vite entre les forts qui seront pris par des éléments arrière. »

Certes, la ceinture fortifiée de Verdun n'a pas retardé l'avance allemande, ni celle de Toul dont les ouvrages étaient désarmés mais Reinhardt préfère se méfier. Bien dirigés, les 75 et les 155 des forts d'Épinal sont capables d'arrêter net une colonne motorisée.

L'ordre d'opération prescrit en outre à la *8ᵉ Panzer* de couvrir le flanc nord et insiste pour que « les unités démarrent à l'heure indiquée avec, au minimum, des avant-gardes. Les gros suivront ».

En dépit des consignes données par le chef du *41ᵉ Korps,* il est impossible aux généraux Kempf et von Viktorin de respecter l'horaire imposé. Le matériel se ressent de l'usure de la campagne et le pivotement à gauche ne s'est peut-être pas effectué dans les conditions de célérité voulues par Gudérian. Toujours est-il que la *6ᵉ Panzer* démarre avec 2 h 30 de retard et la division Viktorin avec 3 h 30, ce qui ne facilite pas le mouvement de cette dernière engagée dans de durs combats devant Lure puis devant Luxeuil. Elle y passera la journée, n'atteignant que le soir du 18 juin la région nord de Plombières. Devant la *6ᵉ Panzer,* l'aviation de reconnaissance a observé de nombreux barrages français mais rien qui soit susceptible d'arrêter les chars. La division, comme les grandes unités blindées du groupement Gudérian, est articulée en trois *Kampfgruppen* dont l'effectif est pour chacun d'environ 2 500 hommes. Chars, artillerie, véhicules de transport semi-chenillés, transmissions et matériel antichars en font des unités autonomes. Deux d'entre eux ont pris la tête sur des itinéraires parallèles : le

1. Blindé à 30 mm, ce char de 20 tonnes est armé d'un 75 court, de deux mitrailleuses, et son équipage se compose de cinq hommes. On en comptait 280 dans les dix *Panzerdivisionen* engagées en mai-juin 1940.

*Kampfgruppe* de l'*Oberst* Freiherr von Esebeck roule vers Bains-les-Bains, celui de l'*Oberstleutnant* Koll se prépare à obliquer vers Xertigny. Le troisième, placé sous les ordres de l'*Oberst* von Ravenstein attend l'achèvement d'un pont de bateaux sur le canal, près de Jussey, pour rejoindre le gros de la *6^e^ Panzer.* Les appareils d'observation rattachés à la division ont pris l'air après la dissipation des brouillards matinaux et survolent les itinéraires conduisant à Épinal.

Si le lieutenant-colonel Pichon, ou le chef d'escadrons de Saint-Sernin enfermé dans Xertigny soupçonnaient la puissance de leur adversaire, ils mesureraient avec plus d'amertume la faiblesse de leurs moyens. Un *Kampfgruppe* comme celui de Koll comprend un bataillon d'infanterie porté, une cinquantaine de chars dont douze *Panzers IV,* quatre canons d'assaut de 75 sur affût chenillé, un groupe à douze pièces de 105, sans compter bien entendu les *37 Pak* du *Panzerjäger Abteilung* et la compagnie de *Pionniers* d'assaut.

A 6 h 35, le PC de la *6e Panzer* enregistre le premier message radio émis depuis la voiture de commandement de von Esebeck :

« *Ida* tenue par l'ennemi. Route coupée. Bataillon moto attaque. »

*Ida,* en termes codés, c'est Bains-les-Bains, à 30 kilomètres au sud-ouest d'Épinal. S'y défendent le peloton du GRCA 23 du lieutenant Castillon du Perron, la section du 55e BM du sous-lieutenant Bonnet et quelques artilleurs du 11e RALC surpris dans la cité thermale [1]. Ces faibles moyens sont culbutés par l'assaillant. Pris au piège dans la ville sur laquelle flotte le gras nuage d'un dépôt de carburant en feu, le médecin-capitaine Pierre Gast, du 11e d'Artillerie coloniale, ouvre un poste de secours dans l'église et les premiers blessés qu'il accueille sont allemands. Six d'un coup ! Puis viennent les Français.

« J'ai assisté impuissant à la mort du sous-lieutenant Bonnet et du soldat Ferrand », rapporte Gast. Robert Bonnet avait 28 ans.

Le lieutenant du Perron est blessé ainsi que plusieurs de ses cavaliers. Les Allemands enfournent les civières dans des ambulances qui suivent le *Kampfgruppe* en direction du nord-est. « C'est normal, explique un médecin de la *6e Panzer* au docteur Gast, nous serons ce soir à Épinal et ils pourront être hospitalisés. »

Cependant, l'afflux de blessés est tel que Gast est autorisé à transférer le PS de l'église à l'hospice des Sœurs de la Providence [2]. Malheureuse-

1. Appartenant au corps colonial, le 11e régiment d'artillerie lourde colonial se trouve dispersé entre Meuse et Moselle. Le colonel Duchaussoy et la batterie hors rang sont à Aillevillers (Haute-Saône) où ils seront faits prisonniers dans l'après-midi du 19 juin.

2. Avec l'aide d'autres médecins prisonniers (Lecomte, Desjardins, Parrot, Viala et Belle) le capitaine Gast traitera 120 blessés en six jours.

ment, si ces dernières et le maire, M. Duffner, se mettent en quatre pour l'aider, ses « confrères » civils manifestent moins d'empressement.

« J'ai constaté avec regret, écrit Gast dans son rapport, que les deux médecins de Bains ne m'apportaient aucune aide. Le docteur H..., sollicité par les Sœurs de fournir des instruments de première urgence, s'est refusé à toute cession provisoire. »

Le *Kampfgruppe* Esebeck se déploie de façon à élargir son couloir de progression. Une compagnie est allée briser la résistance du lieutenant Chastain[1] au pont du Coney mais devant Les Voivres, nouvel arrêt par le feu. Le capitaine Couetdic, de la 10e batterie du 11e RALC « n'a aucune munition d'artillerie » mais il fait tirer à balles perforantes sa mitrailleuse et ses deux FM. Couetdic et le sous-lieutenant Bapst ne sont pas inquiets, l'aspirant Fasola, échappé de Bains-les-Bains, leur a affirmé que les Allemands n'ont que huit automitrailleuses. D'ailleurs, aux premières rafales, le lieutenant Queter apporte un message du chef d'escadron Artigaud :

« Repliez-vous sur Épinal ! »

Il est bien temps ! Couetdic tente de décrocher mais la puissance du feu ennemi et les éclatements d'obus lui font supposer que « les huit automitrailleuses ont sans doute été renforcées ». Au milieu de ses morts et de ses blessés[2] soignés par l'infirmier Oger, la 10e batterie met bas les armes. Dépouillés de leur équipement, les prisonniers sont formés en colonne et dirigés vers Bains-les-Bains. Couetdic découvre la puissance de son adversaire : « Au lieu des quelques automitrailleuses que je comptais rencontrer, avoue-t-il dans son rapport, je fus pendant quatre kilomètres croisé par des blindés allant du char lourd à l'AM légère, des motos, et la valeur de six batteries de 105 et de 150 très modernes et à flèches ouvrantes. Je notai l'abondance des moyens radio et la présence de l'artillerie à moins de 500 mètres de la tête de colonne[3]. »

Blanches de poussière les colonnes submergent les routes mais les ponts détruits et les résistances isolées les retardent. A 11 h 15, le PC de la *6e Panzer* envoie un message radio au terrain de l'aviation de reconnaissance : « La division avance sur Épinal et son gros suit la route Les Voivres-Rasey. C'est là qu'il faut lancer les messages lestés. Le *Kampfgruppe* Koll avance par Fontenoy-Trémonzey-Xertigny. »

1. Chastain échappe à la capture et, marchant toutes les nuits pendant trois semaines, rejoindra la zone libre.

2. Gromy, Duchesne, le brigadier Priol et l'adjudant-chef Montfort. Parmi les morts : Toullec, Boutin, Farrard et Rakotyonona, un conducteur malgache. Ferrand mourra au PS de Bains-les-Bains.

3. Le capitaine Couetdic et le sous-lieutenant Grard s'évaderont le 3 juillet du camp de Malroy (Haute-Marne). Le 10 août, le sous-lieutenant Bapst sautera du train conduisant les prisonniers du camp de Laon en Allemagne.

L'*Oberst* von Esebeck incite lui-même son avant-garde à pousser de l'avant, plus vite et plus fort mais il faut d'abord réduire les bouchons défensifs du GRCA 23. A Rasey, les cavaliers du lieutenant Roullet tiennent deux heures avant de se rendre et de « livrer leurs blessés à la générosité du vainqueur ». Automitrailleuses et motocyclistes ont évité l'obstacle et poursuivi leur chemin mais un feu très vif les arrête encore aux Forges d'Uzemain. Le lieutenant Dupuy d'Angeac, du GRCA 23, a établi un solide point d'appui autour de la pièce de 75 de l'aspirant Chatel. Le lieutenant Bresson, du 11ᵉ RALC, et le lieutenant Gaillochet, du 403ᵉ RADCA, ont placé leurs artilleurs en ligne à côté des cavaliers. Malheureusement, le premier obus tiré par le 75 manque le blindé léger ouvrant la route et le conducteur effectue une marche arrière rapide. Par radio, Esebeck ordonne de laisser un détachement « pour régler l'incident » et de contourner le village à travers champs pour rejoindre la route.

« Je rappelle que l'objectif de la journée est toujours Épinal ! » lance le commandant du *Kampfgruppe* dans son microphone [1].

A Grémifontaine (6 kilomètres nord de Bains-les-Bains) où il vient d'installer le PC de la *6ᵉ Panzer,* le *General* Kempf reçoit un message du *Kampfgruppe* Koll qui lui fait froncer le sourcil.

« Koll à *6ᵉ Panzer.* Contact avec ennemi près de Xertigny. Feux d'artillerie. Envoie patrouilles de combat. »

Après l'accrochage avec les motocyclistes du capitaine de Moucheron, l'avant-garde de Koll vient de cribler de balles une voiture légère qui se dirigeait vers la Chapelle-aux-Bois, à mi-chemin entre Bains et Xertigny. C'est celle du capitaine Laumond, du 2ᵉ escadron à cheval du GRCA 23. L'officier a échappé à la capture mais en apercevant de loin la longue colonne grise qui avance vers Xertigny il mesure, comme le fait le capitaine Couetdic à la même heure, son impuissance devant un tel déploiement de forces. Il pense aussi à son supérieur, le chef d'escadrons de Saint-Sernin, retranché dans Xertigny avec le 1ᵉʳ escadron à cheval du capitaine Rogier. Combien de temps pourra-t-il résister à cette avalanche de blindés et d'artillerie ?

Saint-Sernin a son PC à l'hôtel de ville de Xertigny, jumelé à celui de Rogier, ce qui lui permet de commander dans les meilleurs conditions la défense de la localité. Depuis deux jours, il estime que le flanc sud-est est le plus menacé et que l'ennemi se présentera de ce côté, par la route de Plombières. Le peloton du lieutenant de Vallandé et celui du sous-lieutenant Goudeau ont été envoyés à Pont-Poirot, à 6 kilomètres au sud de Xertigny, pour y constituer un bouchon. Ils disposent de deux pièces

1. Il sera nécessaire de faire avancer un *Panzer IV* pour réduire les derniers défenseurs du lieutenant Dupuy d'Angeac retranchés dans deux maisons.

de 75 du 26e RA. Transporté par voie ferrée de la région de Briey, ce régiment s'est trouvé dispersé et les batteries, parfois débarquées en rase campagne, se sont mises à la disposition de l'unité combattante la plus proche. C'est le cas du capitaine Rain dont une partie de la 5e batterie appuie les défenses de Xertigny. A la sortie ouest de la petite ville, le lieutenant Warnier a placé un 75 au-dessus de la brasserie, près d'un chemin d'où l'on surplombe les maisons. Le maréchal des logis Bigourdan sert une autre pièce à la sortie sud, et surveille la route de Plombières. Si Pont-Poirot est enlevé, ou tourné, l'ennemi se heurtera à Bigourdan.

Les chevaux du GR sont à la corde sous les arbres du parc du château et le capitaine Rogier a fait dresser quatre barricades aux entrées principales de Xertigny qui est ainsi devenue un centre de résistance fermé. L'unique mortier de 60 et le groupe de mitrailleuses du maréchal des logis Robton font aussi face à l'ouest, entre la maison du Dr Merklen et la mairie. Les cavaliers du lieutenant Lemarchand tiennent la barricade no 3 (Épinal) et la barricade no 4 (Plombières). Le sous-lieutenant Delmas a la responsabilité de la barricade no 2 qui interdit les accès nord, et de la barricade no 1, dressée en arrière du cimetière sur la route de Bains-les-Bains. La défense de Xertigny n'est donc pas celle d'un bouchon destiné à retarder l'ennemi et Saint-Sernin a l'intention de livrer combat sans envisager de repli. Ce vieux cavalier va sans doute réaliser son rêve : se battre comme fantassin [1].

Dans l'après-midi du 17 juin, le général Misserey, du 13e corps, est venu inspecter Xertigny, laissant à Saint-Sernin dépourvu de transmissions un poste de radio ER 26 servi par le sergent Clergeau. En outre, la receveuse des PTT, Suzanne Mangold, a juré « qu'elle restera à son central téléphonique jusqu'au bout ». Elle tiendra parole. Le soir se présenta un peloton de gardes mobiles qui furent affectés à la défense de la brasserie, en soutien de la pièce de 75 du lieutenant Warnier.

Le 18, les officiers du GRCA 23 sont allés de très bonne heure prendre leur petit déjeuner à la popote de l'hôtel Baret. Puis l'attente a repris et chacun s'efforce, dans son for intérieur, de répondre à la question demeurée en suspens : attaqueront-ils au sud par la route de Plombières, ou à l'ouest par celle de Bains-les-Bains ?

Vers 9 heures au milieu des réfugiés et des militaires isolés, la plupart sans armes, qui franchissent la chicane de la barricade no 1, le maréchal des logis Bigourdan repère deux Allemands à bord d'un side-car. Ils se

1. Saint-Sernin a fait la guerre de 14-18 au 21e Dragons alors qu'il avait demandé à rejoindre son père capitaine de zouaves à 60 ans. En 1939, nouvelle demande, cette fois pour servir dans les tirailleurs, ce qui lui vaut d'être versé une fois encore dans la cavalerie, au GRCA 23.

laissent capturer sans résistance, expliquant sans donner de détails « qu'ils se sont trompés de route. » Quatre cavaliers les enferment dans la cave de l'école de filles. Deux heures plus tard, la circulation diminue sur la route de Bains et le flot des civils se tarit. Le capitaine Rogier fait vérifier que chacun est à son poste de combat. Sur la hauteur, le lieutenant Warnier a pointé lui-même le 75, hausse 500, sur la route de Bains. Un jeune sapin ombrage les artilleurs et une balle de foin pressé sert de pare-éclats à la roue droite. Vers 11 h 30 selon le rapport Warnier, un side-car « descend la côte en louvoyant » suivit d'un char et de plusieurs véhicules difficilement identifiables. Le lieutenant fait charger la pièce à obus explosif.

« Même à la jumelle, écrit-il, je distingue mal l'uniforme des motocyclistes mais ce ne peut être que l'ennemi. La colonne est compacte, formée d'engins cuirassés et de side-cars. J'attends pour commander le feu que le premier char soit en bas de la descente. »

Le premier coup de 75 fait trembler les vitres de Xertigny et alerte les cavaliers. Aussitôt les obus se succèdent sur la tête du *Kampfgruppe* Koll.

« Je pousse les servants à accélérer le tir ! » note Warnier qui a commis l'erreur de prendre pour cible le premier char au lieu d'attaquer les derniers véhicules visibles, ce qui interdirait toute possibilité de demi-tour aux blindés qui précèdent. Le char a été touché et, emporté par son élan, s'est arrêté sur le bas-côté. L'équipage ne réagit pas et le canon de tourelle reste muet [1]. Fauché par des éclats, un side-car vide est resté sur la route mais tandis que les motocyclistes se livrent à une sorte de carrousel dans les prés, de toute la puissance de leurs moteurs les véhicules lourds repassent derrière la crête.

C'est maintenant que Warnier regrette de n'avoir pas tiré sur le dernier d'entre eux afin de bloquer la colonne et de la détruire au canon.

Des fantassins allemands ont sauté à terre et, courageusement, progressant par bonds, courent vers les vergers pour se camoufler sous les arbres. Warnier fait tirer sur eux à obus à balles puis le calme revient. La première passe d'armes s'achève et c'est sans doute à ce moment-là que l'*Oberstleutnant* Koll rend compte au PC de la 6$^e$ *Panzer* qu'il a des difficultés devant Xertigny. Pour évaluer ces difficultés, Koll envoie un *Henschel* survoler la ville. L'avion se soucie peu d'une éventuelle DCA. Il effectue son premier passage au ras des toits, observe les barricades de la route d'Épinal et revient vers le cimetière. Le ronflement de son moteur paraît à la fois incongru et menaçant.

1. Selon M. Henri Martin qui a écrit pour le Souvenir français une plaquette sur le combat de Xertigny (1965) les corps de trois Allemands auraient été sortis du char par leurs camarades.

« L'avion rend mes hommes nerveux ! » reconnaît le lieutenant Warnier qui se demande surtout si sa pièce a été repérée.

Derrière la crête, le dispositif de l'avant-garde du *Kampfgruppe* est remanié. Koll est d'une humeur exécrable, il ne supporte pas d'être bloqué sur son axe de marche alors qu'il n'a parcouru que 12 kilomètres depuis Bains-les-Bains. A 12 h 45, son émetteur envoie ce message : « Koll à *6e Panzer :* la *20e Mot. Division* connaît-elle ma direction d'attaque ? Où est sa tête ? Mon artillerie tire sur Xertigny qui semble fortement tenu. »

Les premiers réglages des canons allemands indiquent que la pièce de Warnier a été signalée par l'avion et que les coups vont devenir plus précis. Ce serait le moment de changer d'emplacement ! Au lieu de cela, voici Destalminil, l'agent de liaison, qui apporte des vivres et une cruche de vin. Un instant plus tard se présente le capitaine Rogier.

« Le boche va s'infiltrer par la colline boisée au flanc de laquelle nous nous trouvons ! » lui dit Warnier avant d'expliquer son plan. Il conserve dix obus de rupture pour le char qui tenterait de franchir la crête et prévoit de déboucher à zéro avec ses obus à balles.

« Faites pour le mieux », lui dit Rogier avant de regagner l'hôtel de ville.

Le *Henschel* revient et s'attarde au-dessus de la zone comprise entre la brasserie et le cimetière afin de diriger par radio les tirs de l'artillerie. Les éclatements de 105 se rapprochent. Louvet est blessé au visage et Sauvion, le tireur, agonise contre la balle de foin.

« Je sens ses camarades flancher, écrit Warnier, ils sont aplatis au sol. »

Ignorant superbement l'avion qui arrive une nouvelle fois en rase-mottes, l'officier jette un ordre : « Brugirard, tireur ! »

Le sens de la discipline est tel que le brigadier-chef se dresse et prend la place de Sauvion. Mécaniquement, les autres reviennent à leur poste de combat. Il est trop tard, les obus allemands encadrent la pièce. Warnier : « Je reçois comme une violente gifle ; je me sens touché au crâne, à travers le casque, à la figure, à l'épaule et suis couché entre le canon et le caisson. »

Il réussit à s'agenouiller mais le souffle d'un autre projectile le renvoie à terre. Le petit sapin et la balle de foin brûlent avec de légers craquements. Schneider, l'artificier, a été tué. Gaffez, qui est resté près des chevaux, reçoit un éclat dans le ventre, éclat dont il mourra le lendemain. Léon Bide, le chargeur [1] et Brugirard, sont blessés. Lommelet, qui venait aux nouvelles, est assommé par la poignée de culasse arrachée à la pièce hors d'usage. Le caisson lui-même est défoncé.

1. Bide sera soigné à l'hôpital Haxo, à Épinal, où mourra son camarade Albert Koch pointeur de la pièce de 75.

Derrière la crête, la radio du *Kampfgruppe* émet en clair : « 13 h 15. Koll à *6ᵉ Panzer :* j'attaque Xertigny ! »

***

Les Allemands arrivent donc par l'ouest mais dans le camp français, aucun effort n'est entrepris pour déplacer une ou deux pièces de 75 et leur donner de nouveaux objectifs. Les cavaliers du GRCA 23 vont se battre seuls ; ils savent ce qui les attend puisque le capitaine Jacquemet, officier adjoint, a fait diffuser la dernière consigne du chef d'escadrons de Saint-Sernin : « On ne se rendra pas [1] !

Soutenu par Destalminil, le lieutenant Warnier trouve la force d'aller rendre compte au commandant du groupe d'escadrons à cheval : « Le 75 est brisé, je n'ai plus de servants pour la mitrailleuse... »

On le conduit dans la cave du château où le lieutenant-dentiste Boudet a installé un poste de secours. Débarrassé du 75 de Warnier, Koll lance ses chars et ses canons d'assaut contre les barricades. Les fantassins suivent les blindés et engagent un violent combat de rues. Les 75 automoteurs démolissent la barricade nᵒ 1 et tirent à l'explosif sur les fenêtres et les soupiraux où se dévoilent des armes automatiques. Ce que craignait le maire, M. Georges Coinot, est en train de se produire : Xertigny est un champ clos où s'affrontent deux volontés : celles de l'*Oberstleutnant* Koll, et du chef d'escadrons de Saint-Sernin.

Par le cimetière puis par les bois qui dominent la brasserie, les fantassins allemands s'infiltrent dans la ville où la fumée se mêle à la poussière. Le sous-lieutenant Lebert, officier de transmissions, reçoit trois balles dans la jambe au cours d'une mission de liaison et les Allemands le capturent. Replié de la barricade nᵒ 1, le FM du maréchal des logis Bigourdan tire depuis le premier étage du café Thiébaut puis se déplace à la fenêtre d'un rez-de-chaussée avant de descendre dans une cave pour vider un chargeur par le soupirail. Bigourdan a compris que s'il tirait plus d'un chargeur, les chars auraient le temps de le localiser. Un *Panzer II* finit par envoyer deux obus de 20 sur l'équipe du sous-officier qui est blessé ainsi que le brigadier Pailler ; Brilloux et le brigadier-chef Jean Joubert sont mourants. Criblé d'éclats, Trichard appelle — en vain — les brancardiers.

Tapis dans les caves, les habitants écoutent le claquement métallique des chenilles. Lorsque le bruit s'arrête, tout le monde baisse la tête : le char va tirer. Quand il s'agit d'un canon d'assaut, les explosions font

1. Dans son rapport du 31 octobre 1940, le lieutenant Jacques Warnier écrit : « La tenue morale et physique impeccable des officiers et des hommes du GRCA 23 contribuait hautement à maintenir une ambiance de volonté absolue d'arrêter l'ennemi. »

trembler les maisons. Les pièces ouvrent parfois le feu à moins de cinquante mètres. Le sous-lieutenant Delmas, qui courait vers la mairie, tombe à la renverse, le pied labouré par une balle. Joseph Barrière, son ordonnance, est tué derrière lui, à côté de Roger Charlat, qui avait 22 ans ce jour-là. Dans les rues étroites, les *panzers* n'osent pas avancer de crainte d'être attaqués avec des bouteilles incendiaires. Ils ripostent au canon à la moindre lueur trahissant la présence d'un tireur. Dans la salle à manger d'un rez-de-chaussée, le cavalier You remplace au FM un tireur tué. Gavinet remplit des boîtes chargeurs et Lobos les ravitaille en cartouches.

Au nord de la localité, près de la maison du Dr Merklen, Puyau est blessé et le brigadier-chef Béchade épuise seul les derniers obus du mortier. Les mitrailleuses du maréchal des logis Ropton tirent depuis les fenêtres sur les fantassins qui se collent aux blindés. Les tubes de tourelle les cherchent... et les trouvent. Ferrier, Fauchereau, Gevreau et Boquil sont blessés derrière leurs pièces. Dumont vide encore une bande rigide et tombe. Le brigadier Lioult reste seul au milieu d'un amoncellement de douilles.

Depuis un soupirail, le cavalier Alvarez tire au mousqueton. Malade depuis la veille, il s'est sauvé de l'infirmerie pour prendre part au combat. Dans les rues, les balles des deux camps se croisent et certaines ricochent sur la carapace des blindés. Un agent de liaison rend compte à l'adjudant-chef Bonneau que le capitaine Louis Jacquemet, officier-adjoint du groupe d'escadrons, vient de trouver la mort dans l'escalier du château. Bonneau, trompette-major, est lui-même blessé par une rafale de pistolet-mitrailleur.

On connaît peu d'endroits où, comme à Xertigny, les cadres ont autant payé de leur personne. Retranché dans la maison du Dr Merklen, le maréchal des logis René Ropton tire par rafales de quatre à cinq cartouches les derniers chargeurs de FM que Favereau engage dans l'arme brûlante. Un *Panzer II* s'arrête ; le servant de tourelle a repéré les flammes de départ et, cette fois, Ropton n'a pas le temps de changer d'emplacement. Le canon de 20 tire quelques obus et la mitrailleuse jumelée au tube prend le relais. Le FM se tait, Ropton est mort.

Les messages radio enregistrés dans le journal de la *6^e^ Panzer* soulignent les difficultés rencontrées par le *Kampfgruppe*.

« 14 h 15. Koll à *6^e^ Panzer :* attaque sur Xertigny a gagné du terrain.

— Avion à *6^e^ Panzer :* panneaux à croix gammée déployés à 16 heures à Xertigny.

— 16 h 30. Koll à *6^e^ Panzer :* avons pénétré dans Xertigny. La localité sera nettoyée. Pertes supportables. »

Alors qu'il se rendait, courbé en deux, à la barricade de la gendarmerie, le capitaine Émile Rogier, 41 ans, est tué dans la rue du Thillot, devant la maison Magnien. Les voitures du GR et des véhicules civils abrités dans la cour et sous le préau de l'école, à deux pas de la mairie, brûlent les uns après les autres et l'explosion des réservoirs de carburant a sans doute communiqué le feu au toit de l'hôtel de ville. De l'autre côté du carrefour l'église a été atteinte par des projectiles et, sous l'effet de la chaleur, les vitraux éclatent et se disloquent. Dans les tourbillons de fumée et de poussière, la visibilité ne dépasse pas quelques mètres au voisinage des foyers d'incendie.

En dépit de cet écran, ou plutôt grâce à lui, les Allemands se sont rapprochés de la mairie. Ils ont compris que l'édifice couronné de flammes est au cœur de la défense et, depuis l'angle de la pharmacie, un *Unteroffizier* hurle des menaces et exige la reddition. Personne ne lui répond. Encore des coups de feu, des rafales. Un char se déplace lentement dans la rue et tire. Le maréchal des logis Roger de Roffignac est mortellement atteint près de la bascule publique.

La fumée menaçant d'envahir la cave, Saint-Sernin donne l'ordre au lieutenant-dentiste Boudet d'évacuer les blessés du poste de secours. Ils vont être faits prisonniers mais leur vie sera sauve. Le sous-lieutenant Delmas, qui a pu venir jusqu'au PS pour se faire panser, remonte au rez-de-chaussée où la fumée semble s'épaissir. Le premier étage n'est plus qu'un énorme brasier et il devient dangereux de rester dans le hall d'entrée. Saint-Sernin a reçu une balle dans le poumon gauche mais il est toujours debout et « parle difficilement ». L'officier d'approvisionnement, le sous-lieutenant Albert Bouilhet comprend que les plafonds en feu peuvent s'écrouler d'un instant à l'autre et que le PC doit être abandonné. Il faut sortir.

« Soutenant son chef sous les bras, écrit le colonel de Chasteignier, Bouilhet s'est dirigé par le hall vers la porte d'entrée de la mairie. Au même moment, un fantassin allemand, posté près du monument aux morts, a balancé une grenade qui a éclaté à leurs pieds. Le commandant s'est écroulé sur place, contre la porte. Bouilhet a été rejeté en arrière — à plusieurs mètres de là — où peut-être s'y est-il traîné, à gauche de l'escalier. Il était environ 18 heures. C'est alors que le toit et l'étage de la mairie se sont effondrés, en flammes, sur le rez-de-chaussée [1]. »

Le sous-lieutenant Delmas aurait vu Saint-Sernin entre l'éclatement de la grenade et la chute du toit et de l'étage en feu ; les yeux fermés mais conscient, il lui aurait dit : « Delmas... extérieur [2]... »

L'officier quitte la mairie quelques instants avant que le plafond de la

1. Lettre du 21 octobre 1982 adressée par le colonel de Chasteignier à l'auteur. Gendre du chef d'escadrons de Saint-Sernin, le colonel de Chasteignier a exercé pendant huit ans de hautes fonctions au Service historique de l'armée, ce qui lui a permis de consulter tous les documents d'archives sur le combat de Xertigny et d'en reconstituer les diverses phases.

2. Dans son rapport du 27 juillet 1941, Delmas indique qu'il devait être 17 h 30, ce qui recoupe, à une demi-heure près, l'enquête du colonel de Chasteignier.

salle des fêtes cède sous le poids des débris en feu. « Les corps du chef d'escadrons et du sous-lieutenant Bouilhet restés sous les décombres seront en partie carbonisés », note dans son rapport le colonel Maurice Prévost, du GRCA 23.

Dans les rues de Xertigny, on se bat encore et les coups de 75 d'un automoteur font sursauter les habitants cachés dans les caves. Pourtant, avec la disparition du chef d'escadrons Louis, Frédéric, comte de Laparre de Saint-Sernin, le combat se meurt. Dans la ville meurtrie, on ne compte plus les fenêtres défoncées, les façades étoilées, griffées par les éclats et les balles, les toitures crevées... L'église n'en finit plus de brûler.

« A deux heures du matin, raconte Henri Martin, il ne restait que la tour du XIIe siècle, les murs, les colonnes et la voûte du chœur où se consumaient les débris de la toiture. »

Mains en l'air et manteaux déboutonnés, les cavaliers du groupe de commandement du capitaine Rogier traversent la place : Pimbert, Chastagnier, Clochard, Dubuc, Ducouret... Les blessés, comme les morts gisent à l'endroit où ils sont tombés : le maréchal des logis Émile Bourg a été tué près du monument de 14-18. Carrère gît à 10 mètres de là, Thillot est devant le garage Becker, Hilaire en face de l'hôtel du Commerce, Jonac, Georges et Sibaud devant la maison Grégy. Vingt-six hommes et quatre officiers sont morts à Xertigny le 18 juin. Et deux jeunes réfugiés alsaciens : Victor Grob et Étienne Herr. Tout le monde ne s'est pas battu avec la même détermination. Dans son rapport, le colonel Prévost, observe que « les gardes mobiles envoyés le 17 juin au commandant de Saint-Sernin n'ont joué aucun rôle [1]. »

Pour l'*Oberstleutnant* Koll, l'affaire de Xertigny est (presque) terminée. En effet, à 18 heures, il envoie un radio au *General* Kempf : « Xertigny est entre nos mains. » Un message de 18 h 25 prouve cependant que les Français se défendent toujours : « Encore des combats de rues. »

A 20 heures un message du PC de la *6e Panzer* au *Kampfgruppe* Ravenstein confirme : « Koll occupe la partie nord de Xertigny. Encore quelques combats. »

Dans la nuit, Koll reconnaîtra, toujours par radio, que « vers 21 heures le nettoyage de Xertigny était en cours. » Il est donc certain qu'au crépuscule du 18 juin, des cavaliers irréductibles refusaient l'idée de mettre bas les armes. Les « pertes supportables » auxquelles Koll a fait allusion se monteront en fin de journée à 12 tués dont le *Leutnant* Böttcher, et 26 blessés parmi lesquels le *Leutnant* Placke. Deux *Panzers*

1. Ils ont même réussi à quitter Xertigny et nous les retrouverons à Gérardmer lors des derniers combats.

*II* ont été immobilisés par le feu français, et deux à la suite d'un incident mécanique. Dans le journal de la *6e Panzer,* Koll fait un compte rendu plus détaillé et parle « des barricades et nids de résistance qui ont été défendus avec acharnement, enlevés en combat rapproché et, par endroits, à la grenade (...) Le pourcentage d'officiers et de sous-officiers qui se sont battus avec le plus grand courage est surprenant. »

Koll est d'autant plus amer que cette journée perdue devant Xertigny l'a empêché de rejoindre et peut-être de dépasser le *Kampfgruppe* Esebeck. A 20 h 35, le *General* Kempf envoie un message très sec à Xertigny.

« *6e Panzer* à Koll : Esebeck a atteint l'entrée sud-ouest d'Épinal[1]. »

1. Dans une brochure publiée en 1948, le chanoine Lemoine, curé de Xertigny, écrit : « Quinze jours après, les Allemands retrouvèrent dans les décombres de l'hôtel de ville quelques restes du commandant de Saint-Sernin et, dans un geste qui ne manquait pas de noblesse, ils résolurent de leur donner une sépulture solennelle. » Ces lignes masquent en fait un scandale : les Allemands n'ont effectué aucune recherche dans les décombres et les Français non plus. C'est seulement DEUX ANS plus tard, en juin 1942, que la comtesse de Saint-Sernin ayant été autorisée à venir de zone libre, des fouilles furent entreprises. Le maire de Xertigny écrit le 2 juillet 1942 : « Les recherches ont amené la découverte d'un casque, d'un os du crâne et d'autres petits objets calcinés que Mme la comtesse a reconnu avoir appartenu au commandant. » Et le maire ajoute : « Les restes ont été inhumés dans le cimetière par ordre de l'autorité allemande qui a rendu les honneurs militaires. » Geste inhabituel de la part de l'occupant, surtout en 1942, une couronne de feuilles de chêne et de laurier a été déposée sur la tombe, coupée par un ruban portant la mention : « Au brave commandant, défenseur de Xertigny — 18 juin 1940. »

# CHAPITRE II

# « Sommes entrés dans Épinal ! »

Depuis deux jours, Épinal est à l'image du désastre qui s'est abattu sur la moitié nord de la France. Une partie de la population s'est jetée sur les routes de l'exode tandis que des milliers de réfugiés repoussés par l'avance allemande envahissaient la cité. Le dernier train réservé à l'évacuation des civils a quitté la gare dans la soirée du 15 juin mais il n'est pas allé loin, bloqué par les centaines de rames arrêtées les unes derrière les autres entre Vesoul et la Saône. Grâce à de courageux cheminots, quelques convois ont pu être déroutés vers Belfort mais les autres ne peuvent plus ni avancer ni reculer et leurs passagers attendent le plus souvent avec une déconcertante passivité la suite des événements.

Lorsque le capitaine Maurice vient à bicyclette prévenir le chef de gare d'Épinal que la rame du 163ᵉ RAP est bloquée à 10 kilomètres à l'ouest de la Moselle, le cheminot lève les bras au ciel : « J'ai encore deux trains à faire passer avant vous. En direction du sud, vers Aillevillers, l'embouteillage est complet. J'ai déjà engagé 150 trains qui n'en sortiront pas. » (carnets Maurice).

La paralysie ferroviaire dissocie de nombreuses unités, souvent de l'artillerie, dont les convois routiers sont partis dans une direction pendant que les trains allaient dans une autre, éclatant eux-mêmes sur des voies différentes imposées par les nécessités du trafic... ou l'affolement des chefs de gare. Dans certains cas, les cadres ont été séparés de leurs hommes, ou sont partis avec leurs voitures personnelles.

« Au milieu de ce désordre, rapporte le chef d'escadrons Denys de Champeaux, du GRCA 24, je trouve la gendarmerie de Metz escortant des blessés allemands. Leurs officiers, me dit un adjudant, les ont quittés depuis plusieurs jours, se dirigeant vers Marseille. »

Le médecin-capitaine Renard fait transporter les Allemands à l'hôpital Haxo, une ancienne école militaire préparatoire dont les enfants de troupe ont été évacués sur Niort. L'établissement est pourtant loin de ressembler à un hôpital. Le sous-lieutenant Philippot, du 55ᵉ bataillon de mitrailleurs, a eu deux blessés dans une collision et, apprenant qu'ils ont été transportés à Haxo, il vient leur rendre visite.

« Je les trouve abandonnés, sans soins, dans une salle, note-t-il dans son rapport. Tout est désorganisé, les médecins sont partis, malades et blessés devant gagner Dijon par leurs propres moyens, les intransportables attendant l'arrivée des Allemands. »

Heureusement, le médecin-colonel Anglade, du 6e corps, a été informé de la situation et, le 17 juin, il envoie l'ACL 206 [1] du médecin-commandant Giraud à la caserne Haxo.

« Tout le personnel était parti sur ordre, se souvient Giraud, mais les unités combattantes n'étant pas informées, continuaient d'envoyer blessés et malades à Haxo. Avec mon adjoint, le médecin-capitaine Kliszowski, nous avons constitué deux équipes chirurgicales et le 18 au matin nous commencions à opérer [2]. »

Pour pallier l'absence d'électricité, le sous-lieutenant Philippot fait monter à l'hôpital le groupe électrogène de son atelier [3] et le commandant Carte décide que tous les détachements du service de Santé qui se présenteront aux barrages tenus par le 55e BM seront dirigés sur Haxo. Une remorque de radiologie est ainsi récupérée, qui permettra, souligne le Dr Giraud, « des opérations sous écran, en particulier des ablations d'éclats ».

Des milliers de soldats, souvent sans armes, arrivent depuis trois jours à Épinal et, dans son rapport, le commandant Carte s'étonne « qu'aucune autorité de la Place d'Épinal ne donne d'ordres concernant la circulation et le filtrage de ces détachements et isolés ». Il prend sur lui de les regrouper par Arme : les artilleurs au quartier Bonnard, les sapeurs à Varaignes, les fantassins à Courcy et les cavaliers et autres « enfants perdus » à la caserne Schneider. Le préfet Paul Dupuy et le maire Léon Schwab sont restés à leur poste mais ils représentent l'autorité civile et celle-ci doit s'effacer devant l'autorité militaire. Au service des Étapes, le commandant Charpentier fait des prodiges mais il n'a ni les moyens ni le pouvoir de tout régler. C'est lui, par exemple, qui fait porter cinq tonnes de vivres à des trains sanitaires arrêtés en pleine voie à 10 kilomètres d'Épinal ; les blessés n'avaient rien mangé depuis 48 heures et une partie du personnel médical avait disparu. Heureusement, dans la ville menacée par l'avance allemande, les vivres ne manquent pas et le dépôt de la Concentration abrite plusieurs centaines de tonnes de riz, de sucre, de farine et de conserves.

1. Ambulance chirurgicale légère 206.

2. Lettre du 29 décembre 1980 adressée à l'auteur par le médecin-général Daniel Giraud, retiré à Lyon.

3. Le travail est effectué par Morin, Jouveau, Combaz et Coudray sous les ordres du maréchal des logis Cosquer.

Le lundi 17 juin enfin, une autorité s'installe à Épinal, directement nommée par le général Condé, de la III$^{e}$ armée. Il s'agit du général Fournier, 63 ans, qui a commandé pendant trois jours les éléments de couverture installés sur le flanc gauche de l'armée. Le général Flavigny, du 21$^{e}$ corps, ayant renvoyé Fournier à Condé, celui-ci, qui fut son condisciple à Polytechnique en 1896, a cru bien faire en lui confiant la défense d'Épinal. Certes, Fournier assume la fonction mais ses moyens sont dérisoires. La seule unité qui se trouve à Épinal est le I/207$^{e}$ régiment régional, placé sous les ordres du commandant Thomassin, un sexagénaire dont la mission, écrit-il, est de tenir la Moselle de Thaon à Arches inclus soit 30 kilomètres, tout en assurant « la garde des bâtiments militaires et le service d'ordre ». En réalité, Thomassin imite le commandant Charpentier : il pare au plus urgent. Un exemple : que peut-il faire le 17 juin vers 15 heures sans matériel de dépannage ou de levage, quand on le prévient qu'un camion chargé de mélinite bloque le pont de la Bibliothèque ?

La défense d'Épinal pourrait être assurée en partie par les 14 forts de la ceinture fortifiée mais, comme ceux de Verdun et de Toul, ils sont pour la plupart désaffectés. Le 3 septembre 1939, le haut-commandement français n'a pas imaginé qu'on se battrait un jour pour Épinal.

« A l'exception d'Uxegney équipé de deux tourelles à éclipses, une de 155 et une de 75, indique le lieutenant Martin, du fort de Longchamp, tous les ouvrages de la rive gauche de la Moselle, non modernisés, n'avaient ni canons, ni munitions, ni garnison. » Et Martin ajoute : « Personne n'attendait l'ennemi au sud-ouest mais, comme en 1914, du côté nord-est[1]. »

Sur la rive droite, la situation est meilleure : Razimont, La Mouche, le fortin de La Voivre sont à l'abandon ainsi que les abris, redoutes et autres postes de commandement mais cinq forts sont capables d'intervenir dans la bataille : Longchamp, Dogneville, Deyvillers, Les Adelphes et Arches. Comparé aux pétoires des territoriaux du commandant Thomassin, leur armement est impressionnant : 18 pièces de 75, 9 de 155 et 26 jumelages de mitrailleuses. Selon Martin « les 155 sont approvisionnés à 525 coups par pièce, les 75 à 1 300 coups, chaque tourelle de mitrailleuses disposant de 57 600 cartouches ». Tous les forts, sauf Deyvillers, ont un groupe électrogène qui fournit force et lumière mais, dans ce tableau presque idyllique une lacune apparaît : le stock de vivres des forts n'a pas encore été constitué. De plus le dégagement des champs de tir a bien été étudié depuis la déclaration de la guerre mais rien n'a été fait et, lorsque le général Fournier prend son

1. Lettre du 8 octobre 1970 adressée à l'auteur par le lieutenant Henri Martin retiré aux Granges (Vosges).

commandement, plusieurs tourelles, masquées par des rideaux d'arbres, sont incapables d'ouvrir le feu faute de visibilité.

A son PC de Hadigny-les-Verrières, le lieutenant-colonel Pichon reçoit les nouveaux ordres du général Champon le 18 juin à 16 heures : il doit étendre son front jusqu'à Jarménil, à 15 kilomètres au sud d'Épinal, la défense de la ville n'étant toujours pas sous son autorité. Pour appliquer cet ordre, Pichon a rappelé le chef d'escadrons de Champeaux par radio et lui demande de le rejoindre à Épinal où il lui confiera une nouvelle mission. Entre-temps, Pichon reçoit d'autres directives : les escadrons à cheval attendront sur la Moselle leur relève par la 70e DI du général François avant de rejoindre les escadrons motorisés qui se portent vers le sud, non plus jusqu'à Jarménil qui reste affecté à Champeaux mais jusqu'à Remiremont inclu. La 30e DIA du général Duron arrive, comme la 70e DI, du nord-est, et la relève des cavaliers pourrait se faire, au plus tard, dans la nuit du 18 au 19 juin. Sur le terrain, Pichon ne voit qu'une chose : « Le front à défendre passe de 25 à 50 kilomètres environ, avec une partie sud très mal desservie au point de vue routier. »

Tous les escadrons motorisés font mouvement en cette fin d'après-midi du 18 juin. Le GRDI 46 prend le front d'Épinal exclu jusqu'à Archettes, le groupe d'escadrons de Champeaux s'installe entre Archettes et Jarménil avec, sur son flanc sud le GRDI 26 du lieutenant-colonel Jourdain, lui-même prolongé par le GRDI 51 du chef d'escadrons Gigandet qui prend liaison à Saint-Amé avec le colonel d'Hausen, parti quatre jours plus tôt de Lunéville avec le dépôt de cavalerie n° 20. Pichon change de PC et s'installe à La Baffe, à une dizaine de kilomètres à l'est d'Épinal. Il est inquiet : lorsque ses escadrons motorisés effectuent leur mouvement en direction du sud, il a en effet deux certitudes : on se battait à Xertigny au début de l'après-midi et le commandant de Champeaux a quitté Dounoux sous les obus. L'ennemi attaque donc en direction d'Épinal où les ponts de la Moselle ne sont pas encore détruits.

Entre les 70e DI et 30e DIA qui marchent vers la rive droite pour y relever la cavalerie et les forces allemandes qui montent du sud-ouest, la course est engagée. Si Épinal était solidement tenue, Pichon serait rassuré mais il a l'impression de garder les fenêtres d'une maison dont la porte est restée ouverte.

A 17 h 30, il n'y tient plus, monte dans sa voiture et se fait conduire à Saint-Benoît-la-Chipotte, au PC du 12e corps. Son chauffeur réussit à couvrir le parcours en l'espace d'une heure, ce qui constitue une sorte de record. Le chef d'état-major, le colonel Hautcœur, donne à Pichon tous les apaisements. Il les lui donne d'autant plus volontiers que les organes de commandement des armées encerclées sont persuadés d'être renseignés alors que leurs informations sont, la plupart du temps, dépassées de plusieurs heures.

« Pour la 30e DIA, dit Hautcœur, un de ses régiments d'infanterie est transporté en camions et sera le 19 au matin à Épinal. Quant à la 70e DI, elle peut commencer la relève de votre cavalerie puisque depuis midi, le général François commande le front de la Moselle entre Charmes et Épinal exclus. »

Tout cela est inexact. Ou bien le 12e corps ignore où est passée son infanterie ou bien il veut « entretenir le moral » de Pichon qui n'en a pas besoin. Comment Hautcœur peut-il affirmer que le général François commande le front de la Moselle depuis midi ?

« Théoriquement, écrit Pichon dans son rapport, car le 18 juin, aucune troupe ou même reconnaissance de cette division n'est sur la rivière. »

Pourquoi ? La question reste posée car trois bataillons de la 70e DI stationnent à moins de 15 kilomètres de la Moselle et rien ne les empêche de venir relever les escadrons à cheval entre Epinal et Charmes. La 41e demi-brigade de chasseurs du lieutenant-colonel Dollard bivouaque avec ses deux bataillons [1] dans la forêt de Rambervillers. Le commandant Delafenêtre, du 109e BCP, note dans son rapport : « Le 18 juin est employé à l'installation provisoire sous bois, à l'organisation des liaisons, du ravitaillement et à la prise d'un dispositif de protection immédiat. » Le 90e BCP du commandant Caillard d'Aillières est lui aussi à l'abri de la forêt et attend des ordres. Pourtant, un début de relève doit être porté à l'actif de la 70e DI. Transporté en camions, le I/223e RI du capitaine Tavernier est arrivé dans la zone tenue par les cavaliers de Pichon à 5 heures du matin. La liaison a été prise aussitôt avec le GRDI 51 de Gigandet qui se considère comme relevé et laissera la défense des ponts de Thaon et de Chavelot aux fantassins. A Golbey, faubourg nord d'Épinal, Tavernier reconnaît la position tenue par des éléments du 55e BM puis à 11 h 30, il décide que la 1re compagnie du capitaine Ravenel enverra une section au pont de Thaon et la « 2 » du capitaine Chasseigne une autre section au pont de Chavelot. Curieuse relève !

Dans l'après-midi, Tavernier est convoqué au PC du général François, à Padoux. On imagine sa surprise quand le capitaine Blat du bataillon d'instruction 21/131e RI lui dit « que ses trois compagnies partent pour défendre les ponts de Thaon et de Chavelot ».

« Mais j'y suis déjà et mon bataillon est prêt à intervenir ! » s'insurge Tavernier.

1. Le 81e BCP du commandant Faure a été laissé sur la ligne Maginot où il se battra, soutenu par les ouvrages, jusqu'à l'armistice. Voir *On a livré la ligne Maginot* (Fayard 1975).

A ce moment précis, le colonel Delahaye, qui commande l'infanterie de la 70e DI, aperçoit Tavernier : « Vous tombez bien, lui dit-il, un officier de liaison du 12e corps nous annonce que l'ennemi pousse de Xertigny sur Épinal. Avec votre bataillon, organisez tout de suite trois centres de résistance, à Dogneville, à Jeuxey et à Saut-le-Cerf, à la sortie nord-est d'Épinal. »

Pendant que deux compagnies du 21/131e RI gagnent à pied la Moselle, les éléments détachés du I/223e RI reviennent, eux aussi à pied, pour organiser les points désignés verbalement par le colonel Delahaye [1].

Le lieutenant-colonel Pichon n'est pas tenu au courant de ces allées et venues et pour lui, le point noir reste Épinal dont il sait la défense insuffisante et inorganisée. A quelques heures d'une prise de contact brutale sur la Moselle, cela ne lui dit rien de bon. Si au moins le 112e RAL qu'on lui a promis était en position ! Il est d'ailleurs curieux de voir à quel point les possibilités d'intervention de l'artillerie sont nombreuses. Les tubes de 75 ne manquent pas mais personne ne paraît capable de les rassembler, de les mettre en batterie et de leur donner des objectifs à battre.

« Dans les rues d'Épinal, rapporte le chef d'escadrons de Champeaux, le spectacle de la défaite : des canons de 75 abandonnés. »

La veille, précédant son bataillon, le capitaine Tavernier a trouvé aux lisières de Dogneville DIX pièces de 75 dont les servants avaient disparu [2]. Des canons du 11e RALC sont détruits à l'ouest de la Moselle au lieu d'être mis en batterie contre la *6e Panzer*. Le capitaine Terracol, de la 7e batterie déclare avoir reçu l'ordre de saboter ses pièces et « de conserver les voitures à personnel attelées des meilleurs chevaux ». Deux sous-officiers de la même 7e batterie, Lacroisille et Bertoli, ont démonté sur ordre les culasses et poussé les canons dans les étangs proches de Charmois-l'Orgueilleux. Mais les pièces les plus nombreuses se trouvent sur des trains bloqués à l'ouest de la Moselle, entre Épinal et Dompaire. Outre les batteries du 26e RA qui ont littéralement éclaté dans toute la région, on trouve un nombre important de pièces de 75, de 145 et des 150 T des 155e et 156e RAP qui ont quitté l'Alsace quatre jours plus tôt. Le lieutenant-colonel Pichon s'est préoccupé de cette artillerie disponible et il a donné des ordres à ses GR pour qu'ils

1. Les camions sont toujours aussi mal utilisés. A la Ve armée, les compagnies de transport 519 et 520 sont restées sans ordres à Gérardmer du 16 au matin au 17 après-midi. Le gros de la 520 et une partie de la 521 du capitaine Mathey partiront vers le sud et, le jour de l'armistice, stationneront dans le Tarn.

2. Une colonne du III/403e DCA est si pressée d'atteindre le midi de la France que dès qu'un autocanon de 75 tombe en panne d'essence, elle l'abandonne. Le commandant Cavailhé rapporte qu'il a ramené ainsi trois autocanons (sur douze) en zone libre.

récupèrent le maximum de pièces. Au GRDI 51, le lieutenant de Favitski est allé près de Darnieulles, à une dizaine de kilomètres à l'ouest d'Épinal.

« Avec les dix attelages et les camions du GR, écrit l'officier, je ramène derrière la Moselle 44 pièces de 75 mais il n'y a que 9 lieutenants et pas d'obus [1]. »

Opiniâtre, le lieutenant poursuit ses recherches et découvre un dépôt de munitions à Ahéville, près de Mirecourt. Avec ses camions, il aurait emporté 20 000 projectiles [2]. Travail en partie inutile car, selon le lieutenant Martin, du fort de Longchamp, l'arsenal d'Épinal abrite 70 000 coups de 75 dont tout le monde paraît ignorer l'existence, à commencer par le général Fournier, qui « commande » à Épinal.

Informé par le lieutenant Mallet de Chauny que ses 75 ont été débarqués, le lieutenant-colonel Agabriel, du 155e RAP a rencontré dans la matinée le lieutenant-colonel Duval du 156e RAP. Les deux chefs de corps sont convoqués à Rambervillers où se trouve, leur a-t-on dit, le général Dechaux, de l'artillerie du 12e corps. Ils ont perdu deux heures avant d'apprendre qu'il était en réalité avec le général Champon, à Saint-Benoît-la-Chipotte. Les deux officiers ne sont pas plus avancés car Dechaux leur parle bien d'une ligne de défense sur la Moselle mais il ne les met pas en relation avec le lieutenant-colonel Pichon, ou avec le général Fournier, si bien que Agabriel et Duval vont s'efforcer, ce qui n'est déjà pas si mal, de faire passer le maximum de canons sur la rive droite et de leur trouver des munitions [3].

Toujours sur la ligne de Mirecourt, les artilleurs à pied du 163e RAP sont las de l'attente qui leur est imposée dans les wagons et, après que le capitaine Déchancé eut reconnu Épinal où il a trouvé, dit-il, « un état-major de place qui se prépare à défendre la Moselle », une colonne se forme et se réfugie au quartier Bonnard. C'est là, vers 14 heures qu'on demande des volontaires pour les forts de Longchamp et des Adelphes. Se déciderait-on à constituer des pelotons de pièce ? Le capitaine Maurice, dont les hommes sont armés, avertit son commandant « que s'il ne reçoit pas de mission, il en prendra une ». Et il ajoute sur un ton décidé « Avec nos fusils et nos mitrailleuses,

1. Selon le lieutenant-colonel Agabriel, l'enlèvement des 75 du 155e RAP aurait eu lieu le 17 et non le 18 juin, ce qui est plus vraisemblable.

2. Soit 200 tonnes s'il s'agit de projectiles de 75 !

3. Le chef d'escadron Maître, du II/155e RAP explique dans son rapport qu'il a constitué dans la nuit une ligne antichars au nord-est d'Épinal avec une dizaine de 75 approvisionnés à 50 coups par pièce. Lorsque à 6 heures du matin, il vient demander des ordres au colonel Roux, de l'AD/30e DIA, celui-ci lui avoue « qu'on manque de renseignements sur la situation qui semble confuse ». Quelle aubaine pour le lieutenant-colonel Pichon s'il pouvait disposer des 75 de Maître, mais personne n'aura l'idée de les lui proposer.

nous irons barrer un passage de la Moselle ou tendre une embuscade. »

Pas fâché de se débarrasser de Maurice, qu'il considère comme un exalté, le chef d'escadron R... l'envoie se mettre à la disposition du commandant Thomassin et de ses territoriaux à Saint-Laurent, au sud d'Épinal. Six officiers seulement sont volontaires pour suivre Maurice et ses 250 hommes [1].

Sans masquer la satisfaction qu'il éprouve à s'arracher à l'ambiance défaitiste de la caserne Bonnard, Maurice précède sa colonne et brûle Saint-Laurent sans apercevoir les soldats de Thomassin. Trois heures plus tard, il s'arrête à Archettes où des cavaliers préparent leurs positions de combat. Ils lui indiquent le PC du chef d'escadrons de Champeaux. Subjugué par celui-ci Maurice se place sous ses ordres.

« Cet homme qui a tant d'allure, avec sa cravache négligemment placée sous le bras, c'est pour moi un immense réconfort. » écrit-il dans ses carnets.

Champeaux a réparti ses forces de la façon suivante : l'escadron moto du capitaine de Moucheron à Archettes avec l'unique canon de 37 et l'escadron porté du lieutenant Clavier à Jarménil. Clavier va d'ailleurs être coiffé par le capitaine Guillemet, du dépôt de cavalerie n° 20, dont tous les éléments passent sous les ordres du commandant de Champeaux avec l'accord du colonel d'Hausen qui commençait à se trouver bien seul à Saint-Amé.

« Installez-vous dans l'usine, à la sortie de Jarménil, ordonne Champeaux au capitaine Maurice. Vous interdirez le passage de la Moselle et assurerez la liaison entre mes deux escadrons. »

Avec un peu de chance, Champeaux espère même bénéficier de tout un groupe d'artillerie, le III/42e RAC du commandant Bert. Arrivé d'Alsace la veille par la route, celui-ci a pris place sur le seul train disponible à Baccarat. Le groupe devait, disait-on, être envoyé à Charmes, mais cette direction étant qualifiée de « dangereuse », le lieutenant de la Motte Saint-Pierre a cherché un quai de débarquement dans la région d'Épinal. Sur celui d'Arches, il rencontre Champeaux.

« Pas le choix, me dit-il, bloqués sur rails vous êtes fichus, écrit le lieutenant. J'ai mission de défendre Archettes et la rive droite, appuyez-moi ! » Je lui réponds que « je ferai l'impossible pour débarquer et être à proximité le lendemain 19 vers 8 heures. »

Il est étonnant de voir un cavalier traiter de gré à gré de l'utilisation d'un groupe d'artillerie avec un officier de liaison mais sur le terrain, personne ne s'étonne plus de rien. Le 42e RAC appartient à la 30e DIA et celle-ci, comme la 70e DI au nord d'Épinal, doit relever la cavalerie sur

1. Lieutenants des Essarts, Pochet, Thauvin, Nicodème et aspirant Barral. Le lieutenant F... et le lieutenant D... ont refusé de suivre leur capitaine ; le premier « se sentait mieux à la caserne », le second « souffrait d'une forte migraine ».

la rivière mais il est de moins en moins probable que l'infanterie du général Duron arrivera avant les Allemands.

***

Le 18 juin à 16 heures, l'événement sur lequel le général Fournier ne comptait plus se produit. Un train militaire s'arrête en gare d'Épinal et les deux bataillons d'infanterie de forteresse qu'il transporte envahissent les quais. Parti de Metz le 14 juin, le 164e RIF du commandant Orgebin avait pour mission de renforcer, avec le 149e RIF et le 168e RIF, la couverture du flanc gauche de la IIIe armée. Les événements ont été plus rapides que les trains et, pour le 164e RIF, c'est le terme du voyage[1].

Orgebin admet que ses hommes, affamés et aussi assoiffés, « sont difficiles à tenir. » Que va-t-il se passer lorsque la tête du *Kampfgruppe* Esebeck, qui est maintenant à une dizaine de kilomètres à l'ouest de la ville, va prendre le contact ? Certes, deux bataillons constituent un apport intéressant pour la défense d'Épinal mais le 164e RIF est loin de disposer de tous ses moyens.

« Une seule compagnie a conservé ses mitrailleuses dans les wagons, raconte Orgebin, les autres n'ont que les FM et les armes individuelles avec les munitions portées par les hommes. Pas de radio ou de téléphone, ni moto ni auto, je suis démuni de tout, à la tête de deux bataillons que je connais à peine, ayant pris mon commandement trois semaines plus tôt[2]. »

Si le 164e RIF est désorganisé, la faute en revient au commandement qui l'a fait partir de Metz dans des conditions inadmissibles. Les trains de combat hippomobiles ont pris la route avec le III/164e RIF du capitaine B... qui, à la même heure, se fait détruire à l'ouest de Lunéville[3]. Le lieutenant Florin a quitté Metz le 16 au soir avec mission de rallier Andelot (Haute-Marne) et d'y attendre le régiment. Florin s'est trouvé sur l'axe de progression des *6e* et *8e Panzers* et, comme beaucoup d'autres, il a choisi la route du sud. Porté par le flot de la retraite il s'arrêtera le 21 juin à Marvejols (Lozère) avec un détachement réduit à six camionnettes. Deux autres et les six chenillettes du convoi se sont égarées en route. Le capitaine Berthomieu, cinéaste fort connu, a reçu une autre mission de son chef de corps. Partant lui aussi par la route avec 11 camionnettes, 11 chenillettes et une sanitaire, il devait apporter au 164e RIF son bien le plus précieux : ses vivres de réserve et ses

1. Le 149e RIF se bat dans le secteur d'Andelot et le 168e RIF poursuit sa route vers la Haute-Moselle.

2. Lettre du 25 juillet 1968 adressée à l'auteur par M. François Orgebin, de Vannes (Morbihan).

3. Voir *Les combattants du 18 juin,* tome 1 — le sang versé (Fayard, 1982).

30 tonnes de munitions. Alors que toutes les unités envoyées en couverture partent le 14 juin vers la Meuse de Neufchâteau, cap au sud-ouest, Berthomieu prétend dans son rapport qu'on lui a imposé la direction sud-est, celle de Dijon, la plus éloignée de l'ennemi. Pendant que les deux bataillons perdaient leur temps à bord d'un train qui n'en finissait plus de s'arrêter et de repartir, Berthomieu traversait le 15 juin Épinal sans imaginer que son régiment l'attendrait trois jours plus tard dans cette ville.

A l'heure où le commandant Orgebin fait débarquer ses bataillons, Berthomieu se présente au colonel de Bissey, de la subdivision de Grenoble, qui le félicite (*sic*) d'avoir pu soustraire son convoi à l'ennemi. Le 164e RIF peut attendre longtemps ses vivres de réserve et ses 30 tonnes de munitions !

Sortis de la gare, les hommes sont regroupés sur les trottoirs. Orgebin a envoyé le lieutenant Toussaint au bureau de la Place mais, l'officier tardant à revenir, le chef de corps décide de le rejoindre avec le lieutenant Bantz.

« Mon impression, en voyant la ville grouillante de militaires de toutes armes et de civils, n'est pas celle d'un danger immédiat. » écrit-il dans ses carnets.

Comme l'apparence d'une ville peut être trompeuse ! Les blindés d'Esebeck vont affronter dans moins d'une heure les défenses improvisées à Saint-Laurent, à quatre kilomètres au sud d'Épinal[1]. Suivi de Bantz, Orgebin se présente au général Fournier, responsable de la défense d'Épinal. « J'ai la sensation lugubre du désarroi accepté, note le chef de corps du 164e RIF. Une maison quelconque sur la rue Thiers, pas de sentinelle à la porte, quelques soldats de vieilles classes. Le général, âgé et fatigué, est assis en compagnie de deux colonels et d'un chef de bataillon. »

Orgebin rend compte qu'il dispose de deux bataillons et insiste sur ses besoins : mortiers et pièces de 25 ; une compagnie a ses mitrailleuses mais pas de chevaux ni de voiturettes pour les transporter. Pas d'outils, pas de matériel sanitaire, pas de transmissions et les seules munitions des 60 FM sont contenues dans les sacs des pourvoyeurs. Le chef de bataillon ajoute qu'il lui faut des vivres et aussi — c'est la moindre des choses — des renseignements sur l'ennemi. Fournier lui confie que « des éléments légers ont été aperçus (*sic*) vers Bains-les-Bains. »

Le général a donc une journée de retard sur l'avance ennemie. Pourquoi ne dirige-t-il pas Orgebin sur La Baffe où le lieutenant-colonel

1. Le capitaine Paul Robert, du 151e RAF, a établi un bouchon défensif où il va trouver la mort. Né le 12 mai 1897 à Frignicourt (Marne) il a été réinhumé en 1960 au cimetière national de Colmar.

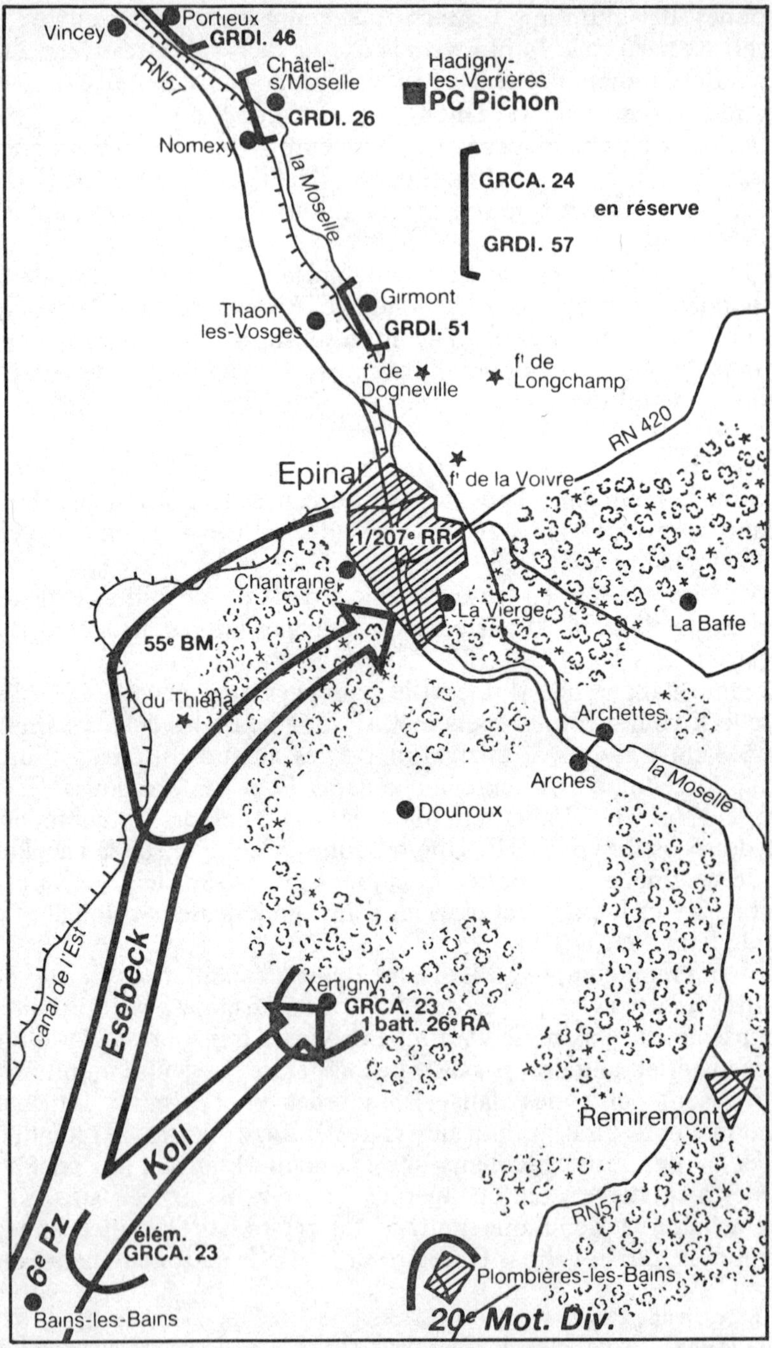


Front de la cavalerie le 18 juin

Pichon est à même de lui apporter des informations plus fraîches ? Le commandant du 164e RIF note encore : « Le général ne paraît pas croire à un danger proche et me donne l'ordre verbal de défendre Épinal face à l'ouest. »

Mais Orgebin devient insistant. Voilà qu'il demande avec quelles unités il prendra liaison, au nord et au sud, et par quelle artillerie il sera appuyé. Il voudrait même une carte du secteur. C'est trop pour Fournier qui lui explique qu'il vient, lui aussi, d'arriver à Épinal et qu'il n'en connaît pas encore les ressources. Il consent cependant à prêter une voiture à Orgebin, « le temps de faire ses reconnaissances ».

De retour à la gare, Orgebin donne ses ordres : le bataillon Renaud va défendre les entrées du faubourg de Chantraine, au sud-ouest de la ville, et le bataillon Fonblanc s'installera au nord-ouest, entre les étangs et la route de Darnieulles.

« Vous chercherez la liaison sur vos flancs et rendrez compte à mon PC qui sera sur une position dominante, la caserne Courcy », ajoute Orgebin qui a l'impression de voir le moral remonter maintenant que les missions sont données. Il ignore pourtant que les bouchons du 55e BM tiennent les passages du canal de l'Est, que les cavaliers du chef d'escadrons de Saint-Sernin se font hacher à Xertigny, que ceux du lieutenant-colonel Pichon encadrent Épinal au nord et au sud, et enfin, que le *Kampfgruppe* de l'*Oberst* von Esebeck arrive droit sur son régiment qui n'est pas encore en position.

Vers Golbey, le chef de corps du 164e RIF demande au chauffeur de sa voiture de l'attendre et, avec le lieutenant Lafargue et un guide, il reconnaît des emplacements, fait renforcer des barricades et rassure les civils qui l'interrogent : « Nous tiendrons ! » Vers 18 h 30, le chef de bataillon a fini par se persuader que le temps joue en sa faveur quand soudain...

« Un coup de canon éclate, écrit-il, dont je vois la fumée sur l'agglomération. C'est une véritable surprise ! » Voilà la bataille de rencontre qui s'engage, et dans quelles conditions ! »

Il interrompt sa reconnaissance et, coupant au court, se hâte de rejoindre Courcy où il espère trouver sa compagnie de commandement. Il ne peut pas savoir que les automitrailleuses d'Esebeck l'ont devancé. Lorsqu'il entre par « la porte à fumier », derrière la caserne, les Allemands viennent de tirer quelques salves de semonce au-dessus du « troupeau humain » aggloméré, mains levées, au centre de la cour.

« A peine étions-nous entrés dans cette caserne que nous avons été canonnés ! » écrit le médecin-lieutenant Parrot qui est fait prisonnier avec une partie de l'état-major du II/164e RIF.

Seuls quelques officiers, dont le capitaine Preillat et les sous-lieutenants Michel et Goaux, parviennent à s'échapper. La « canonnade » n'a causé aucune victime et les Allemands sont embarrassés de tous ces prisonniers. Des coups de feu et des rafales se répondent sur la rive gauche de la Moselle et des centaines de réfugiés, qui avaient cru trouver un havre à Épinal, reprennent paquets, bicyclettes et chariots pour s'éloigner en hâte des lieux du combat. Retrouvant par hasard le commandant Fonblanc, Orgebin prend une curieuse décision : « Je lui donne l'ordre, écrit-il, de sortir son bataillon d'Épinal que je ne connais pas et où je ne me soucie pas d'engager un combat de rues improvisé. »

Partant de l'idée que l'adversaire ne connaît pas, lui non plus, la ville, cette ville qu'il doit défendre face à l'ouest, Orgebin pourrait faire traverser la Moselle à ses bataillons et les installer dans les immeubles des quais de la rive droite de manière à prendre les ponts sous son feu. Il préfère partir. A son chef d'état-major, le commandant Delaval, qu'il rencontre près de la gare, il ordonne : « Filez sur Thaon où je vous rejoindrai quand j'aurai recueilli le bataillon Renaud. Il faut sortir de ce guêpier au plus vite. »

A bord de sa voiture, il rejoint le bureau de la Place où il suppose que le général Fournier pourra le renseigner sur la situation : « Je le trouve prêt à partir, dit-il, il me reprend la voiture, me dit qu'il va faire sauter les ponts, excepté celui par lequel passe la canalisation d'eau potable de la ville. Il me dit de le garder. Puis ils partent tous, me laissant seul avec le lieutenant Bantz. »

Fournier a tout de même pris l'initiative de faire transporter à Saint-Laurent la compagnie Contet, celle qui possède ses mitrailleuses. Avec les deux autres compagnies, le commandant Renaud défend la gare et les quais de la Moselle mais les engins blindés du *Kampfgruppe* Esebeck cherchent plus à « faire du volume » qu'à livrer combat. Les automitrailleuses circulent, apparaissent, disparaissent, lâchent quelques rafales et déclenchent la panique chez les civils et les militaires isolés qui lèvent les bras sans même savoir où se rendre.

Pendant que le commandant Orgebin tente de sortir son régiment du « guêpier », un groupe d'artillerie vient de s'arrêter sur la rive droite. Des 75 qui feraient bien l'affaire du commandant du 164ᵉ RIF. Guidé par le lieutenant Gallet de Saint-Aurin, le capitaine Lexpert, du I/11ᵉ RALC ignore où se trouve son colonel mais, se sachant talonné par l'ennemi, il envisage de mettre ses pièces en batterie vers Jeuxey d'où il pourra tirer sur la rive gauche. La malchance est décidément du côté des Français car Lexpert tombe sur le général Fournier qui abandonne Épinal : « Le général commandant d'armes me dit que l'ennemi est dans la ville, rapporte Lexpert, que les ponts vont sauter et qu'il va à Gérardmer. »

Impressionné, l'artilleur n'insiste pas et donne l'ordre à ses batteries de quitter Épinal[1] où de hautes flammes couronnées de fumée noire s'élèvent du côté de Golbey : les stocks de carburant de la Jeanne d'Arc et ceux de la société Desmarais ont été sabotés et brûlent.

Le problème posé par les ponts de la Moselle doit être maintenant résolu. La ville est traversée sud-nord par la rivière et la seule façon d'empêcher Esebeck de passer de la rive gauche à la rive droite est de détruire les passages. Le général Fournier hésite car le préfet Dupuy[2] a demandé à différentes reprises, au général Condé, de la IIIe armée, d'épargner les ponts d'Épinal, surtout le pont de Pierre sous lequel passe la conduite d'eau potable dont la destruction priverait la population spinalienne. Fournier a sans doute pu téléphoner à son supérieur vers 17 heures car le général Condé note dans son journal à 17 h 20 : « Il me demande s'il faut faire sauter les ponts de la Moselle. Réponse : oui pour tous sauf pour le pont principal qui porte la conduite d'eau et qu'il ne faudra faire sauter qu'à l'arrivée des Allemands. »

Les déflagrations qui se succèdent brisent les vitres des immeubles des quais. Les sapeurs exécutent les ordres de Fournier. Les ponts de la République et de la Loge Blanche sont détruits les premiers, puis le pont Clemenceau s'écrase d'une pièce dans le lit de la rivière. Après l'explosion qui masque un instant le pont de la Bibliothèque, on peut voir que la moitié amont est intacte sur toute la longueur et permet le passage d'une file de fantassins. La passerelle du Cours reste provisoirement en l'état — elle est inaccessible aux chars — ainsi que le pont de Pierre. Selon Condé, celui-ci doit pourtant sauter « à l'arrivée des Allemands ». Or, les reconnaissances du *Kampfgruppe* Esebeck escadronnent dans le quartier de la gare et, d'un instant à l'autre, une ou deux automitrailleuses peuvent se présenter devant le pont. Rien ne les arrêtera puisque le commandant Orgebin, malgré l'ordre reçu de Fournier de s'établir sur la Moselle, a retiré ses deux bataillons de la ville.

Le colonel Tessier, chef d'état-major de Condé, se montre plus nuancé que son supérieur : « Le général Condé a fait sauter les ponts malgré la demande du préfet, écrit-il dans ses carnets, à l'exception du pont-conduite d'eau potable qu'il faut barrer spécialement. »

Tessier a-t-il atténué, en le transmettant, l'ordre de Condé ? En tout cas, il ne se prononce pas sur une éventuelle destruction « à l'arrivée des Allemands[3] ».

1. Le capitaine Lexpert fera saboter ses pièces et se réfugiera dans la montagne vosgienne d'où il sortira pour se rendre, le 25 juin, avec près de 300 artilleurs et autant de chevaux.

2. Le préfet Paul Dupuy est en poste à Épinal depuis le 10 août 1937. Il sera remplacé le 16 décembre 1941 par M. André Parmentier.

3. Une autre version est donnée par M. Lehmann : le sapeur Quiévreux, de Cambrai, aurait tenté à cinq reprises, mais en vain, de mettre à feu le cordon qui se révéla

Tout le monde va pouvoir se mettre d'accord puisque le général Fournier quitte Épinal pour Gérardmer où il croit trouver le PC de la IIIe armée alors que celui-ci est maintenant à Saint-Dié. Fournier est précédé par le commandant Oudot, de la direction des chemins de fer, qui se présente vers 21 heures au lieutenant-colonel Debeugny, chef du 3e Bureau. Oudot raconte qu'il a assisté à l'arrivée « de quelques blindés et motocyclistes allemands » et que « les ponts ont sauté sauf le pont de Pierre ». C'est un renseignement de première main qui parvient ainsi à l'état-major de l'armée.

« Oudot a vu des barricades, note Debeugny, mais m'assure que la ville ne sera pas défendue car les éléments qui s'y trouvent sont en complète pagaille. Il est absolument écœuré. »

Deux heures plus tard, autre son de cloche. Le lieutenant-colonel Nanty, chef d'état-major de Fournier, a fini par découvrir le PC de la IIIe armée et rend compte au colonel Tessier que « les blindés ennemis sont entrés à Épinal qui est tombée ».

Debeugny, qui assiste à l'entretien, est d'abord stupéfait d'un tel aplomb. Il sait que les GR du lieutenant-colonel Pichon bordent la Moselle, que le 164e RIF a été débarqué à Épinal et placé sous les ordres de Fournier, sans compter, écrit Debeugny, « trois ou quatre mille isolés, plus ou moins fuyards qui ont été rameutés dans Épinal avec ordre de les réarmer et de les réencadrer ».

Vue du 3e Bureau, la théorie est séduisante et peut-être pouvait-on en effet, mettre sur pied un ou deux bataillons en réencadrant les isolés. Fournier n'a donné aucun ordre dans ce sens et, en abandonnant son PC d'Épinal, il n'a pas montré l'exemple.

Debeugny : « Nanty est volubile mais fort peu précis ; il ne peut dire l'importance du détachement ennemi qui s'est présenté devant le seul pont non détruit. On a l'impression que la plus grande pagaille doit régner là-bas, qu'aucune défense sérieuse n'a été faite, que la garnison s'est dispersée devant deux ou trois automitrailleuses et quelques motocyclistes. »

Tandis que le colonel Tessier, toujours très calme, écoute les explications de Nanty, le bouillant Debeugny arpente la pièce de long en large et on le devine prêt à exploser. Lorsque Nanty tente d'expliquer que le général Fournier est peut-être à Thaon, ou à Châtel, et qu'il demande des ordres, le chef du 3e Bureau ne peut plus se contenir.

« J'éclate, écrit-il dans ses carnets, et lui dis, hors de moi, que les

---

défectueux. *(Histoire d'Epinal 1939-1944).* Le 22 septembre 1944, le cordon allemand sera sans doute de meilleure qualité car les *Pionniers* détruiront le pont de Pierre pour interdire le passage aux Américains.

ordres étaient de défendre Épinal sans esprit de recul, ce qui n'a pas été fait, que le général Fournier doit y retourner immédiatement, en chasser les quelques Allemands qui s'y trouvent et s'y réinstaller. »

Tessier approuve l'intervention de Debeugny et congédie Nanty « avec l'ordre formel de contre-attaquer dès demain matin avec le 164ᵉ RIF ».

C'est une mission impossible qui est confiée à Nanty. Sa voiture doit d'abord fendre le flot des convois et les remonter à contre-courant pour rejoindre le général Fournier. Cela va prendre du temps puisque Nanty ne sait pas si son supérieur se trouve à Thaon-les-Vosges ou à Châtel-sur-Moselle. Les deux hommes devront ensuite retourner à Épinal, mettre la main sur le 164ᵉ RIF et monter une contre-attaque. Maintenant que la nuit est tombée, Orgebin lui-même ne sait pas où est son régiment. Le bataillon Renaud serait à Girmont, à 12 kilomètres au nord, mais le bataillon Fonblanc reste introuvable. A la lecture des carnets du chef de corps, on est impressionné par le nombre de ses déplacements, parfois en side-car mais le plus souvent à pied, cherchant un bataillon, une compagnie, comme si aucun de ses officiers n'était qualifié pour le faire. Orgebin joue les Soubise durant toute la nuit du 18 au 19 juin. Pourquoi n'a-t-il pas exécuté l'ordre de Fournier d'aligner son régiment sur la rive droite de la Moselle et de concentrer ses feux sur le pont de Pierre resté intact ? Maintenant, il est sans doute trop tard car la *6ᵉ Panzer* ne reste pas inactive. A 22 h 45, le PC du *41ᵉ Korps* reçoit le message suivant du *General* Kempf :

« Sommes entrés à Épinal. 400 prisonniers. Situation exacte ne peut être précisée. Démarrage prévu pour attaque le 19 à 4 h 30. »

Esebeck a rendu compte que ses blindés occupent les quartiers d'Épinal situés sur la rive gauche et qu'il va profiter de la nuit pour amener l'ensemble du *Kampfgruppe* sur une nouvelle base de départ. Dans ses ordres pour le 19 juin, le *General* Kempf prévoit en effet de faire donner l'ensemble de la *6ᵉ Panzer*. Le *Kampfgruppe* Ravenstein attaquera en même temps que Esebeck et cherchera à s'emparer d'un passage sur la Moselle au sud de la ville « et si possible des ponts de façon à occuper la partie est d'Épinal ». Koll, dont les blindés se regroupent après le combat de Xertigny, contournera les résistances françaises par l'ouest.

Au PC du *41ᵉ Korps* qui vient de prendre ses quartiers au Grand Hôtel de Bains-les-Bains, c'est l'attaque de toute la ligne de la Moselle qui est prévue, avec les trois divisions engagées de front. Sur le flanc nord, la *8ᵉ Panzer* du *General* Kuntzen avance sur l'axe Darney-Dompaire et lancera une tête de pont à Châtel-sur-Moselle. Au sud, la *20ᵉ Mot. Division* du *General* von Viktorin attaquera devant Archettes et Jarménil et traversera la rivière en force.

Veillée d'armes dans le camp allemand où l'on ignore encore que les

*Panzers* affronteront le 19 juin la cavalerie française, à Châtel-sur-Moselle, à Archettes et à Jarménil où le chef d'escadrons de Champeaux espère toujours voir arriver les batteries du III^e^/42^e^ RAC qui lui ont été (presque) promises par le lieutenant de la Motte Saint-Pierre. A 22 h 50, l'*Oberst* von Esebeck fait partir un dernier message radio destiné au PC de la *6^e^ Panzer.* Il demande la position du *Kampfgruppe* Koll, celle des unités de la *16^e^ Armée* qui arrivent du nord, et sollicite « un ravitaillement en carburant et en munitions ».

*
* *

Le lieutenant-colonel Pichon est persuadé qu'il ne possède qu'une vue partielle de la situation mais, à la tombée de la nuit, alors qu'il revient du PC du général Champon à bord de sa voiture, une évidence le frappe : ses cavaliers, à cheval ou motorisés, tiennent la Moselle de part et d'autre d'Épinal alors que la ville, au milieu du dispositif, ne paraît pas défendue. Les deux escadrons à cheval du capitaine Vatin-Pérignon sont en réserve à Pallegney et Pichon s'arrête au PC du groupe.

« Rassemblez vos pelotons, dit-il à Vatin-Pérignon, et installez-vous à Épinal, sur la rive droite de la Moselle. »

Pichon ajoute, ce qu'il a d'ailleurs précisé à tous ses subordonnés : « La mission est de tenir sans esprit de recul jusqu'à relève par l'infanterie, sauf le cas où je donnerais un nouvel ordre [1]. »

La voiture repart dans la nuit et le commandant des GR passe à Portieux, à Châtel où il voit ses escadrons à cheval, puis à Girmont où il indique au commandant Gigandet, du GRDI 51 « qu'il y a lieu de rappeler sa découverte en vue de sa nouvelle mission [2] ». Enfin, Pichon se porte sur Épinal où il arrive à 22 heures.

« Je trouve pour commandant d'armes, écrit-il, le lieutenant-colonel Laxague, arrivé à 17 heures donc pratiquement ignorant de la situation et ne disposant que d'éléments médiocres d'un régiment régional. »

Pichon apprend que des motorisés allemands ont déjà reconnu la rive gauche et le secteur de la gare, ce qui l'incite à modifier son dispositif. Il calcule en effet que les deux escadrons à cheval de Vatin-Pérignon ayant une quinzaine de kilomètres à parcourir depuis Pallegney, ne seront à Épinal que vers une ou deux heures du matin. Trop tard pour empêcher des patrouilles allemandes de traverser de nuit le pont de Pierre. Pichon pense alors aux escadrons motorisés du GRDI 46 et prescrit « à leur énergique chef, le commandant Degatier, d'assurer la défense de la ville

1. La phrase est soulignée en gras dans le rapport du lieutenant-colonel Pichon.
2. Il s'agit de l'escadron moto du capitaine Touchard. A la même heure, celui-ci dîne à Darney avec le lieutenant de Rohan-Chabot et leur hôte, M. Demard, avant de gagner la chambre mise à leur disposition par ce dernier pour la nuit du 18 au 19 juin.

en prenant en outre sous son commandement tous les éléments qui s'y trouvent. » Quant à Vatin-Pérignon, ses cavaliers iront à La Vierge, au sud d'Épinal, à la place de Degatier.

« Chambre, lance Pichon à son officier de renseignements qui ne le quitte pas d'un éperon, vous restez sur place pour guider les mouvements et assurer leur exécution. Je rentre à La Baffe. »

Il est près de minuit. Le chef d'escadrons Degatier dispose de moins de quatre heures pour reconnaître Épinal, dans l'obscurité, et disposer ses 200 cavaliers sur les meilleurs emplacements de combat.

## CHAPITRE III

# « On se fait tuer sur place ou l'on essaie d'en sortir ? »

Les gros de la cavalerie du lieutenant-colonel Pichon font mouvement dans la nuit du 18 au 19 juin. Les deux escadrons du commandant de Champeaux arrivent les premiers sur leur position et assurent la défense des ponts d'Archettes et de Jarménil. Le commandant Gigandet roule vers l'entrée nord de Remiremont avec son escadron porté pendant que les deux escadrons motorisés du GRDI 46 approchent d'Épinal où le commandant Degatier les a précédés. Le lieutenant de Montlivault est resté à Portieux avec l'escadron à cheval du GR 46 et le capitaine de Bellerive à Châtel avec celui du GR 26. Les escadrons montés du GRCA 24 trottent dans l'obscurité de façon à entrer dans Épinal avant le jour.

« Encore 20 kilomètres en selle et quatrième nuit sans sommeil ! » note le capitaine Vatin-Pérignon. Au 2e escadron, le lieutenant Delechelle calcule « qu'il a parcouru 343 kilomètres en huit étapes et perdu huit chevaux fourbus » depuis qu'il a quitté l'Alsace.

A Épinal, la rive gauche de la Moselle est plus silencieuse et plus inquiétante depuis que l'avant-garde de la *6e Panzer* a exécuté son raid dans le quartier de la gare. Malgré la nuit, des centaines de réfugiés civils et de militaires ont franchi le pont de Pierre et se sont pour la plupart installés dans les caves et abris de la rive droite. Le chef d'escadrons Degatier a pris possession de la mairie où son officier adjoint, le capitaine Jeantet, installe le PC. Le lieutenant Berton et la trentaine de véhicules de l'escadron hors rang sont en dehors de la ville, camouflés sous les arbres, à proximité du fort des Adelphes. Le médecin-lieutenant Goepfert, de Nancy, et le Dr Vorbeck ouvrent un poste de secours dont ils espèrent que ses capacités ne seront pas dépassées.

Avant d'effectuer la reconnaissance de la position affectée à son escadron moto, le capitaine Rouvillois est allé au bureau de la Place. Un lieutenant s'y trouvait, qui ne savait rien du 164e RIF sorti du « guêpier d'Épinal », ni du 55e BM dont les bouchons tiennent encore une partie du canal de l'est, à l'ouest de la Moselle, et encore moins d'un éventuel appui d'artillerie. Il informa pourtant Rouvillois que ni le pont de Pierre ni la passerelle du Cours n'étaient détruits. Pas un mot sur le général Fournier. Rouvillois n'a pas insisté mais, tandis que ses pas le portent vers la mairie où il va rendre compte à Degatier, il prend conscience du désordre dans lequel les escadrons motorisés du GRDI 46 viennent se jeter.

« La tenue infâme de la majorité des hommes que je rencontre en ville, débraillés et ivres, l'absence de tout élément de défense sur les ponts non sautés, écrit-il dans son rapport, me prouvent que le commandant d'armes n'a absolument pas en main les éléments dont il dispose et est incapable d'assurer la défense de la ville. »

Rouvillois n'imagine pas que le général Fournier et « les éléments dont il dispose », c'est-à-dire le 164^e RIF, ont quitté la ville au premier fusant tiré sur celle-ci. A la mairie, Degatier constate la défaillance de ses transmissions : « Le téléphone ne marchera jamais, la poste, comme la gare, étant de l'autre côté de l'eau, avec l'ennemi. Et le lieutenant-colonel Pichon ne m'a pas donné d'indicatif ni de longueur d'onde pour communiquer avec lui[1]. »

Dans la nuit qui blanchit à l'approche du jour, les cavaliers achèvent leur installation dans les immeubles bordant la Moselle. Au sud, l'escadron Rouvillois tient sous son feu la passerelle du Cours et le pont de la Bibliothèque avec les pelotons des lieutenants Jansou et Raymond. Au nord, le capitaine du Mesnil a confié la défense du pont de Pierre au sous-lieutenant Vandecasteele, les pelotons du lieutenant Barjou et de l'aspirant La Roulandie prenant position en aval. Chez Rouvillois, les hommes ouvrent des créneaux dans le mur ouest du parc de la préfecture et s'emparent sans complexe des sacs de sable empilés autour du monument aux morts pour mieux protéger leurs armes automatiques au premier étage de la Caisse d'Épargne, à l'imprimerie Homeyer, au Crédit Lyonnais et même dans l'appartement du pharmacien Bailly. Vers quatre heures du matin, le jour étant levé, le brigadier-chef Bouley et les cavaliers Malgras et Faron enlèvent quatre rangées de pavés sur le pont de Pierre et les remplacent par des mines antichars. Degatier estime que la mise en place de ses deux escadrons est pratiquement terminée.

« Nous sommes parés, écrit-il, à l'exception du lieutenant Barjou qui porte à bras ses mitrailleuses et doit faire pas mal de démolitions pour aménager un immeuble au centre de résistance[2]. »

1. Pourquoi ne pas envoyer un officier de liaison au PC de Pichon, à La Baffe, pour demander l'un et l'autre ?

2. Au cours de la nuit, le préfet Dupuy aurait rappelé à Degatier la décision prise par M. Pomaret, ministre de l'Intérieur, de considérer les communes de plus de 20 000 habitants comme villes ouvertes, ce qui était le cas d'Épinal. Aucune trace de

Témoignant d'un moral exceptionnel, le commandant du GRDI 46 ajoute : « Il n'y a pas huit jours, nous avons promis un insigne spécial à tout homme qui détruirait un char. Le moment va probablement sonner. »

Appliquant les ordres du lieutenant-colonel Pichon, le commandant de Champeaux a installé son PC à Archettes et il ne tarit pas d'éloges sur le maire, M. Grémillet qui, dit-il, « s'ingénie pour ne pas gêner et même aider la défense française. »

Le chef d'escadrons dispose d'un faible appui d'artillerie commandé par des officiers décidés à se battre : les capitaines Rain et Dutailly avec les lieutenants Hayau et Magnoischi, du 26e RA, les lieutenants Toursier et de Poilloux de Saint-Mars, du 314e RA. Champeaux espère toujours que le III/42e RAC débarquera de ses trains et viendra l'appuyer mais au fil des heures, il finit par comprendre qu'il s'est bercé d'illusions. Le lieutenant de la Motte Saint-Pierre a pourtant multiplié les démarches au cours de la nuit pour que les tubes du III/42e RAC fussent en batterie au lever du jour. Le problème du débarquement des pièces paraissait insoluble car il fallait un quai militaire. On opta pour celui de Laveline devant Bruyères ce qui obligeait les cheminots à refouler trois rames par l'unique aiguillage de Docelles. Le III/42e RAC était sur la première, le 1er groupe sur la deuxième et le 60e BCA sur la troisième. Une fois à terre, tous ces éléments avaient encore 20 à 25 kilomètres à parcourir pour rejoindre les cavaliers sur la Moselle. Le lieutenant de la Motte Saint-Pierre a été victime d'un accident matériel avec sa voiture, il a cherché des cartes, effectué des liaisons et, le 19 juin au lever du jour, il arrivait à Rambervillers, au PC du 42e RAC. « Je vois le capitaine Aussey en pyjama sortant de son lit, écrit-il dans ses carnets. On réveille le colonel Leroy qui me dit qu'il faut faire reposer les hommes et les chevaux. » Je bondis... « Mon colonel, dis-je, un GR est sans appui à Archettes avec une étendue considérable à défendre. » Sourire sceptique du colonel, probablement sur « la défense bien vaine, d'après lui, à opposer ».

Leroy oublie-t-il que son unité constitue le régiment d'artillerie légère organique de la 30e DIA et que celle-ci, sous les ordres du général Duron est attendue sur la Moselle pour relever les cavaliers, comme doit le faire la 70e DI au nord d'Épinal ?

A Archettes, le capitaine de Moucheron a installé son PC près de l'église et son groupe de commandement a creusé une tranchée dans le jardin du presbytère. Le peloton Canet est à gauche, près du cimetière,

---

cette conversation n'a été relevée par l'auteur dans les documents qui lui ont été communiqués par Mme Hélène Degatier.

mais un bois épais qui borde la rivière l'empêche de prendre liaison avec la défense de Jarménil. Le lieutenant de Villemandy est sur la lisière ouest du village, en liaison avec les pelotons à cheval du capitaine Vatin-Pérignon arrivés à l'aube.

« Un vieux principe militaire veut que l'on soit fort sur un point plutôt que faible sur toute une ligne, écrit Moucheron. Que ne m'en suis-je souvenu malgré la faiblesse de mon effectif ! Ainsi étalé, mon escadron ne dispose plus d'aucune réserve ! »

L'officier n'est pas seul à faire preuve d'un tel bon sens mais, en juin 1940, c'est à l'échelon de la division, et même plus haut, que le « vieux principe » est oublié. On ne compte plus les rapports qui font état de « fronts impossibles à tenir ». Il en sera ainsi à Jarménil, à Archettes, à Épinal, à Châtel. La veille, déjà, des régiments s'étaient étirés sur la Meuse et le canal de la Marne au Rhin, dans une attitude défensive et rien que défensive, les forces disponibles n'étant même pas utilisées pour contre-attaquer[1].

La rue principale d'Archettes descend doucement vers le pont de la Moselle d'où l'on aperçoit, sur la rive gauche, les premières maisons d'Arches, à l'extrêmité d'une belle allée bordée de platanes. Dans la soirée du 18, le capitaine de Moucheron a intégré à son escadron des pionniers qui venaient de traverser la rivière en criant « que des civils leur avaient tiré dessus ». Encore la Cinquième colonne ! Toujours mise en cause par des hommes qui fuient, jamais par ceux qui se battent ! Par prudence quelques platanes ont été abattus de manière à barrer la route à une éventuelle patrouille motorisée et Moucheron a passé la nuit derrière une maison, sur une botte de paille apportée par son ordonnance. Archettes est à peu près désert ; devinant l'imminence de la bataille, la plupart des habitants sont allés se réfugier dans les profondeurs de la forêt de Tanières qui monte en coteau à l'est de la vallée.

« Au petit jour, note le capitaine, je grimpe dans le clocher. Aussi invraisemblable que cela puisse paraître, sur le quai de la gare d'Arches, en face de moi, deux femmes et une sœur de Saint-Vincent de Paul attendent un train. Ont-elles passé la nuit dans la salle d'attente sans s'apercevoir de rien ? »

Le soleil se lève et éclaire la colline d'Arches. A une fenêtre, un homme agite un panneau blanc. Une rafale de FM le cloue sur place et son corps se casse en deux sur la barre d'appui. Des fantassins allemands marchent prudemment dans les fossés de la route qui conduit à la rivière. D'autres apparaissent entre les immeubles. La fusillade s'allume, assez vive, mais l'adversaire n'insiste pas : il sait maintenant que le passage est gardé. Sur le quai de la gare, perdant en quelques secondes leur envie de voyager, les trois femmes ont disparu. Au moment où un

1. Voir *Les combattants du 18 juin,* tome I : le sang versé (Fayard, 1982).

petit avion d'observation dessine sa silhouette fragile dans le ciel, les sapeurs actionnent la mise à feu du pont dont les débris retombent dans la Moselle. Il est 4 h 30. Peu après, comme un écho tardif, une autre explosion retentit cette fois en amont : le pont de Jarménil vient d'être détruit [1].

A la filature dont il défend les abords avec ses artilleurs à pied et deux mitrailleuses Saint-Étienne, le capitaine Maurice n'est pas rassuré par la présence des deux escadrons de cavalerie du commandant de Champeaux de part et d'autre de sa position. Il sait que le moral de ses hommes est en train de craquer. Plusieurs d'entre eux ont déserté pendant la nuit et l'un de ses officiers, le lieutenant Thauvin, note « le revirement qui s'est fait dans les esprits, la demande d'armistice ayant cassé les bras ».

Imperméable à ces humeurs, le lieutenant des Essarts a mal réagi lorsque des sapeurs lui ont annoncé que le pont métallique « n'était pas encore chargé ». Mais prenant son parti de l'affaire, il a fait barrer le passage avec des sacs de déchets de coton qu'il prévoit de faire incendier en cas d'irruption de l'ennemi. Des Essarts est à demi couché, le mousqueton à l'épaule et une provision de cartouches à portée de la main. Il attend. Peu avant le lever du jour, Maurice a téléphoné à la poste de Pouxeux, de l'autre côté de la Moselle.

« La receveuse m'a répondu, note-t-il, mais avant que j'aie le temps de m'expliquer, j'ai entendu des voix rauques qui criaient en allemand. Le Fritz est là, en face, à moins d'un kilomètre. »

Le ciel était rose derrière la forêt de Tanières quand le maréchal des logis Babry s'est présenté à Maurice avec le fanion de la batterie, un carré d'étamine de soie sang et or, aux couleurs des ducs de Lorraine.

« Faut-il le brûler ou le cacher, mon capitaine ? demanda le sous-officier.

— Déchire-le et remets un morceau à chaque gradé. »

Des sapeurs sont enfin venus faire sauter le pont ferroviaire. L'explosion « nous envoie un paquet de ferrailles » raconte Maurice. Le « paquet » ne devait pas être volumineux car, seule, une travée s'est légèrement affaissée. Il n'est plus temps de revoir la mise à feu car, du côté de Jarménil, l'artillerie allemande répond maintenant avec violence aux mitrailleuses de l'escadron Clavier. La *20e Mot. Division* du *General* von Viktorin vient de passer à l'attaque.

Les deux escadrons du commandant de Saint-Sernin ayant été détruits la veille, les seuls éléments en position le 19 juin au lever du jour à l'ouest de la Moselle sont les bouchons défensifs du 55e bataillon de

1. L'officier du génie, le lieutenant Jacques Leclère, de Luchon (Haute-Garonne) aurait été tué lors de la mise à feu.

mitrailleurs du commandant Carte. Ils tiennent les passages du canal de l'Est et leur mission est d'en interdire le franchissement à l'ennemi. Or, si cette mission était cohérente le 17 juin, elle ne l'est plus le 19 au matin. En effet, le 55e BM formait la branche nord du groupement dont les deux escadrons de Saint-Sernin constituaient la branche sud. Carte était subordonné à Saint-Sernin, il en recevait des ordres, il assurait la liaison avec les cavaliers. La défense a-t-elle encore un sens le 19 juin ? Xertigny et les bouchons les plus proches ont été forcés par le *Kampfgruppe* Koll pendant que celui d'Esebeck perçait la position entre les cavaliers et les mitrailleurs et s'emparait des faubourgs ouest d'Épinal.

Craignant pour sa sécurité, Carte a quitté son PC de Dounoux, à une dizaine de kilomètres au sud d'Épinal, pour se réfugier à Golbey dans le faubourg nord de la ville. A l'aube du 19, il hésite : le gros de son bataillon est en place à l'ouest de la Moselle mais il est sans nouvelles de son supérieur, le chef d'escadrons de Saint-Sernin, dont il ignore la mort à Xertigny. Doit-il rejoindre ses hommes et participer au combat imminent ou rechercher une grande unité sous les ordres de laquelle il se placerait ? A 5 heures du matin, il choisit cette seconde solution afin, dit-il dans son rapport, « d'aller rendre compte à une autorité qualifiée[1]. » Accompagné du lieutenant Laurent, il ordonne à Lesage, son chauffeur, de longer la rivière jusqu'à Thaon-les-Vosges et de franchir le pont de Girmont. De là, il se rend à Padoux, sur la route de Rambervillers où se trouverait, lui a-t-on dit, le PC de la 70e DI. Il y rencontre en effet le général François qui, apprenant qu'un bataillon de mitrailleurs est en position à l'ouest de la Moselle, aurait dit à Carte : « Dépêchez-vous de passer sur la rive droite, c'est là que la bataille va se livrer. »

Carte objecte que ses compagnies sont étalées sur un trop grand front et qu'il manque de moyens de transport pour les retirer de leur position. Retourne-t-il sur la rive gauche pour donner l'ordre à ses subalternes de traverser la rivière ? Pas du tout ! La voiture conduite par Lesage repart vers le nord-est, traverse Rambervillers et s'arrête à Saint-Benoît-la-Chipotte, au PC du 12e corps. Le général Champon n'est pas là mais Carte voit le colonel Belhaigue, chef d'état-major et le capitaine Bernard, chef du 3e Bureau. Belhaigue trouve parfaitement incongrue la visite de Carte ; ce n'est tout de même pas à lui de donner des ordres aux bataillons isolés.

« Je ne pus obtenir d'ordres précis sur ce que je devais faire ! » assure Carte en ajoutant qu'on lui conseille d'aller à Bruyères, à mi-chemin entre Épinal et Saint-Dié, au PC de la 30e DIA. Toujours conduits par le fidèle Lesage, Carte et Laurent repartent, cette fois vers le sud. Après d'infructueuses recherches, ils finissent par découvrir le général Duron

1. Jean Émile Carte rédigea son rapport à son retour de captivité en 1945. Il habitait alors Clermont-Ferrand.

« dans une ferme près de Deycimont ». Le chef de la 30e DIA a la même réaction que le général François : « Dépêchez-vous de faire passer votre bataillon sur la rive droite ! »

Carte s'incline et repart. A-t-il vraiment l'intention de rejoindre le 55e BM et d'en reprendre le commandement ? Son rapport ne paraît pas crédible sur ce point. Il s'arrête à Girmont où un médecin lui aurait annoncé l'entrée des Allemands à Thaon-les-Vosges puis il rencontre des cavaliers, des artilleurs et enfin le capitaine Tavernier, du 223e RI, à Dogneville, à sept kilomètres au nord d'Épinal. Là, Carte prend enfin une initiative : il envoie son officier de renseignements à Jeuxey, avec mission de monter dans le clocher pour voir si les bouchons du 55e BM ont engagé le combat. Quant à lui, il va faire la même chose dans le clocher de Dogneville. La journée est avancée et la bataille se livre depuis le matin. Sans lui. Quelques *Stukas* lâchent leurs bombes sur Dogneville puis l'artillerie allemande prend le relais. Carte n'est pas blessé mais il juge le secteur particulièrement malsain et décide de retourner « la mort dans l'âme » (*sic*) au PC du général Duron qui est tout de même moins exposé. Pendant ce temps, le 55e bataillon de mitrailleurs laissé sans commandement subit l'attaque de la *6e Panzer*.

Sous le choc, le lieutenant Chaillet tente de replier ses petits postes sur le fort du Thiéha, PC de la CM 2 du lieutenant Giraud, mais les colonnes allemandes en marche vers l'est tiennent les routes et commencent à déborder sur les chemins. Chaillet dispersera ses hommes en petits groupes et leur donnera pour mission de marcher vers le sud-est [1]. Entre Girancourt et le bois de Girancourt, les bouchons du lieutenant Peaucellier et de l'aspirant Duriez tenteront courageusement d'arrêter l'ennemi avec leurs canons de 25. Les Allemands auront trois des leurs faits prisonniers et onze tués. Duriez cédera lors de l'intervention des canons d'assaut, laissant cinq morts [2] sur le terrain et une douzaine de blessés. Peaucellier gagnera les bois avec quelques hommes et sera capturé le 21 juin.

A Bouzey, le lieutenant D... de la CM 3 est fait prisonnier mais, sous la menace, il accepte d'aller à Chaumousey où le médecin-auxiliaire Thévenot a installé son poste de secours, et de donner l'ordre de se rendre au lieutenant Ciret. A Dounoux, c'est le drame au cours duquel un prêtre, le lieutenant de Bronac, et sept de ses soldats sont fusillés sans jugement [3]. Le PC du 55e BM est enlevé entre 11 heures et midi. Camions, émetteur radio, chevaux, réserve de vivres et de munitions

1. La plupart seront capturés, d'autres, comme Chaillet et cinq de ses soldats se procureront des vêtements civils et parviendront à passer en zone libre le 6 juillet.
2. Bourinet, Lécuyer, Rousselot, Seiger et Villaume.
3. Voir *Juin 1940 le mois maudit* (Fayard, 1980).

tombent intacts entre les mains de la *6ᵉ Panzer* avec, en prime, le fanion du bataillon que le commandant Carte n'a pas eu l'idée d'emporter avec lui.

A Golbey, les postes des lieutenants Fescal et Preel attendent l'ennemi, canons de 25 braqués face à l'ouest. Le reste du bataillon n'opposera pas de résistance sérieuse. Le capitaine Archambaud, de la CM 1 fera détruire son matériel le 20 juin, autorisera ses hommes à se disperser puis, épuisé et malade, ira se constituer prisonnier à Saint-Laurent, au sud d'Épinal. Le lieutenant Lucciardi et ses mortiers seront pris au fort de Girancourt et le lieutenant Villagines dans l'après-midi du 20 juin. Mal commandé, ignoré des échelons supérieurs, dispersé en points d'appui sans liaison, le 55ᵉ BM a été sacrifié inutilement au moment où la bataille d'Épinal s'engage avec des cavaliers... qui attendent toujours la relève promise.

⁂

Pendant la nuit du 18 au 19 juin, le *Kampfgruppe* Esebeck a regroupé ses forces et occupé les quartiers d'Épinal situés sur la rive gauche de la Moselle. Les pleins de carburant ont été refaits, les dotations en munitions recomplétées et l'artillerie organique de la *6ᵉ Panzer* s'est déployée sur le front de la division. Moins d'une heure après le lever du jour, l'*Oberst* von Esebeck a lancé ses reconnaissances vers la rivière.

« A 4 h 30, écrit le chef d'escadrons Degatier, on entend des bruits de moteurs et, un instant plus tard, la fusillade crépite au nord, chez La Roulandie ; elle ralentit, elle reprend, elle s'intensifie, elle dure puis les 37 entrent en danse. »

Les armes automatiques de l'escadron Du Mesnil n'ont peut-être pas observé une discipline de feu très stricte car, après avoir lâché quelques coups de 37 sur les emplacements repérés, les blindés allemands, qui n'en demandaient pas plus, se retirent vers la gare pour lancer un nouveau coup de sonde en amont. Devant la mairie d'Épinal, les derniers pelotons à cheval du groupe d'escadrons Vatin-Pérignon s'arrêtent sur un geste du lieutenant Chambre. Les animaux ont la robe mouillée et l'écume à la bouche.

« Vous rejoignez La Vierge, au sud d'Épinal, fait savoir Chambre, hâtez-vous, l'ennemi commence à s'agiter. »

Le général Fournier fait sa réapparition et, comme si la chose allait de soi, il demande au commandant du GRDI 46 de « lui expliquer la situation ». Toutefois, il ne dit pas un mot du 164ᵉ RIF dont il est sans nouvelles depuis la veille. En revanche, il promet à Degatier de lui envoyer UN canon de 75 et retourne à son PC [1].

1. Les cavaliers du GRDI 46 n'ont reçu aucune pièce de 75. Cependant, le lieutenant-colonel Agabriel, du 155ᵉ RAP, note dans son rapport que vers sept heures, le général

Depuis la rive gauche, le feu reprend, cette fois devant la position du lieutenant Barjou mais, là non plus, les automitrailleuses — au nombre de cinq selon le rapport Degatier — n'insistent pas et se retirent. Une demi-heure s'écoule pendant laquelle la tension ne cesse de monter, puis des cavaliers installés au premier étage d'un immeuble de la rive droite rendent compte que des fantassins allemands viennent d'apparaître aux fenêtres des maisons d'en face. Une automitrailleuse et trois motocyclistes reconnaissent à vive allure les abords de la passerelle du Cours mais se dérobent lorsque l'adjudant Wattenne fait ouvrir le feu. Vers six heures selon le rapport du capitaine Rouvillois, quelques véhicules semi-chenillés s'arrêtent à la hauteur du pont de la Bibliothèque et les fantassins qu'ils transportent sautent à terre... Du parc de la préfecture, le canon de 25 du maréchal des logis Noblet fait entendre sa voix, imité aussitôt par les mitrailleuses des brigadiers Rondeau, Wentzinger et Coggio.

« Deux véhicules chenillés brûlent et sept ou huit hommes restent à terre » écrit Rouvillois [1].

Un *Panzer III* tente de s'approcher du quai mais sous les coups du 25 de Noblet, il pivote sur place après une brève riposte de son 37 de tourelle et s'éclipse derrière le pâté de maisons. Dix minutes plus tard, un autre *panzer,* peut-être le même, descend prudemment la rue Léopold Bourg et s'arrête devant le magasin de confection Peiffer, sur le quai Boyé. Va-t-il tenter le franchissement du pont de Pierre ? Le chef de char a-t-il aperçu les mines ? Son 37 de tourelle tire cinq ou six projectiles.

« Nous cassions la croûte dans la salle à manger du pharmacien Bailly se souvient Me Julien Vandecasteele, notaire retraité à Saint-Omer, lorsque les obus ont explosé dans la pièce. Atteints par deux éclats à la jambe, j'ai été transporté au PS par le maréchal des logis Chave. »

Le blindé traverse le quai et s'apprête à monter sur le pont. En position dans l'entrée du lycée, le 25 du maréchal des logis Schillé le prend pour cible. En trois coups tirés à courte distance il immobilise le *panzer* qui commence à brûler [2]. Un bras horriblement mutilé, l'*Oberfeldwebel* Kryssmann sort de la tourelle en aidant Rohleder, le conduc-

---

Fournier est venu trouver le lieutenant Villard, en batterie au sud de la caserne de La Vierge, et lui a donné l'ordre d'envoyer une pièce sur la place des Vosges. Le commandant Maître, du II/155[e] RAP, écrit de son côté « qu'un 75 a été détaché au centre d'Épinal pour interdire l'accès au pont de Pierre ». Où est passé ce 75 ?

1. Il n'a pas été possible à l'auteur de recouper cette information dont Rouvillois est le seul à faire état.

2. Il s'agit d'un char de fabrication tchèque dont seule la *6[e] Panzerdivision* est équipée. C'est un engin de 10 tonnes, blindé à 25 mm, armé d'un canon de 37 avec mitrailleuse sous tourelle et d'une mitrailleuse de capot.

teur. Le *Unteroffizier* Dröge a été tué mais le *Gefreiter* Pinke, grièvement atteint, lui aussi, réussit à se traîner jusqu'à une cave où les brancardiers le découvriront six heures plus tard [1]. Lorsque les munitions des armes de bord commencent à exploser, elles communiquent le feu au magasin Peiffer et l'incendie s'étend bientôt à l'immeuble tout entier.

D'une rive à l'autre, les armes automatiques des deux camps se cherchent et se répondent. Chaque fenêtre soupçonnée d'abriter des tireurs est prise pour cible. Au sud de la promenade du Cours, l'adjudant Wattenne a donné l'ordre de faire sauter la passerelle car il est évident que désormais aucun Spinalien de la rive gauche n'envisage de se rendre sur la rive droite. La traversée serait suicidaire ! Les premiers incendies se déclarent dans les immeubles où sont retranchés les cavaliers, à la Caisse d'Épargne et au Crédit Lyonnais en particulier. On entend les explosions sourdes des *minen* et le tir des armes automatiques s'amplifie. De la gare où se trouve son PC avancé, l'*Oberst* von Esebeck est surpris par le mordant de son adversaire. Ses premiers messages radio au PC de la *6^e^ Panzer* témoignent des difficultés qu'il rencontre.

« Dans la partie est de la ville se trouve un ennemi qui oppose une violente résistance. Renforts nécessaires.

— 6 h 35. Partie ouest d'Épinal nettoyée. Ponts détruits. Ennemi dans partie est combat avec acharnement.

— 7 h 50. Moselle atteinte. Deux ponts [2]... J'attaque avec *Stosstrupps* le pont défendu avec violence par mitrailleuses et canons anti-chars. »

A la même heure, le « mouchard » qui remonte le cours de la Moselle à basse altitude émet en clair : « Épinal est en feu. Le pont principal n'est pas détruit. »

A 8 h 20, le PC de la *6e Panzerdivision* rend compte au *General* Reinhardt : « Deux ponts d'Épinal non détruits [3]. Forte résistance par *Pak* et mitrailleuses. »

Cinq minutes plus tard, Esebeck confirme au *Kommandeur* de la *6e Panzer* que son PC est bien à la gare d'Épinal. Les incendies ont pris de l'extension et gagnent de proche en proche sur les deux rives. Le lycée tenu par le peloton Vandecasteele est atteint par les flammes mais les cavaliers restent à leur poste. Les plus menacés n'évacueront leur emplacement qu'à la dernière minute, lorsque le feu et la fumée les empêcheront de participer à la défense avec efficacité. Depuis la destruction du *Panzer* de Kryssmann, les Allemands semblent avoir renoncé à franchir le pont de Pierre.

1. Ces précisions sont importantes car, du côté français, on parle de « plusieurs chars démolis » alors que les archives de la *6e Panzer* ne font état que d'une seule perte, le char de l'*Oberfeldwebel* Kryssmann.
2. Partie illisible sur le microfilm, le document allemand étant en partie brûlé.
3. Le second est sans doute le pont de la Bibliothèque détruit sur la moitié de sa longueur.

« Les chars ont changé de tactique, note le commandant Degatier. Au lieu de s'avancer et de tenter le passage, ils s'approchent du bout de la rue, font un mètre ou deux et lâchent brutalement cinq ou six coups sur l'objectif qu'ils ont repéré antérieurement. Puis ils reculent et disparaissent... »

A l'escadron Rouvillois, le parc de la préfecture fait l'objet d'un tir de *minen* extrêmement nourri mais le tournant de la bataille se situe peut-être au moment où Esebeck engage ses gros *Panzers IV* dont les obus de 75 causent des dégâts considérables de l'autre côté de l'eau.

Degatier a relevé la progression des moyens : « D'abord les automitrailleuses et les chars légers puis, devant leur inefficacité, des chars avec 75 et des *minen*. Ceux-ci incendient les maisons que nous occupons, ce qui oblige trois ou quatre groupes d'armes automatiques à changer de position. Parfois, des pans entiers d'immeubles s'effondrent sous les coups; Nadal perd ainsi deux mitrailleuses sous un énorme éboulement. »

L'artillerie allemande tire à la fois sur la ville qu'elle suppose fortement tenue et sur les arrières en fonction des indications transmises par le « mouchard » qui survole le secteur. On pourrait supposer que tous les Spinaliens sont dans les abris et les caves mais il n'en est rien. L'eau étant coupée, on rencontre en particulier des groupes de pompiers qui, courageusement, tentent de faire la part du feu. Une salve de 105 éclate rue Lormont, un des projectiles tombant dans la cour de l'école, à deux pas d'un abri devant lequel se trouvent plusieurs personnes. L'obus fait cinq morts et une douzaine de blessés [1]. Devant l'horrible tableau — près d'une vingtaine de personnes mutilées couchées dans des flaques de sang — on se demande si les Spinaliens ont pris conscience de la bataille dont leur ville est l'enjeu. Sachant que l'armistice a été demandé par le maréchal Pétain, ils s'attendent certes à un « baroud d'honneur » mais pas à un combat aussi acharné.

Deux ambulances arrivent à l'école de la rue Lormont, on y charge les blessés les plus atteints mais, comble d'inconscience, on prétend les conduire au poste de secours du lycée de garçons, au bord de la Moselle. En pleine zone des combats ! Conduit par M. Ferry, le premier véhicule est atteint de plusieurs balles alors qu'il circule rue Sadi-Carnot. Un pneu a éclaté et, voyant le lycée en flammes, M. Ferry fait demi-tour et roule sur la jante pour s'éloigner au plus vite. Avec M. Fady au volant, la seconde ambulance évite aussi le lycée mais son conducteur imagine que

1. Mlle Calmés et les pompiers Baret et Hammerer sont tués sur le coup, M. Robert va mourir de ses blessures, ainsi que M. Vautrin. On compte parmi les blessés, M. Mangin qui a un pied arraché, MM. Lavigne, Fombaron père et fils, Renard, Biron, Billotet, le lieutenant de pompiers Bertrand et trois de ses hommes : Sourdot, Franoux et Munier.

la végétation de la promenade du Cours le protégera des vues alors qu'au contraire il circule bientôt sur la ligne de feu, devant le parc de la préfecture. Une balle traverse le moteur qui se coupe instantanément. Sous les projectiles, MM. Fady et Trévillot courent chercher du secours, laissant l'ambulance arrêtée à quelques mètres du créneau de la mitrailleuse du brigadier Rondeau. Croyant à quelque ruse, les Allemands tirent sur le véhicule immobile. Un pompier blessé, M. Franoux, parvient à en descendre mais un éclat d'obus lui cisaille la jambe. Par le créneau, les hommes du lieutenant Raymond l'ont aperçu et vont tenter de le sauver mais un *minen* explose sur la chaussée et « lui tranche presque la tête » (témoignage du cavalier Ravazé). L'ambulance commence à brûler et les malheureux enfermés à l'intérieur appellent à l'aide de toutes leurs forces. Malgré ses deux jambes brisées, l'un d'eux, M. Munier, se jette hors de la voiture mais, affaibli par la perte de sang, il meurt à quelques mètres. Les autres blessés seront carbonisés [1].

Si paisible au lever du jour, le centre de la ville est maintenant méconnaissable. De hautes flammes s'en dégagent ainsi que des torrents de fumée au milieu desquels se succèdent les lueurs des éclatements. Épinal va-t-elle subir le sort de Toul [2] ?

A la mairie, le capitaine Jeantet qui vient de rendre visite aux blessés du médecin-lieutenant Goepfert, rejoint le commandant Degatier au moment où celui-ci reçoit le général Fournier. Ce dernier annonce-t-il l'arrivée d'un renfort, la relève prévue par la 70e DI ou le retour du 164e RIF ?

« Il m'avertit qu'il part pour Deyvillers et qu'il me laisse le commandement de la place d'Épinal et celui des troupes » écrit Degatier.

Fournier veut-il ignorer le lieutenant-colonel Pichon ou n'a-t-il pas le sens de la voie hiérarchique ? De toute façon, la situation reste inchangée : les deux escadrons du GRDI 46 sont toujours seuls face à la *6e Panzer*. Une heure après le nouveau « repli » de Fournier, descend de voiture le général Champon, du 12e corps.

« Les chars tirent au 75 sur mes hommes à moins de cent mètres, lui rend compte Degatier. Si nous ne sommes pas renforcés... »

Le commandant du GR note dans son rapport que le général lui promet des artilleurs à pied et une compagnie du 164e RIF. C'est insuffisant et il est clair que Champon n'est plus décidé à se battre sur la Moselle, ce qui explique pourquoi le mot « relève » ne lui vient pas aux

1. M. Biron en particulier. L'auteur n'a pu obtenir confirmation du décès des deux autres blessés ni leur identité.

2. Voir *Les combattants du 18 juin*, tome I : le sang versé (Fayard, 1981).

lèvres. De toute façon, Degatier ne verra ni artilleurs à pied ni la compagnie du 164e RIF promise.

La matinée s'avance et les 200 cavaliers du GRDI 46 ne peuvent s'opposer indéfiniment aux moyens engagés par la *6e Panzer.* Du lycée où l'incendie court dans les étages, l'adjudant-chef Legay rend compte que la pièce de 25 de Schillé a été mise hors service par un coup de 75. Des appels se font entendre sur la ligne de feu, obligeant le médecin auxiliaire Vorbeck et ses brancardiers, Patte et Schwart, à fouiller les décombres et les rez-de-chaussées menacés par les flammes pour en retirer les blessés invalides. Maillard a été tué dans les buissons de la promenade du Cours et Ziola, tireur au FM du peloton Raymond, reçoit une balle mortelle au moment où, menacé par l'incendie, l'officier fait replier ses hommes sur le parc de la préfecture. Deux *Panzers IV* et des automoteurs s'acharnent au 75 sur le lycée. Blessé à deux reprises, en particulier à l'œil, le lieutenant Jansou est évacué sur le PS du Dr Goepfert où les blessés sont de plus en plus à l'étroit [1]. Au PC du GR, Degatier apprend encore la mort de trois des siens : Lefrançois, Michelin et le maréchal des logis Robert.

A l'escadron Rouvillois, les choses vont mal car, depuis la destruction du canon de 25 de Noblet, un *Panzer IV* sur le blindage duquel ricochent les balles, tire ses projectiles à bout portant sur les créneaux du parc de la préfecture. Marty et le brigadier Cornillon sont blessés, Hach a trouvé la mort derrière le 25 dont Lasserre est le dernier servant. Aux mitrailleuses la situation se dégrade mais comment en serait-il autrement ? Hotchkiss contre *Panzer IV,* le duel est trop inégal !

« Entretenez un barrage continu sur le pont de la Bibliothèque » a ordonné le capitaine Rouvillois qui craint de voir les fantassins allemands s'engager sur le cheminement intact.

La première pièce ne tire plus ; Taberner, Girard, Ravazé et le brigadier Rondeau qui l'ont tous servie les uns après les autres sont blessés. A la deuxième mitrailleuse, le brigadier-chef Wentzinger est lui aussi évacué sur le PS et le cavalier Daniel reste seul pour alimenter et tirer. Dix mètres plus loin, Malleval et le brigadier Coggio brûlent leurs bandes à l'économie, par petites rafales, puis Malleval s'écroule, tué net. Coggio tire encore puis, terrassé par l'éclatement d'un *minen,* s'affaisse doucement et appelle les brancardiers. Rouvillois se déplace à grandes enjambées dans le parc et c'est à peine s'il marque un léger temps d'arrêt lorsqu'un *minen* projette ses éclats meurtriers. « Il a la baraka ! » disent ses hommes. On a remarqué qu'au moment où le lieutenant Jansou a été blessé, Rouvillois et Du Boys ont été projetés au sol mais sans une

1. On vient d'amener Pagès, Vidal, Tabry, Bebie, le brigadier Chuzeville et deux sous-officiers Delémont et Danvillers. Un troisième, Guitaut de Comminges, a disparu et l'on craint qu'il n'ait été enterré vivant sous un éboulement.

égratignure. Au PC de la mairie, Degatier est amer : le feu de l'escadron Rouvillois faiblit, aucun renfort ne lui est envoyé et la relève prévue, il en a maintenant la conviction, n'aura jamais lieu. Le GRDI 46 doit-il se battre jusqu'à complète destruction ?

A Saint-Dié, le général Condé écrit à 11 h 10 dans son journal : « Le combat dans Épinal est, me dit-on, un drame (renseignement du préfet). De nombreux civils y sont réfugiés. Je ne peux cependant l'évacuer car je n'ai là que des forces faibles qui se défendent bien. Mais si cela craque, la Moselle franchie, je n'ai plus de front : c'est l'irruption dans le centre de mon dispositif. »

Plus de front ? Aurait-on fait croire à Condé que la 70e DI de François et la 30e DIA de Duron sont engagées sur la Moselle ?

Devant Archettes et Jarménil, le *General* von Viktorin a pris ses précautions ; il a renoncé à mettre à l'eau ses canots pneumatiques avant d'avoir fait taire l'artillerie française. Placée sous les ordres du capitaine Rain, celle-ci est peu étoffée mais ses tirs gênent l'attaque allemande. Un *Henschel* est venu explorer les lisières de la forêt de Tanières et il a sans doute repéré les départs des 75 français car maintenant les tubes de la *20e Mot. Division* écrasent les positions de la rive droite.

« Mes agents de liaison font le gros dos dans la petite tranchée qui me sert de PC », rapporte le capitaine de Moucheron.

A l'orée de la forêt, les salves allemandes sont plus précises grâce à l'observation aérienne qui fait si cruellement défaut dans le camp français et l'adjudant Bouillon, au retour d'une liaison avec les artilleurs, a le visage décomposé : « Le capitaine Rain est grièvement blessé et deux pièces sont détruites, dit-il au chef d'escadrons de Champeaux. Le lieutenant de Saint-Mars a pris le commandement. »

Des maisons atteintes par des projectiles brûlent sous le ciel serein. L'adjudant-chef Melly, du dépôt de cavalerie de Lunéville, se présente, bouleversé, au capitaine de Moucheron : « Tous mes hommes sont blessés, je suis seul et me mets à votre disposition ! »

Au même instant, un agent de liaison se jette dans la tranchée-PC et rend compte que le lieutenant Canet vient d'être blessé.

« Prenez sa place près du cimetière ! » ordonne Moucheron à Melly.

Au commandant de Champeaux qui vient « étudier la situation » sans se préoccuper des éclats et des balles qui miaulent autour de lui, le chef de l'escadron moto signale la précarité de la défense du peloton Canet.

« Je vous envoie deux mitrailleuses du lieutenant Defaye » décide Champeaux.

Les Allemands ont mis à l'eau quelques canots pneumatiques mais, criblés de balles, les uns sont allés au fond de la rivière, pendant que d'autres descendent à la dérive vers Épinal. L'ennemi prépare une opération semblable en amont, devant la zone forestière qui sépare Archettes de Jarménil.

« Le lieutenant de Villemandy m'annonce une mauvaise nouvelle note, Moucheron, les pionniers à qui j'avais confié un petit secteur sur ma droite ont lâché pied et se sont enfuis dans la forêt. »

Sous le bombardement toujours intense, le chef Bescon, dont le canon de 37 tirait dans l'axe du pont d'Archettes, rejoint le PC en courant, plongeant à terre avant chaque salve : « Mon capitaine, c'est fini, ma pièce en a pris un coup...

— On va voir ce qu'on peut faire et de toute façon, essayons de récupérer les munitions ! »

Payant d'exemple, l'officier sort de la tranchée et, suivi des servants du 37, se dirige vers la rivière. Encadrés par les 105, ils doivent renoncer et regagnent l'abri de justesse.

A Jarménil où se bat l'escadron Clavier le bombardement est aussi sévère et l'on devine que les Allemands veulent débarquer sur une rive droite « nettoyée ». Agé de 33 ans, le sous-lieutenant Paul Bellanger est coupé en deux par l'éclatement d'un obus.

« C'était un garçon d'idées avancées, écrit le capitaine de Moucheron, et pour lui, la guerre avait sa raison d'être. Il était parti pour lutter contre l'idéologie totalitaire ; puisqu'elle triomphait, la vie ne valait plus la peine d'être vécue. Vraiment, il est mort pour la liberté. »

Deux cavaliers, Escola et Gicquel, sont tués par le même projectile. Les Limousins et les Charentais du GRCA 24 tiennent bon sous les concentrations de tirs. Champeaux l'a d'ailleurs confirmé au lieutenant-colonel Pichon qui est venu sur le front d'Archettes à 9 h 30. Abandonnés sur la Moselle, les cavaliers finiront par céder, en raison de leurs faibles effectifs et de l'absence de soutien d'artillerie mais, pour l'instant, les Allemands piétinent. Lancé à 11 h 15, un radiogramme du *Kampfgruppe* Koll à la *6ᵉ Panzer* rend compte que la *20ᵉ Mot. Division* est toujours au combat à Arches contre un adversaire déterminé.

Un quart d'heure plus tard, dans le camp français, le commandant Rémusat, du 18ᵉ BCA, se présente au commandant de Champeaux à qui il annonce « l'arrivée du bataillon pour 18 heures ». L'infanterie de la 30ᵉ DIA aurait-elle enfin entamé le mouvement de relève prévu depuis la veille au sud d'Épinal ?

« Je crains qu'il ne soit trop tard ! » commente Champeaux.

Les inadmissibles retards enregistrés à la 70ᵉ DI et à la 30ᵉ DIA mettent en péril le front faiblement tenu par les cavaliers et les éléments d'information dont nous disposons ne permettent pas de croire que l'infanterie « marche au canon ».

« A 13 h 40 à Aydoilles, écrit le lieutenant-colonel Pichon, je trouve une fraction importante du 55ᵉ RIA transportée en autocar, cinq à six chenillettes avec leurs pièces de 25, des chars FT et des unités à pied.

(...) Son chef, le lieutenant-colonel Cotinaud, arrive peu après, venant de Rambervillers et non, comme je l'aurais pu penser, d'une reconnaissance sur l'avant. Il me paraît du reste fatigué. Je lui expose l'urgence qu'il y a à venir au secours d'Épinal mais, à toutes mes objurgations, il répond « qu'avant de s'engager, il voudrait plus de renseignements et procéder méthodiquement ».

De son côté le chef d'escadrons Maître, du II/155e RAP, ne comprend pas pourquoi le 55e RIA s'installe au nord-est d'Épinal, DERRIÈRE les deux lignes antichars qu'il a constituées avec les pièces de 75 de son groupe. Le chef de corps du 155e RAP le lieutenant-colonel Agabriel s'étonne, quant à lui, de l'absence de demandes de tirs. Ne recevant aucune mission, ses 75 sont muets pendant que les cavaliers du GRCA 24 à Archettes et à Jarménil, ceux du GRDI 46 à Épinal, se font détruire sans soutien d'artillerie. Le rapport d'Agabriel est éloquent. Dans la matinée, il voit à Saint-Benoît-la-Chipotte le général Dechaux, de l'artillerie du 12e corps. « Il n'a aucun commandement ni aucune mission à me confier » écrit le chef de corps du 155e RAP. Il se rend ensuite à Padoux, au PC de la 70e DI où il « ne reçoit aucune instruction ». Enfin, dans l'après-midi, il verra le général Duron, de la 30e DIA, à Lépanges et ce dernier n'aura pas, lui non plus, de « mission à confier » aux 75 d'Agabriel.

Vers midi, les canons allemands qui s'acharnaient sur le secteur d'Archettes ralentissent leurs tirs. Les artilleurs vont sans doute déjeuner et le capitaine de Moucheron décide d'en faire autant et de ravitailler ses hommes. Il doit cependant se fâcher pour que le boulanger accepte de remettre les pains de la première fournée aux combattants affamés.

« Sa femme et ses filles, se souvient l'officier, moins intransigeantes, nous font une omelette et nous donnent une bouteille de bordeaux[1]. Jamais repas ne m'a semblé plus délectable. »

L'accalmie est de courte durée et les *minen* entament la reprise du bombardement. Dans les rues goudronnées, les obus creusent des petits trous larges comme une assiette mais leurs éclats au ras du sol atteignent les hommes, même lorsqu'ils sont couchés. Un projectile traverse le clocher au moment où le capitaine de Moucheron gravissait l'escalier pour observer le terrain. Il s'arrête une seconde, secoue sa tunique blanche de poussière, puis reprend son ascension.

« Le spectacle que je découvre me trouble, écrit-il. Écrasé, le peloton Canet a dû céder car du bois qui nous sépare de Jarménil sortent en masse des fantassins allemands. Ils se déploient en tirailleurs et ne paraissent pas inquiétés. Que font donc Defaye et ses mitrailleuses ? »

1. Le comte Étienne de Moucheron, n'est pas chauvin puisqu'il est, à l'époque, propriétaire-viticulteur du château de Meursault.

Il descend l'escalier et, à peine a-t-il regagné sa tranchée qu'un cavalier lui rend compte que « le chef Laffont et le caporal Detrez viennent d'être tués ». L'uniforme poussiéreux et taché de sang, l'adjudant Meyer s'arrête devant le commandant de l'escadron moto : « Mon capitaine, on se fait tuer sur place ou l'on essaie d'en sortir ? Je vous ramène mes derniers hommes. »

La situation est limpide : ni l'infanterie ni l'artillerie de la 30ᵉ DIA ne se sont encore manifestées, il n'existe aucun peloton de réserve pour contre-attaquer et les Allemands ont pris pied sur la rive droite.

« Je vais voir ce qu'en pense le commandant de Champeaux », fait Moucheron avec un geste las.

Dans la filature de Jarménil, les deux mitrailleuses du capitaine Maurice ont tiré une partie de la matinée puis le percuteur de la pièce du brigadier Crampon s'est brisé et la Saint-Étienne irréparable a été jetée dans la Moselle. La seconde, depuis le premier étage du « château », ménage maintenant ses munitions tandis qu'à l'entrée du pont de la voie ferrée, le lieutenant des Essarts « fait des cartons » au mousqueton. Les artilleurs à pied n'ont pas le moral des cavaliers et nombreux sont ceux qui ont disparu après avoir abandonné leur arme. Voyant ses effectifs réduits des deux tiers, Maurice a l'impression que le combat de Jarménil s'achève en faveur de l'ennemi et décide de se replier avant d'être tourné. Il a du mal à convaincre des Essarts qui trouve « la situation de plus en plus intéressante [1] ». Quant au lieutenant Garaud, de Metz, sa position est claire : « Tout plutôt que de redevenir allemand ! » Inutile de demander son avis à la troupe, il se lit dans tous les regards.

« Que me reste-t-il pour combattre ? note Maurice. Des officiers résolus certes, mais n'ayant que leur pistolet. Et des hommes dont la moitié ont lâché leurs armes, cartouches épuisées. »

La petite troupe se regroupe en silence et, officiers en tête, laissant la filature derrière elle, commence à gravir les pentes boisées du coteau.

A Archettes où ronflent les incendies, le capitaine de Moucheron aboutit aux mêmes conclusions que Maurice ; l'escadron Clavier a été emporté de haute lutte à Jarménil et pendant que les mitrailleuses du lieutenant de Villemandy couvriront le flanc menacé, l'escadron moto effectuera son repli.

« On tâchera de tenir le coup à la lisière des bois ! » dit Moucheron.

Depuis la mort du lieutenant Bellanger, il est sans nouvelles de Jarménil. Le lieutenant Clavier et l'aspirant de l'Épinay ont-ils pu gagner la forêt ?

1. Dans son rapport, le chef d'escadrons de Champeaux parle « de deux officiers pleins d'esprit d'abnégation et de foi, le capitaine Maurice et le lieutenant Dorlodot des Essarts. »

« Avec ce qui reste de l'escadron, raconte l'officier, une vingtaine d'hommes, nous traversons le village embrasé. Dans le bruit infernal du combat, impossible de savoir si Villemandy a ouvert le feu ! »

Impossible également de rejoindre le PC du commandant de Champeaux au voisinage duquel le bombardement est trop violent. Le chef d'escadrons est toujours à son poste mais, vers 15 heures, il a renvoyé ses agents de liaison à La Baffe, au PC du lieutenant-colonel Pichon à qui il a fait dire « de ne plus compter sur lui ». Depuis les observatoires de la rive gauche, les Allemands ont parfaitement compris l'intention des Français et ils agissent par le feu pour leur couper les voies d'accès à la forêt de Tanières.

« Au pied de la côte, observe Moucheron, nous pensons bien qu'il faut tenter l'escalade mais le feu ennemi est intense. Le pom-pom des mitrailleuses ponctue le passage des balles traceuses qui matérialisent le barrage en traits de feu. »

Désabusé et à bout de forces, l'officier doit admettre « qu'on ne franchit pas un tir comme celui-là ». D'ailleurs, il est trop tard, des cris de triomphe, des hurlements éclatent et les premiers Allemands apparaissent, pistolet-mitrailleur à la hanche. Tout se passe très vite.

« Je suis tellement éberlué, dit encore le capitaine, que je mesure mal ce qui m'arrive. Des soldats nous désarment. Je demande à prendre dans ma voiture une couverture et mon képi. Contre toute attente, le chef de section m'accorde cette faveur. »

Les Allemands forment les prisonniers en colonne et, lorsqu'il rejoint celle-ci, le capitaine de Moucheron y retrouve le lieutenant de Villemandy, légèrement blessé : « Je n'ai pas eu le temps de tirer, explique celui-ci, les servants des mitrailleuses ont été mis hors de combat avant d'être en batterie. »

En file indienne, les Français traversent un champ de blé et s'arrêtent au bord de la rivière. Ils découvrent la noria des canots pneumatiques d'où débarquent hommes, matériel, armes et munitions envoyés depuis la rive gauche. Les prisonniers rejoignent celle-ci à bord des canots vides et sont parqués dans la cour de la papeterie d'Arches. Moucheron y retrouve le lieutenant Defaye qui « a été surpris par des éclaireurs et mis à la raison » alors qu'il installait ses mitrailleuses. A la fin de la journée, les Allemands les regrouperont sur les pelouses du château Bersiaux à Arches. Dans la demeure de style Louis XVI le *General* von Viktorin vient d'établir le PC de la *20e Mot. Division,* ce qui stupéfie le capitaine de Moucheron : « Nous sommes à 1 800 mètres à peine des premières lignes. On conçoit que les liaisons soient mieux faites que chez nous. » Et il ajoute : « L'uniformité des tenues, l'aspect robuste et approprié des voitures de guerre, construites pour le combat et non réquisitionnées comme les nôtres parmi les modèles les plus impropres au service, forment un tableau militaire que je ne puis m'empêcher d'admirer. »

A la nuit tombante, les vaincus quitteront le parc du château et, après avoir parcouru une dizaine de kilomètres, s'arrêteront dans un pré clos de barbelés, au sol gluant piétiné par des bovins, ou par d'autres hommes. Au pied d'un arbre, le capitaine de Moucheron partage sa toile de tente avec les lieutenants Defaye et de Villemandy.

« De tous ces corps étendus, dit-il, monte une sourde plainte. Voici qu'elle se précise et m'éveille. Un homme gémit près de moi. Je me dresse et j'aperçois une immense silhouette maigre et grelottante. C'est le commandant de Champeaux. Il n'a même pas un manteau pour se couvrir et tremble de froid. Je lui passe une couverture et nous lui faisons une place sur la toile caoutchoutée. »

Le 20 juin au petit jour, Moucheron découvrira que sa première journée de captivité coïncide avec la date de son anniversaire. Il a 37 ans[1]. Au fil des heures, il verra arriver d'autres défenseurs de la Moselle : le capitaine Maurice, le sous-lieutenant Jobard et l'aspirant Fauchas. Viendront ensuite des officiers de chasseurs de l'infanterie de la 30e DIA, cette infanterie que les cavaliers ont attendue en vain durant la journée du 19 juin : Antona, Labat et Bret.

« Savez-vous si le lieutenant des Essarts a été fait prisonnier ? » demandera le capitaine Maurice aux nouveaux arrivants. On lui répondra par la négative. A la même heure, des Essarts et Garaud, les aspirants Péretti et Soupizet, accompagnés d'une quarantaine de soldats, s'enfoncent dans les chemins les plus impraticables de la forêt vosgienne. Le 22 juin, jugeant le détachement trop important, les officiers le fractionneront en éléments légers commandés par un gradé. Seul, celui du lieutenant des Essarts parviendra à rejoindre la zone libre.

1. Le capitaine de Moucheron est décédé le 21 août 1975.

## CHAPITRE IV

# « La tenue des cavaliers est admirable... »

La bataille touche à sa fin. Les cavaliers du GRDI 46 savent maintenant que les fantassins de la 70e DI ne les relèveront pas à Épinal où ronflent les incendies.

« Ma dernière mitrailleuse est servie par un volontaire, le maréchal des logis Adam, rapporte le capitaine Rouvillois, mais l'ennemi a pris pied sur la rive droite, au sud de la préfecture. »

L'infanterie portée du *Kampfgruppe* Ravenstein a traversé avec ses canots pneumatiques sans être inquiétée, la continuité de la défense française n'ayant existé à aucun moment de la journée.

« Ils avancent derrière un tir de *minen* extrêmement précis et meurtrier ! » observe le lieutenant Raymond qui voit, au même instant, le dernier FM se briser entre les mains de son tireur. On entend de courtes rafales de pistolet-mitrailleur du côté de la promenade du Cours, ce qui signifie que les survivants de l'escadron vont être encerclés dans le parc de la préfecture. Rouvillois en a conscience : « Je décide de constituer un réduit sur la place de l'Église où se trouvent mon train de combat et mes deux FM de réserve. »

Sans se consulter, Rouvillois et son supérieur, le chef d'escadrons Degatier, aboutissent à la même conclusion : il est impossible de tenir plus longtemps la berge de la Moselle dans sa traversée d'Épinal. Trop de morts, trop de blessés, d'armes détruites, et aussi la certitude que le commandement n'envisage plus de faire relever les cavaliers.

« Vers midi, écrit Degatier, ou ce que j'ai cru être midi, le combat faisait rage. Je dis " ce que j'ai cru " car ma montre était arrêtée sur midi. Je vois arriver Raymond qui me crie que Rouvillois est débordé par sa gauche et que l'ennemi menace la préfecture. »

Le dispositif des cavaliers risque d'être entamé d'un instant à l'autre et le commandant du GR confie au capitaine Jeantet qu'il va « essayer de sauver les débris de ses escadrons ». Les pelotons Barjou et La Roulandie sont intacts et Degatier estime que « mal placés pour nous aider, ils pourront servir demain ». Il prévoit un décrochage en deux temps : Rouvillois d'abord qui est talonné par l'ennemi, Du Mesnil ensuite. Tout le monde se regroupera aux lisières est de la ville puis « direction Rambervillers ». Le décrochage sera difficile car, sur la rive gauche et malgré les incendies, les Allemands n'attendent qu'un ralentissement du feu pour franchir la rivière. Utilisant une « ruse de guerre » (*Krieglist*) un officier du *Pionnier Bat. 57*, le *Leutnant* Danzer, s'engage même sur le pont de Pierre où il enlève une à une les mines antichars qu'il lance par-dessus le parapet[1]. A travers la fumée, un cavalier l'a finalement abattu d'une balle dans la tête. Ramené par des volontaires parmi les siens, Danzer expirera au terme d'une longue agonie.

A l'abri d'un mince rideau défensif qui brûle ses dernières cartouches, les pelotons du GRDI 46 évacuent la zone des quais où brûlent les immeubles. Une demi-heure plus tard, le pont de Pierre est entre les mains des Allemands. Un message radio de 12 h 40 en fait foi : « Esebeck à *6ᵉ Panzer :* un pont sur la Moselle intact entre nos mains à Épinal. Déminage en cours. »

Les tirs diminuent et les cavaliers décrochent, sans se douter que des *Schützen* du *Kampfgruppe* Ravenstein sont arrivés par le sud et les cherchent dans la ville. Au début de l'après-midi, on a d'ailleurs l'impression que c'est Ravenstein qui contrôle le secteur du pont. A 14 h 55, il émet en effet le message suivant : « Ravenstein à *6ᵉ Panzer :* pont de Pierre ouvert à véhicules de moins de trois tonnes. *Bataillon* Zollenkopf a enlevé dispositif de mise à feu. Prévoyons que le pont conviendra pour 18 tonnes. »

De son côté, Esebeck, dont les *Stosstrupps* commencent à explorer les rues de la rive droite, signale « la présence de nids de résistance dans la partie est de la ville ». Des rencontres ponctuées de coups de feu se produisent ; le cavalier Balme est blessé par balles mais parvient à s'enfuir en abandonnant son side-car. Le lieutenant Raymond, qui circule lui aussi en side-car et rejoint la mairie, se trouve nez à nez avec une patrouille en feldgrau qui ouvre le feu. Atteint à l'épaule et plus grièvement à la jambe, l'officier sera transporté à l'hôpital Haxo et amputé. A l'inspection académique, les Allemands regroupent les blessés de l'escadron Rouvillois à l'abri des incendies.

« Bravard, qui était le seul indemne, raconte Ravazé, reçut l'ordre de démonter nos trois mitrailleuses et de les jeter par-dessus le mur du parc de la préfecture. »

1. Danzer a revêtu des vêtements civils et, dans la poussière et la fumée, les Français ont d'abord cru qu'il s'agissait d'un Spinalien venant vers eux. Un document de source allemande indique que Danzer a utilisé une voiture civile pour s'engager sur le pont.

Au peloton Vandecasteele, les derniers défenseurs du pont de Pierre n'ont pas reçu l'ordre de repli mais lorsqu'une Spinalienne, Mme Clerc, leur fait savoir « que les Allemands ont pris les motos et les sides garés place des Vosges », ils se réfugient dans une maison proche de la mairie avec l'intention d'y attendre la nuit pour essayer ensuite de sortir d'Épinal. Ils seront faits prisonniers dans la soirée par une patrouille qui fouillait le quartier.

Dans le camp allemand, les émetteurs radio fonctionnent sans arrêt et annoncent que la bataille d'Épinal se termine.

« 13 h 25 — *6e Panzer* à *41e Korps :* la ville et un pont solidement entre nos mains.

— 13 h 40 — Esebeck à *6e Panzer : Major* Zollenkopf avance direction hauteurs est d'Épinal.

— 13 h 58 — *6e Panzer* à *41e Korps :* pour occupation Épinal, demandons l'envoi urgent de *Geheimfeldpolizei.*

— 15 h 30 — *6e Panzer* à *8e Panzer :* notre aile gauche à Golbey. Épinal est nettoyée [1]. »

***

Épinal est nettoyée ! Le *General* Kuntzen, de la *8e Panzerdivision,* a sans doute fait la grimace en recevant le message radio de 15 h 30 envoyé par le PC de la *6e Panzer.* En effet, après un début de matinée prometteur, les choses ont commencé à se dégrader et le *Kampfgruppe* de pointe piétine devant la Moselle âprement défendue.

Le plan mis sur pied la veille a été appliqué à la lettre et, au lever du jour, les colonnes de la *8e Panzer* ont quitté la région de Bourbonne-les-Bains dans la formation suivante : en tête, le *Kampfgruppe* de l'*Oberst* Neumann-Silkov [2] suivi par les *Kampfgruppen* Crisolli et Sieberg qui le protègent sur des itinéraires de flanquement. Toutes les forces de la division ont pris la direction du nord-est, ce qui doit les conduire à la rive gauche de la Moselle entre Nomexy et Thaon-les-Vosges. Un *Henschel* vole à altitude moyenne en avant des premières reconnaissances et observe l'itinéraire suivi par Neumann-Silkov afin de signaler d'éventuels barrages français.

Le premier engagement a lieu à Darney mais il sera bref, les Français étant peu nombreux et mal préparés à affronter une *Panzerdivision.* Le

1. Le général Condé, qui commande les armées françaises encerclées, écrit à 17 h 50 dans son journal : « Épinal est pris. Le danger d'invasion (*sic*) par l'ouest de notre îlot se précise. Si cela se développe, l'hallali est proche. »

2. Neumann-Silkov a sous ses ordres un bataillon de chars renforcé de plusieurs *Panzers IV,* un bataillon motocycliste, un groupe d'artillerie lourde motorisé et le *II/AR 80* à trois batteries de 105.

pont sur la Saône, au centre de la localité, n'a même pas été détruit. L'escadron moto du GRDI 51 commandé par le capitaine Touchard stationne dans la localité depuis la veille et l'on ne voit pas quel rôle il peut jouer en « enfant perdu », à une quarantaine de kilomètres à l'ouest d'Épinal. D'ailleurs, un quart d'heure avant la prise de contact avec l'ennemi, Touchard a reçu un ordre impératif de son supérieur, le commandant Gigandet : « Considérez votre mission comme terminée et rentrez sans vous laisser accrocher sur le PC où le lieutenant Moulin vous donnera des instructions. 19 juin à 3 heures. »

Le motocycliste qui a apporté le message indique que la route est libre jusqu'à la Moselle par Dompaire et Nomexy. Est-ce le premier ordre de repli envoyé à Touchard ou Gigandet a-t-il fait traîner les choses ? On peut se poser la question puisque le lieutenant-colonel Pichon note dans son rapport que le 19 au matin « il a répété au commandant Gigandet l'ordre de rappeler d'urgence le capitaine Touchard ».

S'il l'a répété, c'est qu'il l'avait déjà donné et que l'ordre n'a pas été exécuté. Ce retard inadmissible va coûter la vie au commandant de l'escadron moto du GR 51. Face aux puissants moyens du *Kampfgruppe* Neumann-Silkov, les barricades dressées par les cavaliers renforcés par une douzaine de soldats belges, ne vont pas peser lourd. Le combat est bref : un Belge de 20 ans, Derobertdemasure, est tué près du pont de la Saône, les cavaliers ont plusieurs blessés, d'autres se rendent, à l'exception d'un petit groupe qui parvient à s'échapper et se réfugie dans les bois avec le lieutenant de Rohan-Chabot[1]. Le capitaine François Touchard est parmi les blessés mais il est grièvement atteint : plaie profonde à la poitrine et fracture ouverte du bras droit qui exigerait une amputation si le médecin-lieutenant Prieur et l'auxiliaire Alalouf, qui ont installé un poste de secours à l'hospice, en avaient les moyens. Malgré leurs soins attentifs, Touchard mourra dans l'après-midi, à 16 h 25.

L'affaire de Darney n'affecte en rien l'avance de la *8e Panzer.* Vers Dompaire, les motocyclistes de tête essuient quelques coups de feu mais ceux-ci sont tirés par des isolés. Des centaines d'autres Français au visage marqué par la fatigue lèvent les bras et sont dirigés sur l'arrière, vers le camp de prisonniers de Bains-les-Bains. Au cours de cette matinée ensoleillée, les Allemands ont l'impression que la guerre s'achève, que les forces adverses sont maintenant déliquescentes. Neumann-Silkov parcourt ainsi une soixantaine de kilomètres dans la matinée et l'entrée de sa première patrouille à Nomexy s'opère au ralenti, les motocyclistes de l'avant-garde essayant vainement de traverser la localité envahie par des milliers de réfugiés et de soldats qui lèvent

1. Rohan-Chabot et une dizaine de cavaliers resteront terrés pendant neuf jours dans la forêt de Darney puis, dépourvus de vivres, se constitueront prisonniers.

ostensiblement les bras. Le gros dépôt de carburant de la ville est pris intact, ce qui va faciliter le ravitaillement des chars lorsqu'ils arriveront [1]. Une patrouille perce enfin jusqu'au pont du canal et les Français n'ont pas le temps de faire jouer la destruction. Curieusement, c'est par la poste de Nomexy que les cavaliers du groupement Pichon, alignés sur la rive droite, vont être prévenus. Un couple de fonctionnaires des PTT, Ernest et Marthe Grégoire, sont restés à leur guichet et, lorsque depuis Portieux, à 6 kilomètres au nord, le lieutenant de Montlivault [2], de l'escadron à cheval du GRDI 46, téléphone pour savoir ce qui se passe, M. Grégoire répond : « Les Allemands passent devant nos fenêtres... »

Il n'a pas le temps d'en dire plus. Des soldats en feldgrau pénètrent dans la poste et, sans même adresser la parole aux époux Grégoire, arrachent et coupent à la baïonnette les fils du central. Ils sortent ensuite comme ils sont venus. Après le pont du canal, les premiers éléments ralentissent et la chevauchée matinale du *Kamfpgruppe* Neumann-Silkov s'achève devant la Moselle. Son chef l'écrit lui-même : « Sous un feu violent de la rive droite, une pointe avancée avec automitrailleuses réussit à couper le cordon du dispositif de destruction du pont du canal. Celui de la rivière est lui aussi intact mais le feu adverse empêche nos fantassins d'aller plus loin. »

Comme à Épinal, comme à Archettes, c'est sur la Moselle que les cavaliers français vont se battre. A Châtel, situé sur l'autre rive, en face de Nomexy. Lorsqu'il est informé par radio de la résistance qui se manifeste depuis la rive droite, le *General* Kuntzen répond depuis son PC : « Attaquez avec toutes vos forces et franchissez la rivière ! »

Quand les éléments motorisés du GRDI 26 sont partis pour Remiremont, dans la nuit du 18 au 19 juin, l'escadron à cheval du capitaine Martin de Bellerive qui tenait la Moselle de part et d'autre de Châtel, s'est resserré sur la ville afin de prendre le contrôle du pont, point de passage obligé entre les deux rives. Bellerive a installé son PC près de la gendarmerie et ses moyens sont limités : environ 160 cavaliers, deux canons de 25, pas de médecin ni de poste de secours. Deux pièces de 75 sont à proximité du pont mais la première ne peut tirer en raison d'une défaillance mécanique et de toute façon les servants ont disparu.

Au centre du dispositif, le peloton du lieutenant Mairesse-Lebrun avec un groupe de mitrailleuses et les canons de 25 de l'adjudant Grabe qui prend le pont en enfilade. Le peloton du lieutenant Méhu s'est

1. Le général François affirme que l'artillerie de sa division, la 70e DI, a réussi à incendier le dépôt par la suite.

2. Le GRDI 46 compte deux Montlivault dans ses rangs : Robert, qui est à Portieux, et le lieutenant Michel de Montlivault, officier de transmissions à l'escadron porté du capitaine Du Mesnil.

enterré dans les jardins et vergers au nord du passage et le peloton du lieutenant de La Touche le prolonge en surveillant la route de Portieux. Au sud, le sous-lieutenant Bénézet et ses hommes couvrent Mairesse-Lebrun. Celui-ci a envoyé le chef Aubert et une escouade à Nomexy mais les cavaliers se sont faits surprendre lors de l'arrivée des premiers Allemands. Cependant, profitant de l'affolement général et du nombre de réfugiés entassés dans les rues, Aubert et deux de ses hommes, Eychenne et Poulot, s'échappent et traversent la Moselle pour rejoindre l'escadron. Il était temps ! Mairesse-Lebrun qui observe l'autre rive à la jumelle donne l'ordre de mise à feu. Automitrailleuses et motocyclistes sont arrêtés derrière le canal.

Construit en 1867, le pont de Châtel avait une longueur de 83 mètres et reposait sur quatre énormes piles de grès rose qui permettaient, chaque hiver, de faire face aux assauts furieux de la rivière en crue. Sous la force de l'explosion, le grès rose éclate en mille fragments. Lorsque poussière et fumée se dissipent, les cavaliers voient que les débris de l'ouvrage forment barrage. Résultat : le niveau de l'eau monte en amont et il est désormais impossible de passer à gué devant le peloton Bénézet. En revanche la position du lieutenant Méhu reste vulnérable, les eaux basses permettant la traversée de véhicules tout terrain et d'automitrailleuses. Pour l'instant ce ne sont que préliminaires et l'échange de feu entre les deux rives s'effectue avec des armes automatiques et des pièces antichars. Le premier blessé du GR 26, le brigadier Debanne, n'a pas été atteint par un projectile mais par un éclat de pierre lors de la destruction du pont.

La population est invisible. La veille, voyant les cavaliers prendre leurs positions de combat, elle s'est réfugiée en majorité dans la forêt de 420 hectares qui s'étend derrière le coteau au flanc duquel s'étage la petite ville. De véritables campements ont été dressés sous les arbres où s'abritent des familles entières ainsi que les pensionnaires de l'hospice encadrés par les religieuses de l'ordre de Saint-Charles avec, à leur tête, Sœur Adeline, la Supérieure. Le curé de Châtel, l'abbé Henry, tente de réconforter ses ouailles mais il n'y réussit sans doute qu'imparfaitement. Les Châtellois qui ont préféré rester chez eux se sont terrés dans leurs caves, accueillant des réfugiés qui ont également envahi les souterrains de l'ancien château. Tous attendent l'issue d'une bataille qu'ils savent inéluctable.

Les premiers chars de l'*Oberst* Neumann-Silkov sont arrivés à Nomexy et, s'ils prêtent main-forte aux automitrailleuses de l'avant-garde, l'échange de feu est encore mesuré et l'on peut se demander si les Allemands ne se méfient pas des pièces de 75 qu'ils aperçoivent sur le quai. Les blindés se déplacent sans arrêt et ne s'arrêtent que pour tirer afin de ne pas s'exposer à la riposte française. A moins de cent mètres du pont détruit, le lieutenant Mairesse-Lebrun se pose une seule question : « Vont-ils essayer de traverser à gué devant le peloton Méhu ? »

Neumann-Silkov en a l'intention mais il veut d'abord écraser la défense de la rive droite sous les feux de son artillerie. Celle-ci n'a pas encore rejoint Nomexy et le chef du *Kampfgruppe* adresse radio sur radio à ses deux groupes motorisés « pour qu'ils se hâtent d'ouvrir le feu sur Châtel fortement organisé ».

Pendant que les deux canons de 25 et les mitrailleuses de l'escadron de Bellerive poursuivent leur duel avec les *Panzers*, Mairesse-Lebrun, que la faiblesse de ses effectifs inquiète à juste titre, serait surpris — le mot est faible — d'apprendre que deux bataillons de forteresse, sans mitrailleuses mais avec plus de 60 FM, stationnent au sud du peloton Bénézet, couvrant ainsi la rive droite à l'extérieur de Châtel. Il s'agit du 164e RIF.

Dans la nuit du 18 au 19 juin, le commandant Orgebin est revenu à Épinal. Il n'a pas aperçu, semble-t-il, les cavaliers du chef d'escadrons Degatier prenant position mais il a été reçu par le général Fournier lui aussi de retour après sa « fugue » du 18 au soir. Si l'on en croit Orgebin, Fournier l'aurait approuvé d'avoir sorti son régiment du « guêpier d'Épinal » alors qu'il avait l'ordre d'en défendre la rive droite. Orgebin a reçu une nouvelle mission : « Le général me prescrit de tenir les ponts de Golbey, au nord de la ville. »

La CM 1 du capitaine Contet qui a entassé ses mitrailleuses dans un car réquisitionné est sur place ; elle ira attendre le gros du 164e RIF dans le bois de Golbey. En effet, ayant envoyé ses bataillons à Girmont, Orgebin va les rejoindre à bord d'un side-car pour les ramener à Golbey. Mais il est dit que les péripéties du 164e RIF ne sont pas terminées. A Girmont, le chef de corps ne retrouve que le I/164e RIF du commandant Renaud.

« Où est mon chef d'état-major, le commandant Delaval ? Et le bataillon Fonblanc ? s'inquiète Orgebin. »

Renaud est malade, fatigué : « Je ne sais pas, mon commandant, nous avons exécuté... »

Son geste las signifie qu'on lui a dit d'aller d'Épinal à Girmont et qu'il a obéi. Pour les autres ce n'est pas son affaire. Orgebin donne l'ordre de repartir vers Épinal abandonnée la veille : « Nous allons défendre les ponts de Golbey ! »

Le ventre creux, épuisés par les heures de marche nocturne, les hommes se reforment par compagnie et la colonne prend la direction du sud. « Nous sommes à peine sortis de Girmont, écrit Orgebin dans ses carnets, qu'un agent de transmissions m'apporte un ordre sur un bout de papier portant : " Regroupement du régiment à Châtel-Nomexy ". »

Qui a remis ce « bout de papier » à l'agent de transmissions ?

Pourquoi n'est-il ni daté ni signé ? Orgebin ne le dit pas mais au lieu d'aller se battre aux ponts de Golbey comme on le lui a prescrit, il accepte d'exécuter cet ordre anonyme. Le bataillon effectue un nouveau demi-tour et s'éloigne pour la seconde fois d'Épinal. La justification avancée par Orgebin est désarmante : « Une carrière de trente ans m'aurait imposé le réflexe contraire si je m'étais senti lié au général Fournier par un ordre ferme donné avec autorité. (...) Mais depuis mon arrivée à Épinal, je ne me sentais pas comme faisant partie intégrante de la Place mais en mission passagère, un élément ballotté dans la déliquescence générale. »

Orgebin n'obéit plus à ses supérieurs mais à ses états d'âme. Traînant la semelle, ses soldats marchent vers le nord. A la sortie de Pallegney, à environ 4 kilomètres de Châtel, leur chef de corps les met au repos et décide d'aller reconnaître les lieux en side-car. Il est arrêté par une barricade à l'entrée de la ville et continue son chemin à pied. Laissons-le parler : « Je retrouve les chefs de bataillon Delaval et Fonblanc et j'apprends avec stupeur que ce que j'ai pris pour un ordre supérieur [1] de rejoindre Châtel n'était qu'une initiative de mes deux subordonnés... »

Que va faire le 164e RIF ? Les ordres du général Fournier sont de défendre les ponts de Golbey mais il est environ 10 heures du matin, Golbey est à plus de 20 kilomètres au sud, le régiment est fatigué et n'a rien mangé. Et puis des coups de feu claquent, auxquels répondent des rafales, puis des pièces de petit calibre s'en mêlent. L'escadron à cheval du GRDI 26 vient de prendre le contact avec la *8e Panzer* arrêtée à Nomexy.

« Je décide de coopérer à la défense de Châtel », écrit Orgebin.

Deux compagnies du II/164e RIF prennent position au sud de la ville et le bataillon Renaud va les prolonger en direction de Vaxoncourt, « ce qui nous fait un dispositif cohérent », assure le chef de corps. Cette cohérence subsiste jusqu'au moment où les blindés ennemis tirent au canon depuis la rive gauche. Le bataillon Renaud se jette dans la forêt et Fonblanc donne l'ordre au lieutenant Rosset, de la CM 5 de se retirer dans les bois. Il cherche en vain le lieutenant Gayet, de la CM 6 pour que celle-ci en fasse autant mais il ne le trouve pas et fait exécuter le mouvement par le lieutenant Noirclère. Mais où est donc passé Gayet, dans le civil prêtre du diocèse de Reims ?

« Lors du déclenchement de l'attaque allemande, dira-t-il plus tard à Noirclère, j'ai entraîné quelques hommes avec deux FM, croyant que le bataillon allait participer à la défense de la Moselle. J'ai bien reçu un ordre de rejoindre sous bois apporté par le soldat Sadier mais un

1. Sans signature ni cachet ?

capitaine du GRDI 26 m'a donné l'ordre de résister sur place et m'a remis des cartouches en complément des 300 que je possédais [1]. »

Une demi-heure après le premier échange de feu entre la *8e Panzer* et les cavaliers, le 164e RIF a disparu, englouti par la forêt. Seuls, le lieutenant Gayet et ses hommes, abrités derrière un muret, font courageusement leur devoir.

Le capitaine de Bellerive apprécierait de savoir qu'après la disparition du 164e RIF, tout espoir de renfort n'est pas perdu pour ses cavaliers. En effet une autre unité d'infanterie fait route vers Châtel. Après 24 heures d'hésitation, le général François (70e DI) qui prétend avoir pris le commandement du front de la Moselle au nord d'Épinal le 18 juin à midi, se décide à pousser les chasseurs de la 44e demi-brigade vers la rivière. Leur chef, le lieutenant-colonel Dollard, réunit le commandant Caillard d'Aillères, du 90e BCP, et le commandant Delafenêtre, du 109e BCP, vers midi. Les ordres qu'ils reçoivent sont d'interdire à l'ennemi le franchissement de la Moselle, le 90e BCP entre Portieux et Châtel exclus, le 109e BCP, de Châtel à Vaxoncourt inclus.

« Aucun renseignement sur la situation tant amie qu'ennemie ne peut être fourni ! » se plaint Delafenêtre.

Ainsi, depuis la veille, personne, à l'état-major du 12e corps, n'a jugé utile — et urgent — de mettre en rapport le lieutenant-colonel Pichon qui commande la cavalerie en ligne et le général François, dont l'infanterie devait relever les GR au nord d'Épinal ?

Delafenêtre prend dans sa voiture l'adjudant Auvert, qui commande le groupe franc depuis la mort du lieutenant Galland, tué le 20 mai au cours d'un combat rapproché en Alsace. Le groupe franc lui-même est transporté par un car et la 3e compagnie du capitaine Cornuejols renforcée par deux sections de mitrailleuses de la CA (capitaine Spony) rejoindra à bord de quatre autres cars. Spony [1] conduira le reste du bataillon à pied jusqu'à Châtel (ses deux dernières sections et la « 2 » du capitaine Liagre).

A l'abri de la crête qui domine la ville, à hauteur de la ferme Saint-Marin, un cavalier arrête la voiture de Delafenêtre et conduit celui-ci et l'adjudant Auvert au PC du capitaine de Bellerive. C'est là que le commandant du 109e BCP découvre qu'un escadron du GRDI 26 est en position sur la Moselle dont il a fait sauter le pont, ce qui a certainement évité aux chasseurs d'être surpris et leurs autocars démolis au canon par les chars de la *8e Panzer.*

1. Lettre du 27 novembre 1980 adressée à l'auteur par M. Marcel Noirclère, de Villers les Nancy.
2. Delafenêtre et Spony sont tous les deux Vosgiens : le premier est industriel dans le textile près de Remiremont, le second dirige une papeterie à Saint-Nabord.

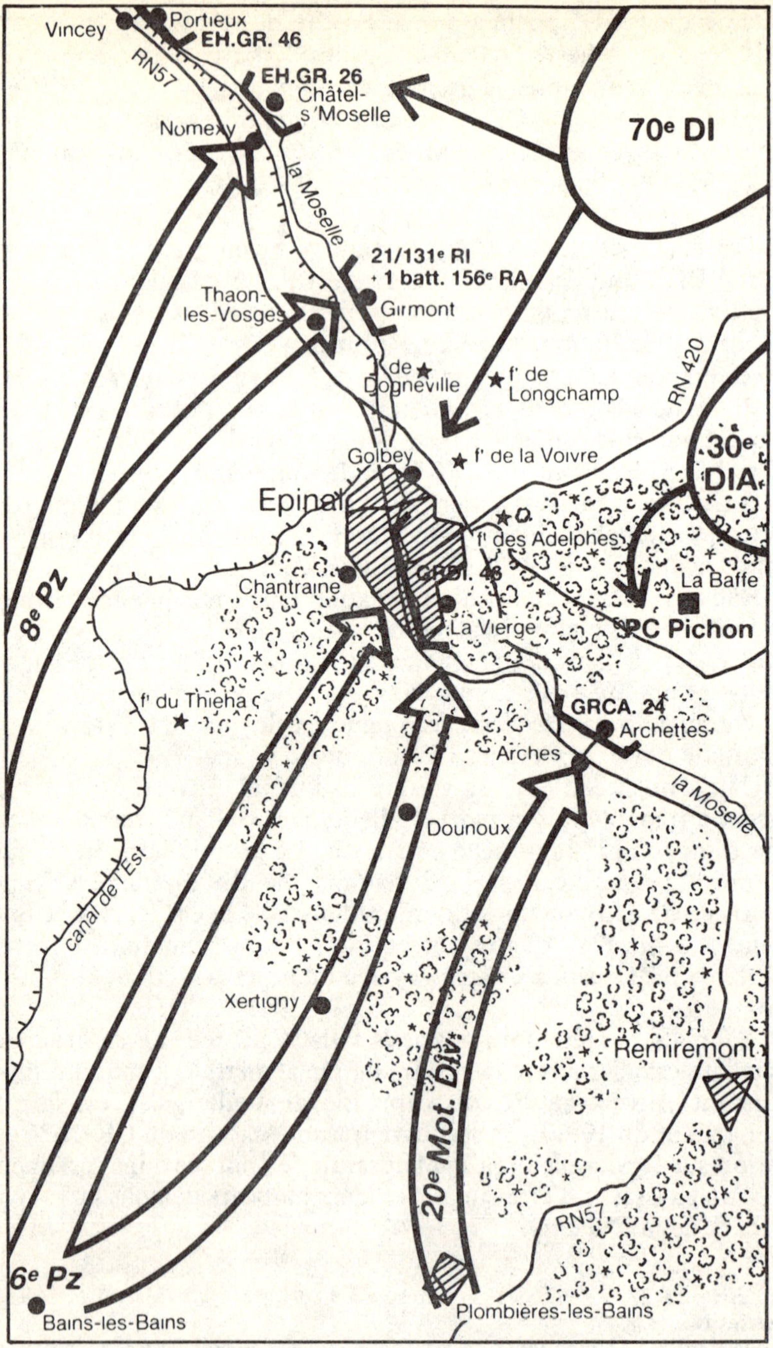


**Front de la Moselle le 19 juin**

« Le bombardement intermittent de la localité et des environs est nettement perçu ; la route au-delà de la crête est battue par des rafales d'obus » (*sic*) écrit Delafenêtre.

A Nomexy, l'*Oberst* Neumann-Silkov a obtenu satisfaction : ses deux groupes d'artillerie sont en place et les 105 du *II/AR 80* viennent d'ouvrir le feu. Les 150 du *Schwer Artillerie Abteilung 645* ne vont pas tarder à en faire autant car ils ont trouvé une position.

Au PC du capitaine de Bellerive, Delafenêtre craint que les arrivées de 105 ne constituent qu'un prélude et il s'empresse de donner des ordres qui ressemblent par leur prudence, à ceux du commandant Orgebin : « Le groupe franc reste sous bois pour l'instant, près de la ferme Saint-Marin. Un gradé avisera le capitaine Cornuejols de débarquer sa compagnie et de l'étaler, elle aussi, sous bois, pour se prémunir contre un bombardement probable des arrières. »

Avec Bellerive qui lui a brossé un tableau pessimiste de la situation, Delafenêtre traverse Châtel et gagne la berge où le lieutenant Mairesse-Lebrun a installé son PC dans une maison de la filature Perrin dont l'usine est à Nomexy, de l'autre côté de la rivière. Ayant le grade le plus élevé, Delafenêtre fait savoir aux deux cavaliers qu'il prend le commandement du secteur ; le capitaine de Bellerive coordonnera l'action du GR et des chasseurs, Mairesse coiffant l'escadron toujours seul en première ligne. On ne parle pas de relève ni de renforcement immédiat voire d'intervention du 164e RIF [1].

Les tirs se font plus denses et l'artillerie allemande envoie ses obus sur les positions de berge, sur la ville et même sur les voies d'accès, derrière la crête.

« Nous commençons à souffrir, observe Mairesse, le peloton Méhu a de nombreux blessés et nous les transportons à la maternité où quelques infirmières bénévoles s'occupent des petits soins, ce qui est insuffisant. Le lieutenant de La Touche a reçu un éclat dans le ventre... [2] »

Delafenêtre écrit dans son rapport qu'il a fait le nécessaire dans la soirée du 19, envoyant son médecin, ses infirmiers et ses brancardiers à Châtel. Il indique aussi qu'il a pris en charge le recomplètement en munitions du GRDI 26 et « le ravitaillement alimentaire de cette unité livrée à elle-même depuis deux jours ».

« Et l'artillerie d'appui direct ? » demande le capitaine de Bellerive que le fracas des explosions commence à inquiéter.

1. Ce qui n'empêche pas le commandant Orgebin d'écrire : « Nous avons participé à la défense de Châtel et de son pont. (...) Nous étions insérés dans le dispositif de défense du passage de la rivière. » (lettre du 25 juillet 1968 adressée à l'auteur).

2. Le lieutenant Jean de La Touche est mort de ses blessures le 22 juin à l'ambulance chirurgicale 265 de Raon-l'Étape.

« Un groupe du 68e RA, régiment organique de la 70e DI, devrait être en batterie dans le bois des Trois-Feuilles, à moins de trois kilomètres au sud-est de Châtel », affirme le commandant du 109e BCP.

Le lieutenant Méhu, qui vient d'arriver, noir de poussière et de sueur au PC de Mairesse-Lebrun, se propose pour aller, à cheval, à la recherche de ce groupe d'artillerie. Delafenêtre pense que c'est de la folie de galoper dans cette zone battue par les canons allemands mais il n'en laisse rien paraître et donne son accord à Méhu qui va risquer sa vie pour rien car il ne verra pas l'ombre d'un 75. En revanche il trouvera une batterie du 155 du 112e RAL qui, sur ses indications, enverra quelques salves dans la soirée derrière Nomexy. Sans résultat.

Comme on le verra, des 75 du 168e RAP défendent Portieux, à 6 kilomètres au nord, et d'autres 75, du 156e RAP, battent les accès de Girmont. A Châtel, où la tête de la *8e Panzer* tente le passage en force : rien. Toujours la même absence de coordination dans les ordres donnés par un commandement qui ignore les forces dont il dispose. Si les cavaliers savaient que le 103e RAL, qui a été attaqué par l'aviation vers midi entre Portieux et Moriville, se trouve à la même heure à cinq kilomètres à vol d'oiseau de Châtel et que deux de ses groupes sont équipés d'excellents tubes de 105, auraient-ils assez d'audace pour « réquisitionner » ce régiment inutilisé comme nous le verrons, par le 6e corps d'armée ? Dans l'après-midi, le 103e RAL fera mouvement vers la forêt de Padoux où se camouflent la plupart des services de la 70e DI. Personne ne le verra passer, personne ne lui confiera la moindre mission !

Il y a plus désarmant ! Le groupe recherché en vain par le lieutenant Méhu existe bien : il s'agit du I/68e RA du chef d'escadron Morin. Le lundi 17 juin, il a reçu dans la soirée l'ordre d'aller se mettre en position... à Châtel. Il se trouvait alors dans les bois au sud de Raon-l'Étape. Le mardi 18 à 7 heures, les reconnaissances étaient achevées et à 9 heures, le groupe Morin était en mesure d'ouvrir le feu. Vingt-quatre heures trop tôt car la *8e Panzer* n'avait pas encore quitté sa base de départ. Le I/68e RA pouvait attendre mais l'inévitable contrordre est tombé à 10 heures : le groupe devait partir vers le sud et rechercher une position sur les hauteurs de Dogneville, à une vingtaine de kilomètres de Châtel. Maintenant, les cavaliers du capitaine de Bellerive sont seuls pour défendre la petite cité vosgienne.

L'artillerie du *Kampfgruppe* Neumann-Silkov tire sans arrêt sur le secteur de Châtel où plusieurs immeubles détruits par l'incendie dégagent une épaisse fumée. Le monument aux morts de 14-18 a été la victime d'un coup direct, peut-être celui d'un char. Le poilu de bronze doré situé à proximité du pont a été fauché à la hauteur des jambes et gît dans la poussière. L'école des garçons jouxtant la mairie a reçu plusieurs obus et brûle. Une partie de l'église est en feu et personne ne se portera au secours du ravissant édifice de style gothique flamboyant construit au xv^e siècle. Les éclatements sont d'autant plus nombreux que Neumann-Silkov a renforcé son artillerie avec deux sections de *Flak* légère. Le bombardement de Châtel doit s'entendre de loin et ne rassure pas les colonnes qui, à quelques kilomètres sur les arrières, se dirigent vers le bois d'Onzaines et la forêt de Padoux. Dans l'après-midi, la violence des tirs semble même s'intensifier :

« Vers 16 heures, note le commandant Orgebin, le bombardement redouble. Il me rappelle ceux de la grande guerre. »

Le commandant Delafenêtre lui fait écho : « Vers 16 heures, la cadence de la préparation croît nettement. Le marmitage est si violent qu'il ressemble par sa densité aux fortes préparations de 14-18. » Le chef de corps du 109^e BCP ajoute : « La tenue des cavaliers est admirable sous l'avalanche ! »

Lorsque le lieutenant Noirclère rejoint la ferme Saint-Marin où il espère rencontrer le commandant Orgebin, les dégâts causés par l'artillerie allemande frappent son regard : « Des tués, des blessés, écrit-il. Dans le bois, toutes sortes d'unités mélangées. Confusion totale, caissons d'artillerie abandonnés, chevaux qui fuient, spectacle de la déroute… »

Le seul officier du 164^e RIF resté en première ligne, le lieutenant Gayet, est camouflé, nous l'avons vu, derrière un petit muret. Sans doute les flammes de ses FM ont-elles été repérées depuis Nomexy car un obus explose et blesse deux hommes, Stoffel et Lemaire. Gayet n'a pas le temps de se préoccuper de leur évacuation que deux salves de 105 arrivent sur le muret. Les FM sont brisés et l'on retrouvera neuf corps mutilés dans un rayon de quinze mètres [1].

Gayet fait évacuer la position par les quelques hommes qui lui restent. « Je suis resté toute la nuit suivante dans l'abri de la maternité, au milieu des blessés, des femmes et des enfants. » racontera-t-il à son ami Noirclère [2].

Les deux bataillons du 164^e RIF apprennent à la même heure qu'ils vont quitter Châtel, ou plutôt les bois situés au sud-est de la ville. A 16 h 38, rapporte le commandant Orgebin « Je me rappelle de l'heure à ma montre », le lieutenant Bantz lui remet un billet apporté par un agent de liaison du général Fournier. Celui-ci prescrit au chef de corps du 164^e RIF de ramener ses bataillons à Épinal, d'établir son PC au commissariat et de se placer « sous les ordres d'un colonel de GR, sans doute le lieutenant-colonel Pichon dont Fournier a enfin découvert

1. Gosset, Trapart, Lebert, Tierquin, Humbert, Granjon, Scheffer, Welche et le sergent Marthe.
2. Au mois d'août 1940, au camp de prisonniers de Sarrebourg.

l'existence. Première réaction d'Orgebin à l'idée d'aller au feu : ses états d'âme le reprennent : « Cet ordre me plonge dans une douloureuse perplexité. » Il avance que ses hommes n'ont pas mangé « depuis plusieurs jours » et que « la Moselle ayant été franchie en plusieurs endroits » (qu'en sait-il ?) il serait prudent pour le régiment d'emprunter un itinéraire situé plus à l'est, ce qui va lui faire perdre du temps. Il n'imagine pas que depuis 10 heures du matin, heure à laquelle le général Fournier avait besoin de lui pour appuyer, voire relever le GRDI 46 du commandant Degatier, la bataille d'Épinal s'est achevée par le passage de la *6e Panzer* sur la rive droite de la Moselle. De toute façon, Orgebin ne se presse pas ; il passe le commandement à Delaval, son chef d'état-major en lui recommandant de ne partir qu'au crépuscule pour éviter d'être repéré par les artilleurs allemands. Prévoyant une nuit de marche, il donne rendez-vous à son régiment le lendemain matin dans les bois proches du fort de Dogneville puis, avec le lieutenant Toussaint, il s'éloigne de Châtel à bicyclette pour effectuer sa reconnaissance [1].

Le 164e RIF va s'écarter de la zone des combats comme il était venu : à pied. Il ne s'est pas battu à Épinal, il ne s'est pas battu à Châtel, il est peu vraisemblable qu'il se battra ailleurs.

Sous le feu des canons de 25 de l'escadron du GR 26, la filature Perrin derrière laquelle se dissimulaient plusieurs chars allemands commence à brûler. A titre exceptionnel, l'*Oberst* Neumann-Silkov obtient que six *Stukas* interviennent sur Châtel.

Lorsque les avions survolent la ville, les pilotes cherchent en vain à repérer les positions des cavaliers. Les canons du *Kampfgruppe* n'ont pas arrêté leurs tirs et, au milieu des incendies, des éclatements d'obus, de la fumée et de la poussière, il est difficile d'apercevoir un objectif. Peu importe, les appareils descendent du ciel en piqué et lâchent leurs bombes. L'une d'elles atteint la mairie et la traverse jusqu'aux fondations, une autre crève la voûte de béton de 1,80 m du Durbion canalisé dans la traversée de la ville. Dans le secteur du pont de la Moselle, l'adjudant Grabe est indemne mais les ruines ne permettent plus de tirer et il déplace ses mitrailleuses vers le nord. La maison où se dissimulait le canon de 25 est ouverte en deux et s'effondre. Deux hommes, Bonnaure et le brigadier Rome en sortent vivants. D'autres ont moins de chance : Bastide et le brigadier-chef Lorenzino sont grièvement blessés, le brigadier Piche a le coude gauche broyé. Derrière un autre immeuble, détruit par une bombe, le brigadier Cluzel est tué à côté du mortier de 60. Puech, Cavalerie, Dôle et Bertrand sont brancardés par des volontaires jusqu'à la maternité. Au peloton Bénézet,

1. Dans ses carnets, Orgebin n'explique pas pourquoi il part à bicyclette alors qu'il est arrivé le matin à bord d'un side-car.

on vient d'évacuer Delario, Durand et le brigadier Guglielmo blessés par des éclats. Les deux pieds arrachés par l'éclatement d'un 105, le chef Gabriel Aubert est mort en quelques minutes. Une nouvelle salve met hors service le second canon de 25 où le brigadier Ducup de Saint-Paul et tous les servants sont blessés. La rive droite devient intenable. Bohon est tué puis le brigadier-chef Delavanne, précédant de quelques minutes le maréchal des logis de La Taille[1]. Au nord du pont détruit, les souffrances sont les mêmes.

« Tous les hommes qui se sont succédés derrière le dernier FM ont été atteints ! » témoigne le lieutenant Méhu.

Premier tireur, Astier est tombé et Ilari l'a remplacé mais, blessé, a été relevé par Arienti auquel a succédé Berdaguier, ce dernier passant l'arme à Parrot qui la remettra pour finir à Labatut et au brigadier Lamberto. Ces cinq relèves successives s'effectuant au milieu du sang et des plaintes des blessés, dans les branches hachées par les éclats et les éclatements des projectiles, témoignent de l'acharnement mis par la *8e Panzer* à neutraliser les armes françaises avant de tenter le franchissement. L'escadron du capitaine de Bellerive est en piteux état et moins d'un tiers de l'armement est encore utilisable. Le lieutenant Mairesse-Lebrun envoie un agent de liaison porter au PC de la ferme Saint-Marin un message dont le raccourci a quelque chose de comminatoire : « Nous attendons les chasseurs ! »

Bellerive rend compte à Delafenêtre qui écrit dans son rapport : « Je décide de jeter ma compagnie, tenue à pied d'œuvre et prête à l'intervention, en ligne, pour combler les pertes. »

Il ne suffit pas de décider, encore faut-il veiller à l'exécution. Et l'heure n'est pas propice car le bombardement allemand se poursuit. L'église de Châtel est en feu et ressemble à une torche brandie au milieu des incendies[2]. Trois habitants de la ville ont été tués : Mansuy, un retraité, Antoine, pensionnaire de l'hospice et Cano, le boulanger. Les autres restent dans les caves et dans la forêt. Le capitaine Cornuejols se dit « prêt à effectuer sa progression ». Delafenêtre lui prescrit d'envoyer deux sections de chasseurs au nord du pont avec une section de mitrailleuses et le même effectif du côté sud. Le lieutenant Givord et l'adjudant Leloube vont faire leurs reconnaissances avant de se porter au nord, et le corps franc de l'adjudant Auvert précède les sections du chef Hio et de l'aspirant Bernet-Rollande. Roger Auvert, 28 ans, est tué l'un

1. Figure à l'état civil de Châtel, un maréchal des logis Hubert de La Taille-Lolainville. Il s'agit certainement du sous-officier qui, le bras arraché à la racine de l'épaule, est mort dans la cave du PC de Mairesse-Lebrun.

2. Les trois cloches fondues vont s'abattre dans les décombres. Leurs débris de bronze seront retrouvés, cachés par des habitants et utilisés en 1946 par la fonderie Bollée, d'Orléans, qui enverra à Châtel trois nouvelles cloches : Marie, la plus grosse (1 575 kg) Jeanne et Thérèse.

des premiers, Verrier tombant derrière lui. La moitié du corps franc est hors de combat et les blessés sont ramenés à l'arrière. Quant aux sections destinées à renforcer Mairesse, « elles ont été prises sous des barrages meurtriers et se sont regroupées sous bois, dans l'attente d'un moment favorable pour leur mouvement » (rapport Delafenêtre).

Les chasseurs du 109e BCP sont de moins en moins pressés d'aller renforcer les cavaliers en première ligne. Le chef du bataillon indique que celui-ci est composé à 80 % d'ouvriers parisiens et que le commandement en est « très délicat. » Le résultat est là : la compagnie Cornuejols a reflué à l'abri de la forêt, le capitaine Spony et le lieutenant Liagre avec sa 2e compagnie ne sont pas arrivés et, bien que décimé, l'escadron de Mairesse-Lebrun s'accroche toujours à la rive droite de la Moselle. Dans la conclusion de son rapport Delafenêtre écrit d'ailleurs avec honnêteté : « La belle défense de Châtel est l'œuvre exclusive de l'escadron du GRDI 26 commandé par le capitaine de Bellerive assisté d'officiers remarquables, de gradés et de cavaliers qui font honneur aux traditions de leur Arme. »

De l'autre côté de la rivière, à Nomexy, les chars allemands semblent se retirer à l'intérieur de la localité. La section de *Flak* a disparu et les salves de l'artillerie sont plus espacées. Neumann-Silkov a renoncé à franchir la rivière devant Châtel.

« L'ennemi face au *Kampfgruppe* est fort, écrit-il. L'attaque avec un bataillon renforcé par les moyens dont je dispose ne laisse prévoir aucun succès. L'artillerie manque surtout d'observation aérienne. Les pertes du bataillon moto s'élèvent à 5 tués et 23 blessés dont l'*Oberleutnant* Etzold, grièvement, et le *Leutnant* Graf Finkelstein, plus légèrement. »

A six kilomètres au nord, le lieutenant de Montlivault, de l'escadron à cheval du GRDI 46, a vu les premiers Allemands arriver à Vincey, de l'autre côté de la Moselle, au cours de l'après-midi. Il a aussitôt donné l'ordre de faire sauter le pont reliant Vincey à Portieux. Montlivault a plus de chance que Bellerive à Châtel car l'ennemi effectue de simples reconnaissances en direction du nord sans chercher à franchir la rivière. Les cavaliers ont de l'artillerie, un détachement du 168e RAP abandonné à Diarville par le train qui le transportait, les voies étant encombrées par d'autres convois. Le lieutenant Sylvestre a placé deux 75 près du cimetière, avec le lieutenant Descot qui surveille la route de Châtel. Une pièce prend le pont en enfilade et une seconde fait face à l'est, direction Moriville, avec une mission antichars. Arrivé la veille, le chef d'escadron Lecomte, du I/168[e] RAP a appris qu'un train de munitions était bloqué en gare de Rambervillers, et il profite de ce ravitaillement inespéré pour constituer deux dépôts de projectiles de 75 à l'entrée de Moriville après avoir envoyé à Sylvestre une unité de feu pour chacune de ses pièces.

Dans l'après-midi du 19, le bruit du bombardement de Châtel fit craindre à Montlivault une rupture du front de la Moselle et il s'empressa d'envoyer le chef Billot et une patrouille à cheval au PC du capitaine de Bellerive. Celui-ci ne fit pas de commentaires : « Nous tenons ! » dit-il simplement.

Les cavaliers de Portieux doivent être renforcés, eux aussi, par des chasseurs à pied (on ne parle plus de relève) puisque le commandant Caillard d'Aillères a reçu, vers midi, l'ordre de se porter vers la Moselle avec le 90^e^ BCP. En réalité, obéissant sans doute aux consignes du lieutenant-colonel Dollard, le commandant des chasseurs a dispersé son bataillon. Dans son rapport, il indique que la 3^e^ compagnie et une section de mitrailleuses vont à Moyemont, à 25 kilomètres à l'est de la rivière, et la « 2 » du lieutenant Kraemer avec une autre SM à Moriville où le médecin-lieutenant Druilhe ouvrira le poste de secours. C'est donc avec le corps franc du lieutenant Lejeal et la « 1 » du lieutenant Gadras que le 90^e^ BCP prend position à Portieux... qui n'est pas attaqué.

Vers 18 heures, l'aspirant Margulis, du 168^e^ RAP, et son peloton de pièce échangent des coups de fusil avec des fantassins de la *8^e^ Panzer* qui s'approchent du pont détruit. Un quart d'heure plus tard, le lieutenant Goetz, du GR 46, signale aux artilleurs une automitrailleuse qui avance lentement le long des maisons de Vincey. En trois coups, le maréchal des logis Spenheur l'immobilise. Lorsque des soldats s'approchent du blindé, sans doute pour en sortir les corps de l'équipage, le mortier de 60 du brigadier Aubel les disperse et oblige d'autres blindés à reculer. Dans la soirée, l'ennemi cherchant à récupérer l'automitrailleuse, Spenheur tirera 20 coups à obus explosifs. Plus personne ne reviendra autour de l'épave.

Avant la tombée de la nuit, des avions allemands lâchent leurs bombes sur Portieux. Le lieutenant de Montlivault a un mort (Durand) et un blessé (Rivot). Le commandant d'Aillères suppose que l'objectif était plutôt la route de Moriville où circulent de nombreuses colonnes françaises.

A huit kilomètres au sud de Châtel, le *Kampfgruppe* de l'*Oberst* Sieberg, qui marchait sur le flanc droit de Neumann-Silkov, a atteint la Moselle à Chavelot et à Thaon-les-Vosges. En face, à Girmont, les sapeurs ont actionné la mise à feu du pont de la Moselle. Dix minutes plus tard, à Chavelot, le pont de l'Eau Blanche subissait le même sort. Les automitrailleuses de Sieberg patrouillent sur la berge mais elles rebroussent rapidement chemin car des départs de 75 se font entendre depuis la rive droite. Le bataillon d'instruction 21/131^e^ RI du capitaine Blat qui défend Girmont ne pèserait pas lourd devant le *Kampfgruppe* Sieberg s'il était seul. Or, il dispose d'une dizaine de 75 du 156^e^ RAP récupérés la veille sur des trains arrêtés en pleine campagne. La compagnie Talmon, du 21/131^e^ RI a été amenée en car de Rambervillers, les trois autres (capitaines Leblanc et Douville-Maillefeu, lieutenant Feybesse) suivant à pied.

La localité n'est guère favorable à une position d'artillerie, aussi, à part une pièce en batterie rue de la Moselle, dans l'axe du pont détruit, les autres 75 sont-ils installés sur des hauteurs qui leur offrent des vues plongeantes : à Belle Vue, La Corvée, le Pré des Neilles, les Longues Royes, autant de lieudits où les artilleurs du 156e RAP attendent que leur adversaire se découvre. Le combat de Girmont va se réduire à un duel entre l'artillerie d'appui de Sieberg et les 75 du 156e RAP. Aucune tentative de franchissement à gué avant la chute du jour.

Comme à Châtel, les civils, pour la plupart agriculteurs, subissent de gros dégâts : les fermes Vauthier, Rémy, Sauvage et le café Mougel sont en feu vers 18 heures et tout le cheptel périt dans les étables. Une barricade du 21/131e RI dressée rue des Prés attire de nombreuses salves, et d'autres incendies s'allument à la ferme Lalloué, chez M. Vauthier [1] avant de détruire la ferme de la veuve Rémy Valence.

Lorsque la nuit dissimule Girmont aux vues, les observateurs allemands rendent compte qu'ils ont perçu le mouvement d'une troupe qui se déplace. Le 21/131e RI a-t-il reçu l'ordre de quitter sa position ? Rien ne permet de le supposer et pourtant le capitaine Blat a renoncé à la défense de la Moselle et formé son bataillon en colonne pour prendre la direction de Padoux, à 15 kilomètres à l'est [2]. La rue principale de Girmont est jonchée de valises éventrées, d'équipements divers et d'armes abandonnées. On retrouvera aussi les corps de huit militaires français tués en fin d'après-midi [3].

Les *Stosstrupps* de Sieberg profiteront de l'obscurité pour traverser la rivière qui n'est plus défendue et, fouillant les maisons une à une, ramasseront une centaine de prisonniers, tristes épaves qui ont depuis longtemps renoncé à se battre. A 22 heures, informé par Sieberg, le PC de la *8e Panzer* envoie un message radio au PC du *General* Reinhardt : « *8e Panzer* à *41e Korps :* tête de pont de Girmont entre nos mains. Pont Moselle en partie détruit [4]. »

1. La ferme de Georges Vauthier a été détruite la première, celle de Célestin Vauthier la seconde.

2. Victor Emmanuel Blat, d'Orléans, est né le 27 août 1885 dans le Lot. Grièvement blessé le 20 juin à Bayecourt, il mourra deux jours plus tard dans un hôpital de Saint-Dié.

3. Le maréchal des logis Coudor et le canonnier Cung, du 156e RAP, Blanc et Champion, du 21/131e RI, Bête, Écharté, Longuepée et l'adjudant Mougel.

4. Neumann-Silkov et Sielberg ne survivront pas à la guerre. Le premier mourra de ses blessures en Tripolitaine en 1941, le second sur le front russe, à Kirowograd, en 1943.

A Épinal où les incendies ont encore gagné du terrain et ravagent le quartier du Boudiou, la question d'une tête de pont est largement dépassée car, dans l'après-midi du 19 juin, c'est aux lisières est de la ville qu'on se bat. Des éléments de la *6ᵉ Panzer* et de la *20ᵉ Mot. Division* se heurtent au I/223ᵉ RI du capitaine Tavernier. La compagnie du capitaine Denfert a subi le choc le plus violent à Saut-le-Cerf, dans la banlieue nord-est du chef-lieu des Vosges. Deux officiers, le lieutenant Yves de Ravinel et le sous-lieutenant Pol Pignot ont été tués avec quatre de leurs hommes [1]. La section de l'adjudant Profit se défend à l'auberge des Quatre-Vents qu'elle évacue dans la soirée lorsque l'agent de liaison Portier apporte l'ordre de se replier sur Jeuxey défendu par la « 2 » du capitaine Chasseigne et la section de chars FT du lieutenant Guillemin. Un bataillon de la *20ᵉ Mot. Division*, celui du *Major* von Salviati, qui a traversé la Moselle entre Jarménil et Archettes, tentera d'enlever Jeuxey en fin de journée mais il échouera et reportera son attaque au lendemain.

Les colonnes des *Kampfgruppen* Esebeck et Ravenstein observent un large intervalle entre leurs véhicules pour traverser le pont de Pierre et occuper en force Épinal-est. Le *General* Reinhardt a donné des ordres dans ce sens car il se méfie de l'artillerie française capable d'envoyer une salve sur le pont et d'entraîner camions et chars dans la rivière.

Le chef d'escadrons Degatier, les capitaines Jeantet et Du Mesnil, sont restés en ville et se sont réfugiés dans une maison inhabitée où ils attendent la chute du jour pour s'éloigner et tenter de retrouver le lieutenant Berton et les véhicules de l'escadron hors rang qui doivent se trouver à Deyvillers [2]. Cette opportunité leur sera refusée car ils se heurteront à une patrouille de la *6ᵉ Panzer* en sortant de leur abri et n'auront d'autre ressource que de se rendre [3]. De son côté, le capitaine Rouvillois réussit à sortir d'Épinal et à gagner les bois situés à l'est du fort de Razimont. Avec l'adjudant Wattenne, Du Boys, Engel et quelques rescapés de la bataille, il restera dans la forêt jusqu'au 23 juin avant de se constituer prisonnier [4].

1. Dubaille, Michelet, Croixer et Tritz. Mˡˡᵉ Gilberte Michel, infirmière volontaire, a été autorisée par les Allemands à soigner une vingtaine de blessés abrités dans la grange de Mᵐᵉ Hildenbrand.

2. Berton dispose d'une trentaine de véhicules et d'une soixantaine d'hommes ; il rapporte qu'il a rencontré le lieutenant-colonel Pichon lequel lui a prescrit d'aller à Aydoilles puis à Fontenay, à environ 6 kilomètres au nord-est.

3. Le chef d'escadrons Jean Degatier sera libéré le 13 décembre 1941 comme AC de 14-18. Promu lieutenant-colonel, il sera affecté à l'école de Tarbes et admis dans le corps de la chancellerie après l'occupation de la zone libre. Il est décédé le 24 janvier 1964 à Lyon.

4. Le 22 au soir, entendant les cloches des églises « j'en conclus que l'armistice est signé » écrit Rouvillois dans son rapport. Le 23 à 8 heures du matin, il se présentera aux

Isolés dans Épinal et dans sa banlieue, les éléments du I/207e RR du commandant Thomassin ont pris du champ lors de l'apparition des premiers blindés, à l'exception du lieutenant Marguerite qui se réfugie avec ses hommes dans les grottes proches du cimetière et se rend vers 18 heures. Les pionniers du lieutenant Basso se font prendre sans résistance à la caserne Schneider et ceux du III/423e Pionniers réussissent à gagner 24 heures avant de lever les bras.

Du côté de La Vierge, les cavaliers du capitaine Vatin-Pérignon (GRCA 24) n'ont pas été inquiétés pour la bonne raison qu'ils n'étaient pas sur l'axe de progression ennemi mais à la limite du secteur de la *6e Panzer* et de celui de la *20e Mot. Division*, loin des zones de franchissement attribuées à ces deux divisions. L'escadron a tout de même essuyé des feux d'artillerie car il avait derrière lui deux batteries de 75 du 155e RAP, celle du lieutenant Villard et la « 7 » du lieutenant Crinon. Le bombardement a causé des pertes chez les cavaliers ainsi que chez les artilleurs et l'on déplore plusieurs morts dont celle de deux officiers, le lieutenant Jean Guillerot et le commandant de la 7e batterie, Georges Crinon, 25 ans, de Poix-du-Nord (Nord). Sans liaisons latérales, Vatin-Pérignon a envoyé le motocycliste Guigou au PC du lieutenant-colonel Pichon, à La Baffe mais Guigou n'est pas rentré [1]. En fin d'après-midi, le lieutenant Delechelle fait partir une patrouille à cheval vers l'arrière. Une heure plus tard, le brigadier-chef Delage revient. Il est seul et rend compte : « Les boches circulent sur toutes les routes derrière nous ! »

Dans les pelotons Cœur, Chabot et Maurens, tout le monde a la même idée : il faut décrocher, la mission de défense de la Moselle n'a plus aucun sens. Les artilleurs prennent la même décision et abandonnent leurs canons après sabotage. Avec Vernier, un sous-officier, le lieutenant Villard rejoindra le PC du lieutenant-colonel Agabriel le lendemain. Certains artilleurs s'enfoncent dans les bois, d'autres restent sur place, sans ordres…

Au GRCA 24, le sous-lieutenant Chabot et quatre sous-officiers : Dallet, Faidy, Pinaud et Caudesaygues sont autorisés à partir à cheval avec leurs pelotons. Vatin-Pérignon ne se décide qu'au crépuscule. Il veut, dit-il, « reprendre sa place dans la bataille. » A trois heures du matin, avec les cavaliers qui l'ont suivi, il tombera dans une embuscade établie sur une route bordée de marécages [2].

Allemands qui lui diront : « Votre armée a capitulé hier. » Rouvillois sera conduit à Vesoul, mais sa crédulité sera brève ; il s'évadera et on le retrouvera en 1944, à la tête du sous-groupement de la division Leclerc qui entrera le premier dans Strasbourg.

1. Le lieutenant-colonel Pichon a quitté La Baffe « entre 16 et 17 heures ».

2. Le lieutenant Delechelle abandonnera ses chevaux et, avec Delage, Duvert, Giraudet, Durieux, Tourisseau et l'adjudant Celerier, se cachera durant la journée du 20 et… se fera prendre la nuit suivante.

A Épinal M. Jouy, secrétaire général de la mairie et un adjoint, M. Najean, accompagnent le maire, M. Schwab qui a décidé de prendre langue avec l'occupant. Ils sont reçus par le *Major* Arno Roemhild, du *Panzerjäger Abteilung 41*, nommé commandant de la Place d'Épinal, fonction assumée la veille par le général Fournier. Roemhild n'est pas un « brave type » mais un homme de guerre. Il a déjà fait arrêter le préfet Dupuy qu'il accuse d'avoir renseigné les unités françaises, et l'a envoyé à Luxeuil-les-Bains. Roemhild voit les choses de la façon suivante : le rétablissement de l'ordre incombe aux Allemands et la municipalité règle les problèmes de ravitaillement et d'hébergement. Pour les vivres, tout serait simple si l'occupant ne raflait pas les stocks qu'il vient de découvrir. Aux Magasins généraux, près de la gare, deux officiers du *Kampfgruppe* Ravenstein se font remettre les clés et, « à partir de ce moment, témoigne M. Balandras [1], un défilé ininterrompu de camions chargèrent des marchandises de toutes sortes mais surtout des conserves de poisson, de fruits et des confitures. » Dans la soirée du 19 juin, Esebeck enverra d'autres camions vider le magasin à vivres de l'hôpital militaire de Golbey. Du point de vue allemand, il ne s'agit pas d'un vol ou d'une réquisition : « A Épinal, 900 tonnes de ravitaillement ont été mises en sécurité » lit-on dans les archives de la *6ᵉ Panzer*.

Le maire d'Épinal souhaite que sa ville retrouve au plus vite une ambiance de temps de paix mais les incendies se développent, l'eau et l'électricité ne sont pas rétablies et... la bataille a repris. En effet, muette lorsque le GRDI 46 du chef d'escadrons Degatier se battait sur la rive droite de la Moselle, l'artillerie française exécute à partir du 19 au soir de nombreux tirs à partir des hauteurs est d'Épinal. Malgré ses positions dominantes, son observation se montre particulièrement défaillante, et plusieurs coups de 155 endommagent l'hôpital Saint-Maurice. Le canon gronde sans arrêt et, quai des Bons-Enfants, rue maréchal-Lyautey, rue de Nancy, rue Jean-Jaurès, quai de Dogneville, on ne compte plus les façades crevées et les toitures soufflées par les projectiles français. En revanche, les pertes ennemies du fait de ces tirs sont peu importantes. Dans la soirée du 19, au moment de l'inhumation de l'*Unteroffizier* Dröge, tué dans son char devant le pont de Pierre, l'éclatement d'un 75 blesse grièvement quatre hommes [2].

« Ce sont les canons des forts de Longchamp et de Dogneville ! » assurent les Spinaliens qui feront d'ailleurs partager leur sentiment aux Allemands.

1. Cité par Othon Lehmann.

2. Les tirs sur Épinal se prolongeront puisque le *Feldwebel* Schlesin sera tué le 21 juin, les *Gefreiter* Wesmann et Behrens mortellement atteints et treize hommes blessés par un seul obus de 155 (documents *6ᵉ Panzer*).

Faute d'archives complètes, il est impossible de dresser un tableau des tirs exécutés sur Épinal, mais on sait qu'à 21 heures, le lieutenant Boucher, du 112e RAL, a transmis au lieutenant Martin, de « Longchamp », un ordre du chef d'escadron Billot « de tirer d'urgence avec ses tourelles sur les ponts et débouchés est d'Épinal ». Martin admet qu'il a consommé une cinquantaine d'obus de 155 et environ 200 de 75, dont 40 sur les ponts. La visibilité est réduite et Martin avoue que les tirs furent exécutés « sans observation possible, dans Épinal et sur ses faubourgs incomplètement évacués, peut-être sur des troupes amies ».

A la lisière des bois les plus proches se trouvent des batteries du 112e RAL, du 42e RAC, du 242e RALC et celles du 68e RA dont le capitaine de Bellerive a si longtemps espéré l'arrivée à Châtel.

« De 21 heures à 0 h 30, nous épuisons nos coffres ! » note le lieutenant Pénato, du I/68e RA, sans préciser sur quel objectif.

Au V/242e RALC, le lieutenant Chevuy écrit : « Ordre de tir sur les ponts d'Épinal. » Son chef de corps, le lieutenant-colonel Trives, se livre davantage : « Je reçois l'ordre de tirer avec toute l'artillerie disponible. Après avoir examiné la situation avec le général Duron (30e DIA) il est convenu que je ne tirerai que sur les têtes de pont... »

Deux batteries du 226e RAL, celles du capitaine Lebel et du lieutenant Dupont, participent à ce bombardement insensé dont aucun projectile n'atteindra le pont de Pierre : « Les tirs ont été exécutés à l'aide d'une carte sur les sorties d'Épinal, se souvient Lebel. Aucune observation n'a été possible. Nous avons dû tirer 20 à 30 coups de 155 par pièce [1]. »

Dernier extrait de rapport, celui du capitaine Lambert, officier adjoint du II/42e RAC : « Le 19 juin, le groupe au complet tire sans arrêt sur les débouchés du pont d'Épinal et sur les éléments ennemis cherchant à s'infiltrer dans les villages. »

Devant ce déploiement tardif de tubes tirant à l'aveuglette sur la ville conquise, on comprend l'amertume du chef d'escadrons Degatier : « Aucune artillerie n'a soutenu ma défense sur la Moselle ! » rappelle-t-il dans un document inédit.

Pendant que le I/223e RI se battait dans l'après-midi à Golbey, à Saut-le-Cerf et à Jeuxey, le chef de corps du 55e RIA s'installait en position défensive à 15 kilomètres au nord-est d'Épinal. Le commandant Maître, du II/155e RAP, est d'autant plus étonné qu'il a constitué un double barrage antichars en avant de l'infanterie avec 12 pièces de 75.

« Vers 20 heures, écrit Maître, le colonel du 55e RIA me fit savoir que l'ennemi attaquait Épinal, et qu'il se repliait sur la région de Gire-

1. Lettre du 30 décembre 1980 adressée à l'auteur par M. Paul Lebel, de Paris.

court. » L'artilleur ne comprend pas car ses 75 n'ont pas encore tiré. Il est aussi surpris par l'expression : « L'ennemi attaque Épinal » alors que le bruit de la bataille montant de la vallée n'a jamais été aussi violent que pendant la matinée. On retrouve sur le front de la Moselle, les carences dont souffrent les Français : absence de liaisons et renseignements dépassés ou inexistants. Mêmes faiblesses à l'échelon le plus élevé : le général Condé note dans son journal à 19 h 15 : « Vu Champon qui commande le 12e corps. Il arrive d'Épinal qui a été perdue ainsi qu'Arches [1]. L'ennemi a déjà là une tête de pont de quelques kilomètres (...) Je demande à Champon un " colmatage offensif " car il se peut que les Allemands soient peu nombreux. »

Peu nombreux ? Le 19 au soir, Condé ignore que l'offensive contre le front de la Moselle, c'est-à-dire son flanc sud-ouest, a été lancée par l'ensemble du *41e Korps,* aile gauche du *Groupement* Gudérian ? Son idée de « colmatage offensif » est inexécutable avec les forces dont il dispose alors que celles-ci (70e DI et 30e DIA) s'installent — on sait avec quelle prudence — en arrière de la Moselle au lieu de relever ou de renforcer les cavaliers accrochés à la berge.

Les Spinaliens pressentent que la nuit du 19 au 20 sera encore plus éprouvante que la précédente : l'artillerie française tire sur la ville, des rues entières continuent de brûler et l'occupant laisse faire. A la Caisse d'Épargne, le deuxième étage et l'escalier sont atteints par le feu vers minuit mais l'appartement du directeur, M. Vançon, ne sera détruit que le 20 juin. Dans la ville où les pompiers cherchent à rétablir l'eau, les dégâts sont très importants : le lycée de garçons, la synagogue, le mess des officiers de la rue Thiers, tous les numéros impairs de la rue de Rualménil, la Taverne alsacienne, plusieurs habitations de la rue du 170e RI, en tout, selon l'abbé Javelet, 186 immeubles détruits, 458 partiellement endommagés et 120 appartements devenus inhabitables à la suite du bombardement. Plus de 2 000 personnes sont sans abri et les civils ont payé d'un prix plus élevé que les militaires leur participation involontaire à la bataille : 48 d'entre eux ont été tués et 120 blessés.

Les dégâts enregistrés à Châtel-sur-Moselle (1 600 habitants) sont proportionnellement plus élevés : 165 immeubles qui abritaient plus de 200 familles se sont écroulés sous les bombes et les obus ou sont détruits par l'incendie. De l'église de l'abbé Henry subsiste une partie de la nef. Le clocher et la toiture ont brûlé, les orgues et les vitraux ont rejoint dans les décombres les fragments de bronze des trois cloches. Contrairement à ce qui se passe à Épinal, la soirée du mercredi 19 juin est calme

1. Condé confond Arches d'où est partie l'attaque allemande, et Archettes défendue par l'escadron du capitaine de Moucheron.

et, à l'escadron du GRDI 26, le lieutenant Mairesse-Lebrun en profite pour faire évacuer ses blessés et reconstituer le peloton Méhu réduit à un tiers de ses effectifs. A 21 heures, dans la ville où les incendies ronflent toujours, le capitaine de Bellerive fait porter la soupe aux pelotons de première ligne qui n'ont rien mangé de la journée. De Portieux, le capitaine Chapuzot, du I/168e RAP, envoie en renfort les lieutenants Gelot et Silberberg, tandis que, de Moriville, le chef d'escadron Lecomte fait partir deux pièces de 75 et 32 caisses d'obus. Très actifs Silberberg et son peloton de pièce remettent en état un 75 abandonné à la sortie de Châtel.

« Silberberg nous a fait une forte impression, dira le lieutenant Méhu. On sentait chez lui une profonde détermination et il n'était pas homme à lever les bras[1]. »

Le moral des cavaliers est toujours très élevé et, dans la matinée du 20 juin, Mairesse-Lebrun, qui tient à le faire savoir à l'ennemi, demande à Silberberg d'effectuer un tir sur deux maisons de Vincey où les Allemands se sont installés. La pièce de 75 envoie 38 coups au but et l'on aperçoit des fantassins qui se dégagent des ruines et cherchent un abri[2]. Deux heures plus tard, cette fois à Portieux où l'escadron du lieutenant de Montlivault n'est toujours pas inquiété, la pièce de 75 du maréchal des logis Spenheur tire sur un *Panzer* qui traverse une rue de Vincey. En cinq coups, l'engin est immobilisé et son équipage l'évacue.

La journée du 20 juin n'est marquée par aucune attaque précédant à Châtel une nouvelle tentative de franchissement. D'une rive à l'autre, on tire sur tout ce qui bouge, hommes, véhicules ou chevaux mais aucun préparatif d'attaque ne se manifeste du côté allemand. Vers 15 heures, le lieutenant André Goetz et son ordonnance, Bumwiller, galopent sans incident de Portieux à Châtel où Mairesse-Lebrun leur déclare « que tout est calme comparé à la veille ». Au retour les deux cavaliers sont pris sous un tir d'artillerie et Bumwiller est blessé, son cheval tué sous lui. Une heure plus tard, rassuré sur le sort de son ordonnance, Goetz fera son rapport au lieutenant de Montlivault : « Châtel a beaucoup souffert mais l'escadron du capitaine de Bellerive tient toujours sa position sur la berge avec l'appui d'un 75 du 168e RAP. »

Pendant combien de temps les deux escadrons montés, celui du GRDI 46 à Portieux et celui du GRDI 26 à Châtel, vont-ils jouer à la « drôle de guerre » avec les chars de la *8e Panzer* installés à Vincey et à Nomexy, sans parler de la tête de pont établie à Girmont et d'où il serait

1. Ancien élève de l'école Polytechnique, Marcel Silberberg est décédé le 3 avril 1970 à Paris.

2. Le maréchal des logis Courcy, qui se porte à l'entrée du pont pour mieux observer les résultats est mortellement blessé.

facile de marcher sur Châtel par Vaxoncourt et d'attaquer en surgissant du sud, par la rive droite ? Les Allemands ne le font pas. Le *General* Reinhardt a-t-il donné l'ordre à Kuntzen de maintenir la *8ᵉ Panzer* sur les positions conquises et de ne pas chercher à en tirer avantage ?

La réponse n'est formulée ni par Bellerive ni par Montlivault, peut-être parce qu'elle n'est encore qu'une hypothèse, ce qui ne les empêche pas d'y penser. En effet, si la *8ᵉ Panzer* n'a pas renouvelé ses tentatives de franchissement à Châtel, si elle reste sagement dans sa tête de pont de Girmont, c'est parce que d'autres unités allemandes avancent et vont se trouver bientôt DERRIÈRE les défenseurs de Châtel et de Portieux. D'où peuvent-elles venir ? Du nord si elles ont crevé le front du 6ᵉ corps du général Loizeau. Du nord-est si c'est le 20ᵉ corps du général Hubert qui a été enfoncé. Que se passe-t-il dans ces deux corps d'armée ?

DEUXIÈME PARTIE

# La fin du 6e corps d'armée

CHAPITRE V

# « Un casque apparaît, qui n'est pas de chez nous. »

Au 6e corps du général Loizeau, le bilan de la journée du 18 juin est franchement négatif et l'on peut prévoir que d'éventuels affrontement le 19 juin risquent de tourner à la catastrophe. Et l'affaiblissement des moyens comptera pour beaucoup dans cette catastrophe. Deux jours après que le 6e corps ait quitté la ligne Maginot, la IIIe armée lui enlevait l'état-major des 164e et 168e RIF ainsi que deux bataillons de chacun de ces régiments. S'y ajouta un régiment d'artillerie tracté, le 70e RAMF du lieutenant-colonel Droneau, le tout destiné à couvrir l'armée sur son flanc ouest. Le 18 juin, la bataille s'est engagée de telle façon que le 6e corps a subi de nouvelles hémorragies dont certaines pouvaient être évitées : par exemple les deux bataillons du 167e RIF en position au nord de la forêt de Haye et coupés de leurs arrières par le raid du groupement von Scheele sur Nancy. Ou les deux bataillons du 160e RIF installés, eux, sur les lisières est de Nancy et dispersés, en partie capturés faute d'avoir reçu à temps l'ordre de repli. Les combats eux-mêmes ont liquidé le III/164e RIF et transformé en épave le III/98e RI, sans parler des 75 sabotés sur leur position sans avoir tiré un seul obus [1].

En tout, une amputation de 10 bataillons d'infanterie, un régiment d'artillerie tracté et la valeur de deux groupes des 153e et 160e RAP. Le potentiel du 6e corps est réduit à la moitié de ses capacités. Ne parlons pas du terrain perdu : la forêt de Vitrimont à la 26e DI, la forêt de Haye et surtout Nancy déclarée ville ouverte. Les prochains heurts auront lieu sur la Meurthe dans un premier temps, vraisemblablement sur la Moselle dans un second temps.

Autre facteur handicapant : la fatigue. En effet, pour exécuter l'ordre de contre-offensive vers le sud donné par le général Prételat, du groupe d'armées no 2, Loizeau a fait relever une partie de la 26e DI dans la nuit

1. Tous ces événements sont relatés dans *Les combattants du 18 juin*, tome I : le sang versé. (Fayard, 1982.)

du 17 au 18 juin, en lui envoyant les bataillons de forteresse qui ont ainsi doublé leurs étapes. Hommes et animaux de trait sont rompus mais dans la nuit du 18 au 19 juin, le manège recommence et les colonnes du 6e corps se croisent sur les routes situées entre la Meurthe et la Moselle. Loizeau installe ses troupes sur une nouvelle position mais elles doivent au préalable parcourir un long trajet. Un trop long trajet !

« Un nouveau chassé-croisé se produit entre les bataillons de la 26e DI se dirigeant de la région Tonnoy-Lorey vers la Meurthe de Blainville, écrit le général Poisot, et les services de ma division qui, de la région de Blainville, se portent vers Frolois, Ceintrey et Houdelmont, d'où embouteillages et retards considérables. »

Loizeau n'a donc pas tiré la leçon de la nuit précédente ? Les Allemands ont attaqué à Maixe, sur le canal de la Marne au Rhin, lors de la relève du III/98e RI par le III/164e RIF et, vingt-quatre heures plus tard, on peut se demander si les mêmes événements ne vont pas se reproduire. Le I/169e RIF du commandant Clerc tenait le canal de Dombasle à Sommerviller et, le 18 au soir, lorsqu'il a reçu l'ordre de se porter derrière Rosières-aux-Salines pour en défendre les accès, les premiers *Stosstrupps* arrivaient du nord. Accrochées lors de leur départ dans l'obscurité, les sections Caquart et Mohr ont réussi à passer au sud de la Meurthe mais au prix de pertes élevées en matériel et munitions. Selon le capitaine Bruyère, de la CM 2, deux groupes ont été faits prisonniers, un tiers de l'armement collectif a été perdu et la dotation en munitions est à recompléter. Le commandant Toussaint, chef de corps du 169e RIF, s'est hâté d'établir une demande à la 26e DI mais elle restera sans réponse. Certes, le 1er bataillon du 169e RIF a échappé à la destruction mais, après une nouvelle nuit de marche, peut-on dire qu'il est opérationnel ?

« Pour la première fois, raconte le lieutenant Caquart, la roulante nous attendait mais les convives furent peu nombreux, une dizaine seulement que j'ai réveillés de force [1]. » Malgré la faim, les soldats préfèrent dormir.

« Ils sont à la limite de leurs possibilités physiques », confirme le capitaine Bruyère après avoir compté le nombre de nuits sans sommeil depuis le départ de la ligne Maginot. C'est la sixième nuit de marche imposée aux troupes de forteresse.

Le jour est déjà levé lorsque la CM 1 du capitaine Jarsela franchit le pont des Haras, à Rosières-aux-Salines. Elle est la dernière du bataillon Clerc et, dix minutes après son passage, les sapeurs actionnent la mise à feu. La coupure est insuffisante et permet le passage de l'infanterie. Les

1. Lettre du 14 janvier 1970 adressée à l'auteur par M. Caquart, instituteur à Nancy.

sapeurs ne possédant plus d'explosif, il faut se contenter de cette destruction incomplète.

Pour l'essentiel, la CM 1 est à la hauteur de l'église mais le capitaine Jarsela a confié la défense du pont des Haras à la section du lieutenant Coudurier. L'appui d'artillerie doit être fourni par le I/153e RAP du capitaine Bousquet mais aucune liaison n'est encore prise. Le II/169e RIF du capitaine Tourret cherche encore la position qu'il doit tenir sur la gauche du bataillon Clerc, jusqu'à Saint-Nicolas-de-Port. La CM 5 du capitaine Utard est la plus défavorisée : elle doit s'installer au sommet d'un crassier et il faut encourager les hommes de la voix, pour qu'ils acceptent de gravir la pente. Le dernier effort les épuise et Utard lui-même, après avoir visité deux emplacements de mitrailleuses en compagnie du lieutenant Challeil, du II/105e RI, dont il assure la relève, renonce et s'assied sur une souche : « Je n'en peux plus, avoue-t-il à Challeil, continuez avec mon adjoint. »

En vingt minutes, les consignes sont passées, la position reconnue et, lorsque Challeil revient vers Utard, il n'en croit pas ses yeux : le capitaine n'a pas bougé d'un centimètre, il est toujours assis mais il dort à poings fermés. La position du I/169e RIF est loin d'être idéale et, dans son rapport, le capitaine Bruyère, de la CM 1, traduit le sentiment général : « Les vues sont limitées au-delà de la rivière. Derrière nous, un coteau boisé à forte pente, sans aucun cheminement pour les voiturettes. La compagnie est acculée à un mur ! »

Au matin du 19 juin le front du 6e corps comporte au centre un superbe saillant, une excroissance dont le sommet est à la sortie de Laneuveville-devant-Nancy où le I/162e RIF du capitaine Levesque a repoussé la veille les forces allemandes venues sonder ses défenses. Levesque est en liaison à gauche avec le II/162e RIF du commandant Jehanno dont les compagnies sont alignées face à l'ouest derrière le canal de jonction[1]. A droite du I/162e RIF, le saillant est tenu par le III/160e RIF du capitaine Gaudy, le II/161e RIF du commandant Hémerit qui défend le pont-canal de La Madeleine, et le 21/162e RIF du commandant Bronquard avec les 170 hommes de son bataillon d'instruction sur la lisière ouest de Saint-Nicolas-de-Port. A la droite de Bronquard les deux bataillons épuisés du 169e RIF se mettent en position jusqu'à Rosières-aux-Salines.

Les liens tactiques n'existent plus et les chefs de corps peuvent être satisfaits lorsqu'ils ont encore sous leurs ordres un bataillon de leur propre régiment. Le lieutenant-colonel Bouet, du 160e RIF, a conservé son IIIe bataillon auquel s'ajoutent le II/161e RIF et le 21/162e RIF.

1. Ce canal relie... deux canaux : celui de la Marne au Rhin au nord, le canal de l'Est doublant la Moselle, au sud.

Picard, chef de corps du 105e RI (26e DI) a lui aussi son IIIe bataillon renforcé par le 169e RIF. Le général Loizeau n'ignore pas ces faiblesses mais si le front du 6e corps est « bossu », il a le mérite d'exister.

Au début de cette matinée du 19 juin, seule la relève 169e RIF — 105e RI est encore en cours mais dans une heure ou deux, tout le monde sera en place. Le fait que les combattants soient recrus de fatigue et ne songent qu'à dormir ne semble pas inquiéter Loizeau qui a donné l'ordre de livrer bataille « sans esprit de recul ». Plus lucide, l'un de ses subordonnés, le général Poisot, estime que « l'ordre de se défendre sans esprit de recul est définitivement périmé et que l'on est réduit désormais à faire du combat en retraite ».

Poisot donne sa définition de ce type d'action : « Le propre du combat en retraite, c'est la constitution d'échelons successifs, l'échelon arrière recueillant l'échelon précédent pour lui permettre de se reconstituer. »

Le plus surprenant est que Loizeau ne croit pas lui-même à la défense « sans esprit de recul » qu'il prétend appliquer. Sinon, pourquoi ne lancerait-il pas ses deux régiments d'artillerie lourde dans la bataille au lieu de les laisser circuler en colonne de route, en plein jour, sous les regards de l'observation aérienne allemande ?

« Je n'ai pas compris pourquoi ces régiments n'ont pas été engagés, écrit le capitaine d'Huart, de l'état-major du 6e corps. J'en ai fait la remarque au général de Fontanges, de l'artillerie de corps d'armée, et j'ai eu l'impression qu'on se livrait à de tels calculs pour préparer les tirs que lorsque ces calculs étaient faits, il fallait déménager [1]. »

C'est peut-être exact pour le 141e RAL à traction hippomobile, doté de pièces de 155 long modèle 17 mais comment expliquer la non-intervention du 103e RAL, entièrement motorisé, dont deux groupes sont équipés de 105 long modèle 36, « un matériel excellent et précis, ayant une faible dispersion » ? (rapport du lieutenant Gilloz). On devine ce qui va se produire : l'artillerie lourde ne jouera pas plus son rôle dans la bataille de la Meurthe qu'elle ne l'a joué le 18 juin dans celle de la Meuse [2].

Au grand dam de son état-major qui ne sait jamais où le joindre, le général Loizeau se déplace constamment, sans se préoccuper de l'encombrement des routes. Le 19 juin vers 9 heures, il s'arrête à Frolois, au PC de la division Poisot. Celle-ci ne compte plus qu'un bataillon, le I/168e RIF du commandant Juillaguet étiré sur la rive sud de la Moselle entre Sexey-aux-Forges et Méréville, appuyé depuis la

1. Lettre du 2 avril 1968 adressée à l'auteur par le baron Fernand d'Huart, de Longwy.

2. Voir *Les combattants du 18 juin,* tome I : le sang versé (Fayard, 1982).

veille par le GRDI 14 du lieutenant-colonel Tourangin. Loizeau explique à Poisot décontenancé qu'il envisage de constituer une ligne d'arrêt sur la Moselle. De cette façon, si le saillant de la Meurthe est enfoncé, les bataillons qui le défendent pourront se replier vers la Moselle et se mettre à l'abri.

« A l'abri de quoi ? » ne peut s'empêcher de demander Poisot.

« A l'abri des deux bataillons du 161ᵉ RIF qui se trouvent dans le bois de Flavigny. Ils passeront sous vos ordres [1] et s'installeront sur la rive sud de la Moselle, allongeant votre droite en direction de Tonnoy. »

Loizeau n'indique pas avec quelle unité il prolongera le 161ᵉ RIF à l'est de Tonnoy. Dans son rapport, Poisot commente les intentions de son supérieur : « L'idée de constituer un échelon de défense sur la Moselle était judicieuse, mais il aurait fallu disposer à l'avance sur la rivière des éléments suffisants pour arrêter l'ennemi pendant le temps nécessaire à l'écoulement et à la remise en ordre de ceux qui avaient combattu plus au nord. » Et Poisot ajoute : « Cette mission pouvait être donnée le 18 au soir à une partie de la 26ᵉ DI qui, la nuit précédente, avait été envoyée vers Tonnoy en prévision de l'offensive vers le sud. »

C'est exact mais la 26ᵉ DI est repartie en direction de la Meurthe et c'est maintenant, en plein jour, que Loizeau envisage de porter des troupes de forteresse sur la Moselle. Il est bien tard pour se rendre compte qu'à l'est de Méréville, aucune défense n'est en place pour interdire les ponts de Flavigny, Tonnoy et Velle.

Sur le front du I/169ᵉ RIF du commandant Clerc, les bras morts de la Meurthe se perdent entre les roseaux. L'ennemi serait imprudent d'affronter cette zone marécageuse. A Rosières, habitants et réfugiés devinent la bataille imminente et les rues sont vides. Clerc et son adjudant-major, le capitaine Charmet, ont installé le PC du bataillon au-dessus du cimetière puis, chacun de leur côté, ils sont allés « stimuler les énergies ». Épuisés par la dernière nuit de marche, les hommes n'ont creusé ni abris ni emplacements de tirs. Ou si peu ! Les cadres sont eux-mêmes si fatigués qu'ils n'ont pas eu le courage de forcer les volontés et, lorsque les premières salves de l'artillerie allemande éclatent sur la rive gauche de la Meurthe, personne ne bouge d'un centimètre, appréciant seulement le bon côté des choses : ne plus marcher et dormir.

Sur la rive droite, la *93ᵉ Division* du *General* Tiemann passe à l'attaque et ses *Stosstrupps* s'enfoncent dans le dispositif français qui barre la Meurthe.

« Au-delà d'une flaque d'eau, témoigne le capitaine Charmet, les roseaux bougent et un casque apparaît, qui n'est pas de chez nous ; le

1. Dans sa correspondance avec l'auteur le colonel Viret assure qu'il n'a jamais été informé de son passage à la division Poisot.

temps d'attraper un fusil et le casque a disparu. Une patrouille est venue nous renifler. Par où est-elle passée ? »

Sans doute à travers la zone marécageuse puisqu'il est bien connu qu'un terrain difficile est toujours moins bien défendu. Dix minutes plus tard, alors que Charmet rédige le compte rendu d'installation destiné au lieutenant-colonel Picard, une fusillade éclate du côté du pont des Haras. On reconnaît la cadence des mitrailleuses Hotchkiss du bataillon. La section du lieutenant Coudurier serait-elle en difficulté ? Charmet suggère une reconnaissance en direction du pont avec le lieutenant Etchegaray et ses pionniers. Le groupe part, les deux officiers en tête avec un mousqueton, les hommes rasant les murs. Ils parcourent environ 500 mètres et s'arrêtent : l'ennemi est là. Mêlés à des prisonniers français, les Allemands ont franchi les débris du pont et abordent le carrefour sans paraître se soucier des coups de fusil qui claquent dans les rues. Un officier gesticule et hurle des ordres...

« La cible est belle, observe Charmet, mais une volée de balles s'écrase contre le mur sur lequel je m'appuie. »

Les pionniers ébauchent un mouvement de recul mais le capitaine donne l'ordre d'ouvrir le feu à son commandement « dès que les boches traverseront le carrefour ». Des râclements de brodequins, ou de bottes, se font entendre et des Français, bras levés, le souffle court, font leur apparition. Les Allemands marchent à l'abri de ce rempart humain.

« Je crie et leur fais signe de se coucher, raconte Charmet, puis je commande le feu ! »

Il épaule son arme, pose son index sur la détente et... tourbillonne sur lui-même avant de rouler à terre. Une balle lui a traversé le bras et la poitrine avant de ressortir sous l'omoplate. Les brancardiers Fontaine et Deleusse le saisissent et l'emportent dans une grange. Le prêtre-infirmier Mouffran l'administre car la blessure est sérieuse et le capitaine Charmet est considéré comme perdu.

Dans Rosières, le combat s'éteint et les Allemands renforcent leur tête de pont. La section Coudurier a-t-elle cédé sans combattre ? Dans son rapport, le commandant Clerc évite d'aborder le sujet [1] mais l'avance ennemie le décide à abandonner son PC.

« Je me trouvais avec le chef de bataillon, écrit le capitaine Rideau, de la compagnie d'engins, et nous avons pu nous replier vers 10 heures sur les hauteurs de la Meurthe. »

Dans quelles conditions les mortiers ont-ils été engagés ? Rideau ne le dit pas mais il ne semble pas qu'on ait cherché à leur faire battre le pont des Haras.

« Les Allemands nous ont repoussés dans les vergers, à l'ouest de

1. Le commandant Victor Clerc, retiré à Hargéville (Meuse) et M. Coudurier, de Pau, n'ont pas cru devoir apporter leur témoignage à l'auteur.

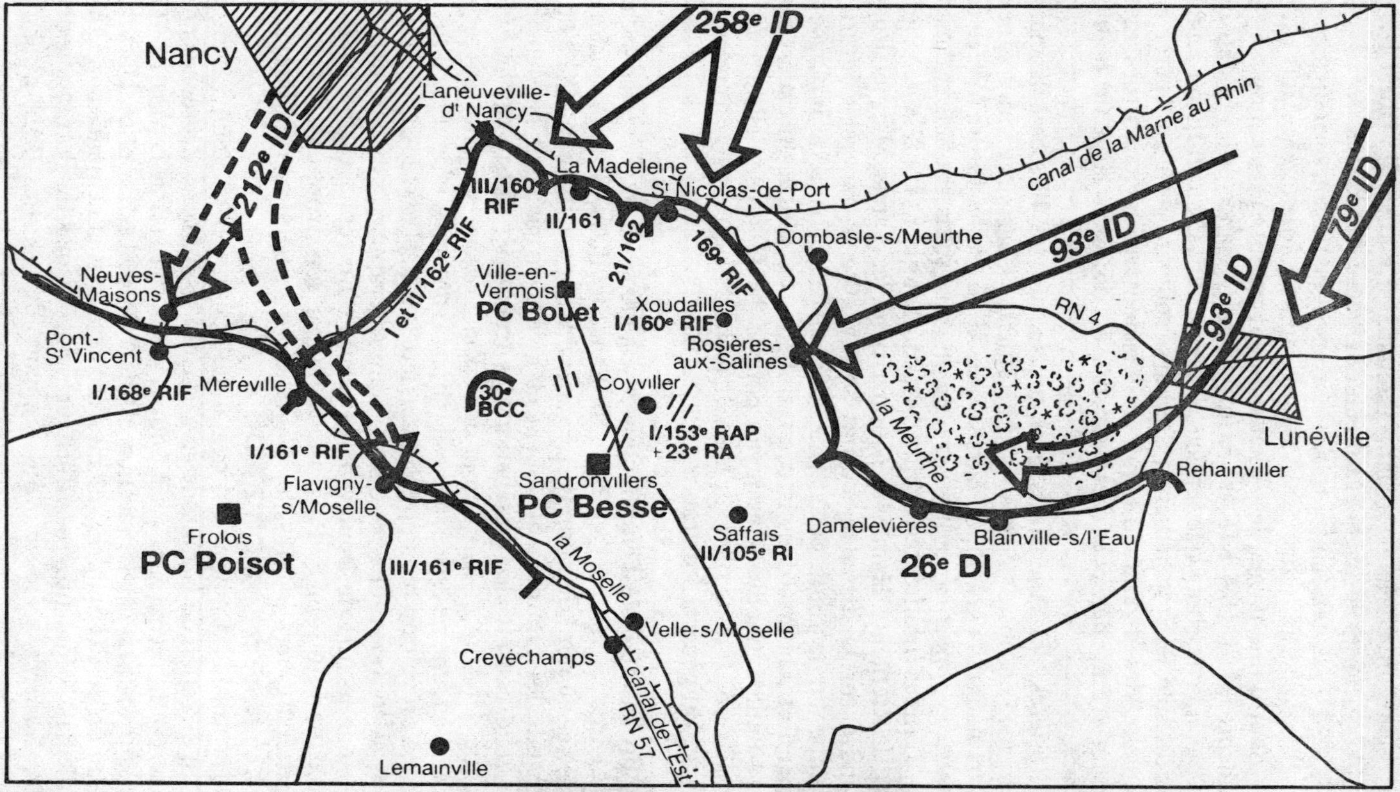


Front du 6e CA le 19 juin au matin

Rosières, reconnaît le lieutenant Caquard. Le commandant Clerc a regroupé quelques officiers et une cinquantaine d'hommes. »

A la CM 2, le capitaine Bruyère accompagné de son ordonnance est allé « s'assurer que le dispositif correspond à la situation ». Alors qu'ils approchent d'une ferme, les Allemands en sortent et les capturent. En deux heures, le I/169ᵉ RIF est réduit à l'impuissance et les soldats qui n'ont pas levé les bras « se replient » vers le sud. Officier de renseignements du 169ᵉ RIF, le lieutenant Bérain se souvient « d'avoir aperçu à la binoculaire des dizaines d'hommes débandés qui agitaient des mouchoirs et même des chemises blanches en dévalant la pente pour se rendre ».

A Rosières, les Allemands font transporter les blessés à la mairie transformée en poste de secours. Le capitaine Charmet y sera soigné et survivra malgré la gravité de sa blessure. Mˡˡᵉ Pérette, future Mᵐᵉ Facq, institutrice, apporte frandises et boissons aux soldats allongés dans la paille. Dans la localité, les victimes du combat gisent là où la mort les a saisis : les sergents Hamm et Monnat dans les haras, Marc et Roger Alexandre sur la digue de l'usine Solvay avec le caporal Couturier, Deltombe sur la route de la gare, Thirion à la ferme de la Crayère, Dillmann et Thomas dans la rue Gambetta. Ce sont les premiers tués d'une bataille qui a bien commencé pour la *93ᵉ ID* puisqu'elle a réussi à conquérir une tête de pont sur la rive gauche de la Meurthe en crevant le dispositif du général Loizeau.

De Frolois où il s'est entretenu avec le général Poisot, le commandant du 6ᵉ corps se rend au château de Sandronvillers, situé à quelques kilomètres au nord de Tonnoy. Le général Besse y a établi son PC d'où il commande les groupements Bouet et Picard engagés sur la Meurthe. Besse rend compte de l'installation des troupes et insiste sur leur état physique déficient et leur besoin de repos. Loizeau n'y peut rien ; il ne dispose d'aucune réserve et toutes les unités sont aussi fatiguées. Il invite Besse « à prévoir un repli possible derrière la Moselle », ce qui va dans le sens de sa conversation avec Poisot. Dans son rapport, l'ex-commandant du secteur fortifié de Boulay ne parle pas d'un repli possible mais de « l'exécution du repli ». Puis, montrant par son propos qu'il s'oriente sans attendre vers la Moselle, il ajoute : « Je tiendrai de Méréville à Lorey où je me relierai à la 26ᵉ DI. »

Qui a raison ? Loizeau qui demande d'envisager un mouvement de repli en direction de la Moselle ou Besse qui se prépare à décrocher pour installer — en plein jour — ses troupes sur la rive sud de la Moselle ? On ne le saura jamais car la question est déjà dépassée. En effet, alors que Loizeau est au PC Sandronvillers, « arrive le renseignement selon lequel les Allemands font un gros effort sur Saint-Nicolas-de-Port tandis qu'à droite, Rosières a été enlevé ». (rapport Besse). Les deux généraux constatent que le saillant de la Meurthe est menacé de flanc par la prise de Rosières mais n'est-il pas trop tard pour l'évacuer ? Loizeau écarte cette idée et adopte une solution plus radicale.

« Allez à Coyviller au PC du 105e RI, dit-il à Besse, et montez une contre-attaque avec le bataillon réservé de ce régiment. »

Le commandant du 6e corps n'en dira pas plus. Ayant donné ses ordres verbaux, il reprend la route. Ses trois généraux ne le reverront pas de la journée et, lorsqu'il réapparaîtra, dans la soirée, la bataille sera perdue. Besse se rend donc à Coyviller, à quelques kilomètres de son propre PC, et voit le lieutenant-colonel Picard, lequel lui confirme que les Allemands débordent Rosières.

« D'ailleurs, rapporte Besse, j'entends la fusillade aux lisières nord du bois de Coyviller, près du I/153e RAF dont les pièces tirent sans arrêt malgré une violente contre-batterie. »

Besse et Picard aimeraient connaître l'axe d'attaque choisi par les Allemands à partir de Rosières. Vont-ils aller vers le nord-ouest pour prendre à revers le groupement Bouet accroché à Saint-Nicolas-de-Port, ou pousser vers le sud en direction des ponts de la Moselle ? Les deux hommes parent au plus urgent : mettre sur pied la contre-attaque. Doivent y participer le II/105e RI du capitaine Lancelin, le I/160e RIF du commandant Barlam, une compagnie de chars FT du 30e BCC, l'ensemble appuyé par le groupe de 105 du 153e RAF. C'est toute la réserve dont dispose Besse.

Un officier de liaison envoyé par le lieutenant-colonel Bouet se présente et rend compte : « Les Allemands attaquent en force à Saint-Nicolas-de-Port et tentent de s'emparer du pont-canal de La Madeleine qui n'a pas été détruit. »

Besse se tourne vers Picard : « Il faut reprendre Rosières au plus vite. » Et, comme s'il se parlait à lui-même : « Pourvu que Bouet tienne ! »

Pendant que la *93e ID* renforce sa tête de pont à Rosières-aux-Salines, une autre division allemande, la *258e ID* du *General* Wollmann passe à l'attaque sur le nord du saillant. Elle a le rôle principal car outre son artillerie organique, elle dispose de celle de la *93e ID* mise à sa disposition par le *General* Hartmann, du *30e Korps*[1]. Ce dernier a même obtenu que les *Stukas* interviennent au profit de ses régiments mais il a renoncé à les utiliser lorsque les premiers compte rendus lui sont parvenus, soulignant le contact étroit avec les forces françaises bordant

1. La *258e ID* a également reçu pour son offensive l'*Aufklärungs Abteilung* (groupe de reconnaissance) de la *197e ID ;* un groupe de *Mörser* de 210, trois groupes de 100 et une compagnie de *Pionniers* d'assaut « avec canots pneumatiques et matériel de franchissement ».

la Meurthe. D'ailleurs, le plan d'offensive de Hartmann est maintenant caduc. En dotant la *258e ID* de tous les renforts mis à sa disposition, il prévoyait que cette division franchirait la Meurthe la première, ouvrant ainsi la route du sud à la *93e ID.* Or, celle-ci a traversé la rivière à Rosières où elle tient une solide tête de pont tandis que la *258e ID,* en dépit d'une dépense élevée en munitions d'artillerie[1], piétine devant Saint-Nicolas-de-Port et La Madeleine. Hartmann doit modifier le plan d'attaque de ses divisions. A 9 h 15 l'*Oberstleutnant* Botsch, de son état-major, lui apporte un message de la *93e ID.*

« Notre infanterie avance au-delà de la Meurthe de Rosières. La division fera en sorte de ne pas entrer dans le secteur d'attaque de la *258e ID* et se maintiendra dans les limites qui lui ont été fixées. »

Hartmann plie machinalement le papier et demande à Botsch : « Et la *258e ID ?*

— Elle n'a pas encore franchi la Meurthe. Les Français résistent avec acharnement au pont-canal de La Madeleine. »

Pour des raisons évidentes, le pont-canal n'a pas sauté. Il passe au-dessus de la Meurthe avec la voie ferrée et sa destruction aurait vidé le canal dans la rivière, permettant le passage de l'ennemi à pied sec en aval ou en amont. L'ouvrage est à la limite du III/160e RIF du capitaine Gaudy et du II/161e RIF du commandant Hémerit mais c'est ce dernier qui en assure la défense. La différence entre ces bataillons et le I/169e RIF qui s'est fait enlever Rosières est importante : ils sont en place depuis presque deux jours. Les hommes ont eu le temps de se reposer et d'aménager leur position, ce qui explique la vigoureuse résistance rencontrée par les Allemands.

Le *Kommandeur* de la *258e ID* a lancé tout un régiment contre les défenses françaises de La Madeleine, le *IR 478* de l'*Oberstleutnant* Fischer. Celui-ci n'a pas d'autre choix que de s'emparer de vive force du pont-canal ou de faire traverser la Meurthe à ses hommes à bord de canots pneumatiques. L'artillerie divisionnaire et ses groupes de renfort ont d'abord pilonné la rive sud de la rivière mais les Français, bien abrités, n'ont pas enregistré les pertes que prévoyait Fischer : une vingtaine de blessés et quatre tués pour les bataillons Gaudy et Hémerit[2]. A six kilomètres au sud, les observateurs juchés dans le clocher de Ville-en-Vermois signalent au PC du lieutenant-colonel Bouet

1. Selon l'historien allemand Hans-Jochen Pflanz, l'*Artillerie Régiment 258* a tiré à lui seul le 19 juin 34 000 obus de 105 et 1 500 de 150 sur La Madeleine et Saint-Nicolas-de-Port.

2. Selon le médecin-auxiliaire Passeleau, le premier tué du II/161e RIF a été le soldat René Lenfant.

« des forces ennemies importantes qui descendent d'une colonne de camions arrêtée près de la ferme Saint-Phlin ».

Une compagnie progresse par bonds en direction du pont-canal pendant que des porteurs de canots pneumatiques courent vers la rivière. L'attaque est appuyée par des pièces de 20 et de violents tirs de *minen.* Le pont-canal se trouve sous les feux croisés de deux compagnies : la CM 5 du capitaine Thiébaut (II/161ᵉ RIF) et la CM 10 du lieutenant Bardou (III/160ᵉ RIF). Le combat est rapproché et des grenades françaises explosent aux abords du pont sans que les Allemands puissent s'y engager sous les tirs des armes automatiques des deux compagnies. Le bruit est insoutenable : obus éclatant sur les arrières, explosions continuelles des *minen*, gerbes de traceurs des pièces de 20, rafales des mitrailleuses et des FM et, au milieu de ce vacarme, le vrombissement du « mouchard » survolant le saillant de la Meurthe.

Le II/161ᵉ RIF est particulièrement visé et l'on signale au commandant Hémerit plusieurs armes automatiques brisées. Blessé par des petits éclats, le capitaine Thiébaut doit être porté au poste de secours par le soldat Schaff. Le capitaine Le Goyet lui succède à la tête de la compagnie. On jurerait que des tireurs d'élite allemands cherchent les servants des armes automatiques car ceux-ci sont les plus nombreux à être atteints : Gauthier, Desmaret, Ossart, Lestoquoy sont blessés, Guyot est tué près de son mortier et le caporal-chef Simony derrière son FM. Des brancardiers amènent au PS le soldat Bouillot et l'adjudant-chef Carru qui ne survivront pas.

« Tirs très violents sur nous et sur la Soudière, note le sous-lieutenant Weidert, chef de section à la CM 7. Impossible de lever la tête, nous voulons abandonner la buanderie où nous sommes mais à chaque fois que nous nous montrons, nous recevons une rafale. »

Plusieurs maisons de la cité ouvrière sont en flammes et le *Henschel* n'hésite pas à plonger dans la fumée pour renseigner l'artillerie et donner plus de précision à ses tirs. Sur la rive nord de la Meurthe, on aperçoit des corps sans vie, des caissettes de cartouches et des canots pneumatiques abandonnés. D'autres ont été mis à l'eau mais ils descendent le courant, parfois avec un ou deux corps sans vie à leur bord.

Vers huit heures, de son PC installé dans le pavillon de la direction de la Soudière, le commandant Hémerit rend compte au lieutenant-colonel Bouet « que la CM 5 n'est plus assez étoffée pour interdire le pont-canal ».

Le commandant du groupement ne dispose d'aucune réserve et doit faire appel au capitaine de Mangoux, du 30ᵉ BCC, dont la compagnie de chars FT appuie le II/169ᵉ RIF à Saint-Nicolas-de-Port. Le capitaine désigne le lieutenant Confida pour cette mission. L'un derrière l'autre, respectant les intervalles, quatre chars défilent à 6 km/h sous le tir heureusement mal ajusté des pièces de 20 et des *37 Pak* et se portent à l'entrée du pont-canal où Hémerit donne l'ordre à Confida de « s'opposer à toute infiltration ». Sur la rive nord, les fantassins du *IR 478* refluent…

« Mes vieux chars tirent au canon et à la mitrailleuse, raconte Confida, mais ils ne parviennent pas à monter sur le pont qui leur est techniquement inaccessible [1]. »

L'intensité du tir adverse ne faiblit pas. Froissant, Salenson et le chef Ory ont été blessés, puis le capitaine Le Goyet tombe, lui aussi. Hémerit manque d'officiers et confie la CM 5 à l'aspirant Raillard. Plusieurs armes automatiques ne tirent plus, non pas faute de cartouches mais parce que leurs servants, tués ou blessés, ne peuvent être remplacés par manque d'effectifs.

Le capitaine Tourret a installé le PC du II/169e RIF sous le pont du chemin de fer, à la sortie sud de Saint-Nicolas-de-Port. Le bataillon constitue l'aile gauche du groupement Picard qui a été enfoncé au centre, à Rosières-aux-Salines. Tourret a ses trois compagnies en ligne [2] et bénéficie du soutien des chars du capitaine de Mangoux. Comme dans les autres quartiers, la journée a commencé avec le bombardement déclenché par la *258e ID.*

« Il a duré de quatre à six heures du matin, se souvient le sous-lieutenant Souchon, du 30e BCC, mais nous n'avons eu aucune perte, les chars étant abrités par les maisons. »

Lorsque l'infanterie allemande a débouché avec ses porteurs de canots pneumatiques, un mouvement de reflux chez les hommes du II/169e RIF a obligé les FT du capitaine de Mangoux à se porter vers la rivière. Le char du caporal Durand a pris feu sous les coups d'un *37 Pak* que le sous-lieutenant Souchon a aussitôt neutralisé avec sa pièce de tourelle pendant que le chasseur Raclot balayait les vergers de la rive nord à la mitrailleuse. La situation rétablie, les armes automatiques et les mortiers ont repris leur duel d'une rive à l'autre.

Sur la lisière ouest de Saint-Nicolas-de-Port, le 21/162e RIF a ses quatre sections en ligne [3] et elles ménagent si peu leurs cartouches qu'à neuf heures du matin, le capitaine Guillemin, de la CHR, qui s'est proposé pour assurer le ravitaillement en munitions, a déjà effectué deux voyages sous le bombardement.

« L'ennemi tire sur le “ mirador ” de la brasserie où Lefrique a été blessé, note le commandant Bronquart, puis, croyant à la présence d'observateurs, il s'en prend aux tours de la basilique. »

1. Lettre du 25 février 1969 adressée à l'auteur par M. Jean Confida.
2. De gauche à droite : CM 7 (capitaine Brunet), CM 6 (lieutenant Bentegeat) et CM 5 (capitaine Utard). Le capitaine Gilbert commande la compagnie d'engins.
3. Lieutenant Médan, sous-lieutenant Labelle, adjudants Baret et Rougerie.

A l'est de Saint-Nicolas, la CM 5 du capitaine Utard est très vite en mauvaise posture car elle est à la fois bombardée et attaquée par des forces ennemies partant de la tête de pont de Rosières. Utard est blessé, ainsi que l'aspirant Veriest et, malgré les tirs de la section Poizot, la défense faiblit.

« Des automitrailleuses arrivent par la route de Rosières et je prends la section de mitrailleuses pour les arrêter, rapporte le lieutenant Besnier. Peu après, l'aspirant Poizot est tourné et capturé. De plus en plus nombreux, les Allemands s'emparent du crassier et nous dominent. Je suis fait prisonnier avec les derniers éléments de la compagnie. »

A gauche, la CM 7 du capitaine Brunet résiste toute la matinée puis, manquant de cartouches, elle cesse le combat. « Brunet est jeté à l'eau par l'ennemi furieux de sa résistance, raconte le capitaine Alluard, adjudant-major du II/169e RIF. Repêché, il recevra les excuses des officiers allemands [1]. »

A huit heures, le capitaine Tourret a envoyé Alluard en liaison à Coyviller, au PC du 169e RIF, où le commandant Toussaint lui aurait interdit de retourner à son bataillon. Vers onze heures, Tourret fera partir pour Coyviller le lieutenant Laplane qui, lui non plus, ne reviendra pas. Il est vrai qu'en fin de matinée, le II/169e RIF est en mauvaise posture, comme en témoigne le lieutenant Bentegeat, de la CM 6 : « Avec ma section de commandement, j'étais adossé au remblai de la voie ferrée. A midi, j'ai constaté que les compagnies encadrantes, la CM 5 et la CM 7, n'existaient plus, j'allais être débordé [2]. »

Une chenillette de munitions qui montait vers Saint-Nicolas est soufflée par un obus qui la pulvérise. C'était la dernière tentative pour ravitailler les mitrailleuses du II/169e RIF en cartouches car les *Stosstrupps* du *IR 458* ont franchi la Meurthe et l'on se bat maintenant dans les rues de la ville, ce qui n'empêche pas les mortiers du bataillon Tourret d'épuiser leurs projectiles sur le carrefour de Varangéville, au nord du canal de la Marne au Rhin « Pour ralentir et perturber les convois qui arrivent sans cesse et alimentent la bataille en effectifs et en matériel » explique le capitaine Gilbert [3].

A Saint-Nicolas, les Allemands qui ont observé le manège des chars du capitaine de Mangoux font passer des canons de *37 Pak* sur la rive sud de la Meurthe et les poussent à bras dans les rues. L'un d'eux rencontre le char de Raclot, ouvre le feu le premier et le manque. Il ne tire que deux obus car le char-canon du sous-lieutenant Souchon

1. Lettre du 20 octobre 1970 adressée à l'auteur par M. Jean Alluard, de Quimper.
2. Lettre du 10 février 1971 adressée par le colonel Pierre Bentegeat à l'auteur.
3. Lettre du 31 décembre 1970 adressée par le colonel Jean Gilbert à l'auteur à qui il apporte cette précision : « Depuis le matin, nous ne recevions plus aucun appui de l'artillerie. »

intervient et le neutralise en trois coups... avant d'être lui-même touché par une autre pièce. Pincon, le conducteur, est tué à son poste et le char gravit le trottoir avant de heurter avec violence un muret surmonté d'une grille [1]. Légèrement blessé, Souchon sort de la tourelle au moment où l'engin prend feu [2] et rejoint les siens protégé par la mitrailleuse de Raclot. Le capitaine de Mangoux qui a suivi à vue l'engagement des FT de Souchon décide que les rescapés peuvent rejoindre le PC de la compagnie. Il les fait relever par les trois chars de l'aspirant Bertoux.

« Combats très violents contre un adversaire qui oppose une forte résistance », lit-on dans le journal de la *258e ID*.

1. La photo du char a été publiée dans *Juin 1940 le mois maudit* (Fayard, 1980).
2. Maurice Pincon, 20 ans, a reçu l'obus de plein fouet et son corps carbonisé sera retrouvé dans le char « la partie supérieure déchiquetée ».

CHAPITRE VI

# « L'heure H est fixée à midi »

Depuis le début de l'attaque allemande les arrières du saillant de la Meurthe sont bombardés par l'artillerie des *258ᵉ* et *93ᵉ ID* dont tous les tubes, y compris ceux des groupes de renforcement, sont engagés. Survolés par les appareils d'observation qui renseignent les artilleurs par radio, les villages qui abritent des PC ont été repérés et subissent des tirs de harcèlement depuis le matin. A Lupcourt, le PC du 162ᵉ RIF fonctionne sous les obus ; les quatre observateurs [1] installés dans le clocher sont restés à leur poste et transmettent leurs renseignements sans broncher. Le soldat Pamard est tué en traversant la rue, un de ses camarades, Théobald, grièvement blessé au ventre, meurt au poste de secours. Dans les prés, vaches et chevaux sont les victimes innocentes du bombardement. On en compte une trentaine à Manoncourt-en-Vermois où les fils électriques et téléphoniques jonchent la route et interdisent la circulation. Trois soldats, Lemoine, Gerson et Tassin, sont tués par des éclats [2].

A Burthecourt-aux-Chênes, le PC du 30ᵉ BCC reçoit plusieurs obus de gros calibre : « Le capitaine de Billy et le lieutenant Cahen sont indemnes, écrit le médecin auxiliaire Collin, mais le lieutenant Barbaza est grièvement blessé. Il agonisera tout l'après-midi au poste de secours, aucune évacuation n'étant possible [3]. »

A cent mètres du PC des chars, celui du 23ᵉ RA est également visé et le lieutenant-colonel Péninou a l'épaule traversée par un éclat. Pendant qu'on le panse, il donne ses consignes au capitaine Pichard : « Appelez

1. Dervaux, Hivar, Claudot et le caporal-chef Jacques.

2. Un couple de Manoncourt, M. et Mᵐᵉ Jeansing, est victime du bombardement. Le mari est blessé, son épouse, Marie, est tuée.

3. Lettre du 14 novembre 1940 envoyée par le Dr Collin à Mᵐᵉ de Billy. Originaire de Castres (Ariège) Jean Barbaza allait avoir 29 ans en octobre. Ses blessures étaient graves (plaie transfixiante de la poitrine, plaie profonde à l'aine, éclats au bras droit et à la cuisse) et il mourut le lendemain 20 juin.

le commandant Bastien-Thiry[1] et dites-lui qu'il prend le commandement du régiment. Pour moi c'est fini ! » Péninou sera évacué et hospitalisé le soir même à Saint-Dié.

A Coyviller, où fonctionnent le PC du 105e RI et celui du 169e RIF, la rue centrale ressemble à un centre d'équarissage : on y relèvera 24 chevaux tués. Trois soldats, Brodeur, Habonnel et Baudin, sont victimes du bombardement et, au PC du commandant Toussaint, une salve blesse mortellement le chef d'état-major, le commandant Wallon qui a une jambe arrachée[2]. En fin de matinée, une sanitaire amène au PS de Boissoncourt le capitaine Armand Bousquet du 1/153e RA, grièvement blessé à l'aine alors qu'il commandait, debout, le tir de ses 75. Il est évacué sur l'hôpital de Mirecourt où il mourra le 20 juin. Cependant, les artilleurs allemands ne sauront jamais que leur feu obtient également un autre résultat : il brise dans l'œuf la contre-attaque décidée par le général Loizeau.

Le seul bataillon de réserve dont dispose le lieutenant-colonel Picard est le II/105e RI de son propre régiment. Appliquant les ordres de Besse, Picard le désigne pour être le fer de lance de l'opération. Le choix n'est pas heureux car, depuis le début de la guerre, le II/105e RI a été très mal commandé et le capitaine Lancelin a été mis à sa tête le 7 juin, c'est-à-dire douze jours plus tôt[3]. Pendant la nuit, le bataillon a été relevé à Saint-Nicolas-de-Port par le II/169e RIF et s'est arrêté à l'aube dans les vergers de Saffais après avoir parcouru une vingtaine de kilomètres. Vers neuf heures, Lancelin, dont le PC est à l'école, reçoit l'ordre de porter ses compagnies dans le bois des Loges. Sans autre précision.

« Faites mouvement en petites colonnes dispersées, je vais reconnaître l'emplacement ! » dit-il à son adjudant-major, le capitaine Scholastique, dans le civil ingénieur chez Michelin.

Le chef de bataillon n'a pas fait cinq kilomètres que sa voiture est rejointe par un motocycliste. Contrordre ! Le II/105e RI est désigné pour contre-attaquer en direction de Rosières-aux-Salines ; il doit rejeter l'ennemi sur la rive droite de la Meurthe. Pour obtenir des précisions, Lancelin décide de se rendre au PC du lieutenant-colonel Picard, à Coyviller, mais, auparavant, il profite de la présence du motocycliste

1. Père de l'ingénieur en chef de l'armement Jean-Marie Bastien-Thiry, fusillé le 11 mars 1962 pour avoir fomenté l'attentat du Petit-Clamart contre le général de Gaulle.

2. Agé de 55 ans, le commandant Edmond Wallon est mort de ses blessures le 18 juillet, à Bruyères (Vosges) où il repose aujourd'hui.

3. Parlant du commandement du II/105e RI pendant la « drôle de guerre », Lancelin écrit : « Un chef de bataillon incapable et un adjudant-major qui s'en foutait. » (correspondance avec l'auteur).

pour transmettre ses consignes au capitaine Scholastique : amener le bataillon à la lisière nord-est du bois des Loges.

« Je le retrouverai là-bas ! » précise-t-il. Une heure plus tard, ayant essuyé quelques salves, Lancelin arrive au point de rendez-vous : le bataillon n'est pas là. Il patiente un quart d'heure, écoutant avec inquiétude le bombardement qui pilonne les villages, puis décide d'aller au-devant de ses hommes.

« Quelques centaines de mètres avant Saffais, témoigne-t-il, je vois trois cadavres sur la route. Je m'arrête. Le médecin-lieutenant Robert sort d'un abri et me crie : " Ne restez pas là, c'est très bombardé ! " Il m'apprend que le bataillon s'est débandé sous les obus [1]... »

Lancelin ne se laisse pas impressionner et se rend à l'école : le PC n'est plus là. Il reprend la route, s'éloigne de Saffais et, près du bois de Ferrières, aperçoit les attelages du train de combat. Plusieurs voitures ont été détruites par le bombardement, d'autres ont été abandonnées par leurs conducteurs et des chevaux ont été blessés [2]. Sous les feuillages de la lisière, Lancelin retrouve enfin son bataillon et, stupéfait, apprend la vérité. Au moment où les compagnies se préparaient à quitter Saffais pour gagner la base de départ de la contre-attaque, la camionnette du lieutenant Cinier, officier des détails, s'est arrêtée devant l'école. Cinier fit savoir qu'il venait payer la solde des cadres du II/105e RI. A-t-il pris lui-même cette décision ou a-t-il reçu un ordre ? Scholastique ne lui a donc pas opposé que le bataillon allait contre-attaquer ? De toute manière, Saffais n'étant qu'à SIX kilomètres de Rosières où la tête de pont allemande fait tache d'huile, le lieu était vraiment mal choisi pour payer la solde. Les salves de l'artillerie allemande se sont-elles abattues sur le village pendant le règlement de celle-ci ou après le départ du lieutenant Cinier ? Aucun document ne permet de le préciser mais le capitaine Lancelin affirme que « l'intervention de l'officier des détails a déclenché la catastrophe ». Il se dit toutefois « à peu près certain que les officiers ont mal exécuté les ordres et n'ont pas adopté une formation diluée ».

Manque d'instruction, discipline relâchée, cadres médiocres, nous l'avons déjà vu, la guerre ne souffre pas l'amateurisme. Ce qui va suivre est tout aussi désarmant. En effet, avec sept tués, une douzaine de chevaux sacrifiés et quelques voiturettes porte-mitrailleuses détruites, le II/105e RI est encore une unité solide. Or, lorsque Lancelin retourne à Coyviller pour raconter au lieutenant-colonel Picard ce qui vient de se passer, celui-ci lui ordonne de conduire le bataillon dans le bois de

1. Texte inédit du 22 novembre 1971 rédigé d'après ses notes personnelles par M. Lancelin à l'intention de l'auteur.

2. Quatre soldats ont été tués : Bourduge, Giraudon, Jacquet et Roche, qui s'ajoutent aux trois de Saffais : Pélisson, Duperrin et Caillaud.

Ferrières et d'y attendre des ordres. C'est incompréhensible ! Les combats sont d'une rare violence sur le saillant de la Meurthe et Picard envoie les hommes du II/105e RI se reposer à l'ombre d'un sous-bois ! Ils y resteront jusqu'à 16 h 30, heure à laquelle Lancelin recevra l'ordre de se replier en direction de Lorey, à une dizaine de kilomètres au sud. Le II/105e RI n'aura pas tiré un coup de fusil de la journée.

La contre-attaque ne compte plus que des effectifs dérisoires qui démontrent le peu de crédit accordé à l'ordre donné par le général Loizeau. Le II/160e RIF du commandant Barlam est informé à 11 heures de sa mission et de l'appui qui lui est accordé : huit chars du 30e BCC placés sous les ordres du lieutenant Chantreau. Pas de soutien d'artillerie, le capitaine Pillot du II/153e RAP, ayant rendu compte « que ses 105 ne peuvent intervenir en raison du terrain et de l'orientation des pièces ». Barlam a également rappelé qu'il avait perdu la 1re compagnie du lieutenant Plagnieux la veille dans la banlieue de Nancy mais, le lieutenant-colonel Picard lui ayant fait observer que l'ordre venait du corps d'armée, il s'est incliné. Le temps d'amener les hommes sur leur base de départ et il est 11 h 30. Le chef de bataillon réunit ses commandants de compagnie à son PC de la ferme de Xoudailles, à environ trois kilomètres à l'ouest de Rosières, sur le plateau dominant la Meurthe.

« L'heure H est fixée à midi, leur dit-il. Vous marcherez avec les chars et vous vous efforcerez d'atteindre les objectifs suivants : d'abord la route de crête Saint-Nicolas-de-Port — Rosières puis celle de la vallée de la Meurthe. L'ennemi ne doit pas encore être en force. »

Depuis que la section Coudurier s'est fait prendre au pont des Haras vers sept heures du matin, CINQ heures se sont écoulées et les Français commencent seulement à réagir.

A midi, selon les ordres, la 3e compagnie du capitaine Jouandet contre-attaque en marchant derrière les chars qui obliquent à droite, vers le bois de Conroy, comme ils en ont reçu l'ordre de Barlam. L'un des engins tombe en panne, un autre est touché par un *37 Pak* et s'immobilise. L'artillerie allemande poursuivant ses tirs, Jouandet ne s'aperçoit de rien. Il doit s'emparer d'un bosquet, le nettoyer et atteindre la route de crête.

« Je n'ai pas senti de véritable résistance » écrit-il dans ses carnets.

La 2e compagnie du lieutenant Jaeger est prise de flanc par des tirs d'armes automatiques et ne parvient pas à déboucher. Attiré par ces mouvements insolites, un *Henschel* vire à basse altitude au-dessus de la ferme de Xoudailles et repart vers la vallée de la Meurthe.

« Comme je le supposais, dit encore Jouandet, les boches n'étaient pas en nombre et ont décroché. Nous ne les avons pas rattrapés. J'ai demandé aux chars d'attendre dans le bois car je ne voulais pas les lancer à l'aveuglette dans la plaine. »

Les forces allemandes auxquelles la « 3 » de Jouandet vient de se heurter sont en flanc-garde car la *93e Division* qui s'est emparée de Rosières le matin ne se soucie pas d'avancer vers l'ouest. Le *General* Tiemann a en effet reçu une double mission de son supérieur, le commandant du *30e Korps :* pousser une avant-garde en direction de Bayon[1], sur la rive droite de la Moselle, et, par Saffais, faciliter la progression de l'*Aufklärungs Abteilung* de la *258e ID* en direction de Velle où il traversera la Moselle et attaquera face au sud par la rive gauche. La tête de pont de Rosières a donc une importance considérable puisqu'elle va servir de base de départ aux premiers éléments de la *93e ID* et au groupe de reconnaissance de la *258e ID* qui vont piquer vers le sud, de part et d'autre de la rivière. On voit mal le capitaine Jouandet enlever la tête de pont avec ses 150 hommes et six chars datant de l'autre guerre, même si la 2e compagnie du lieutenant Jaeger et la CA du capitaine F... lui apportent leur appui.

Un autre fait montre à quel point la contre-attaque n'est pas prise au sérieux par le général Besse : il a changé de PC sans informer ses subordonnés et sans laisser d'officier de permanence au château de Sandronvillers. En pleine bataille, le commandement du front de la Meurthe fait défaut. Le premier, le lieutenant-colonel Bouet apprend que son général a disparu : « A 10 heures, écrit-il, j'ai envoyé le lieutenant Raynaud à Sandronvillers rendre compte que les attaques sur la Soudière de La Madeleine avaient échoué. Raynaud n'a trouvé personne au château. »

Dans son rapport, Besse assure qu'il a quitté Sandronvillers à 12 h 30 pour se rendre à Ormes-et-Ville, au sud de la Moselle. Il ne donne pas d'explication sur l'absence de permanence. Vers midi, pourtant, le commandant Barlam a envoyé un motocycliste au château pour rendre compte du démarrage de la contre-attaque.

« Le château de Sandronvillers est vide, le général est parti » a déclaré l'agent de liaison à son retour[2].

Au PC du 30e BCC, à Burthecourt-aux-Chênes, c'est le chef d'état-major, le capitaine de Billy, que le commandant Vallangeon envoie au PC de la division.

« A Sandronvillers, raconte de Billy, je ne découvre qu'un sous-

1. Dans les messages du *30e Korps*, on trouve celui-ci adressé à 10 h 30 à l'état-major de la *Ire Armée :* « Attaque de *Stukas* demandée sur le pont de Bayon pendant que l'ennemi se trouve encore entre Moselle et Meurthe. »

2. Le capitaine Majou, de la compagnie de commandement du 160e RIF, confirme dans ses carnets qu'il se trouvait avec le sergent-chef Jagoszewski lorsqu'il a rencontré le motocycliste envoyé par Barlam à Sandronvillers.

officier qui n'appartient pas à la division et ne peut me donner aucune indication. Poussant vers le sud, jusqu'à Velle-sur-Moselle, je ne rencontre ni civils, ni militaires, seulement des voitures dans les fossés et des chevaux tués [1]. »

Depuis Ville-en-Vermois, le lieutenant-colonel Bouet, qui dispose d'une voiture radio, fait lancer des appels en direction du sud tous les quarts d'heure. Il n'obtiendra aucune réponse. De son côté, Besse prétend qu'avant de quitter Sandronvillers, il a envoyé l'ordre de se replier sur la Moselle à Viret, du 161ᵉ RIF, et à Bouet. Le général raconte même qu'au début de l'après-midi, Bouet lui aurait rendu compte « qu'il tient toujours mais ne peut décrocher de jour ».

Il est probable que si le général Besse n'avait pas pris l'habitude, comme son supérieur le général Loizeau, de donner ses ordres verbalement au lieu de le faire par écrit, on saurait aujourd'hui à quoi s'en tenir.

Si les arrières du front de le Meurthe sont harcelés pendant toute la matinée du 19 juin par les canons allemands, l'aviation, de son côté, ne reste pas inactive et s'attaque en particulier à l'artillerie lourde que le général Loizeau n'a pas jugé bon d'utiliser. Au 141ᵉ RAL hippomobile du lieutenant-colonel Houneau qui est au bivouac le long de la route, entre Charmes et Damas-aux-Bois, la première attaque se produit à 11 h 30 mais grâce aux couverts de la forêt les artilleurs échappent aux coups. Dans l'après-midi, un deuxième raid est lancé par les *Stukas* qui placent cette fois plusieurs bombes sur la colonne, atteignant en particulier le IIIᵉ groupe du capitaine de la Débuterie qui accuse 10 tués dont le lieutenant Louis Bonfils [2] et 15 blessés parmi lesquels les lieutenants Leblanc et Soulisse. Une quarantaine de chevaux sont perdus.

Vers midi, c'est le III/103ᵉ RAL du chef d'escadron Maucler qui est bombardé, alors qu'il se trouve entre Moriville et Portieux. Trois artilleurs sont tués [3] et le groupe perd une demi-douzaine de tracteurs et de voitures. Le II/118ᵉ RAL qui traverse la forêt de Charmes est pris à partie par les avions alors qu'il se trouve en colonne de route. En quelques minutes de nombreux véhicules brûlent et le capitaine Rivals

1. Correspondance de l'auteur avec M. de Crespin de Billy, d'Angers. Le lieutenant Cahen (qui deviendra « Fouquey » dans la Résistance) écrit le 1ᵉʳ décembre 1940 à Mᵐᵉ Vallangeon que « le général Besse aimait sans doute le changement car le 19, au plus fort du combat, lorsque nous avions le plus besoin d'ordres, au moment où tout lâchait, il ne répondait plus au téléphone ».

2. Le lieutenant Bonfils sera inhumé au lieu-dit « Le Rond », dans une tombe collective, avec Aubineau, Joubeaux, Bothorel, Grassiot, Dersoir, Babin, Cossard, Montanton et le maréchal des logis Guy Chesseron.

3. Farcy, Hunewald et le maréchal des logis Deflenne.

dénombre 72 chevaux tués pendant que le médecin-lieutenant Ménager évacue les premiers blessés : Devisy, Bourit, Deseix et Fouguet.

« Avec le capitaine, Jabalot et le lieutenant Masse, écrit le chef d'escadron Castarès, nous dégageons à grand-peine la route couverte de cadavres de chevaux et d'hommes blessés. »

Le II/118e RAL a cinq morts et le IIIe groupe, attaqué une heure plus tard près de Portieux, en laisse trois sur le bas-côté du chemin [1], perdant 40 chevaux au cours du raid. Le IIIe bataillon du 413e Pionniers qui stationne, lui aussi, sur un des itinéraires de la forêt de Charmes, est surpris par les *Stukas* à 13 heures et le commandant Brin n'a pas le temps de disperser ses hommes : Vasseur et Launay sont tués, Laurent et Pajol mourront au poste de secours du 51e RMIC, à Charmes, où 9 autres blessés sont transportés [2]. Le bataillon perd 12 chevaux, 7 voitures et les havresacs de deux compagnies sont détruits dans l'incendie du camion qui les transportait. Le capitaine Louvrière-Dameron, de la CHR du I/51e RMIC, est lui-même victime des avions qui attaquent pionniers et artilleurs. Il se couche dans un fossé pour s'abriter mais il meurt étouffé sous le poids d'un cheval qui s'abat sur lui. A Charmes, l'afflux de blessés provoque un véritable « bouchon » : « Je fus obligé de réquisitionner les voitures et les camions que je voyais passer vides, rapporte le médecin-commandant Favarel, du I/51e RMIC, grâce à quoi une centaine de blessés furent évacués sur Rambervillers. »

***

La matinée du 19 juin est étrangement calme devant le I/168e RIF du commandant Juillaguet en position sur la rive sud de la Moselle. Le PC du bataillon est au château de Pont-Saint-Vincent et toutes les compagnies sont en ligne. La compagnie d'engins du capitaine Wurst [3] et le CM 2 du capitaine Oberlé sont à gauche, entre Sexey-aux-Forges et Pont-Saint-Vincent, la compagnie d'engins du capitaine Lefrançois et la CM 1 du lieutenant Grand sur la droite jusqu'à Méréville dont la défense est renforcée depuis la veille par l'escadron moto du GRDI 14 du capitaine de Montpensin. Le commandant du GR, le lieutenant-colonel Tourangin, a fait monter l'escadron du capitaine de Bony jusqu'au vieux fort qui, du haut de ses 427 mètres, pourrait prendre sous son feu le

1. Montmeau, Escarret, Moreau, Esquerre et le brigadier Lassalle au IIe groupe, Hérail, Laporte et Arnaud au III/118e RAL.

2. Brec, Destouches, Robin, Jeannot, les caporaux Batteux, Vinet, Velleret et les sergents Perron et Gallois.

3. Le 16 juin la compagnie Wurst n'a pu arriver à temps pour embarquer à la gare de Metz avec le 168e RIF et elle a rejoint le 1er bataillon qui dispose ainsi de deux compagnies d'engins.

cours de la Moselle... si la garnison ne s'était pas repliée sur ordre quatre jours plus tôt, en emportant les culasses des pièces.

La présence des cavaliers rassure les sapeurs car, en inspectant les ponts de la Moselle, les capitaines Lebrun et Garibal ont constaté que celui de Méréville n'était pas chargé. La réserve d'explosifs de la division Poisot étant insuffisante, Garibal a envoyé une camionnette au fort de Blénod-les-Toul où se trouve un dépôt de bombes d'avion. Toute la journée du 19, les sapeurs vont travailler au chargement du pont mais le capitaine Lefrançois, qui a reçu de Juillaguet délégation pour faire sauter l'ouvrage, se demande avec inquiétude si les sapeurs auront achevé leur travail avant l'arrivée de l'ennemi. Le chef de bataillon est venu inspecter les positions dans la matinée et il a trouvé ses deux commandants de sous-quartier, Wurst et Lefrançois, parfaitement optimistes. Un formidable concert d'artillerie grondait vers Saint-Nicolas-de-Port, à une vingtaine de kilomètres, et les échos de la bataille engagée à Toul, sur la gauche, semblaient lui répondre.

« S'ils percent à Toul ou vers Flavigny à notre droite, nous ne serons peut-être pas inquiétés ! » a lancé le capitaine Lefrançois.

Juillaguet n'a pas commenté ; il sait que les Allemands ne viendront pas s'enliser sur le terrain marécageux et boisé de la rive nord. S'ils attaquent, ce sera pour tenter le passage en force à Pont-Saint-Vincent ou à Méréville. Il importe donc d'être fort au débouché des ponts et de ne pas se laisser surprendre par quelques automitrailleuses. Le commandant du I/168ᵉ RIF a pris ses précautions : il a envoyé à Neuves-Maisons, localité industrielle de la rive nord, un groupe de volontaires qu'il a confié au sergent Libessant, avec le canon de 25 du sergent Dihe. Leur mission est de se laisser accrocher, d'évaluer la force ennemie et de donner l'alerte par fusées avant de se replier.

« Ils sont sacrifiés, reconnaît Juillaguet et, s'ils peuvent rejoindre, ce ne sera qu'à la nuit, en traversant la Moselle à la nage car les ponts seront détruits. »

Le commandant du I/168ᵉ RIF a bien fait de prendre ses précautions car, à l'heure où les sapeurs travaillent au chargement du pont de Méréville, une troisième division allemande s'apprête à jeter ses forces dans la bataille livrée depuis le matin dans le saillant de la Meurthe par les *93ᵉ* et *258ᵉ ID*.

La *212ᵉ ID* du *General* Théodor Endres n'appartient pas comme les deux autres à la *1ᵉ Armée* de von Witzleben mais à la *16ᵉ Armée* de Busch. Elle n'a pas pu attaquer à l'aube en raison de son éloignement. Venant de Pont-à-Mousson, son infanterie a longé la Moselle jusqu'à Aingeray où elle a franchi la rivière sur le pont du bateaux lancé la veille par la *71ᵉ ID*. Endres a installé son PC à la gare de Nancy et, vers 10 heures, apprenant que les escadrons de son *Aufklärungs Abteilung* étaient arrivés à Vandœuvre, au sud de « la ville aux porte d'or », il a fait rédiger sur-le-champ un ordre d'attaque. Il divise ses forces en deux colonnes pourvues de *Pak* et de canons d'infanterie démontables. La première se dirigera vers le pont de Neuves-Maisons, la seconde ayant deux objectifs : Méréville et Flavigny-sur-Moselle. Deux colonnes mais une seule mission : s'emparer d'un pont intact et, de toute façon, traverser la rivière et s'installer en position défensive sur la rive sud en attendant l'arrivée du gros de la division.

Avec le recul, on s'aperçoit que la situation du 6^e^ corps ne saurait être plus mauvaise. Faute d'avoir reçu un ordre de repli jugé de toute façon inexécutable par le lieutenant-colonel Bouet, le groupement de la Meurthe est condamné et la *258^e^ ID* qui a percé à Saint-Nicolas-de-Port, va maintenant se diriger vers le sud, droit sur la Moselle. La *93^e^ ID* marche, elle aussi, vers la rivière et ce n'est pas la contre-attaque lancée par le II/160^e^ RIF qui l'arrêtera.

De son nouveau PC d'Ormes-et-Ville, le général Besse aura-t-il le temps de constituer un nouveau front sur la Moselle ? Pourra-t-il y installer, en plein jour, les compagnies des 161^e^ et 162^e^ RIF ? C'est peu probable car nous sommes encore une fois en pleine improvisation. Seul, le bataillon Juillaguet est en mesure d'interdire les passages de Pont-Saint-Vincent et de Méréville car il a disposé de vingt-quatre heures pour préparer un plan de feux efficace.

Regroupée à Vandœuvre, au sud de Nancy, la colonne ouest de la *212^e^ ID* du *General* Endres s'ébranle en direction du sud avec l'intention de franchir la Moselle sur le pont-route qui sépare Neuves-Maisons de Pont-Saint-Vincent. A son PC de la gare de Nancy, Endres est satisfait : sa division entre dans la bataille

Il est à peine midi lorsque les volontaires du sergent Libessant camouflés dans les jardins de Neuves-Maisons entendent les moteurs du convoi signalé à plusieurs kilomètres par le nuage de poussière qu'il soulève. Des motocyclistes vont et viennent, passant du bas-côté à la tête du convoi éclairé par deux automitrailleuses.

« Feu ! » crie le sergent Dihe en abaissant le bras derrière le bouclier de son canon de 25.

Touché, le premier véhicule s'arrête contre le trottoir et commence à brûler. Les coups de départ du 25 se succèdent. Un camion dont le conducteur est sans doute blessé zigzague sur une dizaine de mètres et heurte la façade d'une maison. Les fantassins allemands ont sauté des véhicules au premier obus et forcent les portes pour essayer de surprendre leurs adversaires mais les hommes de Libessant se déplacent en tirant et sont insaisissables. A 12 h 40 le sergent estime que la pagaille jetée dans la colonne ennemie est suffisante et il fait tirer les fusées prévues au-dessus des toits de la ville[1].

Lorsqu'il les aperçoit, le lieutenant Lorrain donne l'ordre de mise à feu du dispositif de destruction des passages de la Moselle. A travers la fumée, on aperçoit les arches de pierre du pont-route qui s'écrasent dans le lit de la rivière. En amont, le pont du chemin de fer subit le même sort et, après l'explosion, seuls subsistent au-dessus de l'eau, les rails maintenus par les traverses[2]. Depuis Neuves-Maisons, l'ennemi sonde par le feu la valeur de la défense française. La riposte des armes automatiques du I/168e RIF ponctuée de quelques obus de mortier lui montre que l'endroit est solidement tenu. Dans l'après-midi, les batteries de la *212e ID* ouvriront le feu sur Pont-Saint-Vincent où plusieurs maisons de la rue Nationale seront incendiées et le clocher de l'église détruit. On retrouvera les cloches dans les décombres, à côté d'un vieux tilleul aux branches déchiquetées par les éclats.

La colonne Est de la *212e ID* emprunte la route d'Épinal et bouscule près de Richardménil une arrière-garde du I/161e RIF ; mitrailleuses sur les voiturettes, les sections Baudichon et Mondon n'ont pas eu le temps de se réfugier au sud de la Moselle et sont capturées, à l'exception de deux groupes qui réussissent à atteindre le pont de Méréville où ils préviennent le commandant Nault de la proximité de l'ennemi. Nault se tourne vers le capitaine Desprez de la CM 1 : « Dès que vos éléments arrivent faites-leur occuper la position ! »

Que les sections du I/161e RIF traversent la Moselle à Méréville soit, mais pourquoi se préparent-elles à en assurer la défense alors que s'y trouve depuis la veille une compagnie du I/168e RIF renforcée par l'escadron moto du GRDI 14 ? Nault exécute un ordre de son chef de corps qui prétend l'avoir reçu — verbalement — du général Besse : « Le I/161e RIF occupera la Moselle de Méréville au pont-canal de Flavigny et tiendra trois points de passage : Méréville et les ponts de Flavigny (canal et Moselle). »

De son côté, le commandant Juillaguet remplit avec le I/168e RIF la mission suivante : « Empêcher le franchissement de la Moselle entre Sexey-aux-Forges inclus et Méréville inclus[3] »

Méréville étant déjà défendu, Viret pourrait prendre l'initiative de faire glisser son Ier bataillon vers la droite, en direction de Flavigny où

1. Le groupe Libessant restera caché à Neuves-Maisons jusqu'au soir et franchira la Moselle de nuit. Le sergent Dihe sera tué le 21 juin et Libessant grièvement blessé.

2. Retiré à Toulouse le colonel Juillaguet a raconté à l'auteur que des Allemands, particulièrement audacieux, ont essayé de traverser sur les traverses en plein jour. Les mitrailleuses du I/168e RIF ont mis fin à leur tentative.

3. Dans sa longue correspondance avec l'auteur le colonel Viret n'a cessé d'affirmer que « le 161e RIF a défendu Méréville avec l'appui du I/168e et non le contraire ». Pour le colonel Juillaguet, c'est « le I/168e RIF appuyé par les cavaliers du GRDI 14 qui s'est battu à Méréville ».

les moyens sont insuffisants. Têtu, le chef de corps du 161e RIF n'en démord pas : « J'ai reçu l'ordre d'être à Méréville, j'y reste. »

La colonne Est de la *212e ID* arrive en vue de Méréville, village lorrain construit sur la rive sud de la Moselle et, vers 13 h 30, les mitrailleuses et les pièces de 20 ouvrent le feu depuis le parc du château de Richard-ménil.

« J'ai rejoint mes hommes, raconte le capitaine Desprez, salué par des rafales qui ont eu pour effet de percer le bidon que je portais à mon baudrier. »

Vers 15 heures, les sapeurs de la division Poisot font sauter la passerelle mais le chargement du pont est toujours en cours et les cavaliers du lieutenant-colonel Tourangin l'ont barré provisoirement avec vingt mines antichars camouflées sous une couche de paille [1]. Du clocher de Méréville, le sergent Promain, du I/168e RIF, signale « des mitrailleuses ennemies dans la centrale électrique de Ludres » et, une heure plus tard, une reconnaissance motorisée s'avance vers le pont. Sous le feu des canons de 25 et des mortiers, elle reflue et abandonne des véhicules en flammes sur la route [2].

Par radio, le *Major* Jaeger rend compte au *General* Endres : les deux colonnes sont bloquées, l'une devant Pont-Saint-Vincent, la seconde à Méréville.

« Devons-nous attendre l'infanterie, *Herr General ?* » suggère le commandant de l'*Aufklärungs Abteilung 212.*

« Non, répond Endres qui ne supporte pas l'idée d'être arrêté à deux endroits, l'aviation a observé un pont intact à Flavigny ; essayez de vous en emparer ! »

Pendant cette matinée du 19 juin, les deux bataillons du 162e RIF en position face à l'ouest sur le canal de jonction, entre Moselle et Meurthe, n'ont pas bougé, ni tiré un seul coup de feu sur un ennemi qui ne se manifeste que par d'incessants tirs d'artillerie venus du nord. A son PC de Lupcourt, le lieutenant-colonel Sohier reçoit à 10 h 30 l'ordre de repli envoyé par le général Besse. L'idée de décrocher en plein jour et de porter ses unités derrière la Moselle sous le regard de l'avion d'observation allemand ne lui sourit pas mais il s'incline et se prépare à partir. Il ignore qu'il va découvrir le flanc gauche du groupement Bouet accroché au saillant de la Meurthe et déjà menacé à droite, à Saint-Nicolas-de-Port. Comment saurait-il que le lieutenant-colonel Bouet n'a pas reçu l'ordre de repli que Besse prétend avoir envoyé ?

1. Le pont de Méréville sautera en pleine nuit, le 20 juin à 0 h 30.
2. « Deux voitures blindées » (rapport Desprez). « Un véhicule de transport d'infanterie et deux canons de 20 » (rapport Juillaguet).

Sohier fait transmettre les ordres de départ à ses subordonnés mais on perd du temps. Les deux bataillons du 162e RIF vont marcher vers le sud-est pour franchir la Moselle au pont de Flavigny, le pont vers lequel roule la colonne allemande du *Major* Jaeger qui a renoncé à forcer Méréville. Sohier, ayant reçu l'ordre à 10 h 30, peut estimer qu'en deux heures, les bataillons auront bouclé leurs sacs et attelé leurs voiturettes. Avec un tel délai, très court, ils traverseraient certainement la rivière avant que l'ennemi n'ait débouché de Richardménil. Faute de renseignements sur l'adversaire, le chef de corps du 162e RIF ne presse pas son monde. Il ignore que les premiers engagements viennent de se produire à Pont-Saint-Vincent et à Méréville, ce qui lui ferait comprendre que les Allemands sont sur ses talons et sur son flanc.

Le II/162e RIF du commandant Jehanno est dans la partie sud du canal et a moins de chemin à parcourir que le bataillon du capitaine Levesque en position au nord jusqu'à Laneuveville-devant-Nancy. A la CM 5, le capitaine Roussel reçoit à 13 h 30 l'ordre d'évacuer. TROIS heures après sa réception au PC du régiment ! Trop tard pour Roussel dont la compagnie va marcher en arrière-garde et tomber dans une embuscade à la sortie du bois de Flavigny. Une demi-heure plus tôt la compagnie d'engins du capitaine Robin a franchi de justesse et malgré le harcèlement de l'artillerie adverse, le pont de la Moselle que les sapeurs s'apprêtent à faire sauter. Le lieutenant Thiriot place les FM de sa section aux fenêtres de la mairie de Flavigny, de façon à prendre la rue principale sous son feu.

« Je vois passer Baudet et Ribeyrol avec deux chenillettes, raconte Thiriot. Elles n'ont plus de remorques, celles-ci ayant explosé sous les obus avec les munitions qu'elles contenaient. Un projectile a envoyé la chenillette d'Allard dans le canal et, sur les cinq canons de 25, deux seulement ont été ramenés. De plus, la lunette du premier est démolie ! »

Au I/162e RIF de Levesque, la CM 2 du lieutenant Perrenot part à 13 h 30, section Desaubliaux en tête, « empruntant un chemin de terre pour éviter Azelot qui est bombardé et survolé par l'avion qui règle le tir d'artillerie allemand. »

Comment Besse a-t-il pu négliger ce facteur déterminant dans la bataille : la capacité des observateurs aériens ennemis à détruire une colonne en déplacement grâce à la liaison radio avion-artillerie ?

« Nous avons été soumis à un dur bombardement réglé par avion, confirme Levesque, ce qui a eu pour résultat de désorganiser le convoi et de mettre à zéro le moral de la troupe jusqu'ici resté très élevé [1]. »

La compagnie Perrenot échappe aux tirs d'artillerie mais personne ne la reverra car, partie trop tard, elle est capturée au cours du repli. A la

1. Lettre du 22 janvier 1968 adressée par le colonel Jacques Levesque à l'auteur.

CHR 1, le capitaine Petit[1] est prévenu du décrochage à 13 heures par le lieutenant Farlet. Le temps de rassembler les hommes et de constituer la colonne, celle-ci, sergent Pouget en tête et adjudant Bréda en queue « pour activer les traînards », s'enfonce dans le bois de Richardménil. Une heure plus tard, quand elle en sort, un feu nourri l'accueille et lui interdit l'accès de la Moselle : les Allemands sont arrivés les premiers. Petit, qui vient d'être rejoint par un détachement d'artilleurs du 23e RA, renonce à lutter et se rend.

La CM 1 du capitaine Hégly quitte la dernière le canal de jonction et, repérée par un « mouchard » reçoit plusieurs salves de 105. « Un grand nombre de chevaux sont tués et des voiturettes détruites » rapporte Hégly qui ne cache pas son indignation en découvrant un peu plus loin « des blessés d'autres compagnies abandonnés dans les fossés ». A la sortie du bois de Flavigny, l'inévitable embuscade se dévoile ; les mitrailleuses sont sur les voiturettes, les voltigeurs couvrent l'arrière-garde, le combat est impossible. Hégly accepte de se rendre. Le capitaine Levesque, qui a vu traverser la Moselle par la compagnie du capitaine Boiselin, attendra en vain ses autres compagnies. Elles ont disparu entre le canal de jonction et le bois de Flavigny.

Le commandant Jehanno fait mettre en place sur la rive sud de la Moselle les éléments du II/162e RIF qui ont échappé au bombardement. Plusieurs sections sont derrière un muret d'où elles dominent la vallée. Malgré leur fatigue, les hommes descellent des blocs de pierre et improvisent des créneaux pour leurs armes. Ils croient toucher au port et pouvoir dormir en attendant l'ennemi. Avec l'expérience, ils devraient pourtant savoir que l'ordre est toujours suivi du contrordre. Et celui-ci leur parvient : il faut aller plus loin, jusqu'au pont de Tonnoy.

« Le moral commence à flancher, avoue le lieutenant Thiriot. Mes gars n'en peuvent plus et ils traînent la semelle… Nous en avons perdu un grand nombre qui se sont laissés tomber dans les fossés, vidés, irrécupérables… »

Avant d'avoir tiré un coup de fusil, certaines sections ont un effectif réduit de moitié. On a commencé par jeter le superflu du sac, puis des paquets de cartouches, des boîtes-chargeurs et ce sont enfin les hommes qui, la nuit, ont abandonné la colonne pour dormir tout leur saoul. C'est avec ces soldats que le général Besse fait constituer le « front de la Moselle ».

« Avec ses deux bataillons, se plaint le lieutenant-colonel Viret, le 161e RIF s'étire sur douze kilomètres »

C'est trop mais le I/161e RIF du commandant Nault pourrait sans

1. Le I/162e RIF compte deux Petit : le capitaine Marcel Petit, de la CHR, et le lieutenant Jean Petit, officier des détails.

dommage s'écarter de Méréville et étoffer Flavigny. De toute façon, il est trop tard pour y penser car la colonne de la *212e ID* qui a échoué à Méréville vient de prendre le contact au pont de Flavigny avec la section du lieutenant François Jardinier. Celle-ci commence par refluer et, pendant un court instant, les Allemands ont cru qu'ils allaient saisir intact le pont de la Moselle. Sur l'intervention personnelle du lieutenant-colonel Viret, Jardinier reprend ses hommes en main et les ramène à leur position avec l'aide du chef Maréchal.

« Vers 14 h 30, note le général Besse, je reviens au pont avec le capitaine André au moment où l'ennemi tente de forcer le passage. Le pont saute au cours de l'action et, vers 15 h 30, l'adversaire ralentit son effort. »

Le lieutenant Jardinier, le chef Maréchal, Perrin et Prugnot, ont été tués et on évacue les blessés sur des voiturettes. Quelques salves de 75 tirées par une batterie du 23e RA incitent les Allemands à chercher des abris. Ils savent que derrière eux, l'infanterie de la *212e ID* est en marche ; la Moselle étant très basse, ils la traverseront lorsque la nuit sera tombée, à distance raisonnable des débris du pont de Flavigny [1]. Du côté français, le général Besse a modifié ses ordres pour tenir compte des pertes enregistrées par le 162e RIF entre le canal de jonction et la Moselle. Le 162e RIF s'arrêtera au pont de Tonnoy et le III/161e RIF du capitaine de Tarragon le prolongera à droite jusqu'à Crèvechamps. En théorie, les ordres de Besse sont parfaits mais connaît-il la situation de ses bataillons et l'état dans lequel ils se trouvent ? C'est peu probable car il semble avoir rayé de son tableau d'effectifs les troupes du groupement Bouet qui se battent dans le saillant de la Meurthe. Quant au III/161e RIF peut-on vraiment le considérer comme « opérationnel » ? Dès le troisième jour de la retraite, le capitaine Thésé, de la CM 9, le décrivait déjà de la façon suivante : « La fatigue de la troupe est extrême. Les unités sont mélangées. Les traînards encombrent les rangs des rares sections encore groupées ; les hommes s'accrochent aux voitures et se laissent traîner par elles. Le bataillon n'offre plus que l'apparence d'un troupeau exténué auquel il serait difficile de demander un effort de quelque durée. »

Si Tarragon avait pu faire reposer ses hommes ceux-ci auraient certainement récupéré mais le III/161e RIF a été soumis depuis le 17 juin à une série d'ordres et de contrordres qui se sont traduits par d'incessants déplacements, de jour comme de nuit, si bien que le 19

1. L'auteur a relevé dans les dossiers du service des Sépultures militaires que le 24 juin 1940, les Allemands ont fusillé à Flavigny M. Lucien Lamoise, âgé d'une soixantaine d'années, retraité de la SNCF. M. Lamoise serait-il le premier otage, voire le premier résistant, passé par les armes ?

après-midi, Thésé est encore plus pessimiste : « Les hommes succombent de fatigue et de faim et s'écroulent dans les fossés. »

Un des officiers de la CM 9, le lieutenant Barthélemy, met l'accent sur la condition des cadres : « Tout d'abord l'épuisement, dit-il, exactement comme pour nos hommes, avec ceci en plus qu'il nous fallait constamment " cavaler " dans toutes les directions et pour toutes sortes de motifs. Lorsqu'on est vraiment " à bout ", l'esprit n'est plus capable d'embrayer de la même façon [1]. »

1. Lettre du 5 mars 1983 adressée par M. Barthélemy à l'auteur.

CHAPITRE VII

# « J'ai reçu l'ordre de cesser le feu... »

Dans l'après-midi du mercredi 19 juin, la contre-attaque ordonnée par le général Besse sur Rosières-aux-Salines commence à s'essouffler. Les six derniers chars FT du 30e BCC ont disparu en direction du bois de Conroy[1] et la 3e compagnie (II/160e RIF) du capitaine Jouandet, toujours seule, arrive « au bord du plateau qui se casse à pic sur la Meurthe ». Sur son flanc droit le sous-lieutenant Erard atteint le bois de la Grange où, à sa grande surprise, il rencontre l'aspirant Virenque, envoyé là dans la matinée pour surveiller la coulée qui descend vers la vallée.

« Je dispose de six FM et de deux pièces de 25 ! » précise l'aspirant qui raconte à Erard comment, de la lisière du bois, il a vu les Allemands regroupant vers 9 heures les prisonniers du I/169e RIF ramassés à Rosières. Depuis, le secteur est calme.

« Soudain, écrit Erard, se déclenchèrent d'abord des feux de mitrailleuses puis un violent tir d'artillerie. Les sections qui étaient à découvert se jetèrent dans la forêt pour s'y abriter mais les obus les suivirent. C'est alors que je fus blessé à la jambe. »

La blessure n'est pas grave et Virenque lui conseille d'aller se faire panser par le caporal-chef Legrand. Rousseau et le chef Boyard l'accompagneront. Dix minutes plus tard, Virenque aperçoit avec ses jumelles un petit élément de la contre-attaque qui semble avoir repris son avance. Il s'agit de la section Peysson qui, avec le groupe d'Erard, marche en direction de la ferme de la Grange. Elle est malheureusement à découvert et, au moment où les hommes de pointe se trouvent à une vingtaine de mètres du corps de bâtiment, une fusillade nourrie couche les premiers. C'est l'embuscade ! Les Allemands ont laissé les Français

1. Le colonel Roger Chantreau, qui participa avec le grade de lieutenant à la contre-attaque avec les chars, n'a pas cru devoir apporter son témoignage à l'auteur.

approcher puis ils ont ouvert le feu. L'aspirant Paul Peysson est parmi les tués. Blessés et survivants sont faits prisonniers.

« La contre-attaque vient ainsi expirer sous mes yeux, écrit Virenque, sans que je puisse rien faire. »

Les explosions des *minen* se rapprochant, il retourne à son PC où il apprend qu'un obus a tué Boyard et blessé Rousseau. Décidé à provoquer des ordres, l'aspirant fait porter par le soldat Brulé un message au commandant Barlam. Il attire l'attention de celui-ci sur sa situation isolée et lui rend compte que la contre-attaque a été brisée devant la ferme de la Grange. Le capitaine Jouandet est du même avis ; il ne peut aller plus loin, arrêté, note-t-il, par « le tir effroyable des armes automatiques et des batteries qui envoient des fusants sur nos arrières ».

Les Allemands protègent leur tête de pont de Rosières d'où ils se préparent à déboucher. Impressionné par le bombardement, Jouandet décide de revenir à la ferme de Xoudailles et fait partir ses hommes par petits groupes tandis qu'il couvre le repli avec quelques volontaires. Le capitaine souhaiterait, lui aussi, recevoir des ordres mais il ignore que le sergent Jagoszewski le recherche pour lui remettre un message du chef de bataillon. La lecture de ce message le ferait hurler d'indignation ! Le malheureux « Jago » est pris sous le bombardement et ne sait plus quelle attitude adopter.

« Sous les obus qui déchiraient l'air avec un bruit infernal, dit-il dans son rapport, je n'ai pu aller plus loin. Des blessés imploraient du secours et je promis de leur envoyer les brancardiers. En réalité, je ne savais plus quoi faire... »

Le message confié au sergent est un ordre de cessez-le-feu. Bien que les Allemands n'aient pas encore pris la ferme de Xoudailles le commandant Barlam a décidé de se rendre. Selon le lieutenant Jarry, cette décision ne concernait que lui : « En donnant l'ordre de déposer les armes, vers 17 heures, écrit Jarry, le commandant a eu une crise de larmes et il a rendu la liberté à tous ses officiers [1]. »

Dans le bois de la Grange où il se trouve en « enfant perdu », l'aspirant Virenque est informé de la reddition par Brulé qui revient du PC : « J'ai entendu le clairon sonner le cessez-le-feu et un drapeau blanc flotte sur la ferme de Xoudailles.

— As-tu un ordre écrit ?

— Non, mais un officier du bataillon que je ne connais pas m'a confirmé qu'on se rendait. »

Virenque a la gorge nouée. Et si l'armistice demandé par Pétain deux jours plus tôt était signé ? Dans ce cas, pourquoi le chef de bataillon n'a-t-il pas remis un ordre écrit à Brulé ?

1. Lettre du 16 décembre 1970 adressée à l'auteur par M. Pierre Jarry, de Marseille.

« Je suis perplexe, rapporte-t-il, et j'exige que Brulé me fasse le serment qu'il dit vrai. Alors, je décide, moi aussi, de cesser le feu. »

Lorsque le capitaine Jouandet rencontre le lieutenant Jarry qui lui transmet « l'ordre de déposer les armes », il tourne la tête en direction du bois d'où il vient de sortir ses hommes, sans une égratignure, à travers deux barrages d'artillerie. C'était bien la peine ! Regardant ensuite Jarry droit dans les yeux, il lui dit d'une voix coupante « qu'il ne tiendra pas compte de cet ordre ». Puis il marche sur la ferme de Xoudailles toute proche où il retrouve une partie de ses soldats, des canons de 25 et deux sections de la compagnie du capitaine F... On peut donc encore se battre, estime Jouandet. Certes, il faut l'accord de F... mais celui-ci est officier d'active et le commandant de la « 3 » est persuadé qu'il se montrera favorable à un repli avec armes et munitions. Plutôt filer vers la Moselle et s'installer sur la rive sud que d'attendre lâchement les Allemands. Lorsque Jouandet fait sa proposition à F... il tombe de haut car celui-ci refuse de le suivre.

« J'ai reçu l'ordre de cesser le feu, j'exécute !

— C'est peut-être le seul auquel on ne doit pas obéir ! » s'insurge Jouandet.

« Rien à faire, j'exécute ! »

Le commandant de la 3e compagnie renonce à convaincre F... Il ramasse un mousqueton, fourre quelques paquets de cartouches dans ses poches et, avec quatre volontaires, s'éloigne du PC du I/160e RIF. Au poste de secours, le médecin-lieutenant Hacker reste avec les blessés trop nombreux pour ses faibles moyens. Il espère que les Allemands ne tarderont plus et accepteront d'évacuer les plus gravement atteints.

« Ils étaient trente à quarante, témoigne le sous-lieutenant Erard. J'ai vu Join et Lecornet, le chef Hippert, les caporaux-chefs Arnaud et Raguet, le caporal Adriani. »

Entre la ferme de Xoudailles et le bois de la Grange, 12 morts seront retrouvés et inhumés sur place [1].

Sans ordres, sans liaisons, parfois encerclés ou simplement à bout de résistance physique et morale, les éléments qui subsistent entre Moselle et Meurthe vont se déliter. Parti avec huit chars FT lors de la contre-attaque, le lieutenant Chantreau en ramène trois sous les couverts du bois des Loges. Vers 16 heures, il envoie le lieutenant Brulin au PC du 30e BCC afin de provoquer des ordres.

1. Bray, Bourguignon, Polliard (153e RAP), Depretere, Carlier, Chalon, Debroe, Dillaire, Leclercq, l'aspirant Paul Peysson et deux hommes du 30e BCC le chasseur Vimpierre et le lieutenant Franck Noury.

« Le commandant Vallangeon veut qu'on sabote les chars et qu'on rejoigne Burthécourt ! » lui dit Brulin à son retour.

Les mêmes consignes sont d'ailleurs transmises à tous les chefs de section et, tandis que l'aspirant Bertoux incendie ses trois engins à la sortie du village, le sous-lieutenant Souchon détruit de la même manière le dernier FT sorti — avec quelles difficultés — de Saint-Nicolas-de-Port. A la 3e compagnie du capitaine Arnaud, c'est le lieutenant de Fromont qui apporte le message : « Le commandant Vallangeon a donné l'ordre verbal de brûler les chars et de partir en direction de Tonnoy. »

Quatre vieux FT échappent — pour l'instant — au sabotage : ce sont ceux du lieutenant Confida qui, au pont-canal de La Madeleine, se battent en soutien du II/161e RIF. Les documents sont rares qui font état des derniers instants du 30e BCC mais il apparaît que deux tendances se manifestent, en particulier parmi les cadres : ceux qui vont attendre passivement l'ennemi pour se rendre, et les autres, qui vont essayer de percer en direction du sud pour échapper à la captivité. Selon le capitaine de Billy, « la plupart des officiers de l'état-major ainsi que le capitaine de Mangoux, les lieutenants Cahen et Beurdeley, sont avec le chef de corps qui, n'ayant pas reçu d'ordre de repli, reste à son poste [1]. »

De leur côté, le capitaine Arnaud et le lieutenant Chantreau partent en direction de la Moselle avec leur personnel entassé dans les camionnettes du bataillon. Ils sortiront de la zone du 6e corps pour se réfugier dans les Vosges et disparaîtront du champ de bataille. Une question se pose : pourquoi Vallangeon a-t-il détruit ses chars alors qu'ils pouvaient soutenir l'infanterie à l'entrée des ponts de la Moselle, Tonnoy ou Velle par exemple ? On a parlé de manque de carburant mais peu après avoir quitté la ferme de Xoudailles, le capitaine Jouandet a rencontré un camion-citerne « qui cherchait les chars pour les ravitailler ». En outre, le général Bonnassieux, de la 26e DI, a fait savoir dans un ordre d'opérations daté du 17 juin « qu'il existe des stocks importants d'essence disponibles en bidons et en fûts au château de Tonnoy et dans des péniches sur la Moselle de Lorey [2] ».

Le commandant Clerc, du I/169e RIF, a regroupé quelques officiers dont le capitaine Rideau et le lieutenant Caquard, avec une cinquantaine d'hommes du bataillon. Il les a ramenés à Coyviller, au PC du régiment

1. Lettre du 14 août 1970 adressée par M. de Crespin de Billy à l'auteur.
2. Le 16 juin, le commandant Pluquet, du CID 52 a signalé la présence à Bayon de huit péniches d'essence de 200 tonnes chacune. Le lieutenant Page, du 86e RI n'a pas eu connaissance de cette information puisqu'il a envoyé le chef Jarlot et le soldat Pélissier chercher du carburant à Rosières avec une chenillette. Les deux hommes ont été tués lors de l'attaque allemande.

où personne n'a envisagé de confier une nouvelle mission aux vaincus de Rosières-aux-Salines.

« A 16 heures, écrit le chef de corps, le commandant Toussaint, je reçois l'ordre écrit de me porter dans le bois Brulé, au nord de Bayon. »

Toussaint n'indique pas de qui il tient cet ordre mais, dans la demi-heure qui suit, le capitaine Lancelin, du II/105e RI, recevra le même. L'état-major du 169e RIF et les débris du Ier bataillon prennent la route du sud et traversent la Moselle où les 161e et 162e RIF tentent de constituer une ligne d'arrêt. Toussaint retrouvera le lendemain vers Tantonville les CHR de ses bataillons et, échappant à tout commandement, sortira lui aussi de la zone du 6e corps avec l'espoir fallacieux de ne pas tomber entre les mains de l'ennemi. Le convoi ne dépassera pas Mirecourt où les Allemands, venant de l'ouest, les ont précédés.

« Après consultation des officiers, témoigne le capitaine Alluard, le commandant Toussaint et un prêtre mosellan, le lieutenant Keime, qui servira d'interprète, iront proposer notre reddition à l'ennemi. »

Lamentable fin du 169e RIF ! « A 18 heures, indique le lieutenant Caquard, nous nous sommes rendus avec nos véhicules. »

***

Dans le saillant de la Meurthe où le groupement du lieutenant-colonel Bouet est isolé, on ne parle ni de reddition ni de consulter les officiers à propos d'une telle éventualité. Pendant que le gros des forces de la *258e ID* avance vers le sud, un bataillon attaque le flanc est du dispositif français. Vers 18 heures, le PC du II/169e RIF est enlevé avec le capitaine Tourret et ses officiers. Le lieutenant Bentegeat qui était venu demander des munitions et le capitaine Gilbert sont pris en même temps. Un quart d'heure plus tard, le dernier défenseur de Saint-Nicolas-de-Port, le commandant Bronquard, est fait prisonnier derrière la ferme de La Madeleine avec deux capitaines du 21/162e RIF, Guillemin et Casanova.

Dans la petite ville où la célèbre basilique a souffert du bombardement allemand, les habitants commencent à sortir de leurs caves. La rue des Martyrs, la rue Pasteur, la rue Bonnardel et l'ancien couvent, ainsi que l'usine Vauconsant sont en partie détruits. Neuf civils ont trouvé la mort le 19 juin, dont un ouvrier d'usine, Antoine Cavagnis et son bébé de 10 mois. Les défenseurs de Saint-Nicolas-de-Port, laissent pour leur part une vingtaine de tués dans la ville [1].

1. Dont huit du 169e RIF : Peter, Chartier, Gibello, Barbier, le caporal Nordez, le caporal-chef Petit et l'adjudant-chef Théophile Kail. S'y ajoutent Tirland, un cavalier, le caporal-chef Bastien, du 51e RMIC, deux artilleurs, Grèze et Tisserand et cinq inconnus retrouvés le 24 juin et non identifiés.

A Ville-en-Vermois, le lieutenant-colonel Bouet envisage de rejoindre le PC du capitaine Gaudy, du III/160e RIF, mais il est capturé avant d'avoir pu mettre son projet à exécution. A Ormes-et-Ville, le capitaine Majou assure que sur sa pressante intervention, le général Besse fait envoyer un message, sans doute par radio, dans lequel il prescrit à Bouet « de se replier sur la Moselle par le pont de Velle qui n'est pas encore détruit [1] ».

Pour les artilleurs, c'est également la fin. Les 75 du groupe Buisson tombent aux mains de l'ennemi mais le lieutenant Rheims affirme qu'ils ont été sabotés après avoir tiré leurs derniers projectiles. Le 23e RA s'est replié derrière la Moselle et le capitaine Stouque a pu sauver quelques pièces du 153e RA. Certains artilleurs ne sont d'ailleurs pas pressés de reprendre le feu pour interdire les passages de la Moselle. Au III/161e RIF, le capitaine de Tarragon découvrira des 75 abandonnés avec leur dotation en munitions. Le lieutenant Thiriot, du II/162e RIF, ira jusqu'à menacer d'un FM des artilleurs qui hissaient le drapeau blanc sur leurs pièces.

Les derniers affrontements ont lieu dans le secteur du pont-canal de La Madeleine où le capitaine Gaudy, du III/160e RIF, a poussé la compagnie Bardou pour soulager la CM 5 du bataillon Hémerit affaiblie par les pertes de la journée.

« Le groupe franc du lieutenant Jager a même essayé de sortir de la Soudière, écrit Gaudy, mais dès qu'il a été repéré, les canons à tir rapide l'ont cloué sur place. »

A 18 heures, spéculant sur la fatigue de son adversaire l'*Oberstleutnant* Fischer a lancé sa dernière attaque sur la Meurthe. Les mitrailleuses du lieutenant Blindauer ont encore fait refluer les soldats allemands, le caporal Pernin coulant à lui seul six canots pneumatiques pendant que les mortiers des sergents Bentz et Sitter obligeaient les pièces de 20 à changer d'emplacement. Toutes les chenillettes de ravitaillement ont été détruites mais Coudet et Wissent, par des méthodes sur lesquelles il est préférable de fermer les yeux, ont récupéré deux side-cars et apportent les munitions en première ligne. Le poste de secours du Dr Passeleau est encombré de blessés et le médecin lui-même a eu le dos criblé d'éclats en accompagnant ses brancardiers [2].

Les Allemands renoncent définitivement à l'attaque frontale et opèrent de flanc pour faire tomber les PA de la CM 6 qui est à l'aile

1. Le message est lancé un peu tard et de toute façon, nous le verrons, le pont de Velle est entre les mains des Allemands.

2. Odin vient d'être tué, Harlory et Devot vont mourir au PS où l'on vient d'amener Dewulder, Hoyau, Hup et le lieutenant Scazzola. L'adjudant-chef Cattanéo est porté disparu.

droite du bataillon Hémerit[1]. Le capitaine Poirier met bas les armes le premier et l'ennemi avance vers la CM 7 du capitaine Lafrogne qui, elle non plus, ne tire pas un coup de feu. Que s'est-il passé au II/161e RIF qui, depuis le matin, défend sa position avec le courage que l'on sait ?

Le lieutenant Vachin était chargé, au PC du commandant Hémerit, de ravitailler en munitions les unités en ligne. Dans l'après-midi, le dépôt qu'il avait constitué s'épuisait et les chenillettes envoyées à Ville-en-Vermois, au PC du groupement, revenaient à vide. Hémerit décida d'envoyer Vachin exposer lui-même la situation au lieutenant-colonel Bouet.

« Le colonel m'a répondu qu'il ne disposait ni d'un seul homme ni d'une caisse de cartouches. La situation est encore plus critique que vous l'imaginez, a-t-il ajouté, l'ennemi a percé à Rosières-aux-Salines et Saint-Nicolas va tomber[2]. »

« Que faut-il faire, mon colonel ? » a demandé Vachin.

« Résister jusqu'à épuisement des munitions et rester sur place. Vous direz au commandant Hémerit que je suis très satisfait de son bataillon et que c'est lui qui a le mieux tenu. »

Vachin est revenu au PC et Hémerit a rédigé un ordre dans le sens des dernières directives du lieutenant-colonel Bouet, ordre qu'il a fait porter à ses commandants de compagnie. Dans son rapport, le capitaine Lafrogne, de la CM 7, confirme : « Vers 17 heures, le soldat Merlin revenant du PC du bataillon me remet le message suivant : " Résister jusqu'à épuisement des munitions, ensuite attendre sur place. Bonne chance ". »

Résigné et obéissant, Lafrogne transmet à ses chefs de section. L'un d'eux, le lieutenant Weidert, note dans son journal : « Le soldat Mestdagh arrive en pleurant et me transmet l'ordre du capitaine de déposer les armes ! Je refuse sans un ordre écrit et il retourne au PC. Au bout d'une heure, il revient accompagné du capitaine Lafrogne qui me confirme cet ordre. »

La journée a été longue, les pertes élevées et le moral n'est sans doute plus ce qu'il était le matin. Les consignes du lieutenant-colonel Bouet n'ont pas été respectées, toutes les cartouches n'ont pas été brûlées. « Il ne reste plus beaucoup de munitions » reconnaît Lafrogne. De toute façon, Hémerit pouvait en demander à son voisin, le capitaine Gaudy, dont la consommation au cours de la journée, a été beaucoup moins élevée qu'au II/161e RIF.

Une autre version de la reddition est d'ailleurs donnée au III/160e RIF dont certains officiers assurent que le II/161e RIF « a

1. Le *Regiment 478,* qui tentait depuis le matin de franchir le pont-canal, a renoncé et transmis ses états de pertes de la journée au PC de la *258e ID :* 22 tués et 85 blessés.
2. Lettre du 3 février 1983 adressée par M. Henri Vachin à l'auteur.

renoncé à se battre dans la soirée du 19 juin ». Vers 16 heures déjà, le capitaine Gaudy et le lieutenant Roussel sont allés au PC du commandant Hémerit qui leur aurait déclaré : « La position est tournée par Saint-Nicolas, les munitions manquent et tout est désormais inutile. »

« Au retour, note Gaudy, nous avons vu que c'était la fin. Des soldats étaient en groupe dans la rue et des étoffes blanches apparaissaient [1]. »

Dans son rapport, le lieutenant Bardou confirme les faits rapportés par son chef de bataillon qui, vers 21 heures, l'envoie au II/161ᵉ RIF pour « voir où en sont les choses ».

Bardou : « Je prends au passage les lieutenants Thielland et Schoumacker. A la Soudière, plus personne. En route, nous voyons des tas d'armes françaises abandonnées. A l'extrémité de La Madeleine, des groupes du bataillon Hémerit discutent. Nous ne trouvons personne au PC. Un aspirant nous lance « qu'il n'y a plus de commandant, de capitaines, d'officiers, ce sont les hommes qui commandent ».

Quelques soldats auraient même cherché à désarmer Bardou qui parvient à se dégager et retourne au PC du capitaine Gaudy, laissant Thielland [2] et Schoumacker rejoindre leurs emplacements.

Le moral du III/160ᵉ RIF sera certainement affecté par ces défaillances, et aussi par son isolement ; le 20 au matin, lorsque les Allemands apparaîtront, s'abritant comme ils l'ont fait à Rosières derrière des prisonniers français, le bataillon Gaudy, dont les forces sont quasi intactes, mettra bas les armes.

Sur la Moselle, en cette fin d'après-midi du 19 juin, la constitution d'une ligne d'arrêt relève de l'illusion. Sous les coups de l'artillerie allemande, les petites unités semblent tourner en rond, à la recherche de leur compagnie, de leur bataillon, de leur emplacement. De passage à Crèvechamps, le lieutenant-colonel Sohier y trouve deux compagnies dont celle du capitaine Robin, du II/162ᵉ RIF. Pourquoi est-elle venue là puisque le 162ᵉ RIF devait s'arrêter au pont de Tonnoy ? La seconde compagnie appartient au III/161ᵉ RIF ; il s'agit de la CM 10 du capitaine R... Ce n'est pas lui qui va barrer le pont de Crèvechamps car « il est toujours ailleurs qu'à sa place, écrit le lieutenant-colonel Viret. Incapable de me préciser l'emplacement de sa compagnie, il ne parlait que de ses " reconnaissances [3] ".

Dans ces conditions, on ne s'étonne pas de voir la compagnie R...

1. Lettre du 28 février 1969 adressée à l'auteur par le colonel Gaudy, de Nice.
2. Dans une lettre du 6 mars 1971 adressée à l'auteur, M. Robert Thielland, avoué à Paris, confirme les propos du rapport Bardou.
3. Lettre du 30 mars 1966 adressée par le colonel Viret à l'auteur. « Quand sa compagnie sera capturée, ajoute le chef de corps du 161ᵉ RIF, R... sera encore en " reconnaissance ", ce qui ne l'empêchera pas, en 1943, de m'écrire pour solliciter une citation. »

tourner le dos à la Moselle et gravir les pentes qui l'éloignent de la vallée pendant que la compagnie Robin, réduite à deux petites sections, prend la direction de Velle. La rue est jonchée de matériel abandonné, des balles s'écrasent contre les murs et il est impossible de franchir le canal qui précède le pont de la Moselle à l'extrémité duquel les Allemands viennent d'apparaître.

« Des étapes épuisantes, s'insurge le lieutenant Thiriot, suant sous le poids du sac, nous arrivons toujours trop tard et complètement épuisés. J'en pleurerais de rage ! »

Le capitaine Robin ordonne de se replier sur Crèvechamps. On abandonne à son sort le groupe de mortiers qui s'est réfugié dans une cave et refuse d'en sortir.

Si la CM 10 du capitaine R... ne se fait pas hacher à Crèvechamps, les deux autres compagnies du III/161e RIF sont sur les emplacements qui leur ont été fixés, même s'il apparaît que ceux-ci peuvent être de véritables pièges. En effet, si la CM 11 du lieutenant Maurin tient sous son feu les débouchés du village de Tonnoy, la CM 9 du capitaine Thésé est au centre, dans une féculerie située au sud de la RN 57 et du canal de l'Est. Le PC du capitaine de Tarragon est dans le verger de l'usine, sur la pente qui monte doucement vers les hauteurs de la forêt de Benney.

Thésé : « Le verger est entouré d'une haute clôture de grillage extrêmement solide, sans aucune ouverture vers l'extérieur... »

Dans la nuit, le grillage sera coupé afin de ménager une sortie de toute façon insuffisante et ne permettant pas l'évacuation rapide de la CM 9, de son armement et du PC de bataillon. Reste la grille d'entrée mais si les Allemands traversent le canal, c'est à cette grille qu'ils se présenteront. Toute la soirée, on entendra la fusillade crépiter à droite, vers Crèvechamps, et à gauche vers Tonnoy, les salves de l'artillerie allemande labourant la rive sud du canal. Des isolés, des groupes de fuyards, passent devant la féculerie où les soldats de la CM 9 « qui n'ont rien mangé depuis la veille à midi et dont l'état de fatigue est extrême, sont découragés » se plaint le capitaine Thésé qui ajoute : « Des bruits circulent que l'armistice est signé, ou qu'il va l'être, que les hostilités doivent prendre fin au cours de la nuit. On affirme qu'un bataillon entier du 160e RIF s'est rendu. Les hommes disent ouvertement que la partie est définitivement perdue, qu'il est inutile de se battre, qu'il est stupide de risquer sa peau le dernier jour de la guerre. »

Et Thésé les laisse dire sans intervenir ?

Renseigné par le « mouchard » de la *93e ID* le *Major* Roters a fait traverser la Meurthe de Rosières à l'*Aufklärungs Abtëilung 258* et, par Saffais où le II/105e RI du capitaine Lancelin n'était plus là pour lui interdire le passage, il a poussé ses escadrons jusqu'au pont de Velle dont il vient de s'emparer au prix de pertes légères : 9 blessés dont le *Rittmeister* Prael[1]. Roters a demandé par radio à l'observateur du *Henschel* de lancer un message lesté au PC de la *258e ID* : pour le prévenir que la division peut avancer jusqu'à la Moselle où un pont est maintenant à sa disposition. Ses deux escadrons cyclistes tiennent solidement le passage et l'escadron lourd est attendu d'un instant à l'autre avec trois automitrailleuses, deux canons légers d'infanterie et trois pièces de *Pak.* Si Roters était mieux renseigné sur l'état de la division Besse, il ne prendrait pas tant de précautions.

La compagnie Robin a abandonné Crèvechamps pour rejoindre le plateau de Benney où les hommes épuisés s'arrêteront vers une heure du matin. Ils dormiront à même le sol dans la cour d'une ferme dont le capitaine R... a pris possession deux heures plus tôt, sans doute après une dernière « reconnaissance ».

Pendant ce temps, les Allemands consolident et élargissent leurs têtes de pont : la *258e ID* à Crèvechamps, la *212e ID* à Flavigny où un escadron motorisé a failli s'emparer du lieutenant-colonel Viret dont le PC est attaqué de nuit. Sur la rive droite de la Moselle, la *93e ID* obéit aux ordres reçus et, malgré l'obscurité, pousse son avant-garde en direction de Bayon. C'est ainsi qu'elle capture la plus grande partie du III/105e RI du commandant Bardy qui a tenu la Meurthe toute la journée sans être attaqué et exécute le repli qui lui a été prescrit.

« La confusion était telle, se souvient le sous-lieutenant Pencenat, de la 9e compagnie, que des Allemands ont circulé dans notre colonne. Dans la nuit, nous sommes arrivés à Saint-Mard, exténués : l'ennemi nous y attendait[2]. »

Le I/98e RI qui tenait la Meurthe de Damelevières n'est pas plus favorisé[3]. Des patrouilles allemandes profitent de la nuit pour circuler sur les arrières et capturent la « 3 » du lieutenant Pigeret. Le capitaine Philippon, de la 1ere compagnie, a quitté Damelevières à 22 heures « au milieu des incendies et des fusées qui jalonnent sur l'arrière l'avance ennemie ». La « 2 » du lieutenant Wandels rencontre les pires difficultés : les sections des sous-lieutenants Nore et Urcun parviennent à rejoindre les hommes du lieutenant Querois portant mitrailleuses et caissettes de cartouches sur leurs épaules mais on ne reverra pas les

1. Le sergent-chef Charette, du III/161e RIF, aurait résisté jusqu'à la nuit. Trois morts seront retrouvés à Crèvechamps : David (161e RIF), Dumortier (167e RIF) et Bocca Secondo.

2. Lettre du 12 décembre 1970 adressée par le colonel Pencenat à l'auteur. Le capitaine Louis Faurie a trouvé la mort à Saint-Mard mais on ignore dans quelles circonstances.

3. Le bataillon laisse 6 morts derrière lui : Baton, Delbos, Lagleize, Tacher, le caporal Vidal et le caporal-chef Giraud.

sections Tschantz et Lebret qui n'ont pas été touchées par l'ordre de repli.

Sur le flanc droit de la 26e DI, le 86e RI du lieutenant-colonel Romanille a été attaqué par une quatrième division allemande, la *76e ID* du *General* Strecker, un Prussien de 56 ans [1]. Le III/86e RI du capitaine Rigoud a perdu 5 tués à Rehainviller dont l'aspirant Julien Bernard. Le soir, pendant le repli, le bataillon qui n'a plus de liaison à l'est avec le 69e RIF est attaqué de flanc près de Xermaménil, à sept kilomètres au sud de Lunéville. De la route de Einvaux où il s'est arrêté, le lieutenant Pierre Moulin, officier de liaison à la 26e DI observe le combat à la jumelle et rapporte que le III/86e RI se rend « après une courte mais vive résistance » au cours de laquelle il perd encore 12 tués [2] et une trentaine de blessés.

***

Depuis 10 heures du matin, heure à laquelle il a donné l'ordre à Besse de monter la contre-attaque sur Rosières, le général Loizeau a disparu. La bataille s'est livrée sans lui et aucune initiative n'a été prise à l'échelon du corps d'armée le 19 juin. Quel a été l'emploi du temps de l'ancien gouverneur militaire de Metz ?

Loizeau a d'abord voulu rapprocher son PC de la Moselle et il a donné l'ordre à son état-major de quitter Gervéviller pour Moriville. Le village étant « plein comme un œuf » le PC est allé à quelques kilomètres plus à l'ouest, à La-Verrerie-de-Portieux, où Loizeau a déjeuné chez le sénateur Richard. A la fin du repas, la centraliste des PTT de Nomexy, Marthe Grégoire, a téléphoné pour dire « que les Allemands étaient devant la poste ». Le PC du 6e corps se trouvant à moins de 10 kilomètres de Nomexy, Loizeau fit procéder à un nouveau déplacement, laissant cette fois son état-major à Fauconcourt, à 8 kilomètres à l'ouest de Rambervillers. De là, il se rend à Sainte-Barbe, à 10 kilomètres au sud de Baccarat, où le général Hubert a établi le PC du 20e corps. Loizeau indique que l'essentiel de la conversation a porté sur la nécessité d'observer une direction de repli commune, en l'occurrence le sud-est, afin d'éviter l'ouverture d'une faille entre les deux corps. Sans pouvoir dire un mot de la bataille en cours entre Moselle et Meurthe — et pour cause — Loizeau a repris la route, cette fois pour Saint-Dié où le PC de

1. La guerre n'est pas toujours « fraîche et joyeuse » et Karl Strecker en fera l'amère expérience en 1943. Pris par les Russes à Stalingrad, il restera plus de douze ans en captivité.

2. A Rehainviller : Guichard, le caporal Gibert, le sergent Gerin, le chef Pion et l'aspirant Bernard. A Xermaménil : Baduel, Bernabeu, Moreau, Raymond, Chautard, Escot, Laurent, Moussière, Palandre, Roche, le sergent Salaignac et le capitaine Théophile Dufour.

la IIIe armée s'est installé la veille. Lorsque le général Condé le reçoit, que lui dit-il ?

« Il ne s'agit plus de retraiter vers le sud-est mais de prendre l'offensive en direction du sud-ouest. C'est l'ordre que je viens de recevoir par TSF. »

Il s'agit, on le sait, de « l'offensive des villes d'eau » décidée par le général Prételat, opération inexécutable dont Condé a déjà rendu compte qu'il l'annulait[1]. Loizeau explique que toutes les forces du 6e corps sont engagées et qu'il est impossible d'en distraire même une faible partie, pour relancer l'offensive en direction du sud-ouest. Le chef de la IIIe armée confie alors à son interlocuteur « que l'heure de l'armistice semble proche et qu'il importe de faire filer au sud de la Moselle tout ce qu'on peut sauver en hommes — en abandonnant au besoin le matériel — afin de dépasser la ligne Toul-Belfort qui paraît devoir marquer, ainsi qu'il appert d'une proclamation du *Führer* (*sic*) trouvée sur un officier prisonnier, le terme de la poursuite allemande[2] ».

La « proclamation du *Führer* » est en réalité l'ordre envoyé par Hitler le 17 juin à ses généraux, ordre dans lequel il leur rappelait que, malgré la demande d'armistice formulée par le maréchal Pétain, *les opérations doivent continuer dans une poursuite sans répit de l'ennemi battu et c'est une question d'honneur pour l'armée de terre de prendre possession aussitôt que possible des anciennes terres d'Empire allemandes jusqu'à la ligne Verdun, Toul et Belfort, des ports militaires de Brest et Cherbourg et des usines d'armement du Creusot.*

A l'état-major de la IIIe armée, on a interprété la phrase *jusqu'à la ligne Verdun-Toul et Belfort* d'une façon curieuse. Condé a supposé, peut-être sur une idée de Tessier, son chef d'état-major, ou de Valtat, du 2e Bureau, que la *Wehrmacht* avait reçu l'ordre de ne pas dépasser cette ligne, ce qui explique les directives données à Loizeau « de faire filer au sud de la Moselle tout ce qu'on peut sauver en hommes ».

Il n'en faut pas plus pour que le commandant du 6e corps remonte dans sa voiture et reparte en direction de la zone des combats. Vers 19 heures, il est à Frolois (8 kilomètres au sud de Pont-Saint-Vincent) où se trouve le PC du général Poisot. Celui-ci a noté les ordres que son supérieur lui a donnés verbalement selon son habitude.

« En prévision d'un armistice supposé qui laisserait libres les troupes stationnant à l'ouest de la voie ferrée Toul-Épinal-Belfort, tous les impedimenta, hommes, matériel, équipages non rigoureusement indispensables se porteront dans la région Vézelise-Charmes-Dompaire-Mirecourt de façon qu'il ne reste plus au-delà de la ligne de démarcation

1. Voir : *Les combattants du 18 juin,* tome I : Le sang versé (Fayard, 1982).
2. Journal du général Condé.

escomptée que des troupes sans équipages qui pourraient au dernier moment la franchir rapidement. »

Sur cette fausse interprétation d'un ordre de Hitler trouvé sur un prisonnier et sans qu'une opération d'intoxication soit un seul instant envisagée, tout le commandement des grandes unités du 6ᵉ corps est bouleversé, au moment où quatre divisions allemandes accentuent leur pression et se préparent à exploiter les têtes de pont saisies sur la Moselle.

La notion de discipline étant la plus forte, Poisot va répartir les tâches. Il fixe son PC à Charmes où il prendra sous ses ordres les troupes qui s'y trouvent et celles qui s'y présenteront. Couvert au sud de la ville par le GRCA 8 du colonel Amoureux il regroupera sur la rive droite de la Moselle impedimenta, matériels et équipages. Pour la rive gauche, son artilleur, le colonel de Maquillé, remplira la même mission sur les arrières de la division Besse, couvert au sud par le GRDI 14 du lieutenant-colonel Tourangin dont les escadrons vont quitter Méréville et le fort de Pont-Saint-Vincent.

Loizeau a repris la route pour Ormes-et-Ville où il voit le général Besse puis il repasse sur la rive droite de la Moselle et s'arrête à Einvaux, au PC de la 26ᵉ DI du général Bonnassieux. La tâche des deux divisionnaires ne sera pas facile car le commandant du 6ᵉ corps leur prescrit de maintenir l'ennemi avec des arrière-gardes pendant que derrière eux, Poisot et de Maquillé regrouperont les impedimenta et feront en sorte que la retraite ne devienne pas désordre. Tous ces mouvements vont-ils s'effectuer dans de bonnes conditions alors que des efforts supplémentaires vont être exigés des hommes ? Comment Besse et Bonnassieux pourront-ils ralentir l'avance de quatre divisions allemandes avec de simples arrière-gardes ? D'ailleurs, Besse ne tarde pas à baisser les bras puisque dans la soirée, il renonce à la défense de la Moselle. C'est Poisot qui l'écrit : « Peu après le départ du commandant du 6ᵉ corps, on apprend qu'une forte attaque allemande oblige le général Besse à abandonner la Moselle pour se replier sur la ligne Bayon-Haroué-Tantonville. »

Un coup d'œil sur la carte : Tantonville est à 16 kilomètres au sud de Flavigny. Ce n'est pas un repli mais un véritable bond en arrière ! Besse, qui porte son PC à Xirocourt, enverra un message au général Loizeau vers minuit pour l'informer de la formation des deux têtes de pont ennemies à Flavigny et à Crèvechamps. Le message parviendra au PC du 6ᵉ corps le 20 juin à 7 heures du matin. Loizeau en prendra connaissance à 8 h 45. La nouvelle sera à ce moment largement dépassée et le message bon pour la corbeille à papiers.

Les projets du général Poisot ne devaient pas le conduire à Charmes dans la soirée du 19 mais à Houdelmont, à 8 kilomètres au sud de

Frolois. L'échelon lourd de l'état-major est parti le premier et le capitaine Renauld est allé préparer les cantonnements. Travail inutile, puisque les ordres de Loizeau ont tout remis en question. Poisot laisse des moyens de liaison, de transport et de transmissions au colonel de Maquillé puis, en compagnie de son chef d'état-major et du capitaine Renauld il monte dans sa voiture qui prend la direction de Charmes. Après avoir parcouru une vingtaine de kilomètres, Renauld attire l'attention du général sur les changements qui s'opèrent devant eux au fil de la route.

« A mesure que nous nous éloignons de la ligne de combat, note le capitaine, nous dépassons des convois et des isolés qui descendent vers le sud. Après Vézelise, c'est le vide. Puis, vers Xirocourt, nous croisons des voitures et des fantassins, dont beaucoup de tirailleurs sénégalais, remontant vers le nord. »

C'est le signe indiscutable que l'ennemi est également au sud et refoule devant lui militaires et réfugiés. Ce chassé-croisé de véhicules et d'hommes conduit Renauld à ajouter : « C'est un indice certain de la situation catastrophique. »

## CHAPITRE VIII

# « Pour abandon de poste devant l'ennemi et reddition volontaire »

Le capitaine d'Huart appartient au 3e Bureau de l'état-major du 6e corps d'armée. Sillonnant les routes pour essayer de rejoindre son supérieur, le général Loizeau, il a passé dans sa voiture la plus grande partie de la journée du 19 juin. Malheureusement, l'ancien gouverneur militaire de Metz se déplaçait au fur et à mesure que d'Huart croyait en avoir fini avec les kilomètres. A 22 heures enfin, après avoir parcouru les quinze derniers kilomètres au milieu d'un gigantesque encombrement, il découvre le PC du 6e corps à Fauconcourt, au nord-ouest de Rambervillers. D'Huart est harassé et son uniforme est maculé car il s'est trouvé sur la route pendant les attaques aériennes lancées contre les colonnes d'artillerie traversant la forêt de Charmes et sa vareuse a pris la couleur terreuse des fossés où il s'est jeté pour échapper aux bombes. Il est affamé et il voudrait se reposer, ne serait-ce que quelques heures mais il apprend au contraire, « avec un brin d'amertume » qu'il est désigné pour assurer la permanence de nuit.

« L'absence de tout moyen de liaison, écrit-il, me berce un instant de l'illusion que je pourrai peut-être dormir et je m'allonge sur le lit mis à ma disposition par le jardinier de Mme de La Burthe. »

Le capitaine n'a même pas le temps de s'assoupir : « A chaque instant, au cours de la nuit, des officiers viennent me demander où faire retraiter leur unité ! »

Il n'a reçu aucun ordre, il ignore tout du front de la 26e DI qui retraite sur la rive droite de la Moselle et il en sait encore moins sur la division Besse. Il conseille donc à ses interlocureurs de « s'abriter dans les bois les plus proches et de s'y faire les plus petits possibles. »

D'Huart ne dispose d'aucun pouvoir et il ignore ce qui peut se passer en pleine nuit sur les deux rives de la Moselle. L'ennemi a-t-il lancé des têtes de pont ? Profite-t-il de l'obscurité pour gagner du terrain ? D'Huart se sent désarmé. Et serait-il informé qu'il se garderait de donner des ordres que le général Loizeau pourrait désavouer plus tard.

A trois heures du matin, le commandant Kautzmann, des transmissions du 6$^{e}$ corps, le tire du demi-sommeil dans lequel il a fini par sombrer et lui fait savoir que « l'afflux des colonnes se fait de plus en plus dense à Fauconcourt où il faut se hâter de mettre de l'ordre pour éviter une attaque aérienne au lever du jour ».

D'Huart jette un coup d'œil chargé de regret vers son lit puis, admettant de mauvaise grâce que sa nuit est terminée, il emboîte le pas à Kautzmann et se dirige avec lui vers le carrefour où les convois venant de trois directions se télescopent et créent un « bouchon » de plusieurs kilomètres en direction de Rambervillers.

Arrivé à Charmes vers 22 heures avec le commandant Vuillaume et le capitaine Renauld, le général Poisot ne connaît pas une meilleure nuit que le capitaine d'Huart. Traversant la Moselle, les trois hommes se rendent directement au bureau de la Place situé au lieu-dit le Bout-du-Pont, sur la rive droite. Ils y rencontrent le lieutenant-colonel de Reviers de Mauny, du 51$^{e}$ RMIC, envoyé par le 20$^{e}$ corps à Charmes le 16 juin avec son état-major et le 1$^{er}$ bataillon du commandant Dousset. De Mauny a trouvé à Charmes, et pris sous son commandement, une compagnie de chars FT du 11$^{e}$ BCC, deux pièce de 75 du 39$^{e}$ RA et les stagiaires d'un cours de lance-flammes dont les études ont été brusquement interrompues. Le chef de corps du 51$^{e}$ RMIC a appris dans l'après-midi du 19 juin — par le capitaine d'Huart — qu'il passait sous les ordres du 6$^{e}$ corps mais si le général Poisot espérait obtenir de lui des renseignements intéressants sur la situation dans la vallée de la Basse-Moselle, il va être déçu. De Mauny n'affirme rien mais il croit savoir « que la 70$^{e}$ DI a pris position vers le sud, que l'ennemi a attaqué Épinal et que ses chars seraient à trois kilomètres de Charmes. »

Poisot regarde ses deux officiers et la même idée les traverse : seraient-ils venus se fourrer dans la gueule du loup ? Une chance tout de même que de Mauny ne soit pas plus affirmatif. Les chars allemands à trois kilomètres de Charmes ? L'événement ne peut pas rester inaperçu. Mais est-ce exact ?

« Nous demandons au colonel s'il a envoyé des reconnaissances ou des patrouilles vérifier le renseignement, écrit le capitaine Renauld. Non, il n'a rien fait ! D'ailleurs, le 6$^{e}$ corps a pris le commandement et il estime que maintenant, il n'a plus de responsabilité, il est trop fatigué... »

Fatigué ? Alors que depuis trois nuits il a la chance de coucher dans un lit sans entendre un coup de fusil ! Renauld ajoute : « Le général essaye de le remonter et le secoue un peu. Ce n'est pas parce que le 6$^{e}$ corps est là qu'il est relevé de toute mission : il doit continuer à chercher le contact, renseigner et, s'il le faut, se battre. »

De Mauny avait une autre idée en tête mais il se garde d'en faire état devant Poisot. Dans l'après-midi, il a convoqué au Bout-du-Pont le lieutenant de Montlivault qui tient Portieux, à six kilomètres au sud de Charmes, avec l'escadron à cheval du GRDI 46 et lui a fait part de son intention de « percer vers le sud » en direction de Rambervillers. Respectueux de la discipline, de Mauny a sollicité l'autorisation de son ancien chef, le général Hubert, du 20ᵉ corps.

« C'est moi qui ai lu la réponse, écrit Montlivault, elle était négative [1]. »

Hubert insistait même sur « l'ordre de résister sur place », ce qui sera confirmé par le commandant Dousset à l'un des officiers, du GRDI 46, le lieutenant Dupont.

La nuit du général Poisot ne fait que commencer. Avec un état-major réduit et deux voitures, il traverse la forêt de Charmes dont il gagne la lisière nord pour s'arrêter à Saint-Rémy-aux-Bois où se trouve, lui a-t-on dit, le PC de la 26ᵉ DI. Chargé de regrouper les trains et impedimenta de cette division, le général tient à connaître la position des unités qui, selon le commandant du 6ᵉ corps, vont constituer un front entre Bayon, Gerbéviller et Fraimbois [2].

Prévenus de leur arrivée, le général Bonnassieux et son chef d'état-major, le lieutenant-colonel Chailly, accueillent Poisot et ses officiers. On vient visiblement de les tirer du lit et ils se plaignent, comme de Mauny deux heures plus tôt, d'être très fatigués. Des renseignements ? A cette heure tardive, ils ne savent à peu près plus rien de la situation de leurs régiments.

« C'est effarant, note le capitaine Renauld, il est absolument impossible de savoir quels ordres ont été donnés ! »

Chailly conserve bien le souvenir de certaines de ses directives mais les ayant transmises en « style Loizeau », c'est-à-dire verbalement, il reconnaît avoir oublié les détails. Pour Bonnassieux, tout est simple : les unités battent en retraite et se rétabliront au lever du jour. Sur quelle ligne, il n'en sait rien. Arrive le capitaine Beau de Loménie, chef du 4ᵉ Bureau, les yeux gonflés de sommeil. Interrogé, il confirme qu'aucun ordre écrit n'a été rédigé et c'est seulement lorsque se présente le capitaine Franquelin, du 3ᵉ Bureau, que Poisot peut se faire une idée approximative du front de la 26ᵉ DI tel qu'il devrait être le 20 juin au matin. Sauf imprévu, un imprévu qui se présenterait par exemple sous forme d'une percée profonde de l'ennemi. Ce que la 93ᵉ ID est en train de réaliser en direction de Bayon.

A demi satisfait, Poisot quitte le PC de la 26ᵉ DI et reprend la route de Charmes. Le trajet est aussi difficile qu'à l'aller car, entre les arbres de la

1. Lettre du 26 novembre 1970, adressée à l'auteur par M. de Montlivault, de Tours.

2. Où Loizeau a-t-il pu obtenir ce renseignement ? Gerbéviller et Fraimbois sont dans le secteur de la division voisine du général de Girval (20ᵉ corps).

forêt, la nuit paraît plus sombre. Des carcasses de véhicules incendiés et des chevaux morts encombrent une partie de la chaussée, ce qui requiert toute l'attention des chauffeurs, sans parler des groupes de fantassins et des chariots hippomobiles qui circulent bien entendu sans feux de signalisation.

De retour à Charmes, Poisot revient au bureau de la Place où, vers quatre heures du matin, il donne ses ordres au lieutenant-colonel Amoureux, du GRCA 8 : « Établir un dispositif de sûreté face au sud et envoyer des reconnaissances dès maintenant afin de savoir où est l'ennemi ».

Le général fait ensuite désigner des officiers qui vont s'efforcer de trouver les trains et services de la 26e DI pour leur fixer de nouveaux points de stationnement. Lorsque les dernières questions de détails semblent réglées, Poisot et le commandant Vuillaume se retirent pour dormir quelques heures dans les chambres qui ont été réquisitionnées à leur intention. Le capitaine Renauld préfère rester au bureau de la Place où il dispose d'une petite pièce avec un lit de camp, ce qui lui paraît suffisant et même essentiel.

« Je me sens très fatigué, dit-il dans ses carnets. La nuit a été blanche, la précédente a consisté dans un court repos dans un fauteuil, à Frolois ; la journée du 19 a été très dure, moralement et physiquement, j'ai eu à plusieurs reprises des malaises. »

Cet état dépressif est commun à tous les officiers qui, en raison des responsabilités qu'ils assument, dorment beaucoup moins que les hommes de troupe. Lorsque le capitaine Renauld s'allonge, tout habillé, sur son lit de camp, il est 5 heures et le jour est levé depuis plus d'une heure. Le silence s'abat sur le bureau de la Place et, discrètement, l'officier de permanence s'échappe un instant pour essayer d'obtenir du café à la cantine. Une heure environ s'écoule et, lorsqu'on tombe de sommeil, une heure, c'est très court. Renauld est réveillé « par des vociférations et glapissements ». Le temps de se frotter les yeux, de se lever, de rectifier sa tenue et il se trouve en face du général Loizeau qui réclame à cor et à cri le général Poisot. Le capitaine explique qu'après avoir passé la plus grande partie de la nuit sur les routes, le général est allé se reposer. Il rend compte à Loizeau des démarches effectuées, des ordres donnés, en particulier au GRCA 8 chargé de la couverture de Charmes face au sud.

« Vous ne savez pas que des unités de la IIe armée viennent d'ouest en est cisailler notre zone ? » lance le commandant du 6e corps qui semble chercher un bouc émissaire.

Renauld écarquille les yeux. Non, il ne le sait pas mais pourquoi devrait-il le savoir ? Si des unités de la IIe armée se mêlent aux arrières du 6e corps, elles appartiennent sans doute au corps colonial et le général Condé, de la IIIe armée, a certainement fixé une zone de déploiement à celui-ci. S'il en a franchi les limites, un simple capitaine de l'état-major Poisot ne peut pas être tenu pour responsable. Loizeau qui se calme doit finalement tenir le même raisonnement : c'est au général Poisot qu'il veut parler de cette désagréable situation. Il demande à l'officier de permanence de le conduire au logement de son divisionnaire et les deux hommes s'éloignent.

Renauld jette un coup d'œil au lit de camp, renonce à se recoucher et sort avec l'intention de se faire servir une tasse de café quelque part. « En plus de ma fatigue, écrit-il, je sentais dans ma bouche cette amertume, ce goût métallique qui est le goût de la défaite et des grandes catastrophes. »

*
* *

Loizeau ne s'attarde pas à Charmes et sa conversation avec Poisot fut certainement très brève. Il repart en voiture dans la direction de l'ouest avec l'intention de s'arrêter au PC du général Besse à Xirocourt. Besse est aussi mal renseigné que Bonnassieux sur la situation de ses troupes mais cela ne l'empêchera pas de se montrer optimiste et d'affirmer à Loizeau qu'il envisage de rétablir dans la matinée du 20 un front de combat entre Vézelise et Haroué. Il renonce ainsi à toute liaison à l'est avec la 26e DI et on se demande avec quels bataillons il prétend reconstituer une ligne défensive après les gaspillages de la veille. L'avant-garde de la *212e ID* a élargi sa tête de pont de la Moselle au sud de Flavigny et attaqué de nuit le PC du 161e RIF. Le lieutenant-colonel Viret a disparu et Besse n'en a plus de nouvelles. Le III/161e RIF du capitaine de Tarragon serait « quelque part sur la rive sud de la Moselle » ainsi que le II/162e RIF du commandant Jehanno mais Besse n'a plus de liaison avec eux. Le lieutenant-colonel Sohier, du 162e RIF a récupéré une compagnie du bataillon Levesque et le capitaine Heurtault a ramené le I/167e RIF à bout de forces dans la région de Tantonville. Voilà pour l'essentiel les forces avec lesquelles Besse entend freiner l'avance des deux divisions allemandes engagées sur la rive gauche de la Moselle.

Loizeau a sans doute l'impression que la division Besse n'existe plus et, pour la renforcer, il se rend chez le général Carles, au PC du corps colonial installé à Praye, à quelques kilomètres au nord-est de la colline de Sion. Le commandant du 6e corps n'insiste pas sur les cisaillements opérés dans ses arrières par les coloniaux mais souligne au contraire que la division Besse n'étant plus assez étoffée pour arrêter l'ennemi venant du nord, le corps colonial venant du sud-ouest pourrait voir bientôt ses propres arrières menacés. Carles comprend la situation et propose de pousser la 36e DI du général Aublet face au nord sur la ligne Vézelise-Bayon. C'est du moins la version Loizeau car le commandant du corps colonial rapporte plus modestement que la division tiendra de Gripport à Xirocourt, c'est-à-dire environ huit kilomètres plus au sud. De toute façon, la 36e DI qui marche toutes les nuits depuis dix jours après avoir subi l'offensive allemande sur l'Aisne les 9 et 10 juin, n'est plus opérationnelle. Son PC est à Vaudigny, à trois kilomètres de Xirocourt, et le capitaine de La Rochebrochard, chef du 3e Bureau, résume dans ses carnets l'état d'esprit du général et de l'état-major : « L'ennemi progressant à la fois au nord et au sud, on ne cherche plus qu'à gagner du temps par des déplacements successifs. »

Des contradictions apparaissent dans les conversations entre les généraux mais elles sont le fruit de leur manque d'informations. Carles parle à Loizeau de la 36e DI comme d'une division prête à monter en ligne, alors que le général Aublet, nous dit La Rochebrochart « cherche à gagner du temps par des déplacements successifs ». Pas étonnant que, dans ces conditions, les chefs de corps se sentent abandonnés. En fin de matinée, le colonel Sinaïs, du 57e RI, se présentera chez Poisot avec Deneef, un de ses chefs de bataillon, et rendra compte que sa division, la 36e DI, l'a laissé sans ordres. Poisot saisira l'occasion pour lui demander de participer à la défense de Charmes avec le bataillon Deneef sur la rive gauche de la Moselle, à hauteur de Florémont.

On peut également supposer que Loizeau et Carles se sont mis d'accord, non pas sur un renforcement de la division Besse par la 36e DI mais par sa relève par celle-ci. A la date du 20 juin, Carles note dans son rapport d'opérations : « La 36e DI est en train de se porter sur la Moselle qu'elle doit border de Charmes à Bayon, face à l'est, en laissant le 18e RI en réserve. »

C'est vers 18 heures que Besse apprendra par le lieutenant-colonel Béker, du 14e RI, le projet de relève de sa division. Il est tout à fait net à cet égard : « La 36e DI n'a, à aucun moment, rempli cette mission. » Seul, le bataillon Deneef est venu prendre position à Florémont mais... sous les ordres de Poisot. Loizeau a-t-il compris qu'une coopération avec Carles n'était pas possible ? Un instant il a envisagé de fixer son PC à Diarville [1] sur la nationale Nancy-Mirecourt mais voyant qu'il serait au milieu du corps colonial, il s'est résolu à faire demi-tour.

« Je reporte mon PC sur la rive droite de la Moselle, écrit-il, et repasse la rivière de justesse à Bainville-aux-Miroirs, les routes étant toujours aussi encombrées. »

Pendant ce temps, à l'état-major du 6e corps, la question habituelle revient sur toutes les lèvres : où est passé le général ? Et puis, à Fauconcourt, les capitaines d'Huart et Delacour, ce dernier chef du

1. Le général Roucaud, qui est à Marainville « où le maire, dit le capitaine Chapouthier, a déjà préparé les drapeaux blancs », portera le PC de la 1re DIC à Diarville vers 14 heures.

3e Bureau, découvrent un message de leur chef d'état-major, le colonel Thouvenin. C'est ainsi qu'ils apprennent que Loizeau est allé au PC du corps colonial et que celui du 6e corps doit être ramené sur Chamagne, à cinq kilomètres au nord de Charmes. Rassemblement, regroupement des véhicules dans un village où l'encombrement devient chronique puis le convoi s'éloigne [1], roulant d'autant plus lentement qu'il se dirige vers l'ouest alors que la poussée des autres colonnes s'exerce dans le sens inverse. A Moriville, Delacour prête l'oreille à des bruits alarmants : on se battrait à quelques kilomètres au nord de Chamagne. Il hésite puis, par précaution, laisse une partie de la colonne sous la responsabilité du commandant Kautzmann.

« Ne bougez pas d'ici avant d'en avoir reçu l'ordre ! » lui recommande-t-il.

Delacour décide de faire un crochet par Saint-Rémy-aux-Bois pour prendre le pouls de l'état-major de la 26e DI. Le général Bonnassieux lui affirme que « la division est très fatiguée mais retraite en bon ordre ».

Rassuré, le chef du 3e Bureau se dirige alors vers Chamagne où il arrive vers 10 heures du matin. Écoutant le canon qui gronde au nord de la forêt de Charmes, il fait porter au commandant Kautzmann l'ordre de rallier [2] et décide qu'il n'y a plus qu'une chose à faire : attendre le retour du général Loizeau.

A Charmes, le général Poisot a décidé de laisser le Bout-du-Pont au lieutenant-colonel de Mauny et à ses coloniaux et de s'installer à l'hôtel du Lion d'Or [3]. C'est dans cet établissement qu'il prend connaissance, en fin de matinée, du premier compte-rendu envoyé par le lieutenant-colonel Amoureux. L'escadron moto du capitaine Rougeot s'est porté en reconnaissance au sud-ouest de Charmes mais il n'est pas allé loin ; le peloton du sous-lieutenant Carcasses a été accroché à Brantigny, à cinq kilomètres, et si Carcasses a pu se dégager avec l'appui du peloton Pluvinage, quatre de ses hommes ont disparu, vraisemblablement faits prisonniers [4]. De leur côté, les cavaliers du lieutenant Cealis ont été attaqués de flanc par trois automitrailleuses mais ils ont pu décrocher. Blessé par une balle qui lui a ouvert la gorge, Cealis a passé le

1. Tout le QG n'a pas quitté Fauconcourt puisqu'à 18 h 30, le colonel Carbonnier, de la division de Girval (20e corps) « se heurte avec stupeur » au QG du 6e corps. Il voit notamment une partie de l'état-major de l'artillerie de corps avec le chef d'escadron Ducousset.

2. L'agent de liaison dira à son retour que le commandant Kautzmann et le convoi sont partis « pour une destination inconnue ».

3. Selon M. Thiétry, de Charmes, l'hôtel était situé à l'angle de la rue de Pâtis, en face le café des Sports. « C'était le plus beau de la ville, écrit M. Thiétry, il avait déjà le chauffage central en 1926. » (correspondance avec l'auteur).

4. Derobert, Martin, Goyat et le brigadier-chef Goubet.

commandement au lieutenant Badie avant de chercher un poste de secours, son doigt ganté comprimant le trou de l'artère. Quant à l'escadron à cheval du capitaine Pecqueur, il est allé reconnaître en direction de Mirecourt et n'a pas encore donné de ses nouvelles. Un point intéressant qui incite à la réflexion : l'ennemi, qui est manifestement en force (il s'agit de la *8e Panzer*) ne s'est pas montré agressif.

« Barrez tout de même la direction de Mirecourt, recommande Poisot à Amoureux, on ne sait jamais... »

Le général s'est ensuite préoccupé des centaines de soldats qui stationnent ou traversent Charmes « à la recherche de leur régiment ». C'est du moins l'antienne qui revient le plus souvent dans leurs déclarations. Les cas d'ivresse se multipliant l'état-major Poisot ordonne la fermeture des débits de boisson. De leur côté les capitaines Hubert et des Graviers vont s'efforcer de regrouper les traînards pour les réarmer et constituer une force d'appoint. Le résultat n'est guère encourageant ; ils parviennent à mettre sur pied une compagnie d'environ 150 hommes dont la valeur laisse sceptique le capitaine Renauld : « Leurs sous-officiers sont également des traînards, voire des déserteurs et on ne peut pas faire grand fond sur leur efficacité. »

En revanche, Poisot retrouve avec plaisir des éléments du 70e RAMF, le régiment d'artillerie tracté qui lui a été retiré quelques jours plus tôt pour aller en couverture sur la Meuse. Il n'en reste pas grand-chose et le chef d'escadron Pavelack s'intègre à la défense de Charmes avec ses deux dernières batteries dont malheureusement les munitions ne représentent que quelques minutes de feu. Des Graviers, qui se montre très actif, s'occupe du ravitaillement ; il réquisitionne de la viande, recherche les cuisines roulantes et, avec l'aide du capitaine Jouandet, du I/160e RIF, dont le chef de bataillon s'est rendu la veille à la ferme de Xoudailles, il fait remettre en service la boulangerie de la manutention. Les 200 premières boules de pain sortiront des fours au début de l'après-midi mais lorsque des Graviers exposera la gravité de la situation à Jouandet — l'attaque allemande peut venir à la fois du nord et du sud — le commandant de la 3e compagnie du 160e RIF lui exprimera clairement ses intentions : « Je ne veux à aucun prix être prisonnier. J'ai fait 51 mois de captivité en 14-18 et je me suis juré qu'ils ne m'auraient pas deux fois. »

Musette en bandoulière et mousqueton à l'épaule, Jouandet laissera des Graviers se débattre avec la seconde fournée et s'éloignera de Charmes [1].

Vers 14 heures, des obus fusant haut éclatent au-dessus de la ville et entraînent un début de panique en direction des caves et des abris qui se

1. Deux semaines plus tard, il sera en zone libre. « J'aurais fait n'importe quoi pour ne pas revivre la captivité ! » dira-t-il à l'auteur en 1969 en lui confiant ses carnets.

trouvent rapidement surpeuplés. Depuis deux jours, la population s'est augmentée de tous les réfugiés qui, montant de la Haute-Saône et de la région d'Épinal, viennent de rejoindre à Charmes ceux qui arrivaient du nord et de l'ouest. Le général Poisot a encore changé de PC ; il a quitté l'hôtel du Lion d'Or et s'est installé à la mairie, sur la rive gauche de la Moselle. C'est là que le maire de la cité, M. Henri Breton, vient lui demander de ne pas faire sauter le pont qui enjambe le canal et la rivière. Il abrite en effet les conduites d'eau et de gaz ainsi que des câbles électriques et sa destruction priverait la population de lumière, de gaz et d'eau. Poisot hésite. Le pont est chargé et le poste du génie n'attend qu'un ordre. Si les Allemands apparaissent sur la rive gauche, l'état-major Poisot peut se réfugier sur la rive droite et enlever toute idée de poursuite à l'ennemi en ordonnant la mise à feu. Si au contraire l'adversaire arrive par la rive droite, Poisot peut l'empêcher de traverser les cours d'eau. Mais M. Breton plaide sans doute la cause de ses administrés avec beaucoup de chaleur car le général, malgré les protestations du capitaine Renauld, donne sa parole au maire que le pont restera intact. C'est d'ailleurs Renauld qui portera un ordre écrit au chef de poste du génie, lequel n'en croira pas ses yeux en lisant que « cette destruction n'a pas d'utilité pour la protection des troupes au combat [1] ».

Le général Loizeau a hésité puis la voix de la sagesse l'a emporté : il ne peut plus rester à Chamagne. Au nord de la forêt, les combats se sont rapprochés et l'on perçoit nettement le crépitement des armes automatiques. La place du commandant du 6e corps n'est pas en première ligne ! Le général Bonnassieux lui-même va quitter Saint-Rémy-aux-Bois et porter le PC de la 26e DI dans une manutention située sur la rive droite de la Moselle, à quelques centaines de mètres de la voie ferrée et de la gare de Charmes. Loizeau pourrait coupler son PC avec celui de la 26e DI, ou rejoindre Poisot à la mairie ; il choisit au contraire, nous dit le capitaine d'Huart, « un PC de fortune, à la sortie ouest de la forêt, sur la route Damas-Charmes, dans le bois proche du cimetière américain ».

L'état-major du 6e corps est réduit à sa plus simple expression : trois voitures et six officiers : le colonel Thouvenin, les capitaines Delacour et Faurès, les lieutenants Girard et Berthoud, le sous-lieutenant Dormann. Lorsque le capitaine d'Huart arrive de Diarville où il pensait trouver le général, il est bouleversé par la scène qu'il découvre.

« Que signifie ce nouveau PC, écrit-il, le quatrième depuis ce matin,

1. C'est le même problème qu'à Épinal avec le pont de Pierre. En 1944, les Allemands n'auront pas plus de scrupules à Épinal qu'à Charmes où le pont sautera le 13 septembre devant la 79e division d'infanterie US.

sans un toit, sans un moyen de liaison. A vingt mètres de nous la route est un fleuve où roulent les flots pressés de troupes en retraite [1]... »

Loizeau a-t-il compris que la fin est proche et renonce-t-il à tout commandement ? S'il estime que rien, désormais, ne peut changer le cours des choses, il donne raison sans le savoir au *Hauptmann* Muller-Hillebrand, de l'état-major de la *93e ID,* qui note ce jour-là : « L'impression que la volonté de combattre des forces françaises se relâchait a pris naissance parmi nous le 20 juin [2]. »

Si Loizeau a conscience que son dispositif se délite sur la rive droite, il semble au contraire persuadé de la pugnacité de la division Besse sur la rive gauche : « Elle tient un front de 15 kilomètres avec la valeur de cinq bataillons de forteresse entre Tantonville et Haroué », écrit-il.

Besse paraît à peine plus réaliste que Loizeau. Il ne compte pas beaucoup sur le lieutenant-colonel Sohier qui est au château de Leménil-Métry avec une compagnie du 162e RIF et les derniers 75 du 23e RA commandés par le chef d'escadron Bastien-Thiry. Besse miserait plutôt sur le I/167e RIF du capitaine Heurtault qui, n'ayant pas encore été engagé, peut, selon lui, barrer la direction de Tantonville. Mais si le bataillon ne s'est pas battu, il a usé ses forces sur les routes, de jour et de nuit.

« Mes soldats sont dans un état d'épuisement total, avoue Heurtault, et leur moral est gravement atteint. La demande d'armistice est connue de tous et nous avons croisé de nombreux isolés qui avaient jeté armes et équipements et incitaient mes hommes à les imiter. Des draps blancs flottent un peu partout [3]... »

Le général Besse ne connaît pas plus la position du III/161e RIF du capitaine de Tarragon mais il est persuadé que celui-ci se bat avec vigueur à proximité du plateau de Benney. « Les isolés qui arrivent, rapporte-t-il, sont unanimes pour dire que le bataillon Tarragon a résisté jusqu'à l'épuisement complet des munitions [4]. » Si Besse savait...

Bernard de Tarragon est officier d'active, breveté d'état-major, mais il a un handicap pour exercer son commandement : il a été nommé à la tête

1. Le sergent Hans Habe, du 21e régiment de marche de volontaires étrangers (35e DI) a vu les trois voitures de l'état-major Loizeau et raconte que « les officiers brûlaient les archives dans le fossé de la route ».

2. Lettre du 16 août 1968 adressée à l'auteur par le général Muller-Hillebrand qui écrira après la guerre le célèbre *Das Heer.*

3. Dans une lettre du 18 juillet 1970 adressée à l'auteur, le colonel Roger Heurtault, de Fontainebleau, explique également pourquoi ses effectifs ont fondu : « Fatigue certes mais également défections dans l'attente de la cessation des hostilités que tous sentaient proche. »

4. Besse le croira longtemps puisque son rapport a été rédigé en juillet 1940 alors qu'il était prisonnier, ainsi que le général Loizeau, à la forteresse de Koenigstein.

du III/161e RIF le 13 juin, sans avoir le temps de tester la valeur de ses soldats et de bien connaître ses cadres. Le soir même, il fut jeté sur les routes et, cinq jours plus tard, après ordres et contrordres, marches et contre-marches, ravitaillement nul ou insuffisant, le résultat n'est pas brillant : il manque environ 150 hommes au bataillon, 150 hommes qui se sont évanouis dans la nature pendant la retraite, et la section de mortiers a disparu. Dans le marasme général, ce n'est pas un cas isolé et Tarragon se console avec l'idée que tous les bataillons de forteresse sont logés à la même enseigne.

Dans la matinée du 20 juin, la position théorique du III/161e RIF est au sud du canal et de la Moselle, sur les premières pentes, entre Tonnoy et Crèvechamps. Pour ce dernier village, nous savons que la CM 10 du capitaine R... a abandonné sans ordres sa position pour se réfugier à la faveur de la nuit sur les hauteurs de la forêt de Benney. A gauche, aux débouchés de Tonnoy, la CM 11 du lieutenant Maurin ne donne plus signe de vie et seule, la CM 9 du capitaine Thésé se trouve encore au matin dans la féculerie ceinte d'une clôture en grillage où elle a pris position le 19 au soir. Le PC de Tarragon est dans le verger, derrière elle. La nuit a été calme et, à l'aube, le « mouchard » est venu survoler la vallée de la Moselle. Les observateurs du bataillon signalent un important trafic de camions et de colonnes d'artillerie entre Saffais et le pont de Velle, hors de portée des mitrailleuses. Tarragon n'a plus aucune liaison et ne reçoit plus d'ordres. Va-t-il prendre l'initiative de décrocher ? Au fond, il ne sert à rien puisque les convois allemands défilent sur sa droite, en direction de Bayon.

Tarragon : « Je reçois la visite du capitaine Thésé avec un de ses chefs de section, le lieutenant Barthélemy. Ils me rendent compte de la démoralisation des hommes qui savent que l'armistice va être conclu et ne veulent plus se battre. Je constate que les deux officiers eux-mêmes réagissent mal[1]. »

Soucieux de vérifier lui-même l'état d'esprit de ses soldats, le chef du bataillon effectue la tournée des postes de la CM 9. « Il y a du découragement, conclut-il, de l'épuisement physique et moral mais je n'entends pas parler de reddition et je reviens à mon PC. »

Celui-ci est un large fossé à peine camouflé aux vues directes de la vallée, fossé dans lequel se pressent l'état-major du III/161e RIF, la section de commandement, la liaison, les pionniers, les téléphonistes, les médecins et leurs infirmiers.

« A 10 heures, note le capitaine Thésé, un mouvement se fit du côté

1. Fait prisonnier, évadé au début du mois de juillet, le capitaine Bernard de Tarragon a rédigé son rapport le 14 juillet 1940 à Montluçon. Promu chef de bataillon, il trouvera la mort le 12 mai 1944 sur le front d'Italie où il commandait un bataillon du 6e régiment de tirailleurs marocains.

de la maisonnette du pont-canal, accompagné de bruits confus. Je me trouvais, à ce moment, dans mon trou avec le sous-lieutenant Carrié. Le soldat Servin nous cria : " Les boches sont là ! " Déjà, je voyais nos hommes s'en aller en courant le long du canal, abandonnant leurs armes et levant les bras. »

Informé par son observatoire que des mitrailleurs « sont en pourparlers avec les Allemands », le capitaine de Tarragon se précipite hors du verger et « constate avec stupéfaction qu'effectivement on cause et même que certains se mettent en marche vers l'ennemi en levant les mains ».

Jusqu'ici les témoignages de Tarragon et de Thésé se recoupent : aucun coup de feu n'a été tiré par les hommes de la CM 9 et la plupart d'entre eux descendent vers l'ennemi, bras levés. Avisant un fusil-mitrailleur dont les servants sont « figés, incertains, redoutant de blesser leurs camarades » Tarragon fait un geste pour s'emparer de l'arme...

« Mais voici que des bras me saisissent, rapporte-t-il. Le capitaine Thésé, le lieutenant Barthélemy et le sous-lieutenant Carrié sont autour de moi. Je leur reproche la conduite indigne de leurs hommes. Pourquoi les laissent-ils faire ? Quelle n'est pas ma stupeur lorsqu'ils se disent impuissants à les arrêter. Ils semblent les approuver (...) Je prends un mousqueton pour les contraindre, sous menace s'il le faut, à accomplir leur devoir. Ces officiers ne m'en laissent pas le temps. Usant des propos les plus courtois mais agissant avec détermination, ils me désarment. »

Dans ses notes personnelles, Thésé ne dit pas un mot de cet « incident ». Plus tard, approuvé bien sûr par Barthélemy, il expliquera qu'en voyant Tarragon essayer de prendre un FM pour tirer sur les fuyards, il « courut vers lui et l'en empêcha, lui faisant valoir que son action entraînerait une riposte meurtrière sur les hommes qui, en plus grand nombre, continuaient à descendre les pentes, à la suite de deux rafales tirées par les Allemands pour accélérer un mouvement qui, sans aucun doute, leur paraissait correspondre à une reddition collective[1]. »

De son côté, Barthélemy explique : « Au sens concret du mot, le capitaine de Tarragon n'a pas été " désarmé ", autrement dit le FM dont il s'était saisi ne lui a pas été retiré/arraché des mains. Le geste accompli par le capitaine Thésé a été de lui saisir le bras gauche, dans un mouvement-réflexe accompagnant et appuyant ce qu'il lui criait, quelque chose comme " Vous êtes fou ! Ne tirez pas ! Vous allez faire massacrer vos hommes ! " Les propos exacts ne pouvant plus être précisés[2]. »

1. Lettre signée le 17 février 1983 par MM. Pierre Barthélemy et Gaston Thésé, et remise à l'auteur.

2. Lettre du 22 février 1983 adressée à l'auteur par M. Barthélemy qui commet une erreur; Tarragon n'a pu saisir le FM qu'il convoitait mais s'est emparé d'un mousqueton. C'est cette arme que ses officiers lui auraient enlevée.

Quelles étaient les intentions de Tarragon ? Il ne les dissimule pas : « Je tirerai et, tout à la fois, tuerai des Allemands et exécuterai de mauvais Français traîtres à leur devoir. »

A l'intérieur de la féculerie, on a sans aucun doute frôlé le drame mais entre la CM 9 et le chef du bataillon, le divorce est maintenant total. En effet, le capitaine Thésé ne cherche pas à rallier ses hommes mais, avec le lieutenant Barthélemy et le sous-lieutenant Carrié, il descend lui aussi au-devant des Allemands, les bras levés. Explication de Barthélemy : « Était-il légitime, en conscience, de faire tuer des hommes au dernier moment, alors que les combats allaient cesser ? Et dans quel but ? Oh ! Bien sûr, il y avait l'honneur militaire. Mais il requiert une certaine exaltation de l'âme qui fasse taire tout autre sentiment. Celui, en particulier, de la responsabilité à l'égard de ceux qui dépendent de vous, à commencer par les êtres qui vous sont chers et sans exclure ceux qui, dans l'instant, sont soumis à vos décisions et qui, eux aussi, ont des familles... Une telle exaltation ne peut plus être la même à l'âge mûr qu'à vingt ans. L'homme marié y est moins porté que le célibataire. Et j'ajoute la comprendre davantage chez le Cyrard que chez le réserviste [1]. »

Quelle explication peut-on donner au comportement du capitaine Thésé qui, vingt ans plus tôt, fut un brillant « poilu » de 14-18 ? Le commandant Valluy, de l'état-major du 21$^{e}$ corps, a enregistré que les défaillances étaient dans certaines unités plus fréquentes chez les cadres ayant participé à la Grande guerre que chez les jeunes officiers. Dans son rapport, il interprète leur attitude de la façon suivante : « Les anciens combattants qui racontaient leurs exploits antiques ont parfois déçu au feu les nouveaux combattants : on n'impose pas à la même génération de combattants civils de faire deux fois la guerre... »

Si le commandant de la CM 9 a sans aucun doute « déçu au feu » son chef de bataillon, il reste que nombreux sont les officiers de réserve qui, dans le désastre de juin 1940, conserveront le commandement effectif de leurs hommes et, donnant l'exemple, se battront jusqu'au dernier jour, sans se préoccuper de la demande d'armistice formulée par le maréchal Pétain. Si Thésé, Carrié et Barthélemy ne sentaient pas brûler en eux cette « exaltation de l'âme » dont parle le dernier, ils pouvaient, avant le 20 juin, rendre leurs galons. Ou assumer jusqu'au bout les prérogatives et responsabilités que leur conférait leur grade. Ils ne l'ont pas fait.

Le capitaine de Tarragon n'a pas voulu passer l'éponge. En annexe à son rapport, il sollicite l'ouverture d'une instruction contre le capitaine Thésé et le sous-lieutenant Carrié pour « rebellion ». Contre plusieurs soldats de la section Barthélemy « pour abandon de poste devant l'ennemi et reddition volontaire ». Enfin contre le lieutenant Barthélemy

1. Lettre du 5 mars 1983 adressée à l'auteur par M. Barthélemy.

pour « complicité et rebellion ». Si l'on en croit les intéressés, aucune suite n'a été donnée à ces différentes demandes.

A la tête d'un état-major réduit, suivi des deux médecins, Gold et Chevalier, de quelques soldats qui ont refusé d'aller se rendre (Synave, Jantzen et Hennequin) du lieutenant Railhac[1], le commandant du III/161e RIF franchit la clôture grillagée par l'ouverture pratiquée pendant la nuit et s'enfonce à la tête du petit groupe dans la forêt de Benney[2].

A quelque distance du village, Tarragon rencontre le commandant Jehanno, du II/162e RIF, qui semble manifester l'intention de résister malgré une forte diminution de ses moyens de combat. Sans hésiter, le capitaine se place sous ses ordres avec le dernier élément du III/161e RIF. Des armes automatiques sont en batterie, Jehanno a un plan de feux qui doit lui permettre de décrocher si la pression ennemie se fait trop vive, et les hommes ont l'air plus décidés que ceux de la compagnie Thésé. C'est une illusion car, en dépit de l'optimisme à vrai dire peu contagieux du général Besse, ses bataillons se ressemblent tous : ils sont incapables de combattre plus longtemps et Tarragon va assister à une nouvelle défection.

« Alors que je me tenais dans la partie ouest du réduit, observe-t-il, le commandant Jehanno qui, de la partie est, pouvait par un feu ouvert à bout portant anéantir le détachement allemand qui se dirigeait sur lui, fit lever son personnel et décida de se rendre. »

A trois kilomètres au sud, des isolés appartenant aux 161e et 162e RIF se sont retrouvés à Lemainville où la population, avec l'afflux des réfugiés, a quadruplé. Des familles entières se reposent dans les fossés ou contre les murs des fermes. Epuisés, mourant de faim, le capitaine Robin, le lieutenant Thiriot et une vingtaine de soldats du II/162e RIF sont arrivés en fin de matinée. Ils ont retrouvé le sergent Pollantru et sa cuisine roulante, le capitaine Lendi et d'autres officiers : Poncin, Masson, Dezavelle.

« Voyant notre fatigue, dira Thiriot, le capitaine nous a emmenés chez M. Charotte, l'instituteur. Sa femme nous a fait une omelette, nous offrit des fraises et son dernier litre de vin. »

La présence des réfugiés dont on lit l'angoisse au fond du regard, la lassitude, la chute du moral, la certitude que l'armistice peut être signé d'une heure à l'autre, sont autant de facteurs qui expliquent que l'idée

1. Interrogé sur le « désarmement » du capitaine de Tarragon, M. Railhac, retiré à Cognac, affirme à l'auteur dans une lettre du 24 janvier 1983 que « personne n'a été au courant de cet acte inqualifiable ».

2. Roland Julliard et Serge Harel, du 161e RIF, ont été tués près de Benney.

même de se défendre est écartée. Au début de l'après-midi, un cycliste annonce à la cantonade que le commandant Jehanno arrive à pied du bois de Benney. Pour lui éviter une fatigue supplémentaire, le médecin-lieutenant Nouailles décide d'aller au-devant de lui avec la sanitaire. Le temps passe et vingt minutes plus tard, quelqu'un crie : « Les voilà ! »

« Quand la voiture débouche, raconte Thiriot, elle est occupée par les Allemands, un sur chaque aile, prêt à tirer, un officier à l'intérieur, à côté du commandant[1]. Ils traversent le village et continuent, sans s'arrêter. Derrière eux arrivent des fantassins qui nous entourent. »

Personne n'envisage d'ouvrir le feu et les armes sont jetées à terre puis rassemblées en tas au pied des murs. Formés en colonne, les prisonniers sont dirigés sur Haroué, à sept kilomètres de Lemainville, où la *212^e^ ID* les entassera dans des camions qui les conduiront à Nancy. Enfermé le soir même dans les locaux de l'école professionnelle et malgré les sentiments qu'il éprouve à l'idée d'être vaincu et prisonnier de guerre, le lieutenant Thiriot n'est pas mécontent de retrouver un certain confort : « J'ai eu le bonheur de dormir dans un lit, ce qui ne m'était pas arrivé depuis le 10 mai 1940. »

Méthodiquement, l'avant-garde de la *212e ID* avance sur l'axe Nancy-Mirecourt, s'emparant dans chaque village de centaines de prisonniers, de véhicules et d'armes. Elle ouvre ainsi en direction du sud un large couloir où le gros de ses forces va pouvoir s'engager dès que les passages sur la Moselle seront rétablis. Ce type d'opération ne ressemble pas aux raids profonds lancés par les blindés du groupement Gudérian mais permet d'assurer la sécurité sur les flancs de la division.

Ceintrey est un carrefour situé à cinq kilomètres au nord-ouest de Lemainville et le commandant Viaud, qui a regroupé de petites unités isolées repliées de la ligne Maginot, a pris ses précautions au cours de la nuit du 19 au 20 juin. Une section du 156e RIF est au nord de la localité avec le lieutenant Nicolas, la section franche du 146e RIF garde l'entrée principale sous les ordres du sous-lieutenant Schaeffer, une troisième est à la sortie de Ceintrey et la quatrième en réserve. Viaud a inspecté le dispositif et s'est couché vers quatre heures du matin en donnant rendez-vous à ses officiers à huit heures chez le boulanger pour y faire le point de la situation.

Vers 7 h 45, lorsque Nicolas et Schaeffer se présentent, Viaud est déjà là mais à peine a-t-il commencé à parler que le chef Agnès ouvre la porte d'une poussée brutale et annonce « que la section franche a ouvert le feu ».

1. La description de la scène figure également dans l'historique de la *212e ID* du *General* Endres.

« Sur quoi, grands dieux ! » s'exclame le chef de bataillon qui conseille cependant aux deux officiers de gagner leurs postes de combat.

Il est déjà trop tard, la résistance à peine ébauchée s'est effondrée et l'absence des officiers a sans doute contribué à précipiter la reddition.

« Nous faisons à peine trente mètres, raconte Nicolas, que nous voyons les Allemands : automitrailleuses, FM montés sur side-cars et infanterie qui a déjà submergé la section franche. »

En essayant de rejoindre ses hommes, Schaeffer est grièvement blessé ; Nicolas et le chef Agnès s'engouffrent dans le couloir d'une maison dont le propriétaire ferme la porte à clé derrière eux. « Par les persiennes du premier étage, dit encore Nicolas, nous assistons impuissants à la reddition des soldats surpris dans leur cantonnement. »

On a l'impression que tout le monde dormait, les sentinelles et les hommes qu'elles étaient censées protéger. Les prisonniers[1] sont constitués en colonne et le gros de la force allemande repart. Nicolas et Agnès patientent environ une heure et, sortant du village par les vergers, se dirigent vers Pulligny qui n'est qu'à trois kilomètres, en longeant la berge du Madon. Ils découvrent une localité insouciante dont la guerre n'a pas encore bouleversé la quiétude.

« Aucune protection aux abords, s'étonne Nicolas, aucune sentinelle... Des soldats dans les cafés jouent aux cartes ou boivent l'apéritif, d'autres se promènent dans la rue. Des officiers discutent, très détendus. Je m'approche d'un capitaine du génie et lui explique ce qui vient de se passer à Ceintrey. Il me considère d'un air incrédule et me dit : " C'est impossible ! " »

Nicolas n'insiste pas et, toujours avec Agnès, prend la direction de l'ouest ; ils se réfugieront derrière les avant-postes du corps d'armée colonial. Dans quelques heures, les deux tiers de Pulligny seront incendiés sur l'ordre du *General* Endres qui fera fusiller un père de trois enfants, Émile Jacquemin, accusé par le maire de la commune d'avoir tiré sur les Allemands[2].

Clérey est à environ cinq kilomètres de Pulligny et, avec ses jumelles, le capitaine Majou, de la compagnie de commandement du 160e RIF, aperçoit la longue colonne grise qui sort de Voinémont et prend ses intervalles sur la route de Mirecourt. Majou suppose que l'ennemi va détacher une ou deux sections motorisées vers Clérey qui se trouve à l'écart de la nationale et il est assez lucide pour admettre que ce ne sont ni les sapeurs ni ses propres hommes qui se feront tuer pour défendre le

1. Le commandant Viaud réussira à s'évader et, après avoir traversé le Madon à la nage, il rejoindra Praye où le général Mast, de la 3e DINA l'affectera comme officier-adjoint au colonel Miserey, commandant d'armes de Saxon.

2. Voir *Juin 1940 le mois maudit* (Fayard, 1980).

village. Il offre le lard et le sucre qui lui restent en stock à l'institutrice et, lorsque les motocyclistes allemands apparaissent, ils sont tout de suite rassurés : les armes sont rassemblées en tas sur le bas-côté de la route et les Français lèvent les bras avec ostentation. Pour récompenser cette bonne volonté, un *Oberleutnant* autorise Forestier, le chauffeur du capitaine Majou, à conduire celui-ci à Nancy dans sa propre voiture. Un soldat en feldgraü les accompagnera.

« A 19 heures, écrit Majou, je suis enfermé à la cité universitaire catholique et, grâce aux Nancéens, je fais un repas excellent avec café, mirabelle et un cigare Henri Clay. »

# CHAPITRE IX

# « J'ai tiré dans le tas ! »

A la fin de la matinée du 20 juin, le général Besse ne dispose plus que d'un bataillon pour arrêter les Allemands entre Tantonville et Haroué : le I/167e RIF du capitaine Heurtault. On a vu ce que pense celui-ci du moral et de l'état physique de ses hommes. En outre, depuis la veille, il a perdu quatre officiers : le lieutenant Leitenschneider a disparu en effectuant une liaison à moto et le lieutenant Nigon, ainsi que les sous-lieutenants Cauvin et Cartier, n'ont pas reçu l'ordre de repli envoyé dans la nuit et n'ont pas rejoint. Heurtault transmet néanmoins les consignes du général à ses commandants de compagnie, le capitaine de Bazelaire et le lieutenant Duhamel.

Lorsque les unités quittent Affracourt, il est presque midi. Avec l'aide des chefs Cartigny et Vauchelet, les lieutenants Frischmann et Sausey font de leur mieux pour inciter les hommes à se porter en avant mais tout le monde traîne la jambe. Le premier mouvement de terrain est traversé sans difficulté mais, en abordant le second, le bataillon s'arrête : les Allemands sont là.

Heurtault : « Renonçant à défendre les villages occupés à plein par des réfugiés, femmes et enfants surtout, j'ordonne au lieutenant Duhamel d'interdire la route de Tantonville. »

L'adversaire passe à l'attaque et, après une défense sans conviction, le I/167e RIF est lui aussi rayé de la carte des opérations. Heurtault est fait prisonnier et seuls quelques-uns de ses subordonnés parviennent à s'échapper : le capitaine Marie, de la CHR, les lieutenants Haag, François, Gros, Stenger et l'adjudant-chef Michaux. Dans la soirée, ils se réfugieront à Praye où Haag verra « pour la première fois un drapeau blanc dressé par des traînards ».

Les derniers officiers du I/167e RIF en verront d'autres le lendemain à Forcelles-sous-Gugney où ils seront capturés après avoir brûlé les archives, les fonds du bataillon et enterré le reste des munitions.

« Nous n'en pouvions plus, écrit Haag, nous avions dormi moins de dix-huit heures en six jours ! »

Dans la matinée du 20 juin, le général Besse a appris que l'artillerie lourde allait tirer à son profit. Le colonel Cobert, du 21ᵉ corps, mettait à sa disposition le 185ᵉ RAL tracté qui avait traversé la Meuse le 16 juin et n'avait pas consommé un projectile depuis le début de la retraite. Le colonel Heller, artilleur de Besse, ordonna au chef de corps du 185ᵉ RAL, le lieutenant-colonel Vincens-Bouguereau, « de se préparer à ouvrir le feu sur les routes venant du nord ». Lorsqu'ils furent informés, les commandants de groupe, Dessagne et Japriot en particulier, exprimèrent de sérieuses réserves : « Comment tirer sur des routes où les réfugiés sont plus nombreux que les Allemands, avec pour tout document de tir une carte Michelin ? »

Leurs scrupules remontèrent sans doute la voie hiérarchique car, à 8 h 10, le colonel Heller envoyait un ordre écrit qui allait dans le sens des remarques formulées par les artilleurs : « Ne pas tirer, situation des éléments amis insuffisamment connue. »

Non seulement les 155 resteront muets, mais à 9 h 30, le général de Fontanges, de l'artillerie du 6ᵉ corps, leur fera parvenir l'ordre de saboter leurs pièces. Un ordre identique touche le lieutenant-colonel Houneau, du 141ᵉ RAL, qui le transmet à ses groupes, y compris celui du capitaine de la Débuterie dont les batteries sont pourtant au nord de la Verrerie-de-Portieux, sur la rive droite de la Moselle.

Avec ses derniers 75 le lieutenant-colonel de Langalerie, du 313ᵉ RA porté, espérait, lui aussi, apporter son soutien à l'infanterie. N'importe laquelle pourvu qu'on lui donne des ordres de tir ! Il ne manque pas de munitions car, dit-il, « le capitaine Hippeau a pu se réapprovisionner en obus en vidant des camions abandonnés ». Deux de ses officiers envoyés en reconnaissance vers l'est, ont rencontré à Bruyères un capitaine de l'état-major de la IIIᵉ armée : « Une grande offensive est en préparation, leur a-t-il confié, que votre colonel se mette à la disposition de la grande unité la plus proche. »

Langalerie est allé à Praye, au PC du corps colonial. Le général Rinck, qui en commande l'artillerie, l'a envoyé à Diarville où le général Cruciani, artilleur de la 1ʳᵉ DIC, lui a donné l'ordre de se mettre en batterie face au sud.

« On ne sait même pas qui tient le sous-secteur de gauche », remarque Langalerie avant d'ajouter : « Il n'y aura pas d'offensive car je n'en vois trace nulle part. »

A midi, le 20 juin, ses 75 toujours pointés à la lisière du bois de Vaudigny (à 3 kilomètres du PC de Besse) Langalerie reçoit l'ordre de « résister sur place sans esprit de recul ». Il connaît la formule par cœur mais elle n'indique pas aux artilleurs du 313ᵉ RA sur quel objectif ils doivent tirer. Le commandant Chénesseau, du III^e groupe, a rendu compte qu'il avait dix pièces en batterie et que son observatoire, sur la colline de Sion, possédait des vues excellentes. Le lieutenant Tinguy du Pouet se rend au PC de l'infanterie de la 1^re DIC pour essayer de savoir où se trouvent les fantassins. Il reviendra sans avoir obtenu le moindre renseignement, et aucun ordre de tir ne sera donné au 313^e RA. Des rafales de mitrailleuses sont maintenant entendues au nord de la position et le lieutenant-colonel de Langalerie apprend que les Allemands traversent Haroué. A moins de huit kilomètres !

« A 17 heures, écrit l'aspirant de Moras, le colonel réunit les officiers, et leur expose la situation. Il n'arrive plus à avoir un ordre quelconque et n'a aucune information lui permettant d'utiliser les pièces qui lui restent. »

Démoralisé, Langalerie commente avec tristesse : « Je crains bien que tout soit fini ! » Le fanion et les archives sont enterrés dans la forêt et l'on démonte les culasses pour leur faire subir le même sort.

Tout le secteur de la division Besse passe progressivement sous contrôle allemand et le général, qui a porté son PC de Xirocourt à Germonville dans l'après-midi, n'ignore pas que la fin est proche. La *212^e ID* du *General* Endres avance toujours sur l'axe Nancy-Mirecourt et oriente déjà un bataillon en direction de Vézelise. Plus proche de la Moselle, la *258^e ID* de Wollmann a fait franchir le pont de Velle à des forces importantes qui, à 13 heures, ont reçu du PC de la division installé à Rosières-au-Salines, l'ordre d'attaquer en direction des hauteurs de Gripport et de Germonville. Appuyé par un régiment d'artillerie motorisé, le *IR 472* marche en tête mais un deuxième régiment a lui aussi traversé la rivière à Velle, suivi par un groupement d'appui au sein duquel se trouvent en particulier trois batteries d'obusiers de 105 motorisées.

Sur la rive droite, la *93^e ID* a repris son avance en adoptant une nouvelle tactique : « Nous avions l'impression que la résistance française avait été fortement ébranlée dans les combats du 19, écrit le *Hauptmann* Muller-Hillebrand, et le *General* Tiemann a décidé de lancer ses trois régiments d'infanterie côte à côte en direction de Charmes [1]. »

Le mot est prononcé : Charmes. Qui va s'emparer de la ville ? Tiemann tellement sûr de gagner qu'il ne conserve aucun régiment en réserve et lance toutes ses forces de front sur Charmes par la rive droite ? Wollmann par la rive gauche grâce à sa forte dotation en artillerie ?

Comme la division Besse sur la rive gauche de la Moselle, la 26^e DI du général Bonnassieux a perdu trop de monde depuis le 18 juin pour être

1. Correspondance du général Muller-Hillebrand avec l'auteur.

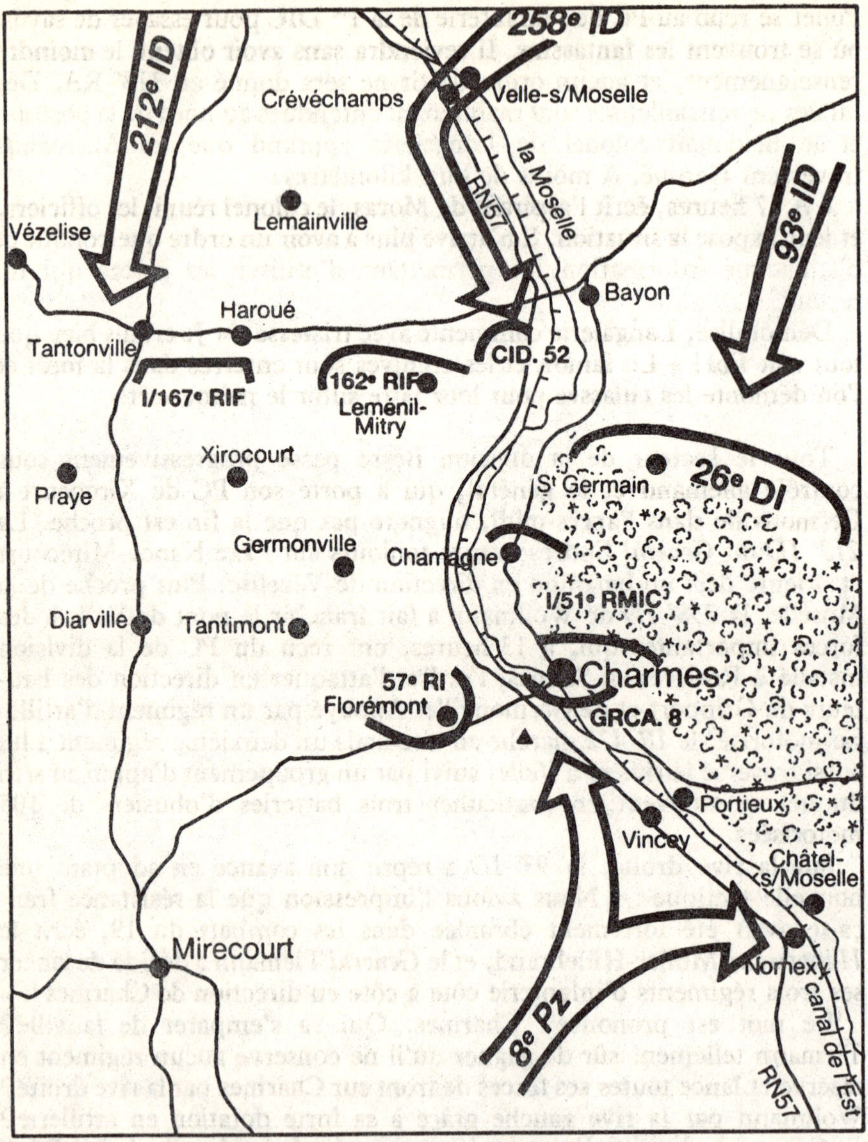


Front du 6e CA le 20 juin à midi

capable de tenir tête aux trois régiments de la *93e ID* lancés contre ses positions. D'autant que sur sa droite, devant le 86e RI du lieutenant-colonel Romanille, un quatrième régiment allemand attaque, appartenant celui-là à la *79e ID* du *General* Strecker. Les effectifs de la 26e DI ne sont plus assez étoffés pour résister à un tel choc. Romanille a perdu la veille le III/86e RI du capitaine Rigoud et, au centre de la division, le lieutenant-colonel Mignon n'est pas en meilleure situation avec le 98e RI. Une seule compagnie a été récupérée au IIIe bataillon de Piquet-Pellorce, enfoncé le 18 juin sur le canal de la Marne au Rhin, et le Ier bataillon du commandant Mallier a laissé deux compagnies sur la Meurthe la veille au soir. Le lieutenant-colonel Picard est logé à la même enseigne puisque le III/105e RI a disparu dans la nuit du 19 au 20, ses derniers éléments venant se jeter dans une embuscade allemande tendue à Saint-Mard. Le capitaine Lancelin a réussi à ramener le II/105e RI sur la Moselle de Bayon mais, dans l'obscurité, la « 7 » du lieutenant Challeil a continué son chemin sur la rive gauche et ne rejoindra pas [1]. Si l'on ajoute à la faiblesse des effectifs la fatigue des nuits de marche et la chute du moral due pour l'essentiel à la demande d'armistice formulée par le maréchal Pétain, il faut admettre que la 26e DI, sous la poussée de quatre régiments ennemis appuyés par une artillerie renforcée, n'a aucune chance de se maintenir sur ses positions.

Devant Bayon, le II/105e RI de Lancelin à cheval sur la Moselle, et le II/98e RI de Guillaume résistent pourtant à l'attaque lancée en fin de matinée. Au bataillon d'instruction 21/168e RIF du commandant Gilleron, le lieutenant Jean Feuillebois est tué [2] et le capitaine Rebuffel mortellement atteint. Le lieutenant Thouvenot signale aussi plusieurs blessés [3]. Sur la droite de la 26e DI, le 86e RI est très vite en fâcheuse posture ; après avoir reflué sous le nombre, le Ier bataillon ne peut se rétablir et, nous dit le lieutenant Copéré « se rend près de Essey-la-Côte ». La 3e compagnie se bat à Saint-Boingt où elle perd quatre tués [4] avant de cesser le feu. Une heure plus tard, après avoir rendu leur liberté à ses officiers, le lieutenant-colonel Romanille met bas les armes [5]. A quelques kilomètres, le commandant Mallier, du I/98e RI, est intercepté par une patrouille allemande alors qu'il effectuait une liaison à Saint-Rémy-aux-Bois.

1. Notaire à Castres (Tarn), le lieutenant Challeil se mettra à la disposition de la 1re DIC qui lui donnera un créneau à tenir face au sud.

2. L'abbé Feuillebois meurt à une dizaine de kilomètres de la paroisse de Giriviller dont il était le curé.

3. Girancelli, le caporal Danelli, le caporal-chef Hennebert, les sergents Hanne et Crunevielle.

4. Guichard, Dumas, le caporal Robert et le sergent Courant.

5. Le chef de corps du 86e RI n'a laissé aucun document connu sur cette dernière journée de combat.

A son PC où il se trouve avec son chef d'état-major, le commandant Boisseau, les lieutenants Southon, Chabre et le médecin-commandant Bonnet, le lieutenant-colonel Mignon comprend que la droite de la division étant emportée, les forces dont il dispose encore doivent se défendre à la fois au nord et à l'est, ce qui est impossible avec ses effectifs. Il fait parvenir à 12 h 45 au capitaine Becouse, qui lui fournit l'artillerie d'appui du II/36e RA, le message suivant : « Front menacé à droite, repliez-vous sur forêt de Charmes. L'artillerie couvrira le repli de l'infanterie puis rentrera dans la forêt. » Et Mignon ajoute : « Résister jusqu'à épuisement des munitions puis se mettre au garde-à-vous ! » (*sic*)

Survolée par le « mouchard », la batterie divisionnaire antichars du capitaine Brot reçoit l'ordre de tenir les voies d'accès à la forêt. Sévèrement contre-battue, elle a deux morts et six blessés [1]. Au I/105e RI, le commandant Delbos donne la même consigne que Mignon : « Brûler toutes les cartouches puis se mettre au garde-à-vous ! » (rapport du lieutenant Guichard). La 1re compagnie cessera le feu à Borville, la « 3 » aux abords de Loromontzey. Dans les layons de la forêt de Charmes, la lutte devient plus difficile pour les Allemands qui ne peuvent engager leurs véhicules. Le sous-bois est encombré par des centaines de voitures, de camions, d'attelages et de matériel abandonné ou détruit par les bombardements aériens de la veille et seuls des fantassins à l'équipement léger parviennent à s'y ouvrir un chemin.

Les artilleurs du 36e RA savent qu'ils ne recevront plus de munitions et vident leurs coffres sur les lisières de la forêt. Au III/36e RA du commandant Augé, deux batteries brûlent leurs derniers projectiles lorsque le lieutenant de Bussac annonce que l'état-major du groupe a été fait prisonnier. On se hâte de retirer les culasses des 75 pour les enterrer sous la fûtaie. Au I/36e RA, le capitaine Goubelle engage ses batteries dans un layon qui semble dégagé et les conduit vers la lisière sud. La colonne parcourt 200 mètres et se trouve bloquée par un groupe de 155 qui vient de saboter ses pièces.

« Dépêchez-vous d'en faire autant ! » lance Goubelle à ses officiers.

Il apprend que l'état-major du 36e RA, lieutenant-colonel Morin en tête, vient d'être capturé. Le II/36e RA a tiré les cinq dernières caisses de projectiles reçues puis « les douze pièces sont rendues inutilisables par déclavetage et tir » (rapport du capitaine Becouse) [2].

Avec ses officiers le lieutenant-colonel Mignon a rejoint le PC de la 26e DI. Le 86e RI a disparu sur la droite de la division, le 98e RI n'a plus

1. Lamouille et Dusserre sont tués. Les blessés sont Lempereur, Pélisse, Lyaudet, Pernoud, Mingot et le brigadier Chappet.

2. Au IIIe groupe le capitaine Brun a réussi à rejoindre Charmes avec la 8e batterie ; il recevra une mission d'appui au profit des cavaliers du GRCA 8, mais disparaîtra avec ses canons.

que des groupuscules qui tiraillent en forêt, à l'exception du bataillon Guillaume qui se replie, couvert par la 6ᵉ compagnie dont le capitaine et une soixantaine d'hommes vont être capturés. Le I/98ᵉ RI sera intercepté en fin d'après-midi alors qu'il tentait de gagner les couverts. Devant Saint-Germain, barrant un itinéraire direct vers Charmes, la « 10 » du III/98ᵉ RI va succomber : « Avec plus de 70 kilomètres dans les jambes depuis le 18 au soir, témoigne le capitaine Montagne, nous étions en demi-cercle à droite de la route de Saint-Germain. Les Allemands nous ont manœuvré vers 17 heures et, avec quelques blessés, le combat s'est vite terminé [1]. »

La *93ᵉ ID* du *General* Tiemann dispose maintenant de deux routes qui lui ouvrent les portes de Charmes : celles de Damas et de Saint-Rémy.

Le général Loizeau et son état-major réduit stationnent toujours sur la route de Damas-aux-Bois. L'artillerie allemande qui tirait du nord semble soudain tirer de l'ouest, de la rive gauche de la Moselle, ce qui provoque un mouvement de panique au sein des troupes qui retraitent en désordre sur Charmes. Furieux, le colonel Thouvenin intervient revolver au poing et se mêle aux fuyards en criant « que des soldats français ne se sauvent pas pour un pet de lapin », ce qui n'impressionne pas la horde en kaki. Une batterie de 75 arrive au trot, s'arrête et se met en position. Au commandement de son capitaine, elle vide ses coffres et envoie ses dernières salves en direction du nord-est. Dans un ordre parfait, elle effectue une brillante sortie de batterie et se replie en direction de Charmes.

« Dans tout cela flotte un mélange indéfinissable de ridicule et de grandeur... » observe le capitaine d'Huart qui distribue aux officiers de l'état-major les morceaux d'un kilo de sucre retrouvé dans le coffre de sa voiture.

On cherche en vain une explication au comportement de Loizeau. Après avoir changé quatre fois de PC, ce qui a eu pour résultat de disperser ses organes de commandement, il stationne sur une route exposée aux coups de l'artillerie ennemie et semble avoir renoncé à donner des ordres. Le capitaine d'Huart est persuadé que le général attend que la mort le frappe, et avec lui ses officiers.

« Il est impossible, écrit-il, d'expliquer autrement que par la fatigue inouïe, par le manque de sommeil, et aussi par le spectacle de la défaite totale, définitive, dont un acte se joue sous nos yeux, l'acceptation si facile du sacrifice que nous allons accomplir. »

Loizeau a tout de même envoyé le capitaine Faurès en liaison à

1. Lettre du 24 février 1971 adressée par M. Roger Montagne à l'auteur. Cinq morts seront inhumés à Saint-Germain : Lavergne, Millet et Bourbonnel, du 105ᵉ RI, Labouesse et le brigadier Brun, du 36ᵉ RA.

Charmes mais on a vu revenir celui-ci un quart d'heure après son départ : « Ma voiture a été couchée par l'éclatement d'un obus... » a-t-il expliqué. Deux autres officiers vont recevoir une mission : d'Huart et le sous-lieutenant Dormann. Le général les fait partir pour Rambervillers « où serait le commandant de la IIIe armée ». Ils iront ensuite à la recherche du PC du 20e corps pour dire au général Hubert « que la situation est désespérée et que ce soir il n'y aura plus de 6e corps ».

Tout le monde serre la main des deux hommes et d'Huart ne cache pas qu'il « éprouve un soulagement immense à sortir par ordre de ce cercle de feu qui se resserre ». Ils partent dans une petite Renault et, sur la route, le flot des troupes en retraite se tarit.

« Les infiltrations commencent à se produire, note Loizeau. Trois soldats allemands passent à bicyclette, à toute allure, sans qu'on ait le temps d'intervenir. »

L'avant-garde ennemie se passe fort bien d'automitrailleuses et de motocyclistes. Un *Unteroffizier* suit les trois cyclistes et, apercevant le général, exige qu'il donne l'ordre de se rendre aux combattants qui tiennent encore la lisière nord de la forêt. Loizeau le fait arrêter et conduire à la mairie de Charmes. Quelques minutes plus tard, un artilleur français rend compte « qu'une force allemande d'à peu près un bataillon a atteint le rond-point situé à deux kilomètres et avance sans rencontrer de résistance ».

L'artilleur repart sans demander son reste et les officiers du 6e corps s'interrogent du regard : la 26e DI n'existe donc plus ? Il est 19 heures. Soudain, Loizeau, qui juge « peu séant de se défendre dans la nature avec des revolvers », prend la décision que ses proches n'attendaient plus : « Rejoignons le général Poisot à Charmes ! »

Essuyant au passage quelques balles dont les impacts s'inscrivent sur les carrosseries, les voitures roulent à tombeau ouvert vers la ville. Personne n'avait imaginé que l'état-major du 6e corps circulerait un jour en arrière-garde !

« Pensant que nous trouverions sur la route des Allemands qui tenteraient de nous arrêter, écrit le capitaine Delacour, nous avons pris nos pistolets dans une main et des grenades dans l'autre, de façon à forcer le barrage que nous pourrions rencontrer[1]. »

Avant d'entrer dans Charmes par la rive droite de la Moselle, le petit convoi se gare dans la cour de la manutention où s'est installé en fin d'après-midi le PC de la 26e DI.

« Nous avons été faits prisonniers, raconte à Loizeau le général

1. Lettre du 27 mars 1950 adressée par le colonel Robert Delacour au général Loizeau. Retiré à Angoulême, l'ancien chef du 6e corps y est décédé dans sa centième année le 6 juin 1978.

Bonnassieux, mais une contre-attaque partie du Bout-du-Pont nous a délivrés. »

La 13ᵉ compagnie du capitaine Chambon devait assurer la sécurité de l'état-major de la 26ᵉ DI mais devant la rapidité de la manœuvre entreprise par des éléments motorisés du *Regiment 271* [1] arrivant par la route de Saint-Rémy-aux-Bois, les pionniers se sont rendus. Seul, un des officiers, le lieutenant Fleurquin, a ramassé un FM et un sac de chargeurs et s'est porté aux abords de la manutention au moment où l'ennemi y pénétrait.

« Je me suis couché dans le fossé, écrit-il dans son rapport, et, à environ 400 mètres, vers 18 heures, j'ai vu les boches entrer dans la cour. J'ai tiré dans le tas... »

Pour l'*Oberst* von Henning, la prise est belle car, avec l'état-major du général Bonnassieux, se trouve celui du général Henri Loiseau, artilleur de la 26ᵉ DI, et celui du colonel Émile Péret, de l'infanterie divisionnaire. Un chef de corps est également pris au piège, le lieutenant-colonel Mignon, du 98ᵉ RI. En raison du bombardement intermittent de l'artillerie adverse, les officiers se trouvaient pour la plupart dans un abri que prolongeait une tranchée.

« Ordre nous fut donné de jeter nos armes et nos jumelles ! » se souvient Mignon [2].

Le capitaine Mondon confirme : « Le personnel de l'état-major fut rassemblé et désarmé. » Il situe l'action à 18 h 45, ainsi que le capitaine Franquelin et le colonel Péret. Seul, le capitaine Rondet indique : « Vers 18 heures » ce qui se recoupe d'ailleurs avec l'historique du 51ᵉ RMIC du lieutenant-colonel de Mauny. « Vers 18 heures, écrit celui-ci, une colonne motorisée allemande accompagnée d'un avion de liaison volant à basse altitude, débouche de la forêt, s'arrête à la voie ferrée et s'empare du PC de la 26ᵉ DI. Ses éclaireurs de pointe pénètrent soudainement (*sic*) dans le PC du I/51ᵉ RMIC où l'on ne sait rien encore... »

La surprise engendre la panique. Le lieutenant Meistermann — qui parle, lui aussi, de 18 heures — voit depuis le pont, « des groupes d'isolés défiler, les mains en l'air, devant la gare ». Sachant que sa compagnie dispose à cet endroit de deux chenillettes, deux FM et un canon de 25, il s'étonne de n'avoir pas entendu tirer et se porte en

1. Composé de *SA* berlinois, le *IIIᵉ bataillon* du *IR 271* de l'*Oberst* von Henning porte le nom de *Feldhernhalle,* en souvenir du lieu où fut brisée la tentative de putsch de Hitler et Ludendorf en novembre 1923.

2. Lettre du 8 février 1971 adressée à l'auteur par le colonel Pierre Mignon, retiré à Oucherotte (Côte-d'Or) où il est décédé en juillet 1972.

avant : « Tout le matériel a été abandonné sur le terrain » dit-il dans son rapport.

Cependant, le gros de l'attaque se porte sur le PC du chef de bataillon Dousset où la compagnie de commandement réagit vigoureusement. Le lieutenant Lacoste, le sergent Lépinay et une poignée de coloniaux ouvrent le feu et arrêtent l'ennemi. Rien n'est gagné et dans la demi-heure qui suit, l'avant-garde du *IR 271* peut être renforcée, traverser le pont de la Moselle et s'emparer de Charmes en capturant le général Poisot à la mairie. Le commandant Dousset dispose, on le sait, de deux sections de chars FT placées sous les ordres du lieutenant Bureau mais lorsqu'il demande au lieutenant Poizat, officier de renseignements du 11e BCC, de les mettre en alerte, il est déjà trop tard. Une section de trois chars qui se trouvait au nord de la voie ferrée a été surprise par les premiers side-cars allemands.

« Nous n'avons pas eu le temps de réagir et de monter dans les tourelles, avoue le caporal-chef Guerry, et nous sommes passés de l'état de combattants à celui de prisonniers en quelques minutes [1]. »

Le lieutenant Bureau qui se trouvait au PC du 51e RMIC est prévenu par Poizat qui décide de lancer la deuxième section avec une contre-attaque montée par les fantassins. En tête le char-canon de l'aspirant Jallet, suivi du char-canon du sergent Dubois, le char-mitrailleuse du sergent Patouillard fermant la marche et précédant les stagiaires du cours de lance-flammes emmenés par le lieutenant Sarron et le sous-lieutenant polonais Sérafin.

« En abordant le passage à niveau, raconte Patouillard, le char-canon de l'aspirant reçut un obus de *Pak* tiré à bout portant dans la cocarde tricolore peinte à l'avant. Julien Clair, mon deuxième mécanicien, qui pilotait l'engin, fut tué sur le coup [2]. »

Maurice Jallet a la cuisse labourée par un éclat mais, au prix d'un effort surhumain, il parvient à sortir de la tourelle et à descendre à terre où il se retrouve en plein combat. Le lieutenant Jean Bureau, qui marchait courageusement entre les deux premiers chars, pistolet à la main, a été fauché par un *37 Pak.*

« Je l'ai vu éventré, l'intestin déchiré, écrit Patouillard, et Paul Vitani, mon mécanicien, a fait un brusque écart pour ne pas passer sur le corps. »

Malgré sa blessure, l'aspirant Jallet traîne Bureau « qui avait la jambe arrachée » jusqu'au fossé le plus proche mais ce sera son dernier effort et... son dernier souvenir. Il perd connaissance et les coloniaux l'emportent au poste de secours du médecin-commandant Favarel.

1. Lettre du 22 septembre 1982 adressée par M. Jean Guerry à l'auteur.
2. Lettre du 10 septembre 1982 adressée à l'auteur par M. Gaston Patouillard, de Beauvallon (Drôme).

Doublant le char de Jallet, ceux de Patouillard et Dubois avancent en tirant au canon et à la mitrailleuse. Le sous-lieutenant Sérafin se dirige vers l'ancienne tuilerie transformée en manutention et délivre l'état-major du général Bonnassieux[1]. Les Allemands refluent à l'intérieur de la forêt, laissant pourtant quelques prisonniers entre les mains des coloniaux et un important matériel sur le terrain : « des motos avec mitrailleuse, une auto blindée avec mitrailleuse et TSF, un camion et une pièce antichars », note Sérafin[2].

Toujours dans le fossé, FM braqué sur la manutention, le lieutenant Fleurquin assiste à la contre-attaque : « Je vois un officier (j'apprendrai qu'il s'agit du sous-lieutenant Sérafin) s'avancer seul vers le portail, entrer dans la cour et faire des sommations. »

Le lieutenant-colonel Mignon se hâte de récupérer son pistolet et ses jumelles qu'il avait jetés dans un bouquet d'orties et, sortant de l'abri « malgré une observation du général » visite une maison voisine où il capture un soldat allemand resté à côté d'un officier blessé. Le lieutenant Meistermann du I/51e RMIC constate « que l'ennemi s'est terré et demeure invisible ». Par le fossé de la route, il avance en direction de la forêt et « ramasse » deux motocyclistes ennemis qui se dissimulaient derrière une chenillette renversée. Depuis la lisière des bois, des armes automatiques allemandes recommencent à tirer, au moment où les trois voitures du général Loizeau et de son état-major s'arrêtent devant le passage à niveau. Pendant que des volontaires lèvent les barrières — l'une d'elles est coincée par le char de Jallet — les officiers du 6e corps traversent les voies à pied.

« Nous nous retrouvons au milieu de coloniaux en grand désordre, note le capitaine Delacour. Le lieutenant Berthoud et moi avons pris le commandement de ces soldats et les avons posté aux bons endroits pour faire face aux Allemands qui nous tiraient dessus. »

Où est donc le commandant Dousset, du I/51e RMIC ? Selon le lieutenant-colonel de Mauny, il se trouve « à la voie ferrée où, avec le capitaine Froment il organise un nouveau front avec les stagiaires et les sections des sous-lieutenants Joulia et Schmidt ».

Il faut croire que des officiers de bonne foi, ayant vécu le même événement à la même heure et au même endroit, peuvent ensuite le relater d'une manière différente. Le plus curieux de cette affaire reste la réaction, ou plutôt l'absence de réaction du général Bonnassieux et de son état-major. Les trois voitures du général Loizeau finissant par

1. Dans son rapport le capitaine Mondon évoque « la contre-attaque menée par un lieutenant polonais ».

2. Le lieutenant-colonel de Mauny parle « d'environ 80 véhicules abandonnés par l'ennemi », chiffre cité également par le commandant Brun, du 11e BCC... qui n'était pas à Charmes. Cette estimation paraît très exagérée.

franchir le passage à niveau, il paraissait évident que Bonnassieux et les siens allaient suivre. Le fait d'avoir été capturés par surprise devrait leur servir de leçon. Pas du tout ! Résigné à son sort, l'état-major de la 26e DI semble attendre d'être fait prisonnier une seconde fois.

« J'ai vu le général entre ses deux captures, écrit le lieutenant Moulin, officier de liaison du 86e RI. J'ai su qu'après mon départ, les Allemands l'ont repris, cette fois définitivement. »

A quelle heure Bonnassieux, Loiseau[1], Péret, Mignon et leurs officiers ont-ils été capturés pour la seconde fois ? « A la tombée de la nuit, vers 21 h 30 », écrit le capitaine Mondon qui est certainement proche de la vérité. « Vers 21 heures » assure le capitaine Franquelin. Plus prudent, le colonel Péret dit : « Quelques instants après. » Il semble tout de même que les « quelques instants » entre les deux captures ont duré près de trois heures, ce qui laissait largement le temps au général Bonnassieux de se réfugier, lui aussi, à la mairie de Charmes. L'étrange comportement observé, trois heures durant, par le chef de la 26e DI, explique, dans une certaine mesure, pourquoi celle-ci a été enfoncée aussi rapidement dans l'après-midi du 20 juin. Le commandement ne réagissait plus[2].

Le matin encore, au bureau de la Place de Charmes, le général Poisot était à peu près persuadé que l'attaque allemande viendrait du sud-sud-ouest. Une attaque aérienne sur Portieux, les prises de contact entre les cavaliers du GRCA 8 et des patrouilles de la *8e Panzer,* le bruit du canon, tout inclinait à penser que le danger était là. C'est d'ailleurs pour cette raison que Poisot avait demandé au colonel Sinaïs, du 57e RI, de placer le bataillon Deneef à Florémont, sur la rive gauche de la Moselle. Or, depuis 17 heures, les tirs d'artillerie augmentent d'intensité au nord de la forêt de Charmes et les échos du combat puis ceux de la contre-attaque lancée du Bout-du-Pont pour délivrer l'état-major de la 26e DI laissent supposer que l'ennemi se présentera d'abord au nord et sur la rive droite. De la rive gauche, les informations ont, semble-t-il, de la peine à filtrer. La dernière liaison avec le PC du général Besse remonte à 15 heures ; le capitaine André est venu dire à Poisot que « la division s'est repliée dans la matinée sur la ligne Tantonville-Bayon ». Il n'en savait pas plus, ni avec quelles forces, quelle artillerie, ou en liaison avec quelles unités. Comme toujours, les événements vont plus vite que les agents de liaison et, vers 17 h 30, on apprend à la mairie de Charmes

1. Ne pas confondre le général Lucien Loizeau, du 6e corps d'armée, et le général Henri Loiseau, de l'artillerie divisionnaire de la 26e DI.

2. Dans une lettre du 18 novembre 1982, le contrôleur général Mondon écrit à l'auteur : « Au soir du 20 juin, notre rôle était terminé. Tapis dans nos trous, nous sommes restés rigoureusement inutiles. Je me demande d'ailleurs ce que nous aurions pu faire. »

« que des motorisés allemands sont aux portes de la ville, sur la RN 57 ». C'est la tête de l'avant-garde de la *258e ID* qui avance par la route de Nancy.

Des artilleurs du 70e RA qui tentaient de récupérer un 75 abandonné sont attaqués par des motocyclistes. Les « regroupés » du capitaine Hubert arrivent à la rescousse et ouvrent le feu. La patrouille adverse se retire. Vers 19 heures, c'est plus sérieux : deux compagnies d'infanterie sont signalées au nord-ouest de Charmes et des éléments légers avancent aux lisières de la ville. Près du champ de foire où s'est arrêtée la CHR du 98e RI, le capitaine Couture a deux FM en batterie, celui du sergent Duperroir et celui du soldat Arselin, du 167e RIF, qui s'est rallié avec son arme. Commandé par le lieutenant Lefranc, ce petit noyau de résistance interdit pendant près d'une heure les rues conduisant au champ de foire. Lorsque les cartouches sont épuisées, Couture fait démonter les armes qui sont jetées dans la Moselle. Rassurés par le silence, les Allemands avancent et prennent possession du point d'appui où trois morts et deux blessés sont couchés derrière les combattants vaincus [1].

A la mairie, le caporal-chef Haut, du 168e RIF, a conçu un nouveau type d'automoteur en fixant un fusil-mitrailleur sur sa moto. Le jeune agent de liaison se porte jusqu'à la route nationale par laquelle s'infiltrent les Allemands, vide son chargeur en quelques rafales et rebrousse chemin avant que ses adversaires aient pu réagir. Il renouvelle son exploit jusqu'au moment où les cartouches viennent à manquer et conserve sa dernière boîte-chargeur pour défendre la mairie. Chez les « regroupés » du capitaine Hubert, la volonté de se battre fait défaut et la plupart d'entre eux s'arrangent pour disparaître dans les rues de Charmes. Les Français doivent admettre que les Allemands, contrairement à toutes les hypothèses, abordent la ville par son côté le moins défendu : le nord-ouest.

Le général Poisot conserve un sang-froid étonnant. Vers 19 h 30, sans paraître attacher d'importance à la fusillade dont les bruyants échos parviennent jusqu'au PC, il décide de passer à table avec ses officiers.

« Je m'en souviens, dit le capitaine Renauld, il y avait en tout et pour tout des haricots verts de conserve sautés au beurre. »

Mais voici que des pas pressés résonnent dans l'entrée, on parle haut et fort et le dîner qui venait de commencer est brusquement interrompu. Le général Loizeau et son état-major ont enfin franchi le passage à niveau bloqué par le char démoli et, sans s'attarder auprès du général Bonnassieux qui semblait indécis sur l'attitude à observer, ils se sont

1. Bachelier, Villemalard et Hospital ont été tués, Duport et le caporal Theuillon blessés.

dirigés vers la mairie. N'ayant mangé, de la journée, que le kilo de sucre du capitaine d'Huart, les nouveaux arrivants sont eux aussi affamés. Croyant peut-être que la table a été dressée à leur intention, ils s'y installent et, devant le général Poisot médusé, engloutissent les haricots sautés au beurre. Quand ils ont achevé ce maigre repas, les langues se délient et les officiers du 6$^{e}$ corps racontent la (première) capture du général Bonnassieux et la contre-attaque des chars du 11$^{e}$ BCC au nord de la gare. Leur visage se ferme lorsqu'ils apprennent que l'ennemi avance aussi par la rive gauche de la Moselle et qu'on se bat à l'entrée nord-ouest de la localité. Une mauvaise nouvelle ne venant jamais seule, un officier de liaison rend compte à Poisot que le bataillon Deneef, du 57$^{e}$ RI, vient d'évacuer Florémont sur l'ordre de son colonel. Les cavaliers du chef d'escadrons de Gauléjac (GRCA 8) restent seuls pour défendre les lisières sud et sud-ouest de Charmes mais ils sont sous le feu de l'artillerie de la *8$^{e}$ Panzer* qui ne les ménage pas et leur cause des pertes sérieuses [1].

Loizeau et Poisot ne peuvent plus rien espérer. L'état-major du 6$^{e}$ corps prend possession du rez-de-chaussée de la mairie et refoule les officiers de Poisot au premier étage. L'atmosphère devient lourde et chacun pense que la dernière heure de liberté est commencée. Évoquant l'arrivée imminente de l'ennemi, Loizeau dit à Poisot : « Vous parlez leur langue, je crois ?

— Oui mon général !

— Dans ces conditions, dès que le premier contact sera établi, vous vous rendrez auprès du commandant des troupes d'attaque et, si mon intervention s'avère indispensable, j'attendrai ici et nous aviserons... »

1. Parmi les tués identifiés du GRCA 8 : Doisy, Prangin, Guyot, Pyckaert, Lesieur, Monnier, Guilly et le brigadier-chef Goetgheluck.

## CHAPITRE X

# « Allez dire à votre général que je souhaite lui parler ! »

Dès le matin du jeudi 20 juin, il était prévisible que la division du général Besse serait incapable de reconstituer une ligne défensive à la hauteur de Tantonville-Haroué. Troupes mélangées, bataillons éclatés, hommes fourbus, artilleurs sans munitions et canons sans artilleurs, tous les éléments d'un échec sont désormais réunis. Des bouchons antichars, de rares points d'appui sont encore en place mais ils succombent sous le flux et le reflux de milliers de réfugiés qui, ne sachant plus où aller et les villages étant saturés, campent dans des conditions difficiles, sans eau et sans nourriture, le long des routes et dans les prairies. Ils attendent, persuadés que leur cauchemar va prendre fin d'une heure à l'autre.

Les réfugiés, qui ont fui la *8^e^ Panzer* au sud et se sont heurtés à ceux que la *212^e^ ID* refoule devant elle, constituent un obstacle pour l'artillerie française. Comment ouvrir le feu sur une colonne allemande, sans carte, alors que cette colonne avance au milieu des militaires qui se rendent et de milliers de familles entassées sur les bas-côtés ? Le 24^e^ RA du lieutenant-colonel Gossart (36^e^ DI) devait tirer au profit de la division Besse mais les renseignements sur l'ennemi paraissent incohérents puisqu'on le signale à la fois au sud et au nord. Les artilleurs sont prêts mais les ordres sont immédiatement suivis du contrordre et les pièces restent muettes. Au groupe du chef d'escadron Litre, le capitaine Dabadie a d'abord placé ses tubes face à l'est, aux lisières de Hergugney, puis il a reçu l'ordre de les braquer face au sud. Après deux heures d'attente, sans avoir tiré, les pièces ont été déplacées, cette fois face au nord. Au III/24^e^ RA du chef d'escadron Lauroa, la 9^e^ batterie du capitaine Pascal a tout de même envoyé quelques salves au sud de Charmes, sans doute au profit du 57^e^ RI installé à Florémont, avant de connaître, elle aussi, les ordres incohérents de l'après-midi. Face au nord ! Face au sud ! Au I/24^e^ RA du capitaine de Bodinat, la 1^re^ batterie attend en vain des ordres dans le parc du château de Leménil-Mitry où le chef d'escadron Bastien-Thiry a fait mettre en position les dernières pièces du 23e RA. Lorsque les Allemands arrivent, c'est la surprise : personne ne les croyait si proches ! La 1re batterie du 24e RA réussit à s'échapper mais les canons du 23e RA sont submergés après avoir tiré neuf coups. Le lieutenant-colonel Sohier, du 162e RIF, est fait prisonnier et Bastien-Thiry blessé dans l'échauffourée.

Au PC de la 36e DI, installé à Hergugney, l'état-major craint pour la sécurité du général Aublet. Dans l'après-midi, le courant des fuyards venant du nord a tellement grossi qu'à 17 heures, la maison du fromager-éleveur de porcs chez qui les officiers s'apprêtaient « à déguster un cochon de lait rôti »[1] est abandonnée et le PC transporté à Diarville. A quoi sert-il ? Aublet est dans la même situation que Besse ou que Bonnassieux qui, à la même heure, se fait capturer à la manutention de Charmes. Le commandant de la 36e DI n'a aucune nouvelle de deux de ses chefs de corps : Sinaïs, du 57e RI[2], et Béker, du 14e RI. Épuisés par une trop longue retraite, ces régiments sont de toute façon inemployables.

« Mon bataillon était réduit à 150 hommes à bout de forces ! » rapporte le commandant Roux, du I/14e RI.

Le colonel de Maquillé, qui doit regrouper les services et impedimenta de la division Besse, est paralysé par le chaos régnant sur la rive gauche de la Moselle. Plus d'ordres, plus de liaisons ; sa mission n'a aucun sens dans ces conditions. Il est fait prisonnier à Forcelles-Saint-Gorgon, au nord de la colline de Sion, par une reconnaissance motorisée de la *212e ID*.

« Il n'y avait pas d'unités combattantes à Forcelles, se souvient-il, mais des hommes provenant de sections sanitaires, de formations de brancardiers, de sections de munitions, etc.[3]. »

A quelques kilomètres de Forcelles, le capitaine Kaag fait saboter les pièces du III/70e RA à l'approche de l'ennemi et se réfugie avec ses hommes sur la « colline inspirée » de Sion défendue par les tirailleurs algériens de la 3e DINA. Les Allemands ne dissimulent pas leur surprise en découvrant aux lisières des bois, dans des chemins creux, et sur les routes un nombre aussi important de batteries de 75 et de 155. Ils comprennent mal comment ils ont pu avancer aussi facilement sans subir le feu de toutes ces pièces !

Rassemblé dans le bois de Bellevue, près de Tantonville, le 145e RAL hippomobile du lieutenant-colonel Crolard est transformé en épave. Les

1. Carnets du capitaine de la Rochebrochard.

2. Le colonel Alfred Sinaïs, qui est encore à Florémont avec le bataillon Deneef, parviendra à se réfugier en zone libre. Déporté pour faits de résistance en 1943, il est mort au Kommando de Kaltenkirchen, près de Hambourg, le 4 mars 1945.

3. Lettre du 14 février 1969 adressée à l'auteur par le colonel comte Constant du Bois de Maquillé qui ajoute *in fine* : « Je garde de juin 1940 un souvenir si pénible que je m'efforce d'effacer de ma mémoire les événements auxquels j'ai été mêlé. »

culasses ont été démontées et enterrées, les appareils de pointage brisés et les chevaux désharnachés rendus à la liberté. Lorsque les premières patrouilles ennemies approchent, les artilleurs du 1er groupe (chef d'escadron Conte) et ceux de la 7e batterie du capitaine Durbere livrent un baroud d'honneur avec les mitrailleuses de défense rapprochée. Quelques « tirailleries » plus symboliques qu'efficaces qui valent au chef d'escadron Conte et au capitaine Haussoulier les « honneurs de la guerre ». Les Allemands ne vont pas jusqu'à leur présenter les armes mais ils autorisent les artilleurs à se regrouper au village le plus proche avec l'armement individuel, bagages et voitures. Lorsqu'ils sont rassemblés, le ton change.

« On m'a rendu revolver et jumelles en signe d'honneur, raconte le capitaine Delaunay, mais cet honneur n'a duré que quelques heures. »

Craignant des réactions imprévisibles de son adversaire, le colonel Vincens-Bouguereau a envoyé les artilleurs du 185e RAL tracté « dans les vergers, près des villages, afin d'éviter tout prétexte à représailles sur la population ». Vincens-Bouguereau et l'état-major du régiment sont faits prisonniers à Avrainville. Au 141e RAL hippomobile, certains commandants de batterie croient bien faire en donnant l'ordre aux trompettes de sonner le cessez-le-feu. On imagine la confusion chez les fantassins qui entendent la sonnerie. L'armistice serait-il signé ?

Le II/313e RA a saboté ses pièces mais les hommes sont capturés par une patrouille allemande au moment où ils abandonnaient leur bivouac. Le chef de corps, le lieutenant-colonel de Langalerie, s'est retiré à Vaudigny avec le IIIe groupe du chef d'escadron Chénesseau. Il fait vider les fûts d'essence dans les fossés et les artilleurs prennent leur repas à la cuisine roulante. Des fantassins qui prétendaient défendre le village ont disparu, un drapeau blanc flotte sur l'église et le maire demande en toute simplicité à Langalerie « d'aller ailleurs pour éviter à la commune d'être bombardée ». Le chef de corps ne se fait pas prier pour quitter cette localité inhospitalière et sa colonne se dirige vers Xirocourt. Le spectacle qui l'attend n'est pas fait pour fortifier les ressources morales des artilleurs.

Langalerie : « Je vois à mon grand désespoir le drapeau blanc flotter partout et les armes posées contre les murs. »

Les quelques véhicules militaires qui circulent arborent, eux aussi, un drapeau blanc. Le colonel renonce à aller plus loin et passe la nuit à la mairie de Xirocourt avec ses officiers. Dans la matinée du 21, un *Hauptmann* très courtois lui demandera de regrouper ses hommes sur la route de Vaudigny et de les conduire ensuite à Leménil-Mitry. Pour s'assurer de leur docilité, il dira sur un ton convaincu : « Vous n'êtes pas prisonniers de guerre car l'armistice est signé ! »

Le lieutenant-colonel Droneau, du 70e RA, circule avec un état-major réduit et quatre voitures dont les chauffeurs ont toutes les peines du monde à se frayer un chemin au milieu des colonnes qui avancent au pas quand elles ne sont pas tout simplement arrêtées. Droneau ne sait plus où aller pour échapper à l'ennemi ni à quelle autorité se présenter pour recevoir des ordres. De toute façon, il ignore où se trouvent ses batteries. Deux kilomètres avant Haroué, trois automobiles grises précédées par un motocycliste croisent la colonne, roulant sans complexes en direction du sud.

« Je crois que ce sont les boches ! », dit calmement le capitaine Chartier.

Droneau donne l'ordre au chauffeur de faire demi-tour et de « pousser au maximum ». L'état-major du 70e RA traverse Affracourt, Xirocourt, Levoncourt et oblique vers Tantimont. A l'entrée de ce dernier village, il faut s'arrêter : un convoi est immobilisé au milieu de la route et certains véhicules semblent avoir été pillés.

« Nous venons d'être faits prisonniers, explique un canonnier qui repart vers le nord en hâtant le pas, les Allemands sont là, dans le village. »

Des camions, des attelages se sont arrêtés derrière les trois voitures. Impossible d'effectuer un nouveau demi-tour. Pour aller où ? Derrière le lieutenant-colonel Droneau, les lieutenants Lelarge et de Keermaekers, le sous-lieutenant Jenner, officier-radio, descendent de leurs véhicules. Cinq minutes plus tard, une patrouille en uniforme feldgraü les encadre et, avec plusieurs centaines d'autres prisonniers, les dirige sur Leménil-Mitry où la *258e ID* a ouvert un camp dont les effectifs se gonflent d'heure en heure.

Dans ses carnets, le lieutenant Pirson, qui retraite avec les artilleurs à pied du 151e RAP, raconte ses derniers instants de liberté : « Le chef d'escadron Lafon nous a réunis près de la route de Xirocourt pour nous annoncer que c'était la fin, que la résistance devenait inutile. Puis nous avons vu passer des voitures qui portaient des drapeaux blancs et, dans la soirée, nous avons entendu des clairons qui sonnaient le cessez-le-feu. »

Tantimont. Dans un verger de ce petit village lorrain, d'autres artilleurs, appartenant au III/23e RA du chef d'escadron Hermann, ont décidé, eux aussi, « que c'était la fin et que toute résistance était inutile ». Hermann a fait déclaveter les pièces et les caisses de munitions ont été enterrées. Lorsqu'il l'apprend, le lieutenant-colonel Charly [1], qui

1. Le 153e RAP ayant disparu pendant les combats du 19 juin, le général Besse a confié le 23e RA à Charly qui succède à Péninou blessé la veille et à Bastien-Thiry deux heures plus tôt.

a dit-on « la tête près du bonnet », pique une colère et donne l'ordre d'aller récupérer les culasses et les projectiles. Sans doute le chef de corps veut-il faire respecter jusqu'au bout un semblant d'ordre, de discipline. Mais, pour effectuer des tirs il convient d'avoir des objectifs à battre et d'en recevoir l'ordre, ce qui n'est pas le cas puiqu'on a vu de nombreuses batteries tourner leurs tubes vers les quatre points cardinaux sans tirer un seul obus. Le même état d'esprit que dans la plupart des unités de la division Besse règne au III/23e RA : la passivité est la règle, on ne veut plus se battre, on attend l'armistice. Et Charly qui tempête, Charly qui veut récupérer les munitions, Charly est un gêneur. Que s'est-il passé exactement au IIIe groupe ? Il est vraisemblable qu'il y a eu rassemblement, discussion, protestations, que le ton a monté... Les esprits se sont échauffés et soudain, le canonnier Fernand B... arme son mousqueton et tire sur le colonel à bout portant. Charly est tué sur le coup. Les témoins du drame sont et demeureront discrets [1] mais il reste que les officiers présents n'ont pas réagi. B... a pu s'éloigner sans être inquiété. Grâce à son geste criminel, les artilleurs du III/23e RA peuvent désormais attendre les Allemands sans avoir à livrer un baroud d'honneur qu'ils considèrent tous comme inutile. Plus tard, devant le tribunal militaire de Metz appelé à juger B... le chef d'escadron Hermann dira : « J'ai donné l'ordre d'enterrer les munitions car la situation était désespérée (...). L'armistice était demandé, les troupes le savaient et on nous avait interdit de tirer sur des Allemands que nous voyions. »

Hermann entretient la confusion. On a vu que vers 8 heures du matin, le colonel Heller, de l'artillerie de la division Besse, a effectivement envoyé l'ordre suivant : « Ne pas tirer, situation des éléments amis insuffisamment connue [2]. » Heller n'a pas interdit de tirer SUR LES ALLEMANDS ! En DCB par exemple ! Il est vrai qu'à 9 h 30, le général de Fontanges, de l'artillerie du 6e corps, transmettait l'ordre de saboter les pièces. Tous les chefs de corps ne l'ont pas reçu, soit en raison de difficultés de transmissions, soit parce qu'ils n'appartenaient pas au 6e corps. On a vu les 75 du 313e RA, ceux du 24e RA, restant en surveillance pendant des heures dans l'attente d'un ordre de tir qui n'est pas venu. Les officiers du III/23e RA avaient peut-être des circonstances atténuantes, mais de là à laisser assassiner leur colonel sans réagir... [3].

1. Les archives du 153e RAP ne contiennent sur cette affaire qu'un bordereau du 19 décembre 1946 prescrivant à la gendarmerie d'interroger les capitaines Richon et Buisson. En 1969, le colonel Péninou, ancien chef de corps du 23e RA, écrira à l'auteur que le lieutenant-colonel Charly « a été tué au cours d'une reconnaissance de position de groupe ».

2. La copie originale de cet ordre figure dans les archives du 185e RAL tracté.

3. René Charly sera inhumé à Germonville puis exhumé en avril 1948 et restitué à sa famille. B... sera condamné à cinq ans de prison pour « coups et blessures ayant

Les faibles défenses placées sur la rive gauche de la Moselle sont enlevées les unes après les autres. Le commandant Pluquet, du CID 52, dont une compagnie défend l'accès des ponts de Bainville-aux-Miroirs, se rend « après un bref engagement ». A sa décharge, il faut savoir que les Allemands ont engagé devant Bainville une batterie de 150 motorisée du *II/AR 63.* Une section a ouvert le feu à 1 400 mètres de la position française pendant que la seconde s'approchait pour tirer à 450 mètres. Que pouvait faire Pluquet avec ses fusils ?

Une autre compagnie du CID 52 attend l'ennemi sur les hauteurs de Gripport. Les mêmes causes provoquant les mêmes effets, « mon dernier combat ne dura qu'une heure » rapporte le capitaine Billaudeau qui se rend vers 18 h 15.

Germonville, où le général Besse a installé son dernier PC, se trouve à 6 kilomètres au sud-ouest de Gripport. Besse a tenté de reprendre contact avec le lieutenant-colonel Sohier, du 162$^{e}$ RIF, à qui il a envoyé le lieutenant Betbéder. Celui-ci s'est heurté à des reconnaissances allemandes motorisées mais les colonnes françaises qui encombrent les routes et ralentissent l'ennemi lui ont permis de regagner Germonville. Le lieutenant d'Abartiague a reçu de Besse une mission plus difficile : traverser la Moselle et voir le général Loizeau pour lui rendre compte de la situation de la division. De même que Betbéder, d'Abartiague a été obligé de faire demi-tour. Le PC de Germonville est coupé de ses unités — s'il en reste — et du commandement. Vers 19 heures, des coups de fusil éclatent à l'entrée du village. Au milieu de l'extraordinaire accumulation de véhicules civils et militaires, les officiers de l'état-major Besse ne voient rien mais il leur est facile de deviner ce qui se passe.

« Les voilà ! » lance le lieutenant-colonel Martin, du 151$^{e}$ RAP, qui s'est arrêté là avec le capitaine Giraud et le médecin-lieutenant Mutelet.

Des motocyclistes blancs de poussière slaloment entre les véhicules français, ouvrant le passage à une *Kubelwagen* dans laquelle un *Major* est debout à côté du conducteur. Casqué et jugulaire au menton, le *Major* se présente à la mairie et exige la reddition immédiate du général Besse.

« Il accorde le temps nécessaire pour que les officiers puissent prendre leurs bagages », rapporte l'ex-commandant du Secteur fortifié de Boulay.

Dix minutes plus tard, l'*Oberstleutnant* Petersen, du *III/IR 478,* rend compte par radio au PC de la *258$^{e}$ ID,* que son bataillon vient de faire prisonnier le général commandant les troupes françaises de la rive gauche de la Moselle. A quelques kilomètres à l'ouest, évitant de mordre

entraînés la mort sans intention de la donner ». Le jugement sera cassé pour vice de forme et le tribunal militaire du Cherche-Midi montera la peine à dix ans de travaux forcés pour « meurtre sans préméditation » et circonstances atténuantes.

sur le secteur de la *212e ID*, le *Major* Roters pousse les escadrons cyclistes de l'*Aufklärungs Abteilung* vers Bralleville et Battexey. A moins de trente minutes derrière eux avance un groupement mixte du *IR 479* de l'*Oberst* von Arnim avec artillerie et *Pionniers* d'assaut. Rien ne les arrête. Dans la nuit du 20 au 21 juin, von Arnim [1] prendra le contact entre Vincey et Nomexy avec une patrouille de la *8e Panzerdivision.*

Au *Regiment 478* de l'*Oberst* Fischer, on s'efforce d'oublier les pertes et l'échec enregistrés la veille devant La Madeleine. Les difficultés sont moins grandes car la résistance française faiblit. Fischer a lancé en tête un groupement mixte composé du Ier bataillon de l'*Oberstleutnant* Rintelen et de deux groupes d'artillerie placés sous les ordres du *Major* Hertz [2]. C'est ce groupement qui s'est emparé des dernières batteries du 23e RA stationnées à Leménil-Mitry avec le chef d'escadron Bastien-Thiry et le lieutenant-colonel Sohier, du 162e RIF. Ces derniers n'ont pas eu le temps de détruire leurs voitures et camions, si bien que l'avant-garde de Rintelen est maintenant, grâce aux Français, entièrement motorisée. L'*Oberst* Fischer lui-même, resté à cheval jusqu'à midi, se déplace maintenant sur une motocyclette de prise.

Vers 18 h 20, fantassins et artilleurs sont arrêtés à Gripport où ils se reposent, après avoir capturé la compagnie du capitaine Billaudeau, du CID 52. Les objectifs fixés par le *General* Wollmann, *Kommandeur* de la *258e ID,* ont été atteints et le groupement a parcouru depuis l'aube près de quarante kilomètres. Lorsque Fischer vient à Gripport recevoir le dernier compte rendu de Rintelen, celui-ci souligne que Charmes est à environ six kilomètres et que sur cette distance très courte les Français n'ont rien de sérieux à lui opposer. Fischer hésite et prend le contact radio avec le PC de la division pour obtenir l'autorisation de lancer Rintelen et les deux groupes d'artillerie de Hertz en direction de Charmes. Le *General* Wollmann donne immédiatement son accord : « Soyez à Charmes avant la nuit et emparez-vous des ponts ! »

Les fantassins allemands sont enthousiastes à l'idée de repartir pour conquérir une ville importante. « La victoire donne des ailes » car ils sont réellement fourbus. Les journées des 19 et 20 juin ont été très dures dans les deux camps. Conduite par le *Leutnant* Pölster, l'avant-garde se hisse à bord des véhicules de prise et avance jusqu'à Socourt, où elle est renforcée par des pièces de *Pak.* Deux batteries tractées du *Major* Hertz suivent à vue et soutiendront les fantassins en cas de mauvaise rencontre. Et la tête du groupement repart...

A l'entrée de Charmes, près du canal, un 75 ouvre le feu mais il est

1. L'*Oberst* Harry von Arnim commandera le *IR 479* sur le front russe et sera tué devant Kiev au mois d'octobre 1941.

2. Le *I/AR 258,* groupe organique commandé par le *Major* Hertz et le *II/AR 63* de réserve générale (trois batteries de 150 motorisées).

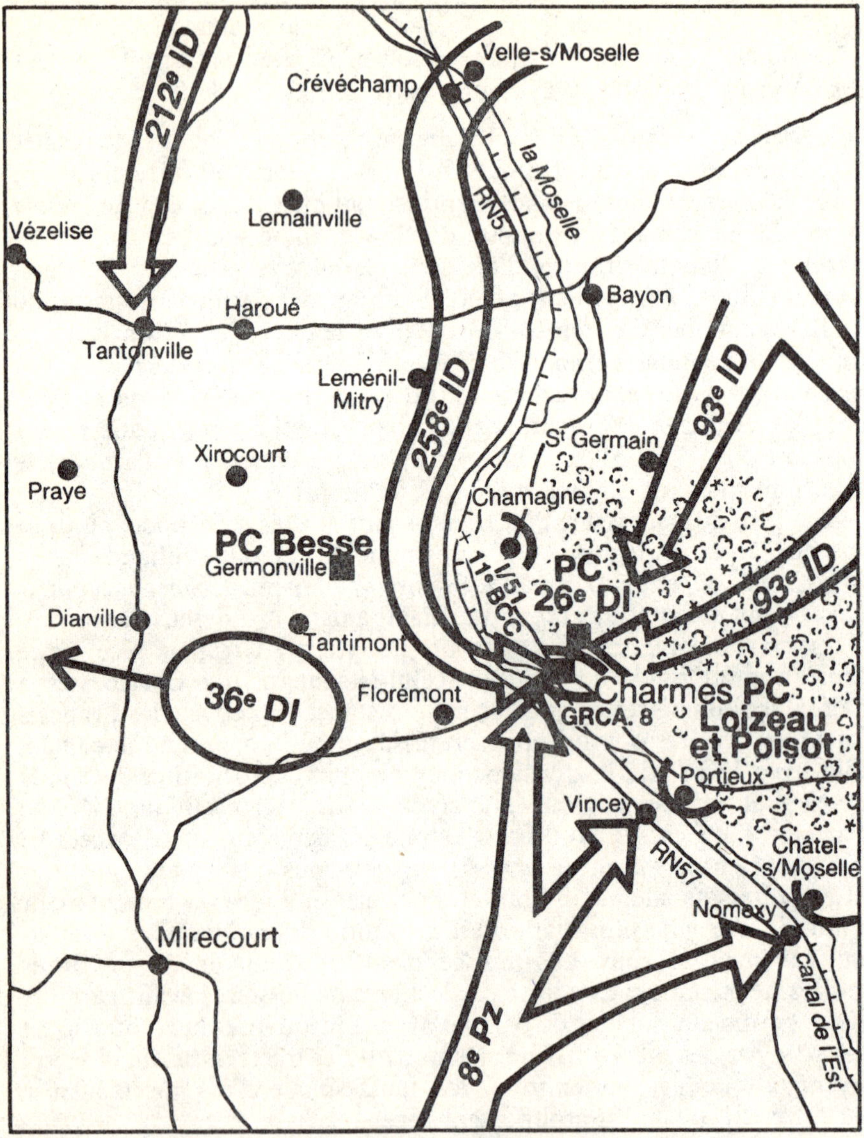


Front du 6e CA le 20 juin au soir

seul et quelques coups suffisent à le neutraliser[1]. Des patrouilles s'aventurent en direction de la Moselle mais des tirs d'armes automatiques sont déclenchés depuis la rive droite et interdisent la traversée. Le dentiste Conrard, du I/51e RMIC et le sergent Haas, sont faits prisonniers alors qu'ils tentaient de rejoindre les coloniaux du lieutenant-colonel de Mauny au Bout-du Pont. Rintelen rapporte que « le *Unteroffizier* Beyer a coupé le cordon de mise à feu et empêché ainsi la destruction du pont ». L'exploit est d'autant plus méritoire que le général Poisot, accédant à la demande du maire de Charmes, a interdit, comme nous l'avons indiqué, la destruction de l'ouvrage. Un combattant chevronné, le *Feldwebel* Voigt[2], marche en tête des fantassins du détachement Pölster et refoule vers l'arrière les soldats français qui sortent des maisons, bras levés. L'un d'eux donne à Voigt un renseignement que le *Feldwebel* s'empresse de transmettre à son chef de bataillon : deux PC, un de division et un de corps d'armée, sont avec leurs généraux à la mairie de Charmes. Rintelen vient justement de recevoir une autre information : un bataillon du *IR 478* qui se dirigeait vers le Signal, une hauteur culminant à 385 mètres au sud-ouest de Charmes, est arrêté par des tirs nourris d'armes automatiques[3]. La ville est peut-être défendue par des forces importantes et Rintelen se dit que la capture des deux généraux permettrait d'exiger de ceux-ci un cessez-le-feu étendu à toutes les unités de Charmes.

« Emparez-vous de la mairie au plus vite ! » fait-il dire au *Leutnant* Pölster.

Un appareil de reconnaissance décrit de larges cercles au-dessus de l'agglomération, le pilote cherchant sans doute à apercevoir les panneaux de signalisation indiquant les limites de l'avance des troupes à terre. L'avant-garde du *I/IR 478* progresse avec beaucoup de prudence mais elle ne rencontre pas les résistances qu'elle craignait et se dirige vers la mairie.

« En tête, raconte le capitaine Renauld, qui a assisté à la scène, deux sous-officiers avancent en hurlant dans leur langue harmonieuse. Derrière eux, deux voitures découvertes avec mitrailleuse sur pivot puis deux sections en colonne par un de part et d'autre de la rue ; enfin suit la valeur de une à deux compagnies. »

Le caporal-chef Haut engage sa dernière boîte-chargeur mais un officier lui rappelle que le général Loizeau vient de donner l'ordre de ne pas tirer depuis la mairie. Il n'est plus temps ! Quelques instants

1. Probablement la pièce du maréchal des logis André Harth, du I/70e RA, tué à Charmes le 20 juin.

2. Voigt a servi en Espagne à la Légion Condor mise à la disposition du général Franco par le chancelier Hitler.

3. Ce sont les cavaliers du GRCA 8.

s'écoulent puis, recouvrant les bruits de bottes à talons ferrés, des hurlements éclatent. Le *Feldwebel* Voigt et le *Unteroffizier* Willendorf réclament avec insistance « *der General* ». Les Français ne peuvent plus tergiverser. En application des ordres qui lui ont été donnés par le commandant du 6e corps, le général Poisot sort de l'édifice et se dirige vers le *Leutnant* Pölster dont la voiture vient de s'arrêter de l'autre côté de la place. Les Allemands vont-ils accepter de parler, de négocier, ne serait-ce que pour faire tomber sans pertes de leur côté les défenses françaises établies au sud de la ville et sur la rive droite de la Moselle, forces dont ils ignorent l'importance ? Profiteront-ils au contraire de la situation pour exiger sans diplomatie une capitulation pure et simple ?

L'idée de Rintelen est d'engager la conversation avec son adversaire. Il n'a rien à perdre puisque la mairie est investie. Après avoir écouté Poisot, le *Leutnant* Pölster retourne au PC avancé du bataillon et rend compte à Rintelen que « le général français est prêt à discuter de sa reddition et l'attend à la mairie ». Loizeau est en train d'inverser les rôles : il exige que ce soit le vainqueur qui se déplace. Il n'est pas dit que Rintelen éprouve l'envie de jouer au chat et à la souris. Il peut tout simplifier en restant au niveau des réalités de la guerre et en disant à Pölster : « Entrez dans la mairie et amenez-moi de gré ou de force les Français qui s'y trouvent, général en tête ! »

L'*Oberstleutnant* choisit au contraire de s'engager sur le terrain de la courtoisie, des bonnes manières, entre soldats mais avec l'intention appuyée de parvenir à ses fins.

« Dites au général que je suis à mon PC et que c'est à lui de se déplacer ! » explique-t-il à son subordonné.

Celui-ci reprend le chemin de la mairie dont les issues sont maintenant surveillées par des mitrailleuses légères. Sur la RN 57, dans la traversée de l'agglomération, les échanges de coups de feu n'ont pas cessé, notamment à proximité de la Moselle. Lorsqu'il apprend que le chef du bataillon allemand refuse de faire un pas dans sa direction, Loizeau décide de lui envoyer Poisot :

« Prenez votre voiture et suivez celle de monsieur ! » lui dit-il en montrant le *Leutnant* Pölster.

Les Allemands acceptent mais ils prennent la précaution de faire monter Voigt et Willendorf dans l'automobile de Poisot. Ce dernier est accueilli froidement par Rintelen qui lui demande sans précautions oratoires de faire cesser le feu à Charmes et dans la périphérie.

« Sinon l'attaque sera reprise avec de gros moyens ! » ajoute-t-il.

« Il m'est impossible de donner un tel ordre, observe le général en utilisant la langue allemande. Il dépasse mes attributions, il est de la compétence de mon supérieur, le général Loizeau, commandant le 6e corps d'armée.

— Finissons-en ! Allez dire à votre général que je souhaite lui parler à mon PC ! »

Les deux hommes se saluent, Poisot remonte dans sa voiture qui, derrière celle de Pölster, reprend la direction de la mairie. Comment Rintelen n'aurait-il pas l'impression que les Français cherchent à gagner du temps ? La nuit ne va pas tarder à s'étendre sur Charmes et, loin de s'apaiser, les combats reprennent soudain de la vigueur.

« La fusillade augmente d'intensité, témoigne le capitaine Renauld, des coups de canon sont tirés au sud de la ville puis le feu gagne la place de la mairie (...) Du premier étage, j'essaye avec des Graviers de comprendre ce qui se passe mais sans ouvrir la fenêtre car les balles sifflent et claquent dans la rue. »

La recrudescence du combat s'explique par le fait que, trompés par le crépuscule, les Allemands se tirent les uns sur les autres, à commencer par le *I/IR 478* de Rintelen qui répond avec détermination au feu du groupement von Arnim lancé vers le sud par la rive gauche de la Moselle. A moins que des éléments de la *8e Panzer*, en essayant de briser la résistance des cavaliers du chef d'escadrons de Gauléjac, aient allongé leurs tirs... Dans les maisons où ils se sont enfermés, des réfugiés hurlent de terreur et l'obscurité naissante ajoute à la confusion. On entend crier par une femme à la voix suraigüe : « Ne tirez pas ! Ne tirez pas ! »

Le tumulte se prolonge, les rafales alternent avec les coups de fusil et les Allemands sont de plus en plus persuadés que des forces françaises importantes cherchent à sortir de Charmes. Cependant, la radio ayant fonctionné, la méprise ne dure pas, les départs d'artillerie s'espacent et le calme, marqué toutefois par quelques rafales, revient sur la ville. A la mairie, le général Poisot a rendu compte de sa mission : si la résistance ne cesse pas, les canons allemands vont tirer sur Charmes et les *Stukas* interviendront le 21 juin au lever du jour.

« Le chef du bataillon allemand est un lieutenant-colonel, il souhaite vous recevoir en personne à son PC » a ajouté Poisot à l'adresse du commandant du 6e corps.

Attaché à ses prérogatives, celui-ci refuse tout net. Lorsque l'un des officiers de Rintelen, le *Leutnant* Tausenfreund, se présente pour l'accompagner, Loizeau décline l'invitation et ordonne à son chef d'état-major, le colonel Thouvenin de Villaret, d'aller au PC allemand et d'expliquer son droit de préséance.

« Vous direz que ce n'est pas à moi, général de corps d'armée, d'aller me présenter à un lieutenant-colonel ! »

Rintelen n'est pas un soudard et, pour ne pas envenimer les choses et obtenir un cessez-le-feu à Charmes, il estime qu'il n'est pas utile de heurter plus longtemps la sensibilité du général français. Il consent à faire le premier pas et se déplace jusqu'à la mairie où Loizeau lui présente les officiers de son état-major. Voici comment l'ancien gouverneur militaire de Metz raconte la scène :

« Le lieutenant-colonel accède à mon désir et vient se présenter à moi, très correct et courtois. On nous laisse nos armes [1] et le lieutenant-colonel ne cherche ni à nous interroger ni à nous demander ce que renferment nos serviettes et sacoches. »

La courtoisie de Rintelen n'est pas gratuite. Il fait savoir à son interlocuteur qu'il accepte sa reddition, à condition « que les troupes qui défendent la ville et ses abords déposent les armes et évacuent leur position ».

Bien entendu, Loizeau cherche à se défiler et prétend que cette affaire est du ressort de Poisot à qui il donne aussitôt l'ordre d'aller sur place faire cesser le feu dans tous les points d'appui. Comme d'habitude Loizeau s'exprime verbalement mais pour une fois, la première et sans doute la dernière, Poisot se cabre : il exige un ordre écrit. Surpris par cette réaction inhabituelle, le commandant du 6e corps s'entretient un instant à voix basse avec son chef d'état-major puis il accepte de rédiger un ordre de cessez-le-feu destiné aux cavaliers du GRCA 8. Aucune allusion aux coloniaux du I/51e RMIC dont le PC est toujours au Bout-du-Pont, sur la rive droite de la Moselle [2].

La discussion traîne en longueur : comment faire parvenir l'ordre au chef d'escadrons de Gauléjac ? Par téléphone ? Les lignes sont coupées. Par un officier allemand ? Gauléjac refusera de lui parler. L'*Oberstleutnant* Rintelen est visiblement agacé par le comportement des Français et par leurs atermoiements. Il fait savoir d'une voix soudain coupante que l'artillerie est en place et que l'attaque de Charmes ne peut plus être différée. Il bluffe mais ses prisonniers ignorent à la fois ses intentions, les forces dont il dispose et les ordres qu'il a reçus. Tirant par intermittence à la périphérie de la ville, les batteries du *Major* Hertz contribuent à entretenir la tension et peuvent laisser croire, en effet, qu'une attaque est en préparation. Finalement, le capitaine des Graviers, de l'état-major Poisot, est désigné pour accomplir la dernière mission.

« Vers 22 heures, écrit Loizeau, le lieutenant-colonel et moi décidons d'un commun accord de faire cesser le combat qui continue, désordonné et inutile, dans les rues de la ville. »

Admirons au passage le savoureux « d'un commun accord » ! Accom-

1. Pour combien de temps ? Imité par les officiers de l'état-major Poisot, le capitaine Renauld a retiré le ressort de percuteur de son pistolet et l'a jeté dans les toilettes de la mairie.

2. Loizeau et Poisot s'étant rendus, ils n'ont plus d'ordres à donner aux forces qui se battent encore. Nous verrons que dans une situation semblable, à Bussang, le commandant Drapier, du I/298e RI, a répondu au général Parvy qui lui demandait de cesser le feu « qu'il n'avait pas d'ordres à recevoir d'un général prisonnier ».

pagné de l'*Oberleutnant* Rau, des Graviers va porter l'ordre au chef d'escadrons de Gauléjac. Celui-ci obéit et, une heure plus tard, au sud de Charmes, les trompettes se répondent sur les points d'appui. Dans les archives du GRCA 8, un document non signé indique : « Cessation du feu à 23 heures, armes déposées le long des maisons, véhicules laissés sur place. »

A l'escadron motocycliste où les lieutenants d'Alphonse et Bruynel sont au nombre des derniers blessés, le passage du capitaine des Graviers est signalé à minuit. De son côté, Rintelen rapporte que le capitaine fut de retour à son PC à 1 h 30 du matin et lui rendit compte « que les troupes avaient quitté leurs emplacements après avoir livré leurs armes. »

A bord de leurs voitures personnelles mais solidement encadrés, les généraux Loizeau et Poisot sont d'abord conduits à Lebeuville où le *General* Wollmann vient d'installer le PC de la *258e ID*. Compte-rendu a sans doute été fait au *General* von Witzleben du succès obtenu à Charmes : Loizeau est le premier général de corps d'armée fait prisonnier par la *1re Armée*. Toujours avec Poisot, il sera dirigé sur Nancy avant d'être interné en Allemagne, à la citadelle de Mayence dans un premier temps, au château de Koenigstein par la suite. Séparés des hommes de troupe, les officiers des deux états-majors quitteront Charmes, eux aussi, à bord de leurs voitures précédées et suivies par des motocyclistes. Ils rejoindront le château de Leménil-Mitry où ils passeront leur première nuit, déjà très écourtée, de prisonniers de guerre.

M. Henri Breton, maire de Charmes, reprendra possession de ses bureaux et engagera un inévitable dialogue avec le vainqueur. Dans les jours à venir, le problème le plus urgent à résoudre sera de trouver suffisamment de nourriture pour les habitants de la ville, les milliers de réfugiés qui s'y trouvent et... les troupes d'occupation. M. Breton saura faire face à la situation[1].

Pendant ce temps, sur la rive droite de la Moselle, à six kilomètres au nord de Charmes, Chamagne tient toujours. Le PC du 105e RI et le lieutenant-colonel Picard s'y trouvent encerclés avec la CM 3 du capitaine Corneloup détachée dans le village par le commandant Dousset, du I/51e RMIC, ainsi que cinq chars du 11e BCC échappés de Bayon. Corneloup est retranché dans le cimetière et le groupe franc du lieutenant Riccio aux lisières sud du village avec cinq mitrailleuses, deux

1. Maire de Charmes depuis le 14 mai 1925 M. Henri Breton sera pris en otage en septembre 1944 à la suite d'un attentat commis contre un Allemand, et déporté malgré son âge — 76 ans — avec 156 de ses concitoyens. M. Breton est décédé au camp de Bergen-Belsen le 9 décembre 1944.

FM et un canon de 25. Les premiers obus allemands ont éclaté vers 17 heures puis, débouchant de la forêt par l'est et le sud, l'infanterie passe à l'attaque vers 20 heures. Le combat est très vif devant le cimetière mais l'ennemi s'abrite derrière des prisonniers et, dans leurs tourelles, les hommes du lieutenant Garand hésitent à tirer. Le lieutenant-colonel Picard estime inutile de se défendre dans ces conditions et il envoie au-devant des Allemands le char du caporal Bonato sur lequel a été fixé un drapeau blanc. Un *37 Pak* tire sur l'engin mais le projectile ricoche sur le blindage et les Allemands comprennent leur méprise : les Français ne contre-attaquent pas, ils se rendent. Le lieutenant Garand fait incendier les chars mais personne ne songe au groupe franc du I/51^e^ RMIC.

« J'ai essayé de progresser dans la rue du village, rapporte le lieutenant Riccio, et j'ai eu la douloureuse surprise de voir qu'on avait placé dans notre dos, sans nous prévenir, un grand drapeau blanc sur deux faisceaux de fusils. Je fis détruire nos armes et, vers 21 h 30, je rendis mon point d'appui. »

Les hommes de la *93^e^ Division* n'ont pas le temps de compter leurs prisonniers ; ils les forment en colonne et les envoient à Villacourt, à environ treize kilomètres au nord de Chamagne, où ils retrouveront des centaines de captifs appartenant pour la plupart à la 26^e^ DI.

« Les officiers étaient enfermés dans l'église et les soldats sous bonne garde dans un pré, raconte le capitaine Mondon, de l'ID/26. Le lendemain, quand on fit partir les officiers, à pied, en direction de Lunéville, tous les hommes, dans un profond silence, se levèrent spontanément, se mirent en rang et, au garde-à-vous, nous saluèrent. Inutile de dire que des yeux se mouillèrent [1]... »

Le lieutenant-colonel de Mauny a failli se faire prendre à la mairie de Charmes où il était venu en liaison dans la soirée. Garrouy, son chauffeur, l'a prévenu à temps de l'apparition des Allemands dans la rue principale et, abandonnant la voiture, les deux hommes ont couru jusqu'au pont de la Moselle qu'ils ont pu traverser sans difficulté.

Sur la rive droite, les combats n'ont pas repris depuis la contre-attaque lancée au nord de la gare par les chars du 11^e^ BCC et les stagiaires du cours de lance-flammes. La *93^e^ Division* profitera de la nuit pour regrouper ses forces. A son PC du Bout-du-Pont, de Mauny suppose avec raison que les généraux Poisot et Loizeau ont été faits prisonniers à la mairie de Charmes et il en déduit que le 21 au matin, il sera attaqué du nord et de l'ouest. Pour protéger son flanc, il n'a même pas la ressource de détruire le pont de la Moselle car, après avoir reçu du

1. Lettre du 19 septembre 1982 adressée à l'auteur par le contrôleur général Roger Mondon.

général Poisot l'ordre écrit de l'épargner, les sapeurs ont coupé les cordons de mise à feu et sont partis avec l'exploseur. Le chef de corps du 51e RMIC a désormais le choix entre trois possibilités :

— Imiter l'état-major de la 26e DI et attendre passivement les Allemands.

— Résister sur place sans idée de recul et se battre jusqu'à épuisement des munitions.

— Se replier vers le sud-est et essayer de retrouver le 20e corps et les deux autres bataillons du régiment restés à la division Dagnan.

De Mauny opte pour la troisième solution qui lui permet de gagner du temps et d'attendre la signature de l'armistice. Les officiers du I/51e RMIC sont-ils de l'avis de leur colonel ? Le commandant Dousset ne s'est pas exprimé sur le sujet mais le lieutenant Meistermann, de la compagnie d'engins, affirme « que la résistance aurait pu se poursuivre longtemps encore. On avait eu le temps de s'organiser et les armes étaient bien retranchées. La localité offrait de bons couverts et de bons abris de caves. »

De Mauny n'éprouve aucune envie de se mesurer avec les Allemands dans un combat de rues à l'issue incertaine et il fait préparer l'évacuation de ses positions.

« Vers 21 heures, dit encore Meistermann, nous recevons l'ordre de repli vers le sud-est, vers Rambervillers. »

Le commandant Dousset profite de l'obscurité pour décrocher, laissant en couverture le groupement de travailleurs du commandant Ricci. Armés de quelques pétoires, les malheureux ont pour mission de faire croire à l'ennemi que le Bout-du-Pont est toujours défendu. Ces non-combattants ne pourront pas leurrer longtemps l'adversaire !

Le lieutenant Poizat ouvre la route à la colonne avec ses trois derniers chars FT. Il est suivi par le I/51e RMIC, une section du dépôt colonial de Toul avec le sous-lieutenant Schmidt, les stagiaires du lieutenant Sarron et une pièce de 75 remorquée par un camion. Meistermann se souvient que, par mesure de sécurité, « le 75 lâchait de temps à autre un obus à balles, débouché à zéro, dans l'axe de la route ».

Un moyen efficace pour faucher quelques familles de réfugiés ou une section isolée qui auraient eu la fâcheuse idée de suivre la colonne à distance. Quant à la discrétion du déplacement... Selon le colonel, l'arrière-garde, placée sous les ordres du lieutenant Lacoste, aurait été accrochée par une patrouille allemande près d'Essegney. Lacoste se serait dégagé à la grenade[1] et le groupement a poursuivi sa route, non pas vers Rambervillers mais en direction de Portieux où le lieutenant de

1. Escarmouche sans gravité, les seuls morts inhumés à Essegney étant les sept artilleurs du 118e RAL victimes de l'attaque aérienne du 19 juin : Favreau, Gatuing, Montmeau, Podevin, Moreau, Taillet et Guelma.

Montlivault et l'escadron à cheval du GRDI 46, soutenus par les 75 du 168e RAP, attendent de pied ferme l'attaque de la *8e Panzer* dont les blindés circulent prudemment sur la rive gauche de la Moselle. Quelles sont les intentions du lieutenant-colonel de Mauny ? Compte-t-il se battre à Portieux avec l'appui des cavaliers et des artilleurs ou veut-il demander à ceux-ci de se joindre à lui avant de se lancer à la recherche de la division Dagnan ?

TROISIÈME PARTIE

# La III^e armée coupée en deux.

# CHAPITRE XI

# « Sans ordre de repli écrit, je ne bouge pas d'ici... »

Pour les quatre armées encerclées dans l'est de la France, la journée décisive a été le mardi 18 juin. Cessant de battre en retraite, les troupes ont tenu tête à l'ennemi. Plus d'un millier de morts sur la Meuse et le canal de la Marne au Rhin en disent long sur l'âpreté des combats, ce qui explique en partie pourquoi les hommes n'ont pas compris le nouvel ordre de repli lancé dans la soirée du 18. On continuait donc de se dérober ? Avec toujours plus de fatigue, toujours moins de sommeil, aucun renfort, aucune relève en vue, et des munitions contingentées. Comment ces facteurs n'aboutiraient-ils pas à une situation de crise sans remède ? Parce que le 18 juin a été la journée décisive, les 19 et 20 juin seront les plus longues. Seul l'armistice demandé par le maréchal Pétain pourrait sauver les armées d'un effondrement total.

Qui pouvait supposer que le 6e corps du général Loizeau attaqué sur tout son front le 19 disparaîtrait du champ de bataille le 20 au soir, son chef et ses trois divisionnaires prisonniers ? Que va-t-il se passer sur la droite, au 20e corps du général Hubert qui n'a bénéficié d'aucun répit depuis son départ de la ligne Maginot ? Attaqué le 14 juin sur la position fortifiée, harcelé en arrière-garde durant toute la retraite, attaqué encore, et de plein fouet, sur le canal de la Marne au Rhin, le 20e corps dispose d'une nuit, d'une seule nuit, celle du 18 au 19, pour remettre de l'ordre dans ses divisions et tenter de les aligner sur un nouvelle ligne de défense. Objectif ambitieux, en particulier pour la 52e DI du général Échard qui doit replier ses bataillons du canal alors que sur chacun de ses flancs, la profondeur de la percée allemande dépasse une douzaine de kilomètres. A 3 heures du matin, le général Hubert donne l'impression qu'il considère la division comme perdue : « La 52e DI est bousculée alors qu'elle retire ses éléments de la forêt de Parroy et, sans pouvoir se raccrocher à la ligne prévue, les arrière-gardes des unités sont rejetées sur la forêt de Mondon et bientôt au sud de la Meurthe. »

Percée la veille à Hénaménil, sur son flanc gauche, la 52e DI n'est plus inquiétée de ce côté, les Allemands *(79e ID)* poussant en direction de Lunéville et portant leur effort sur la division de Girval, ancien Secteur fortifié de Faulquemont. Sur sa droite, la 52e DI n'est pas plus « bousculée » puisque l'ennemi *(268e ID)* a percé le front de sa voisine, la 1re division de grenadiers polonais, et non le sien. Il est toutefois exact que le 348e RI, envoyé en hâte au sud-est de la division, a ralenti l'adversaire mais ne l'a pas empêché de poursuivre son avance. A l'aube du 19, on se bat à Thiébauménil où le 291e RI tient tête à l'avant-garde de la *268e ID.* En fait, la division du 20e corps qui a atteint la limite de ses possibilités, ce n'est pas la 52e DI mais la division polonaise du général Duch.

Hubert : « Au cours de la nuit, la 1re DG Pol. fatiguée et usée, doit être retirée du front et regroupée vers Baccarat. Son artillerie renforcera celle de la division Dagnan. »

Nous sommes en pleine théorie. Dans les heures qui viennent, on saura si les vœux du général Hubert ont été exaucés. Les Polonais ne sont pas plus « retirés » du front que la 52e DI n'est « bousculée ». Ils retraitent dans le jour naissant, réduits à de petites unités qui se heurtent parfois à des détachements ennemis contre lesquels ils livrent combat avec pour seul résultat de diminuer encore leur potentiel. Personne ne saurait dire où se trouve tel bataillon polonais ou tel groupe d'artillerie. On recule direction sud-est sur Baccarat et l'on ne sait rien d'autre.

Les difficultés rencontrées par la 52e DI sont dues au repli et il était facile de les prévoir. La division s'est battue le 18 juin le dos à la forêt de Parroy, un massif de plusieurs centaines d'hectares. On pouvait donc supposer que le mouvement du soir, s'effectuant à travers une forêt immense, à la boussole, et sans renseignement sur l'ennemi, comporterait de sérieuses embûches. Au PC de la 52e DI, la plus grande nervosité n'a cessé de régner car chaque officier de l'état-major sait que les bataillons venant du canal et retraitant plein sud, vont déboucher à Laneuveville-aux-Bois ou à Thiébauménil et se heurteront à l'ennemi [1]. La 52e DI n'est peut-être pas « bousculée » comme l'écrit le général Hubert mais le pessimisme règne à son PC où l'on ne croit pas les bataillons capables de se tirer d'affaire. La preuve, lorsque le 18 au soir, le général Échard a donné ses ordres pour la journée du lendemain, le capitaine Érulin qui se trouvait là, se souvient que « la consternation était sur tous les visages, chacun comprenant que la partie était perdue. Il ne s'agissait plus d'une défense continue mais d'un certain nombre de bouchons opposés à l'ennemi sur les axes de pénétration ».

Sur l'ordre du général Hubert, le PC de la 52e DI va s'installer à Fontenoy-la-Joûte, au sud de la Meurthe, à environ huit kilomètres à

1. Ce qui s'est produit pour le 348e RI. Voir *Les combattants du 18 juin*, tome I : le sang versé (Fayard, 1982).

l'ouest de Baccarat. Le GRCA 16 du colonel Azaïs est mis à la disposition du général Échard ; le 1er escadron à cheval du lieutenant de Quenetain prend position à Flin et le 2e escadron du capitaine L'Hotte à Azerailles. Azaïs et ses deux escadrons motorisés resteront à Fontenoy avec le PC de la 52e DI où l'on attend maintenant des nouvelles des bataillons en retraite. Des agents de liaison ont été envoyés au-devant d'eux pour leur signaler le danger de la direction sud et les obliger à contourner la forêt par l'ouest.

« Les Allemands étant aux lisières nord de la forêt de Mondon écrit le capitaine Érulin, nous déroutons les chasseurs et les bataillons de forteresse par la Belle-Étoile et la ferme Saint-Georges pour ne pas qu'ils se heurtent à l'ennemi. »

Mesure pleine de sagesse qui, pour les unités en retraite, va sonner comme un glas. Pour l'exécution d'un tel mouvement, ce ne sont pas des ordres de déroutage qu'il fallait envoyer mais des camions. Qu'on imagine ces bataillons dont chaque homme tombe de sommeil, se dirigeant vers le sud-ouest, traversant la RN 4 puis la forêt de Mondon, passant au sud de la Meurthe ou se joignant par erreur (cela va se produire) à l'invraisemblable cohorte qui piétine sur trois files entre Lunéville et Baccarat, pour finalement échouer, véritables naufragés de la bataille du 18 juin, dans le bois de Chèvremont et celui de Glonville, entre la Meurthe gardée par les cavaliers du GRCA 15 et le PC de la 52e DI à Fontenoy-la-Joûte. A quelle heure, dans quel état se présenteront les unités ?

« J'apprends que le repli s'est effectué en désordre, note le général Hubert. La troupe est extraordinairement fatiguée et nerveuse. »

Cette petite phrase montre qu'au PC du 20e corps les conditions effroyables imposées à la 52e DI ne restent pas ignorées. Mais qu'a-t-on fait pour les alléger ? Quittant le canal de la Marne au Rhin dans la nuit du 18 au 19 juin certaines unités vont parcourir entre 40 et 60 kilomètres, en forêt ou à travers champs, pour se présenter finalement au lieu de regroupement fixé après parfois vingt-quatre heures de trajet. Enfoncé la veille à Hénaménil où les deux tiers de ses effectifs ont été perdus, le 58e bataillon de mitrailleurs du commandant Meygret n'a pas de détour à effectuer mais il atteindra le bois de Chèvremont le 19 vers 9 heures « littéralement fourbu ». Le capitaine Tillier indique que « le bataillon se met en position défensive à côté des chasseurs du 88e BCP. » Celui-ci compte encore une soixantaine d'hommes placés sous les ordres du commandant Le Maguère qui a pu conserver avec lui le groupe franc du lieutenant Choquet. Le 88e BCP a beaucoup souffert dans les combats d'arrière-garde, en particulier dans la région de Dieuze et l'effectif du bataillon ne permet pas d'exiger de lui un nouvel effort. Le 96e BCP du commandant Talmon est dans le même état.

« A l'aurore du 19, écrit Talmon, nous suivions sur les bas-côtés de la route l'itinéraire qui m'avait été fixé pendant que se succédaient, sur la chaussée et sans interruption, des véhicules de tous modèles transportant des éléments de toutes armes[1]. »

Nommé à la tête de la 41e demi-brigade de chasseurs à la suite de l'évacuation du lieutenant-colonel Baumann pour épuisement, le commandant Levard ne se berce pas d'illusions : « Nous avons récupéré une partie du 96e BCP, dit-il, l'équivalent d'une compagnie, mais il n'est plus en état de combattre[2]. »

Dans le journal de son bataillon, Talmon reconnaît qu'il ne dispose plus que « d'une centaine d'hommes ». Seul, le troisième bataillon de la demi-brigade, le 110e BCP du commandant Eugène Pâté, est encore homogène et apte à se battre après quelques heures de repos. Il est à la lisière nord du bois de Chèvremont « d'où il domine Flin et la vallée de la Meurthe. » Le 5e BM du commandant Berger a quitté le canal dans la soirée du 18 et, après avoir marché toute la nuit dans la forêt de Parroy, il s'arrête à l'aube du 19 à Croismare. En guise de petit déjeuner, les hommes se désaltèrent à la fontaine du village et remplissent leurs bidons. Le médecin-lieutenant Despierres retrouve son bataillon avec soulagement. Vaincu par la fatique, il s'était endormi lors d'une halte et, à son réveil, tout le monde était parti et il se trouvait seul en pleine nuit dans la forêt de Parroy.

« Comment avez-vous fait pour nous rejoindre ? » lui dira le commandant Berger.

Despierres ne pourra pas l'expliquer, il est encore plus étonné que son chef de bataillon. Celui-ci est sans nouvelle de la compagnie du capitaine Arcouet qui, n'ayant pas reçu l'ordre de repli, a lié son sort au III/174e RIF du commandant Gildas Lelay. Arcouet aura la chance de rencontrer le 5e BM sur la route de Baccarat.

« Nous avons encore marché une partie de la journée, écrit le capitaine qui a 117 hommes avec lui, et le soir, dans les bois de Glonville, la roulante nous attendait avec une bonne soupe chaude. »

De son côté, Lelay amène son bataillon jusqu'au bois de la Taxonnière, au sud-est de Fraimbois ; il faut que les hommes se reposent, ils sont à bout. La compagnie du capitaine Fontan n'a pas rejoint ; est-elle tombée dans une embuscade en forêt ? On ne la reverra pas. Les soldats du I/174e RIF ne sont pas plus vaillants que ceux du IIIe bataillon. Commandés par le lieutenant Le Granché depuis l'évacuation du commandant Argenta et du capitaine Schouler, tous les deux blessés le-

1. Lettre du 3 mai 1978 adressée à l'auteur par le lieutenant-colonel Charles Talmon, de Nice.

2. Lettre du 18 juin 1967 adressée à l'auteur par M. Raoul Levard, de Donville-les-Bains (Manche).

18 juin, les hommes ont déjà parcouru plus de 35 kilomètres depuis le canal, avec armes automatiques et caissettes de munitions sur les épaules. Le IIe bataillon, déjà fortement diminué lors de la bataille du 14 juin sur la ligne Maginot, ne parvient pas à se ressaisir.

« Marche exténuante, note le capitaine Pirat, adjudant-major. A midi, arrêt dans le bois de la Taxonnière. Le bataillon est complètement disloqué. »

Les sections Chardin et Bernard ont été capturées dans un layon de la forêt de Parroy, les médecins, Asch et Lardenois, sont portés disparus, et le commandant Gouilleux, on le saura plus tard, a été emporté par le flot de la retraite sur la route de Baccarat. Le lieutenant Cuny serait avec lui avec une partie de la CHR et le drapeau du régiment. Dans l'après-midi du 19 juin, le 174e RIF repartira en direction de l'est et, lorsque le commandant Caye le verra arriver dans le bois de Glonville, la souffrance exprimée par le visage des hommes lui fera comprendre qu'ils ne sont plus capables de se battre.

Le lieutenant-colonel Binet, du 348e RI, a quitté Marainviller le 19 à 2 heures du matin avec sa compagnie de commandement et quelques chenillettes. Il s'arrêtera à Flin vers midi, ayant laissé à Marainviller le commandant Valette et une centaine d'hommes du Ier bataillon. Valette a livré des combats meurtriers sur la Seille les 16 et 17 juin[1] et ses moyens ne lui permettront pas d'arrêter l'ennemi si celui-ci débouche de Thiébauménil, à deux kilomètres. Valette n'a plus un seul commandant de compagnie : le lieutenant Pichon a été fait prisonnier à Juvrécourt, le capitaine Hénon a été tué à Vic-sur-Seille et le capitaine Georgin mortellement blessé à Moyenvic. Le III/348e RI est sensiblement dans le même état et le lieutenant Libert, qui commande la 11e compagnie depuis la blessure du lieutenant Blocquaux, note dans ses carnets : « Vers Chennevières, je cherche en vain les autres compagnies. Il fait une chaleur accablante et mes hommes sont fourbus. »

Les unités de la 52e DI ont des effectifs qui ont fondu en quelques jours mais elles parviendront en majorité à se réfugier au sud de Flin et d'Azerailles : le 174e RIF très mal en point, le 5e BM du commandant Berger, les 88e, 96e et 110e BCP, de la demi-brigade de chasseurs, le 58e BM du commandant Meygret et même un détachement du 348e RI avec le lieutenant-colonel Binet. Quant au 291e RI du commandant Malgorn, l'état-major de la 52e DI semble ignorer qu'il tire ses dernières cartouches afin de ralentir l'avance de la *268e Infanterie Division.*

Le 19 juin à 4 heures du matin, pendant que l'avant-garde de la *268e ID* se bat encore pour Thiébauménil, les *Pionniers* de la division qui ont travaillé toute la nuit, rendent compte que le passage sur la Vezouze

1. Voir *Les combattants du 18 juin*, tome I : le sang versé (Fayard, 1982).

est rétabli, accessible aux camions et à l'artillerie. Le *General* Straube est satisfait lorsque le *Hauptmann* Friederich lui annonce la nouvelle mais son plan d'attaque en direction de la Meurthe n'est pas encore applicable. Straube a en effet donné l'ordre de constituer deux colonnes mixtes comprenant chacune un régiment d'infanterie appuyé par deux groupes d'artillerie et les deux colonnes ne sont pas prêtes. Cependant, puisque les pontonniers ont achevé leur travail...

« Rassemblez votre unité et foncez en direction de la Meurthe où vous tenterez de saisir un pont intact ! » dit Straube au *Major* Unrein, de l'*Aufklärungs Abteilung* de la *268ᵉ ID*.

Unrein dispose de deux escadrons cyclistes, de quelques *Stosstrupps* sur camions, d'une compagnie antichars et d'une section motocycliste. Pendant que les échanges de coups de feu diminuent d'intensité aux abords de Thiébauménil — le commandant Hureaux et ses officiers seront faits prisonniers au PC du I/291ᵉ RI vers 7 heures — la colonne s'engage sur le pont avant de s'enfoncer dans la forêt de Mondon par la route de Saint-Clément.

Depuis le lever du jour, le PC du 291ᵉ RI bourdonne d'une activité destructrice. Le commandant Malgorn a l'oreille tendue vers Thiébauménil et lorsque la fusillade qui a duré toute la nuit diminue, il donne l'ordre de brûler les archives du régiment. Quand le bataillon Hureaux aura cédé Thiébauménil, l'ennemi empruntera certainement la route de Saint-Clément pour gagner la Meurthe. Il ne faut pas être grand stratège pour le deviner et Malgorn a confié une dernière mission au lieutenant Perrin : trouver le PC de la 52ᵉ DI, rendre compte de la situation et, au besoin, provoquer des ordres.

« Sans ordre de repli écrit, a insisté Malgorn, ancien officier du 23ᵉ RIC, je ne bouge pas d'ici. »

Compréhensif, il a autorisé le commandant Berck, les capitaines Faure et François, le sous-lieutenant Toussaint, tous les quatre sans commandement, à se replier sur Laronxe et Saint-Clément. Il leur demande seulement « de regrouper les éléments du 291ᵉ RI qui ont quitté la ligne de feu pendant la nuit [1]. »

Au personnel du PC, Malgorn a donné l'ordre de se déséquiper ; il ne veut pas d'un baroud d'honneur inutile et coûteux en vies humaines. Si l'ennemi atteint le PC, la partie sera perdue, un point c'est tout. Déjà la fusillade se rapproche, prouvant que les Allemands ont maintenant traversé la Vezouze de Thiébauménil. A droite de la route, le corps franc

1. Le commandant Berck, chef d'état-major du 291ᵉ RI regroupera environ 700 gradés et soldats avec lesquels il formera deux bataillons dont le commandant Charles, du III/291ᵉ RI, et le capitaine François prendront le commandement. Ils ne seront plus engagés.

du lieutenant Breuvard tire ses derniers chargeurs de FM. On entend des commandements en langue allemande. A l'ouest, les mitrailleuses du capitaine Izaure et du sous-lieutenant Lévêque épuisent leurs caissettes de bandes rigides mais l'adversaire profite du sous-bois pour manœuvrer et un *Stosstrupp* finit par atteindre le PC du 291e RI.

Malgorn : « C'est en pleine mêlée que je donne l'ordre aux fusiliers qui m'entourent de cesser le feu. Les Allemands se ruent sur nous, l'écume aux lèvres. Au moment où je me rends, cinq brancardiers, porteurs du brassard de la Croix-Rouge, sont sauvagement abattus à mes côtés. »

Le chef de corps du 291e RI est poussé vers la route à coups de crosse et gratifié d'une pointe de baïonnette dans la fesse. Sur l'ordre d'un officier, le médecin-lieutenant Bour sera autorisé à le panser puis les prisonniers seront conduits à Thiébauménil. Ils comprendront la brutalité dont a fait preuve le *Stosstrupp* en voyant « alignés sous les arbres bordant la route, les cadavres des nombreux adversaires victimes de notre feu, recouverts de leur toile de tente et déjà raidis dans la mort. » (rapport Malgorn)

Pas d'alignement sous les arbres, pas de toile de tente pour les corps sans vie des cinq brancardiers [1] abandonnés au PC du 291e RI, dans la posture où la mort les a saisis. Deux jours plus tard, ils seront enfin inhumés, dans une fosse commune ouverte à proximité de la route, à trente mètres de Bragoni et Vandambosse, les derniers tués du régiment.

Le *Major* Unrein rend compte par radio au PC de la *268e ID* que le verrou de la route de Saint-Clément vient de sauter.

« Nous avons capturé le chef de corps du 291e RI, dit-il, et les derniers éléments de ce régiment ont disparu en direction du sud. Mes escadrons marchent sur Laronxe. »

Unrein est satisfait. La journée du 19 juin s'annonce bien. Toutefois, à peine est-il descendu de sa voiture radio que des salves de 75 le clouent sur place. Les éclatements sont proches, trois ou quatre kilomètres dans la direction de Laronxe. Unrein s'interroge : les Français ont-ils établi une deuxième ligne de défense au débouché de la forêt, avec appui d'artillerie ? Cette idée le renfrogne car ses *37 Pak* ne peuvent rivaliser avec les 75 français. Il décide d'aller voir ce qui se passe.

Menée vigoureusement contre les Polonais puis contre le 348e RI et enfin contre le 291e RI, l'attaque de la *268e ID* qui a permis à la division de percer en profondeur le dispositif français, cette attaque est enfin jugulée. Les Français ne peuvent même pas s'en attribuer le mérite, les

1. Desruelle, Wallet, Poidatz, Andreas et Melotte. Sur la route de Benaménil : Chabaneix, le caporal Flori et le sergent Antoine. A côté d'eux, le sergent Benay du 82e RIF.

hasards de la guerre ont fait que pour une fois, ils sont les plus forts au bon moment et au bon endroit.

La division de marche du général de Girval assure deux missions difficiles dans la nuit du 18 au 19 juin. Replier sa gauche au sud de Lunéville tout en contenant la poussée de l'ennemi qui prend de flanc le 82e RIF du lieutenant-colonel Matheu après avoir obligé le III/146e RIF très éprouvé à rompre le combat. Enfin, les 156e et 146e RIF demeurés en réserve pendant la bataille du 18 juin, vont se remettre en ligne pour assurer la protection du repli des unités venant du canal. Le lieutenant-colonel Prat, du 146e RIF, doit ainsi défendre trois villages : Chanteheux avec le I/146e RIF, Croismare avec le III/156e RIF du commandant Cochinaire qui passe sous son commandement, et Marainviller avec le II/146e RIF du capitaine Beaumier. Les deux premiers bataillons étant déjà sur place, seul, Beaumier va effectuer le déplacement ; bien entendu, les liaisons étant interrompues entre de Girval et la 52e DI, le lieutenant-colonel Prat n'a pas été informé de la présence à Marainviller du commandant Valette et des débris du I/348e RI. Il ignore également qu'on se bat depuis minuit à Thiébauménil, à quelques kilomètres plus à l'est.

Au 156e RIF, les deux bataillons laissés au lieutenant-colonel Milon passent en réserve au sud de la forêt de Mondon, à la hauteur de la nationale Lunéville-Saint-Dié, ce qui les oblige à couper la route des unités de la 52e DI qui effectuent un crochet pour s'écarter de l'ennemi, quand ils ne sont pas cisaillés eux-mêmes par des colonnes en retraite.

« Nous sommes gênés par les troupes et convois qui traversent la forêt pour emprunter la route de Baccarat », rapporte le commandant Dupas, du I/156e RIF, avant de remarquer plein d'amertume : « On voit de nombreux isolés qui ont jeté armes et équipements. C'est plus une fuite en débandade qu'un repli. »

Bien entendu, en ce début de matinée du 19 juin, les contrordres ne manquent pas, qui découlent le plus souvent de l'ignorance dans laquelle se trouve le commandement français des positions enlevées par l'ennemi et de ses axes de progression. Ainsi, jouant la prudence, le lieutenant-colonel Prat n'a pas voulu envoyer le II/146e RIF du capitaine Beaumier à Marainviller sans prendre quelques précautions.

« Vous allez précéder le bataillon avec votre corps franc, a-t-il dit au lieutenant Buchoud, et dépasser Marainviller pour couvrir la direction de Thiébauménil. On dit que l'ennemi aurait percé en forêt de Parroy. »

Le corps franc s'est mis en route mais, entre-temps, Prat a reçu des informations plus précises et il envoie un agent de liaison motocycliste à Buchoud.

« Mon lieutenant, vous devez vous écarter de la RN 4 et traverser la forêt de Mondon en direction de la Meurthe. Les boches sont sur la Vezouze à Thiébauménil. »

Le motocycliste ajoute que le colonel Vogel, de l'infanterie divisionnaire, craint de voir Thiébauménil enlevé et l'ennemi foncer sur Laronxe et la Meurthe par la petite route forestière.

« Il y a sûrement un bataillon ou deux qui tiennent cette route ! » lance Buchoud sans réussir à se convaincre du bien-fondé de son assertion. Appliquant les nouveaux ordres, il effectue un « à droite » avec son corps franc et s'engage dans la forêt de Mondon où il s'intègre, écrit-il dans ses carnets, à « une colonne en pagaille qui marche dans le même sens et dans laquelle on a du mal à trouver une place pour rester groupés et ne pas se perdre. Ce spectacle est lamentable. »

Chef d'état-major de la division de Girval, le commandant Vergoz a sans doute été informé plus tôt qu'on ne le croit de l'arrivée des Allemands à Thiébauménil car, à deux heures du matin, en accord avec le colonel Vogel, il a donné l'ordre au chef de corps du 146e RIF d'envoyer le bataillon de Chanteheux à Laronxe où il devait prendre position au nord du village.

Sévèrement étrillé entre Vaxy et Château-Salins le 16 juin[1], le I/146e RIF du capitaine Collin ne représente plus qu'une forte compagnie où le moral reste cependant très élevé. Il avait d'abord reçu pour mission de protéger les sapeurs qui préparaient la destruction des ponts de Chanteheux et de Lunéville. La défense de Laronxe étant prioritaire, Collin a rassemblé son monde et, le 19 juin à 7 h 45, il est en position face au nord, à environ 1,5 kilomètre en avant du village. Derrière lui, un groupe d'artillerie tracté, le I/49e RAMF du chef d'escadron Schoeller. Celui-ci a tiré la veille au profit de la division de Girval et, après une nuit de déplacement sur des chemins difficiles, il attend l'ordre de rejoindre la 52e DI. Schoeller et Collin ont prévu un appui réciproque en cas de besoin mais ils ignorent qu'un autre groupe d'artillerie tracté, le III/39e RAMF du capitaine de Castelnau, stationne au sud-est de Laronxe. Il est équipé de pièces de 155 C Schneider sur pneumatiques remorquées par des tracteurs Somua semi-chenillés[2]. Les forces françaises présentes dans le secteur de Laronxe se montent ainsi à un groupe de 155, un groupe de 75 et un petit bataillon d'infanterie de

1. Le commandant Helfer a été fait prisonnier et une douzaine d'hommes, dont le lieutenant Ronez, ont été tués. (Voir *Les combattants du 18 juin,* tome I : le sang versé. Fayard 1982).

2. Le matériel est tout-terrain mais le groupe est lié à la route car ses munitions sont sur camions. « Au début de l'année 40, écrit le colonel de Castelnau, nous avions confectionné des allèges d'une charge utile de 500 kg remorquables par les Somua. Il fut interdit de les utiliser, ce matériel n'étant pas réglementaire » (lettre du 6 juin 1983 adressée à l'auteur).

forteresse. Deux chars du 20e BCC appartenant à la compagnie Imbault surveillent les layons et se replieront lorsque les derniers éléments du 291e RI seront passés.

Collin aimerait connaître la force des éléments du 291e RI engagés vers Thiébauménil : un bataillon, deux ou moins ? Vers huit heures, l'alerte est donnée : des bruits de moteurs s'entendent nettement, venant de la forêt. Sans doute une avant-garde allemande motorisée ! Pourtant, au nord, la fusillade est encore vive. Claquement des culasses. Une batterie du groupe Schoeller est prête à ouvrir le feu. Bande engagée, les mitrailleuses du I/146e RIF surveillent la sortie des bois. Chaque homme à l'index posé sur la queue de détente. Par chance, ce qui fait hésiter tout le monde, le premier véhicule sortant des couverts est une traction avant. Ruse de guerre ? Derrière elle, les camions poussiéreux sont d'une nationalité indéfinissables. Mais les occupants de la Citroën ont l'œil vif et s'arrêtent pour éviter toute méprise. Un grand lieutenant en descend qui lève ses bras pour montrer ses intentions pacifiques avant de se présenter : « Lieutenant Simon, du groupe franc du III/156e RIF ! »

Parti de Croismare dans la nuit, Simon a reçu pour mission de convoyer les camions transportant le ravitaillement et les munitions de son bataillon. Le groupe Mary est resté avec le commandant Cochinaire et le groupe Michel a été réparti à bord des camions suivis par le gros Latil du médecin-lieutenant Mugler. Simon a essayé de passer par Lunéville mais les habitants lui ont dit que l'ennemi arrivait. Faute de temps pour vérifier, l'officier a lancé la traction avant sur un chemin à peine carrossable, à travers la forêt de Mondon.

« A la jumelle, dira Simon, on apercevait des petites silhouettes casquées et nous avions encore 500 mètres à parcourir avant d'entrer en forêt. J'ai pensé que l'initiative du feu surprendrait les Allemands qui ne nous avaient pas encore identifiés. Le groupe franc a tiré et l'effet de dissuasion a été obtenu car, au moment de la riposte, nous étions à l'abri des arbres. »

Devant Laronxe, les hommes du groupe franc et les conducteurs comprennent qu'ils l'ont échappé belle. A quelques minutes près, ils étaient détruits au 75 et achevés à la mitrailleuse.

« Les poignées de main amies nous font du bien, assure Simon. Ils n'en croient pas leurs yeux, ils avaient entendu le bruit de nos moteurs et s'attendaient à voir surgir des chars. »

Le convoi repart en direction de Saint-Clément et franchira la Meurthe à Vathiménil que le PC de la division de Girval vient d'abandonner pour Moyen.

Un peu plus tard, des éléments isolés du 291e RI arrivent de Thiébauménil et assurent qu'on se bat au PC du commandant Malgorn et que l'ennemi ne tardera pas à se présenter. Avec l'accord du lieutenant-colonel Prat dont le PC est à Saint-Clément, le capitaine Collin décide de reculer et de s'installer à la lisière nord de Laronxe. Les 75 de Schoeller sont sur son flanc et prennent la route en enfilade. Le décor est dressé, aux acteurs d'entrer en scène !

Le chef de corps du 146ᵉ RIF est confiant ; il sait que le I/146ᵉ RIF et le groupe Schoeller porteront un coup sévère à l'ennemi grâce à l'effet de surprise mais quelle sera la durée de cet effet ? La défense de Laronxe ne peut pas rester en place toute la journée sans être vouée à la destruction mais il faut qu'elle laisse aux autres unités le temps de passer au sud de la Meurthe. Traversant Saint-Clément une heure plus tôt, le colonel Vogel a confié à Prat : « Nos troupes continuent leur repli mais certaines d'entre elles sont tournées et même dépassées... Il faut éviter tout désordre, toute débandade, nous devons nous rétablir !

— Si nous étions au moins à égalité de moyens... a commenté Prat.

— Vous rêvez, mon ami ! » a dit Vogel en agitant son bras droit, sans doute pour compenser l'absence de l'avant-bras gauche, perdu en 14-18.

Une demi-heure plus tard, Vogel était auprès du lieutenant-colonel Milon : « Contrordre ! lui a-t-il dit, vous n'êtes plus en réserve au nord de la Meurthe mais vous passez au sud de la rivière où vous alignez vos deux bataillons entre la ferme Beaupré et le gué de Vathiménil. »

Les hommes abandonnent la position préparée et la colonne se reforme, avec voiturettes et chenillettes. Milon n'est pas content du surcroît de fatigue imposé à ses soldats mais il l'est encore moins en découvrant le terrain qu'on lui donne à défendre : « Un front de neuf kilomètres avec deux bataillons fourbus. De plus, avec les boqueteaux et les herbes des prés de la vallée de la Meurthe qui n'ont pas été fauchés, nos champs de tir sont très mauvais. »

Le mouvement du 156ᵉ RIF prend du retard au pont de Fraimbois que les sapeurs, sans doute pressés de partir, ont déjà fait sauter. Le tablier est cassé au milieu en forme de V mais, après quelques aménagements, la colonne du 156ᵉ RIF franchira l'obstacle. Il était temps car le commandant Bilbaut, du IIᵉ bataillon, dit soudain au capitaine Milhan : « Vous entendez le canon ? C'est du 75 et ce n'est pas loin ! »

A Laronxe, le groupe Schoeller vient d'ouvrir le feu sur l'avant-garde de la *268ᵉ ID*. Presque aussitôt, la grosse voix du 155 se mêle à l'affaire.

« La batterie du lieutenant Renaud a tiré quelques obus, raconte le capitaine de Castelnau, puis, sur l'ordre du colonel Briguet les batteries Bardoux et Pincemaille sont passées au sud de la Meurthe où Renaud nous a rejoints. »

Le chef d'escadron Schoeller est beaucoup plus engagé et les pièces de sa 2ᵉ batterie sont de part et d'autre de la route lorsque les motocyclistes et les camions du *Major* Unrein apparaissent.

« La 2e batterie a placé sa hausse à 400 mètres », rapporte Schoeller.

Entre les salves de 75, le crépitement des armes automatiques indique que le capitaine Collin n'a pas voulu laisser tout le « travail » aux artilleurs [1]. Des cyclistes allemands qui suivaient tête baissée plongent dans les fossés ou s'enfuient dans le sous-bois en abandonnant leurs machines. Des camions brûlent, les motocyclistes ont disparu, l'élan est brisé et l'*Aufklärungs Abteilung* de la *268e Division* est pour la première fois mis en déroute. Les Français n'imaginent d'ailleurs pas les résultats obtenus par la réaction brutale des 75 de Schoeller et des mitrailleuses de Collin. En effet, alors que les éléments de tête du *Major* Unrein refluent avec une vingtaine de blessée, ils se heurtent à une colonne motorisée qui, venant à vive allure de Thiébauménil, croyait la route dégagée.

« La panique qui suivit, reconnaît le *Hauptmann* Spitzer, de l'état-major de la *268e ID,* ne sera maîtrisée que par l'action énergique de l'*Oberstleutnant* Stud, de l'*Artillerie Regiment 268.* L'avant-garde n'a plus aucune valeur combative, elle n'est plus capable de se battre seule ni même de faire de la reconnaissance. Les deux escadrons cyclistes ont perdu leurs chefs et ne sont plus en état d'être engagés. »

Le répit dont la division de Girval, et aussi la 52e DI, avaient besoin pour faire mouvement au sud de la Meurthe, vient d'être obtenu par l'action conjuguée des artilleurs de Schoeller et des fantassins de Collin. Et même si les quelques obus de 155 tirés par le groupe Castelnau n'ont pas été déterminants, leurs éclatements ont de toute façon été bénéfiques car ils ont pu faire croire au *General* Straube que les Français tenaient solidement Laronxe et Saint-Clément et n'étaient pas disposés à céder le passage.

Le silence revient sur la zone située au nord de la Meurthe et, pendant que la *268e ID* se prépare à faire avancer son artillerie, le chef d'escadron Schoeller reçoit l'ordre de franchir la rivière et de rejoindre la 52e DI. Sa présence est-elle plus indispensable ailleurs qu'à Laronxe ? Ce n'est pas certain. Vers 10 heures, le capitaine Collin enverra le lieutenant Lévy avec une patrouille contrôler la lisière de la forêt. A son retour Lévy rendra compte « que l'ennemi s'est replié mais que, vers le nord, on entend de nombreux ronflements de moteurs sous les couverts ».

Vers 10 heures également, le lieutenant-colonel Prat reçoit l'ordre de replier ses deux autres bataillons sous la protection de Collin et de « défendre le sous-secteur de Fraimbois sans esprit de recul. » Une demi-heure plus tard, le II/146e RIF du capitaine Beaumier et le III/156e RIF du commandant Cochinaire s'apprêtent à traverser la Meurthe à Saint-Clément. En réalité, Cochinaire est seul à prendre la route de Fraimbois car Beaumier avec son bataillon et le corps franc

1. « Le bataillon Collin a eu une conduite au feu digne de tous les éloges », écrit le chef d'escadron Schoeller.

Buchoud se sont laissés emporter par les colonnes qui s'écoulent en direction de Baccarat. Quand il l'apprend, le lieutenant-colonel Prat est furieux car ce détour inutile va alourdir les jambes des hommes d'une vingtaine de kilomètres supplémentaires. Sur la RN 59 où « les engins de toutes sortes, voitures à chevaux ou automobiles, sont de la partie », Buchoud se surprend à lever la tête vers le ciel : « Cette horde se dirige sur Baccarat, dit-il. Si jamais l'aviation ennemie s'avise de bombarder ou de mitrailler... »

Buchoud serait rassuré s'il pouvait lire ce que le *Hauptmann* Spitzer confie à son journal : « Nous n'avions plus de groupe aérien de repérage malgré nos demandes à la *Luftwaffe* qui considérait les opérations comme terminées [1]. »

Pendant ce temps, l'artillerie allemande a procédé à ses premiers réglages sur les abords de Laronxe et bombarde maintenant la position du bataillon Collin qui enregistre une dizaine de blessés dont le lieutenant Vitry. Derrière un barrage de 105, les fantassins de la *268e ID* tentent d'investir le village mais les mitrailleuses du I/146e RIF les contraignent à rester dans la forêt. Un *Stosstrupp* parvient cependant à s'approcher du flanc ouest mais il doit refluer sous le feu de la section Protte. L'infanterie semble alors renoncer et seule l'artillerie poursuit ses tirs sur Laronxe et la route conduisant à la Meurthe.

A 12 h 40, les derniers éléments du III/156e RIF et du 146e RIF traversent la rivière et le lieutenant-colonel Prat autorise le capitaine Collin à décrocher. Le temps d'amener les chenillettes, de démonter les mitrailleuses et de charger les voiturettes et la petite colonne prend la direction de Saint-Clément. Craignant peut-être une nouvelle et brutale intervention des 75 dont ils ignorent le départ, les Allemands ne suivent pas. Ils ne se privent pas pour autant de bombarder les passages de la Meurthe et l'un des officiers de Collin, le lieutenant Henri Bois, est tué par un éclat d'obus. Comme il est hors de question d'abandonner son corps ou de l'inhumer sur place, il est hissé sur une chenillette et conduit à Fraimbois où il sera enterré. Le bataillon ne s'arrête que dans le bois de la Taxonnière, au sud-est de la localité, et Prat lui accorde un repos bien mérité.

Le chef de corps du 146e RIF peut enfin dresser le bilan de la retraite dans son groupement : le III/156e RIF de Cochinaire est sur la ligne d'arrêt prévue, le II/146e RIF de Beaumier a pris du retard mais il arrive avec le corps franc Buchoud, et le I/146e RIF de Collin récupère. Mais où se trouve le IIIe bataillon du commandant Grange qui était en ligne la veille sur le canal et fut attaqué de flanc dans la soirée du 18 juin après la percée allemande à Hénaménil ? Prat apprend par Beaumier que Grange

1. Ce n'est pas le cas dans la région de Charmes où de nombreuses colonnes, en particulier d'artillerie lourde, sont attaquées à la bombe au cours de la journée.

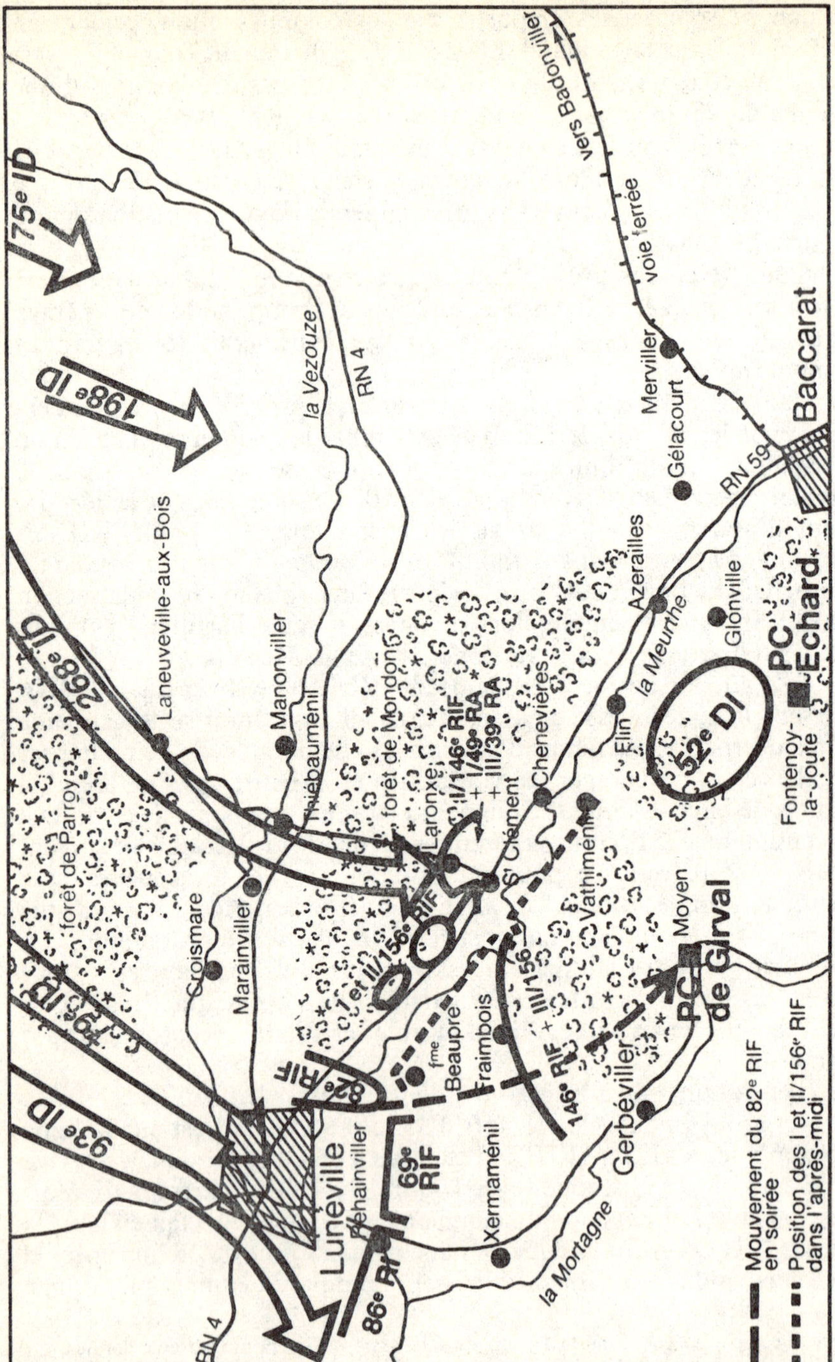


**Division de Girval le 19 juin à midi**

a été emporté par le repli des unités de la 52ᵉ DI et qu'il a regroupé environ 200 hommes près de Moyen, à environ huit kilomètres au sud de la Meurthe. Dans l'heure qui suit, Grange est convoqué au PC de son régiment.

« Avec vos éléments et ceux du bataillon Collin, lui dit Prat, vous allez reconstituer un bataillon aussi solide que possible et l'amener à Fraimbois. Nous allons défendre la lisière des bois, de part et d'autre du village car, si la ligne de la Meurthe tenue par le 156ᵉ RIF craque, le boche cherchera à percer en direction de Gerbéviller. »

Grange a 42 ans. Nommé chef de bataillon le 10 mai, il est le plus jeune de la division mais aux directives de Prat, il oppose son réalisme. Ses hommes se sont battus le 18 juin et une partie de la nuit avant d'effectuer une longue retraite, le plus souvent en forêt et à travers champs, ils ont absolument besoin de repos.

« Quelques heures, mon colonel, seulement quelques heures...

— Dans quelques heures, ils peuvent être reposés et prisonniers. Ou morts. A vous de choisir ! »

Prat donne l'exemple de Collin qui, avec les débris de son bataillon — et un appui d'artillerie — a stoppé la percée allemande à hauteur de Laronxe. Collin ayant décroché, explique Prat, « l'ennemi va prendre possession de la rive nord de la Meurthe et l'hypothèse d'une attaque sur Fraimbois avant la fin de la journée n'est pas à écarter. » Grange s'incline et s'engage à regrouper ses hommes ; il obtient seulement que 25 éclopés, incapables de faire un pas de plus avec leurs pieds en sang, soient hissés sur les voitures de la CHR pour gagner la nouvelle position.

« Nous étions vraiment épuisés, dira l'un des officiers de Grange, le lieutenant Druon, mais il a fallu se remettre debout et aller à Fraimbois. »

Prat est persuadé que l'inquiétude dont faisait preuve le colonel Vogel au cours de la matinée a maintenant disparu. Grâce au 146ᵉ RIF, la division de Girval a arrêté l'ennemi à Laronxe et permis la retraite des unités de la 52ᵉ DI et l'installation de ses propres bataillons au sud de la Meurthe. Prat ne sait pas que le chef de l'infanterie divisionnaire, rassuré pour le flanc droit, est maintenant inquiet pour le flanc gauche où le 69ᵉ RIF du lieutenant-colonel Pinta est en train de craquer.

## CHAPITRE XII

# « Nous tenons toujours ! »

Le 69e RIF du lieutenant-colonel Pinta a été l'un des régiments les plus favorisés le 18 juin sur le canal de la Marne au Rhin. Après une rapide prise de contact, la *93e ID* a glissé vers l'ouest et le 69e RIF a attendu en vain une attaque qui ne s'est pas produite. Heureusement car le régiment a beaucoup souffert le 14 juin sur la ligne Maginot et la retraite a été très éprouvante. Dans la soirée du 18, Pinta a donné ses consignes : « Décrochage à 0 heure — Direction Lunéville — Ordres ultérieurs seront donnés à Lunéville. »

Du canal à Lunéville, la distance est d'une dizaine de kilomètres. Le 69e RIF n'est donc pas le plus à plaindre quand on compare sa situation à celle du 174e RIF, ou du III/146e RIF dont les hommes abattront plus de 40 kilomètres dans la nuit et la matinée du 19 juin. Le lieutenant-colonel Pinta doit cependant tenir compte des événements qui se produisent au 82e RIF du lieutenant-colonel Matheu, installé sur sa droite le 18 juin et violemment attaqué de flanc au cours de la nuit. Le 82e RIF a d'ailleurs entamé son repli avec trois heures de retard sur le 69e RIF. Matheu doit porter ses bataillons à la lisière ouest de la forêt de Mondon où ils prolongeront à gauche la position confiée au 156e RIF... dans un premier temps. Le II/82e RIF du commandant Schneider traverse le pont de la Vezouze à l'entrée de Lunéville et prend son créneau vers 10 heures du matin. Le commandant Cazabat, du IIIe bataillon, effectue son repli dans de mauvaises conditions, l'ordre de repli n'étant pas parvenu à toutes les compagnies. En fait, seule la CM 10 du lieutenant Radius l'a reçu. La « 11 » du lieutenant Chassan restera sur la position où elle sera capturée et la « 9 » du capitaine Vicaire, ayant perdu la section Gasnes en chemin, se dégagera et franchira la Meurthe de Lunéville à 6 heures du matin[1]. En arrière-

1. Le capitaine Vicaire a eu cinq blessés connus au cours du repli : Goyer, Carrel, Bossler et les caporaux Fehr et Harrburger.

garde, le Ier bataillon du commandant Le Cunff n'a pas la partie facile car il se replie en se battant. Les sections Lasneret, Mathieu et Gamas ont été encerclées avant de quitter le canal et le gros du bataillon marche sur Lunéville, protégé par la section Minard et le groupe franc Arnoult. Aux abords de la ville, le capitaine Boutbien est blessé d'une balle dans la gorge et le lieutenant Hermann, dont le frère commande un groupe franc, le remplace à la tête de la CM 1. On ne sait rien de la CM 3 du capitaine Boisbourdin.

« Lorsque j'ai pu rompre le contact, écrit celui-ci, le pont de la Vezouze au nord de Chanteheux avait sauté. J'ai fait traverser la rivière avec des moyens de fortune, mitrailleuses et munitions étant portées à dos d'homme. Il fut nécessaire d'abandonner les voitures et même des munitions sur la rive nord. Nous avons rejoint le régiment vers 11 heures[1]. »

Les hommes de la CM 3 aux épaules violacées sous le poids des armes et des caissettes de cartouches, n'auront pas le temps de prendre du repos.

« A midi, dit encore Boisbourdin, le régiment reçoit l'ordre de se porter au sud de Fraimbois, à la lisière du bois de la Taxonnière. »

Dans ses notes, le lieutenant-colonel Matheu donne les raisons de ce repli au sud de la Meurthe : « Vers 11 heures, nous apprenons que l'ennemi accentue sa pression sur Laronxe. Je reçois l'ordre de porter le régiment au sud de Fraimbois[2]. »

Le capitaine Husson, officier adjoint du IIe bataillon, ajoute : « Les ponts de la Meurthe étant sautés, nous traversons à gué près du moulin qui se trouve en amont de Moncel. »

On peut supposer que le colonel Vogel a rencontré le chef de corps du 82e RIF et l'a informé du combat qui se livrait à Laronxe. D'où la réflexion de Matheu sur « l'ennemi qui accentue sa pression. » Or, Matheu se trompe, le danger ne vient pas de l'est où le I/146[e] RIF de Collin décrochera à l'heure fixée et en ordre, mais de l'ouest où le 69e RIF est en fâcheuse posture.

*

Nous ne possédons aucun document du lieutenant-colonel Pinta qui n'a pas rédigé de rapport d'opérations[3]. Nous ne connaîtrons donc jamais les ordres donnés par le chef de corps le 19 juin. Le régiment a pris position au début de la matinée malgré quelques kilomètres supplémentaires infligés aux hommes qui ont trouvé les ponts de la

1. Lettre du 28 novembre 1968 adressée à l'auteur par le lieutenant-colonel Boisbourdin, de Teilhet (Puy-de-Dôme).

2. Notes du colonel François Matheu, de Perpignan, communiquées à l'auteur le 7 novembre 1968.

3. Retiré à Saint-Georges-de-Didonne (Charente-Maritime) le lieutenant-colonel Pinta n'a pas cru devoir apporter son témoignage à l'auteur.

Meurthe détruits avant leur passage. Le I/69e RIF du commandant Marque est au sud de Lunéville, à la hauteur de la ferme de Chaufontaine. Il est très en flèche par rapport au IIIe bataillon du commandant Bonifacio[1] qui a pris position au sud de Hériménil, et au IIe bataillon du capitaine Nourrisson installé au nord du bois du Fréhaut. Certes, les effectifs du 69e RIF sont réduits, ainsi que son armement mais ce sont des raisons qui devraient inciter à plus de précautions, en particulier pour les liaisons latérales. En effet, le bataillon Nourrisson ne prend aucune mesure pour assurer sa droite au 156e RIF qui se trouve à la ferme Beaupré.

« La liaison avec le 69e RIF ne sera jamais prise, rapporte le capitaine Balcon, adjudant-major du I/156e RIF. Nous aurons sur la gauche un vide complet. »

Plus sérieuse est la situation du I/69e RIF qui n'a aucune liaison à droite avec le IIIe bataillon et encore moins à gauche avec le 86e RI (26e DI) Pourquoi ? Parce que le bataillon Marque n'est pas à la place que la division a fixée au régiment. Le colonel Carbonnier, de l'artillerie divisionnaire, écrit dans son rapport que l'ordre n° 107 fixait en effet la gauche du 69e RIF à Chaufontaine. Pinta ne s'est pas méfié du contrordre possible et dans la soirée du 18 juin, celui-ci rectifiait la position du régiment. Sa gauche était ramenée à la hauteur de Rehainviller (exclu). Le commandant Marque ne semble pas avoir eu communication du contrordre mais il est difficile de croire que Pinta ne l'a pas reçu.

Le 69e RIF est en liaison avec l'artillerie d'appui direct, le I/39e RA du chef d'escadron Rousseau. Celui-ci rapporte qu'il a effectué « des tirs d'interdiction le matin du 19 au sud-sud-ouest de Lunéville à la demande du lieutenant-colonel Pinta, tirs ajustés par radio, les observateurs se trouvant à la lisière nord du bois de Fraimbois ».

Quant au bataillon Marque, on voudrait le sacrifier qu'on ne s'y prendrait pas autrement. La CM 2 du lieutenant Uhl est la seule à disposer encore d'un groupe de mitrailleuses ; elle tient la gauche et le centre de la position, la CM 1 du lieutenant Capitaine défendant le flanc droit. Entre les deux, quelques éléments de la CM 3[2] et de la compagnie d'engins très éprouvées le 14 juin sont sous les ordres du capitaine Delin qui utilise, dit Marque, « les faibles moyens du bataillon pour créer une position défensive. C'est le hérisson avant sa naissance ». N'oublions pas l'unique pièce de 25 du sergent Studer qui bat le passage de la RN 414

1. Resté avec un détachement sur la ligne Maginot, le commandant Bonifacio vient de rejoindre le 69e RIF après avoir effectué les derniers kilomètres dans un camion vidé au préalable des instruments de musique qu'il contenait.

2. Le capitaine Derrien, commandant la CM 3, a été tué lors de l'offensive allemande du 14 juin.

sous la voie ferrée. Le PC est dans une scierie où le chef de corps rend visite à Marque peu après l'arrivée du bataillon à Chaufontaine.

« Méfiez-vous de la forêt de Vitrimont, aurait dit Pinta, c'est la même attaque qu'en 1914 ! »

Ce n'est pas un conseil, au demeurant dénué de tout fondement, qu'il fallait donner à Marque mais lui poser la question : « Avez-vous pris la liaison avec le IIIe bataillon ? Et sur la gauche avec le 86e RI ? »

Marque, ou peut-être Pinta, aurait fini par apprendre que le 86e RI est à Rehainviller, non pas à gauche du I/69e RIF mais à trois kilomètres au sud, DERRIÈRE lui. Avant de quitter Marque, le colonel lui recommande « de ne pas dérouler du fil. Vous transmettrez par radio ». De toute façon le chef du I/69e RIF n'aurait sans doute pas le temps de mettre en place son réseau téléphonique de campagne.

« Le lieutenant de Malberg signale des mouvements du côté de la forêt de Vitrimont, rapporte-t-il. L'attaque a lieu à 9 heures, par infiltrations, sans artillerie. »

« Reconnaissances offensives » serait plus approprié, car les éléments adverses qui recherchent la prise de contact appartiennent au *Régiment 271* de la *93e ID* qui a bousculé la veille le 98e RI du lieutenant-colonel Mignon pour s'emparer de la forêt de Vitrimont et atteindre la Meurthe [1]. Lunéville n'étant pas défendue, le *IR 271* a pris possession de la ville et exploite au sud pour obliger les premières défenses françaises à se dévoiler, ce dont le I/69e RIF ne se prive pas. Marque lance même les voltigeurs des sections Michaud et Viret à la contre-attaque.

« Elles reçoivent l'ordre de tirer au ras de terre dans les prés, dit-il. Le calme renaît. Le lieutenant de Malberg tire sur tous les couverts. Accalmie. Il est environ 12 heures. »

Si « le calme renaît » comme l'indique le chef de bataillon, c'est parce que la *93e ID* du *General* Tiemann élargit la tête de pont conquise à Rosières-aux-Salines et qu'elle a besoin de toutes ses forces. C'est une autre division d'infanterie, la *79e ID* du *General* Strecker qui la relève à Lunéville après avoir attaqué de flanc le 82e RIF du lieutenant-colonel Matheu. Strecker ne dispose pas encore de son artillerie retardée par la destruction des ponts de la Vezouze et de la Meurthe mais en application des ordres donnés par son supérieur, le *General* Hartmann, du *30e Korps* il aligne ses trois régiments d'infanterie de manière à les lancer de front en direction du sud-ouest. A 11 h 30, Strecker est prêt et rend compte des axes d'attaque prévus : le *IR 226* sur Blainville, le *IR 208* au centre sur Rehainviller et, à l'est, le *IR 212* sur Moncel. On voit que tout un régiment, le *IR 208* de l'*Oberst* von Wedel [2], va

1. Voir *Les combattants du 18 juin,* tome I : le sang versé (Fayard 1982).

2. En 1943, le *General* Hermann von Wedel commandera la 10e Division de marche de la *Luftwaffe.* Grièvement blessé le 29 janvier 1944 sur le front russe, il succombera le 3 février à l'hôpital de Dorpat (Estonie).

passer à l'attaque du bataillon Marque. C'est Goliath contre David !

Marque : « L'ennemi reprend son offensive avec des grenadiers. Le combat est si rapproché que la ferme de Chaufontaine, pas plus que les combattants, ne reçoivent un seul obus [1]. »

En revanche, le chef de bataillon fait appel à son artillerie d'appui, par radio, comme le lui a recommandé le lieutenant-colonel Pinta. Mais les canons français restent muets pendant que les compagnies allemandes tirent de toutes leurs armes sur le I/69e RIF dont la riposte fait figure « d'enfant pauvre ». Le sergent Lécrivain est blessé, Bouchez et le caporal Vialis sont tués sur leur mitrailleuse. Le lieutenant de Malberg se précipite pour servir la pièce mais il est lui aussi tué. Le médecin-lieutenant Damassio ramènera son corps à Gerbéviller à bord de sa voiture sanitaire [2]. La mort de l'officier affecte-t-elle le moral déjà chancelant des hommes du bataillon ? C'est possible mais s'y ajoute la puissance de feu de l'adversaire et son agressivité. Une sorte de noyau se constitue autour du PC de Marque, gradés et soldats décidés à se battre. Les autres...

On lit dans le journal du GRCA 8 (6e corps) que l'escadron de mitrailleuses du capitaine Dargelas a été relevé à 10 heures aux lisières nord de Xermaménil par un bataillon du 86e RI. L'escadron s'est porté au carrefour de Lamath et c'est là que, « vers 15 heures, un bataillon du 69e RIF reflue au travers de notre position, sans officiers [3]. Il est regroupé, ravitaillé en cartouches et pain de guerre, remis en ordre à la disposition de son colonel ».

Un bataillon ? N'exagérons rien. Mettons 200 hommes tout au plus, ce qui n'est pas rien quand on sait que le I/69e RIF n'en comptait pas plus de 300. A Chaufontaine où le combat s'achève, le lieutenant Bellettre est grièvement blessé et capturé. La scierie est encerclée et le commandant Marque, le capitaine Delin, les lieutenants Uhl et Lelièvre sont faits prisonniers avec les gradés et soldats restés avec eux. C'est au moment de la reddition que le tir d'artillerie demandé par Marque s'abat sur la position. Il est bien temps ! Heureusement, il ne cause aucune perte parmi les prisonniers. Dans le camp allemand non plus. Les hommes du I/69e RIF sont conduits à Lunéville où ils passeront leur première nuit de captivité dans l'église Saint-Léopold. Marque a sans doute procédé à l'appel car il précise que les prisonniers du bataillon sont au nombre de 83 [4].

1. Lettre du 13 mars 1969 adressée à l'auteur par M. Pierre Marque, retiré à Bidestroff (Moselle).

2. Louis Carré de Malberg habitait 20 rue des Pontonniers à Strasbourg ; il repose aujourd'hui dans le caveau de sa famille à Woixheim (Bas-Rhin).

3. Selon l'historique du 69e RIF, un officier, le lieutenant Capitaine, aurait participé au « repli ».

4. Brillant sous-lieutenant au 10e bataillon de chasseurs en 14-18, trois fois blessé et six fois cité — dont quatre à l'ordre de l'armée — Marque commandera en 44-45 le

Connaissant la faiblesse des moyens du I/69e RIF et sa position très en flèche, le lieutenant-colonel Pinta l'a-t-il abandonné à son sort ? Il semble qu'il a au contraire envoyé un ordre de repli à Marque. Sans doute trop tard puisque celui-ci ne l'a pas reçu. En outre, Pinta qui prônait pourtant l'utilisation de la radio, a préféré remettre un message écrit à un agent de liaison.

« Les Allemands ont présenté au commandant Marque l'ordre de repli signé du colonel et envoyé par un motocycliste qui a été tué en route. Ceci explique pourquoi le I/69e RIF n'a pas été secouru puisque les unités voisines se repliaient [1]. »

Voici le mot « repli » prononcé. Et l'on se demande pourquoi la gauche de la division de Girval montre moins de pugnacité que la droite. Heureusement que le 69e RIF n'était pas à Laronxe ! Une lettre du commandant Marque apporte une précision dont son rapport ne fait pas mention : l'heure de repli des deux bataillons de droite du 69e RIF.

« Le combat (...) protégea les deux autres bataillons non accrochés dont la retraite commença à 11 heures. Le Ier bataillon n'ayant pu être prévenu de ce mouvement continua le combat jusqu'à 15 heures où il fut submergé [2]. »

Marque est sévère : il situe le départ des II et III/69e RIF à 11 heures et précise qu'ils n'ont pas été accrochés, ce qui se conçoit si le repli a vraiment été exécuté à 11 heures puisque la *79e ID* n'était pas encore en mesure de passer à l'attaque. Le capitaine de Rauglaudre, de la compagnie d'engins du IIe bataillon, note dans son journal : « Vers 14 heures, je reçois du capitaine Nourrisson l'ordre de le rejoindre dans le bois avec ma compagnie. Le mouvement s'effectue sous un violent tir d'infanterie et de mortiers ennemis. Le capitaine déclare que le bataillon est encerclé et qu'une seule issue semble possible en direction de Gerbéviller. Départ vers 17 heures. Arrivée à la tombée de la nuit, nous retrouvons le PC du régiment. »

Pas un mot sur des pertes éventuelles, rien non plus sur un ordre de repli envoyé par le colonel. De son côté, le capitaine Javaloyès, de la CM 6, note sobrement : « Vers 16 heures : l'ordre de repli est donné.

---

II/146e RI qu'il conduira de Forbach à Sarrebrück, en liaison avec la 30e division d'infanterie US. L'ancien chef du I/69e RIF est décédé le 19 décembre 1971 à l'hôpital militaire Legouest, à Metz.

1. Lettre du 20 janvier 1984 adressée à l'auteur par M. Paul Marque, fils de l'ancien commandant du I/69e RIF.

2. Lettre du 25 novembre 1943 adressée par le commandant Marque au général Arlabosse, président de la commission chargé de l'octroi des récompenses de la guerre 39-40.

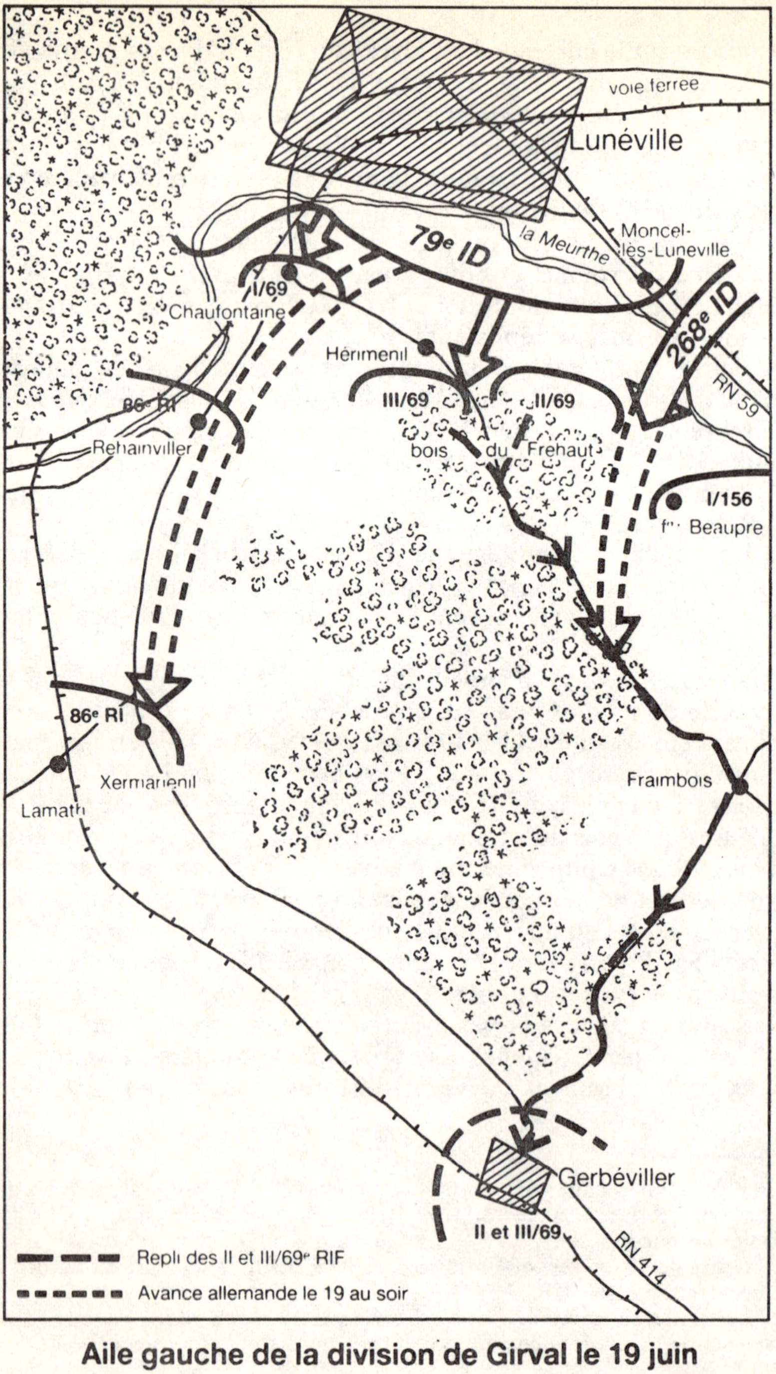


**Aile gauche de la division de Girval le 19 juin**

21 h 30 : arrivée à Gerbéviller [1]. »

A la CM 5, le lieutenant Marcel Gilbert situe le départ au début de l'après-midi : « La compagnie appuie de son tir le décrochage de la 6 et de la 7 », écrit-il dans ses notes avant d'ajouter : « Une grande partie du matériel est abandonné. »

Il est probable qu'avec ou sans ordre, le III/69e RIF du commandant Bonifacio a suivi le mouvement en direction de Gerbéviller. Affaibli par de nouvelles pertes d'armes et de matériel, le 69e RIF réduit à deux petits bataillons sera-t-il en mesure de défendre Gerbéviller ? Dans l'immédiat, ce n'est pas le plus important. Qui a donné au lieutenant-colonel Pinta l'ordre de replier son régiment sur Gerbéviller ? Personne ne revendique la paternité de cet ordre et on le comprend puisque ce décrochage d'une dizaine de kilomètres expose le flanc gauche de la division de Girval. A la ferme Beaupré, où le lieutenant Soipteur a installé le PC de la 3e compagnie du I/156e RIF on ne mesure pas encore l'ampleur du mouvement. Soipteur a simplement rendu compte qu'il n'avait toujours pas la liaison à gauche. Il ne tardera pas à l'avoir mais avec les premiers *Stosstrupps* de la *79e ID*. Ceux-ci cherchent à gagner du terrain en direction du sud-ouest et bousculent à Rehainviller un bataillon du 86e RI qui perd cinq tués dont l'aspirant Julien Bernard. L'*Oberst* von Wedel ne se doute pas que le 69e RIF a décroché jusqu'à Gerbéviller, à sept kilomètres au sud de Fraimbois, DERRIÈRE la position tenue par le lieutenant-colonel Prat avec le 146e RIF et le III/156e RIF.

Dans la soirée, le 82e RIF du lieutenant-colonel Matheu recevra l'ordre de quitter la région sud de Fraimbois pour se porter à Moyen où il passe en réserve de secteur. Le général de Girval ignorerait-il que son flanc gauche est découvert ?

La *79e ID* de Strecker attaquera le 19 au soir un autre bataillon du 86e RI, cette fois à Xermaménil. Les Français lâcheront la localité après un combat qui leur coûtera douze tués dont un officier, le capitaine Théophile Dufour. Strecker doit ensuite ronger son frein car ses trains de combat et surtout son artillerie sont encore au nord de la Meurthe et la percée qu'il envisage est remise au 20 juin.

Au 20e corps, le général Hubert a-t-il été informé par de Girval de la menace qui pèse sur sa gauche ? Nous n'en savons rien et c'est dommage car les conséquences du repli du 69e RIF sont prévisibles : la IIIe armée va être coupée en deux, les 6e et 42e corps à l'ouest, le 20e corps à l'est. Il n'est pas nécessaire d'extrapoler beaucoup pour voir que la coupure va affecter l'ensemble des armées encerclées. Si Hubert ne donne pas

1. Lettre du 28 juin 1946 adressée au colonel Jobin, ancien chef de corps du 69e RIF. On remarque que Javaloyès ne dit pas par qui l'ordre de repli est donné : Nourrisson ou Pinta ?

l'impression de s'en préoccuper c'est peut-être que le général de Girval ne lui a rien dit. De toute manière, la situation à droite du 20e corps requiert toute son attention car la division Dagnan, qui a pourtant souffert et subi des pertes élevées le 18 juin au sud du canal, affronte de nouveau ses adversaires de la veille dans un combat que personne ne prévoyait aussi violent.

***

Au début de la matinée du 19 juin, le colonel Dagnan a installé son PC à Sainte-Pôle, à une quinzaine de kilomètres derrière le front tenu par sa division. Les pertes de la veille, l'épuisement de la troupe, une certaine désorganisation due pour l'essentiel au décrochage de nuit au contact de l'ennemi, constituent autant de facteurs qui ont amené Dagnan à réinstaller ses unités sur une nouvelle ligne de défense après un repli de six à sept kilomètres.

Dagnan : « Le danger se situait sur ma gauche où la division polonaise était retirée de la ligne de feu et où la 52e DI avait effectué un repli d'au moins 30 kilomètres jusqu'à la Meurthe pour ne pas être tournée par l'ennemi. J'avais donc poussé de ce côté le 49e RIA du lieutenant-colonel Hargoaà en qui j'avais toute confiance. »

Le 49e RIA remplace le 1er régiment de grenadiers polonais qui était la veille sous les ordres de la division. Vers Herbéviller et Saint-Martin, sur sa gauche, le colonel Dagnan a placé face à l'ouest le bataillon du 620e pionniers du commandant de Chalendar ; les hommes ne sont pas des foudres de guerre mais ils feront ce qu'ils pourront. La mise en place de nuit, les mouvements et cisaillements accentuent la fatigue mais la ligne est finalement mise sur pied : à droite de Foulcrey à Ibigny exclus, le 133e RIF du lieutenant-colonel Bertrand, au centre, un groupement colonial commandé par le colonel Tristani qui a rassemblé les débris des 41e et 51e RMIC entre Amenoncourt et Foulcrey. Le 49e RIA, PC à Blémerey, est au nord-ouest de la position, le colonel Maurer ayant échelonné l'artillerie en trois groupements au sud de la Vezouze.

Hargoaà est mécontent parce que son IIe bataillon resté en arrière-garde sur la ligne Maginot [1] a été remplacé par un bataillon du 55e RIA (30e DIA) qui n'a pas encore rejoint la gauche du dispositif. La mise en place du régiment s'est faite eu égard aux circonstances, sans perdre de temps, ce qui fait réagir Hargoaà avec vicacité : « Quand il s'agit d'engager du matériel humain dans la bataille, écrit-il, personne n'a le droit d'agir comme on l'a fait. »

1. Le II/49e RIA du commandant Picard a rejoint le Donon où il s'est mis à la disposition du général Lescanne, du 43e corps.

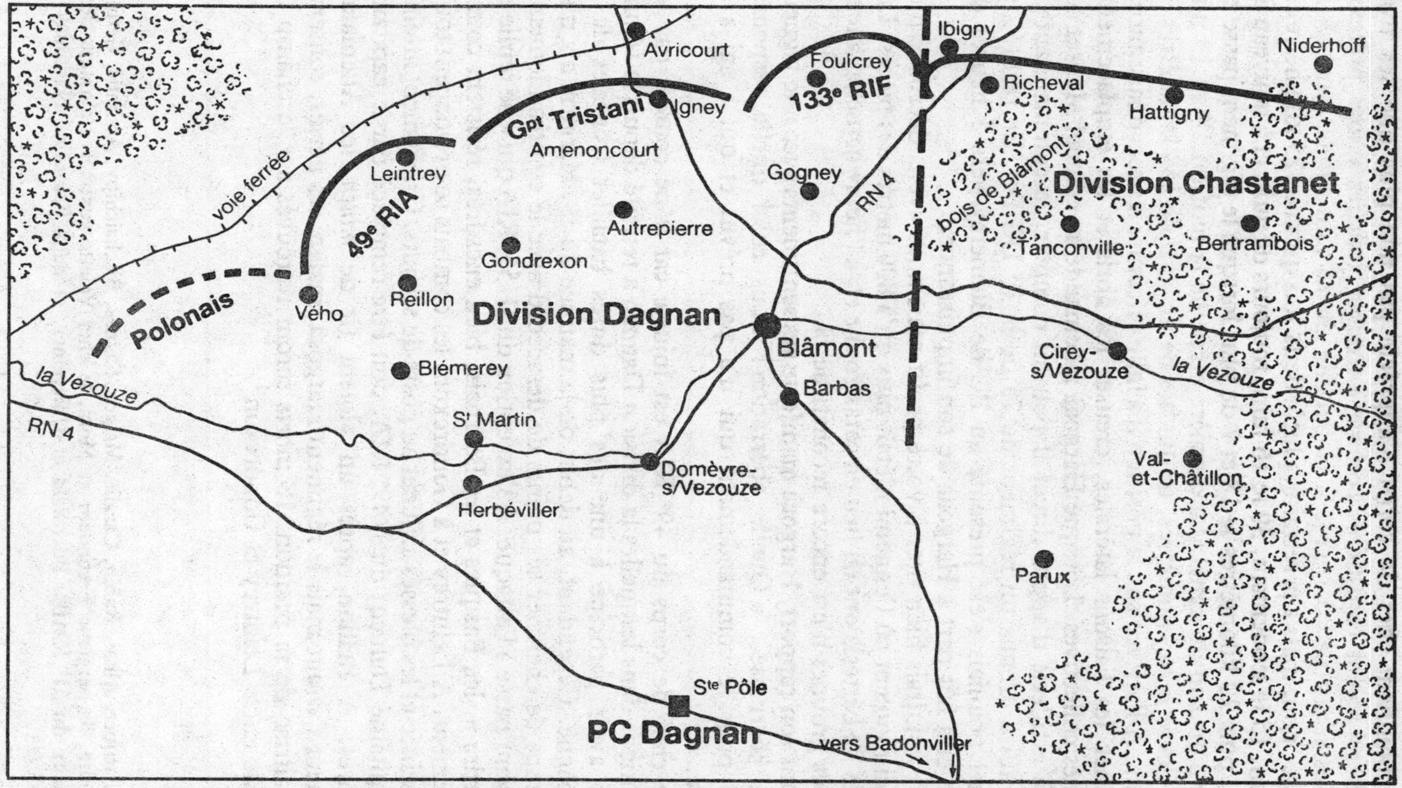


Front de la division Dagnan le 19 juin au matin

Le bouillant chef de corps n'apprécie pas non plus que ses trois bataillons soient considérés comme « troupes fraîches » sous prétexte qu'elles n'ont pas participé à la bataille du 18 juin sur le canal. A la bataille, non, mais à la retraite, plutôt deux fois qu'une ! 25 kilomètres le 13 juin, 15 le lendemain, 30 le 16 juin, toujours de nuit, et à nouveau 30 le 17, puis 20 kilomètres le 18 et 7 de plus lorsque le régiment passe en réserve au sud du canal. La dernière étape de la nuit du 18 au 19 juin s'est élevée à 26 kilomètres, ce qui donne un total de 153 kilomètres en 6 nuits. A l'arrivée sur la position il a fallu effectuer les reconnaissances, chercher les liaisons latérales, creuser les abris et les emplacements d'armes collectives. Lorsque Hargoaà a demandé au colonel Maurer sur quelle artillerie d'appui direct il pouvait compter, le commandant de l'AD lui a promis un régiment de 75 de la 1^re^ DG Pol. En réalité, un colonel polonais s'est présenté au PC de Blémerey vers 5 heures du matin et a fait part à Hargoaà de son impuissance.

« Je voudrais bien tirer à votre profit mais nous avons décroché hier soir au moment où l'ennemi n'était plus qu'à 800 mètres des pièces. Les sorties de batterie ont eu lieu en catastrophe et, à l'heure actuelle, aucun de mes groupes n'est encore reconstitué. »

Dans son rapport, Hargoaà manifeste ses sentiments avec une vigueur toute béarnaise : « Quelle aberration ! Mais aussi quelle responsabilité pour le commandement qui n'a pas prévu, et qui a agi à la légère. »

Le chef de corps du 49^e^ RIA est injuste car il ne connaît pas les conditions dans lesquelles la division Dagnan a retraité depuis le 14 juin après avoir participé à une des plus dures batailles frontales de la campagne. Cependant, au début de la matinée du 19, Hargoaà n'a plus le temps de chercher ses points de désaccord avec le commandement : l'ennemi passe à l'attaque. A l'exception du II/55^e^ RIA qui « se replie en désordre », les Basques et les Béarnais, bien encadrés, résistent courageusement. A Leintrey et à Gondrexon, les combats se prolongent toute la matinée et les blessés affluent au poste de secours. Grièvement atteint, le capitaine Dulucq, du I/49^e^ RIA, doit être remplacé par le capitaine Habarès. A Reillon, après un violent tir de *minen,* les Allemands donnent l'assaut mais le régiment Hargoaà, malgré ses pertes, conserve la maîtrise de sa position. 18 morts seront retrouvés sur le champ de bataille entre Leintrey et Gondrexon [1].

1. Pasquet, Alkat, Rabin, Cazalis, Malgor, Sagnès, Bischaichipy, Assimus, Getten, Arnaudin, les sergents Escondeur et Mora, le chef Valette auxquels s'ajoutent deux coloniaux du 51^e^ RMIC, Buchwald et Untereiner, et deux Polonais : Narziniak et Michalczak.

Au groupement Tristani, le II/51e RMIC du commandant Bruel tient Amenoncourt, le groupement Guignon[1] est en avant de Foulcrey et la prise de contact se produit vers six heures du matin. Trois heures plus tard, l'ennemi a renforcé ses moyens, des camions ont amené l'infanterie sur sa base de départ et, à Amenoncourt, la CM 5 du lieutenant Cann, les sections Gasser et Prélat commencent à fléchir sous la pression adverse. L'attaque se porte aussi sur la position tenue par les sections Seguin et Brihiez. Armé d'un FM, le lieutenant Cann prend la rue principale en enfilade mais ce sont les *minen* qui lui répondent. Un léger repli est autorisé et, mitrailleuses à dos, les soldats de la CM 5 vont se réinstaller sur la croupe au sud du village, ce qui leur permet d'interdire à l'ennemi de déboucher du cimetière. Le groupement Tristani subit des feux d'une extrême violence et il faut toute l'autorité des cadres pour éviter des replis qui dégénéreraient en panique. L'aspirant Georges Fricotté est tué puis le bruit se répand que le sous-lieutenant Christophe a eu la tête enlevée par un *minen.* Il n'en est rien mais sa blessure est sérieuse.

« Vers 10 heures, se souvient Christophe je me préparais à sortir de mon trou lorsqu'un *minen* a explosé devant moi. Un éclat m'a atteint sous l'orbite droite, faisant sauter une partie de l'os frontal. J'avais le reste du visage brûlé et par endroits tatoué de poudre non consumée mais le cerveau n'était pas atteint[2]. »

Entre Foulcrey et Ibigny, les combats sont peut-être plus violents car les Allemands cherchent à s'emparer de la RN 4, le meilleur itinéraire du secteur. Pour cela, il leur faut enfoncer un front qui, en dépit de sa fragilité, les tient en échec.

« Les mitrailleuses sont espacées de cent mètres, se plaint le sous-lieutenant Kister, du III/51e RMIC. L'unité de feu n'est plus le groupe mais la pièce. »

Au même bataillon, le lieutenant Aerts a cédé son groupe franc au chef Bazin pour prendre le commandement de la CM 9 réduite à deux sections (Arrighi et Jacquemin). La théorie du « front continu » n'inspire pas Aerts qui est en position en avant de Foulcrey : « J'intéresse un groupe de mitrailleuses, dit-il ; dès que je montre le bout de mon casque, les pierres du calvaire où est mon PC volent en éclats sous les rafales. »

1. Le groupement se compose du III/51e RMIC reconstitué sous les ordres du capitaine Mercier, et de la CM 2 du lieutenant Vives avec ses 160 hommes armés de 14 mitrailleuses et 12 FM.

2. Lettre du 25 août 1983 adressée à l'auteur par André Christophe retiré à Colombes (Hauts-de-Seine). Saint-Cyrien de la promotion « La plus grande France », Christophe figure dans l'historique du 51e RMIC rédigé par le lieutenant-colonel de Mauny avec la mention « mort de ses blessures ».

Soucieux de préserver ses hommes, Aerts ordonne finalement à l'aspirant Jacquemin et au sous-lieutenant Arrighi de s'installer dans les vergers de Foulcrey, à l'abri des murets et des haies.

Le bombardement devient tout de même inquiétant car il donne la désagréable impression que l'adversaire a renoncé à des assauts trop coûteux pour écraser la position française sous les obus.

« Les combats sont très vifs et les pertes importantes », souligne le médecin-commandant Cabiran qui se relaie avec le médecin-capitaine Prost pour assurer le ramassage des blessés. Les cadres paient de leur personne : l'aspirant Specht est évacué, le sous-lieutenant Bacot, touché derrière la tête par un éclat, se rend lui-même au poste de secours. A la CM 10, le lieutenant Potoine va au-devant de la mort en voulant assurer le service d'une mitrailleuse dont les servants ont été mis à deux reprises hors de combat. La veille, le lieutenant Aerts avait trouvé Potoine « hâve, vidé par la dysenterie, éreinté, nerveux, pessimiste... » et cela l'avait étonné car ce comportement inhabituel ne correspondait pas à celui des jours précédents. Potoine a-t-il eu le pressentiment de sa mort ? Celle-ci le saisit avant qu'il ait pu tirer une seule bande de cartouches [1]. Un peu plus loin, toujours à la CM 10, l'aspirant Henri Lallement, 25 ans, est grièvement blessé et évacué sur une formation sanitaire de Raon-l'Étape où il succombera le 30 juin. La CM 10 n'a plus qu'un officier : le lieutenant Fabre.

Derrière Foulcrey, le sous-lieutenant Metz est debout pour mieux diriger le tir de ses mortiers de 81 qui interdisent l'accès du village à l'ennemi. Une balle traverse son ceinturon et se loge sous la peau du ventre sans léser aucun organe. Il faudra toute l'insistance du Dr Cabiran pour que Louis Metz consente, le lendemain, à aller se faire soigner à Raon-l'Étape. Pourquoi tant de violence, tant d'agressivité chez l'ennemi, moins de 24 heures après la bataille du 18 juin ? Le *General* Eberhard, de la *60$^{e}$ ID,* croyait-il la division Dagnan incapable de se rétablir sur une nouvelle ligne ? Cette erreur d'appréciation coûte cher aux deux camps.

« J'ai plusieurs blessés, rapporte le sous-lieutenant Le Venec, de la CM 2 du 51$^{e}$ RMIC : Debeyer, Delvallé, le sergent Brandilly et le caporal Petit qui a trois balles dans le bras. Mais nous tenons toujours [2]... »

1. Agé de 34 ans, Pierre Potoine avait été ordonné prêtre le 25 mai 1929. Il sera exhumé et identifié le 16 avril 1942 par le « groupe des morts » du lieutenant Robardet qui trouvera sur lui une boussole, onze médailles religieuses, un stylo, deux clés et la somme de 5 335 F.

2. Bayer, Oberlin, Stackle et le caporal-chef Bachelet sont blessés à la CM 2. A la CM 7, vers Amenoncourt, les derniers évacués sont : Cloarec, Capdebon, Leroy, Panorchomme, Basso et le caporal Barron.

Quelle phrase symbolique ! Il faut être sous-lieutenant pour n'écouter que son devoir, faire fi de la défaite et affirmer le 19 juin 1940 : « Nous tenons toujours ! » Trois jours après la demande d'armistice formulée par le chef de l'état, la détermination de Le Venec sonne comme un défi, mais les sacrifices consentis au cours de cette matinée du 19 juin par la division Dagnan ne sont-ils pas autant de défis ? Sur le seul territoire de la commune de Foulcrey, 35 morts seront dénombrés [1]. Et les comptes rendus qui parviennent au PC de Sainte-Pôle ne sont pas encourageants pour le reste de la journée. Dans la matinée la division a déjà autant de pertes que la veille. Si les Allemands relancent leur attaque dans l'après-midi, il est probable que les unités épuisées ne tiendront pas sur les lignes fixées. Et pour quel gain ? Quelques arpents de terre lorraine qui, de toute façon, sont déjà sacrifiés. Dagnan en a tellement conscience qu'il a fait savoir à ses colonels qu'il était plus important de conserver la situation en main que de s'accrocher au terrain.

Dagnan : « Je leur ai recommandé de manœuvrer et de décrocher en temps voulu pour éviter les pertes inutiles. C'est beaucoup plus difficile que de se faire tuer sur place, surtout lorsqu'il n'y a plus d'espoir [2]. »

A l'échelon supérieur, au 20ᵉ corps, le général Hubert et son chef d'état-major, le colonel Frénot tiennent le même langage. Le 17 juin, Hubert prescrivait encore une défense *sans esprit de recul* alors que le lendemain, les ordres n'étaient plus que *de tenir sur place.* Le 19 juin, un pas de plus en arrière : résister *si possible sur la ligne fixée.* L'économie des forces est maintenant la règle et lorsque dans la matinée, le commandant Guilhaume Le Blanc, de l'état-major Dagnan, dresse un état provisoire des pertes subies depuis l'aube, le chef de l'ancien Secteur fortifié de la Sarre fait savoir à ses chefs de corps qu'ils sont autorisés à se replier. Plus de 80 morts et environ 290 blessés en quelques heures, cela suffit !

Reconstitué par le capitaine Sarrazin le journal de la division n'est pas très précis : « A 10 heures, lit-on, le repli est général. » L'ordre a pu être donné mais il ne correspond pas à la situation dans les unités. A l'aile gauche, le lieutenant-colonel Hargoaà dont le flanc est très pressé, transmet l'ordre de décrocher par ses moyens radio à 11 heures. Effectué au moment où l'ennemi poursuit ses attaques le repli s'exécute dans de mauvaises conditions. Il faut abandonner les voiturettes porte-mitrail-

1. Du 51ᵉ RMIC : Janet, Jolivet, Lebel, Delhomme, Millot, Vigny, Grandin, Olier, Bessière, Troesch, Gadot, Imbert, Gross, un inconnu, le caporal-chef Masson et le lieutenant Potoine. Du 133ᵉ RIF : Duchamps, Jamet, Heylans, Gaudron, Bouvier, Colin, Pelus, Launois et le sergent Legeay. Unité non identifiée : Voclère, Caugant, Reymann, Leugagne, Hubeaux, Gineytz, Mignan, Woytt, Ferry et le sergent Guyomarch.

2. Lettre du 22 mars 1970 adressée à l'auteur par le général Marcel Dagnan.

leuses dont les chevaux ou les mulets ont été tués ou blessés. Quelques pièces sont portées à dos d'homme, les autres sabotées et laissées sur place. Selon la formule habituelle, les blessés intransportables sont remis « à la générosité du vainqueur ». Hargoaà parviendra tout de même à ramener les deux tiers de ses forces au sud de la Vezouze.

« Malgré trois chevaux tués, rapporte le capitaine Saint-Martin, qui commande une compagnie du III/49e RIA, cinq canons de 25 sur six ont été sauvés, leur bouclier criblé de balles et d'éclats. »

Au II/51e RMIC du commandant Bruel, « la retraite est difficile et coûteuse », nous dit l'historique du régiment. Une partie du bataillon se regroupe dans le bois de Gondrexon, à quelques kilomètres de Amenoncourt. Bruel doit, lui aussi, emmener ses hommes au sud de la Vezouze mais le décrochage disperse le bataillon et des éléments isolés ne parviennent pas à reprendre le contact. A la suite d'un faux renseignement, le capitaine Bruyant et son détachement partent en direction de Baccarat. Ils rejoindront heureusement le 20 juin. Le lieutenant Cann a pris sous ses ordres la section Courtier, de la CM 7, le groupe franc du sous-lieutenant Hénard et les sections Seguin et Brihiez, de la CM 5. A Chazelles, Cann perd la trace du bataillon.

« La route de Saint-Martin est-elle libre ? » demande-t-il à un officier du 620e Pionniers.

— Bien sûr puisque nous tenons le village », répond l'autre avec une belle assurance.

Saint-Martin est à trois kilomètres mais Cann ne sait pas à quel point le « front » est mouvant sur le flanc gauche de la division Dagnan. Les pionniers ont en effet tenu Saint-Martin, renforcés par une section de chars de la compagnie du lieutenant Guillier.

« A 14 h 30, note celui-ci, le 620e pionniers se replie sans prévenir. Ma section reste seule durant trois quarts d'heure puis je lui donne l'ordre de se retirer sur Montigny. »

Guillier ignore que des coloniaux arrivent du nord-est et lorsque le détachement du lieutenant Cann entre à Saint-Martin il tombe dans une embuscade allemande. Les lieutenants Courtier et Seguin s'échappent et rejoindront le bataillon dans la soirée. Cann lui-même parvient à sortir du piège et, marchant pendant deux jours, sans la moindre nourriture, il retrouvera les siens au sud-est de Raon-l'Étape. Le sous-lieutenant Hénard s'évade avec quelques hommes du groupe franc et seul, l'adjudant Brihiez reste entre les mains de l'adversaire.

Au 51e RMIC, le capitaine Niox, officier adjoint du groupement Guigon, a transmis l'ordre de décrocher vers midi. A la CM 9, le lieutenant Aerts assure que Niox le lui a remis à 13 h 30. La compagnie d'engins abandonne quatre canons de 25 dont deux ont été détruits par les obus allemands. Les deux autres n'ont plus d'attelage. Un mortier de 81 hors d'usage est laissé mais les cinq autres vont être portés par les servants sur une distance de plus de six kilomètres. Un mortier de 81 (plaque de base et tube) pèse 56 kg et chaque projectile 3,250 kg. Le portage serait déjà épuisant pour des hommes en bon état physique mais pour les coloniaux du 51e RMIC affaiblis par le manque de sommeil et de nourriture c'est un exploit. Heureusement, l'ennemi a, lui aussi, beaucoup souffert et ne suit pas.

« Il est quatorze heures, écrit le Dr Cabiran lorsque le commandant Guigon, qui part toujours le dernier, arrive près de nous. »

Le 41e RMIC du colonel Tristani doit se rétablir sur la Vezouze qu'il défendra pendant que les autres unités de la division se regrouperont au sud du cours d'eau. Sur l'itinéraire qui conduit à Domèvre-sur-Vezouze, l'artillerie allemande, toujours renseignée par le « mouchard » crache ses salves sur les colonnes en retraite. Le lieutenant Émile Biver, un Mosellan de 28 ans, succombera à ses blessures près de Verdenal ; le capitaine Thibaudet et le lieutenant Dardaine sont atteints par des éclats et évacués sur le poste de secours. En arrière-garde, la CM 9 du capitaine Courdavault qui a marché toute la nuit du 18 au 19 « malgré une fatigue inouïe », retient l'adversaire pendant deux heures avant de se replier sur Domèvre.

« Complètement épuisé, l'aspirant de Camaret s'est écroulé à son poste de combat et je l'ai fait évacuer », écrit Courdavault.

Une heure plus tard, le lieutenant Dumond craque, lui aussi, et le médecin du bataillon l'envoie dans une formation sanitaire de Raon-l'Étape pour « épuisement physique ». Le PC du 41e RMIC est à Domèvre où de petits détachements que l'on croyait perdus, ou prisonniers, ne cessent d'affluer. En descendant de sa voiture, le commandant Virolet, toujours exalté, proclame « que le dernier combat aura lieu à Domèvre et qu'ensuite le IIIe bataillon prendra le maquis dans les Vosges ».

Affalés à l'ombre, le long des maisons ou couchés dans l'herbe des vergers, les rescapés du III/41e RMIC ne sourient même pas. L'état des effectifs n'a pas été dressé car, outre les tués et les blessés du matin, nombreux sont les hommes qui, victimes d'un épuisement insurmontable, sont tombés en cours de route. Quant à la situation de l'encadrement, elle est éloquente : à la CM 9, le capitaine Courdavault est le dernier officier valide. A la CM 10, depuis la blessure du capitaine Thibaudet, le lieutenant Vauthier reste seul. Le lieutenant Bertron, des transmissions, et le sous-lieutenant Barrat, de la section des mortiers, sont portés disparus. Deux médecins du 41e Colonial, Gronier et Gaulène, manquent également à l'appel. A la CM 11, que l'on croyait écrasée la veille à Nouvel-Avricourt, un petit détachement a réussi à rejoindre Domèvre avec deux officiers, le lieutenant Seilles et le sous-lieutenant Constant. Ces derniers se rendent d'abord à l'église pour y saluer la dépouille de leur chef, le capitaine Folgoas, tué la veille. Il repose, a noté Constant, « sur un brancard recouvert par une toile de tente sur laquelle on a posé son calot[1] ».

Au pont de la Vezouze, les sapeurs attendent l'ordre de mise à feu. Quelques mitrailleuses sont braquées sur la rive nord et, au PC du 41e RMIC, le lieutenant Mabire ferme la popote et fait charger les cantines. Le colonel Tristani porte son PC vers le sud. Dans les vergers, les coloniaux se gavent de cerises ou dorment à poings fermés, sur le sol, afin de récupérer avant la reprise du combat.

A l'aile droite de la division Dagnan, le lieutenant-colonel Bertrand aurait transmis l'ordre de décrocher aux trois bataillons du 133e RIF vers midi. Là non plus l'ennemi ne semble pas décidé à poursuivre et le mouvement s'opère dans un calme relatif, l'artillerie adverse tirant sur les itinéraires de repli. Il reste que les hommes ont une dizaine de kilomètres à parcourir pour gagner Blâmont et qu'ils effectuent le trajet sous un soleil de plomb et, une fois de plus, le ventre creux.

« A l'entrée de Blâmont, relate le capitaine Favaron, c'est une cohue sans nom, un mélange inextricable d'unités. J'essaie de rassembler la CM 3 mais beaucoup d'hommes ont disparu, sans doute égarés. »

Dans la petite ville envahie par la troupe, la confusion est totale et le désordre absolu. Des attelages d'artillerie, des fourgons de la division Chastanet, des voiturettes du 133e RIF bloquent les rues et les réfugiés qui craignent une attaque aérienne commencent à s'affoler. Devant ce spectacle le lieutenant-colonel Bertrand pense à son régiment. Fortement marqué par les combats de la veille au sud du canal, éprouvé par ceux de la matinée, le 133e RIF ne va-t-il pas se déliter au cours de cette retraite qui n'en finit plus ?

Bertrand : « Tout le monde est excédé par ces ordres de repli dont la cadence s'accélère. A cette allure toute l'énergie disponible est employée, non dans une mission utile de résistance mais à marcher. »

Le chef de corps ne peut plus supporter cette situation. Il ne comprend pas, le colonel Dagnan ne lui a pas expliqué, que le mouvement, si épuisant soit-il, a pour objectif de gagner du temps en attendant la signature de l'armistice. Bertrand ne cherche pas à en savoir plus ; il voit que ses soldats sont à bout de forces et incapables de trouver en eux la volonté de poursuivre une retraite dont ils ne connaissent pas le sens. Il convoque les chefs des Ier et IIe bataillons, Cailloux et Fribourg-Eynard, le capitaine Debever représentant le commandant Grill, du III/133e RIF, qui n'est pas encore arrivé. Aux trois hommes ébahis,

1. Seront inhumés à Domèvre : Georges Lombardot, le caporal-chef Louis Friedblatt, l'adjudant-chef René Carle et 11 Allemands des *IR 125* et *126*.

Bertrand fait part de sa décision : au risque de déséquilibrer la division, le 133e RIF ne recule plus et s'enferme dans Blâmont.

La ville va être transformée en centre de résistance fermé et les trois bataillons vont s'y battre sans esprit de recul, ce qui est en opposition avec les consignes du général Hubert et avec les ordres du colonel Dagnan. Bertrand a tout de même un réflexe qui peut l'empêcher de donner suite à une décision tout à fait absurde. Peut-on sérieusement envisager de livrer combat dans une ville où la plupart des habitants n'ont pas été évacués, et où s'entassent non seulement des réfugiés mais les enfants de deux orphelinats de Strasbourg ? Le chef de corps du 133e RIF envoie son officier de liaison, le lieutenant de Miscault, au PC de Dagnan, afin d'expliquer à celui-ci que « le 133e RIF est à bout de forces et préfère se battre jusqu'à la dernière cartouche dans Blâmont plutôt que de s'user davantage sur les routes ».

Pendant que le jeune officier se prépare à remplir sa mission, Bertrand rend leur liberté aux commandants de ses bataillons et fait savoir au maire de la localité qu'il devra désormais assurer l'alimentation du régiment avec les ressources locales. Bien entendu, le personnel médical de l'hôpital n'est pas autorisé à quitter son poste mais doit se préparer à recevoir les blessés des combats à venir.

Au PC de la division, Dagnan et Jacquet, son chef d'état-major, ont quasiment le souffle coupé lorsque le lieutenant de Miscault leur donne la teneur du message qui leur est envoyé par Bertrand. Quelle mouche a donc piqué le commandant du 133e RIF ? Est-il à ce point fatigué qu'il envisage de fouler aux pieds la discipline et de désobéir aux ordres de ses supérieurs ? Dagnan envisage un instant de le relever de son commandement. La division qui a déjà son flanc ouest découvert depuis le retrait de la 1re DG Pol. et le repli profond de la 52e DI, serait menacée à l'est si Bertrand se désolidarisait des autres régiments.

« On ne déserte pas ainsi le champ de bataille, lance Dagnan qui domine avec peine sa colère. Chacun est responsable des autres et un régiment n'a pas le droit de faire cavalier seul ! »

Miscault est dans ses petits souliers et donnerait cher pour se trouver ailleurs. Il opine du chef, talons serrés, enregistrant sans broncher les ordres que Dagnan le prie de transmettre à son chef de corps. Sous la semonce celui-ci va marquer le coup et... s'inclinera.

« Vers 17 h 30, écrit Bertrand, le lieutenant de Miscault revient avec l'ordre formel de quitter Blâmont et d'aller tenir la ligne Halloville — Nonhigny — Montreux. Il faut obéir. Sous une chaleur accablante, le mouvement de repli recommence. »

La nouvelle position affectée au 133e RIF n'est pas très loin de Blâmont et représente cinq ou six kilomètres à parcourir mais les ordres et contrordres qui se succèdent ont fini par désorganiser le régiment dans les rangs duquel la discipline n'est plus toujours respectée.

L'exemple du II/133e RIF met en relief le malaise qui règne dans les unités. Après les rudes combats du matin, le bataillon s'était arrêté dans le bois du Triou, à proximité de Blâmont. « Épuisé de fatigue » nous dit-on. A la suite de la décision du chef de corps de s'enfermer et de se battre dans la ville, les compagnies ont quitté le bois pour Blâmont mais leur présence ajoutant à l'encombrement, Cailloux a reçu l'ordre de les ramener dans le bois de Triou. Enfin, après le retour au PC du lieutenant de Miscault, nouveau départ du IIe bataillon, cette fois en direction de Montreux, à six kilomètres au sud.

« Nous n'en pouvons plus, avoue le capitaine Favaron. Les plus débrouillards se hissent sur des carrioles, des véhicules d'autres régiments, beaucoup se trompent de chemin et, au fil des kilomètres, les bataillons perdent toute cohésion. »

Quelques-uns des « débrouillards » deviennent même facteurs de panique et vont susciter des réactions brutales. Vers Harbouey, au sud-est de Blâmont, le colonel Robert, du 166e RAP, voit « des fantassins du 133e RIF qui refluent en criant que les boches sont à cinquante mètres. C'est aussitôt une véritable débandade de voitures partant au grand trot, d'hommes courant à moitié habillés... »

Robert n'hésite pas : « Deux coups de 25 sont tirés sur les fuyards pour les calmer ! » lit-on dans le journal du 166e RAP.

Le mal dont souffrent les divisions en retraite porte un nom : l'ignorance. Qui est l'ennemi ? D'où vient-il ? Quel est son axe de progression ? Unité d'infanterie ou unité blindée ? Et contrairement à ce qui se passait pendant la « drôle de guerre », il n'est plus question d'envoyer les groupes francs en embuscades pour capturer des prisonniers. Ainsi, le colonel Dagnan ignore que le 19 juin, deux divisions allemandes se sont trouvées pendant la matinée sur son front. A l'ouest, devant le 49e RIA, la *75e ID,* et à l'est, devant le groupement Guigon et le 133e RIF, la *60e ID* du *General* Eberhardt. Celle-ci n'est pas une inconnue pour les coloniaux de Dagnan qui ont déjà contenu ses assauts le 14 juin sur la ligne Maginot, à Holving et à Rémering (Moselle). Comme beaucoup de généraux allemands, Eberhardt supposait que la poursuite deviendrait très vite une promenade touristique à travers la Lorraine mais depuis les sanglants affrontements du 18 juin, il ne comprend plus : pourquoi les Français résistent-ils comme si leur vie en dépendait alors que le maréchal Pétain a demandé l'armistice ? Le mercredi 19, les combats de la matinée ont montré que toute idée de « promenade touristique » devait être écartée. Le journal de la *60e ID* indique qu'à midi, deux bataillons du *Regiment 244* ont été arrêtés par le feu devant Foulcrey, le *IR 243* étant lui-même bloqué avec son bataillon de tête devant Richeval défendu par le 153e RIF de la division Chastanet. Eberhardt a décidé de ne pas en rester là à la mi-journée et son troisième régiment d'infanterie, le *IR 92* de l'*Oberst* Rossum, va être engagé en premier échelon. Quant à l'artillerie, elle reçoit l'ordre de tirer systématiquement sur tous les observatoires présumés, de façon à rendre les tirs de contre-batterie français inopérants.

« Pour débusquer l'ennemi, lit-on dans le journal de la *60ᵉ ID,* la décision est prise d'attaquer entre Foulcrey et Ibigny et de percer... »

L'endroit est parfaitement choisi puisqu'il est situé à la limite des 20ᵉ et 43ᵉ corps et que les généraux Hubert et Lescanne ne coordonnent pas leurs mouvements. Foulcrey est abandonné au début de l'après-midi par la division Dagnan qui se replie mais Richeval est toujours défendu par la division Chastanet. C'est donc celle-ci qui va recevoir le choc des bataillons mis en ligne par le *General* Eberhardt, une attaque de front mais également de flanc puisque la gauche de Chastanet est découverte par le départ de Dagnan.

## CHAPITRE XIII

# « Celui qui sera tué a un pressentiment... »

Le général Chastanet n'a aucune raison de prévoir l'attaque qui se prépare sur la gauche de sa division, à la liaison avec les unités du colonel Dagnan. Les échos des combats de la matinée laissent d'ailleurs supposer que les Allemands cherchent à percer chez Dagnan. Sinon, pourquoi la matinée aurait-elle été si calme au 153e RIF du lieutenant-colonel Mauvin qui a deux bataillons en ligne de part et d'autre de la RN 4 et le III/153e RIF en réserve de division à Frémonville ? Non seulement Chastanet ne possède aucun indice d'une éventuelle extension de l'attaque adverse mais il ignore que son voisin Dagnan, après les pertes subies au cours de la matinée, a donné un ordre de repli à ses régiments. On voit ainsi que Dagnan se plaint d'avoir son flanc gauche découvert par le repli profond de la 52e DI, mais qu'il se prépare, sans prévenir Chastanet, à exposer aux coups la gauche de celui-ci.

Sur la droite du 153e RIF, une unité hybride, peu solide, le BI-CI [1], amalgame réalisé deux jours plus tôt avec le 21/153e RIF du commandant Rouveure et le centre d'instruction n° 207 du commandant Molinié. Celui-ci commande le « bataillon de marche » ainsi constitué avec Rouveure pour adjoint. Le BI-CI est encadré à gauche par le 153e RIF mais à droite, il dépend du 37e RIF du lieutenant-colonel Combet, réduit à un gros bataillon depuis les combats de la veille sur le canal. A droite de la division Chastanet, le 166e RIF de Subervie contient un ennemi moins mordant que le 18 juin. Le point faible de la ligne reste le quartier du BI-CI qui, malgré son titre pompeux de « bataillon de marche » est très démuni.

« Pas de mortiers ni de transmissions, note le commandant Rouveure, deux compagnies de fusiliers d'environ 130 hommes chacune, et une compagnie de mitrailleuses. Les jeunes soldats sont de la classe 39 et leur instruction n'est pas achevée... »

1. Bataillon d'instruction — centre d'instruction.

Les « Marie-Louise » de la division Chastanet sont envoyés au feu dans la pire des opérations : une retraite. Comment se conduiront-ils ? Les prises de contact de la matinée du 19 leur donnent une vision très atténuée de la guerre car elles ne sont pas comparables aux combats meurtriers qui, à la même heure, s'engagent sur le front de la division Dagnan. Le lieutenant Lethielleux, de la compagnie de mitrailleuses du BI-CI, fixe la prise de contact à 8 h 30 : « Les premiers coups de feu claquent et des *minen* éclatent à cent mètres derrière nous. »

Les jeunes fusiliers sont à la lisière du bois du Blâmont : la compagnie du capitaine Hoffherr à gauche de la route Hattigny — Tanconville, celle du capitaine Narbot à droite, derrière un étang. Les sections de mitrailleuses renforcent l'ensemble du dispositif. A la compagnie Hoffherr, le lieutenant Dammert confirme les propos de Lethielleux : « A 8 h 30 une patrouille allemande est en vue. Elle échange quelques coups de feu avec nous et s'installe à 800 mètres, sur une crête. »

L'ennemi cherche simplement à savoir où se trouvent les Français et entend les amener à dévoiler les emplacements de leurs armes automatiques. Et les Français — ce n'est pas la première fois — tombent dans le piège. A gauche du BI-CI, au II/153e RIF du capitaine La Neele, la CM 5 du capitaine de Gassart salue l'apparition de l'ennemi de tirs nourris.

« Il y a eu un affolement caractéristique, reconnaît le sous-lieutenant Jean Weber, et des munitions ont été gâchées inutilement. »

A l'aile gauche de la division Chastanet, le I/153e RIF du commandant Oudinot a lui aussi pris le contact mais le capitaine Husson, dont la CM 2 est à Ibigny, a tout de suite compris que l'effort ennemi portait sur la division Dagnan. A Richeval, de l'autre côté de la RN 4, la CM 1 du lieutenant Curin est appuyée par la compagnie d'engins du capitaine Petitjean mais le sous-quartier reste calme. Oudinot, le chef de bataillon, a placé sur le flanc droit de Richeval la compagnie du capitaine Chagot, du 425e Pionniers.

« Méfiez-vous, a-t-il dit à celui-ci, “ ils ” peuvent s'infiltrer à travers le bois de Blâmont et vous tourner. »

Le 37e RIF défend Hattigny avec ses forces « reconstituées » : le IIIe bataillon commandé par le capitaine Sarda depuis la mort du commandant Féraud survenue la veille, et les rescapés du II/37e RIF du commandant Laender. Une attaque allemande se produit, semble-t-il, vers 10 heures du matin mais ne s'agit-il pas plutôt d'une prise de contact ? Ce sont les fantassins du *Regiment* Hotzy, de la *252e ID,* qui débarquent de leurs camions après avoir dormi pendant que les Français marchaient et creusaient leurs emplacements.

« Une dizaine de chars prennent nos armes automatiques sous le feu de leurs canons, écrit le lieutenant-colonel Combet qui précise très sérieusement : « A 11 h 45, un tir de 155 est exécuté sur les chars. Au deuxième obus, l'un d'eux est touché et flambe. »

Joli bilan qui relève malheureusement de la fiction ; la *252ᵉ ID* du *General* Boehm-Bezing ne possède aucune unité de chars et l'on peut s'interroger sur le sérieux de l'observateur qui a transmis le renseignement.

La vérité est plus simple : les troupes fraîches de l'*Oberstleutnant* Hotzy sont plus nombreuses, plus mordantes que les Français, et ravitaillées en munitions à la demande. Les *minen* s'abattent en pluie sur le carrefour de Hattigny et Combet a beau promettre par téléphone au général Chastanet « que le 37 tiendra », il devient évident que le « régiment » est trop faible pour résister longtemps. Chastanet le sent si bien qu'il promet du renfort : « Je vous envoie deux compagnies du génie, une compagnie de pionniers et des chars R 35.

— Quand, mon général ? » s'inquiète Combet.

« Ils sont en route. »

Combet se dit qu'il pourra peut-être contre-attaquer avec les chars, ne serait-ce que pour donner de l'air à Hattigny. Pour les autres, sapeurs et pionniers, ils feront de la figuration et rien d'autre. Mais le temps passe et aucune tourelle de char ne se profile à l'horizon. La compagnie Onden a cédé du terrain et le capitaine Cauro a fait reculer la sienne pour s'aligner sur Onden mais la pression allemande se fait plus forte et, au début de l'après-midi, Combet transmet l'ordre dicté par la sagesse : « Évacuez Hattigny et repli sur Bertrambois ! »

Le village est à trois kilomètres au sud et les Allemands vont simplement conserver le contact. Ils ont d'autres projets. Le repli du 37ᵉ RIF s'effectue sous la protection du lieutenant Carbasse [1] et les hommes de Combet se sentent d'autant plus capables de défendre Bertrambois que la compagnie de R 35 promise vient de s'y arrêter. Peut-on compter sur eux pour contre-attaquer ? C'est peu probable et le journal de la division Chastanet ne le dissimule pas : « Les chars se sont bornés à s'embosser sur les layons de la forêt où les a placés le capitaine Sarda, du III/37ᵉ RIF. »

Depuis Hattigny, l'*Oberstleutnant* Hotzy n'a pas l'intention de pousser vers le sud mais vers le sud-ouest, en suivant la route qui conduit à Tanconville. Cet itinéraire est défendu par les « Marie-Louise » du BI-CI et le commandant Molinié a fait établir cinq barrages successifs par des pionniers qui ont abattu des arbres en travers de la route. Serviront-ils ? L'impression dominante est que l'ennemi porte son effort à droite, sur le 37ᵉ RIF. On devrait toujours se méfier des impressions.

1. Le 37ᵉ RIF laisse quatre tués à Hattigny : Costermann, Mariana, Sablon et Moreau. Les blessés ont pu être évacués.

« Des colonnes allemandes avancent sur la route Hattigny-Bertrambois, écrit le lieutenant Dammert. Que se passe-t-il à notre droite ? Impossible de le savoir. »

Vers midi, à l'heure où, sur la gauche de la division Chastanet, le colonel Dagnan replie ses régiments, au BI-CI, l'atmosphère reste sereine. Le médecin Cottoni a fait panser les premiers blessés mais cela ne signifie rien. « Des coups de feu mais pas de fusillade ! » observe le commandant Rouveure. D'ailleurs, il est l'heure de déjeuner. Au PC de la compagnie Hoffherr, à l'ombre des arbres, le capitaine et les lieutenants Dammert et Brouant se restaurent : hors-d'œuvre variés, bœuf en conserve et riz. Chacun a son quart de vin mais le lieutenant Desvignes leur a envoyé une bouteille de Bourgogne et une fiole d'eau-de-vie de prune.

Dammert : « De la conversation, une phrase du capitaine m'est restée : “ Celui qui sera tué a un pressentiment pendant toute la journée. ” Mais aucun de nous trois n'avait ce quelque chose de vague laissant prévoir l'arrivée du jour fatal. »

Après le repas, les trois officiers allument leur pipe puis, « s'asseyant derrière un tronc d'arbre et tournant le dos à l'ennemi, le capitaine Hoffherr fait sa sieste, dormant du sommeil du juste ». (journal Dammert).

A la compagnie d'engins le lieutenant Lethielleux prend son repas un peu plus tard : « Déjeuner sommaire à 14 heures à la roulante, écrit-il. J'ai du mal à ne pas m'endormir, je suis abruti de fatigue. »

Informé par le sous-lieutenant Adam, dont le canon de 37 est contre la route, à la lisière des bois, Lethielleux a tout de même rendu compte au commandant Molinié « que les Allemands s'installent sur une crête, à 400 mètres devant la forêt ». De son côté, Molinié a signalé au PC du 37e RIF des rassemblements ennemis et demandé une intervention de l'artillerie. Rien n'est venu. Une attaque semble pourtant se préparer, mais dans quelle direction ?

Sur la gauche de la division Chastanet, la situation se dégrade au moment du repli ordonné à ses régiments par Dagnan. Le I/153e RIF perd d'abord une compagnie, la CM 2 du capitaine Husson, qui lâche Ibigny en se laissant entraîner par la retraite du 133e RIF.

« Le repli s'effectue sous un feu violent de l'ennemi ! » rapporte le lieutenant Trouche dont la section décroche avec celles de l'aspirant Delmas et du chef Thiais [1].

Ibigny, à l'ouest de la RN 4, étant évacué, restent à Richeval, à l'est de cet itinéraire convoité par les Allemands, les derniers éléments du

1. Dans son rapport le lieutenant Edmond Trouche précise que le repli a eu lieu « vers 11 h » et que « vers midi » la CM 2 se regroupait à Blâmont avant de se diriger sur Badonviller.

I/153e RIF : la CM 1 du lieutenant Curin, la CEFV 1 du capitaine Petitjean et la compagnie de pionniers du capitaine Chagot. Richeval est solidement tenu puisque les attaques de la matinée, lancées par un bataillon du *IR 243* ont été contenues. Curieusement, un ordre de repli va être donné au commandant Oudinot, ordre qui ne s'applique pas au II/153e RIF du capitaine La Neele lequel, plus à droite, en liaison avec le BI-CI, défend la lisière nord du bois de Blâmont. Oudinot doit abandonner Richeval parce que son flanc gauche est dégarni. Il est pourtant évident qu'en partant, il exposera à son tour le flanc du bataillon La Neele. La responsabilité de l'ordre de repli est importante car son exécution aura pour conséquence l'isolement du bataillon La Neele et du BI-CI de Molinié. Qui a donné cet ordre ?

« Sur ordre du général Chastanet, affirme le lieutenant-colonel Mauvin, du 153e RIF, je prescris au Ier bataillon qui tient toujours à Ibigny et à Richeval (...) de décrocher sans délai mais, eu égard à la situation générale, l'ordre reçu s'avère trop tardif [1]... »

Dans le journal de sa division, le général Chastanet rejette cette responsabilité sur Mauvin : « Le chef de corps du 153e RIF prit à temps l'initiative de replier son bataillon de Richeval sur les bois et de le disposer en échelon défensif face au nord-ouest. »

Un autre document, antérieur semble-t-il au précédent, et manuscrit, nous vient également du général Chastanet, document dans lequel il reconnaît au contraire avoir donné l'ordre de repli à Mauvin : « Ordre est transmis par un officier de liaison (capitaine Gellé) au colonel Mauvin (...) de porter le bataillon Oudinot sur la rive sud de la Vezouze et de maintenir sa liaison à gauche avec le 133e RIF. »

Si nous reprenons la formule employée par Mauvin, il est exact que « l'ordre s'avère trop tardif ». En effet, dans son rapport — où l'on relève de nombreuses lacunes — le capitaine Petitjean, de la compagnie d'engins écrit : « A midi, les commandants de compagnie reçoivent ordre de se décrocher et de se porter à Frémonville [2]. »

Il est certainement plus tard que midi car le repli est entamé, précise Petitjean « au moment où l'ennemi passe à l'abordage ». Et il ajoute : « Dans le village pressé par l'assaillant qui occupe déjà quelques maisons, il faut se retirer pied à pied avec le matériel et combattre en reculant tandis que l'arrière est soumis à un violent bombardement. »

La *60e ID* du *General* Eberhardt a lancé dans l'affaire deux bataillons

1. Lettre du 30 août 1967 adressée à l'auteur par le colonel Mauvin, de Bordeaux.
2. Le rapport Petitjean est daté du 30 décembre 1940 et son auteur l'a rédigé en captivité à l'Oflag VI-D. Nous supposons que Frémonville où le III/153e RIF du commandant Robin est tenu en réserve, a été donné comme lieu de regroupement au Ier bataillon.

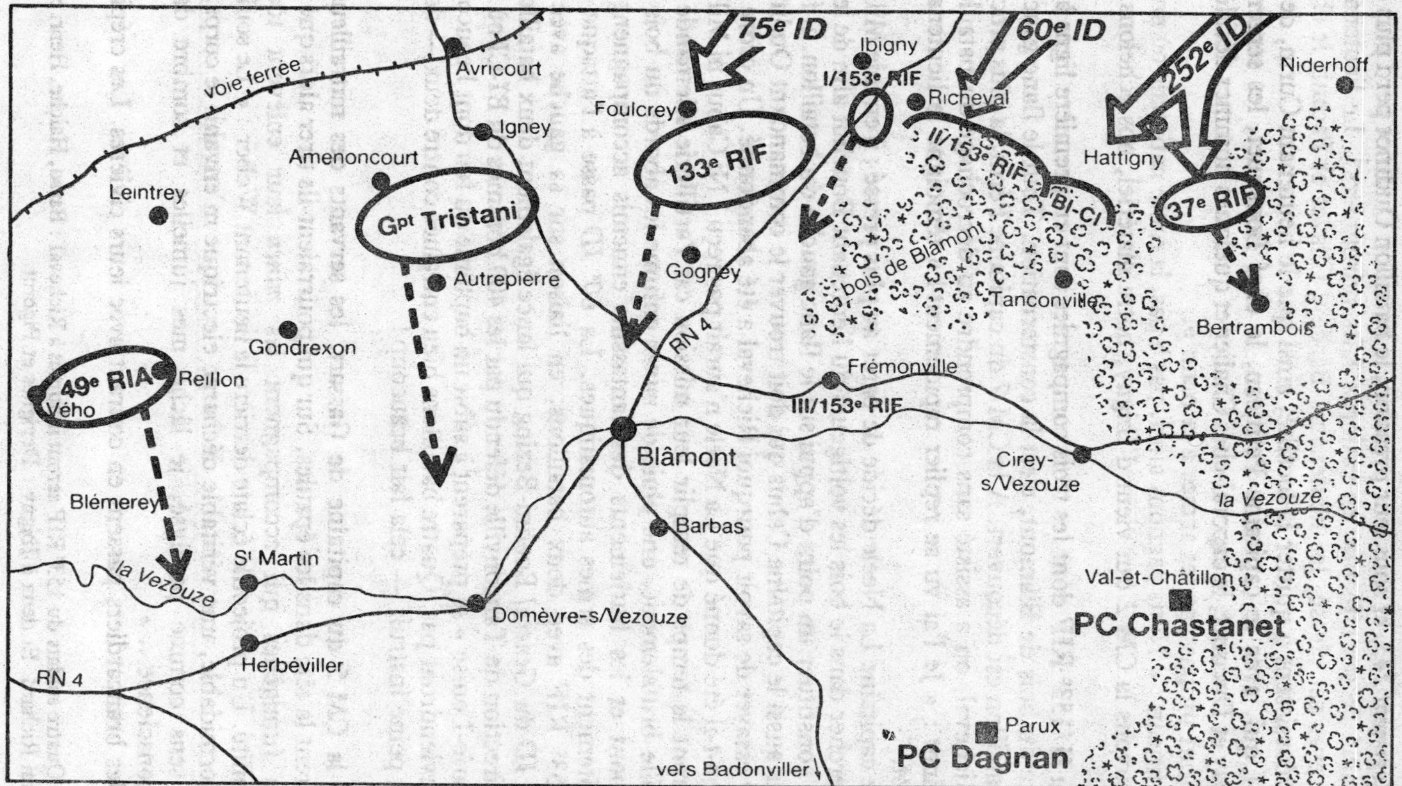


Front des divisions Dagnan et Chastanet le 19 juin vers 14 heures

du *Regiment 243*, et sous leur pression, le bataillon Oudinot perd plus de la moitié de ses effectifs, en majorité faits prisonniers[1]. Le lieutenant Ramseyer est blessé, les lieutenants Barbey, Chavet et Pacaut, le chef Fay réussissent à quitter la localité, ainsi que le lieutenant Curin, de la CM 1 qui, avec le capitaine Petitjean, le chef Bousquet, les sergents Demay et Ducouet, le caporal-chef Chalier et quelques hommes décidés, « se font un passage les armes à la main ».

Petitjean : « Nous gagnons ainsi, pas à pas, la route nationale où nous retrouvons la CM 2 qui vient d'Ibigny, notre matériel, nos échelons. »

Au II/153ᵉ RIF dont les trois compagnies sont en première ligne à la lisière du bois de Blâmont, c'est la consternation. Tout le flanc gauche du bataillon est découvert. A la CM 7 du capitaine Périn, la plus proche de Richeval, on a assisté sans comprendre au décrochage du bataillon Oudinot : « Je l'ai vu se replier rapidement ! » témoigne le lieutenant Millot.

Le capitaine La Neele décide de parer au plus pressé ; il envoie Millot rechercher dans le bois les voltigeurs du lieutenant Bouchot afin de leur faire constituer un point d'appui sur le flanc gauche du bataillon. Il fait partir aussi le capitaine Cabus qui doit trouver le commandant Oudinot pour essayer de savoir pourquoi Richeval a été abandonné. Un ordre de repli a-t-il été donné que La Neele n'aurait pas reçu ? Ni Cabus ni Millot n'auront le temps de remplir leur mission car l'artillerie allemande se réveille brutalement, une pluie de *minen* enfume les abords du bois de Blâmont et les hurlements des fantassins ennemis accompagnent le crépitement des armes automatiques. La *60ᵉ ID* passe à l'attaque du II/153ᵉ RIF avec deux bataillons, en liaison sur sa gauche avec la *252ᵉ ID* du *General* Boehm-Bezing qui lance également deux bataillons en direction de Tanconville défendu par les 400 hommes du BI-CI où les « Marie-Louise » se préparent à subir un baptême du feu dont beaucoup ne reviendront pas. Quatre bataillons bien entraînés contre deux — dont un à peine instruit — cela fait beaucoup !

A la CM 5 du capitaine de Gassart, les servants des mitrailleuses rentrent la tête dans les épaules. Sur qui pourraient-ils tirer alors que les obus fumigènes qui accompagnent les *minen* leur enlèvent toute visibilité. Un projectile éclate derrière le lieutenant Weber : « Le souffle est formidable, une véritable décharge électrique m'envahit le corps, je me sens comme paralysé, je lâche mes jumelles et sombre dans l'inconscience… »

Des brancardiers passent en courant avec leurs civières. Les crépite-

1. Quatre soldats du 153ᵉ RIF seront inhumés à Richeval : Basso, Haiche, Henri et le caporal Richard. Et deux à Ibigny : Devignes et Pigorot.

ments d'armes automatiques se multiplient et, lorsque Weber revient à lui, il entend le bruit sec des branches coupées par les balles. Le capitaine de Gassart lui fait signe de le rejoindre mais il s'évanouit une seconde fois. On ne saura sans doute jamais à quel endroit du front tenu par le II/153e RIF les Allemands ont pénétré dans la forêt mais il est certain que les combats individuels qui se livrent sous les couverts, sont sans concession de part et d'autre. On se fusille à courte distance, tués et blessés ne se comptent plus, les grenades répondent aux *minen* mais tout le dispositif du bataillon La Neele est enfoncé, tourné et des sections entières disparaissent. A la CM 6 du capitaine Barral où les hommes écrasés de fatigue ont dormi toute la matinée, le réveil est brutal.

« Le combat est confus, pénible, raconte Barral. Sous bois, avec quatre mitrailleuses et un FM par section, on se sent désarmé contre les mitraillettes. Dans la mêlée j'ai descendu deux Allemands puis, atteint de trois balles, dont une dans le ventre, j'ai perdu connaissance[1]. »

A la CM 7 du capitaine Périn, l'attaque de l'infanterie adverse déferle avec violence. La section de l'aspirant Wolf se replie sous bois pour ne pas être capturée. Celle du lieutenant Battestini est submergée et son chef, commotionné par l'explosion d'un obus, est laissé pour mort. Quand il reviendra à lui, la vague d'assaut sera loin et Battestini se cachera jusqu'à la nuit pour tenter de rejoindre le régiment. Il sera fait prisonnier à l'entrée de Frémonville à 23 heures. A la CM 5, le sous-lieutenant Weber est conduit au poste de secours par Raoult, un autre sous-lieutenant. Ils rencontrent en chemin le lieutenant Millot qui a renoncé à trouver Bouchot et ses voltigeurs tant la fusillade est intense. Raoult rassemble quelques hommes et s'embusque dans un fossé. Weber continue seul puis trois soldats de la CM 6 se joignent à lui et, ensemble, ils attendent les Allemands qui se présentent en hurlant et en donnant l'impression de vouloir faucher à la mitraillette tout ce qui se trouve sur leur passage. Mais s'ils font du bruit comme vingt ils ne sont pas nombreux. Les Français tirent, un de leurs adversaires touché à l'abdomen s'effondre et ses camarades l'emportent en se repliant.

« On a eu chaud ! » dira Weber qui, avec ses compagnons, se bourre de fraises et de myrtilles.

Pendant ce temps, le lieutenant Millot est retourné au PC du II/153e RIF. Il n'imagine pas que le bataillon est enfoncé et il est surpris de voir que le PC, jonché de matériel « oublié » est désert. Des brancardiers, des agents de liaison qui viennent d'accomplir leur mission, le rejoignent. Eux non plus ne comprennent pas mais ils n'ont

1. Lettre du 28 janvier 1979 adressée par le colonel Barral à l'auteur. Évacué sur l'hôpital de Sarrebourg, l'officier fut opéré par le Dr Müller : « J'ai évité la péritonite, dit-il, car j'étais à jeun depuis 36 heures, sauf un verre de Pernod pur avalé dans un café abandonné. L'alcool a agi comme un excellent désinfectant. »

pas le temps de se poser des questions. Les Allemands jaillissent des fourrés, baïonnette au canon, prêts à frapper. Un geste de défense et ce serait le massacre.

« On nous a conduits à Richeval, se souvient Millot, où l'on rassemblait déjà de nombreux prisonniers, surtout du I$^{er}$ bataillon. » Et il ajoute : « C'était la lutte du pot de terre contre le pot de fer ! »

Au PC du BI-CI, les échos de la bataille parviennent très affaiblis du fait de la profondeur de la forêt et du relief du terrain. Le commandant Rouveure est allé faire replier la cuisine roulante qui stationne depuis la soupe du matin à 300 mètres en arrière du PC. A son retour, il perçoit « dans la direction du 153$^{e}$ RIF une fusillade qui paraît encore lointaine mais augmente d'intensité ». Près du carrefour Hattigny-Tanconville-Richeval, en pleine forêt, Rouveure rencontre un officier de l'état-major du II/153$^{e}$ RIF, le lieutenant Gautron. Il est assis sur le rebord du fossé, hagard, épuisé, et le chef de bataillon ne parvient pas à en tirer le moindre renseignement. Que se passe-t-il au bataillon voisin ? Quelques instants plus tard, apparaît sur le chemin le capitaine La Neele qui semble lui aussi en état de choc.

« J'arrive de chez l'ennemi, dit-il à Rouveure abasourdi, j'ai été fait prisonnier mais j'ai pu m'échapper. Ils sont tout près et avancent. C'est la fusillade que vous entendez ! »

Le capitaine Mosser et le sous-lieutenant Casanova sont prisonniers, La Neele les a vus, d'autres aussi sans doute mais dans l'échauffourée il n'a pu mettre de nom sur tous les visages. Le capitaine explique que l'ennemi est très agressif et ses tirs meurtriers ; le bois est plein de tués et de blessés. Rouveure ne perd pas de temps ; il revient au PC en courant pour alerter le commandant Molinié qui, installé en contrebas, « entend mal le bruit du combat sur sa gauche et croit l'ennemi beaucoup plus loin ».

Molinié est stupéfait. Le II/153$^{e}$ RIF enfoncé ? La compagnie du capitaine Hoffherr risque d'être attaquée de flanc ! Le commandant du BI-CI ordonne à Rouveure de se rendre au PC de Hoffherr et d'enlever deux sections à celui-ci avec lesquelles on constituera une bretelle à gauche. Rouveure part aussitôt, à pied bien entendu. Molinié prend trois autres décisions : replier toutes les voiturettes (mitrailleuses, munitions, service de santé) qui stationnent à proximité du PC ; transporter celui-ci dans le bois, de l'autre côté de la route de Tanconville ; enfin, déplacer les mitrailleuses de la section Quarez afin de barrer l'itinéraire Richeval-Tanconville. Ces mesures sont dictées par le bon sens mais les événements peuvent se précipiter. Molinié en a conscience et il appelle le lieutenant Lethielleux, de la compagnie d'engins : « Allez vite au PC de la compagnie Hoffherr et dites au capitaine de replier toute son unité vers la route ! »

A dix minutes d'intervalle, Lethielleux qui est accompagné d'un volontaire, le soldat Grellet suit donc le commandant Rouveure. Ce dernier voit Hoffherr, lui explique la situation, souligne l'urgence de la manœuvre à effectuer et... attend les deux sections pour les ramener lui-même.

« Soudain, écrira-t-il, j'entendis que la fusillade se déplaçait vers la gauche, ce qui indiquait que l'ennemi pouvait arriver sur nous d'un instant à l'autre. Je pris la décision de rejoindre le PC avec toutes les armes automatiques que je pourrais rassembler. »

Un peu plus tard, Lethielleux qui a franchi les deux derniers abattis de la route Hattigny-Tanconville, prévient le sous-lieutenant Adam qui veille auprès de son vieux canon de 37 et gagne sans difficulté le PC du capitaine Hoffherr à qui il transmet l'ordre de repli. Sans être trop optimiste, Lethielleux est persuadé que le BI-CI aura le temps de décrocher mais lorsqu'il revient au PC de son unité, il le trouve métamorphosé en marché persan : « Plus personne. Le départ a été précipité, les affaires sont abandonnées, y compris les bicyclettes et les sacoches des commandants Rouveure et Molinié. Sans réfléchir, je prends mon sac et ma capote que mon ordonnance a laissés mais (...) les rafales de mitraillettes claquent maintenant de part et d'autre de la route et nous sommes menacés d'encerclement. »

Cent mètres plus loin, Lethielleux rencontre le lieutenant Gautron, du II/153e RIF. L'officier s'est ressaisi et, regroupant quelques volontaires, a constitué un petit point d'appui le long de la route. Dans moins d'une demi-heure Henry Gautron, 31 ans, tombera sous les balles allemandes avec sept de ses hommes dans le fossé où il a décidé d'arrêter l'ennemi. A quelques centaines de mètres au nord de l'ancien PC Molinié, la section de mitrailleuses du lieutenant Bourrachot tire bande sur bande mais son manque de mobilité va causer sa perte.

« J'avais vu Bourrachot au début de l'après-midi, se souvient Lethielleux, il m'avait dit : « Je ne serai ni vaincu ni prisonnier. » Je m'étais attaché à lui car il avait l'âge de mes frères tombés en 1915 et en 1916[1]... »

Vosgien de Corcieux, Émile Bourrachot sera tué derrière sa mitrailleuse et les corps sans vie de huit hommes de sa section seront retrouvés au carrefour. Les « Marie-Louise » se font tuer avec autant de panache que leurs aînés. Il reste que le montant élevé des pertes françaises laissent supposer que les Allemands ont reçu l'ordre de percer « à tout prix » ! Ou qu'ils sont atteints ce jour-là de folie meurtrière !

Au II/153e RIF comme au BI-CI, l'après-midi du 19 juin coûte cher ; le lieutenant Henri Plauche, 30 ans, le lieutenant André Bouillon, 28 ans, le lieutenant Jacques Montrot, le chef Tessier, le chef

1. Lettre du 21 février 1983 adressée par M. Étienne Lethielleux à l'auteur.

Duhomme, d'autres encore sont tués au combat. A la compagnie Hoffherr qui se replie, les *minen* obligent le lieutenant Dammert à quitter la route et à la longer sous bois, ce qui ralentit son allure. Le canon de 37 du sous-lieutenant Adam a tiré six obus avant de se taire, hors de service. Mais la compagnie Hoffherr n'a pas encore connu le pire : elle va perdre son chef.

Dammert : « Ledig, gravement blessé, me montre le capitaine. Il gît à huit ou dix mètres de moi, la figure tournée vers le sol. Je veux y courir, le sifflement d'un *minen* me fait trébucher, je perds mes lunettes, je ne vois plus rien. »

Sans avoir eu le pressentiment dont il parlait au repas de midi, le capitaine Georges Hoffherr a été tué par un éclat de *minen* dans la nuque. Sa mort jette le désarroi parmi ses hommes qui se rendent dès que les Allemands apparaissent. Dammert les imite : il lève les bras.

Au II/153e RIF, le capitaine Barral est blessé et prisonnier, le capitaine de Gassart est capturé malgré une vigoureuse résistance, seul le capitaine Modeste Périn, de la CM 7, parvient à rejoindre Frémonville où le III/153e RIF du commandant Robin vient d'être rendu au lieutenant-colonel Mauvin. Robin espère arrêter l'ennemi lorsqu'il sortira du bois de Blâmont. Les Allemands reconnaissent de leur côté que, malgré leur supériorité, la conquête de la forêt n'a pas été facile. Un message du *Regiment 243* adressé au PC de la *60e ID* à Réchicourt-le-Château à 14 h 55 dit ceci : « Après combat acharné avec ennemi (3 compagnies) cote 345 et bois de Blâmont enlevés. Environ 50 prisonniers et butin important. Le régiment marche sur Frémonville. »

Dans l'épais taillis la fusillade a perdu de sa vigueur mais de courtes rafales crépitent encore car nombreux sont les soldats du II/153e RIF et du BI-CI qui cherchent à échapper à l'ennemi et se dirigent vers le sud, souvent vers Frémonville. Le commandant Rouveure n'a pas eu la possibilité de revenir au PC du BI-CI et, sous les *minen* il s'est réfugié à la compagnie de droite de son unité, celle du capitaine Narbot.

« Il fallait avertir d'urgence le 37e RIF du péril qu'il courait si les Allemands continuaient leur progression dans le bois », écrit Rouveure.

Il décide de replier la compagnie vers Bertrambois afin de constituer une bretelle face à l'ouest, protégeant ainsi le flanc du « 37 » du lieutenant-colonel Combet. Le temps de mettre sur pied deux colonnes, de former une arrière-garde et les premiers éléments de la *252e ID* prenaient le contact. Moins de la moitié de l'effectif du capitaine Narbot parviendra à rejoindre le régiment Combet. Rescapé de la CM 5 du capitaine de Gassart, le sous-lieutenant Weber parvient aux avant-postes du III/153e RIF où l'accueille fraternellement le sous-lieutenant Martin. Lorsque celui-ci apprend que Weber n'a mangé que des fraises et des myrtilles depuis la veille, il lui offre sa seule richesse : une boîte de thon. A Frémonville, Weber rencontre le capitaine Le Troquer, du

III/153e RIF, et lui rend compte de la situation ou du moins ce qu'il en sait.

« Le boche est maître du bois, conclut-il, et il faut s'attendre à une attaque sur Frémonville.

— Je préviens tout de suite le commandant Robin ! » fait Le Troquer qui saute dans sa voiture et disparaît.

Weber est épuisé. Il s'arrête auprès du sous-lieutenant Reiber installé avec quelques hommes derrière un muret. Des isolés du bataillon La Neele, des groupes commandés et en armes passent à proximité, se repliant vers le sud.

« Nous ferons ce que nous pourrons ! » dit Jean Reiber qui a des grenades mais peu de cartouches. Vers 17 heures, le point d'appui sera submergé et ils seront tous faits prisonniers.

Le lieutenant Lethielleux a lui aussi pensé que le meilleur moyen d'échapper à l'ennemi était de se réfugier dans le sous-secteur du 37e RIF puisque le BI-CI dépend tactiquement de ce régiment. Il retrouve par miracle son comptable, le sergent Bottinelli qui, de sa propre initiative, est revenu dans le bois pour lui transmettre l'ordre de repli donné par Molinié. Le capitaine Marchand a regroupé quelques soldats et ils font route ensemble.

« Nous traversons la route balayée par les rafales de mitraillette, écrit Lethielleux ; à la sortie du bois, nous retrouvons l'adjudant Auguste, des hommes du 37, du 153, du BI-CI dont le sergent Bertrand. Le lieutenant Collignon grossit notre effectif avec les hommes qui l'ont suivi. »

Trop nombreux, ils vont se séparer afin de traverser les mailles du filet par fractions. Lethielleux rencontre de nouveaux isolés : l'adjudant Vaillant, Meyer, Dargnies qui transportent Verchère, un blessé de la compagnie Gaire. Vers 19 heures, ils seront à Cirey-sur-Vezouze où arrivera un peu plus tard le capitaine Marchant « fourbu, juché sur une voiturette porte-mitrailleuse ». Ils sont près de 150 qui seront rejoints dans la soirée par le commandant Rouveure et le capitaine Faivre. Tout ce qui reste des « Marie-Louise » du BI-CI.

Le combat pour Frémonville s'est allumé en fin d'après-midi et si la résistance du bataillon Robin ne va pas jusqu'au sacrifice total, elle n'en arrête pas moins les Allemands pendant plus de trois heures. Du côté français, nous n'avons pas de document connu sur le comportement du III/153e RIF à Frémonville. Pas de rapport du commandant Robin ni des commandants de compagnie[1]. Nous savons seulement

1. Aucun des trois chefs de bataillon du 153e RIF, Oudinot, La Neele et Robin n'a rédigé de rapport connu. Il en est de même dans les deux autres régiments de la division Chastanet, le 37 et le 166e RIF.

que cinq morts du 153e RIF ont été inhumés dans la localité[1].

Dans le camp adverse, un message de l'*Oberst* Zellner, du *IR 243,* envoyé à 17 h 40 au PC de la *60e ID* nous renseigne sur l'âpreté de combats qui resteront toujours ignorés : « *Regiment 243* a pris Frémonville après une résistance qui se réveille à plusieurs reprises. Subissons de violents tirs d'artillerie. »

Le journal de la *60e ID* indique qu'à 21 heures « l'objectif du jour, la ligne Blâmont-Cirey-sur-Vezouze, est atteint ». L'*Adjutant* du *IR 244,* le *Hauptmann* Schulzendorff, écrit dans son *Abendmeldung,* le compte rendu de la journée, que « Blâmont est encore interdit aux véhicules du fait des nombreuses destructions routières opérées par les Français. Les pertes du régiment se montent à 8-10 tués et une centaine de blessés. Mortellement atteint, le *Leutnant* Weichbrodt est décédé. »

Le 19 juin, la *60e ID* du *General* Eberhardt a capturé 800 prisonniers et récupéré 10 armes automatiques, 3 mortiers et 3 canons de 25. Objectif pour le 20 juin : poursuite de l'ennemi jusqu'à la Meurthe. Eberhardt ne pense pas que cette poursuite lui causera des pertes aussi sévères que celles des 18 et 19 juin. Le journal de sa division porte en effet ce commentaire : « Le mouvement de repli de l'ennemi prend de plus en plus l'allure d'une fuite, laissant derrière lui matériels et véhicules, abandonnant des armes. »

A la *252e ID* de Boehm-Bezing, le *Regiment 472* s'est emparé de Tanconville évacué par les dernières forces du BI-CI de Molinié. La majorité des tués du bois de Blâmont seront inhumés dans deux fosses communes ouvertes au cimetière de la localité, 41 morts dont 4 officiers, le plus élevé en grade étant le capitaine Hoffherr.

« Nous ne savons pas ce qui s'est passé, écrira M. Aubry, maire de Tanconville, car le lendemain 20 juin, les habitants furent obligés de rester chez eux et ce n'est que le 21 juin à 10 heures que les Allemands me donnèrent l'ordre de faire enterrer les soldats français tombés dans les bois[2]. »

Très affaiblies par la bataille livrée la veille sur le canal de la Marne au Rhin, les divisions Dagnan et Chastanet perdent encore le 19 juin une centaine de tués et plus de 400 blessés dont un grand nombre restés sur le terrain ont été faits prisonniers. Que fera-t-on le 20 juin avec des régiments qui ressemblent à des bataillons, des bataillons qui ne sont plus que des compagnies, des artilleurs qui cherchent en vain des

1. Claude, Boisblé, Gallet, Dejugnat et Darras.

2. Outre les officiers déjà cités : Clair, Apostel, Di Dona, Bonnefoy, Salomon, Tomas, Bénard, Moutais, Faccioli, Delpy, Raganot, Badoud, Marchand, Guerschkovitz, Bouillon, Stein, Videmann, Freyermouth, Meyer, Glatz, Tisserand, Schaffer, Houizot, Dessart, Huguet, Deliot, Lehingue, Guibard, Harvette, Benjamin, Coussedière, les caporaux Gaillard et Pierrio, le caporal-chef Brisach et les sergents-chefs Duhomme et Tessier.

munitions, et surtout des hommes qui ne mangent pas et ne dorment plus ? Mauvin, chef de corps du 153e RIF, dira plus tard : « Tout craquait du haut en bas de l'échelle : ordres de plus en plus rares, parvenant trop tard ou qu'on sollicitait en vain, liaisons non établies, unités déjà débordées alors qu'elles arrivaient sur les positions fixées. Mon rôle a surtout consisté à récupérer mes unités, à essayer de rétablir une position [1]... »

Le 37e RIF du lieutenant-colonel Combet a réussi à se maintenir à Bertrambois où trois tués ont été inhumés [2]. Il est vrai qu'il disposait d'un renfort de sapeurs et de pionniers mais surtout d'une compagnie de chars qui, au lieu de rester passive dans les layons, aurait fait merveille en contre-attaquant de flanc l'ennemi marchant sur Tanconville. Mais ce type d'intervention était-il possible avec une compagnie sur laquelle le général Chastanet tire à boulets rouges : « L'intervention des R 35 fut manquée en raison du peu d'empressement montré par le chef de cette unité en vue de l'engager, écrit-il. Il fit valoir au moment du besoin seulement (15 heures) qu'il n'avait pas assez d'essence. Il fallut lui en faire parvenir de la région de Cirey au prix de mille difficultés. Cet officier en eut suffisamment, toutefois, pour faire la nuit suivante, une étape considérable vers Rambervillers sans qu'aucun compte rendu de départ eût été fait à la division. Le nom de ce chef indigne n'est pas connu mais il doit être retrouvé [3]. »

1. Lettre du 18 août 1967 adressée par le colonel Mauvin à l'auteur.

2. Lalloue, Lagnerot et le sergent Giot. L'aspirant Alexandre Grosmann a été transporté à Val et Chatillon où il succombera dans la nuit.

3. Il s'agissait du capitaine Louis Gil, de la 1re compagnie du 21e BCC, décédé le 12 octobre 1972 à Maisons-Alfort (Val-de-Marne).

## CHAPITRE XIV

# L'hypothèse « Donon »

Pendant que se déroulent des combats meurtriers sur le front de la division Chastanet, à l'état-major du 43e corps, le général Lescanne va prendre une décision qui n'est pas sans rappeler l'attitude du lieutenant-colonel Bertrand refusant de poursuivre la retraite et s'enfermant avec le 133e RIF dans Blâmont. Le colonel Dagnan a vite rappelé son subordonné à ses devoirs en insistant sur le fait que le 133e RIF n'était pas seul en cause et que sa disparition du front créérait un vide préjudiciable aux régiments encadrants. Lescanne envisage la même procédure que Bertrand mais, à l'échelon du corps d'armée, elle risque d'avoir un tout autre retentissement. Il prévoit en effet de cercler le 43e corps sur l'immense plateau du Donon dont les quelques routes d'accès devraient être faciles à défendre et d'attendre, en se battant sur cette excellente position, la signature de l'armistice. Ce n'est pour l'instant qu'une hypothèse, l'hypothèse « Donon ». En effet, avant de passer à l'exécution, Lescanne doit résoudre deux problèmes.

— Rallier les grandes unités qui se battent sur ses flancs ou s'en désolidariser, quelles que puissent être les conséquences de la défection.

— Mettre le général Condé, de la IIIe armée, devant le fait accompli, c'est-à-dire contrevenir à ses ordres qui sont de continuer la retraite en conservant la liaison avec les grandes unités voisines.

Dans son rapport [1], le capitaine Frénay, du 3e Bureau du 43e corps, explique le point de vue de Lescanne : la défense des Vosges entre Saint-Dié au sud et Saverne au nord « forme un tout qui doit passer sous son commandement ». En écrivant cela, Frénay dépasse largement les limites du Donon; le 43e corps n'aura jamais une unité à Saint-Dié; quant à Saverne, ce sont les Allemands qui s'y trouvent. Le chef du 1er Bureau, le capitaine Petetot, écrira plus tard avec franchise : « Il

1. Henri Frénay, futur fondateur du réseau « Combat », a rédigé son rapport à Marseille le 31 octobre 1940.

nous est apparu que devant l'évolution de la situation, tout espoir de continuer l'exécution de l'ordre de repli devait être abandonné et qu'étant coupés de toutes liaisons avec l'armée (*sic*) nous étions livrés à nous-mêmes. Il importait donc de durer jusqu'à l'armistice afin d'éviter la capture ou la capitulation[1]. »

Le texte de Petetot présente un certain nombre d'inexactitudes qui, prises au pied de la lettre, pourraient justifier, dans une certaine mesure, l'hypothèse « Donon ». Par exemple, le 43e corps n'est pas « coupé de toutes liaisons avec l'armée ». Lescanne écrit lui-même dans ses notes personnelles qu'il a conversé le 20 juin par téléphone avec le général Condé et le 21 avec le sous-chef d'état-major de celui-ci, le lieutenant-colonel de Périer.

« Ce coup de téléphone est le dernier ! » affirme Lescanne.

Les liaisons ne seront pas coupées pour autant. Le commandant Guichard, des transmissions du 43e corps, rapporte qu'à partir du 21 juin, l'armée ne répond plus aux appels radio qui lui sont lancés. Pourtant, le 22, la IIIe armée reprend le contact par radio et envoie un télégramme codé à Lescanne.

Guichard : « Il est bien reçu mais ne peut être déchiffré, la section du Chiffre du 2e Bureau ayant détruit la machine à chiffrer[2]. » En revanche, selon le commandant des transmissions du 43e corps, les liaisons radio internes fonctionnent parfaitement : « Le réseau ER 26 ter du commandement continue à assurer des liaisons très sûres avec les divisions, parant ainsi aux défaillances du réseau téléphonique. »

Revenons à l'hypothèse « Donon » qui, si elle se concrétise, va obliger la guerre à changer de visage. Informé du projet par le commandant Clavé, officier de liaison du 43e corps, le général Chastanet en mesure les conséquences : « Le repli sur le massif montagneux marquerait la fin des combats en rase campagne et le début d'actions plus sporadiques. »

Première démarche à entreprendre : s'assurer l'accord des grandes unités voisines du 43e corps. A l'est, le capitaine Frénay ne rencontre aucune difficulté particulière.

« Le général Lescanne demande aux commandants des 103e DIF et 62e DI de bien vouloir se considérer comme placés sous ses ordres, écrit Frénay. Il organisera la défense du Donon en véritable réduit, protégé à l'ouest et au nord par son corps d'armée, au sud par la 62e DI, à l'est par la 103e DIF. »

Se trouvant seuls entre le Rhin et le 43e corps, le colonel Mortemart de Boisse, de la 62e DI, et le général Vallée, de la 103e DIF, la « division de

1. Lettre du 10 octobre 1967 adressée à l'auteur par le général René Petetot.

2. Le général Vidal, ancien chef d'état-major du 43e corps confirme dans son journal personnel : « Les officiers du 2e Bureau ont écrasé avec de grosses pierres leurs délicates machines à chiffrer. »

Strasbourg » ont tout intérêt à faire bloc avec Lescanne[1]. Si Frénay ne fait aucune allusion à la division Dagnan qui se bat sur le flanc ouest du 43ᵉ corps, c'est tout simplement que les pourparlers engagés de ce côté ont échoué.

Le 19 juin au début de l'après-midi, le colonel Dagnan dont le PC est à Sainte-Pôle, à cinq kilomètres à l'ouest de Badonviller, décide de le porter à Parux, ce qui l'oblige à « remonter » d'une douzaine de kilomètres en direction du nord-est. Ce déplacement satisfait en premier lieu le colonel Maurer, de l'artillerie divisionnaire, qui disposera à Parux de « merveilleux observatoires ».

Arrivé à Parux, Dagnan apprend que le PC du général Chastanet est à Val et Châtillon, à quelques kilomètres. Il décide de s'y rendre avec le capitaine Sarrazin, du 3ᵉ Bureau. A partir de cet instant, nous entrons dans le domaine de l'erreur, de l'incertitude, des contradictions.

Version Dagnan : « A 15 heures, je suis reçu seul par Chastanet qui me met au courant de la situation sur son front, qui est grave. Il a en effet été crevé en trois points et des éléments ennemis ont déjà passé la Vezouze. »

Le front de la division Chastanet n'est pas crevé : le 37ᵉ RIF a reculé de Hattigny à Bertrambois où il se maintiendra jusqu'au soir. Le 153ᵉ RIF a beaucoup plus souffert puisque son Iᵉʳ bataillon a reçu un ordre de repli pendant que le II/153ᵉ RIF et le BI-CI sont disloqués dans le bois de Blâmont. Dans la soirée, l'ennemi sera arrêté à Frémonville, aux sorties sud de la forêt, par le III/153ᵉ RIF.

Version Chastanet (deux lignes manuscrites ajoutées après coup au journal de la division) : « 18 h 30 : le colonel Dagnan, accompagné d'un officier, se rend au PC de la division. Le colonel ignore la situation de ses troupes entamées. Il fait part de son intention de déplacer les débris de sa DI en direction de Baccarat. »

Tout est faussé par la différence des heures retenues : 15 heures pour Dagnan, 18 h 30 pour Chastanet. Et par l'exagération de la situation réelle dans chaque division. En fait, elle n'est brillante ni dans l'une ni dans l'autre et l'hypothèse « Donon » ne va rien arranger.

Dagnan : « Le général fait allusion à un projet du 43ᵉ corps d'abandonner matériel lourd, véhicules, etc. et de se porter sur le Donon pour une ultime résistance. Il me propose de réunir nos deux PC et de me joindre à sa division si l'hypothèse " Donon " se réalise. Je lui réponds que je ne peux envisager de prendre cette décision aussi

1. « A 13 h 30, confirme le colonel Remords, chef d'état-major de la 103ᵉ DIF, le capitaine Frénay nous demande de faire le " hérisson " avec le 43ᵉ corps autour du Donon » (Correspondance avec l'auteur). Le colonel Marius Jean Remords est décédé à l'âge de 82 ans le 18 juin 1969 à Cusset (Allier).

longtemps que mon front tient, et que j'appartiens au 20^e^ corps dont je dois exécuter les ordres [1]. »

La tentative de « débauchage » exercée par Chastanet échoue. Dagnan n'en mesure pas moins les avantages que les deux divisions en tireraient et il n'est pas loin de croire que la paternité de l'hypothèse « Donon » revient à son interlocuteur.

« Chastanet jugeait peut-être que l'opération serait bénéfique pour lui, écrit-il, sa gauche puis ses arrières étant protégés par mes régiments, mais aussi pour moi qui, si je ne le suivais pas, aurait un trou imbouchable (*sic*) sur ma droite, du fait de SA manœuvre. »

Dans les documents Chastanet, pas un mot de la proposition faite à Dagnan de se rallier à l'hypothèse « Donon » en cas d'exécution. En somme, Dagnan serait venu à Val et Châtillon pour expliquer qu'il ignorait la situation de ses régiments et qu'il avait l'intention de les replier sur Baccarat. Ce n'est guère plausible. Dagnan prend congé et regagne son PC de Parux après avoir raconté, pendant le trajet, la stupéfiante proposition du général Chastanet au capitaine Sarrazin. Ce dernier approuve pleinement la position adoptée par son commandant de division. Se joindre au mouvement du 43^e^ corps serait sans aucun doute considéré par le général Hubert, du 20^e^ corps, comme un abandon du champ de bataille. Vers 17 heures, un officier de liaison de la division Chastanet, le capitaine Marx, se présente au PC du colonel Dagnan : « Le général, dit-il, souhaite vous revoir à Val et Châtillon à moins que vous ne préfériez envoyer un officier parfaitement au courant de vos intentions. »

Dagnan : « Me doutant qu'il s'agissait de l'hypothèse " Donon ", j'ai désigné le capitaine Sarrazin qui connaissait à la fois la situation et ma façon de voir. »

Un détail : en arrivant au PC de Chastanet, Sarrazin croise le capitaine Frénay qui regagne le PC du 43^e^ corps. Frénay vient d'apporter les ordres pour le 20 juin : l'hypothèse « Donon » devient « opération Donon ». Mais quelle est la communication que Chastanet désire transmettre à Dagnan ? Il veut simplement savoir — et il le dit à Sarrazin — si, une fois au pied du mur, Dagnan ne changera pas d'avis.

« J'ai reçu les ordres, confirme Chastanet au capitaine. Il n'y a plus d'hypothèse, le mouvement a lieu cette nuit et demain, il n'y aura plus de liaison entre nos deux divisions.

— Je le regrette, mon général, mais je vous confirme la décision du colonel Dagnan : il appartient au 20^e^ corps et doit exécuter les ordres du général Hubert. »

Chastanet a un geste de lassitude qui peut signifier : « C'est bon, chacun va maintenant de son côté », ou encore : « Moi aussi je dois

1. Lettre du 14 décembre 1967 adressée à l'auteur par le général Marcel Dagnan.

exécuter des ordres, et je n'ai pas d'autre choix. » Il reste que la version expurgée de « l'opération Donon » telle qu'on peut la lire dans le journal dactylographié de la division Chastanet, ne manque pas d'humour. C'est la situation du 20e corps qui obligerait le général Lescanne à faire le « hérisson » au Donon. Voici le texte : « Mis au courant de la situation qui lui était ainsi faite par suite de l'ébranlement du 20e corps, et des mouvements prévus pour les débris de cette grande unité, le général commandant le 43e corps prit la décision de replier son corps d'armée vers le massif du Donon, de manière à s'adosser à la haute montagne et à y poursuivre la lutte par interdiction des couloirs d'accès. »

Dans ses notes personnelles, le général Lescanne fait preuve d'une honnêteté intellectuelle rigoureuse et ne met pas en cause le 20e corps. Il rappelle d'abord que le 43e corps « tient avec deux faibles divisions un vaste front en arc de cercle sur 40 kilomètres » et passe ensuite aux trois raisons qui viennent de l'amener à transformer l'hypothèse « Donon » en opération.

— Le flanc ouest du 43e corps est ouvert. Le 153e RIF a abandonné Badonviller[1] ; il a ainsi laissé aux Allemands la disposition d'une excellente route pour tomber sur les derrières (*sic*) de la ligne de résistance du corps d'armée.

— Le 43e corps n'a d'autre réserve que le II/49e RIA qui vient de rallier[2].

— Les unités de forteresse sont épuisées. Faute de voiturettes et d'attelages en nombre suffisant elles ont laissé un grand nombre de mitrailleuses sur le canal.

Voilà des raisons qui n'ont rien à voir avec la retraite du 20e corps, même si celle-ci est difficile. Sur le fond, Lescanne donne malgré tout l'impression de vouloir tirer son épingle du jeu en choisissant son champ de bataille, même si le mouvement s'exécute aux dépens de la division Dagnan et en dépit des ordres du général Condé. On dirait aujourd'hui que Lescanne se marginalise[3]. A un tel point que les directives envoyées à l'artillerie de la division Chastanet montrent que celle-ci est sacrifiée. Ses colonnes doivent en effet s'engager sur les routes de Saint-Sauveur et de Saussenrupt qui sont... des itinéraires en cul-de-sac. L'idée est donc de vider les coffres sur l'ennemi et de saboter ensuite toutes les pièces. A la suite de l'intervention du colonel Conrad, de l'artillerie divisionnaire, le général Jocard, artilleur du 43e corps, acceptera de lancer l'artillerie

1. C'est inexact mais c'est le début d'une série d'attaques de Lescanne contre le 153e RIF sur lesquelles nous reviendrons.

2. Voir *On a livré la ligne Maginot* (Fayard, 1975).

3. Les ordres de mouvement sont contenus dans la note n° 14295/3 du 19 juin émanant du 43e corps. Ils sont complétés par la note n° 8172/3 du général Chastanet sur la composition des groupements et la note n° 7173/3 sur les conditions d'exécution des mouvements.

sur les routes d'ailes, celle du Donon à l'est, et celle de Cirey-Badonviller à l'ouest afin de l'amener dans la haute vallée de la Plaine, sur le plateau du Donon. Les ordres concernant les fantassins sont les suivants :

*Heure du décrochage : 22 heures. Installation face à l'ouest. Toutes voitures, chenillettes, moyens de transport, seront amenés avec leur chargement dans les vallées pénétrantes, le plus loin possible vers les têtes de thalwegs. Le génie obstruera définitivement la route du col de la Chapelotte à partir du 20 à trois heures du matin. Officiers, sous-officiers et hommes emporteront chacun une arme individuelle ou FM, le maximum de vivres et de munitions ainsi que des couvertures et toiles de tente. Les culasses des canons de 25 et celles des mitrailleuses seront enterrées. Les chevaux seront dételés et libérés. Les drapeaux et les archives essentielles seront emportés.*

A la tombée de la nuit, le général Chastanet quittera Val et Châtillon pour aller planter son PC au col de la Charaille, sur le plateau du Donon. Grâce au capitaine Madelin qui a eu l'idée d'aller au siège du Club vosgien de Cirey-sur-Vezouze, l'état-major est pourvu d'un important lot de cartes de la région, ce qui constitue un avantage précieux. On sait en effet que la plupart des bataillons retraitent en suivant les seules indications géographiques dont ils disposent : celles du calendrier des PTT.

Après les combats du jour, venant après ceux du 18 sur le canal et les nuits sans sommeil, la retraite de la division Chastanet sur le massif du Donon est épuisante et fait dire au lieutenant-colonel Subervie, du 166ᵉ RIF : « La lutte va désormais s'engager sous bois où les troupes de forteresse vont subir le handicap de leur armement lourd. »

Le 37ᵉ RIF quitte Bertrambois après la tombée de la nuit et les hommes n'ont plus la force de protester. « Tout le monde est dans un état de fatigue et de tension extrême mais le moral reste bon » écrit le lieutenant-colonel Combet qui se veut optimiste. A trois heures du matin le commandant Laender arrête tous les soldats du 37ᵉ RIF qui passent devant la mairie de Cirey-sur-Vezouze. Une roulante stationne sur la place et chacun reçoit une soupe chaude et une tranche de pain avant de reprendre la route. Cinq kilomètres plus loin, le 37ᵉ RIF fait halte. Les orienteurs étudient le meilleur itinéraire et les hommes attendent les ordres.

« Nous ne cherchons pas à comprendre, note l'adjudant Brives, allongés dans les fossés, nous dormons déjà. »

Une pluie épaisse, semblable à du brouillard, commence à tomber et transperce les capotes mais elle ne réveille personne. Les commandants Molinié et Rouveure sont passés entre les mailles du filet avec 100 à 150 hommes du BI-CI. Les « Marie-Louise » marchent ou plutôt se traînent en arrière-garde du 37ᵉ RIF et remontent lentement la vallée de la Vezouze.

« Au loin, devant nous, raconte le lieutenant Lethielleux, on entend dans la nuit très calme le roulement des voiturettes du 37e RIF. »

Vers deux heures du matin, le BI-CI atteindra la scierie de Châtillon, dans la vallée qui devient plus encaissée. Le commandant Labraste, du 425e Pionniers passe ses consignes au commandant Molinié et se replie avec ses hommes, la plupart sans arme, et ses trois médecins. Les soldats du BI-CI se sont déjà allongés dans l'herbe humide et dorment. Le lieutenant Lethielleux est désigné pour veiller sur le sommeil de tous avec quelques pionniers dont le plus riche possède cinq cartouches.

« Je suis tellement fatigué, avoue Lethielleux, que je m'allonge moi aussi dans l'herbe trempée de rosée, faisant effort pour garder les yeux ouverts. »

Dans la soirée du 19, le lieutenant-colonel Mauvin et l'état-major du 153e RIF stationnent à Haute-Seille, un hameau proche de Cirey-sur-Vezouze, jusqu'à 21 heures. Deux chefs de bataillon, Oudinot et La Neele, ont regroupé, le long de la route, les rescapés de Richeval et du bois de Blâmont.

« Le régiment a perdu les deux tiers de ses effectifs mais il n'a pas rempli intégralement sa mission, reconnaît Mauvin. En effet, il n'a pas interdit à l'ennemi la trouée de Blâmont, il ne lui a pas été possible, non plus, de maintenir la liaison avec le 133e RIF. Une brèche dans laquelle l'ennemi s'est précipité est dès maintenant ouverte entre le 43e et le 20e corps. »

Mauvin se sentirait moins responsable s'il savait que cette brèche va se trouver volontairement élargie sur l'ordre du général Lescanne qui a déclenché l'opération « Donon ». Mais le chef de corps du 153e RIF ne sait rien, il ne sait même pas où aller car le général Chastanet n'a pas laissé de permanence à Val et Châtillon et deux officiers de liaison envoyés par Mauvin sont revenus en disant « que le PC de la division est vide ». Peu après 21 heures, Mauvin se tourne vers le commandant Cuny, son chef d'état-major : « On s'en va, prévenez tout le monde ! »

La colonne se constitue et se met en marche vers le sud. Quelle autre direction pourrait-elle prendre ? Par de petites routes au relief accidenté, le régiment gagne Badonviller où il marque une pause à 2 h 30 du matin. C'est dans cette petite ville que l'inespéré se produit. Mauvin voit passer le colonel Fuchs, de l'infanterie divisionnaire. Enfin, le 153e RIF va recevoir des ordres, connaître son point de destination ! Mais Fuchs paraît épuisé, indécis et, on le saura plus tard, les renseignements qu'il donne à Mauvin sont dénués de tout fondement. Selon Fuchs, en effet, le PC de la division Chastanet est à Raon-l'Etape et tous les régiments se regroupent autour de la ville [1].

1. Le récit figure dans le journal remis au commandant Oudinot, du I/153e RIF, par le lieutenant-colonel Mauvin, alors qu'ils étaient prisonniers au camp de Soest (Oflag

Pendant que Fuchs remonte dans sa voiture et disparaît, Mauvin, qui n'a aucune raison de douter de son supérieur, demande à ses chefs de bataillon de laisser dormir les hommes et de les mettre en route à cinq heures sur Raon-l'Étape. Il part lui-même en voiture vers 4 h 30. A Raon, malgré l'heure matinale, les rues sont engorgées par les convois et les troupes qui retraitent : des coloniaux, des Polonais, des tringlots, des fantassins perdus, des véhicules de toutes sortes, des chevaux en liberté, bref une ambiance dans laquelle Mauvin doute de pouvoir découvrir le PC du général Chastanet. D'ailleurs personne ne peut le renseigner, les officiers à qui il s'adresse tombent des nues. Chastanet ? Personne ne connaît ! Toutefois, le hasard fait bien les choses et Mauvin est arrêté à la sortie de la ville par un agent de liaison motocycliste qui l'a cherché une partie de la nuit.

« Je vous apporte les ordres du général Chastanet mon colonel !

— Mais où se trouve le PC de la division ?

— Au col de la Charaille, au-dessus de Raon-les-l'Eau, sur le plateau du Donon. »

Mauvin est stupéfait. Et son régiment qui marche sur Raon-l'Étape ! Il l'est encore plus en prenant connaissance des ordres rédigés le 19 au soir à son intention. Chastanet lui demandait de s'installer dans le bois est de Parux en liaison avec la division Dagnan. Or, Parux est à 20 kilomètres au nord de Raon et les Allemands s'y trouvent sans doute déjà. Le plus pressé étant d'arrêter le régiment qui marche dans une mauvaise direction, Mauvin reprend la route pour aller au-devant de la colonne.

« La division est sur le plateau du Donon ! » dit-il à ses officiers dès qu'il les revoit, nous allons obliquer vers la vallée de la Plaine. »

Cela signifie : encore des kilomètres à abattre, encore de la fatigue et une indicible envie de dormir. Le seul ressort qui anime les hommes est de savoir enfin où ils vont. Mais il eut été intéressant de connaître l'effectif de la colonne du 153e RIF à Cirey-sur-Vezouze, à Badonviller, à Pexonne et enfin à Vexaincourt où elle s'arrêtera le 20 juin à 10 heures du matin, dans un état d'épuisement complet. Profitant de l'obscurité, combien de soldats se sont laissés choir dans les fossés de la route pour y dormir tout leur saoul ? N'oublions pas que certains bataillons, en particulier à la IIe armée, ont perdu de cette manière 40 à 50 % de leurs effectifs en quelques nuits de retraite.

***

A la division Dagnan, l'absence de sommeil et la fatigue vont de pair avec le manque de nourriture. L'épreuve devient de moins en moins

---

VI-A). Dans une lettre du 28 août 1967 adressée à l'auteur, Mauvin est plus réservé : « J'ai rencontré le colonel Fuchs à Badonviller, il n'a pu me donner ma destination. »

supportable. Manger devient chez certains une obsession qui les amène à ne plus se préoccuper d'autre chose, à s'écarter de leur compagnie, de leurs camarades. Le journal de la division ne le dissimule pas : « De nombreux petits groupes de soldats séparés de leurs unités par les hasards des combats, refluent vers le sud, sans ordre, sans discipline, avec le seul but de rejoindre les trains régimentaires pour y trouver à manger. »

Au III/51e RMIC du capitaine Mercier, quelques vivres ont été distribués lors du passage à Blâmont. Depuis, on se contente d'avaler les kilomètres. Les étapes de la nuit se succèdent : Halloville, Ancerviller, Sainte-Pôle, Saint-Maurice-aux-Forges... Le lieutenant Aerts parle « des automates de la marche dormant debout ». Aerts trouvera sa récompense le lendemain matin : « Une roulante abandonnée, essieu brisé par un coup au but, nous offre notre premier repas chaud depuis longtemps : un bourguignon comme je n'en goûterai plus. »

Déshabitués de ces « nourritures trop riches », les estomacs des coloniaux se révèlent incapables de conserver le délectable bœuf en sauce.

Traumatisé par les pertes de la matinée du 19 puis par les événements de Blâmont, le 133e RIF est très en arrière. Le IIIe bataillon du commandant Grill s'est arrêté vers 22 heures à Halloville, à six kilomètres au sud de Blâmont. Les hommes sont à bout de forces. La camionnette du lieutenant Hausler apporte des vivres et si mince soit la ration, elle permet de ne pas s'endormir le ventre creux.

« Il y a des hommes qui n'ont rien mangé depuis la veille ! » s'indigne le sous-lieutenant Karr dans son rapport.

Avec trois officiers, les lieutenants Sarrazin et Laurent, le médecin-lieutenant Hirsch, Karr s'endort cette nuit-là sur le plancher d'une cuisine. Plaintes encore sur le rationnement au II/133e RIF : « Nous n'avons eu qu'un seul repas depuis le 16 juin, note le lieutenant Tinot, mais le 19, nous recevons du fromage et du chocolat. Sans pain. »

La situation paraît meilleure à l'arrière, en tout cas chez les tringlots. Le brigadier Pottecher qui se trouve déjà au Donon, écrit : « Nous avions des boîtes de « singe », du café, des biscuits. Nous n'en finissions jamais de boire et de manger... On avait du chocolat, des sardines, du pâté... [1] »

Durant toute la retraite il en sera ainsi : l'arrière mange et boit, le combattant se serre la ceinture et se bat. Au 41e Colonial du colonel Tristani, la ligne de la Vezouze a été abandonnée et la marche nocturne a repris, là aussi.

« Complètement épuisé, avoue le capitaine Courdavault, de la CM 9, je monte sur l'avant-train d'un canon de 25. Là, tenu par deux hommes, je m'endors... »

1. Lettre du 8 juillet 1966 adressée à l'auteur par M. Frédéric Pottecher qui n'était pas encore le célèbre chroniqueur judiciaire connu de tous les Français.

Les rescapés de la CM 11 parviennent à atteindre Neuviller. Une étape d'une douzaine de kilomètres. C'est suffisant. C'est trop. Le village est désert et le lieutenant Seilles regroupe son monde sur la petite place silencieuse.

« Nous sommes fourbus, témoigne le sous-lieutenant Constant. Vaincus par la fatigue, nous nous endormons sur le pavé. »

L'armée allemande tout entière pourrait défiler à Neuviller qu'ils ne l'entendraient pas.

***

Avec deux bataillons du 156e RIF en ligne sur la Meurthe, entre la ferme Beaupré à gauche, et Vathiménil à droite, le général de Girval, ou plutôt son chef d'état-major, le commandant Vergoz croyait qu'il disposerait d'un répit dans la soirée du 19 juin. Il voulait organiser les lisières boisées de part et d'autre de Fraimbois avec le 146e RIF du lieutenant-colonel Prat renforcé par le III/156e RIF du commandant Cochinaire, laisser le temps au 82e RIF de s'installer à Moyen, en recueil éventuel du I/156e RIF en ligne à Vathiménil, et vérifier que le 69e RIF avec les débris de ses deux derniers bataillons, est bien en position devant Gerbéviller. Le colonel Vogel, de l'infanterie divisionnaire, était lui aussi persuadé d'avoir la nuit devant lui pour mettre son monde en place. Les Allemands attaquent rarement le soir. Il se trouve pourtant que le *General* Straube, de la *268e ID* n'exprime pas la même opinion. L'échec subi par son avant-garde devant Laronxe lui a gâché sa journée et, maintenant que ses deux colonnes mixtes (infanterie et artillerie) ont pris possession de la route Lunéville-Baccarat, il entend profiter de cet avantage et franchir la Meurthe par surprise. Mais le 19 juin est un mauvais jour pour Straube. Il n'y aura pas de surprise car une violente explosion met en alerte le 156e RIF : à Vathiménil, le lieutenant Grimal vient de faire sauter le pont de la rivière. Les Allemands tentent cependant de mettre à l'eau leurs canots pneumatiques mais ils doivent renoncer sous le feu des armes automatiques des sections Pinard, Raulet et Deschamp qui surveillent la Meurthe. L'artillerie des deux camps prend le relais et ses grondements se répondront une grande partie de la nuit. Devant Fraimbois, la situation est plus délicate, le I/156e RIF du commandant Dupas ayant sa gauche découverte depuis le repli du 69e RIF.

Les Allemands tentent le franchissement à la hauteur de Saint-Clément mais les armes automatiques des sections Lefort et Deswartes les obligent à reculer. Les canons de 25 du lieutenant Piémont attaquent la tête d'une colonne motorisée qui s'avance impunément sur la route. Les résultats sont positifs puisque le *Hauptmann* Spitzer reçoit au PC de la *268e ID* ce message de l'avant-garde : « Tous véhicules détruits, pertes supportables mais impossible avancer. »

Le *General* Straube s'obstine ; il existe forcément une faille quelque part, dans le dispositif français. La faille est sur la gauche du bataillon Dupas, là où devrait se trouver le 69e RIF.

« Le combat se localise à cheval sur la route de Fraimbois, au nord du village, écrit le commandant Dupas. L'ennemi est ardent, crie, tire sans arrêt, par rafales et balles traceuses. »

A gauche, le capitaine Roynette manque de munitions et replie les mitrailleuses du sous-lieutenant Lanternier sur le bois de la Taxonnière. Les lieutenants Ronsin et Dubois, de la compagnie Soipteur se réfugient au PC du I/156e RIF avec les 27 hommes qui leur restent. Par suite du repli du 69e RIF, la compagnie d'engins du lieutenant Soipteur a été obligée de se battre sur deux fronts : au nord et à l'ouest. C'est elle qui a le plus souffert. La section de l'aspirant Legrand disparaît mais le capitaine Deu parvient à ravitailler en cartouches la section Frühauff. Dans l'obscurité, on entend les ronflements des chenillettes de munitions... Il est 23 heures lorsque le lieutenant-colonel Milon fait parvenir à Dupas l'ordre de ramener son bataillon sur le bois de la Taxonnière. Cet ordre ne concerne pas le IIe bataillon qui reste sur la Meurthe de Vathiménil, sans liaison sur ses flancs. Dans l'obscurité et au milieu des gerbes de balles traceuses, le décrochage du I/156e RIF est difficile. D'autant que des groupes isolés ne sont pas touchés par l'ordre de repli et continuent de se battre avec une rare énergie. On en trouve la preuve dans les documents de l'adversaire. Le *Hauptmann* Spitzer admet que les lisières boisées de part et d'autre de la route de Fraimbois n'ont été atteintes que le 20 juin à 0 h 30 « après un combat acharné et sanglant ». Et il ajoute : « L'attaque doit être arrêtée. »

Il est vrai que le bataillon Dupas a reçu un appui vigoureux des 75 du I/39e RA du chef d'escadron Rousseau. Le gros décroche sous la protection des sections Türck et Frühauff et, vers deux heures du matin, Dupas retrouve le lieutenant-colonel Milon au PC du commandant Cochinaire. Aucun des trois hommes ne prononcent de paroles définitives mais ils savent que si l'armistice n'intervient pas, la journée du 20 juin risque d'être marquée par l'effondrement de la division. Ils ne peuvent savoir que la *268e ID,* orientée vers le sud-ouest, va relancer son attaque en direction de Gerbéviller, une nouvelle division, la *198e ID* du *General* Roetting, venant assurer sa gauche et participer aux derniers combats de la campagne. Le 20 au matin la division de Girval aura trois divisions allemandes devant elle.

Médecin-chef du III/156e RIF, le Dr Mugler a installé son poste de secours dans le bois de la Taxonnière et, dans la soirée du 19, il note :

« Nous sommes en arrière-garde mais je ne ressens plus l'impression mauvaise que j'avais 48 heures plus tôt. »

Dans l'après-midi, à Fraimbois, il a pu manger, ce qu'il n'avait pas fait depuis la veille et Collot, le sergent-infirmier, lui a fait prendre une « douche » à l'aide d'un seau d'eau. L'hygiène du corps appelle celle de l'esprit. Les attaques lancées contre le I/156e RIF du commandant Dupas ont mobilisé tous les postes de secours et, en première ligne, les *minen* semblaient répondre aux mitrailleuses pendant que les artilleurs poursuivaient leurs tirs sur des objectifs inconnus de tous.

Mugler : « Cette nuit-là, on nous amena beaucoup de blessés du Ier bataillon et toute la nuit nous avons travaillé, sans nous intéresser autrement au combat que par des remarques du genre : “ Tiens, ça s'étend vers la droite ! ” »

Avec un infirmier, le médecin-lieutenant a cherché un nouvel emplacement dans la forêt avec l'idée d'être plus abrité, mais des balles ont arraché des feuilles au-dessus de leur tête et ils ont regagné le PS proche de la lisière sud. A l'aube, arrive le gros Latil conduit par Jelesmikoff (que ses copains ont surnommé « J'pèsecentkiloff ») Mugler n'en revient pas. Parti la veille de Croismare avec un convoi protégé par le groupe franc Simon, le Latil était considéré comme perdu. Or, il contient tout le matériel sanitaire du bataillon Cochinaire et les affaires personnelles de Mugler. Celui-ci fait décharger l'essentiel et envoie le Latil à Moyen où se trouve le PS du régiment avec le médecin-commandant Finance. A l'aube du 20 juin, le bois de la Taxonnière semble s'éveiller. Mais s'est-il jamais endormi ?

Mugler : « Il fait grand jour. Après la boîte de sardines absorbée la veille, je suis heureux de partager un peu de chocolat avec les hommes. La forêt est ensoleillée et pleine de chants d'oiseaux ; une atmosphère à faire une promenade sentimentale... Hélas, le moment serait mal choisi. »

Les premiers signes de la bataille qui approche se manifestent lors de l'apparition du soleil. Le lieutenant Simon, qui monte en ligne avec le groupe franc du III/156e RIF découvre le PC de son régiment à la lisière du bois de la Taxonnière et se présente au lieutenant-colonel Milon.

« L'accueil est cordial mais tourne court, raconte Simon. Un miaulement caractéristique nous jette à plat ventre. La première salve touche à la cuisse un de mes hommes, Gaston Galametz. Par bonds successifs, entre chaque déferlement d'obus, je fais évacuer la zone dangereuse. Le caporal Harlet, infirmier de la section, est resté auprès du blessé et lui donne les premiers soins. »

Les Allemands ont compris que le passage de Vathiménil est bien défendu et ils veulent d'abord faire sauter ce verrou. Le bataillon du commandant Bilbaut subit sans préavis une préparation d'artillerie qui dure près d'une demi-heure. A peine le dernier obus a-t-il éclaté que l'infanterie s'élance à l'assaut. Comme la veille mais cette fois avec deux bataillons largement déployés l'*Oberstleutnant* Krieger, du *Regiment 468*, attaque le II/156e RIF. C'est bien le diable si une section ou deux ne parviennent pas à traverser la Meurthe et à prendre pied sur la rive sud !

Au II/156e RIF, les tireurs au FM, Mertz, Bonnet, Maison, Wolf, pour ne citer qu'eux, vident chargeur sur chargeur, visant plus spécialement les porteurs de canots pneumatiques. A coups de *minen*, l'ennemi tente de leur imposer silence pendant que ses fantassins, à gué et parfois à la nage, franchissent la rivière. Attaqué sur ses flancs, le bataillon Bilbaut résiste... A l'état-major de la *268e ID*, on reconnaît que « les Français se battent avec détermination. Les canons d'infanterie et les pièces de *Pak* doivent effectuer des tirs à vue sur les nids de mitrailleuses. Nos pertes sont élevées. »

On se bat aux lisières de Vathiménil puis dans le village et les derniers défenseurs sont repoussés en direction de Moyen, à huit kilomètres au sud. Le commandant Bilbaut et le capitaine Milhan ne chercheront pas à s'échapper. Ils n'ont pas reçu l'ordre d'évacuer la position, c'est donc sur celle-ci qu'ils acceptent de mettre bas les armes, en fin de matinée, lorsque les deux bataillons allemands ont submergé la rive sud de la Meurthe. Krieger rend compte qu'il a capturé environ 400 prisonniers. Les Français ont souffert et, outre une soixantaine de blessés, ils laissent 18 morts à Vathiménil, dont le lieutenant Émile Sandre, un Mosellan de 27 ans[1].

Devant Fraimbois où le I/156e RIF du commandant Dupas s'est resserré sur le bois de la Taxonnière après avoir brisé l'attaque de la soirée du 19, le combat s'est rallumé aux premières heures du 20 juin et l'*Oberst* Kohler a lancé un bataillon frais, le *III/IR288*, contre les défenses françaises. La première tentative se solde encore par un échec.

« L'ennemi qui se battait bravement brisa la nouvelle attaque ! » commente le *Hauptmann* Spitzer.

Les pertes sont élevées dans les deux camps mais la prise de contact avec l'infanterie allemande montre que les effectifs engagés par l'ennemi dépassent de très loin ceux de la division de Girval. Au PC de celle-ci, le commandant Vergoz, chef d'état-major, le capitaine Hoff, du 3e Bureau, les colonels Vogel et Carbonnier, de l'infanterie et de l'artillerie divisionnaires, mesurent unanimement les dangers de la situation. Si l'ordre de repli n'est pas apporté très vite aux chefs de corps, les

1. Caffiaux, Houssier, Lelarge, Morin, Pouilles, Calonne, Cametz, Dianeud, Fleury, Guénot, Sorel, Thummen, Legrain, Tribout, le caporal Gautier, le sergent Mayer et le chef Castelain.

bataillons ne pourront plus décrocher. A quelle heure cet ordre a-t-il été donné ?

« Dans la matinée », note le colonel Vogel dans ses carnets personnels.

Selon lui, le PC de la division et le sien sont à 11 heures à Vallois, à trois kilomètres au sud de Moyen et de la Mortagne. Mais il importe moins de connaître l'heure à laquelle l'ordre a été donné que celle à laquelle il a été reçu. Au 156ᵉ RIF, un seul chef de bataillon, le commandant Cochinaire, est prévenu qu'il doit se replier. En plein combat à Vathiménil, Bilbaut ne reçoit rien, ni Dupas dont le PC semble introuvable. Il est vrai que le lieutenant-colonel Milon doit vider les lieux plus vite qu'il ne s'y attendait. Le sous-lieutenant Martin, officier de liaison auprès du colonel Vogel, a apporté l'ordre de replis vers 10 heures. Le 156ᵉ RIF doit traverser la Mortagne et la tenir au sud de Vallois.

Le groupe franc du lieutenant Simon assure la protection du PC au sortir de la forêt, ce qui permet à l'état-major du 156ᵉ RIF de se diriger vers Vallois en toute quiétude.

Simon : « J'avais la conscience intuitive du danger. En effet, à 200 mètres, l'ennemi débouche en nombre. Je désigne l'objectif. Pas de précipitation. Il faut attendre que les hommes de tête atteignent la clôture du parc. Attention, ils l'enjambent !

— Hausse 200. Feu à volonté !

Le tir est bien ajusté, sans affolement. Je sens que mes hommes déversent sur l'ennemi toute la rancœur de leur colère. Une colère froide. Cette fois, ils ne battent plus en retraite sur ordre, ils font face ! »

Les Allemands arrêtés, Simon décrochera à son tour. C'est le travail du groupe franc : harceler l'ennemi, gêner son avance, la retarder mais ne pas se laisser déborder. Des gerbes de balles accompagnent le mouvement mais personne n'est touché et Simon atteint la Mortagne qui est franchie avec de l'eau jusqu'à la ceinture.

« Ce bain de siège improvisé, bain de vigueur s'il en est, nous ragaillardit, assure Simon. Il fait si chaud en ce mois de juin sous la capote ! »

Tant bien que mal, les chefs de bataillon qui ont reçu l'ordre de repli lancent leurs compagnies vers le sud. Vers 11 heures, le commandant Dupas est tout étonné de voir apparaître le III/156ᵉ RIF alors que son bataillon tient toujours sous son feu les débouchés de Fraimbois.

« Alors, lui demande le commandant Cochinaire, on ne se décide pas à partir ?

— Pourquoi partirais-je ? Je n'ai reçu aucun ordre [1]. »

1. Dupas note dans son rapport que « l'agent de liaison Sauvageot puis le capitaine Balcon ont été envoyés au PC du 156ᵉ RIF mais ils n'ont trouvé personne et le coin était très bombardé ».

Cochinaire lui montre le document signé du lieutenant-colonel Milon qu'il a reçu vers 10 h 30. Il est adressé aux trois bataillons [1]. Puis, sans perdre de temps, il fait rédiger une copie qu'il remet à Dupas.

« Voilà, tout est en ordre, le 1er bataillon peut décrocher dans la légalité. »

Les deux hommes se serrent la main et Cochinaire rejoint sa colonne. Derrière lui, les *minen* et les rafales de mitrailleuses ne cessent pas pour autant. Les Allemands ont débordé Fraimbois mais ils ont payé le prix fort car, fait exceptionnel, leurs pertes dépassent celles des Français. 24 des leurs seront inhumés sur le territoire de la commune contre 15 soldats des 156 et 146e RIF [2].

Dupas fait replier ses compagnies mais le mouvement s'effectue sous le bombardement et sous une pression constante exercée sur les hommes en ligne. Un canon de 25 dont les chevaux sont tués par un obus est abandonné, culasse retirée.

« Il y a des infiltrations, dit le lieutenant Soipteur, de la compagnie d'engins, et l'ennemi va nous poser des embuscades. »

Il n'a pas tort : le capitaine Deu et une partie de sa compagnie, le lieutenant Bach, des transmissions du I/156e RIF, seront capturés à la sortie de la forêt à la suite d'une erreur d'itinéraire.

Le lieutenant Buchoud cherche le PC du 146e RIF et se plaint de « marcher sans carte dans ce grand bois battu par l'artillerie adverse ». Il sait qu'il lui faut éviter les lisières, particulièrement dangereuses. « Les hommes s'y croient cachés et plusieurs payent cette faute de leur vie. » Depuis le matin, le corps franc Buchoud a eu trois morts : Guilly et deux sous-officiers : Boulanger et de Verneuil, ce dernier tué par une balle « entrée par les reins de bas en haut, transperçant la poitrine et se logeant sous le cœur ». Le chef Riot a été blessé et Wacogne l'a évacué dans la 201 Peugeot.

A 11 h 15 seulement, selon le lieutenant-colonel Prat, le capitaine Carayon, envoyé par le colonel Vogel, trouve le PC du 146e RIF qu'il cherchait en vain depuis près d'une heure. Il remet l'ordre de repli à Prat en balbutiant : « ... tournés par la droite... repliez-vous au galop... sud de la Mortagne ! » Puis, victime d'une syncope due à l'épuisement, il s'écroule aux pieds de Prat.

1. Le commandant Cochinaire était depuis la veille sous les ordres du lieutenant-colonel Prat, du 146e RIF. C'est donc celui-ci qui devait lui envoyer l'ordre de repli et non Milon.

2. Alberque, Bedou, Jean, Buisine, Kuchenbuch, Leloir, Léonard, Oudart, Méresse, Thouvenot, Schwitzgebel, le caporal-chef Chauvin, le sergent Leclerq, les chefs Michel et Blauwblomme.

« Le décrochage est difficile, reconnaît celui-ci. Les Allemands talonnent les unités qui se replient par petits paquets et cherchent à les gagner de vitesse. »

Inutile de dire qu'on ne s'embarrasse pas de paquets superflus ni même de mitrailleuses qu'il faudrait porter à dos parce que les chevaux des voiturettes ont été tués. Chaque homme a l'impression que l'ennemi est non seulement derrière mais à droite et à gauche. C'est vrai en ce sens que la *268e ID* lance ses colonnes sur toutes les routes et néglige les forêts où se camouflent encore les Français, le *General* Straube estimant avec raison « qu'ils finiront tôt ou tard par en sortir ».

Si le commandant Grange a bien reçu l'ordre de décrocher, ainsi que le capitaine Collin, du I/146e RIF, le capitaine Beaumier, dont le IIe bataillon est en position à la lisière du bois de Gondal, au sud-est de Gerbéviller, n'a rien reçu. Et sans ordre, Beaumier ne partira pas, en dépit du spectacle qu'il a sous les yeux, spectacle qui l'incite à se poser la question : « Ou bien tout le monde f... le camp, ou bien l'ordre qui m'était destiné s'est égaré. »

Beaumier est d'autant plus soucieux que les effectifs de chaque compagnie sont réduits de moitié ; le capitaine Bacher est à la « 5 », le lieutenant Pannier à la « 6 » et le jeune sous-lieutenant Redt commande la « 7 ». Un autre sous-lieutenant, Lahargue, a le groupe de mortiers sous ses ordres mais aucun ravitaillement en munitions n'est prévu et Lahargue espère recevoir un ordre de repli avant d'avoir tiré tous ses projectiles. Sinon, ce sera le sacrifice... Tout de même, le flot de la retraite qui coule sous les yeux des hommes du II/146e RIF est bien inquiétant.

Beaumier : « Par le chemin qui nous sépare du bois de Mingomont, des éléments de tous les régiments refluent, notamment des chenillettes du 69e RIF. »

Le régiment du lieutenant-colonel Pinta est accroché depuis le matin et son repli s'effectue sous la pression de l'ennemi qui menace Gerbéviller. Le groupe franc du sous-lieutenant Bergot et la CM 7 du lieutenant Streiff sont en arrière-garde et couvrent le départ des deux bataillons de 69e RIF qui sont malheureusement assaillis par des éléments ennemis dont la tactique consiste à s'infiltrer en profondeur dans le dispositif français sans se préoccuper de leurs flancs. Leur adversaire n'est pas assez manœuvrier pour les inquiéter et les faits leur donnent raison.

Le commandant Bonifacio, du IIIe bataillon, ne rejoindra pas le lieutenant-colonel Pinta à Séranville où se trouve également le PC du 146e RIF. Au II/69e RIF du capitaine Nourrisson, un seul commandant de compagnie, le capitaine Javaloyès, réussira à passer. Le capitaine de Rauglaudre, de la compagnie d'engins, trouve une centaine d'hommes couchés par terre près de la gare. Il leur explique que l'ordre de repli a été donné, qu'ils doivent se lever, s'équiper et partir. Recrus de fatigue, indifférents à tout, ils ne bougent pas. Rauglaudre s'éloigne et se heurte dans un chemin creux à une cinquantaine de soldats du régiment. Quelques Allemands apparaissent à 200 mètres, mais du côté français, où l'on compte trois FM, pas un coup de feu ne part. Au contraire, trois ou quatre hommes lèvent les bras ou agitent leur mouchoir blanc.

Rauglaudre est fou de rage : « Tirez donc, leur lance-t-il, vous êtes les plus nombreux ! »

Il prend lui-même un fusil mais le sous-lieutenant Marche, vieil adjudant-chef promu officier, lui dit, désabusé : « Si vous tirez nous allons être tous massacrés ! »

Rauglaudre est désarmé par d'autres Allemands arrivés par-derrière. Le lieutenant Streiff, de la CM 7, a pu se réfugier dans un bois avec quelques éléments du groupe franc Bergot. Deux hommes de celui-ci, Couchot et le sergent Pigeron, ont été blessés en quittant Gerbéviller où une main pacifiste avait déjà hissé un drapeau blanc sur la mairie.

« Les patrouilles allemandes nous cherchaient et nous n'avions plus de cartouches, écrit un autre sous-officier du groupe franc, le sergent Bertin. J'ai conseillé au lieutenant Streiff d'attendre la nuit mais il a préféré gagner du temps pour rejoindre le régiment et... nous nous sommes faits prendre [1]. »

Le lieutenant-colonel Pinta ne reverra pas non plus le médecin-lieutenant Haas resté avec ses blessés faute de sanitaires pour les évacuer. Les morts sont abandonnés sur le terrain, le temps a manqué pour les inhumer [2].

Le II/146e RIF du capitaine Beaumier est attaqué au début de l'après-midi. La position a sans doute été observée par le *Henschel* qui survole le secteur depuis le matin car Beaumier qualifie l'attaque de « très violente ». Comment saurait-il que son petit bataillon se heurte au régiment de gauche de la *79e ID* du *General* Strecker ? Celui-ci, avec ses trois régiments en ligne, élargit la percée qui sépare le 20e corps du 6e et espère faire sa jonction le soir même à Châtel-sur-Moselle avec la *8e Panzer*. Projet ambitieux qu'il a les moyens de réaliser.

Les Allemands tirent sur la lisière du bois de Gondal au *Minenwerfer*

1. Lettre du 21 décembre 1983 adressée à l'auteur par M. François Bertin. Son frère Jean, qui appartenait lui aussi au groupe franc, participera à la Résistance et sera déporté à Buchenwald.

2. 8 du 69e RIF : Farnier, Fischer, Garnier, Le Teurnier, Bouchez et le caporal Vialis (ces deux derniers retrouvés au bord de la route de Rehainviller, près de leur mitrailleuse) le caporal Sergine, et le sergent Michel Henri. 4 du 146e RIF : Collumeau, Picard et les caporaux Valin et Destribats. L'unité de 6 autres morts n'a pas été identifiée : Campion, Crépin, Gérard, Guinard, Théobald et le sergent Guilluy.

et lancent un premier assaut qui échoue, puis un deuxième qui échoue aussi. Les hommes du II/146ᵉ RIF réagissent durement et Strecker s'étonne de cette résistance : « Les Français ripostent par des contre-attaques dont certaines s'achèvent au corps à corps ! » lit-on dans le journal de la *79ᵉ ID*.

Vers 16 heures, le soldat Faré, envoyé en liaison au PC du 146ᵉ RIF par Beaumier, rencontre par hasard un motocycliste qui cherchait le IIᵉ bataillon pour lui apporter l'ordre de repli. Il est tard et la colonne va devoir chercher son chemin entre les convois des *268ᵉ et 79ᵉ ID* qui soulèvent la poussière des routes.

« Nous partons, écrit Beaumier, mais nous ne laisserons aucun blessé, ni armes ni munitions. »

De la coupe aux lèvres... Le poste de secours et une grande partie des blessés seront pris les premiers. Le lieutenant Pannier, de la « 6 », est lui aussi blessé mais il s'est fait hisser sur une voiturette porte-mitrailleuse d'où il continue courageusement à exhorter ses hommes à « tenir le coup ». Le capitaine Bacher ferme la marche avec la 5ᵉ compagnie ralentie par une quinzaine de blessés qu'elle emmène avec elle. Dans un layon, Beaumier rencontre un détachement d'environ 200 soldats, la plupart du 156ᵉ RIF. Deux officiers sont avec eux.

« Vous ne pouvez pas nous ravitailler en munitions, mon capitaine ? » demande l'un d'eux, le sous-lieutenant Meyer.

Beaumier lui montre sa colonne et ses blessés : « J'ai encore quatre FM avec cinq chargeurs et deux mitrailleuses avec une bande et demie de cartouches. A peine de quoi m'ouvrir un chemin si l'ennemi tente de m'arrêter. »

Meyer retourne près des hommes allongés sous les arbres. Ils sont perdus car la pire des attitudes reste l'immobilisme.

Dans le bois de la Taxonnière où les arbres arrachés par le bombardement de l'artillerie allemande ne se comptent plus, un petit groupe d'hommes est resté en arrière. Le médecin-lieutenant Mugler, ses auxiliaires, Gagne et Casseyré, les infirmiers, bref, tout le petit monde du PS du III/156ᵉ RIF, a tenté de suivre le régiment dans sa nouvelle retraite mais, selon le désir exprimé par Mugler, APRÈS avoir évacué tous les blessés. Grâce à la voiture de Rousseau, du Iᵉʳ bataillon, et aux sanitaires providentielles envoyées par le médecin-commandant Finance, les départs se sont échelonnés dans de bonnes conditions pendant que les bataillons étiraient leurs colonnes en direction de la Mortagne.

Les nerfs tendus, ivres de fatigue, les hommes du poste de secours ne se sont aperçus de rien tant que leurs activités les portèrent à se concentrer sur leur travail. Soudain, l'un d'eux leva la tête, puis deux, puis trois, les médecins les imitèrent et c'est à ce moment-là qu'ils comprirent que leur situation avait changé. Plus d'éclatements de *minen,* plus de balles miaulantes autour d'eux, plus que le silence, inhabituel, succédant au grincement des essieux des voiturettes et au bruit des pas s'éloignant vers le sud.

« Les sanitaires n'étaient pas revenues et il me restait six blessés sérieux, raconte le médecin-lieutenant Mugler. Mes brancardiers n'avaient pas dormi et, après les fatigues et les privations précédentes, avaient brancardé toute la nuit des premières lignes jusqu'à mon PS. Je ne pouvais pas leur imposer de porter les blessés le long d'une retraite... Et sur combien de kilomètres ? »

Les derniers éléments du bataillon s'arrêtent auprès des civières. Trois chenillettes disparaissent sous les fantassins harassés qui les ont prises d'assaut. Mugler intervint :

« Vous allez faire de la place à vos camarades blessés et nous utiliserons aussi nos brouettes porte-brancards. »

Une mitrailleuse se remet à tirer puis une autre... Sur quelle cible ? Pourra-t-on au moins sortir de la forêt ? Finalement, les six blessés sont allongés sur les chenillettes, arrimés à leur civière. La petite colonne repart, les chenillettes cahotant sur le chemin défoncé, les fantassins silencieux suivant en traînant la semelle. Très vite, Mugler comprend qu'il n'est pas possible de continuer : « Les blessés hurlaient, l'un avait le bas de la figure emporté et saignait, les autres avaient des fractures et souffraient le martyr sur ces véhicules brinquebalants et, las de les entendre gémir, je décidai de les laisser sur place avec un médecin-auxiliaire et deux infirmiers. »

Les brancards sont descendus des chenillettes et alignés les uns à côté des autres. Le médecin fait part de sa décision et demande des volontaires. Un long silence s'établit. Personne ne se présente. Né à Sarrebourg en 1912, Mugler parle allemand et pense que cela lui sera utile si... Oui, la solution qu'il adopte est sans doute la meilleure : c'est lui qui restera, avec Basquin, son secrétaire, et Delatre, un infirmier. Un instant plus tard, le grondement des moteurs arrache les chenillettes au sol et la colonne s'éloigne. Les six blessés, le médecin et ses deux compagnons restent seuls.

« Je m'assis sur un talus et pleurai de découragement et de fatigue, avoue Mugler. Nous attendions l'ennemi et j'avais planté un bâton auquel était noué un mouchoir blanc à côté des civières. »

Après un quart d'heure d'attente, des pas se font entendre. C'est Dancaisne, un infirmier, qui s'est perdu dans le bois de la Taxonnière. Il accepte de rester avec le groupe. Le silence devient impressionnant. Où sont les Allemands ? Les infirmiers lancent des appels pour attirer l'attention mais personne ne répond. Mugler décide de porter les blessés jusqu'à l'orée du bois d'où l'on aperçoit un village, sans doute Moyen. Puis, de cet endroit, Basquin, Delatre, Dancaisne et Mugler empoignent un brancard et, à travers champs, surmontant leur fatigue, marchent jusqu'à Moyen.

« Un motocycliste allemand passant en contre-bas sur une route nous aperçut le premier et fit demi-tour, dit Mugler. Un instant plus tard, une pièce antichars était braquée dans notre direction à la lisière de Moyen. Basquin agita son mouchoir et un sous-officier, revolver à la main, vint au-devant de nous et nous guida jusqu'à un café où nous déposâmes le blessé. »

Il était un peu plus de 14 heures, le 20 juin 1940. S'exprimant en allemand, Mugler obtint de retourner vers ses blessés avec le cheval et la carriole d'un agriculteur et de les ramener à Moyen dans cet équipage. Les infirmiers restèrent au café. Le blessé de la face saigna beaucoup pendant le trajet et Mugler dut comprimer la blessure avec un pansement. Un autre, atteint d'une balle dans la colonne vertébrale, succomba avant d'arriver à Moyen... où les trois infirmiers avaient disparu, emmenés en captivité. Seul avec les cinq blessés, Mugler attendit jusqu'à 20 heures l'arrivée d'une sanitaire allemande.

« Avant de partir, se souvient-il, je vis au milieu des prisonniers qui remontaient vers le nord, Meulemans, le chauffeur du commandant Cochinaire, et Collot, mon sergent-infirmier, avec d'autres du bataillon. Les larmes aux yeux, ils vinrent me serrer la main... »

Débarqué dans un village où fonctionnait le poste de secours régimentaire allemand, Mugler passera sa première nuit de captivité à soigner de nouveaux blessés français amenés par les sanitaires de l'ennemi. Quand il bénéficiait de quelque répit, il dormait sur une chaise. C'est seulement au lever du jour, le 21 juin, qu'il fut autorisé à s'allonger sur un brancard. Il s'y reposa deux heures puis on le réveilla pour le conduire à Saint-Clément où il retrouva d'autres médecins, vétérinaires, pharmaciens et dentistes. La captivité commençait qui, pour certains, allait durer cinq ans [1].

1. Libéré comme Lorrain en juillet 1940, Alfred Mugler travailla d'abord comme chirurgien avec le Dr Gabriel Jung à l'hôpital civil de Metz. Lorsque Jung fut expulsé, comme des milliers d'autres Mosellans, Mugler abandonna ses parents et ses biens et se réfugia en zone libre où il exerça à l'hôpital militaire de la Providence, à Clermont-Ferrand. A la Libération il occupera le poste d'interne des hôpitaux à la Faculté de médecine de Strasbourg. Le Dr Mugler a pris sa retraite à Antibes (Alpes-Maritimes).

## CHAPITRE XV

# « J'ai eu la jambe fauchée par l'obus... »

La 52e DI a disposé de la journée du 19 et de la nuit pour reconstituer ses unités, les ravitailler en vivres et en munitions, recompléter ce qui peut l'être et surtout faire en sorte que les hommes se sentent commandés et sachent pourquoi ils vont devoir se battre à nouveau. Cela a-t-il été fait ? Les rares documents conservés permettent d'en douter. La 52e DI ne parvient pas à se dégager de l'espèce de torpeur qui s'est emparée d'elle après la bataille livrée sur le canal de la Marne au Rhin. Le général Echard a trop exigé de ses soldats et ceux-ci, rassemblés dans le bois de Chèvremont et dans les bois de Glonville, au sud de la Meurthe, attendent n'importe quoi, une relève, une mise au repos, voire des renforts mais pas une reprise des combats. Pourtant, le général Hubert leur a accordé un écran de protection qui leur évitera une prise de contact trop brutale le 20 au matin : deux escadrons du GRCA 15 stationnent à Flins et à Azerailles, au nord de la Meurthe et un bataillon frais a été engagé la veille sur la droite. Celui-ci, le III/279e RI du commandant André Mourier, est arrivé à Raon-l'Étape le 19 au matin et, à la grande surprise des cadres, on leur a annoncé qu'ils allaient à Baccarat... par le train.

« Quelle plaisanterie ! note le capitaine Paul Henry, de la 9e compagnie, voilà cinq jours que nous faisons des marches forcées (hier près de 50 kilomètres) et voilà que nous prenons le train pour aller à Baccarat, à 9 kilomètres ! »

Le bataillon devait s'installer entre Azerailles à gauche et Gelacourt à droite face au nord-ouest. Deux compagnies en première ligne, la « 11 » du capitaine Jannor et la « 9 » du capitaine Henry. La « 10 » du lieutenant Rinckenbach est en 2e échelon et le PC Mourier à la sortie nord de Baccarat avec les mortiers de 81 et le canon de 37. Henry a reconnu Gelacourt où les habitants devisaient devant leur porte mais lorsqu'il a amené sa compagnie trois heures plus tard il a été reçu par des tirs de mitrailleuses [1].

Dans la nuit, Henry a pris contact avec des éléments de la 1re division de grenadiers polonais dont le célèbre capitaine Chodzko qui était prêt à lancer un coup de main sur Gelacourt « si Henry lui confiait 60 hommes. » C'était hors de question : le III/279e RI était sur la défensive, il y restait. Henry estime d'ailleurs — sans le dire — que ses soldats « ne font pas le poids ». Lorsque le 18 au soir, un habitant de Raon-l'Étape leur a annoncé que l'armistice était signé, ils furent « fous de joie », ce qui amène Henry à écrire dans ses carnets : « La troupe est fatiguée et n'a plus de foi, plus de mordant. (...) Sentant la fin, devinant la débâcle, elle ne désirait plus se battre et pensait qu'il serait inutile de se faire tuer alors que tout était déjà considéré comme perdu par nos dirigeants. »

Sur sa gauche, à Azerailles, le commandant Mourier n'a pas pris la liaison avec l'escadron du GRCA 15 mais il a rencontré « une dizaine de soldats du 348e RI coupés de leur unité ». C'est ce qu'il affirme. A Montigny, au nord de Baccarat, la 3e compagnie du 20e BCC a détruit par le feu la tête d'une colonne allemande qui sortait d'Ogeviller et, vers minuit, le lieutenant Guillier a reçu l'ordre du commandant Mille, son chef de bataillon, de se replier sur Baccarat, laissant toutefois en arrière-garde une section de chars, celle du lieutenant Chevin, en liaison avec les Polonais en position aux Carrières. Aucune liaison dans la nuit entre Mourier et Guillier. Quant à la liaison avec la 52e DI à la disposition de laquelle il est mis, Mourier indique qu'elle se résume à un entretien téléphonique ; par la suite, il indique dans son rapport qu'il recevra ses ordres directement du 20e corps, par téléphone également.

A l'aube du 20 juin, la *198e ID* passe à l'attaque avec son régiment de tête, le *IR 305* de l'*Oberst* Buck. Son objectif : franchir la Meurthe entre Flins et Azerailles et marcher vers le sud. Appuyés par deux groupes d'artillerie, les Allemands ne semblent pas avoir éprouvé de difficultés particulières devant la rivière. Les escadrons L'Hotte et Quénétain ont eu quatre blessés [2] et se replient vers le PC du lieutenant-colonel Azaïs, du GRCA 15. Dans les bois au sud de la Meurthe, le 58e BM du commandant Meygret a de nombreux blessés par *minen* et quatre tués [3]. Les chasseurs du 110e BCP offrent plus de résistance et les combats dégénèrent en corps à corps dans lesquels les Français, trop peu

1. « Vers 17 heures, après une courte mais violente préparation, l'ennemi déclencha une violente attaque en direction de Baccarat. Toutes ses tentatives furent repoussées avec de grosses pertes » (rapport Mourier). De grosses pertes pour qui ? Mourier parle de l'évacuation de « ses tués ». Deux ont été identifiés par l'auteur : Vendeville et le sergent Janvier.

2. Morat, Fleury, Cadet et Angot.

3. Les caporaux Caen, Poron, Merlaud et le soldat Genet.

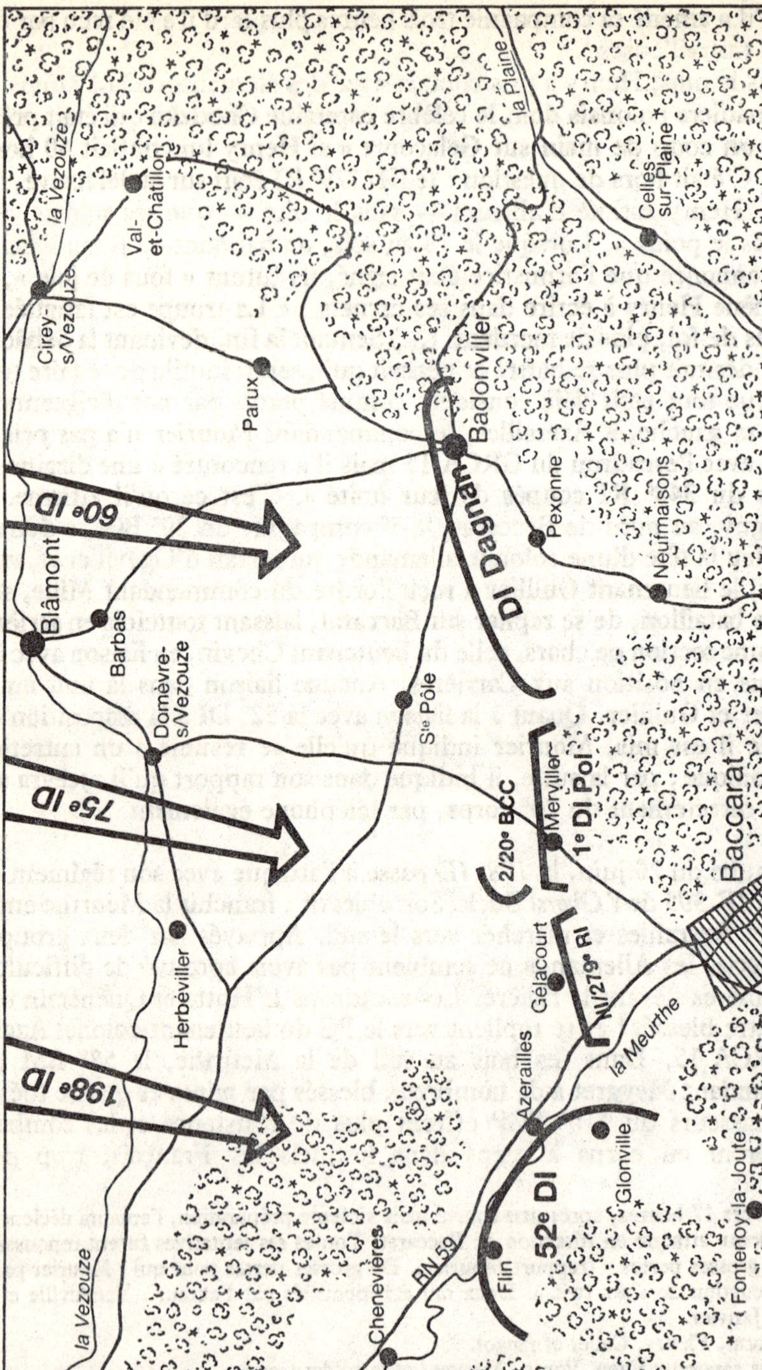

La 52e DI et la division Dagnan le 20 juin à l'aube

nombreux, finissent par avoir le dessous. Le commandant Pâté est blessé à la cuisse avant d'être capturé et le commandant Levard est fait prisonnier au PC de la demi-brigade. Le lieutenant René Huard est tué alors qu'il assurait une liaison avec la 52e DI.

A droite, au III/279e RI, le commandant Mourier affirme que tout le front du bataillon est attaqué « avec des effectifs très supérieurs aux nôtres ». L'ennemi échoue et « dut regagner ses bases de départ avec de lourdes pertes [1] ». Les carnets du capitaine Henry sont à cet égard plus vraisemblables. La section de l'adjudant-chef Miot, la plus proche de Gelacourt, reçoit des feux de mitrailleuses du village et d'un bois situé à l'est. Lorsqu'il a six blessés, le sous-officier sollicite l'ordre de se replier. Henry refuse. Miot insiste : « Vous serez responsable de la mort de mes hommes ! »

Henry : « Je ne sais plus si j'ai répondu ou si un geste de moi a été pour lui une réponse affirmative mais j'entends soudain un " Repli ! " retentissant. C'est Miot qui crie et se précipite dans le fossé, me dépasse comme un fou suivi de toute sa section. »

Henry dégaine son revolver et oblige quelques soldats à reprendre leurs emplacements avec leurs armes mais un mouvement de panique est contagieux. La section Vigneron a entendu le cri lancé par Miot et décroche elle aussi, sans demander son reste, entraînant la section Bertrand. C'est ce que Mourier appelle « repousser l'ennemi avec de fortes pertes ». En rejoignant son PC, le capitaine Henry est accueilli par l'adjudant Caron, blessé, qui « a cru devoir faire replier la section de commandement ». Rinder, l'ordonnance du commandant de la « 9 » est blessé aux mains et Perrichon a reçu six balles dans le corps et la cuisse. « Il serait vain de persister, commente Henry, je donne l'ordre de repli, prescrivant à l'aspirant Duriez et à Miot de réinstaller leurs sections à la droite de la compagnie Rinckenbach. Grévent s'est replié avec ses mitrailleuses. »

Le commandant Mourier affirme avoir reçu du 20e corps l'ordre de décrocher « après avoir couvert la retraite des Polonais [2] et détruit le central téléphonique de Baccarat ». Les hommes du III/279e RI ne se font pas prier pour dévaler la pente pendant que l'artillerie allemande tire sur le pont de Baccarat.

« A la sortie de la ville, raconte Henry, je trouve Mourier qui

1. Comme des centaines d'officiers français dont l'auteur a consulté les rapports, Mourier parle de « fortes pertes » chez l'ennemi, ce qu'il n'a pu vérifier, mais il est incapable de donner les noms de ses propres tués.

2. Ce que Mourier ne fera pas. Comme nous le verrons, ce sont les Polonais qui quitteront les derniers Baccarat, protégeant, eux, le flanc ouest de la division Dagnan. 18 d'entre eux, mortellement blessés, sont décédés à l'hôpital de Baccarat et seront transférés après la guerre au cimetière polonais du Bois du Puy (Marne).

m'attend. Rassuré sur mon sort, il file en voiture [1]. Mes comptables et mes cuisiniers sont déjà partis. »

Le bataillon prend la direction de Rambervillers d'où il obliquera vers Saint-Dié, s'arrêtant toutefois dans la soirée dans un bois près de Nompatelize. Pour lui, la guerre est terminée. Pour d'autres aussi puisque toutes les unités de la 52e DI recroquevillées au sud de la Meurthe reçoivent l'ordre de partir en direction du col de la Chipotte. Le général Échard renonce à toute liaison sur sa gauche avec la division de Girval et, faisant cavalier seul, lance ses colonnes vers le sud-est, vers la montagne vosgienne dont le relief accidenté et boisé lui permettra, pense-t-il, de gagner du temps. Au GRCA 15, le lieutenant-colonel Azaïs aurait donné l'ordre de repli à 10 h 30. Au 5e BM, les capitaines Mercier et Arcouet indiquent dans leur rapport « vers 10 heures ». Le commandant Berck fait partir le détachement du 291e RI vers 11 heures et le lieutenant-colonel Binet, du 348e RI, parle de 9 h 30 [2]. Il regroupera 25 officiers et 190 hommes au col de la Chipotte où le capitaine Montagne arrivera le premier avec une centaine de soldats du IIIe bataillon : « La chaleur est accablante et nous sommes fourbus ! » note le lieutenant Libert.

Trois officiers du 348e RI, Touya, Martin et Witrant, rejoindront le lendemain par un itinéraire compliqué par l'avance allemande. Ils apporteront avec eux trois canons de 25 et un groupe de mortiers, ce qui provoquera des haussements d'épaules parmi leurs camarades arrivés la veille. En effet, dans la matinée du jeudi 20 juin, le général Échard ne se contente pas de signer un ordre de repli, il montre, dans un autre document, qu'il est déterminé à durer et, pour cela, à s'alléger quitte à se débarrasser de ses moyens de combat. En d'autres termes, Échard jette l'éponge, ce qui est inadmissible quand on sait que sur ses flancs, les divisions Dagnan et de Girval, sacrifient des dizaines d'hommes pour retarder l'ennemi. Chef du 3e Bureau de la 52e DI, le capitaine Erulin écrit : « Ordre est donné de détruire les chenillettes et d'abandonner le matériel anti-char. Cet ordre ne sera ni transmis ni exécuté. »

Erulin se trompe car nous avons retrouvé le document original transmis au 174e RIF et conservé par le capitaine Pirat, adjudant-major au IIe bataillon [3]. Le voici, reproduit *in extenso.*

1. « En passant devant la mairie de Baccarat, le maire tint à me remercier pour les beaux combats (*sic*) que nous venions de mener. » (lettre du 5 juin 1945 adressée par le commandant Mourier à son ancien chef de corps, le colonel Magne).

2. Binet rend sa liberté à son officier de renseignements, le lieutenant Jean Cottier, qui part à pied vers le sud et passera en zone libre le 3 juillet.

3. Mme Roger Pirat, retirée à Dijon, a bien voulu confier à l'auteur cette feuille rédigée au crayon gris quarante ans plus tôt. Dans son rapport, le commandant Berger, du 5e BM, en confirme les termes.

*PC le 20 juin 1940*

*Dès le reçu de cet ordre, on abandonnera toutes les voitures sauf une voiture sanitaire, deux cuisines roulantes, le meilleur camion et, s'il existe des mitrailleuses, une voiturette ou deux. Mettre l'essence et les vivres sur le camion.*

*Signé : commandant Caye*
*Pour ampliation : le capitaine-adjoint : Cotel.*

*Additif : les hommes rejoindront à pied, en ordre et commandés, le col de la Chipotte.*

*Signé : général Échard*
*commandant la 52e DI.*

Chez les artilleurs, les réactions sont fonction du tempérament de chacun. Au 17e RA, le capitaine Gailly, de la 2e batterie, raconte que « vers 13 heures, le commandant de Vismes donna l'ordre définitif de vider les coffres, d'enlever les culasses et de détruire les pièces. La batterie réduite aux avants-trains gagnera le col de la Chipotte. »

Le capitaine Missenard, officier-adjoint du groupe, n'a eu aucun ordre écrit entre les mains et il interdit aux deux autres commandants de batterie, les capitaines Catenne et Jacquet de saboter leurs 75, leur prescrivant de se diriger vers la Chipotte avec canons et munitions. Voiturettes, attelages, fantassins empruntent les petites routes blanches qui conduisent vers les sommets lointains, bleuâtres sous le soleil. Au III/174e RIF le commandant Lelay note que les cantines ont été brisées et abandonnées. Il ajoute en voyant passer ses hommes : « La marche est pénible étant donné l'état de fatigue de la troupe. Les pieds ramollis par les bains forcés de la veille sont entamés et les éclopés sont nombreux. »

Lorsqu'il a reçu l'ordre de repli, le lieutenant Aufauvre, du 5e bataillon de mitrailleurs, a parfaitement compris sa signification : « C'est la fin, dit-il, et nous détruisons le matériel de transmission, ne conservant que l'armement individuel. »

Prévenu trop tard, ou trop fatigué pour reprendre la route dans ces conditions, le 58e BM du commandant Meygret va perdre un temps précieux et, vers midi, il s'arrêtera à Domptail, à quelques kilomètres au sud du bois de Chèvremont où il stationnait depuis la veille. Les débris du bataillon, fortement amputé le 18 juin à Hénaménil, sur le canal de la Marne au Rhin, seront littéralement balayés par l'avant-garde de la *198e ID* qui se conduit avec une brutalité révoltante. Le commandant Meygret est tué dans une salle de la mairie et vingt jeunes soldats du 21/146e RIF faits prisonniers en uniforme sont conduits dans une pâture et massacrés [1].

1. Le récit de ce drame figure dans *Juin 1940, le mois maudit* (Fayard, 1980).

Les chars du 20e BCC ont pu opérer leur regroupement avant d'emprunter l'itinéraire indiqué par le 3e Bureau de la division. Le sous-lieutenant Louis Guennou reste cependant en protection avec deux R 35 à la lisière des bois de Glonville. Après avoir tiré sur une limousine transportant vraisemblablement des officiers (on ne résiste pas devant une telle cible) Guennou sera repéré et attaqué au *37 Pak* alors qu'il se préparait à sortir de la forêt. Surpris, il se rend ainsi que Lesage, son mécanicien. Dans le second engin, le sergent Amiard a rapidement débloqué la tourelle et s'apprête à ouvrir le feu. Les servants du *37 Pak* le plus proche sont plus rapides.

« J'ai eu la jambe fauchée par l'obus et je perdais mon sang en abondance, se souvient Amiard, si bien qu'avec le début d'incendie qui enfumait l'intérieur de la tourelle, je n'ai pas vu que mon pilote, Houdin, agonisait au fond du char [1]. »

Grièvement atteint, Houdin sera transporté dans un hôpital mais ne survivra pas. Sorti de la tourelle par un Allemand qui lui posera aussitôt un garrot, Amiard devra être amputé de la jambe droite.

Pendant ce temps, la 52e DI s'est transformée en misérable cohorte où des véhicules hétéroclites disputent aux fantassins recrus de fatigue la route étroite qui monte vers Saint-Benoît-la-Chipotte.

« Les fossés sont jonchés d'armes et d'équipements, témoigne le capitaine Erulin. Outre des voitures renversées, des 155 déclavetés sont là, dans le sous-bois. Les éléments organiques du 20e corps abandonnent leur matériel sans le détruire : passerelles et matériel du génie qui nous furent refusés cet hiver, en Lorraine. Au-dessus de nous, l'avion allemand observe... »

***

A la division Dagnan, la journée du 20 a mal commencé. A 5 heures du matin, le lieutenant-colonel Bertrand reçoit par officier de liaison l'ordre de porter le 133e RIF à Badonviller et d'en assurer la défense. Le régiment qui a passé la nuit sur la ligne Halloville-Nonhigny sera ainsi moins en flèche et pourra sans doute relier sa gauche au 41e RMIC du colonel Tristani installé à Pexonne, à 3 kilomètres de Badonviller. Le 133e RIF n'a pas de chance car les cavaliers allemands ont sellé leurs chevaux avant le lever du jour et lorsqu'ils font irruption à Nonhigny enveloppé d'un léger brouillard, les Français n'ont pas encore entendu sonner le réveil. Sautant en voltige de leurs montures, leurs adversaires vont s'en charger.

1. Lettre du 27 mai 1978 adressée à l'auteur par M. Robert Amiard, de Montgeron (Essonne).

« Dans la paille où je dormais depuis la fin de mon quart, raconte le lieutenant Tinot, je me suis réveillé avec un pistolet sur le ventre. »

Heureusement, son agresseur a l'attention détournée par des coups de feu qui claquent dans la rue et Tinot parvient à s'en débarrasser. Les Français, les uns armés mais sans chaussures, les autres chaussés mais les mains vides, sortent des maisons et des granges. La confusion augmente lorsqu'une section de cyclistes allemands renforce les cavaliers. Le chef Petitdemange tire le FM à la hanche, Tinot dégoupille une grenade, le capitaine Lucas ajuste l'ennemi avec son revolver. Profitant du désordre, les assaillants se replient avec leurs prisonniers ; les Français sont trop nombreux, ils devront revenir en force. C'est ce qu'ils font une demi-heure plus tard, toujours sans tir d'artillerie ou de *minen*. Le II/133$^e$ RIF du commandant Cailloux n'est pas encore remis de la première alerte et ses réactions n'ont pas d'efficacité. Malgré les chargeurs de FM vidés par l'aspirant Boisel, les lieutenants Ney et Fradin sont blessés et la CM.5 du capitaine Lucas en grande partie capturée. Le lieutenant Le Bigot qui apportait l'ordre de marcher sur Badonviller, est fait prisonnier. Seule, la CM 7 du capitaine Dillon parvient à se dégager avec une partie de son matériel.

A deux kilomètres à l'ouest, le III/133$^e$ RIF du commandant Grill quitte Halloville sans avoir été inquiété mais les déplacements de jour sont dangereux car le *Henschel* d'observation a déjà pris l'air et signale la colonne aux artilleurs de la *60$^e$ ID* qui se sont rapprochés au maximum pendant la nuit. Deux kilomètres après Halloville, les premières salves encadrent la route.

« Automatiquement, constate le sous-lieutenant Karr, c'est la panique ; les chevaux s'emballent, les hommes se couchent ou se dispersent. L'effet de surprise est formidable ! »

Le lieutenant Rozet reçoit un éclat dans la tête, des hommes allongés dans le fossé appellent à l'aide mais la sanitaire du bataillon est surchargée et on utilise les chenillettes pour conduire les autres blessés au poste de secours installé à Badonviller. Le commandant Grill reconstitue tant bien que mal la colonne qui aborde Ancerviller traversé pendant un répit de l'artillerie ennemie. Hélas, à la sortie de la localité, les sifflements suivis d'explosions réencadrent le III$^e$ bataillon. Des attelages se renversent, d'autres ont leurs traits brisés sous les ruades des animaux affolés, des hommes fuient à travers champs...

« En avant ! Suivez-moi ! » hurle le commandant Grill qui titube de fatigue. Il fait encore quelques pas et s'écroule, foudroyé par l'effort physique auquel son corps a été soumis depuis une semaine. Dix minutes plus tard, le médecin-lieutenant Hirsch arrête la traction avant du bataillon sur la route. On y porte le corps du commandant Grill que l'on place à côté du chef Barreau, terrassé lui aussi par l'épuisement.

« Directement à Badonviller ! » ordonne Hirsch à Gusti en s'installant à l'avant de la Citroën.

Au PS du 133ᵉ RIF, le médecin-capitaine Bertier ne pourra que constater le décès du chef de bataillon. En refusant d'emprunter sa voiture pour marcher avec ses soldats, Grill ne savait pas qu'il se condamnait ; son cœur n'a pas suivi. Au PS, Hirsch a d'ailleurs la surprise de voir que ceux qu'on appelle « les éclopés » sont plus nombreux que les blessés par balle ou par éclats. Ils sont, dit-il « dans un état de fatigue extrême et leurs pieds sont en sang. » Hirsch lui-même confiera à son carnet personnel quelques heures plus tard : « Je me sens très mal à l'aise, exténué... »

Les unités du 133ᵉ RIF qui « traînent » en arrière-garde sont rejointes à Ancerviller par les reconnaissances de la *60ᵉ ID*. Trop épuisés pour reprendre leurs hommes en main et faire face, le capitaine Debever, les lieutenants Prévost, Oberhoffer et Binois, le sous-lieutenant Ottmann, les adjudants Stoskopf et de Clippeler, lèvent les bras. Un peu plus loin, le sous-lieutenant Karr et le lieutenant Laurent se rendent après une rafale de sommation. Autour d'eux, les soldats jettent leurs armes et se déséquipent.

« C'est le moment le plus pénible ! » dira Karr.

Un petit détachement du III/133ᵉ RIF échappe à la capture et marche d'un bon pas jusqu'à Saint-Maurice-aux-Forges... où les Allemands l'attendent, mitrailleuses en position. Les lieutenants Massé et Sarrazin, l'aspirant Vallery-Radot, l'adjudant André se rendent avec la valeur de deux sections. Que reste-t-il du 133ᵉ RIF ? 300 hommes, peut-être moins, fatigués jusqu'à l'hébétude, marchant comme des automates, tous réflexes abolis.

« Ce fut une très dure étape, reconnaît le lieutenant-colonel Bertrand, surtout dans l'état physique où se trouvaient mes soldats. A la sortie de Badonviller (enfin atteint mais qui, faute de temps (*sic*) ne pu être défendu) un tir d'artillerie causa encore des pertes au IIᵉ bataillon. »

De Badonviller, le 133ᵉ RIF dont on peut se demander s'il est encore commandé, n'effectue pas les trois kilomètres qui le séparent de Pexonne et des coloniaux du 41ᵉ RMIC mais emprunte la route poudreuse qui, vers le sud-est, se dirige vers Pierre-Percée, en zone montagneuse. De là il gagnera Celles-sur-Plaine et suivra la vallée jusqu'à Raon-l'Étape. Un détour considérable qui permet cependant au 133ᵉ RIF d'échapper au harcèlement meurtrier de l'artillerie allemande. Pendant ce temps, les fantassins et les cavaliers allemands se heurtent à une ligne solidement tenue, celle du 49ᵉ RIA et du 51ᵉ RMIC.

Devant Pexonne, le III/51ᵉ RMIC du capitaine Mercier est à droite, le IIᵉ bataillon du commandant Bruel à gauche. Le combat dure une partie de la matinée et les pertes s'expliquent surtout par la violence des tirs appliqués par les Allemands sur tel ou tel point de résistance. Leurs mitrailleuses brûlent bande sur bande, leurs *minen* tombent en pluie et l'artillerie pilonne tous les itinéraires de repli comme elle l'a fait avec le 133e RIF. Le lieutenant Santini est touché à la jambe et évacué ; une demi-heure plus tard, le commandant Bruel est sérieusement atteint.

« Graves blessures au coude gauche, région temporale et racine cuisse gauche », constate le médecin-commandant Cabiran avant de faire transporter Bruel dans un hôpital de Saint-Dié où il mourra dans l'après-midi.

Au IIIe bataillon, les lieutenants Aerts et Arrighi sont debout pour mieux observer les emplacements des mitrailleuses adverses et rectifier le tir de leurs hommes. A quelque distance, le lieutenant Julien Poussot, lui aussi debout « fait des cartons » au mousqueton. Il reçoit une balle dans le ventre, lâche son arme et meurt un instant plus tard [1].

« Ayant plongé, raconte Aerts, je dis à Arrighi de se coucher. Il me répond qu'il a trop honte et que ça lui est égal de mourir. Heureusement, Bocquillon est là, qui parvient à le convaincre... »

Le capitaine de Vesvrottes succède à Bruel à la tête du bataillon qui reçoit l'ordre de se replier dès que le 41e Colonial est en position derrière la voie ferrée, aux lisières nord de Pexonne. Couvert par la section du lieutenant Roux, le IIe bataillon retrouvera enfin sa CHR et une « roulante » au fumet oublié depuis longtemps. Depuis 36 heures exactement. De son côté le lieutenant Aerts sera considéré comme le « veinard » de la journée. En traversant Neufmaisons, il passe devant le PC du colonel Tristani qui l'invite à se restaurer à sa popote pendant que ses hommes, dont le chef de corps du 41e RMIC « note l'extrême fatigue » vont prendre leur repas à la cuisine roulante.

Sur la gauche des coloniaux, le 49e RIA s'est installé derrière le talus de la voie ferrée. Le PC du lieutenant-colonel Hargoaà est à Veney, à trois kilomètres au sud et un groupe de 75 polonais fournit l'artillerie d'appui. Au lever du jour, lorsque les observateurs ont repéré la présence de l'ennemi à la lisière d'un bois situé à environ 2 400 m, Hargoaà prend l'initiative du feu et demande aux Polonais de tirer au-dessus de la position du I/49e RIA du capitaine Habarès. Peu habituée à ce genre de réaction, l'infanterie allemande ne semble pas pressée de sortir des couverts. Elle demande l'intervention de son artillerie et les salves de celle-ci provoquent l'incessant va-et-vient des brancardiers entre les premières lignes et le PS. Parmi les blessés, les lieutenants René

1. « C'était la première blessure au ventre que je voyais, dira le sergent Michel Perrin, du II/51e RMIC. Elle m'impressionna beaucoup et je la redoutais, à tort puisque j'en suis sorti indemne » (lettre du 17 juin 1982 adressée à l'auteur).

Billères[1] et Debraune, les sous-lieutenants Baudé et Achiary, l'aspirant Cruze, le caporal Lombert et le capitaine Saint-Martin qui marchera jusqu'à Raon-l'Étape où il sera hospitalisé à 20 h 30. Le médecin-lieutenant Sehabiague et son auxiliaire Lacaze se sont comportés sous le feu comme de vieux briscards. Le combat durera plus de trois heures et Hargoaà donnera l'ordre de repli avant d'être trop accroché, perdant toutefois 13 tués dans l'affaire[2].

La matinée du 20 juin se révèle tellement coûteuse, en particulier au 133e RIF, que le colonel Dagnan s'est rendu vers 11 heures à Saint-Rémy, au PC du 20e corps. A la suite de sa conversation avec le général Hubert et sans doute avec l'approbation de celui-ci, il transmettra l'ordre à ses régiments « de se replier peu à peu de façon à décrocher en direction de Raon-l'Étape. »

Explication relevée dans le journal de la division Dagnan : « Il s'agit de s'échapper vers le sud, de mettre entre l'ennemi et nous la vallée de la Meurthe et de Celles-sur-Plaine avec ses pentes boisées difficiles, de gagner ainsi le temps nécessaire à regrouper ce qui reste de nos régiments épuisés. »

Sur le flanc ouest de Dagnan, les unités de la 1re DGP du général Duch ont reconstitué depuis la veille des « barrières de protection » sur les itinéraires susceptibles d'être utilisés par les Allemands qui déboucheraient ainsi sur les arrières de Dagnan. Le 20 juin, la position de celui-ci est très aventurée ; sur sa droite, la division Chastanet a rompu la liaison et se retire sur le Donon ; sur sa gauche, la 52e DI du général Échard se replie vers le col de la Chipotte depuis 10 heures du matin.

« Je vous demande de protéger les accès nord et nord-ouest de Baccarat ! » aurait dit le général Hubert au général Duch.

Hubert aurait pu laisser sous commandement polonais le III/279e RI du commandant Mourier dont les trois compagnies de voltigeurs n'ont pas servi à grand-chose. A midi, la compagnie de chars du 20e BCC du lieutenant Guillier a quitté Baccarat sur ordre pour rejoindre son bataillon et prendre, elle aussi, la direction des premiers contreforts vosgiens. A 18 heures, le 20e BCC sera à La Salle, entre Rambervillers et Saint-Dié. On se demande pourquoi Hubert utilise aussi mal et aussi peu ses chars et son GRCA. Pendant que les escadrons du lieutenant-colonel Azaïs et les R 35 du commandant Mille stationnent, inutiles, à plus de 10 kilomètres au sud de Raon-l'Étape, les Polonais du général

1. Futur président du parti radical et ministre de l'Éducation nationale en 1956.

2. Adjudant Dufaza, sergent Belliard, Castillon, Elicetché, Larrosa, Vacker, Vergès, Huret-Coustet, Estrade, Glère, Rigou, Louis et Blessin. Deux officiers d'artillerie polonais les sous-lieutenants Lochman et Ossowski ont été tués par la contre-batterie allemande.

Duch sont encore au nord de Baccarat. Se voyant seul à l'aile gauche de Dagnan, Duch décide de ramener ses hommes par échelons vers Raon-l'Étape. Le II/3e RGP du commandant Michalik livre combat près de la gare de Merviller, à huit kilomètres au nord de Baccarat, où il perd encore 10 tués et une douzaine de blessés. Zimowski, le commandant en second du bataillon, et le lieutenant Kubik sont parmi ces derniers et le lieutenant Witoszynski est au nombre des morts. Le sous-lieutenant Lejko et un grenadier ont été tués près des Carrières. Depuis 13 heures, la compagnie du capitaine Sitny, du III/1er RGP, tient les entrées nord de Baccarat avec une demi-section de mitrailleuses et un canon de 25. La compagnie du capitaine Gawdzik est dans le cimetière de la ville. Sous cette protection, les autres compagnies du 1er RGP bien que très éprouvées depuis le début de la retraite, peuvent se replier en ordre sur Raon. En même temps, le capitaine Matuszek, du GRDI polonais, fait dresser quatre barrages sur la route Baccarat — Raon-l'Étape ; canons de 25 et mitrailleuses attendent l'avant-garde allemande. Vers 15 heures, la compagnie Sitny livre combat aux lisières de Baccarat et se plaint de la présence de francs-tireurs dans les maisons. Le sous-lieutenant Faszcz aurait été tué par eux [1].

A 17 h 30, une grande partie du 2e RGP a traversé la Meurthe et retraite vers Raon par la rive sud. Les barrages du GR jouent leur rôle et motocyclistes et camions allemands qui avancent sur Bertrichamps sont accueillis par le feu. Plusieurs véhicules brûlent sur la route. En fin d'après-midi, les colonnes du 1er RGP traversent Raon-l'Étape où se présentent, venant du nord, les trains de la division Dagnan. Le PC de celle-ci était à Raon au début de l'après-midi et la première mesure prise par Dagnan a été de faire interdire par le maire la vente de boissons alcoolisées dans les cafés. L'intendance s'efforce d'épuiser les stocks de vivres de la coopérative d'armée installée dans les locaux de la papeterie Metenett mais ils sont considérables et il faudra abandonner une quantité de denrées que les Polonais tenteront de détruire par le feu. C'est d'autant plus navrant que les coloniaux de Dagnan et avec eux tous les combattants qui transitent par Raon sont réduits depuis plusieurs jours à la portion congrue.

Vers 15 heures, le colonel Dagnan a transféré son PC au château de Clairfontaine, à environ six kilomètres au sud de Raon. Ses ordres pour le 21 juin sont les suivants : le 49e RIA du lieutenant-colonel Hargoaà et le 21/174e RIF couvriront la division à Saint-Michel-sur-Meurthe, les coloniaux de Tristani interdiront la vallée de la Meurthe à hauteur de La

1. Une quarantaine de prisonniers allemands internés à Raon-l'Étape ont été libérés le 20 juin dans des conditions indéterminées. Plusieurs d'entre eux appartenaient au *IR 125* et rejoindront leur régiment. Certains d'entre eux ont peut-être ramassé des armes françaises pour faire le coup de feu à Baccarat.

Hollande et le 133e RIF — qui a rendu compte qu'il traversait Celles-sur-Plaine — « sera employé en arrière-garde et portera son PC à Saint-Blaise, laissant des bouchons aux issues de Raon pour en interdire l'accès le plus longtemps possible » (journal de la division Dagnan).

Pas un mot d'une éventuelle liaison avec les grenadiers polonais qui retraitent de l'ouest et du nord-ouest sur Raon-l'Étape où ils vont rencontrer les hommes du 133e RIF arrivant du nord-est dans un état d'épuisement facile à prévoir après une telle journée. Ne nous étonnons plus quand on parle de « mélange d'unités ». La division Dagnan ne retraite plus vers le sud mais vers le sud-est, en direction de Saint-Dié. La ville sera-t-elle le théâtre des derniers combats du 20e corps ou les unités du général Hubert vont-elles se réfugier dans la forêt de Mortagne ?

« La réalité, écrit le capitaine Sarrazin, du 3e Bureau de la division Dagnan, la réalité est que nous cherchons à gagner du temps de façon à résister jusqu'à la conclusion de l'armistice. »

Quel est l'état-major de division ou de corps d'armée qui, le 20 juin, est capable d'avancer qu'on se bat pour une autre raison ?

# CHAPITRE XVI

## « Des grappes humaines coiffent les chenillettes... »

A six kilomètres au sud de Gerbéviller, Séranville regorge de troupes de la division de Girval et, venant du nord, une colonne interminable cherche à se frayer un chemin à l'intérieur du village. Le lieutenant Buchoud a recommandé à son corps franc de ne pas s'arrêter à Seranville mais de continuer jusqu'à Mattexey, la prochaine localité vers laquelle on parle déjà de se replier. Il faut reconnaître que depuis le départ de la ligne Maginot et plus spécialement depuis la veille, 19 juin, les ordres de repli se sont succédé au point de mettre les nerfs des hommes à vif. Ceux-ci finissent par douter du commandement et s'interrogent : contrôle-t-il vraiment la situation ? Buchoud lui-même se pose des questions : « Comment cette journée va-t-elle se terminer ? Chaque fois que nous arrivons dans un village, c'est pour apprendre que nous allons repartir. »

Séranville est un symbole à plus d'un titre mais c'est sans aucun doute à partir de cette commune que le fil de la défaite a commencé à se dérouler pour la division de Girval. Se replier en ordre lorsque trois divisions allemandes attaquent depuis le matin et sont résolues à s'emparer des principaux itinéraires, est une idée de mouvement vouée à l'échec. D'autant que l'ennemi est renseigné constamment par les « mouchards » qui sillonnent le ciel. Chaque division a le sien et communique par radio avec les avant-gardes. Deux chefs de corps se sont rencontrés à Séranville : Prat, du 146ᵉ RIF, et Pinta, du 69ᵉ RIF qui a encore perdu la moitié de ses effectifs en évacuant Gerbéviller. On se bat pourtant entre les deux localités et l'écho des rafales d'armes automatiques rassure les deux colonels.

Buchoud : « La cuisine de la maison où nous sommes sert de poste de secours et une vingtaine de blessés sont soignés par des infirmiers. La plupart viennent du combat qui se déroule en avant du village. L'ennemi bourre terriblement et l'on n'arrive plus à rétablir les unités. »

La retraite de la division menace de tourner à la déroute mais personne n'en a encore pris conscience. Pour Prat et Pinta, une seule pensée à laquelle ils s'attachent sans pouvoir mesurer à quel point elle est irréalisable : regrouper leurs bataillons et les remettre en ligne derrière la Mortagne pour reconstituer un front. A Vallois, à trois kilomètres à l'est de Séranville, le lieutenant-colonel Milon, du 156e RIF, n'a que cette idée en tête.

« Il paierait cher le plus petit renseignement, raconte le lieutenant Simon, du groupe franc. Ses traits se durcissent. Il dissimule mal son inquiétude et son irritation. A bout de nerfs, il saute dans sa voiture et m'entraîne avec lui. Le caporal Harlet participe à l'équipée. Cette reconnaissance ne me plaît guère. Je me sens encagé, paralysé, neutralisé dans cette carcasse de malheur. »

A l'entrée de Séranville, la route bifurque en deux branches très rapprochées, presque parallèles. Tout se passe très vite : à droite la voiture de Milon qui prend son élan, à gauche une automitrailleuse ennemie à une portée de grenade. Les Allemands ouvrent le feu mais le véhicule français est déjà en marche arrière, moteur hurlant sous la poussée de l'accélération. Un virage serré et la voiture repart...

« Au moins, dira Simon, si nous ne savions pas où était le 156e RIF, nous savions où était l'ennemi. »

Le lieutenant Dorte, du III/156e RIF, marche en queue de colonne vers Séranville lorsqu'il aperçoit les éléments de tête qui lâchent leurs armes et lèvent les bras en abordant le village.

« Les boches sont arrivés avant nous ! » lui souffle un caporal.

Suivi par quelques soldats décidés, Dorte traverse le champ qui borde la route et gagne le bois du Soc où il rencontre, dissimulés par les feuillages, le sergent Balouzat et un petit détachement du 69e RIF. Ensemble, ils attendront le soir et, profitant de l'obscurité, reprendront une marche prudente en direction du sud[1].

Le lieutenant Soipteur, de la 3e compagnie du I/156e RIF réussit lui aussi à échapper à la capture et contourne Séranville. L'aspirant Ronsin et le chef Bassompierre s'éclipsent de la même manière mais ils seront faits prisonniers deux heures plus tard alors qu'ils venaient de se joindre à un élément du III/156e RIF du commandant Cochinaire. Que s'est-il passé à Séranville où l'ennemi semble avoir surgi brusquement ?

« Soudain, raconte le lieutenant Buchoud, la fusillade a éclaté dans le village même. Heureusement, nous étions à la sortie côté Mattexey. Ma moto était sous pression mais le colonel voulait attendre Pinta, du 69e RIF... »

1. Le lieutenant Yvan Dorte se réfugiera à Épinal chez Mme André Henck qui lui donnera des vêtements civils. Après maintes péripéties, l'officier réussira à passer en zone libre.

Pinta qui s'est concerté avec Prat pour organiser la défense, a convoqué les commandants de compagnie dans une grange.

« J'allais partir, dit le capitaine Javaloyès, de la CM 6, mais le commandant Fougeron me demande d'attendre, le colonel veut nous parler. Mes hommes exténués dormaient dans les granges voisines. »

Une automitrailleuse allemande roule dans la rue principale à vitesse réduite. Elle lâche de brèves rafales, pour impressionner plutôt que pour tuer. A cent mètres derrière elle, des fantassins rasent les murs et progressent.

« Tout l'état-major du 69e RIF est pris, moi compris, dans une grange que l'ennemi incendie, raconte le lieutenant de Gramont, officier de liaison. Nous sommes désarmés, emmenés à Saint-Clément, dans un enclos où le maire, portant son écharpe, organise l'accueil et la nourriture [1]. »

A la sortie sud de Séranville, le lieutenant-colonel Prat attend et se félicite d'avoir vu passer le commandant Grange qui commande un détachement composé des débris des Ier et IIIe bataillons. Prat leur a donné l'ordre de poursuivre la retraite par Mattexey, Clézentaine, Fauconcourt et de s'installer défensivement aux lisières nord du bois du Marquis, au sud de la route Romont-Moyemont. Le colonel Vogel, de l'infanterie divisionnaire a d'ailleurs fait savoir à Prat que l'ordre de tenir la Mortagne est annulé et qu'il faut tenter maintenant d'organiser des barrages successifs pour retarder l'ennemi. « Avec quelles unités ? » a été tenté de répondre Prat.

« Mon colonel... » fait Buchoud pour attirer son regard.

Le poste de secours vient d'être abandonné par les infirmiers et les blessés qui le peuvent, essaient de fuir. Ceux d'entre eux qui avaient été déshabillés pour être pansés, clopinent en chemise sur la route ; d'autres ne sont vêtus que de pansements sanglants auxquels ils ne semblent pas prêter attention. La scène relève de la fiction ou du film d'épouvante !

« Partons ! » fait Prat au capitaine Bidault également sidéré par l'hystérie qui règne à Séranville.

Buchoud suit la voiture sur sa moto et les deux véhicules s'arrêtent à Mattexey. Des hommes du I/146e RIF dorment sur le bas-côté, leurs armes à portée de la main. Prat ordonne à un officier de son état-major, le capitaine Leroux, de les reprendre en main et de constituer un bouchon face au nord. Buchoud, que son groupe franc attend à Mattexey, reste dix minutes avec le capitaine Leroux pour lui permettre de regrouper ses soldats et repart vers le sud, le colonel lui ayant donné rendez-vous à Clézentaine. Le jeune lieutenant n'a plus d'illusions : « Il sera certainement impossible de reformer une seule unité. (...) Le

1. Lettre du 23 février 1969 adressée à l'auteur par M. de Gramont.

problème de la circulation se complique car les éléments à pied ont rejoint les éléments hippomobiles, les trains de combat, les CHR, etc. »

Le commandant Cochinaire savait qu'en sortant du bois du Haut-de-la-Pax, à l'est de Gerbéviller, son bataillon, le III/156e RIF, aurait deux obstacles à franchir qui lui feraient perdre un temps précieux : la Mortagne et la voie ferrée en remblai. Pour la rivière, un gué a été trouvé qui a permis de faire traverser la colonne mais devant le remblai, les hommes sont restés silencieux. L'obstacle était de taille et ils n'avaient plus guère de force pour le franchir.

« Il faut faire le maximum ! » ordonna Cochinaire qui paya d'exemple en annonçant que sa voiture de liaison serait abandonnée. Des voiturettes le furent aussi, ainsi que des chevaux qui refusèrent obstinément de gravir la pente. Fermant la marche, le I/156e RIF du commandant Dupas affronte à son tour le remblai. Terrible épreuve pour des hommes qui se battent depuis la veille, le ventre creux, et semblent avoir perdu l'habitude de dormir. Le capitaine Balcon va pourtant trouver les mots pour les stimuler et cinq chenillettes, au prix d'efforts surhumains, seront hissées sur la voie ferrée. Les autres, ainsi que les voiturettes, sont abandonnées après avoir été sabotées. La colonne est reformée, plus fatiguée, plus lourdement chargée, et se dirige vers Mattexey... où les Allemands ont monté une embuscade. Les soldats de l'avant-garde du I/156e RIF lèvent les bras. Le franchissement du remblai les a vidés de leurs dernières capacités de riposte. Voyant la scène de loin, le commandant Dupas rameute une centaine d'hommes et parvient à se réfugier dans le bois le plus proche.

« Lorsque la nuit sera tombée, décide-t-il, nous nous fractionnerons en groupes de cinq ou six pour aller traverser la Moselle du côté de Charmes. Qui est volontaire ? »

Timides, une soixantaine de bras se lèvent. Environ la moitié de l'effectif. Les autres renoncent à tout effort. Leurs derniers réflexes les ont poussé à suivre le chef de bataillon lorsque celui-ci a quitté la route en direction du bois. Maintenant ils n'en peuvent plus, la baïonnette dans le dos ils ne marcheraient pas. Dupas les regarde ; il sait que leur corps et leur volonté ne répondent plus.

« On verra d'ici à ce soir ! » dit-il simplement en demandant au capitaine Bastard de désigner des sentinelles qui veilleront à la lisière du bois.

Le II/146e RIF du capitaine Beaumier a plus de chance en ce sens qu'il n'a pas de rivière ni de remblai de chemin de fer à franchir. Mais il choisit une mauvaise direction. Au lieu de marcher sud-est vers Vallois, il se dirige vers la route Gerbéviller-Séranville. La colonne s'arrête à quelques centaines de mètres de ce dernier village à l'entrée duquel on décèle à l'œil nu une forte agitation. Beaumier sort ses jumelles de leur étui et, les portant à ses yeux, identifie sur-le-champ l'uniforme des cavaliers qui se dirigent vers eux au petit trot « Les boches ! » dit-il à mi-voix. Pas le temps d'installer les mitrailleuses, seuls les FM vont tirer. Ceux de la section Hosatte brûlent les cartouches gardées en réserve. Une minute de feu !

« Avant de me rendre, écrira Hosatte, j'ai donné l'ordre au chef Collin et au caporal-chef Chéry, de brûler le fanion du bataillon qui avait été à Verdun en 1916... [1] »

Poussés par une sorte d'instinct grégaire, les hommes du II^e^ bataillon du 146^e^ RIF se rassemblent autour de leur chef. Ils sont une centaine qui regardent les Allemands s'approcher. Un *Oberleutnant* repère le capitaine Beaumier dont il exige le revolver, les jumelles et le porte-cartes. Gradés et hommes de troupe subissent une fouille qui les dépouille de leurs armes et de leur équipement. Casques et ceinturons sont jetés à terre puis les rescapés du II/146^e^ RIF sont conduits dans une pâture entourée de barbelés. Leur premier camp de prisonniers !

« Nous étions dans un état de fatigue extrême, rapporte Beaumier. Sept jours avec un seul ravitaillement. Je pleure en pensant aux dix mois de travaux perdus sur la ligne Maginot. Pourquoi nous a-t-on fait quitter notre secteur ? »

A Moyen, le lieutenant-colonel Matheu a reçu ses derniers ordres à 10 h 30 par un officier de liaison du colonel Vogel : « Barrer la route à l'ennemi entre Moyen et le bois du Sorbier. Protéger le repli du II/156^e^ RIF. Après son passage, porter le régiment à Saint-Pierremont puis à Deinvillers. »

Tournant le II/156^e^ RIF, les forces allemandes ont tenté d'investir Moyen mais elles ont vite renoncé sous les tirs du 82^e^ RIF, apprenant à leurs dépens qu'on ne chasse pas deux lièvres à la fois. A son PC, Matheu a vu passer quelques petits éléments du bataillon Bilbaut qui avaient échappé à l'encerclement mais il apparaissait de plus en plus clairement qu'on ne reverrait pas le II/156^e^ RIF. Vers midi, le chef de corps du 82^e^ RIF a donné l'ordre de décrocher en direction de Magnières et Saint-Pierremont.

Les bataillons Schneider et Le Cunff se mettent en colonne et partent sous la protection du commandant Cazabat avec le II^e^ bataillon. Lorsque celui-ci décrochera, une demi-heure plus tard, il recevra plusieurs salves de 105 précédant l'infanterie de la *268^e^ ID* [2].

1. Lettre du 24 mai 1970 adressée à l'auteur par M. André Hosatte, de Roche-et-Raucourt (Haute-Saône).

2. Lity, Mangeat et Lalisse, tués à Moyen, ont peut-être été victimes de ce tir d'artillerie.

« Arrêt à Saint-Pierremont vers 16 heures. Distribution de soupe », note le capitaine Husson, du II/82e RIF.

La présence de la cuisine roulante à Saint-Pierremont est relevée dans plusieurs documents. Les hommes sont tellement habitués à se serrer la ceinture qu'ils saluent la distribution d'une soupe chaude comme un événement. Entre-temps, le commandant Mascre, chef d'état-major du 82e RIF, est allé au PC du général de Girval où le commandant Vergoz lui a fait part d'une modification de l'itinéraire. Le 82e RIF n'obliquera pas vers le sud-est en direction de Deinvillers et Clézentaine mais continuera sa route vers le sud par la D 414. Terminus : le bois de Romont, à l'ouest de Rambervillers. Vergoz a sans doute appris que des automitrailleuses allemandes semaient la panique sur l'axe Seranville-Mattexey et il sait que rien ne les empêchera de pousser vers Clézentaine et de piquer droit au sud pour aborder Fauconcourt. Malgré ses bataillons à l'effectif réduit depuis les combats des 14 et 18 juin, le 82e RIF est le seul régiment de la division de Girval qui retraite dans de bonnes conditions le 20 juin.

« La CM 2 du capitaine Fouchet est en tête, écrit le commandant Le Cunff, mais elle marche lentement. La fatigue est extrême. »

Le *Henschel* survole la colonne et revient à plusieurs reprises au-dessus de la vallée de la Mortagne. Mauvais présage ! Lorsque le IIe bataillon traverse le carrefour d'où part la route de Deinvillers, plusieurs salves d'artillerie se succèdent mais le tir est mal réglé et les obus éclatent à la lisière du bois du Feing, au nord-ouest du croisement. Un second bombardement s'abat sur Roville-aux-Chênes que traverse, en tête du régiment, le Ier bataillon de Le Cunff. Les projectiles épargnent la CM 3 du capitaine Boisbourdin mais pas la CM 2 qui a plusieurs blessés dont son chef, le capitaine Fouchet. Les témoins se hâtent de poser des garrots à l'officier qui porte des blessures si graves, qu'on peut se demander s'il vivra jusqu'à l'hôpital : ses deux bras sont arrachés et une jambe est tellement mutilée qu'il faudra sans doute l'amputer. Pourra-t-on le sauver ?

« Avant d'entrer dans le village, raconte le capitaine Husson, Fouchet m'a dit que ses hommes n'en pouvaient plus et qu'il allait les faire reposer à l'abri d'une grange. J'ai tenté de l'en dissuader, d'autant que l'avion allemand ne nous quittait pas un instant. Leur artillerie allongeait sans cesse ses tirs en suivant nos petites colonnes. »

Dix minutes après cette conversation, un sous-officier de la CM 2 relate le drame à Husson et lui demande s'il peut disposer de la voiture de liaison pour transporter le capitaine Fouchet à l'hôpital de Rambervillers[1].

1. Le capitaine Marcel Fouchet était né le 8 décembre 1901 à Saumur. Transféré dans la soirée du 20 à Bruyères, il succombera à ses blessures six jours plus tard. Depuis 1949,

Clézentaine est à six kilomètres au sud de Mattexey et le colonel Carbonnier espère disposer d'un léger répit pour installer un barrage antichars. Deux officiers, le lieutenant Devaissier et l'aspirant Vogne, se sont portés volontaires pour prendre le commandement d'une batterie improvisée avec un 75 et deux pièces de 47 au sud de la localité. La première automitrailleuse qui montrera le bout de son blindage court le risque d'être détruite au premier coup. Un inconvénient : Carbonnier a promis de faire parvenir des munitions aux artilleurs mais le temps passe et les culasses attendent toujours...

Comme à Séranville, comme à Mattexey, une petite phrase à la tonalité aiguë se transmet dans les convois qui avancent vers Fauconcourt, toujours plus au sud : « Les voilà ! » Les fourgons sont abandonnés, les traits des attelages coupés, les hommes fuient à travers champs. Prudents, quelques motocyclistes allemands, blancs de poussière, viennent d'apparaître à la sortie sud de Clézentaine. Le lieutenant Devaissier et l'aspirant Vogne s'emparent d'un cheval sellé abandonné par son propriétaire, sautent sur l'animal et le lancent au galop vers Fauconcourt. Il n'y aura pas de défense antichars à Clézentaine.

Le chef d'escadron Rousseau, du I/39$^{e}$ RA, approche de la localité avec ses commandants de batterie. Il cherche une nouvelle position mais une automitrailleuse sort du village et lâche quelques rafales. Rousseau et ses officiers laissent les voitures sur place et rejoignent la colonne d'artillerie qu'ils dirigent aussitôt vers Fauconcourt. A moins de trois kilomètres, le lieutenant Buchoud a placé son corps franc en embuscade, une section de chaque côté du chemin : « La colonne se tasse sur elle-même, dit l'officier, et finira par être absorbée par les bois qui sont derrière nous. » Le I/39$^{e}$ RA arrive soudain, dans un ordre parfait, et... serre à la colonne qui s'est arrêtée, bloquée sans doute à Fauconcourt. La dernière batterie est celle du capitaine Vignal que Buchoud a connu sur la ligne Maginot, dans le Secteur fortifié de Faulquemont.

« Mon capitaine, lui lança-t-il, que diriez-vous de vous mettre en batterie à côté de nous plutôt que de vous coller le nez sur cette fichue colonne ?

— Pourquoi pas ! »

Vignal place deux pièces en antichars avec mission de détruire tout ce qui viendra de Clézentaine. Les deux autres 75 sont orientés vers une crête qui bouche l'horizon. Des nuages de poussière montent par intermittence de la route Mattexey-Clézentaine...

« Ce sont les motorisés allemands qui arrivent ! » affirme Buchoud.

Vignal prépare ses tirs et fait ouvrir le feu. Froissant l'air brûlant de

---

il repose dans le caveau familial au cimetière du Père-Lachaise, à Paris. Il était le frère de Christian Fouchet, ministre du gouvernement Pompidou en 1968.

l'après-midi, les obus passent au-dessus de la crête et vont éclater sous les nuages de poussière. Buchoud profite du répit pour aller à moto jusqu'à Fauconcourt et voir les causes du ralentissement de la colonne. Au bas de la pente se trouve le village et Buchoud comprend : « En arrière, observe-t-il, la route est bouchée et pour longtemps ; sur plus de huit kilomètres la file est ininterrompue et personne ne fait rien pour débloquer la situation. On attend ! Ou l'on cherche d'autres chemins en coupant dans les prés. »

Le spectacle de la retraite prend toute son ampleur à Fauconcourt qui offre la particularité d'avoir un carrefour central sur lequel débouchent CINQ routes. Pas une de moins ! Et TROIS d'entre elles déversent leur cargaison de camions, fourgons, chenillettes et attelages sur le carrefour.

« C'est lamentable, s'insurge le colonel Carbonnier, des grappes humaines coiffent les chenillettes, les hommes harassés, hagards, des autos prenant la file dans le troupeau des voitures à chevaux marchant à deux, parfois à trois de front. »

Spontanément et en l'absence de tout élément de Régulatrice routière, le capitaine Robert, officier adjoint de Carbonnier, s'est campé au milieu du rond-point et s'efforce de mettre de l'ordre dans la circulation. Ce n'est pas facile car la colonne venant du nord prétend passer avant celle qui se présente au nord-est, elle-même menacée par la troisième arrivant de Haillainville. Les tracteurs Somua et les pièces de 155 du III/39e RA réussissent à passer, « dans un désordre indescriptible » assure le capitaine de Castelnau. Certains artilleurs ont renoncé à franchir le « bouchon » de Fauconcourt et le capitaine de France, qui attend son tour avec le II/39e RA, rapporte qu'il a vu « un groupe de 155 abandonné sur la route avec toutes ses voitures et ses bagages, quelques chevaux encore valides broutant dans les prés. »

Les automobiles de l'état-major du 146e RIF sont elles aussi prisonnières de la colonne arrêtée sur l'axe Clézentaine-Fauconcourt. Le lieutenant-colonel Prat ne peut plus supporter cette inaction forcée et, claquant la portière il lance à son chauffeur : « Vous attendez que ça se dégage et vous essayez de me rejoindre à Rambervillers ! » Se tournant vers le capitaine Bidault, il ajoute : « Tous les officiers avec moi direction Romont ! »

Le commandant Leixelard, le médecin-capitaine Merle, le pharmacien Ricquier et le lieutenant Simon, du groupe franc, partent à travers champs pour ne pas se faire capturer sur les sièges de leurs voitures. Deux heures plus tard, Prat qui a la chance pour lui, retrouve dans le bois du Marquis le PC de la division.

« Regroupez tout ce que vous pourrez du 146e RIF à Jeanménil ! lui disent le colonel Vogel et son adjoint le lieutenant-colonel Molinié.

— Je ne sais pas ce que je vais récupérer ! » avoue Prat qui souhaiterait faire comprendre l'incompréhensible à ses supérieurs qui

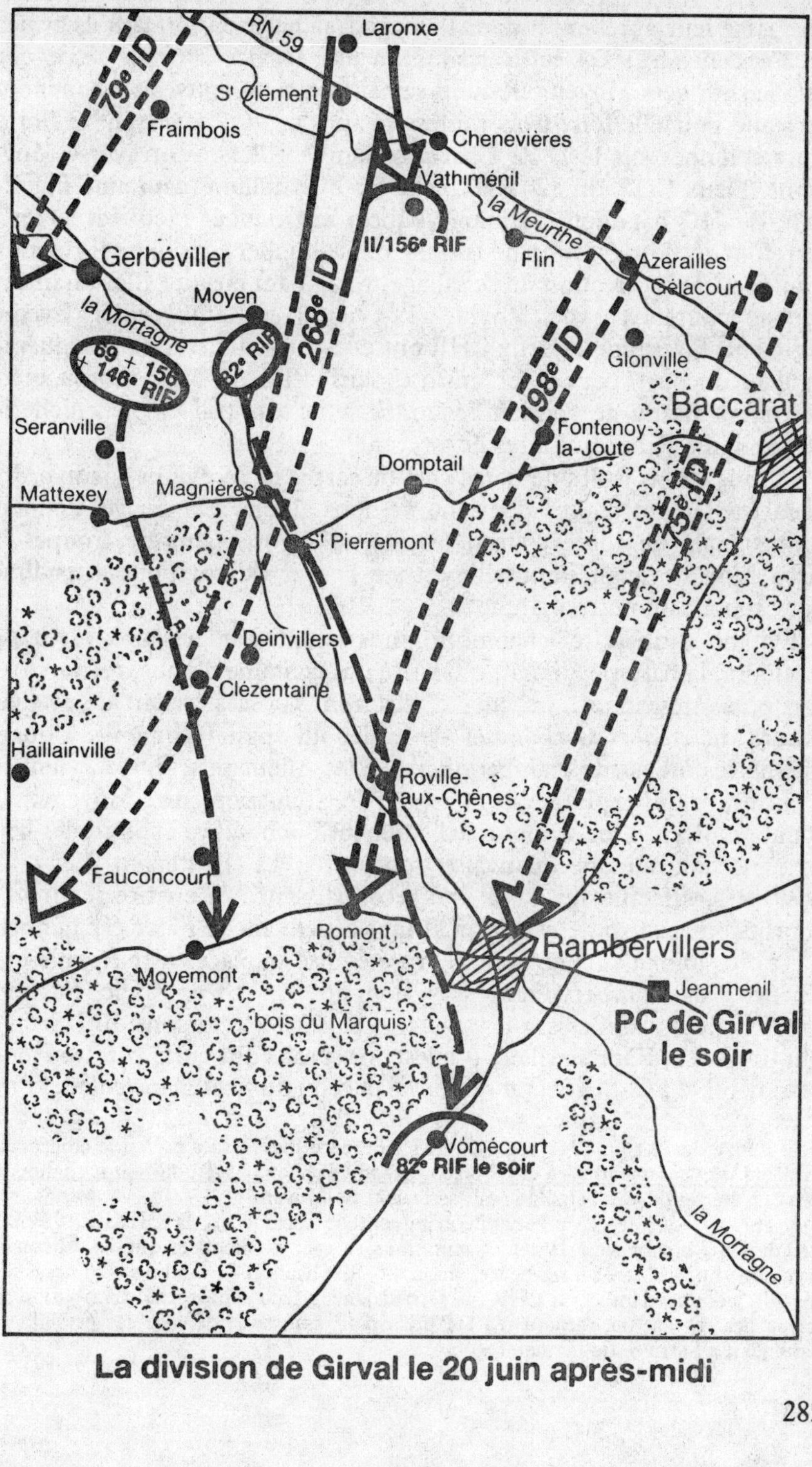


La division de Girval le 20 juin après-midi

ont passé leur après-midi dans l'ombre fraîche de la forêt. S'ils avaient vu Fauconcourt ! De cette localité, la plupart des convois descendent vers le sud, vers Moyemont où ils se heurtent à un nouveau « bouchon » car, une nouvelle fois, trois routes venant du nord déversent le flot de leurs colonnes sur la D 92 Charmes-Rambervillers qui traverse Moyemont. Deux CHR du 82e RIF, celle du Ier bataillon (capitaine Pigé) et celle du IIIe bataillon (capitaine Ribes) se trouvent bloquées avant le carrefour. A l'intersection de la route de Deinvillers, les deux formations sont parties en direction de ce village, rejoignant ensuite Clézentaine au lieu de poursuivre vers Roville-aux-Chênes et Rambervillers avec le régiment. Pourquoi les deux CHR ont-elles été se fourrer dans le guêpier de Fauconcourt pour aller ensuite dans celui de Moyemont, aucun document connu ne s'en fait l'écho. Et ce ne sont pas les pleurnicheries du capitaine Ribes qui nous éclaireront !

« Nous étions isolés de notre chef de corps, ne recevions aucun ordre, ni ravitaillement depuis deux jours ; nous allions à la dérive, l'ennemi était signalé de toutes parts, les routes regorgeaient de troupes, la circulation devenait impossible et six heures durant nous attendîmes pour reprendre notre marche [1].

Évitant l'itinéraire encombré en passant par les prés avec ses tracteurs, la batterie Vignal, qui a tiré une centaine d'obus, retrouve son groupe à Moyemont. Le chef d'escadron Rousseau vient de recevoir l'ordre du colonel Carbonnier de rallier lui aussi Jeanménil, à quatre kilomètres à l'est de Rambervillers où les Allemands, dit-on, viennent d'entrer, ce qui expliquerait l'absence de circulation entre Moyemont et Rambervillers. Avec sa moto, le lieutenant Buchoud va explorer les lieux et... ne fait aucune mauvaise rencontre. Le lieutenant Lévy, du I/39e RA, effectue lui aussi une reconnaissance et en tire les mêmes conclusions : la route est libre. Il faut cependant se hâter car l'ennemi n'est plus loin et aucune défense n'a été mise en place entre Roville-aux-Chênes [2] et Rambervillers. Les hommes du corps franc Buchoud reposent leurs jambes sur les tracteurs et dans les camions du I/39e RA qui traversera Rambervillers d'ouest en est sans difficulté et retrouvera à Jeanménil le PC du général de Girval et celui du lieutenant-colonel Prat.

1. Lettre du 28 août 1941 adressée à Mme Bernard Pigé. Ribes noircit le tableau car, au début de l'après-midi, les CHR étaient à Saint-Pierremont où une soupe chaude, on l'a vu, a été servie aux bataillons qui arrivaient de Moyen.

2. Pendant que des combattants manquent de cartouches, la CHR du 90e BCP stationne à Romont avec vivres et munitions en caisses plombées que les Allemands prendront intactes le 21 à six heures du matin. Explication — candide — du capitaine Rigault, commandant cette CHR : « Je n'ai jamais reçu d'ordre de distribution des cartouches. Et aucune mesure n'a été prise pour assurer la défense car personne ne s'attendait à l'arrivée de l'ennemi » (*sic*).

Tard dans la soirée, un officier de liaison annoncera que les Allemands sont à Rambervillers et menacent Jeanménil.

« En route, direction Saint-Dié ! dira le commandant Vergoz, nous nous arrêterons en route, mais dans la montagne. »

La tendance est de marcher vers le sud et le 82e RIF n'échappe pas au réflexe qui pousse le lieutenant-colonel Matheu à traverser Rambervillers et à engager ses bataillons sur la route d'Épinal. Le régiment parcourt une dizaine de kilomètres et s'arrête à Vomécourt. C'est là que les hommes passeront la nuit et dormiront tout leur saoûl. Jusqu'à trois heures du matin, heure du réveil le vendredi 21 juin. Même réflexe chez les derniers officiers du 69e RIF : traverser Rambervillers et... aviser. Depuis que le lieutenant-colonel Pinta a été fait prisonnier à Séranville, aucun élément du 69e RIF n'a pu être reconstitué pour arrêter l'ennemi. Le régiment n'existe plus. Dans la soirée, les rescapés de la journée s'arrêtent à Autrey, à huit kilomètres au sud de Rambervillers.

« Nous avions recueilli quelques mitrailleurs, se souvient le capitaine Lablache-Combier, et, outre deux lieutenants, il y avait là cinq capitaines : Rocas, officier adjoint du colonel, Lagorce, du IIIe bataillon, Loubet, Mauchauffée, de la CHR 2 et moi-même. Rocas, seul officier d'active, déclara qu'il prenait le commandement et me pria de l'accompagner à la recherche du général. J'ignorais alors sa surdité [1]... »

Le commandant Grange, du III/146e RIF, a le même réflexe que Matheu et les officiers du 69e RIF. Vers 19 heures, il a retrouvé près de la gare de Moyemont, à deux kilomètres au sud de la localité, 90 hommes de son bataillon et une soixantaine du I/146e RIF. Un sergent lui a rendu compte que la CHR était arrivée dans le bois du Marquis d'où est parti deux heures plus tôt l'état-major de la division. Grange a décidé d'y conduire ses hommes qui pourront prendre enfin un repas chaud. Mais la forêt n'est pas déserte et Grange est surpris par le spectacle qu'il découvre : « Dans le bois du Marquis, écrit-il, se trouvent environ 5 à 600 hommes du 2e Génie et des centaines d'artilleurs qui ont arboré d'immenses drapeaux blancs et se préparent à la reddition. »

Restaurés et reposés, les soldats de Grange le suivent lorsque, vers 21 heures, la proximité de l'ennemi est signalée. Dans la nuit, par Badménil et Padoux, ils se dirigeront vers Bruyères et le bois de Domfaing. Grange estimera à cet endroit qu'il est inutile d'aller plus loin. Sur les routes, la ronde folle des convois qui cherchent en vain à rompre l'encerclement incitera le chef de bataillon à prononcer la dislocation de son unité et à répartir les vivres.

1. Lettre du 8 février 1975 adressée à l'auteur par M. Yves Lablache-Combier, de Meudon (Hauts-de-Seine).

« Un seul but, dira-t-il à ses hommes avant de les laisser s'enfoncer dans la forêt par groupes de trois ou quatre, ne pas être capturé avant l'armistice. »

Sous-entendu : un combattant qui est capturé ou qui se rend après l'armistice ne peut pas être considéré comme prisonnier de guerre[1].

Le lieutenant-colonel Milon a rejoint Romont, comme il en a reçu l'ordre du colonel Vogel mais, comme Prat, du 146e RIF, il attend en vain l'arrivée de ses bataillons. Dans la soirée, un motocycliste de la division lui apportera l'ordre de rejoindre Jeanménil. Comment faire ? Les entrées nord de Rambervillers seraient, dit-on, l'objet d'un tir d'artillerie et, de toute façon, les Allemands vont s'y trouver d'une heure à l'autre. Le chef de corps du 156e RIF décide de contourner la ville par Moyemont et les petites routes moins fréquentées au sud de Rambervillers. Il part vers 21 heures mais il n'a pas parcouru un kilomètre que son chauffeur arrête la voiture : « Mon colonel, regardez ! »

Milon découvre qu'une colonne — celle dans laquelle il se trouve — roule en direction de Moyemont alors que dans l'autre sens, des centaines de véhicules ont repris la direction de Rambervillers. Cinq minutes plus tard, voyant jaillir dans le crépuscule des gerbes de balles traceuses du côté de Moyemont, le chef de corps du 156e RIF décide de faire demi-tour avec son état-major.

Milon : « L'opération se déroule dans un encombrement monstre. Le convoi est fractionné en plusieurs éléments qui ne se rejoindront plus. Les Allemands sont à Rambervillers et si les deux voitures de tête réussissent à passer, les autres sont capturées dans la ville. »

Finalement, et avec beaucoup de chance, Milon arrivera seul à Jeanménil aux environs de minuit. Il était temps. « Le moteur de la voiture qui cognait depuis plusieurs jours, se décide à rendre l'âme, bielles coulées. »

Toujours la chance ! Le moteur aurait pu s'arrêter dans une rue de Rambervillers. Ou à Séranville !

A Moyemont, les deux CHR du 82e RIF ont réussi à s'intégrer à une colonne engagée sur la route de Charmes. La CHR 3 est en tête et le capitaine Ribes conseille à son ami le capitaine Pigé qui rejoint ses véhicules : « Attention à ne pas vous laisser couper par d'autres unités. Collez bien derrière et restons en liaison ! »

1. Grange restera dans la forêt jusqu'au 25 juin avec le capitaine Bidaut, les lieutenants Isak, Druon, Jager, les sous-lieutenants Laidebeure, Hag, Meiser, Biron, et les soldats Florin, Chardin, Bouillot, Platz et Layre. Dès qu'ils sortiront des bois, une patrouille allemande les interceptera et... les enverra au camp de prisonniers le plus proche.

Pigé s'éloigne et... personne ne le reverra vivant. Les Allemands ont brisé le « bouchon » de Fauconcourt et forcé le passage en direction de Moyemont où ils apparaissent entre 20 et 21 heures. Deux hommes sont tués près de la gare : le chasseur Jacquard, du 96e BCP, et le maréchal des logis Boulanger, du 39e RA. Mortellement atteint par balle le capitaine Bernard Pigé est évacué sur l'hôpital militaire HOE 21 de Bruyères où il succombe quelques heures plus tard [1]. Deux capitaines du 82e RIF en quelques heures, Fouchet et Pigé, le prix de la défaite est élevé. Les deux hommes semblent avoir eu un pressentiment. Pendant la drôle de guerre, Pigé qui commandait la CM 3, logeait avec Fouchet et le capitaine Husson, à l'hôtel de la Poste, à Maxstadt (Moselle).

« A la popote, le soir, nous avions l'occasion de bavarder longuement, écrit Husson. Mes deux camarades étaient parfois assombris, surtout le capitaine Pigé qui avait cinq enfants. A diverses reprises, l'un et l'autre ont exprimé le sentiment qu'ils ne reviendraient pas de cette guerre. Obsédé par ses pressentiments, le capitaine Pigé avait d'ailleurs demandé et obtenu sa mutation dans une CHR [2].

A quelques kilomètres de Mattexey, le commandant Dupas a passé la fin de l'après-midi dans un bois avec les officiers et soldats du I/156e RIF qui l'ont suivi. Maintenant, la nuit est tombée depuis plus d'une demi-heure et le chef de bataillon décide de passer à l'action. Il ne s'agit pas, dans son esprit, de se fourvoyer dans un combat nocturne où il n'aurait sans doute pas l'avantage mais de se glisser entre les villages tenus par les Allemands afin de rejoindre le lieutenant-colonel Milon qui doit forcément l'attendre quelque part. Dupas serait surpris d'apprendre qu'à la même heure, son chef de corps se livre à un chassé-croisé identique avec les premières patrouilles allemandes dans les rues de Rambervillers avant de rejoindre Jeanménil.

Suivi par le capitaine Bastard, les lieutenants Lefort et Champouillon, l'aspirant Deswartes et une quarantaine de volontaires, Dupas va marcher jusqu'à une heure du matin le 21 juin. Et puis, à bout de forces, dormant debout, la petite colonne se jettera littéralement dans les bras des sentinelles d'un parc automobile. La randonnée s'achève, le ressort est brisé.

« Je suis exténué et je m'endors à même le sol ! » rapporte Dupas.

Le vendredi matin, avec le capitaine Bastard il sera conduit — en

1. Le capitaine Pigé aurait eu 38 ans en août 1940. Il repose aujourd'hui dans le carré militaire du cimetière de Bruyères. Les capitaines Ribes et Cointe se sont fait l'écho d'un bruit selon lequel Pigé aurait été tué par un militaire français ou un « agent de la Cinquième colonne ». Questionné par l'auteur, le lieutenant-colonel Matheu lui a donné l'assurance (lettre du 17 décembre 1970) que les rapports rédigés par ses subordonnés n'évoquaient à aucun moment une telle hypothèse.

2. Lettre du 7 septembre 1974 adressée à l'auteur par M. Julien Husson, de Rouen.

voiture — au camp de prisonniers de Saint-Clément. Les deux officiers y retrouveront les médecins Rousseau et Touboul qui leur apprendront la mort du lieutenant Turck, tué en combattant en arrière-garde avec sa section dans la matinée du 20[1].

1. Évacué sur une formation hospitalière de Saint-Dié, le lieutenant Jean Turck, originaire de la Moselle, a succombé à ses blessures le 21 juin.

## CHAPITRE XVII

# « A cheval, on est un homme mort ou un homme libre ! »

Le général Échard a limité les dégâts en lançant la 52e DI en direction du sud-est dans la matinée du 20 juin. Au col de la Chipotte, la division était hors d'atteinte — provisoirement — des attaques en cours. En revanche, la division de Girval n'avait aucune chance de tirer son épingle du jeu. Quatre divisions allemandes marchant vers le sud-ouest ont coupé la route, à un moment de la journée aux bataillons en retraite. Un exemple : le 82e RIF de Matheu qui se trouvait à Moyen vers midi, en recueil du II/156e RI au combat à Vathiménil, est accroché par la tête de la *198e Division.* Jusqu'à Roville-aux-Chênes, c'est toujours la *198e ID* mais lorsque le 82e RIF traverse Rambervillers « dans un désordre inouï », il est alors poursuivi par le *Regiment 222 (75e ID)* qui entrera dans la ville avec ses *Stosstrupps* à partir de 21 heures. Le 69e RIF de Pinta incapable de tenir Gerbéviller qu'il évacue sous les coups de la *79e Division,* est en partie capturé, colonel en tête, par une reconnaissance de la *268e ID* à Séranville. Les derniers éléments du 69e RIF passeront in extremis devant l'avant-garde de la *198e ID* et parviendront à se réfugier dans les Vosges.

Dans la seconde partie de l'après-midi du 20 juin, une sorte de joute se dispute entre les deux divisions allemandes les plus à l'ouest. Straube, de la *268e ID,* n'a pas reçu l'ordre du *12e Korps* de détruire la division de Girval mais de percer en direction du sud-ouest pour établir la liaison sur la Moselle avec la *8e Panzer.* Sur la droite de Straube, la *79e ID* de Strecker a reçu le même objectif et, après avoir fait tomber les dernières résistances du 86e RI du lieutenant-colonel Romanille et rejeté le II/146e RIF de Beaumier sur l'itinéraire de la *268e ID,* les éléments motorisés ont pris leur élan. Les colonnes des deux divisions suivent des routes parallèles et il arrive qu'elles se rencontrent dans le même village.

C'est le cas à Haillainville[1] à cinq kilomètres à l'ouest de Clézentaine, où le *Major* von Stetten, du *Panzerjäger Abteilung 268* prend liaison avec les automitrailleuses de tête de la *79e ID*. On échange des impressions et les deux colonnes repartent en direction de la Moselle. Elles ne rencontrent plus de ligne défensive organisée et, lorsqu'elles entrent dans une localité où stationnent des Français, ceux-ci se montrent si surpris qu'ils lèvent les bras dans la plupart des cas. Au mieux, quelques coups de fusil sont tirés mais la puissance et l'efficacité de la riposte annule toute vélléité de résistance. A Rehaincourt, le *Major* von Stetten subit ses dernières pertes de la campagne : plusieurs de ses soldats et un de ses officiers, le *Leutnant* Bullenheimer, sont blessés. Une mitrailleuse française est neutralisée à la grenade[2] et quatre tracteurs avec leurs pièces de 155 sont capturés intacts. Les motocyclistes roulent déjà vers Hadigny-les-Verrières où ils se heurtent à des chasseurs du 90e BCP et à une colonne du QG du 6e corps. Les hommes du *Panzerjäger Abteilung 268* sont-ils furieux d'avoir eu des blessés à Rehaincourt ? Toujours est-il qu'à Hadigny-les-Verrières, leur intention d'en finir se manifeste avec une brutalité excessive. Lorsque le silence se rétablit et que les éléments légers reprennent la direction du sud-ouest, douze corps sans vie gisent dans les rues de la localité, dont huit sont imputables à von Stetten[3]. Son avant-garde traverse Zincourt où une section de la *79e ID* est déjà en embuscade et pousse sans difficulté jusqu'à Girmont où de grands cris de joie accueillent les hommes blancs de poussière venus du nord : la liaison est établie avec la tête de pont lancée la veille par la *8e Panzer*. A 20 h 50, von Stetten appelle le PC du *General* Straube et rend compte par radio qu'il a pris contact avec le groupement Gudérian. Moins d'une heure plus tard, à 21 h 30, le *Major* von Bonin, de *l'Aufklärungs Abteilung* de la *79e ID*, informe, lui aussi par radio, le *General* Strecker, qu'il borde la Moselle devant Vaxoncourt. Le *Kommandeur* se montre satisfait et fait savoir à son subordonné qu'il considère la campagne de France comme terminée. Du moins pour la *79e Division*.

« Gardez-vous tout de même sur vos flancs car des unités françaises isolées tentent un peu partout de se dégager. Les ordres pour le 21 juin sont de nettoyer le champ de bataille, récupérer le butin et faire reposer la troupe. »

1. Le médecin-lieutenant Georges Gropper, du 164e RIF est décédé à Haillainville mais les circonstances de sa mort sont mal connues.

2. Henri Bachet, du 86e RI, a été tué au cours du combat.

3. Le canonnier Balestri, les maréchaux des logis Bizet et Audiffret-Pasquier, le sous-lieutenant Jean-Louis Béliard, tous du 112e RAL ont été victimes de l'attaque aérienne du 19 juin. Les huit autres ont été tués le 20 juin : Adam et le caporal Andrieu, du 90e BCP, Colin, Mélin, Thiéry, Taffin, l'adjudant Julien Neige et le capitaine Raymond de Campagnac, de Bordeaux.

Transportés en camion, les fantassins de la *79ᵉ ID* s'installent dans les villages traversés par von Bonin. La division est maintenant DERRIÈRE Châtel où l'escadron à cheval du GRDI 26 et une partie du 109ᵉ BCP attendent toujours une nouvelle attaque partant de la rive gauche de la Moselle. Les bataillons de Strecker sont également DERRIÈRE Portieux où les artilleurs du 168ᵉ RAP appuient l'escadron à cheval du GRDI 46. Portieux où vient de s'arrêter le lieutenant-colonel de Mauny, du 51ᵉ RMIC, qui précède le bataillon Dousset, les chars du 11ᵉ BCC et les stagiaires du cours de lance-flammes arrivant de Charmes. A huit kilomètres à l'est de Portieux, le carrefour de Moriville a été pris sans combat par l'ennemi qui a laissé une compagnie en embuscade avant de poursuivre sa route. La nuit tombe et Moriville va coûter cher aux Français.

La première victime est sans doute le commandant Brun, du 11ᵉ BCC. En fin d'après-midi, ses derniers éléments stationnent dans les layons, à quelques centaines de mètres au nord de Moriville, près de la route de Damas-aux-Bois. Les quatre camions-citernes de l'échelon ont été placés en barrage sur la chaussée et il est prévu de les incendier dans le cas — jugé improbable — où des blindés ennemis tenteraient de passer en force. Dans la soirée, la fusillade se rapproche et le seul char-canon qui défend l'état-major du 11ᵉ BCC ouvre le feu. Après quelques coups, le vieux 37 s'enraye. Brun le fait incendier ainsi que les camions porte-chars. L'adjudant-chef Cherrière avec la section dépannage, le lieutenant Lanes, de l'approvisionnement, sont renvoyés sur Moriville. Vers 22 heures, les échelons des 3ᵉ et 4ᵉ compagnies et l'état-major avec le capitaine Albert les rejoignent. Les fantassins allemands s'infiltrent par la forêt et l'on entend les moteurs d'une colonne venant de Damas-aux-Bois.

« Allumez l'essence ! » ordonne Brun.

Les quatre camions-citernes forment un gigantesque brasier qui communique le feu à la forêt. A l'abri de l'incendie, le commandant du 11ᵉ BCC se replie à son tour vers Moriville mais il n'a pas fait 200 mètres qu'il est arrêté par le capitaine Albert.

« Les Allemands tiennent la localité, la section de dépannage est entre leurs mains. »

Brun ne réfléchit pas longtemps : l'ennemi est derrière lui, venant du nord, il est également devant lui, il n'y a donc plus rien à tenter.

Brun : « J'ai marché en avant, me suis fait reconnaître puis j'ai fait avancer la colonne qui est entrée en bon ordre (*sic*) dans Moriville. Les officiers allemands ont été corrects. »

Les prisonniers sont déséquipés et triés ; les hommes de troupe sont enfermés dans l'église où ils retrouvent les chasseurs du 90ᵉ BCP chargés de la défense de Moriville. Moins nombreux, les officiers sont regroupés à la mairie.

Commandant le 168e RAP depuis le 17 juin, date à laquelle le lieutenant-colonel R... a été relevé pour « affolement caractérisé »[1], le chef d'escadron Lecomte a bien réparti ses tubes. Grâce à lui, les cavaliers de Châtel et ceux de Portieux possèdent une artillerie d'appui direct. Peu nombreuse certes mais plus efficace que les canons de 25. La preuve ? De l'autre côté de la Moselle les chars de la *8e Panzer* n'osent plus se montrer. Quant aux munitions, Lecomte n'est pas embarrassé : outre les deux petits dépôts qu'il a fait constituer à la sortie nord de Moriville il dispose d'un train de munitions bloqué à la gare de Rambervillers. Il ne va pas jusqu'à imaginer qu'à la tombée de la nuit, le *Regiment 222* met la main sur la ville et sur son train mais les bruits de combat venant du nord semblent se rapprocher et Lecomte donne l'ordre de porter trois pièces de 75 à Moriville et de les mettre en batterie de façon à battre la route de Damas-aux-Bois. Convaincu que ses ordres vont être exécutés, il monte dans sa voiture et précède ses canons à Moriville où il compte passer la nuit. C'est d'ailleurs ce qu'il va faire mais dans des conditions différentes de celles qu'il imaginait.

Sous la menace des pistolets-mitrailleurs, il est contraint de sortir de voiture et un *Oberleutnant* souriant lui explique : « Votre chauffeur doit aller à l'église et vous, s'il vous plaît, à la mairie. »

Le lieutenant-colonel Louis Soulié n'a pas de fonction définie. Le 15 juin, il devait rejoindre le PC de la VIIIe armée à Malvaux mais deux jours plus tard, on le retrouve à Saint-Dié avec son adjoint, le capitaine Messmer. Le général Richter, directeur des Étapes de la Ve armée, ne voit pas l'utilité de les garder à Saint-Dié et, selon Soulié, les envoie à Charmes « remettre de l'ordre parmi les fuyards ». Le passage de Soulié n'est pas signalé au PC du 6e corps de Loizeau ni à celui de la division Poisot qui sont, il est vrai, sur la rive gauche de la Moselle. Sur la rive droite, le 20 juin vers 21 heures, le lieutenant-colonel de Mauny a fait comprendre à Soulié qu'il devait prendre place avec Messmer dans leur voiture et dire au chauffeur de les conduire à Rambervillers. Soulié ne s'est pas fait prier et le chauffeur emprunte la voie la plus directe, la D 32... qui traverse Moriville. Vers 22 h 30, le véhicule est arrêté à l'entrée du village et le colonel a droit au cérémonial d'usage : « Votre chauffeur va être conduit à l'église et vous, messieurs, à la mairie. »

A Châtel, les chasseurs du 109e BCP devaient primitivement relever l'escadron à cheval du GR 26 puis l'appuyer et éventuellement le

1. Voir *Les combattants du 18 juin*, tome I : le sang versé (Fayard, 1982).

remplacer en cas de destruction par l'artillerie de la *8e Panzer*. En réalité, le commandant Delafenêtre a imité le 164e RIF, il a laissé les cavaliers au bord de la Moselle et, prétextant un ordre du lieutenant-colonel Dollard, son supérieur hiérarchique, a porté son PC à Zincourt à six kilomètres à l'est de Châtel puis à la maison forestière des Rochottes, au milieu des bois. On attendait des chasseurs un comportement plus agressif car il est difficile d'arrêter la progression de l'ennemi en se cachant dans la forêt.

« Arrivés le 21 vers trois heures du matin, rapporte Delafenêtre, nous sommes réveillés vers quatre heures par des bruits de moteurs d'engins blindés qui circulent sur la route de Zincourt à Hadigny-les-Verrières (...) Je déplace aussitôt le personnel du PC pour abandonner la maison et nous dissimuler en plein bois ! »

Réaction à laquelle on ne s'attendait pas d'un vieux briscard comme Delafenêtre ! Au lieu d'aller incendier quelques camions allemands chargés de troupes — la nuit appartient aux audacieux — le chef de bataillon baisse les bras et va se « dissimuler en plein bois ». Ce sera sa dernière « action de guerre ».

« Le 22 juin vers 17 heures, écrira-t-il, au moment où tout le monde exténué goûtait quelque repos dans la forêt de Padoux, une patrouille ennemie avec chien a surpris le groupe et l'a fait prisonnier, sans qu'il ait pu esquisser de résistance. »

A Châtel, la soirée est calme. Les incendies dévorent lentement la ville et le canon tonne du côté de Charmes. Sur la rive gauche, Nomexy est silencieux, comme si l'ennemi avait renoncé à franchir la rivière. Cette indifférence inquiète le lieutenant Mairesse-Lebrun qui, jusqu'à la tombée de la nuit, a promené ses jumelles sur la rive opposée sans découvrir un seul indice de préparatif d'attaque. Le lieutenant Méhu est venu proposer de prendre la tête d'une patrouille à pied pour explorer les arrières de la position. On ne sait jamais ! Depuis le départ du 164e RIF et du 109e BCP, les cavaliers sont seuls et savent qu'ils ne peuvent compter que sur eux-mêmes. Un des deux artilleurs restés à leur poste, le lieutenant Silberberg, a rendu compte qu'il allait en liaison à Portieux avec une voiture réquisitionnée. Englouti par la nuit, personne ne le reverra. Croisant une colonne allemande, Silberberg a fini par se faire arrêter et sa voiture a été réquisitionnée une seconde fois, mais par le vainqueur.

Méhu n'éprouve aucune crainte particulière et, même s'il regrette de n'avoir pas effectué sa patrouille à cheval, il n'en dit rien. Suivi par ses hommes, mousqueton à la main, il s'arrête à la sortie de Châtel.

« Nous sommes faits ! » souffle-t-il au cavalier le plus proche.

Une longue colonne — on n'en voit pas la fin — stationne sur la route de Moriville et les éclats de voix qui parviennent aux oreilles de Méhu ne laissent aucun doute sur la nationalité des véhicules. Des patrouilles ont déjà enlevé l'état-major de l'escadron avec le capitaine de Bellerive et tous les chevaux ont été emmenés. Comment comprendre la présence de ces forces importantes à l'est alors que l'escadron s'est battu à l'ouest pour interdire la traversée de la Moselle ? Le front du nord aurait-il été crevé ? C'est vraisemblable. Il faut maintenant revenir sans bruit à Châtel et rendre compte à Mairesse. Une fois informé, celui-ci tire à haute voix la conclusion que Méhu prononçait intérieurement.

« Notre mission est devenue sans objet ! » fait-il en retirant son casque.

Il est évidemment ridicule de défendre la rivière puisque les Allemands sont en force sur les deux rives. Que va décider Mairesse ? Va-t-il se cacher dans la forêt pour y attendre l'armistice ou lancer un raid contre la colonne allemande en stationnement ? Il choisit une troisième voie qui montre à quel point les nerfs tendus à se rompre depuis près de trois jours, viennent brusquement de lâcher.

« Nos cavaliers ont assez souffert, nous allons mettre bas les armes ! »

La décision surprend car elle ne correspond pas au personnage[1]. Mairesse pouvait peut-être essayer de se réfugier à Portieux, à l'escadron du lieutenant de Montlivault ! Il est très éprouvé et tous ses ressorts ont cédé d'un seul coup. Le cas n'est pas unique. Et puis le jeune officier n'a pas une âme de « biffin ». Il ne s'imagine pas traversant les forêts vosgiennes, gravissant les collines ou coupant les champs de blé en tirant la jambe.

« Si nos chevaux n'avaient pas été capturés avant nous, écrit-il, nous n'aurions pas été prisonniers. A cheval, on est un homme mort ou un homme libre ! »

Diplomate des Affaires étrangères, s'exprimant indifféremment en anglais ou en allemand, le lieutenant Méhu est chargé par Mairesse de prendre langue avec l'adversaire et de lui signifier la reddition de l'escadron, une quarantaine de cavaliers et trois officiers. Bien que sur leurs gardes, les Allemands ne leur témoignent d'aucune hostilité particulière. Les survivants de l'escadron à cheval du GRDI 26 sont dirigés sur Moriville où ils arrivent vers minuit pour recevoir le même accueil que ceux qui les ont précédés : « Les hommes de troupe à l'église, les officiers à la mairie ! »

Le lieutenant Guélot et les artilleurs de son peloton les rejoindront une demi-heure plus tard après avoir saboté leur pièce.

1. Pierre Mairesse réussira une spectaculaire évasion de Colditz mais « dévissera » en franchissant clandestinement les Pyrénées et se fracturera la colonne vertébrale. Remis sur pied, il débarquera en Provence avec de Lattre en août 1944. De ses quatre frères, un seul, Robert, sera vivant à la fin de la guerre après 50 missions avec le groupe Lorraine, des FAFL. Jean, pilote de chasse, a été tué en combat aérien le 3 juin 1940, Hubert tué dans un char du 4e Chasseurs d'Afrique le 23 août 1944, et Yves, du 1er Spahis marocains, tué au Bourget quatre jours après Hubert.

Avec son canon de 75 remorqué par un camion, ses trois chars FT et ses fantassins la colonne du I/51e RMIC du commandant Dousset n'est plus loin de Portieux.

« On traversait des zones de bombardement, a noté le capitaine Meistermann, de la compagnie d'engins, des chevaux tués jonchaient les fossés et les chaleurs de l'été exagéraient les odeurs. Des canons lourds, des cuisines roulantes, des engins à chenilles, des armes, des archives traînaient partout. »

Conduit par Garrouy, son chauffeur, le lieutenant-colonel de Mauny a précédé la colonne et, arrivé à Portieux, se rend au PC du commandant Caillard d'Aillères, du 90e BCP, avec l'intention d'y réunir un conseil d'officiers regroupant les représentants des différentes armes. Vers 22 h 30, ils sont tous autour d'une table : de Mauny, d'Aillères, le capitaine Chapuzot, du 168e RAP, le lieutenant de Montlivault, de l'escadron à cheval du GRDI 46 et le lieutenant Poizat, du 11e BCC. Il est probable que la liste des forces combattantes a été dressée. Celles-ci ne sont pas négligeables pour une opération telle que la conçoit de Mauny : prendre la route de Rambervillers et s'installer à Moriville [1]. Pourquoi Moriville ? Chapuzot a-t-il parlé des deux dépôts de munitions constitués sur l'ordre du chef d'escadron Lecomte ? D'Aillères a-t-il ajouté que le lieutenant Kraemer se trouvait à Moriville avec la 2/90e BCP et le PS du médecin-auxiliaire Mouton ? Adossé à la Moselle et disposant sur place des 75 du 168e RAP qui ne peuvent pas tous être emportés faute d'attelages, de Mauny ferait mieux de se barricader dans Portieux. N'a-t-il pas compris que désormais tous les chemins conduisent à l'ennemi ? Pourquoi veut-il prendre le risque d'être attaqué en colonne alors que ses forces lui permettent de tenir sur place ? Le voici à la tête d'un groupement interarmes composé de six pièces de 75, sept chars FT, un escadron de cavalerie, les coloniaux du I/51e RMIC, une compagnie du 90e BCP avec son groupe franc et une section de mitrailleuses, les 200 stagiaires du cours de lance-flammes du lieutenant Sarron, en tout près d'un millier d'hommes qui, c'est leur point faible, n'ont jamais manœuvré ensemble.

L'escadron du GR 26 de Châtel aurait pu apporter son concours à Mauny mais il est trop tard. Parti de Portieux à cheval, le lieutenant Goetz a effectué la dernière liaison dans l'après-midi. On peut regretter que de Mauny n'envoie pas à Châtel une patrouille commandée par un officier dont la mission serait d'informer le capitaine de Bellerive de l'importance de la colonne constituée à Portieux. Par cette patrouille,

1. Dans divers documents le commandant d'Aillères et le lieutenant de Montlivault donnent également Moriville comme point de destination. Le lieutenant Dupont, du GR 46 dit « Moriville puis Rambervillers. »

Mauny apprendrait beaucoup de choses, d'abord que l'escadron du GR 26 a mis bas les armes, ensuite, que l'ennemi est en force sur les arrières et probablement à Moriville. Par négligence, le chef de corps du 51^e^ RMIC va se jeter dans la gueule du loup.

Placés sous les ordres du lieutenant Monnier, les camionnettes, les chenillettes et la CHR du bataillon Dousset partent les premiers. Le train de combat de l'escadron du GR 46 suit en deuxième position avec le chef Hatton et Millard, le vétérinaire. De Mauny ne manifeste aucune méfiance. Pourquoi n'envoie-t-il pas une patrouille reconnaître l'itinéraire ? Tous les éléments non-combattants qui partent en tête vont être cueillis « en douceur » à Moriville et... « les hommes de troupe à l'église, les officiers à la mairie ».

Pendant que les gros de la colonne se mettent en place à la sortie est de Portieux, les artilleurs se hâtent de saboter les pièces qu'ils doivent abandonner faute d'attelages. Le lieutenant Fafournoux va retirer les culasses des trois 75 restés à la lisière du bois de Fraize pendant que le lieutenant Soulet s'occupe de la pièce en position à la sortie sud de la ville. L'endroit est isolé et Soulet n'a pas le temps d'accomplir sa mission : des silhouettes menaçantes jaillissent de l'obscurité et ouvrent le feu. L'officier dégaine son pistolet et riposte, au jugé. Une balle lui traverse la cuisse et le couche à terre, nerf sciatique coupé. Les assaillants se fondent dans la nuit. S'agit-il de quelques soldats de la *8^e^ Panzer* qui ont traversé la Moselle à gué ou d'une patrouille de la *79^e^ ID* venant de Châtel ? Les coups de feu ne semblent pas avoir été entendus et la disparition de Soulet passe inaperçue. Personne ne veut donc savoir que l'ennemi est maintenant très proche ? Et combien sauve-t-on de canons ?

« Toutes les pièces ont sauté, rapporte le lieutenant Dupont, du GRDI 46, sauf une qui servira à nous ouvrir la route si besoin est. »

Dupont parle sans doute du 75 de la batterie Rondenay remorqué depuis Charmes par un camion du I/51^e^ RMIC. Tout est en ordre, le lieutenant-colonel de Mauny donne le signal du départ. La colonne à pied — coloniaux et stagiaires du lieutenant Sarron — est suivie du train de combat du bataillon Dousset, des sept chars du 11^e^ BCC, les chasseurs du 90^e^ BCP fermant la marche avec la compagnie. Gadras et le groupe franc du lieutenant Lejeal. Les cavaliers de Montlivault cheminent naturellement en avant-garde pour éclairer le groupement.

« La route n'est pas belle, écrit l'un d'eux, l'adjudant Pierre Thomas, elle sent la mort. Des chevaux éventrés lors de récents bombardements jalonnent le chemin que nous parcourons au trot. »

A environ un kilomètre de Moriville, à la sortie de la zone boisée, l'ennemi embusqué dans un fond de ruisseau ouvre le feu. Un poste de guet, rien d'autre. Le lieutenant Goetz, du GR 46, se porte volontaire pour reconnaître à la tête des cavaliers du peloton Dupont. Les coloniaux de la section Schmidt accompagnent le mouvement en marchant, colonne par un, sur les bas-côtés de la route. Impulsif, le commandant Dousset trouve que la réaction est trop timide et s'en plaint au colonel qui abonde aussitôt dans son sens.

« Foncez en avant avec deux chars de front ! » ordonne-t-il au lieutenant Poizat qui prévient ses deux chefs de section, Pouzin et Arnaud. Ce dernier trouve l'opération imprudente et le fait savoir.

« J'interviens pour appeler l'attention du colonel sur le fait que, dans nos chars, nous sommes aveugles la nuit. Au lever du jour, nous pourrions nous déployer et peut-être déborder la défense ennemie. Le colonel m'a répondu que je n'avais qu'à exécuter ses ordres, ce que, hélas, nous fîmes [1]. »

Il est exact que dans l'obscurité, les pilotes des vieux FT avancent à l'aveuglette. A tel point que le char du caporal Lugain « monte sur une chenillette [2] ». Malgré les efforts de l'équipage, il est impossible de le dégager et le lieutenant Poizat fait démonter la mitrailleuse et incendier l'engin.

« Sur le plateau de Moriville, note le lieutenant-colonel de Mauny, l'avant-garde est accueillie par un feu dense d'armes automatiques qui part des lisières du village ; des fusées éclairent le terrain en avant... »

Les canons de 37 et les mitrailleuses des chars ripostent, les cavaliers mettent pied à terre, les coloniaux manœuvrent par le sud...

« Je me souviens du feu d'artifice qui nous a accueillis, écrit le lieutenant de Montlivault. Balles traceuses et fusées éclairantes. J'étais aplati dans un fossé avec le brigadier Désormières qui sera tué un instant plus tard [3]. »

Vers deux ou trois heures du matin il semble que le contrôle de la colonne échappe à de Mauny. « Le colonel a un mousqueton à la main et les coloniaux cherchent à se dégager ! » rapporte le commandant d'Aillères dont le groupe franc et la compagnie de chasseurs ne paraissent pas avoir joué un rôle très actif dans l'affaire. Un autre char du 11e BCC brûle à l'entrée de Moriville où le sous-lieutenant Jean Pouzin vient de trouver la mort.

« Les coloniaux chargent en chantant, s'émerveille l'adjudant Thomas tout en regrettant l'éclatement de l'escadron.

Les pelotons Philippi et Lambert ont disparu mais le lieutenant Dupont et les mortiers du lieutenant Sitter tentent de fixer l'ennemi par

1. Lettre du 23 juillet 1983 adressée à l'auteur par M. Gaston Arnaud, de Bourg-les-Valence (Drôme).

2. Rapport du commandant Brun, du 11e BCC. L'adjudant Thomas, du GRDI 46 affirme de son côté que le char est monté sur une voiturette de son escadron.

3. Lettre du 13 décembre 1980 adressée à l'auteur par M. de Montlivault, de Tours.

le feu. Vers six heures, alors que le combat se prolonge, Paul Sitter reçoit une balle dans la cuisse ; le médecin auxiliaire Jalotte et le caporal Leclerc le transportent au PS du bataillon Dousset installé dans une maison isolée. Les fantassins manœuvrent mais tout cela sent l'improvisation. La pièce de 75 ne tire pas, les chars ne savent qui appuyer et les chasseurs attendent des ordres. Le sous-lieutenant Serafin et quelques stagiaires de son détachement suivent le capitaine Froment, le sous-lieutenant Joulia et leurs coloniaux qui contournent le village et retrouvent le lieutenant Lacoste. On ne saisit pas très bien l'idée du mouvement : Mauny veut-il s'emparer de Moriville ou seulement traverser la localité pour emprunter ensuite la route de Rambervillers ? Voulant réorganiser ses forces, le colonel s'enferme dans une auberge avec le commandant Dousset, le lieutenant de Montlivault, le lieutenant Meistermann et le sous-lieutenant Bourgeois, du groupe franc du I/51e RMIC. Mauny pense qu'il est possible de forcer le passage par le sud et il donne l'ordre d'y pousser sur-le-champ les cavaliers et le groupe franc.

Dans un ravin encaissé, le cheminement se révèle difficile d'accès et ralentit la troupe. Suivi par deux sous-lieutenants, Schmidt et Percinette, Meistermann découvre un itinéraire plus rapide, abrité des vues et permettant d'accéder à la forêt. Emmenés par le lieutenant-colonel de Mauny, près de 150 hommes empruntent cette voie, atteignent les couverts et la ligne de chemin de fer. Les lieutenants Emourgeon et Lacoste rejoignent avec une cinquantaine de soldats. Pendant ce temps, l'arrière-garde placée sous les ordres du capitaine Goutherot, est sérieusement accrochée. Secondé par le lieutenant Drappier, Goutherot fait front. Le lieutenant Sylvestre et des artilleurs du 168e RAP couvrent le flanc des coloniaux mais, lorsque le dernier FM s'enraye, les Allemands attaquent à la grenade. Guerlus, Caumel, Cherpion et le capitaine Goutherot sont blessés. Les artilleurs ont moins de chance : Bouvier, Jardin, Lallart et le lieutenant Jean-Marie Sylvestre sont tués. Touchés aussi, Lebrun, le brigadier Leriche et le lieutenant Jacques Redonnet attendent les brancardiers. Redonnet a une balle dans la poitrine et son ami, le lieutenant Descot, restera à côté de lui jusqu'à son évacuation sur le poste de secours. Séparé du gros des coloniaux, le sous-lieutenant Bourgeois rebrousse chemin et installe son groupe franc devant le PS du médecin-commandant Favarel. « A sept heures du matin, écrit celui-ci, il y avait 10 blessés au PS et la cave de la maison était pleine de fuyards qui attendaient la fin du combat. »

Le groupe franc n'a que le contenu de ses cartouchières et, lorsque celles-ci sont vides, Bourgeois fait briser les armes. Prudents, les Allemands lâchent encore quelques rafales et, devant l'absence de réaction de leur adversaire, reprennent confiance et s'approchent. Poings serrés, Bourgeois tremble de fureur contenue. Sorti de Saint-Cyr en 1939, major de la promotion « La plus grande France », il n'avait jamais envisagé l'éventualité d'une fin aussi peu glorieuse[1]. Heureusement, les Allemands ne se montrent pas mauvais bougres.

« On nous compta, rapporte le Dr Favarel, mais on nous évita l'humiliation de lever les bras. A travers champs, on nous conduisit à Moriville où Jalotte et moi furent envoyés à l'école pour refaire les pansements des 14 blessés qui s'y trouvaient. »

Insatisfaits depuis parfois 24 heures, les estomacs crient famine et, à plusieurs reprises, le Dr Robert Favarel réclamera de la nourriture pour ses blessés. Vers 16 heures seulement, on lui apportera « les restes de choux au lard de la cuisine allemande. »

Le lieutenant de Montlivault s'est dissimulé dans un bois avec une vingtaine de gradés et cavaliers de son escadron. Coupé des coloniaux du lieutenant-colonel de Mauny, il attend la nuit pour s'éloigner discrètement en direction du sud. Mais la malchance s'acharne sur le GRDI 46. Dans l'après-midi, des camions allemands s'arrêtent sur la route et des fantassins en descendent qui, en ligne de tirailleurs, vont râtisser le bois. Montlivault, le lieutenant Goetz, l'adjudant Thomas, le chef Billot, deux sous-officiers, Ozy et Dreyfus, sont capturés avec leurs cavaliers.

« Je craignais quelque rigueur, avoue Thomas, ils nous donnent du chocolat, des cigarettes. Le brigadier Gabel dit que ce sont des Autrichiens. Le soir, sur des chevaux récupérés, nous fîmes notre entrée au stade de la Liberté, à Rambervillers. Nous étions vraiment prisonniers[2]. »

Entraînant une centaine d'hommes avec lui, le commandant Dousset a dépassé Moriville et approche de Rehaincourt. Les Allemands barrent l'itinéraire sans toutefois manifester une réelle agressivité. Depuis le lever du jour, tous les Français qui viennent ainsi au-devant d'eux lèvent les bras. Ils tombent mal car Dousset n'est pas de la même trempe et va le leur prouver. Il fait ouvrir le feu par trois FM qui marchent de front et, avec le commandant d'Aillères, le sous-lieutenant Serafin et une cinquantaine de coloniaux et chasseurs, il bouscule l'ennemi et s'enfonce dans la forêt des Ternes. Surpris et paralysés par l'audace de leur chef de bataillon, les hommes de l'arrière-garde n'ont pas suivi et se font désarmer par les Allemands[3]. A la tête de deux petits détachements, le

1. Trois coloniaux, Cuvillers, Eclapier et Hally, ont été tués à Moriville, ainsi que deux chasseurs du 90e BCP : Gérard et Michel.

2. Lettre du 9 juillet 1983 adressée à l'auteur par M. Pierre Thomas, de Montmirail (Marne).

3. Le lieutenant Louis Fleurquin rapporte qu'avec le lieutenant Sarron et deux chars du 11e BCC il est retourné à Portieux avant le lever du jour et a lancé une contre-attaque. L'auteur n'a retrouvé aucun témoignage ou document permettant d'authentifier cette action.

capitaine Froment et le lieutenant Emourgeon seront capturés dans l'après-midi.

Sorti de Saint-Cyr en 1914 avec la promotion « La Croix du Drapeau », le lieutenant-colonel de Mauny est lui aussi au sud de Rehaincourt avec une dizaine d'hommes dont deux gradés du groupe franc du 90e BCP. Ils vont s'enfoncer dans la forêt de Padoux où ils resteront dissimulés jusqu'au 25 juin. Apprenant ce jour-là par un bûcheron que l'armistice est entré en vigueur, le chef de corps du 51e RMIC conseillera à ses compagnons de partir en direction du sud-est pour essayer de franchir la frontière suisse. Quant à lui, il ira se présenter à la mairie de Padoux où les Allemands lui signifieront sans aménité qu'il est prisonnier de guerre.

Le détachement du commandant Dousset passe dans la matinée du vendredi 21 juin aux Verrières-d'Onzaine où se trouve encore le PC de la 44e demi-brigade de chasseurs. Le commandant d'Aillères décide de rester avec le lieutenant-colonel Dollard et son chef d'état-major, le commandant Boissenin. Le PC a déjà été reconnu par des motocyclistes ennemis qui ont tué deux hommes dont le caporal Adam. Dollard, Boissenin et d'Aillères attendent qu'on vienne les capturer. Visiblement, le cross-country en forêt ne les intéresse pas. Leur patience sera récompensée et le soir même ils prendront leurs quartiers au camp de prisonniers de Baccarat.

Dousset n'a plus qu'une douzaine de volontaires, dont le sous-lieutenant polonais Serafin. Pendant trois jours, ils réussissent à se nourrir, à dormir et à déjouer les embuscades de l'adversaire. Le 24 juin pourtant,il faut se battre pour passer et Dousset reçoit une balle dans le bras [1]. Il veut continuer, bien sûr, essayer de gagner la zone libre mais la blessure est sérieuse et Serafin insiste sur le fait qu'ils n'ont ni médecin ni médicaments et que la plaie va se gangrener.

« Que suggères-tu ?

— Il faut vous livrer aux boches, ils vous soigneront. »

Humilié mais cédant à la voix de la raison, Dousset marchera jusqu'à Damas-aux-Bois où il se constituera prisonnier. Serafin avait raison, les Allemands le confieront sur-le-champ à leurs services sanitaires. De son côté le jeune sous-lieutenant polonais parviendra sans autre difficulté aux environs de Besançon mais son attention s'étant relâchée, il sera fait prisonnier par une patrouille. Enfermé à la caserne Vauban, il s'en évadera quelques jours plus tard et réussira à passer en zone libre.

1. C'est la 8e blessure de guerre de ce vieux baroudeur : quatre fois en 14-18, une fois au Maroc et trois en 39-40. Sorti de Saint-Cyr en 1914 avec la promotion « La Grande Revanche » le général Louis Dousset est décédé le 9 novembre 1983 à Auch (Gers).

Le lieutenant Meistermann et ses deux sous-lieutenants, Schmidt et Persinette, ont beaucoup marché dans les forêts vosgiennes. Ils veulent eux aussi se réfugier en zone libre mais le sort ne leur est pas favorable. Schmidt se fait prendre le premier, le 25 juin. Alors qu'il passait — en vêtements civils — devant la sentinelle d'une *Kommandantur* proche de Vesoul, Persinette est arrêté le 29 juin. Seul officier colonial du groupement de Mauny, le lieutenant Meistermann réussira à mener à bien son épuisante entreprise et franchira la ligne de démarcation le 16 juillet dans la région de Bourges [1].

De l'église de Moriville où sont enfermés sous-officiers et hommes de troupe, de la mairie où se trouvent les officiers, a-t-on prêté l'oreille au combat livré par le groupement de Mauny ? Vaincus par les nuits d'insomnie et les marches sans fin, la plupart des prisonniers étaient plongés dans un sommeil non exempt de cauchemars mais profond. On trouve pourtant quelques allusions à l'engagement, çà et là, dans divers documents. Le commandant Brun, du 11e bataillon de chars, en parle dans son rapport : « Vers la fin de la nuit, dit-il, nous avons été réveillés par des feux intenses d'armes automatiques, des coups de canon de petit calibre puis des coups de canon très rapprochés. Après trois quarts d'heure environ, tout est rentré dans le calme. »

Les prisonniers se sont-ils rendormis ? C'est probable mais leur sommeil va se trouver une seconde fois interrompu après le lever du jour dans des conditions qui, à priori, n'ont pas de justification sérieuse.

« A 4 h 30, écrit le lieutenant Méhu, du GRDI 26, nous avons été réveillés par des cris et avons vu, par la fenêtre, passer à marche forcée, un détachement d'environ 400 soldats français, parmi lesquels se trouvaient nos cavaliers ; le détachement était harcelé par les Allemands à coups de fouet, de matraque, de crosse et même de baïonnette. L'adjudant Grabé, de notre escadron, a été blessé à la nuque. »

Le visage fermé, d'autres soldats font descendre dans la rue les officiers détenus à la mairie. Un *Oberleutnant* demande un interprète ; Méhu s'avance.

« Il nous traduit, rapporte le lieutenant Mairesse-Lebrun, qu'un *Unteroffizier* a été tué pendant la nuit et que, par représailles, un officier français sur dix et un homme de troupe sur trois vont être fusillés. »

Sur cette base dont le cadre est sans aucun doute authentique, les chiffres, les causes et les versions subissent des variations. Voici celle du lieutenant Méhu : « Un sous-officier de la *Wehrmacht* aurait été

1. Né en 1911, le capitaine Benjamin Meistermann servira en Extrême-Orient à la fin de la guerre et sera assassiné par un Japonais fanatique le 21 août 1945, six jours après la capitulation du Japon annoncée par l'empereur Hiro-Hito.

émasculé et mutilé par des prisonniers de l'infanterie coloniale ; d'autres prisonniers auraient tiré sur les troupes allemandes. »

A un détail près, le rapport du commandant Brun est proche du récit de Méhu : « Les Allemands nous reprochèrent d'avoir cherché à reprendre les armes (...) De plus, un Noir aurait tranché la gorge à un sous-officier. »

Nous sommes donc en présence de deux accusations portées par les Allemands contre les prisonniers :

*a*) Certains d'entre eux auraient repris les armes après leur reddition[1].

*b*) Un *Unteroffizier* aurait été tué, voire mutilé, par un tirailleur de l'infanterie coloniale.

Du côté allemand, les archives sont muettes, l'événement a été gommé. Le commandant Brun assure « qu'un officier sur trois et un homme sur cinq vont être fusillés. » Des chiffres différents de ceux qui sont avancés par Mairesse. Le vétérinaire-lieutenant Jean Millard, du GRDI 46, dit « un officier sur trois et un homme sur dix ». Le Dr Henry Bouteille, du 11e BCC, se souvient seulement « que de nombreux officiers et soldats ont été conduits dans un pré pour y être fusillés ».

Retenons seulement les faits. Au petit matin du 21 juin 1940 un détachement de prisonniers français, gradés et simples soldats, se trouve conduit à l'extérieur de la localité pour être passé par les armes. Les Allemands n'en font pas mystère et sachant ce qui s'est passé la veille à Domptail (Vosges) où vingt soldats du 21/146e RIF ont été massacrés par l'avant-garde de la *198e ID,* on peut se demander s'ils ne vont pas mettre leur projet à exécution. Mais pourquoi des représailles ? Des hommes du groupement de Mauny entrés dans Moriville ont-ils été confondus avec des prisonniers évadés ayant repris les armes ? Réveillés comme le commandant Brun par le bruit du combat et se croyant sur le point d'être libérés par une contre-attaque française, des prisonniers ont-ils voulu apporter leur contribution à l'affaire en tuant un gradé chargé de les garder ? Celui-ci a-t-il eu la gorge tranchée comme l'écrit Brun, ou l'a-t-on émasculé comme le prétend Méhu ? Faute d'éléments plus concrets, nous devons nous en tenir aux hypothèses. Ce qui est réel, c'est le transfert des prisonniers dans un pré dont aucun Allemand ne leur dissimule qu'il sera le lieu de leur exécution.

Mairesse-Lebrun : « Nous devons défiler par trois, mains levées, bousculés jusqu'à la sortie du village. Nous gagnons, à quelques centaines de mètres de là, un champ où les hommes de troupe sont déjà rassemblés. »

Eu égard à son grade, le lieutenant-colonel Soulié est resté à la mairie.

1. « Les Allemands ont prétendu que des prisonniers de Moriville auraient repris les armes. » confirme le lieutenant-colonel Louis Soulié détenu à la mairie.

Ayant observé la scène par la fenêtre, il indique dans son rapport que « trois civils accusés d'avoir tiré sur les Allemands sont avec les prisonniers ». Le vétérinaire Millard parle « d'un groupe de trois ou quatre tirailleurs sénégalais et de quelques civils ».

Les deux hommes ne se sont pas donnés le mot mais la présence de civils dans le pré où les prisonniers sont regroupés n'est pas confirmée. Trois mitrailleuses dont les servants sont en position de tir couché se trouvent sur le périmètre de la pâture et l'atmosphère est tellement tendue que les prisonniers se demandent avec angoisse si les Allemands ne vont pas les tuer sans autre forme de procès. Qui pourrait venir à leur secours, protester, invoquer les lois de la guerre ? Le commandant Brun, qui est resté à la mairie, obtient d'être conduit auprès d'un colonel dont le PC serait à Moriville. Accompagné par deux officiers du 11ᵉ BCC, les capitaines Paul Faure et Auguste Albert, le chef de bataillon rencontre le « *Herr Oberst* » devant l'église et lui demande en allemand [1] d'intervenir pour éviter un massacre que rien ne paraît justifier. Son interlocuteur se prétend surpris par cette histoire de « sous-officier assassiné ». On lui a seulement rendu compte de la présence de francs-tireurs dans certaines maisons du village. Brun n'y croit guère et, pour prouver sa bonne foi, il propose de visiter lui-même chaque habitation, ce qu'on l'autorise à faire avec un *Feldwebel* dont la mission est d'arrêter tout civil pris les armes à la main. Bien entendu, il ne sera procédé à aucune arrestation. Pendant ce temps, dans le pré où les prisonniers exposés au soleil ne quittent pas des yeux les mitrailleuses braquées sur leur groupe compact, la tension monte et les Allemands semblent exaspérés, prêts à tuer. Pendant que Brun et son *Feldwebel* passent au peigne fin les habitations, ne vont-ils pas être abattus par leurs gardiens furieux ? Un homme décide d'affronter l'orage. Le lieutenant Méhu s'avance de deux pas, rassemble ses talons, salue et se présente à un *Oberleutnant* qui semble attendre des ordres. Parlant au nom de ses cavaliers, Méhu rappelle « que l'escadron à cheval du GR 26 s'est rendu après avoir vaillamment combattu à Châtel, et que ses hommes ne sont pas des criminels de guerre mais des prisonniers. Ils doivent donc être traités comme tels en application de la Convention de Genève. »

Le ton ferme et courtois du jeune officier en impose mais Méhu possède un moyen de pression supplémentaire. Dans le cadre de ses fonctions au ministère des Affaires étrangères, il se trouvait en poste, juste avant la guerre, à l'ambassade de France à Berlin. Au cours d'une réception donnée dans les salons de celle-ci, il a été présenté à un diplomate allemand qui, il en jurerait, n'est autre que l'*Oberleutnant* auquel il s'adresse. Sans cesser de penser aux mitrailleuses braquées sur

1. Dans les années 20, le commandant Georges Brun était interprète d'anglais et d'allemand au 2ᵉ Bureau de l'armée du Rhin.

ses camarades, Méhu évoque Berlin, l'ambassade, la réception... Et s'il se trompait ? Non, le visage de son interlocuteur se détend et l'ombre d'un sourire s'y dessine. L'*Oberleutnant* ne reste pas insensible à ce rappel, et il confirme à Méhu qu'il est bien le diplomate qu'on lui a présenté naguère à l'ambassade de France. Les faits s'enchaînent, on passe du passé au présent et Méhu est conduit, lui aussi, auprès du « *Herr Oberst* » qui met fin à la tension générale en donnant l'ordre de ramener les prisonniers à la mairie et dans l'église.

« Je me demande s'ils nous auraient fusillés ? dira plus tard Méhu avant d'ajouter sur un ton convaincu : " En tout cas, ils en étaient capables ! " »

A midi, une assiette de soupe sera servie à tous les captifs de Moriville. Elle constituera leur seul repas de la journée et le soir, formés en colonne, ils seront conduits à Rehaincourt, à trois kilomètres.

« Nous y avons passé la nuit, se souvient Méhu. 1 500 officiers et soldats entassés dans l'église[1]. »

Le lieutenant Arnaud, du 11e BCC, n'a pas oublié, lui non plus, cette première nuit de captivité : « Trop nombreux pour un volume d'air aussi réduit, nous avons été obligés de casser les vitraux pour respirer. »

Des informations isolées font cependant état de tirailleurs africains passés par les armes à Moriville. Les chiffres varient, allant d'une compagnie, à quelques soldats. Le nombre des tués inhumés sur le territoire de la commune de Moriville le 21 juin 1940 en présence du maire, M. Jules Édel, s'élève à 24. Trois artilleurs du 103e RAL (Farey, Hunewald et le maréchal des logis Deflenne) ont été victimes de l'attaque aérienne du 19 juin. 11 morts ont été identifiés comme appartenant au groupement de Mauny. 7 autres n'ont pas d'unité connue (Allix, Clavel, Faure, Schaeffer[2], Kaiser, Joanny et Metzger). Enfin, figurent sur cette liste 3 tirailleurs, Day, du Dahomey, et Nua, un Soudanais dont l'identité définitive, Moussa Coulibaly, sera reconnue le 20 novembre 1951 par un jugement du tribunal civil d'Épinal. Le troisième, dont le corps a été découvert au lieu-dit « Aux Ensonges », n'a pas été identifié[3]. Personne ne peut dire avec certitude dans quelles circonstances ils ont trouvé la mort.

1. Héritier des savons Le Chat, de Marseille, Henri Méhu s'évadera de la caserne Malleray, à Sarrebourg, au mois d'août 1940, en compagnie du chef d'escadron de Bodinat, du 24e RA.

2. Robert Schaeffer, dont le corps a été retrouvé au lieu-dit « La Tranchée de Portieux », aurait eu 28 ans le 22 juin. Il appartenait, semble-t-il, au I/132e RIF.

3. Sur les photocopies de l'état civil de 1940 communiquées en 1983 à l'auteur par M. Ledore, maire de Moriville, l'inconnu porte le signalement suivant : « Homme de race noire. Age approximatif : 30 ans. Taille : 1,75 m. Couleur des cheveux : noirs crêpus. Vêtements : tenue de soldat de l'armée coloniale. »

# CHAPITRE XVIII

## « Les adieux furent amicaux et empreints de tristesse... »

Le général Lescanne a passé la plus grande partie de la journée du 19 juin à Allarmont, petit village de la vallée de la Plaine situé à une dizaine de kilomètres à l'ouest du Donon. Le PC du 43e corps était installé, nous dit le colonel Vidal, chef d'état-major, dans « une belle maison ancienne avec appuis de fenêtres en fer forgé, fenêtres écussonnées et meubles de style ». Dans cette vieille demeure, Lescanne a pris la décision de lancer l'opération « Donon » : resserrer toutes ses forces autour du plateau avec l'appui à l'est de la 103e DIF du général Vallée et au sud de la 62e DI du colonel de Boisse. On a vu que le colonel Dagnan, sur le flanc ouest, a refusé de lier son sort au 43e corps puisqu'il dépend du 20e corps et qu'il en reçoit des ordres.

La journée du 19 a été coûteuse pour la gauche du 43e corps et Lescanne a manifesté à différentes reprises son inquiétude pour la division Chastanet où le II/153e RIF du capitaine La Neele et le BI-CI du commandant Rouveure ont perdu plus de 40 tués dans le bois de Blâmont. Ce sont peut-être ces pertes qui ont décidé Lescanne à faire le « hérisson » et, pour être au centre de son dispositif, il a déplacé son PC dans la soirée du 19 juin, le portant à l'hôtel Velléda, au col du Donon, dominé par l'imposant massif forestier dont le sommet culmine à plus de mille mètres. La retraite de l'infanterie va être plus difficile encore dans le chaos montagneux et les interventions de l'artillerie d'appui direct aléatoires.

« Surtout, a recommandé Lescanne au colonel Vidal, ne pas se laisser couper des régiments. Les hommes ne doivent pas se sentir abandonnés. »

Avant de quitter Allarmont, Lescanne a pris une décision qu'il ne pouvait plus remettre. En effet, pendant que sa division de gauche se resserre sur le massif du Donon, celle de droite tient toujours la rive sud du canal de la Marne au Rhin entre Schneckenbusch à gauche et Arzviller à droite. Le colonel Senselme, dont le PC est à Abreschviller, a senti poindre son inquiétude le 18 juin au soir, lorsque le lieutenant-colonel Bourgeois, du 154e RIF, lui a rendu compte que sur sa gauche, le 166e RIF et avec lui toute la division Chastanet, abandonnait le canal.

« Nous avons sollicité des ordres pour ne pas être tenus d'improviser un repli en quelques heures, rappelle le capitaine Bouchon, chef d'état-major de Senselme, mais le corps d'armée semblait avoir la situation en main et nous a fait savoir que nous restions sur le canal jusqu'à nouvel ordre. »

Depuis le 18 à la tombée de la nuit, le 154e RIF n'a plus aucune liaison à gauche. La situation n'aurait rien d'inquiétant si les Allemands étaient demeurés passifs, l'arme au pied, devant la ligne tenue par Senselme. Il n'en est rien et, sur la droite, les deux bataillons du 279e RI[1] du lieutenant-colonel Magne, bien soutenus par les 75 du chef d'escadron Hinzelin, ont brisé plusieurs reconnaissances offensives dont l'agressivité a surpris les Français. Au centre, le 165e RIF du lieutenant-colonel Renard a subi de violents bombardements qui lui ont causé des pertes en hommes, en matériel et en animaux de trait. Sachant que le canal de la Marne au Rhin a été abandonné par les Français le 18 au soir dans tous les autres secteurs, les Allemands attendent leur heure. Ils savent que, tôt ou tard, la division Senselme évacuera la zone du canal. Leur patience est justifiée puisque le 19 au soir, Senselme reçoit de Lescanne l'ordre de décrocher. Son PC est fixé à l'école de Grand-Soldat, un hameau en cul-de-sac adossé à la forêt, à trois kilomètres au sud d'Abreschviller. Les régiments se replieront sur la ligne Hartzviller-Troisfontaines-Rehtal-Haselbourg. Le mouvement doit s'effectuer dans la nuit du 19 au 20 juin et Senselme est satisfait sur un point : les troupes auront moins d'une dizaine de kilomètres à parcourir, ce qui devrait leur permettre de quitter le canal sans alerter l'ennemi et d'être installées sur la nouvelle position au lever du jour. Mais à quelle heure les chefs de corps ont-ils reçu l'ordre de repli ?

Au 279e RI, le lieutenant Rothiot, de la CHR du IIe bataillon, note dans son rapport que le lieutenant-colonel Magne a convoqué le commandant Tout et le capitaine Labit, ses deux chefs de bataillon, à 19 h 30.

« Se tenir prêts à effectuer le mouvement de repli ce soir, leur a-t-il dit. Ce repli sera de courte amplitude. Aucune munition ne devra être abandonnée. »

Au 165e RIF, de nombreuses voiturettes ont été détruites et des chevaux tués par les bombardements de la veille. Aussi le lieutenant-colonel Renard est-il persuadé que le décrochage de nuit sera difficile. Si l'on cherche à sauver le maximum de munitions, ce sont les hommes qui les porteront et ils seront morts de fatigue en arrivant. Renard juge

1. Nous avons vu que le III/279e RI du commandant Mourier a été dirigé sur Baccarat afin de prendre un créneau sur le flanc droit de la 52e DI.

préférable d'adresser une note de service à ses trois chef de bataillon : Paul-Loubière, Blandin [1] et Schutterlé. Dans cette note, il met l'accent sur le fait que « la situation du régiment et celle du 279e RI, placés à l'extrémité d'une poche, pressés sur leurs flancs par l'ennemi, peut devenir particulièrement grave en raison du manque de routes ». Et Renard ajoute, ce qui semble indiquer qu'il a déjà reçu l'ordre de quitter le canal : « Ce sera, au moment éventuel du repli, une question de vitesse pour le 165e RIF et le 279e RI. Un bon décrochage est une question de discipline. »

On saisit la différence : au 279e RI, les deux chefs de bataillon savent à 19 h 30 que le repli aurai lieu le soir. Au 165e RIF, le lieutenant-colonel Renard parle du « moment éventuel du repli », une prudence de langage qui va faire perdre un temps précieux. C'est seulement à 22 h 45 que chaque bataillon du 165e RIF reçoit l'ordre écrit de décrocher au cours de la nuit. Autre mauvaise nouvelle, le 279e RI passe en réserve de corps d'armée et la ligne de défense fixée à la division Senselme sera tenue par les 165e et 154e RIF qui devront, une fois encore, engager tous leurs bataillons. Les ordres prévoient que le repli s'effectuera en deux temps : entre minuit et 2 heures du matin pour les gros (« avant si possible », demande le lieutenant-colonel Renard) et à 3 h 30 au plus tard, c'est-à-dire au lever du jour, pour les éléments laissés en arrière-garde. La mission de ces derniers est « d'allumer le secteur » et de faire en sorte que l'ennemi croie, pourquoi pas, à des préparatifs de contre-attaque. Les Allemands sont-ils si naïfs ? Ils savent que le discours prononcé le 17 juin par le maréchal Pétain a brisé de nombreux ressorts dans le camp français [2]. Ils savent aussi que la division Senselme est la seule grande unité qui tient encore la rive sud du canal, situation qui ne peut plus se prolonger. D'autre part on perd du temps dans les deux régiments de forteresse de la division. Il est vrai que si l'on recommande d'emporter toutes les munitions, ni le colonel Senselme ni le général Lescanne ne prennent l'initiative d'envoyer des fourgons hippomobiles, voire une rame auto, pour aider les bataillons les plus démunis en moyens de transport.

Une fois les munitions casées, que faut-il abandonner ? Des armes, des vivres, du matériel médical ? Tout peut se révéler indispensable dans les heures qui viennent ! En outre, l'ordre de départ est très mal accueilli. Après la retraite qui les a conduits de la ligne Maginot au canal, les hommes de la division Senselme étaient persuadés de rester là jusqu'à

1. Le capitaine Antoine Mayné a reçu le commandement du II/165e RIF le 3 avril 1940. Vers le 18 juin, son nom disparaît sans explication des documents et le capitaine Blandin le remplace dans ses fonctions.

2. « Le 17 juin, bruits d'armistice, écrit le sergent Le Clère, de la compagnie d'engins du II/165e RIF. Le courage abandonne tout le monde ; pourquoi mourir si l'on est démobilisé demain ? » (lettre datée août 1980 adressée à l'auteur par Marcel Le Clère).

l'armistice. Aussi ne sont-ils pas prêts à évacuer leurs emplacements dans les délais exigés par le commandement. Or, au mois de juin, les nuits sont courtes et si les unités prennent, comme c'est probable, une ou deux heures de retard, la fin du mouvement s'effectuera en plein jour, sous l'œil de rapace du *Henschel* de service qui s'empressera de donner l'alerte.

Au I/154ᵉ RIF du commandant Saint-Hillier, le capitaine Porge, de la CM 1, décrit le climat en quelques lignes : « Les hommes abandonnent leurs sacs pour tirer les voiturettes et porter les cartouches. Cet abandon d'une position bien défendue, dans des conditions détestables, provoque un profond découragement. »

Même son de cloche au I/165ᵉ RIF où le lieutenant Santoni et le capitaine Sontag soulignent que « les hommes sont las et découragés » ; Santoni ajoute : « Nous sommes arrivés sur les positions fixées le 20 à 4 h 30. Elles étaient détestables et les capitaines Dami et Villotte s'y résignèrent avec de sombres pressentiments. »

Conditions détestables, positions détestables, ce n'est pas un hasard si les mêmes mots se retrouvent sous la plume d'officiers qui ne se connaissent même pas. Tous les éléments négatifs vont jouer contre les deux régiments de forteresse qui exécutent le repli prescrit.

Le 279ᵉ RI a décroché semble-t-il sans éveiller l'attention de l'adversaire et le 20 juin à 4 heures du matin, les colonnes passent devant le lieutenant-colonel Magne qui les attendait au carrefour du Rehtal. Deux heures plus tard, le régiment bivouaque dans les bois, le long de la Sarre rouge, à deux kilomètres au sud d'Abreschviller. Plus manœuvrier, moins lourd que les unités de forteresse, le 279ᵉ RI ne devait-il pas rester en arrière-garde afin de protéger le mouvement des 165ᵉ et 154ᵉ RIF ?

Compliquant les choses, l'ennemi reste très agressif. Le III/154ᵉ RIF du capitaine Lloret a été harcelé toute la soirée du 19 juin et deux lieutenants, Mounié et Bonnet, ont été blessés. La bataillon réussit pourtant à s'éloigner du canal entre minuit et 2 heures du matin ; « Dans des conditions très difficiles dues en partie aux tirs de l'ennemi à courte distance par balles traceuses » précise Lloret.

Lorsque ce ne sont pas les Allemands qui sont en cause, c'est le relief montagneux. Dans l'historique du 154ᵉ RIF rédigé, on s'en doute, en termes prudents, on relève que « la situation est confuse au Iᵉʳ bataillon où le commandement ne semble plus s'exercer par suite des difficultés du terrain accidenté et boisé ». En termes clairs, le commandant Saint-Hillier joue les Soubise et ne sait plus où sont passées ses compagnies. Au 3ᵉ Bureau de la division, le lieutenant Eternack se montre plus radical : « Le décrochage s'effectue sous le feu de l'ennemi et la majeure partie des munitions est perdue au cours du repli [1]. »

Les éléments laissés en arrière-garde pour « faire du volume » n'ont pas réussi à tromper l'adversaire et, à l'aube, les reconnaissances aériennes lui ont permis de comprendre que la division Senselme avait décroché dans la nuit; les deux régiments de forteresse vont être incapables de s'installer sur la ligne qui leur a été fixée. A 6 heures du matin seul peut-être le III/154e RIF est sur sa position, entre l'auberge de Biberkirch à gauche et la gare de Vallérystahl à droite. Cela ne suffit pas car il faut rechercher les voisins, établir les liaisons et tenter de former une ligne solide.

« La liaison avec le I/165e RIF à droite est recherchée mais n'est pas obtenue ! » écrit le capitaine Lloret.

Le son de cloche est différent au I/165e RIF où le capitaine Sontag, de la compagnie d'engins, rapporte que les Allemands attaquent à 7 heures mais « qu'aucune liaison n'a encore été prise. Rien à gauche avec le III/154e RIF qui a déjà reculé. »

Toujours la façon enfantine de se défendre : « C'est pas moi m'sieu, c'est le voisin ! » Si aucune liaison n'a été prise, comment Sontag peut-il affirmer que le bataillon Lloret a déjà reculé ? Le commandant Paul-Loubière affirme que son bataillon a été attaqué à 6 heures et non à 7 : « Découverts à gauche, dit-il, nous devons faire face à l'ouest sur Vallérystahl. »

En application de l'ordre d'opérations du 19 juin à 22 h 45 envoyé par le lieutenant-colonel Renard, le commandant Paul-Loubière devait tenir Vasperviller à l'ouest d'Abreschviller, alors qu'il se trouve encore au nord de cette dernière localité. De toute façon, l'heure n'est plus à la recherche des responsabilités et, avec ou sans liaison, le I/165e RIF de Paul-Loubière et le III/154e RIF de Lloret livrent combat dans de mauvaises conditions. Les pièces de 25 et les mitrailleuses n'ont aucun plan de feux mais contre un adversaire fluide, légèrement équipé et possédant de nombreuses armes automatiques, il s'agit d'abord de tenir. Entre Sitifort où se trouve le PC de Paul-Loubière et la verrerie de Vallérystahl, les mortiers de 81 du capitaine Sontag répondent aux *minen* qui s'abattent sur les arrières. Dans un premier temps, le III/154e RIF cède du terrain près de la gare de Vallérystahl où une section de voltigeurs entraîne dans son repli une section de mitrailleuses. Les Allemands cherchent à exploiter leur avantage mais le lieutenant Ferry, de la CM 10, reprend en main les deux sections et « malgré une vive opposition de l'ennemi, les ramène à leurs emplacements ». Vers 9 heures, le capitaine François, adjudant-major, constitue un détache-

1. Lettre du 19 mai 1970 adressée à l'auteur par M. Paul Eternack.

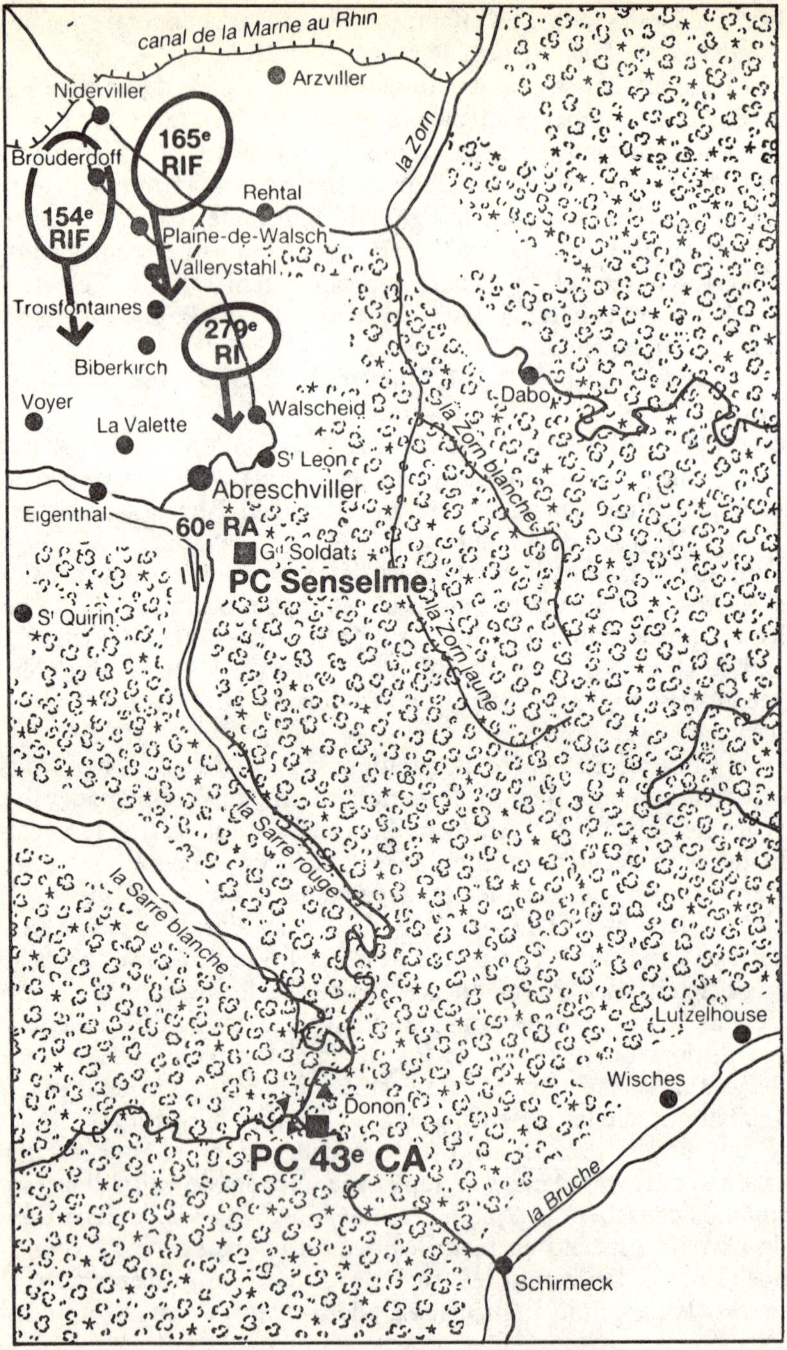


**Repli de la division Senselme le 20 juin au matin**

ment d'intervention et, sur l'ordre de Lloret, se porte en renfort sur la droite menacée.

Lloret : « La lutte s'engage à courte distance. Elle est acharnée contre un adversaire qui progresse d'arbre en arbre et fournit des feux violents de mitraillettes. »

Au sud de Plaine-de-Walsch, à Vallérystahl et vers Troisfontaines, les pentes boisées se renvoient les échos d'une bataille à laquelle la division Senselme n'était pas préparée. Le I/165e RIF de Paul-Loubière a improvisé une position défensive et les Allemands qui semblent l'avoir compris s'acharnent sur le bataillon où les pertes sont élevées. Le capitaine Villotte est blessé ainsi que le lieutenant Beaudoin [1] et le sous-lieutenant Laurent. Chef d'une pièce de 25, le sergent Blaise sera amputé à la suite d'une grave blessure au bras. Le chef Wilmart est tué et une demi-heure plus tard, on apprend la mort du chef de la CM 1 le capitaine Victor Dami, âgé de 31 ans [2]. On comprend pourquoi Villotte et Dami avaient de « sombres pressentiments », en arrivant sur la position. Le combat se poursuit et si un ordre de repli n'est pas donné par le colonel Senselme, les bataillons de forteresse vont finir par céder. Chez Paul-Loubière, le lieutenant Flouest anime la défense de la partie est de Vallérystahl et le lieutenant Pellier n'hésite pas à déployer la section de commandement. C'est insuffisant, les Allemands progressant derrière un barrage d'artillerie et tirant des salves de *minen* très efficaces. Ils prennent pied dans le village, avancent jusqu'au cimetière mais s'arrêtent sous les feux des mitrailleuses du bataillon Lloret [3]. »

Du PC de Grand-Soldat, le colonel Senselme obtient du 43e corps... du renfort. Le commandant Bourgeon, du III/415e Pionniers, a reçu l'ordre d'envoyer deux compagnies sur Vallérystahl. Le lieutenant Goëthaus amènera deux sections supplémentaires mais avec leur armement désuet et des munitions contingentées, les pionniers apportent une aide limitée au 165e RIF. Ils participent loyalement au combat et, comptent parmi leurs premiers morts, le lieutenant Henri Rabotin âgé de 34 ans [4]. Le III/154e RIF interdit toujours à l'ennemi de déboucher

1. Évacué sur l'hôpital de Schirmek, le lieutenant Francis Beaudoin succombera le 23 juin.

2. Le capitaine Dami qui agonise est porté par l'adjudant-chef Mira, le sergent Dufrenne et cinq hommes de sa compagnie jusqu'au poste de secours mais il meurt en chemin ; il sera inhumé à Romelstein, en même temps que six soldats tués dans la matinée (Grabler, Clément, Busch, Valentin, Faure et Amière).

3. 18 tués seront retrouvés entre Plaine-de-Walsch et Vallérysthal : Lubinu, Steux, Kleinpéter, Annequin, Flandin, Malcavat, Wolff, Neumann, Dutt, Maret, Brugeon, Marin, Lucot, Banzet, le caporal-chef Lebigre, le sergent Parmentier, le chef Alluard et Spacenski, tué par l'explosion de munitions.

4. Dès le début de l'engagement, le III/415e Pionniers a 5 blessés (Democrate, Luneau, Trouillebout, Brigand et Martin) et 9 tués : Coenithier, Durgeau, Berthomier, Doradoux, Voisin, le caporal Fusch, le chef Griffart et deux inconnus.

du cimetière de Vallérystahl mais les blessés affluent au poste de secours. Le sous-lieutenant Maschino a remplacé le lieutenant Fournier qui a le bras traversé par une balle et le sergent Koenigsecker se porte à deux reprises en avant, sous le feu, pour ramener des blessés du bataillon [1].

« La pression s'accentue jusqu'à midi, note le capitaine Lloret, heure à laquelle je reçois l'ordre de me replier par les crêtes vers le sud-est. »

Midi. Retenons l'heure car elle indique que le décrochage de la division Senselme s'est transformé en combat d'arrière-garde pendant toute la matinée. Les réservistes du III/415e Pionniers n'attendent même pas de recevoir l'ordre de partir. Ils seraient perdus !

« Nous étions en première ligne, à la disposition d'une compagnie du 165e RIF, a noté l'adjudant Lorentz. Nous nous sommes repliés à midi à travers bois après la prise du PC de la compagnie du 165e RIF [2]. »

Doit-on croire Lloret qui affirme avoir reçu un ordre de repli ? Sans aucun doute puisque le colonel Senselme l'avait entre les mains à son PC de Grand-Soldat à 10 heures du matin. Mais l'exécution du mouvement était prévue pour l'après-midi. Lloret a-t-il anticipé ? Pas du tout et le capitaine Bouchon, chef d'état-major de Senselme, nous révèle que DEUX ordres de décrochage ont été envoyés par le 43e corps.

« Un nouvel ordre de repli fut donné dans la matinée, écrit Bouchon. Exécution le 20 juin vers midi. »

Senselme doit porter son PC à Deux-Rivières, dans la vallée de Saint-Quirin, et le lieutenant-colonel Bourgeois installera celui du 154e RIF à Grand-Soldat. Quant au lieutenant-colonel Renard, on l'envoie à Dabo, à l'est du secteur, les trains régimentaires prenant la route du Donon. Comment va s'effectuer le repli prescrit ? Combien de compagnies ont déjà disparu dans la bataille au cours de la matinée ? Les responsables sont muets : Senselme, Renard, Bourgeois, n'ont rédigé aucun rapport connu. En quelques lignes, l'historique du 154e RIF brosse le tableau de la situation : « L'artillerie d'appui direct a disparu. Plus de liaison téléphonique par manque de fil, moyens de transport inexistants, munitions réduites des deux tiers, les hommes sont épuisés et silencieux. » C'est injuste pour le 60e RA dont les tubes ont tiré toute la matinée. Le 1/60e RA du chef d'escadron de Montenon est intervenu au profit du 165e RIF, régiment le plus menacé. Le II/60e RA du chef d'escadron. Grosprêtre a protégé le repli du 279e RI et il reste maintenant sur sa position pour assurer le décrochage des deux autres groupes et le passage du 154e RIF. Ce dernier est au contact et

1. Parmi les blessés du III/154e RIF identifiés : Marck, Vincent, Gallard, Bellanger Braun et Quelenec.

2. Notes communiquées à l'auteur par Mme Louis Lorentz le 14 décembre 1980.

Bourgeois, son chef de corps, se demande ce qui va rester de ses bataillons. Le I/154e RIF est non seulement accroché mais en partie tourné par l'ennemi. Le PC du régiment est sans nouvelles du commandant Saint-Hillier et l'agent de liaison chargé de lui remettre l'ordre de repli reviendra sans avoir pu accomplir sa mission.

Au III/154e RIF, le désengagement n'est pas facile : « Le décrochage a lieu vers 13 heures, alors que l'aile droite est presque encerclée, écrit le capitaine Lloret. Le lieutenant Ferry, le lieutenant Schmitt et une dizaine d'hommes parcourent la position de la CM 10 sous les feux croisés de l'ennemi pour récupérer le matériel ; mitrailleuses et caisses de cartouches sont portées à bras jusqu'au chemin de repli protégé par l'adjudant Balay. Le mouvement est difficile, les Allemands étant à une trentaine de mètres et se préparant à donner l'assaut. »

Un peu partout, l'ennemi est ralenti à la fois par les difficultés du terrain et par de petits groupes isolés qui brûlent leurs munitions avant de se rendre. D'autres réussissent à s'ouvrir un passage par la force ou découvrent un cheminement sous bois où l'adversaire ne s'est pas encore aventuré. La section du lieutenant Victor Coffe et celle de l'adjudant Hermann réussissent ainsi à gagner la vallée de la Sarre rouge. Parmi les groupes qui parviennent à déjouer les embuscades, à vaincre la fatigue et la faim, citons celui du sous-lieutenant Renaux et les mortiers du sergent Spiess. Encerclés dans le bois de La Valette les hommes des sergents Durand et Souville, des caporaux-chefs Mathieu et Raguin se dégageront grâce au sergent Lospier. Tout de même, le repli coûte cher et, entre Troisfontaines, Biberkirch et La Valette, 22 tués sont laissés sur le terrain[1]. Parmi eux, encore deux officiers : le médecin- lieutenant Fernand Grévin, fils du maire de Fontenay-sous-Bois, et le lieutenant Alphonse Schmitt, un Mosellan de 25 ans.

A 12 h 30, les derniers éléments du II/60e RA décrochent et les 75 de la 4e batterie tirent à vue sur l'infanterie adverse qui reflue sous bois. La sortie de batterie s'effectue avec une discipline exemplaire.

Le repli des bataillons de forteresse à travers la région montagneuse et boisée n'est qu'une suite de difficultés. Les compagnies, les sections qui se font capturer ne sont pas plus critiquables que celles qui réussissent à passer à travers les mailles du filet. Elles ont seulement moins de chance. Le capitaine Porge, de la CM 1 du I/154e RIF entre à Abreschviller avec une vingtaine d'hommes. Tout ce qui reste de sa compagnie. A la sortie de la localité, au carrefour de Lettenbach, le commandant Noguès, du IIe bataillon l'arrête : « Porge, vous allez protéger la retraite. Je vous laisse les sections des lieutenants Lherbier et Tamburini. »

1. Delescluse, Jochmann, Stefan, Dasselier, Bussan, Braun, Chartier, Zenner, Frémont, Antoine, Chantreau, Dupré, Bauer, Reucheron, Crépet, Soubeyre, le caporal-chef Caccia et les sergents Hatton, Lerche et Leroy (archives Robardet).

Porge regroupe son monde et se remet en position. Il n'aura pas le temps de faire inhumer les blessés qui meurent au poste de secours régimentaire. Connaît-il seulement leur existence[1] ? De son côté, le capitaine Lloret, dont le bataillon descend des bois de Troisfontaines, rencontre le commandant Voisin, chef d'état-major du 154^e^ RIF, sur la petite route, entre Eigenthal et Saint-Léon.

« Vous allez vous installer sur la crête de Saint-Léon, lui dit Voisin, avec une compagnie au sud-est d'Eigenthal. Prenez liaison à droite avec le I/279^e^ RI du commandant Tout qui vient d'être remis à la disposition de la division.

— Et à gauche, mon commandant ?

— Vous aurez le 165^e^ RIF. En principe... »

Le lieutenant-colonel Renard a fait parvenir aux unités du 165^e^ RIF, et plus particulièrement au I^er^ bataillon du commandant Paul-Loubière, un message impératif : « Regroupement à Saint-Léon ! »

De Plaine-de-Walsch, Vallérystahl et Troisfontaines, c'est à l'échelon de la compagnie, plus souvent de la section, que les 154^e^ et 165^e^ RIF ont pu se dégager. Tout le monde a cherché un second souffle à Walscheid, à deux kilomètres au nord de la crête de Saint-Léon. Beaucoup d'officiers semblent traumatisés par les pertes subies au cours de la matinée. L'arrière-garde de la division Senselme s'est fait surprendre et l'ennemi a attaqué à chaque fois qu'une faille se révélait dans le dispositif. Renard a raison : il faut regrouper le régiment, savoir sur quel effectif on peut encore compter.

« Walscheid était empli de fuyards de tous corps, écrivent dans leur rapport le capitaine Sontag et le lieutenant Santoni.

Au PC du 43^e^ corps, à l'hôtel Velléda, le général Lescanne a reçu des échos de la retraite qui rejoignent le point de vue exprimé par Sontag et Santoni.

« Au 154^e^ et au 165^e^ RIF, écrit-il dans ses notes personnelles, nombreux traînards (même des officiers) qui quittent la ligne de combat et reviennent en arrière sous prétexte de prendre liaison et de chercher des ordres. »

Des ordres ? Les rescapés du I/165^e^ RIF vont en recevoir mais ils correspondent si peu à la réalité qu'on peut se demander par qui ils ont été rédigés. Renard ou Senselme ? Le capitaine Margne, de l'état-major du régiment, serait venu dire à Paul-Loubière que son bataillon doit prendre la direction du Donon et se diriger ensuite sur Engenthal.

1. Chrétien, Loegel, Merkling, Dupuit, Lacroix, Esgal, le caporal-chef Thiébault, l'adjudant Georges Brun, le sous-lieutenant Jean-Jacques Patrouilleau, 26 ans, de Marennes (Charente-Maritime) le lieutenant Jean-Marie Prasteau et un inconnu « au crâne fracassé portant une veste de cuir » (archives Robardet).

N'importe quelle carte du secteur montre l'absurdité d'un tel ordre. Engenthal est à 14 kilomètres de Dabo, à l'est de la zone tenue par le 43e corps et, pour accéder à la localité, il faut emprunter des petites routes de montagne, des chemins qui n'en finissent plus de monter et de tourner au milieu des forêts de sapins. Que peut-on redouter dans ce coin perdu pour y envoyer un bataillon disloqué par la retraite de la matinée ? D'autant que la 3e compagnie du lieutenant Durand (I/279e RI) a pris la même direction avec trois sections de voltige et une de mitrailleuses dont la mission est de constituer des bouchons à Dabo, Obersteigen et Engenthal. Durand doit surveiller la route de Saverne, au nord, et celle de Wasselonne, à l'est [1].

Un « bureaucrate » de la division Senselme n'a-t-il pas confondu Engenthal et Eigenthal ? Cette dernière commune est située à l'ouest de Saint-Léon et le I/165e RIF aurait pu en effet se relier au III/154e RIF qui occupe la crête, mais en juin 1940, le réflexe de discipline reste très vif et un ordre s'exécute sans se discuter. D'ailleurs, le capitaine Margne a confirmé la destination en présence du lieutenant Landouzy du IIe bataillon. Paul-Loubière a regardé une carte : la présence de l'ennemi lui fait écarter l'idée de gagner Dabo puis Engenthal par le nord ; une seule possibilité : piquer vers le sud en contournant les massifs infranchissables, ce qui représente plus de cinquante kilomètres à parcourir.

Avec les débris du I/165e RIF et la CM 6 du capitaine Pecqueur, le commandant Paul-Loubière prend la direction du sud. Le capitaine Blandin, du IIe bataillon, aurait pris contact à Saint-Léon avec le III/154e RIF. Outre le lieutenant Perrin, il n'aurait qu'une vingtaine d'hommes avec lui. Nous n'avons pas de rapport connu de Blandin et le capitaine Bouchon, de l'état-major de la division, indique seulement que le IIe bataillon « se replia dans les bois où il se désagrégea ». Un autre détachement du 165e RIF, la valeur d'une section placée sous les ordres du lieutenant Taté, parviendra à Engenthal où elle ne jouera aucun rôle.

Les Allemands se contentent des positions conquises au cours de la matinée et n'attaqueront pas en partant d'Abreschviller avant le lendemain. Dans la soirée, le lieutenant-colonel Renard enverra un compte rendu à Deux-Rivières, PC du colonel Senselme. Il y indiquera qu'il dispose du III/165e RIF du capitaine Schutterlé et que le PC du régiment est à la poste de Dabo.

Pourquoi Dabo ? L'effort adverse de la matinée a pourtant montré qu'il s'exerçait dans le sens nord-sud. Il ne suffit pas d'envoyer le lieutenant-colonel Bourgeois installer le PC du 154e RIF à Grand-Soldat, il faut aussi du monde pour barrer la vallée de la Sarre rouge. Le

1. Le capitaine Le Toullec et les groupes francs du 165e RIF sont depuis la veille dans la région de Wangenbourg pour assurer une mission identique.

I/279e RI de Tout et le III/154e RIF de Lloret sont tactiquement isolés au nord-est d'Abreschviller. Même s'ils se font détruire sur place, ils n'empêcheront pas les forces ennemies de s'engouffrer dans la vallée de Saint-Quirin, en direction du Donon. Lloret écrit dans ses notes : « Soirée et nuit calmes, le bataillon en profite pour s'organiser. Les hommes sont très fatigués. La plupart n'ont pas mangé depuis quarante-huit heures mais le moral reste excellent. »

Avec 110 hommes et deux FM, le commandant Paul-Loubière a marché tout l'après-midi et lorsque la nuit tombe, il n'est plus qu'à une douzaine de kilomètres de Engenthal. Ses soldats sont incapables de fournir un effort supplémentaire pour grignoter ces derniers kilomètres montagneux. Beaucoup ont les pieds en sang, d'autres souffrent de déshydratation, il faut s'arrêter. La colonne passera la nuit à la maison forestière du Hengst. Pour Engenthal, on verra plus tard !

A son PC de Deux-Rivières, le colonel Senselme est atterré par le bilan du 20 juin. Non seulement ses régiments surpris en plein repli n'ont pas été en mesure de redresser la situation et de tenir la ligne fixée mais les pertes subies sont de loin les plus élevées depuis le début de la guerre, surtout en l'espace d'une matinée : sept officiers tués ou mortellement atteints, plus de 70 morts d'après les premières estimations, et environ 280 blessés dont la moitié sont tombés entre les mains de l'ennemi.

***

Le chancelier Hitler apprécie les marches militaires allemandes mais celle qu'il préfère entre toutes est la *Badenweiler Marsch*, la « Marche de Badonviller ». Le hasard fait bien les choses puisque dans la matinée du 20 juin, le *IR 472* de l'*Oberst* Otto Hotzy, fait son entrée à Badonviller. Hotzy rend compte au PC de la *252e ID* d'où l'information est transmise aux échelons supérieurs et tombe vers midi sur le bureau du *General* von Witzleben, de la *Ire Armée*. Celui-ci connaît l'intérêt du chancelier Hitler pour la *Badenweiler Marsch* et fait envoyer à Berlin le télégramme suivant :

*Au Führer et chancelier du Reich et commandant en chef de la Wehrmacht.*

*Je rends compte respectueusement qu'à midi, Badonviller a été enlevé par l'avant-garde de la 252e ID.*

*Signé : von Witzleben.*

Avant que le général Lescanne décidât de lancer l'opération « Donon », Badonviller se trouvait dans le secteur de la division Dagnan et la défense de la ville incombait le 19 après-midi au 133e RIF du lieutenant-colonel Bertrand. Celui-ci a perdu du temps en décidant de s'enfermer dans Blâmont et d'y résister jusqu'à la dernière cartouche. Semoncé par le colonel Dagnan, il a finalement renoncé à son projet mais entre temps, l'installation à Badonviller était devenue inutile, Lescanne ayant déclenché l'opération « Donon ». Dagnan l'a parfaitement compris : « Pourquoi le 133, écrit-il, qui allait être découvert sur sa droite par le repli de la division Chastanet vers le Donon, aurait-il mené un combat de rues difficile et inutile dans Badonviller ? J'approuve la décision du lieutenant-colonel Bertrand de se replier par la forêt sur Celles-sur-Plaine pour nous rejoindre à Raon-l'Étape[1]. »

Alors que tout paraît simple, la lecture des notes du général Lescanne fait rebondir l'affaire de Badonviller. Le commandant du 43e corps estime, on ne sait pourquoi, que la ville devait être défendue par le 153e RIF du lieutenant-colonel Mauvin, régiment de gauche de la division Chastanet, resté sans ordres durant toute la nuit du 19 au 20 juin. « Le 153e RIF a abandonné Badonviller », affirme Lescanne.

De Badonviller, l'ennemi n'a plus qu'à s'emparer du col de la Chapelotte pour déboucher dans la vallée de la Plaine mais la défense du col est l'affaire du général Chastanet, pas celle de Mauvin qui entre dans ce dialogue de sourds pour contester avec vigueur l'accusation portée contre son régiment. « Je n'ai pas pu abandonner Badonviller, dit-il, puisque je n'ai jamais occupé cette localité[2]. »

Nous savons que dans la nuit du 19 au 20 juin la colonne du 153e RIF n'a fait que traverser Badonviller. C'est là, rappelons-le, que le colonel Fuchs, de l'infanterie divisionnaire, a affirmé à Mauvin que le PC du général Chastanet se trouvait à Raon-l'Étape où se regroupait la division, information relevant de la plus haute fantaisie. Lescanne a-t-il consulté Fuchs, a-t-il entendu Chastanet ? Rien n'est moins sûr mais il fait une fixation sur le danger qui le menace à l'ouest et la responsabilité du 153e RIF.

Lescanne : « Mon flanc ouest est très menacé depuis que la route Badonviller - Allarmont a été abandonnée par le 153e RIF ; la conquête de cette route ferait tomber toute la résistance du 43e corps. Le 153e RIF étant inemployable, il ne reste que le II/49e RIA qui est au repos. »

Le II/49e RIA du commandant Picard n'a pas volé les deux nuits de sommeil dont il vient de bénéficier sous les ombrages du versant alsacien du Donon. Laissé en arrière-garde sur la ligne Maginot, Picard a quitté Bitche le 15 juin pour se présenter au PC du 43e corps dans l'après-midi du 18, après une marche forcée à travers une région parcourue par de nombreuses patrouilles motorisées allemandes[3]. Le bataillon est solide,

1. Correspondance de l'auteur avec le général Marcel Dagnan.
2. Lettre du 28 août 1967 adressée à l'auteur par le colonel Mauvin, de Bordeaux.
3. Voir *On a livré la ligne Maginot* (Fayard, 1975).

il vient d'en fournir la preuve. Lescanne convoque Picard à l'hôtel Velléda et, après lui avoir expliqué l'importance stratégique du col de la Chapelotte, il lui en confie la défense avec mission « d'interdire la route Badonviller-Allarmont ». Tenant compte de l'effort fourni par les hommes du II/49e RIA entre le 15 et le 18 juin, Lescanne promet à Picard de lui envoyer des camions, ce qui avancera la mise en place de quelques heures. Mais est-ce bien le rôle du commandant de corps d'armée de déplacer tel ou tel bataillon ? On retrouve chez Lescanne la manière d'agir de Loizeau, du 6e corps. Voilà Picard envoyé dans le secteur de la division du général Chastanet sans que ce dernier soit prévenu et décide, sous sa responsabilité, de l'emplacement fixé au II/49e RIA. Or, que fait Chastanet au début de l'après-midi du 20 ? Il se rend compte, lui aussi, que le col de la Chapelotte n'est pas tenu et il donne l'ordre au lieutenant-colonel Mauvin de déployer le 153e RIF entre Celles-sur-Plaine, Pierre-Percée et LA CHAPELOTTE. Le journal du 153e RIF précise que l'ordre a été reçu à 14 heures au PC de Vexaincourt. Nous allons donc assister à un chevauchement d'unités au col de la Chapelotte. Ce serait logique mais on l'a constaté maintes fois, la plupart des mouvements qui s'opèrent à partir du 20 juin échappent à toute logique.

Voici la version de Mauvin : « Je n'ai vu aucune unité du 49e RIA au col de la Chapelotte dont j'ai confié la défense au III/153e RIF. Par contre, le commandant Picard, que je connaissais, avec le II/49e RIA, s'est mis à ma disposition près de Celles-sur-Plaine dans l'après-midi du 20 juin. Je l'ai placé en soutien, dans la vallée, des positions que j'occupais moi-même [1]. »

Tout cela est inexact et un contrordre a été donné à Mauvin, contrordre dont le journal du 153e RIF fait mention. D'ailleurs, dans la soirée du 20, AUCUN bataillon [2] du régiment n'a été envoyé au col de la Chapelotte. Le IIIe (Robin) est entre Pierre-Percée et la cote 360, le IIe (La Néelle) tient les sorties sud et est de Celles, le Ier (Oudinot) est en réserve dans la partie nord de Celles et le PC de Mauvin s'est installé au hameau de La Soye. Quant au bataillon Picard, il sera placé sous les ordres du lieutenant-colonel Mauvin mais... dans vingt-quatre heures seulement.

Nous allons découvrir maintenant ce qui est le plus déroutant, l'espèce de vindicte incompréhensible dont Lescanne semble poursuivre le 153e RIF. En effet, vers 18 heures, le commandant du 43e corps se rend à Celles-sur-Plaine avec l'intention de rencontrer Mauvin. On peut en déduire que « ça va chauffer pour le matricule du chef de corps du

1. Correspondance de l'auteur avec le colonel Mauvin.
2. Chaque bataillon du 153e RIF ne représente que le tiers de son effectif initial, ce qui est devenu la règle dans la plupart des régiments.

153e RIF ». En effet, Lescanne ne va-t-il pas reprocher à Mauvin « l'abandon de Badonviller » ? Pour répondre, nous disposons de deux documents, l'un de Lescanne, l'autre de Mauvin. Ils divergent totalement.

Mauvin : « Le général m'a fait des compliments sur la façon dont nous avions tenu le canal le 18 juin. Comme je lui expliquais ce que j'avais fait le 19 et la situation telle que je me l'étais imaginée, il m'a répondu qu'à ma droite comme à ma gauche, la tournure prise par les combats avait été bien plus mauvaise et que nous étions restés en flèche. Il m'a demandé alors si j'avais des propositions de récompenses à lui faire[1]... »

Voyons maintenant ce qu'écrit Lescanne : « Le 153e RIF que je vois à Celles-sur-Plaine n'est plus qu'une épave. Une très grande partie des traînards sont des officiers. Il est incapable de tout effort. » Plus grave est le coup de téléphone passé le soir même par Lescanne à la IIIe armée. Il « trouve au bout du fil le général Condé auquel il soumet le cas d'officiers du 153e RIF à traduire en cour martiale ».

Il est possible que des officiers du 153e RIF n'aient pas fait leur devoir mais Lescanne ne se montre-t-il pas injuste en éclaboussant un régiment qui a fermement tenu le canal le 18 juin et subi des pertes élevées le 19 alors qu'il pouvait se croire abandonné du commandement ?

« Les hommes de mon régiment chargés de défendre Celles-sur-Plaine ne ressemblaient sans doute pas à des paniquarts ou à des fuyards, plaide encore Mauvin, puisque dans la soirée du 20 juin, le maire et le curé sont venus me voir et me demander d'éviter la destruction de leur village. »

Le commandant Picard et son adjudant-major le capitaine Pambrun ont envoyé la 6e compagnie du capitaine Lambert au col de la Chapelotte avec le corps franc du sous-lieutenant de La Bigne ; la « 5 » du lieutenant Barboux est en avant du hameau des Collins et barre le carrefour des routes de Celles et de Badonviller ; la « 7 » du lieutenant Moulié est en arrière, à la hauteur de la scierie, le PC du bataillon s'installant aux Collins. Le col offre de bonnes possibilités défensives mais des infiltrations par les bois restent possibles. Quant à la route qui descend vers Badonviller par le versant ouest, elle est barrée par des arbres abattus au cours de l'après-midi. Les sections Mihura et Sentucq s'enterrent au sud du col sous la protection des mitrailleuses du lieutenant de Stampa. La section Biran est au nord de la route et le corps franc explore les crêtes. Une patrouille cycliste allemande met pied à terre vers 19 heures et tente de franchir les abattis. Quelques rafales de

1. Lettre du 18 août 1967 adressée par le colonel Mauvin à l'auteur. L'ancien chef de corps du 153e RIF ajoute : « Le général ne m'a parlé ni de l'abandon de Badonviller ni de la Chapelotte. »

semonce font avorter le projet et l'ennemi, une fois renforcé, choisit de monter vers le col à travers les sapins.

« Nous prenons contact, raconte le sous-lieutenant de La Bigne dans ses carnets. Accrochage très dur dans les bois qui surplombent la route. Le FM est enrayé, mes blessés sont difficiles à dégager parce que pris sous le feu. En face, les renforts arrivent... Nous nous battons jusqu'à la nuit et décrochons. »

Le médecin-lieutenant Brousta-Capdepont parvient à faire descendre les civières des blessés au poste de secours des Collins. Tête levée, le commandant Picard et le capitaine Pambrun ont écouté la fusillade avec attention.

« C'est le corps franc qui prend le contact, a dit Picard. Dans une heure nous serons fixés : ou bien l'ennemi veut se rendre maître du col ce soir, ce qui serait étonnant, ou bien il remet l'affaire à demain.

— Demain, l'armistice sera peut-être signé ! » a soupiré Pambrun[1].

A la popote du 43e corps, à l'hôtel Velléda, le mot n'est pas prononcé mais il est sur toutes les lèvres. Demain. De quoi demain sera-t-il fait ? On ne sait même pas si l'opération « Donon » va donner un répit aux grandes unités et les pertes subies au cours de la matinée par la division Senselme suscitent plutôt le doute.

***

Mercredi 20 juin vers 20 heures. Au PC de la division Dagnan installé au château de Clairefontaine, à quelques kilomètres au sud-est de Raon-l'Étape, personne n'imagine les tribulations du 153e RIF ni la colère du général Lescanne à son endroit. Le colonel Dagnan a mal encaissé l'opération « Donon » qui découvre son flanc droit mais un officier de son état-major, le capitaine de Buyer va, malgré lui, détourner l'attention de son chef de ce sujet épineux. De Buyer le prévient en effet que le général Duch, accompagné de plusieurs officiers de la 1re division de grenadiers polonais, exprime le désir de s'entretenir avec lui. Deux détails à retenir : les colonels Morel et Conte, officiers français de liaison à la 1re DG Pol. accompagnent le général et tous les visiteurs sont en grande tenue « décorations pendantes ».

Dagnan : « Je me suis avancé sur le perron pour les accueillir et je les ai reçus dans le parc de la propriété tant la soirée était belle. »

De Buyer, le colonel Maurer, de l'artillerie divisionnaire, le capitaine Le Blanc, assistent à l'entretien[2]. Duch fait savoir à Dagnan qu'il a reçu

1. Ancien curé de Saint-Jacques, le chanoine Jean Pambrun est décédé le 29 juin 1969 à Pau (Pyrénées-Atlantiques).

2. Aucun procès-verbal ne sera dressé et l'auteur a eu connaissance des propos tenus lors de l'entretien par le témoignage des généraux Duch et Dagnan et par la correspondance qu'il a entretenue avec eux.

① Ci-contre : les défenseurs d'Epinal ; à gauche le chef d'escadrons Degatier, commandant le GRDI.46, et le capitaine Rouvillois qui libèrera Strasbourg en 1944 avec la 2^e^ DB *(coll. Degatier).*

② et ③ En bas à gauche : le colonel Pichon, qui commandait la cavalerie française en ligne sur la Moselle le 19 juin. A droite, le vainqueur d'Epinal, l'*Oberst von Esebeck,* de la 6^e^ *Panzerdivision.*

④ Le *Panzer III* incendié au canon de 25 par les cavaliers du GRDI.46 le 19 juin à Epinal. A l'arrière-plan à gauche, les immeubles de la rive droite de la Moselle sont encore dans la fumée des incendies *(coll. Staedke).*

⑤ Derrière le pont de la Bibliothèque, à Epinal, détruit sur la moitié de sa longueur par les sapeurs français, on aperçoit les ruines du lycée de garcons *(coll. Staedke).*

⑥ Photographiées en 1942, les tombes des défenseurs de Xertigny. Sur la première à gauche, celle du chef d'escadrons de Saint-Sernin, les Allemands viennent de déposer une couronne de feuilles de chêne et de laurier *(coll. de Chasteignier).*

⑦ Des centaines de prisonniers « ramassés » à Epinal prennent la route de la captivité. Où étaient-ils pendant que les cavaliers du GRDI.46 arrêtaient la *6ᵉ Panzerdivision ? (coll. Staedke).*

⑧ Théophile Bouchez et le caporal Henri Vialis, du 69$^{e}$ RIF, ont été tués le 19 juin près de leur mitrailleuse qu'on aperçoit en haut et à gauche *(coll. Lairloup).*

⑨ Près de Lunéville, une infirmière française tente d'obtenir d'un officier allemand l'autorisation de ravitailler les prisonniers de la 26$^{e}$ DI *(coll. Strecker).*

⑩ Officiers de la 26^e DI faits prisonniers le 20 juin vers Damas-aux-Bois (Meurthe-et-Moselle) au cours des derniers combats de la division *(coll. Strecker).*

⑪ Prisonniers de la 26^e DI gagnant à pied le camp de regroupement de Villacourt (Meurthe-et-Moselle) *(coll. Strecker).*

⑫ Officiers de la division Dagnan faits prisonniers au cours des combats du 19 juin au nord de la Vezouze.

⑬ Le commandant Grill, du III/133[e] RIF, mort d'épuisement au milieu de ses hommes, sur la route de la retraite, au sud de Blâmont (Meurthe-et-Moselle) *(coll. Legalle).*

⑭ La preuve... par la photo, que des tirailleurs africains se trouvaient bien à Moriville ou à proximité où ils ont été faits prisonniers le 20 juin. Il s'agit de soldats perdus ou de déserteurs de la 6e ou de la 1re DIC *(coll. Staedke).*

⑮ Ces sept tirailleurs encadrant leur aumônier rendent hommage à QUATRE des leurs tués au combat – ou fusillés – à Moriville (Meurthe-et-Moselle). TROIS des morts seulement figurent au registre d'état-civil. Qui était le quatrième ?

⑰ Le général de Courson de la Villeneuve, commandant le groupe de dépôts de cavalerie de Lunéville, abattu par les hommes de la $1^{re}$ *Panzer* le 15 juin à Arc-les-Gray (Haute-Saône).

⑯ Le colonel Duluc, commandant le Groupement de la Saône dont les troupes se battirent pendant six jours contre l'aile droite de Gudérian.

⑱ Le capitaine Capelle, de la $7^{e}$ batterie du $26^{e}$ RA, dont les canons interdirent pendant cinq heures le franchissement du pont de Quitteur (Haute-Saône) à la $1^{re}$ *Panzerdivision.*

⑲ Le chef d'escadron Philippe Cruse, commandant le 69ᵉ RAMF, avec son épouse Jacqueline et leurs trois fils, Frédéric, Lorrain et Thierry, tous sous l'uniforme *(coll. Cruse).*

⑳ Victimes du « coup de main » lancé par la *1re Panzer-division* sur Belfort, des centaines de prisonniers français traversent la ville après la reddition de la citadelle.

㉑ Un des chars du 16ᵉ BCC détruits au combat le 19 juin à Faucogney (Haute-Saône) celui du caporal-chef Pierre Tiphine, qui trouva la mort dans la tourelle *(coll. Labbaye).*

㉒ Les chars de la 2ᵉ compagnie du 16ᵉ BCC se sont réfugiés en Suisse au lieu de rallier le groupement Duluc comme ils en avaient reçu l'ordre. Les voici traversant la petite ville de Bienne, en Suisse *(coll. Bibliothèque militaire fédérale de Berne).*

23 bis Mauvaise photo mais étonnant document : à quelques mètres au-dessus du célèbre lion de Bartholdi, un « linge blanc » indique que la citadelle de Belfort vient de se rendre *(coll. général Kilmanseegg).*

23 Belfort le 18 juin : les *Schützen* de la *1re Panzerdivision* forcent l'entrée du fort de la Justice dont le pont-levis est resté baissé.

㉔ Près de Jussey (Haute-Saône) les *Pionniers* de la *6e Panzerdivision* lancent le premier pont de bateaux qui va permettre au *Kampfgruppe* Esebeck d'attaquer en direction d'Epinal.

㉕ Le 15 juin au nord de Gray, un *Stosstrupp* se hâte vers la Saône pour la traverser à bord d'un canot pneumatique.

la veille 19 juin un message radio du général Sikorski, commandant en chef des forces polonaises. Celui-ci a informé toutes les unités se trouvant sur le sol français que le gouvernement polonais en exil allait s'établir à Londres et poursuivrait la guerre au côté des Britanniques.

« L'armistice demandé par le maréchal Pétain le 17 juin peut être signé d'un jour à l'autre, peut-être d'une heure à l'autre, explique Duch, et le général Sikorski refuse que les combattants polonais se trouvent associés à une capitulation. »

Duch, dont les officiers approuvent les propos, estime que le 43ᵉ corps se battant en « hérisson » autour du Donon, le 20ᵉ corps du général Hubert a désormais ses flancs découverts, ne reçoit plus ni munitions ni ravitaillement et, ne pouvant espérer aucun renfort, est condamné à une reddition prochaine.

« Qu'allez-vous faire ? » demande Dagnan accablé par ce nouveau coup du sort.

Depuis que la division Chastanet s'est dérobée sur son flanc droit, les Polonais sont les seuls à couvrir sa gauche. S'ils disparaissent aussi...

Dagnan : « Le général m'apprend que, se conformant aux ordres de son gouvernement, il va procéder à la dissolution de sa division pour échapper à l'encerclement et à une capitulation. L'ordre d'exécution ne tardera pas à être diffusé, peut-être même cette nuit. »

Loyaux camarades de combat depuis la bataille du 14 juin dans la trouée de la Sarre, les Polonais de la 1ʳᵉ DG Pol. ont protégé le repli de la division Dagnan et se sont battus à côté d'elle le 18 juin sur le canal de la Marne au Rhin. Leur chef n'a pas voulu plonger dans la clandestinité sans faire ses adieux officiels à son compagnon d'armes, ce qui explique la grande tenue, hommage auquel Dagnan ne reste pas insensible.

« Les adieux, se souvient-il, furent amicaux et empreints de tristesse, comme il se doit entre alliés venant de combattre côte à côte dans l'adversité et qui se quittent pour ne plus se revoir. »

L'émetteur radio du GQG polonais a lancé « blind » le message du général Sikorski adressé aux unités se battant dans l'est de la France, la 1ʳᵉ DGP, la 2ᵉ DI Pol. et la division blindée du général Matschek. L'émetteur a émis le 19 de Libourne (Gironde) puis il fonctionnera jusqu'au 23 juin à Langon et sera abandonné à Saint-Jean-de-Luz faute de place sur le bateau emmenant le dernier détachement polonais à Londres [1].

Duch : « L'ordre donné par radio m'est parvenu le 19 juin vers 16 h 30 alors que je me trouvais sur les hauteurs nord de Baccarat avec mes chefs de corps à qui je venais de fixer la nouvelle ligne à défendre. »

1. Lettre du général Kukiel, directeur du musée Sikorski de Londres, adressée le 22 juillet 1966 au général Duch et transmise par celui-ci à l'auteur.

En soldat discipliné, Duch s'est empressé de rendre compte à son supérieur hiérarchique, le général Hubert, du 20e corps. Celui-ci n'a pas, semble-t-il exprimé de point de vue personnel mais il a prévenu le Polonais qu'il devait informer le général Condé, de la IIIe armée. En raison de la situation, Hubert aurait promis à Duch de faire relever sa division ou de la placer en réserve le 20 au soir. Commentaire de Dagnan : « Je pense que la réponse du général Hubert était une réponse dilatoire. Relevée par quelle unité ? Par la 52e DI ? Par ma division engagée à fond et n'ayant aucune réserve ? Ce n'était pas possible, la situation devenant chaque jour plus sombre et sans issue [1]. »

Le général Condé réagit très mal aux intentions de Duch évoquées par le chef du 20e corps. Il écrit dans son journal le 19 juin à 17 h 35 : « Hubert me téléphone que la division polonaise aurait reçu de Sikorski l'ordre de se dégager pour rejoindre l'armée anglaise, soit par la Suisse, soit autrement. Je lui dis que cette division est sous mes ordres et que tant que je n'aurai pas reçu un ordre officiel, je le lui interdis ; que se retirer en plein combat pourrait être mal interprété, qu'enfin la route est coupée de tous côtés. »

La 1re DG Pol. est en effet sous les ordres de Condé mais elle reste soumise aux décisions éventuelles des autorités supérieures polonaises. Condé n'admet pas cette façon de voir et Hubert semble l'avoir suivi dans cette voie.

« La situation était entièrement nouvelle, dira le général Duch. L'alliance franco-polonaise engageait les Polonais à se battre aux côtés des Français, elle ne les obligeait pas à capituler avec eux (...) Je pensais aussi que je ne pouvais pas abandonner les Français tant qu'ils combattaient mais à condition que ma division ne soit pas comprise dans une capitulation [2]. »

Depuis plus de 24 heures qu'il a reçu le message radio de Sikorski, Duch s'en tient à sa décision. Son artillerie a apporté son appui à la division Dagnan durant toute la journée du 20 pendant que son infanterie défendait pied à pied la route de Baccarat et les hauteurs situées au nord de la vallée de la Meurthe. Cependant, Duch veut prendre ses précautions car la situation sur le terrain s'est encore dégradée au cours de la journée et si Condé ne capitule pas avant l'armistice, celui-ci mettra fin aux combats. De toute façon, les armées encerclées dans l'est sont perdues.

1. Correspondance avec l'auteur. On remarque que le 20 juin à 11 heures, lorsque Dagnan est allé au PC du 20e corps, Hubert ne lui a rien dit de son entretien de la veille avec Duch alors que Dagnan était le premier intéressé par l'éventuelle dissolution de la division polonaise.

2. Texte inédit rédigé par le général Bronislaw Duch à l'intention de l'auteur et traduit du Polonais par M. Zelenski, délégué général des Anciens combattants de la DG Pol. en France.

Dans la soirée, Duch convoque ses chefs de corps à son PC de Hurbache, village vosgien d'environ 400 habitants situé au sud de Moyenmoutier. La réunion a lieu à 22 heures à la mairie en présence du colonel Morel, chef de la liaison française. La situation de chaque régiment est examinée, effectifs, état de matériels, armement, munitions, ce qui permet de constater que la 1re DG Pol. a perdu plus de 50 % de ses forces initiales. Le général donne ensuite lecture du message radio lancé la veille par Sikorski et précise que le général Hubert sur l'ordre de Condé, refuse de rendre leur liberté aux Polonais mais s'engage à faire relever la division. A la lumière jaune des bougies qui éclairent la pièce, les visages sont fermés, douloureux, marqués par la fatigue des derniers jours. On devine les pensées de chacun : « Que de sacrifices pour en arriver là ! » Le lieutenant Janka, officier de liaison à la 52e DI, rend compte de la disparition de cette grande unité et exprime sans doute le point de vue de tous : « Qu'il est amer et insupportable, en ce moment, de penser à la défaite de la France, de cette France sur laquelle reposait tant de grands espoirs ! »

La dissolution de la division étant envisagée, on procède à un échange de vues sur la méthode à appliquer. La constitution d'une forte colonne motorisée avec les camions de la 1re DG Pol. tansportant des volontaires avec armes automatiques est étudiée puis rejetée par la majorité.

« Trop coûteuse en hommes ! » tranche le général.

D'ailleurs, dans quelle direction cette colonne pourrait-elle essayer de percer ? Quel est le point faible de l'encerclement ennemi ? Aucun renseignement ne peut être obtenu et Duch ramène la discussion à son but initial : sauver le maximum de Polonais et les faire passer en Grande-Bretagne pour reprendre le combat.

« Voici ma décision, dit-il enfin. Tant que les Français se battent, nous nous battons mais au moindre signe de renoncement ou en présence d'un écroulement complet des lignes de défense, je ferai diffuser par tous les moyens de transmission le message codé 4444. Si vous recevez par radio, par téléphone ou par billet porté par un agent de liaison l'ordre « quatre fois quatre », vous ferez détruire immédiatement le matériel et les armes collectives et organiserez la dispersion de vos unités en constituant des groupes de 8 à 10 hommes commandés par un gradé. Direction : la Suisse ou le sud de la France. »

Les drapeaux et les archives seront enterrés et leur cache soigneusement notée, les documents moins importants seront incinérés et toutes les pièces d'artillerie sans exception sabotées. Les chefs de corps posent encore quelques questions d'ordre pratique puis le général Duch se lève. Il est près de minuit, les participants à la réunion regagnent leur voiture et, tous feux éteints, disparaissent dans l'obscurité.

Réduit à l'effectif d'un petit bataillon, le 133ᵉ RIF du lieutenant-colonel Bertrand est arrivé à partir de 18 heures à Raon-l'Étape. Les hommes s'étaient reposés quelques heures du côté de Pierre-Percée, dans l'ombre fraîche de la forêt des Élieux.

« Pagaille insensée en ville ! » note le capitaine Favaron qui précède sa compagnie. Des pièces de 75 et des 47 antichars du 166ᵉ RAP du lieutenant-colonel Robert sont déjà en position aux entrées nord et ouest de la localité dont on pouvait supposer qu'elle serait déclarée ville ouverte. En effet, six formations sanitaires et médicales stationnent à Raon-l'Étape avec 28 médecins, 30 infirmières et 140 infirmiers et conducteurs [1]. Regroupées sous les ordres du médecin-commandant Martinaud, ces formations ont déjà hospitalisé 1 200 blessés et, le 20 au soir, les chirurgiens opèrent toujours.

Le 133ᵉ RIF reçoit l'ordre de constituer des bouchons qui renforceront l'artillerie. Le lieutenant Tinot, qui effectue la reconnaissance de sa position en compagnie du commandant Cailloux, du IIᵉ bataillon, s'installe au point le plus menacé, la lisière nord, sur la route de Neufmaisons. Une pièce de 47 est d'un côté de la chaussée, un 75 de l'autre côté. Tinot met en place deux mitrailleuses et un FM. Les autres bouchons sont tenus par le lieutenant Mathis (route de Baccarat) le sous-lieutenant Marin (près de l'église) et par le lieutenant Defranoux « exactement à la gare du petit train de Celles-sur-Plaine [2] ». Les sections des adjudants Gibault et Derouet sont en réserve mais les effectifs sont tels — le IIᵉ bataillon compte environ 70 hommes — que la consigne donnée par le lieutenant-colonel Bertrand est « de ne pas se laisser accrocher ». Au nord, on entend la voix puissante du canon mais ce sont peut-être les artilleurs polonais qui vident leurs coffres pour n'avoir pas à saboter leurs pièces en abandonnant des munitions. Tous les postes du 133ᵉ RIF sont en place dans la soirée du 20 juin, non sans mal car, observe le chef de corps, « ces dispositions sont prises au milieu d'une affluence considérable, dans un fouillis inextricable de convois, de colonnes de toutes sortes qui encombrent rues et places de la petite ville. »

Ce « fouillis inextricable » s'explique : tous les trains de la division Dagnan venant du nord et ceux de la division polonaise empruntant la route de Baccarat, sans compter les convois de la 52ᵉ DI, passent par Raon-l'Étape. Vers 22 h 30, un détachement polonais se présente au poste de la route de Neufmaisons. Il s'agit sans doute d'une arrière-garde du III/3ᵉ RGP du commandant Perl couvrant le repli de sa division.

1. Les médecins-commandants Roques, Idrac, Picout-Laforêt, les médecins-capitaines Camalaya et Boireau, le médecin-lieutenant Marolard, dirigent ces formations.
2. Lettre du 20 janvier 1981 adressée à l'auteur par l'abbé Defranoux, curé de Ban-de-Sapt (Vosges).

« Derrière nous, ce sont les boches ! » annonce l'officier qui est en tête.

Une heure se passe et la route reste déserte. Malgré la nuit, les bruits de la ville ne se sont pas dissipés et l'on devine la présence de milliers d'hommes et de femmes — beaucoup de réfugiés ont renoncé à poursuivre leur exode — dans les rues de la localité.

« Les artilleurs ont saboté leurs pièces et sont partis, écrit le lieutenant Tinot. Vers 0 h 30, malgré l'obscurité, deux petites colonnes ont été observées de chaque côté de la route. Le chef Petitdemange a lancé une sommation ; on lui a répondu en français mais quand il s'est levé pour aller reconnaître, une rafale l'a couché à terre... »

Des fusées éclairantes montent dans le ciel. La première mitrailleuse s'enraye avec une bande rigide neuve et les servants, Wallyn et Tolère, sont faits prisonniers. Marceau et Ferry ouvrent le feu avec la seconde pièce mais des gerbes de balles traceuses les enveloppent.

« Repli sur la ville ! » commande Tinot.

Le petit groupe sera recueilli par le bouchon du sous-lieutenant Gagnaire et se retirera sur Saint-Blaise tenu par les coloniaux du 41e RMIC. Pendant quelques heures, un combat aveugle va se livrer dans Raon-l'Étape et si le général Duch se trompe lorsqu'il affirme que la ville a été livrée « sans qu'un coup de feu soit tiré », il est certain que dans l'obscurité, Français, Polonais et Allemands se criblent de balles sans savoir toujours qui est qui. A la sortie est de Raon, le colonel Zietkiewicz, du 2e RGP, et son officier d'ordonnance, le lieutenant Podowski, qui ont quitté Hurbache les derniers après la réunion tenue par le général Duch, tombent dans une embuscade. Ils abandonnent leur voiture et s'enfuient, chacun dans une direction, en tirant au pistolet. Le corps de Zietkiewicz sera retrouvé dans le fossé de la route ; Podowski mortellement blessé sera inhumé à Neufmaisons. Sept soldats polonais seront également tués à Raon-l'Étape dans la nuit du 20 au 21 juin.

Dans l'école où stationne le groupe sanitaire de ravitaillement du 12e corps, le médecin-commandant Martinaud a rassemblé quelques chirurgiens et infirmiers sous le préau. Ils attendent. Les coups de feu se rapprochent et Nepveu, le vaguemestre, arrive dans la cour : « Ils sont là, derrière moi ! » La reddition des formations sanitaires s'effectue sans préjudice pour les blessés. Derrière l'église, des coups de fusil répondent encore aux armes automatiques et le 133e RIF perd un officier, le sous-lieutenant Roger Marin, 25 ans, prêtre du diocèse de Nancy, et quatre soldats [1].

L'*Oberst* Zellner, du *Regiment 243,* reconnaît que, s'il a pénétré dans Raon à partir de deux heures du matin « après combat », une partie de la

1. Lacroix, Gobet, Duhaussé, Catteau, et deux artilleurs : Lambotte et Salmon.

nuit a été consacrée « au nettoyage de la localité ». Le vendredi 21 juin à 7 h 30, le *General* Eberhardt établira le PC de la *60e ID* à Raon-l'Étape. Vingt-quatre heures plus tôt, il était à Blâmont et son supérieur, le *General* Geyr von Schweppenburg, du *24e Korps,* lui confiait « qu'il avait pleinement conscience du besoin de repos de la troupe mais qu'il fallait continuer la poursuite sans répit. »

Eberhardt a obéi : le voici à Raon-l'Étape, à la porte des Vosges.

Au lever du jour, le 21 juin à Hurbache. Le général Duch vient d'apprendre la mort du colonel Zietkiewicz et du lieutenent Podowski en même temps que la chute de Raon-l'Étape qu'il croyait solidement tenue par le 133e RIF. Duch est maintenant persuadé que les unités affaiblies du 20e corps ne sont plus en état d'opposer une résistance durable. Pour le chef de la division polonaise, il est temps d'obéir aux ordres de Sikorski.

« Le 21 à huit heures du matin, écrit-il, j'ai lancé par radio l'ordre 4444 de dissolution de la 1re division de grenadiers polonais. Tous les hommes devaient tenter de rallier le midi de la France par petits groupes en prenant la direction Toulouse-Bordeaux. »

Dans les rues du village enchâssé dans les sapins, les officiers de l'état-major font brûler des monceaux d'archives, on brise à coup de masse le matériel téléphonique, on sabote les véhicules et les chevaux de trait sont désharnachés et libérés. Le colonel Conte, responsable de la liaison française, est allé au PC du général Hubert et, vers 10 h 30, Duch quitte Hurbache.

« Aucun ordre du 20e corps ne m'était alors parvenu, assure-t-il. Mon chef d'état-major, le colonel Skrzydlewski, demeuré sur place jusqu'au début de l'après-midi, n'en recevra pas davantage. »

Deux officiers de liaison français, le capitaine Randon et le lieutenant de Peyrelongue restent avec le chef d'état-major qui, à 14 heures, « considérant la mission terminée », abandonne Hurbache et part avec ses deux compagnons. Ils seront capturés par une patrouille près de Moyenmoutier, délivrés par une contre-attaque franco-polonaise [1] et repris en fin d'après-midi [2].

La dispersion de la division polonaise va provoquer de sérieux remous. Dans un document non daté [3] mais rédigé après la guerre, le

1. Le commandant Michalik, du II/3e RGP, n'avait pas encore reçu l'ordre 4444 et il a lancé le lieutenant Grochola à l'assaut de Moyenmoutier afin de forcer le passage. Une unité du 41e RMIC a sans doute participé à l'action puisqu'elle a perdu cinq tués (Keller, Noj, Bussod, Clément et Sainzelle) et les Polonais un seul : Mazkut.

2. Témoignage du général Albert de Peyrelongue retiré à Bordeaux.

3. Communiqué en 1966 à l'auteur par Mme la générale Louis Hubert.

général Hubert écrit : « Le général commandant la 1re DG Pol. fait connaître qu'ayant reçu du général Sikorski l'ordre de rallier la Suisse pour se mettre à la disposition de l'Angleterre, il a rompu le combat et donné à ses hommes l'ordre de partir en ordre dispersé. »

Hubert situe l'ordre 4444 au 20 juin alors qu'il a été lancé le 21 au matin. Il ne parle pas non plus de son entretien du 19 avec Duch. On peut s'interroger sur la manière dont Hubert a présenté les choses à son supérieur, le général Condé. Le 22 juin à 7 h 15, celui-ci notera dans son journal : « Hubert me rend compte que le général Duch, qui avait reçu l'ordre de défendre Ban-de-Sapt, a donné l'ordre à ses hommes de " partir en dispersion sud-ouest ". Comme il avait l'ordre écrit de tenir, Hubert le fait rechercher pour l'incarcérer. »

Aucun document connu ne fait état d'une éventuelle défense de Ban-de-Sapt par les Polonais. En liaison avec quelle unité les grenadiers de Duch auraient-ils défendu cette localité située à une dizaine de kilomètres au nord-est de Saint-Dié ? A 11 h 15, toujours le 22 juin, Condé ajoutera à son dernier message radio adressé au GQG ; « Général commandant la division polonaise, prétextant ordres étrangers, a dispersé ses troupes et créé brèche dans le front. »

Condé exagère ! Dans quel front le départ des Polonais a-t-il pu ouvrir une brèche alors que, derrière un rideau de combattants épuisés, la forêt de Mortagne abrite un entassement inimaginable de véhicules, de canons, de chars et de matériels les plus divers. Nous verrons au contraire qu'au moment où il parle de « brèche dans le front », Condé est à moins de deux heures de sa propre reddition.

« Hubert et Condé préféraient-ils que des milliers de soldats polonais partent en captivité au lieu de rejoindre les forces combattantes de Grande-Bretagne ? » s'interroge le général Duch [1].

L'accusation de « désertion du champ de bataille » pèsera longtemps sur le général polonais mais l'on pouvait supposer qu'après la guerre, les choses s'arrangeraient. En 1947, Duch remettra lui-même, au nom du gouvernement polonais en exil, la Virtuti Militari (équivalent de la Légion d'honneur pour faits de guerre) aux généraux Hubert et Dagnan. A cette occasion, Hubert rappellera « le magnifique comportement des grenadiers polonais en juin 1940 et annoncera à Duch qu'il le propose pour la Légion d'honneur.

« Cette proposition est restée bloquée quelque part en haut lieu, observe Duch, et je suppose que c'est l'opinion erronée du général Condé à mon endroit qui en est la cause. »

Le 4 janvier 1973, trente-trois ans après les combats et à la suite de multiples interventions de M. Jean-Paul Palewski, le général Duch sera

1. Correspondance avec l'auteur. Duch se battra devant Cassino à la tête de la 3e division de chasseurs des Carpathes (corps d'armée Anders).

élevé à la dignité de Commandeur de la Légion d'honneur [1]. Cette haute décoration lui sera remise avec beaucoup de discrétion par le général Valentin, gouverneur militaire de Metz, dans une caserne de Phalsbourg (Moselle) [2].

1. Décédé à Londres le 9 octobre 1980, le général Bronislaw Duch n'a jamais reçu l'homologation de la croix de guerre qui lui fut décernée le 19 juin 1940 par le général Hubert.

2. « La cérémonie a eu un caractère intime, explique Valentin, car personne n'ignore que le général Duch est en exil et que, vis-à-vis du gouvernement polonais, il était difficile de donner à cette remise de décoration un caractère officiel. » (Lettre du 14 mai 1973 adressée à Mme Puhl-Demange, directrice du journal *Le Républicain Lorrain.*)

QUATRIÈME PARTIE

# Le groupement de la Saône

## CHAPITRE XIX

# « Pont de Quitteur non détruit ! »

Il est 21 heures le 14 juin 1940 à Luxeuil-les-Bains lorsque le général Jean Oehmichen, directeur des Étapes de la VIIIe armée, reçoit de celle-ci une communication téléphonique prioritaire.

« On m'indique, écrit Oehmichen, que l'ennemi arrivé à Chaumont se dirige rapidement vers Langres et la Saône ; je suis chargé d'organiser la défense des ponts de la Saône en attendant l'arrivée d'un groupement organisé pour la couverture ouest de la VIIIe armée. Ce groupement, composé d'éléments français et polonais sous le commandement du colonel Duluc, ne pourra occuper ses positions que le 15 juin vers neuf heures. »

C'est la première fois depuis longtemps qu'un organe de commandement français est en avance sur l'événement. Partie vers 14 heures de Saint-Dizier, la *I[re] Panzerdivision,* en tête du groupement Gudérian, abordera Chaumont vers minuit et fera son entrée à Langres dans la matinée du 15 juin.

Est-ce le général Laure, commandant la VIIIe armée qui a fixé la mission de Oehmichen ? Non, dans l'après-midi, il a visité ses divisionnaires, Cousse, de la 104e DIF, et Didio, de la 105e DIF. En rentrant vers 19 heures à son PC de Malvaux, un écart de Giromagny, il a appris de la bouche du colonel Campet, son chef d'état-major « que le groupe d'armées Huntziger est enfoncé et que les blindés allemands sont signalés à Chaumont, progressant en direction de Langres ». Campet et Aubert, le sous-chef d'état-major, ont pris la décision de constituer une couverture sur la Saône afin de protéger les arrières de l'armée et Laure approuve leur initiative. Mais Oehmichen n'a pas de troupes à sa disposition alors qu'on lui demande d'organiser la défense des ponts de la Saône, c'est-à-dire une quarantaine de points de franchissement. Que peut-il faire ?

Agé de 64 ans, breveté d'état-major en 1905, Oehmichen a connu l'apogée de sa carrière en 1936 au commandement de la 4e division nord-africaine à Épinal. Deux ans plus tard il était placé dans la réserve mais le 30 octobre 1939, il a été rappelé pour assurer la direction des Étapes de la VIII$^e$ armée. Parant au plus pressé, Oehmichen fait défendre le pont de Scey-sur-Saône par des éléments du génie qui se trouvent dans la localité, celui de Port-d'Atelier par les hommes d'un centre d'instruction cantonnés à proximité, les ponts de Jussey et de Port-sur-Saône seront tenus par des gendarmes prévôtaux et les autres, « moins importants (Corre, Ormoy, Montureux, Baulay...) seront défendus par les gendarmeries locales, les gardes territoriaux et la population ».

Des gendarmes et des territoriaux affrontant la *1$^{re}$ Panzer?* Un joli massacre en perspective! Quant à la population, l'approche des Allemands l'incite davantage à prendre la route de l'exode qu'à défendre les ponts de la Saône. Avec quelles armes le ferait-elle? Des fusils de chasse? On remarque une chose : Oehmichen assure la défense des ponts sur l'itinéraire Langres-Vesoul et au nord de celui-ci. Pas un mot sur Gray-sur-Saône ou Pontailler, jugés sans doute trop au sud et hors de portée des blindés ennemis.

Oehmichen : « Le capitaine Prat et le lieutenant Chenain sont chargés de se rendre aux différents ponts entre Corre et Port-sur-Saône pour vérifier l'exécution des ordres donnés et prendre toutes mesures en vue du placement et de la défense des barricades, sans toutefois entraver la circulation qui commence à devenir intense... »

Dans son rapport, le directeur des Étapes ne parle pas d'un point pourtant essentiel : le chargement des ponts. S'interroge-t-il sur la mise en place des fourneaux de mine? Demande-t-il des explosifs? Des postes de sapeurs ont-ils reçu l'ordre de faire sauter les ouvrages lors de l'apparition d'un side-car ou d'une automitrailleuse de la *1$^{re}$ Panzer?* Nous n'avons aucune réponse à fournir à ces questions car, sur ce point comme sur beaucoup d'autres, les archives manquent. Prat et Chenain vont tout de même passer la nuit à faire dresser des barricades « sans toutefois entraver la circulation », ce qui leur enlève bien entendu toute efficacité!

***

Le tournant de la carrière du colonel Jean Duluc se situe en 1923. Après avoir combattu en 14-18 dans l'infanterie il fait cette année-là un stage brillant au centre d'études des chars de combat. Depuis, il sert dans « l'arme nouvelle » et, en 1938, lors de la signature des accords de Munich, il commande le 505$^e$ RCC à Vannes. La guerre arrive et, après un passage au groupe d'armées n° 2 où il assume les fonctions de sous-chef d'état-major du général Prételat, Duluc succède le 10 avril 1940 au général Delestraint commandant des chars de la VIII$^e$ armée dont le général Laure, venant du 9$^e$ corps, prendra la tête un mois plus tard.

L'hypothèse du haut commandement est que les Allemands tenteront de franchir le Rhin ou violeront la neutralité suisse, ce qui explique pourquoi la VIIIe armée fait face à l'est avec toutes ses forces. Aussi Duluc est-il surpris lorsque le vendredi 14 juin à 22 heures, convoqué par Laure au PC de Malvaux, il s'entend confier un groupement dont la mission est déjà fixée : protéger les arrières de l'armée en s'installant face à l'ouest, de Bains-les-Bains au nord à Pontailler au sud.

« Vous disposez du 5e régiment de chasseurs polonais et du GR que je retire à la division du général Prugar-Ketling, du 6e bataillon de chasseurs pyrénéens et d'un bataillon de chars R 35, le 16e BCC du commandant Bellanger.

— L'artillerie, mon général ? demande Duluc.

— Je n'ai rien à vous donner mais le général de Saint-Céran[1] a demandé au colonel Germain de vous céder quelques batteries du 403e régiment de DCA. »

C'est le Ve groupe du commandant Escourrou qui sera désigné mais il se trouve dans la région de Gérardmer et l'état mécanique de ses autocanons datant de la dernière guerre rend très improbable leur arrivée sur la Saône dans la matinée du 15 juin. Ces « antiquités » pourront-elles seulement franchir les cols vosgiens ? Pour les autres unités, leur affectation au groupement Duluc s'effectue en marge de la voie hiérarchique. Le colonel Campet n'a pas voulu perdre de temps et il a fait littéralement main basse sur l'infanterie. On ne tient pas compte des protestations du général Prugar-Ketling qui proposait le 6e RC Pol. plus proche des chantiers d'embarquement par camions que le 5e RC Pol. On ne prévient pas le colonel Conraux, de la 1re demi-brigade de chasseurs pyrénéens, que son 6e bataillon lui est retiré et, pendant trois jours, Conraux s'interrogera sur la disparition, pour lui incompréhensible, de cette unité. Duluc lui-même n'aura pas son mot à dire sur la répartition de ses bataillons et du GR polonais ; c'est Laure qui fixe leurs emplacements. En compensation, Duluc acheminera le 16e BCC vers la rivière mais c'est avec l'accord du chef de la VIIIe armée que les trois compagnies de chars seront poussées au centre du dispositif, l'une derrière le GR à Port-sur-Saône, les deux autres avec les bataillons polonais encadrants.

Quelle est la mission confiée à Duluc ? Tenir la Saône sans esprit de recul et s'y faire détruire, ou peut-il se dérober devant un ennemi trop pressant ? Duluc n'en dit rien dans son rapport[2] mais son officier

1. Le général de Saint-Céran commande les Forces aériennes de la VIIIe armée, c'est-à-dire quelques batteries de DCA datant de 14-18 mais aucun avion.

2. Rédigé au mois d'août 1940 à l'Oflag X-B, le rapport du colonel Duluc a été adressé directement au général Laure.

adjoint, le lieutenant Bouchière, nous éclaire sur ce point : « La durée de la résistance n'est pas fixée ! » écrit-il.

Cette petite phrase révèle les intentions de Laure. Le groupement Duluc ne tiendra pas une ligne d'arrêt mais constituera une simple couverture dont l'évolution sera fonction des événements. Pour le commandant de la VIII$^e$ armée, la Saône n'est encore qu'une ligne secondaire, une précaution, le véritable danger étant toujours à l'est. Une violation du territoire suisse n'est pas encore écartée mais Laure pense que les Allemands se décideront plutôt pour le franchissement du Rhin en force. Dans moins de douze heures, le *General* Dollmann lui donnera raison en débarquant le 15 au matin les vagues d'assaut de trois divisions de premier échelon entre Rhinau et Neuf-Brisach [1].

Dans quatre jours, pendant qu'à l'aile gauche de Gudérian le *41$^e$ Korps* de Reinhardt attaquera les cavaliers du colonel Pichon sur la Moselle, à l'aile droite, le *39$^e$ Korps* de Schmidt rejettera Duluc vers les cols vosgiens et l'obligera à livrer un combat sans esprit de recul.

Le premier handicap du groupement est la longueur de la position que Laure lui donne à défendre. « Plus de 120 kilomètres ! » écrit Duluc dans son rapport, en contradiction avec ses subordonnés. Les Polonais se plaignent d'avoir à tenir la Saône « sur un cours de 40 kilomètres, compte non tenu des nombreux méandres de la rivière sur environ 28 kilomètres ». De son côté, le commandant Marty, du 6$^e$ Pyrénéens, parle d'une ligne de 33 kilomètres. L'addition est simple : 40 + 33 = 73 kilomètres. De quelle façon Duluc a-t-il procédé à son calcul ? Avec ou sans les méandres ? Mais le plus significatif reste la répartition des unités du groupement de défense de la Saône, répartition imposée par Laure. Celui-ci a choisi d'être fort au centre du dispositif. Il pense à une tentative de bouclage court de la part des Allemands alors que ceux-ci procèdent à un très large mouvement d'encerclement. Partant de l'hypothèse erronée que l'ennemi n'attaquera pas tous les passages de la Saône en même temps, Laure suppose que la percée allemande dans la vallée de la Marne se prolongera par une avance rapide sur l'axe Langres-Vesoul par la RN 19 et menacera Belfort par l'ouest. C'est là toute l'équivoque : Laure pense BELFORT et les Allemands FRONTIÈRE SUISSE.

Appliquant son raisonnement, le chef de la VIII$^e$ armée est persuadé que le saillant de Port-sur-Saône est le plus exposé. Duluc va y porter les deux escadrons motorisés du GR de la 2$^e$ division polonaise, la 3/16$^e$ BCC du capitaine de Courcel et, si leurs moteurs usés par plus de vingt ans de bons et loyaux services leur permettent d'atteindre la zone de déploiement, les autocanons du V/403$^e$ RADCA. La 13$^e$ batterie du

1. Voir *Offensive sur le Rhin* (Fayard, 1977).

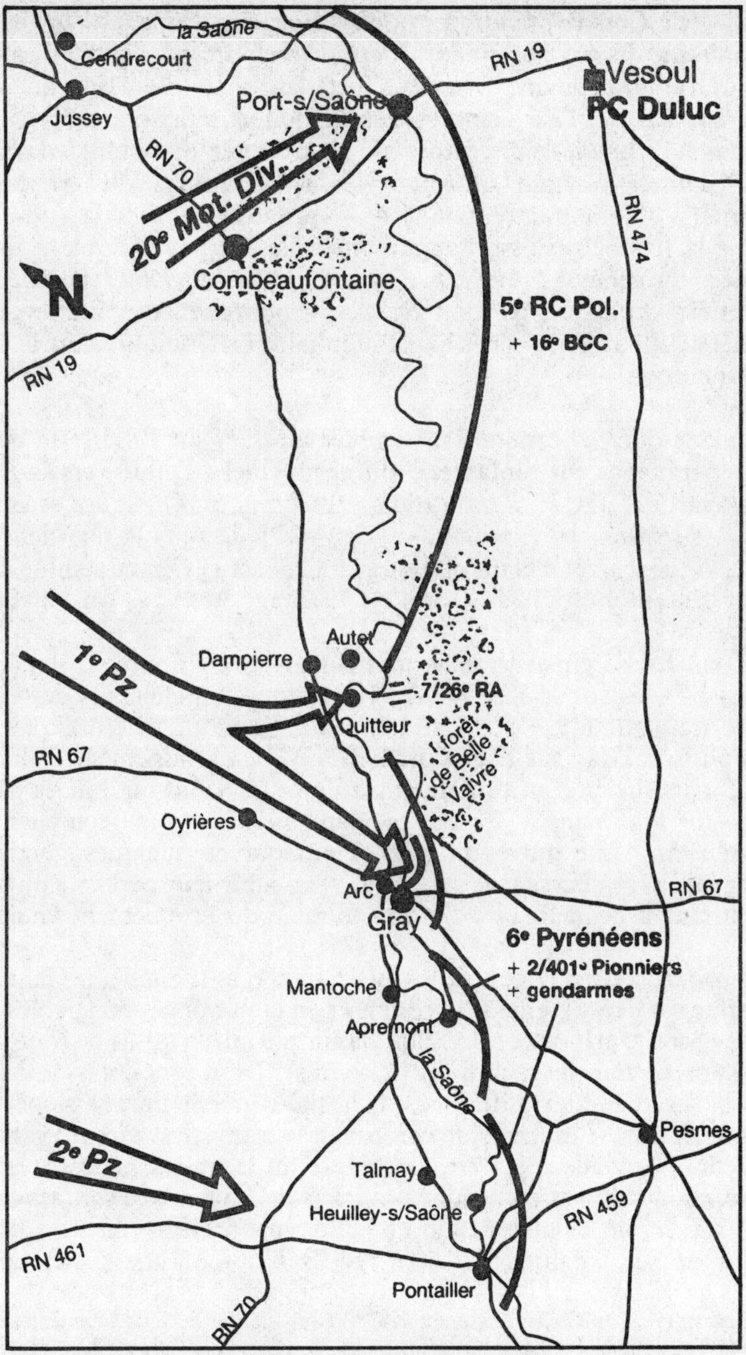


Front de la Saône le 15 juin à 16 heures

capitaine de Chillaz prendra position à Port-sur-Saône [1], la 14e batterie du capitaine Desroches tiendra deux carrefours à l'est de Vesoul, la 15e batterie du capitaine Douzon s'installant à 10 kilomètres au sud de Lure. En théorie, l'axe Langres-Vesoul-Belfort sera donc défendu mais Laure n'a aucune idée des forces qui avancent en direction de la Saône. La *1re Panzer* ouvrant la route, les six divisions du groupement Gudérian — dont quatre blindées — progressent vers le sud-est et, lorsque la frontière suisse sera atteinte, elles auront encerclé le groupe d'armées du général Prételat par un second *Sichelschnitt* (coup de faux) analogue à celui qui, au mois de mai, a permis d'enfermer le groupe d'armées Billotte et le corps expéditionnaire britannique dans la poche de Dunkerque.

Pendant que les camions rassemblés en hâte sur l'ordre du colonel Campet transportent l'infanterie du groupement Duluc vers la Saône, l'avant-garde de la *1re Panzer* roule vers Langres. Quelques escarmouches, des résistances vite jugulées, des ponts détruits la retardent mais aucune ligne d'arrêt n'étant prévue avant la Saône, rien ne semble devoir arrêter les automitrailleuses de l'*Aufklärungs Abteilung* qui ouvrent la route.

Le *General* Kirchner va jouer un mauvais tour à Laure car il n'engage pas ses blindés sur la RN 19. Après Langres, les éléments de tête ont l'ordre de poursuivre plein sud jusqu'à Longeau et d'obliquer vers Champlitte et Gray-sur-Saône par la RN 67. Le groupement Duluc sera donc fort et articulé en profondeur à Port-sur-Saône où il ne se passera rien avant le dimanche 16 juin pendant qu'à Gray une compagnie du 6e Pyrénéens, une autre du 401e Pionniers et quelques gendarmes courageux, sans chars, sans artillerie, vont subir leur baptême du feu en se heurtant à la meilleure division blindée du groupement Gudérian.

Transportés dans la nuit du 14 au 15 juin vers la Saône, les fantassins de Duluc seraient, même si l'ordre leur en était donné, incapables de se battre « sans esprit de recul ». Pour la simple raison qu'ils ne sont pas en possession de tous leurs moyens de combat. Ils se sont entassés dans les camions avec FM et mitrailleuses, le mouvement devant s'opérer au cours de la nuit. Les trains de combat, les voiturettes, tous les véhicules à traction animale ne peuvent suivre à la même vitesse et leur déplacement s'effectuera en deux nuits. Sur la Saône, ce sont les canons de 25 qui feront le plus défaut et Duluc a conscience de cette lacune. Parlant de ses bataillons, il écrit : « Ils n'ont qu'une partie de leur

1. Le capitaine de Chillaz a été autorisé à réquisitionner à Gérardmer un camion à gazogène des Eaux et Forêts, la camionnette de M. Hans et le Renault 2,5 t de M. Noël Torti mais sa dotation auto reste insuffisante.

armement et pas d'antichars. Aucun d'eux n'a d'approvisionnement en vivres, ni en munitions, et les cartouches de mitrailleuses ont été livrées en vrac et sans matériel de transport. »

Son PC étant fixé à Vesoul, Duluc envoie sur place le lieutenant Bouchière qui réveille le commandant d'armes et lui explique en quelques mots la mission du groupement. L'autre tombe des nues : « Un front sur la Saône... » Et tout à trac il lance à Bouchière : « Mais les ponts... aucun d'eux n'est seulement chargé ! »

Certes, le groupement Duluc est improvisé en l'espace d'une nuit mais un oubli de cette taille paraît invraisemblable. Les fantassins n'ayant pas de canons de 25, le seul obstacle anti-chars sérieux reste la Saône. A condition que TOUS les ponts soient détruits ! Or les explosifs n'ont pas encore été placés dans les chambres de mine. Par téléphone, Bouchière rend compte au colonel Duluc qui lui ordonne d'aller à la direction du génie de la VII^e^ région, à Besançon « et de faire le nécessaire le plus vite possible ».

Bouchière obtiendra satisfaction mais les heures passent et les détachements de sapeurs ne seront pas au travail avant le 15 au matin. En outre, l'embarquement des fantassins dans les camions a pris du retard, l'encombrement des routes a ralenti les colonnes et la mise en place des unités sur la rive gauche de la Saône ne s'effectue pas dans les délais prévus.

« Elle s'est échelonnée entre six heures et midi pour l'infanterie, écrit Duluc, entre 15 et 18 heures pour les chars (sur chenilles)[1]. »

A-t-on fait comprendre au commandant Bellanger du 16^e^ BCC, ou au capitaine Hubert, son chef d'état-major, que le déplacement des chars en direction de la Saône était prioritaire ? On ne le croirait pas. Dans la soirée du 14 juin, à l'heure où Duluc apprend la mise sur pied de son groupement de la bouche du général Laure, le 16^e^ BCC est à Plancher-Bas, au nord-ouest de Belfort. Les R 35 ont parcouru dans la journée plus de 40 kilomètres sur chenilles depuis Wittenheim, près de Mulhouse (et 75 kilomètres la veille). Le 15 à 1 h 15 du matin, les trois commandants de compagnie, le lieutenant Michalet[2], de la « 1 », les capitaines Pinault et de Courcel sont convoqués au PC de Bellanger. Ils reçoivent l'ordre, non pas d'aller sur la Saône mais de se regrouper dans le bois de Frotey, au nord-est de Vesoul[3], où

1. Lettre du 11 février 1981 adressée à l'auteur par le général Duluc retiré à Arès (Gironde).

2. Michalet a été détaché de la « 3 » car il ne reste que deux officiers à la « 1 », le sous-lieutenant Théry et l'aspirant Labbaye. Le sous-lieutenant Legat a été évacué le 11 juin avec une fracture du poignet, le lieutenant de Mesmey le 12 avec un épanchement de synovie et le capitaine Vernoy le 14 avec une bronchite double.

3. L'ordre qui porte le n° 2847 indique comme points de première destination : le bois de Frotey à quatre kilomètres au nord-est de Vesoul pour les compagnies de

l'on procédera aux indispensables révisions et aux pleins de carburant.

Suivons l'itinéraire de la 2e compagnie dont le journal de marche a pu être conservé. Elle arrive à destination le 15 à 11 heures du matin et le capitaine Pinault apprend qu'il est mis à la disposition du II/5e RC Pol. du lieutenant-colonel Henryk Konas, à charge pour lui de trouver celui-ci qui installe son bataillon sur la Saône, quelque part entre Quitteur et Seveux. Pendant que les équipages prennent leur repas et que les mécaniciens s'affairent sur les chars, Pinault, accompagné des lieutenants Bard et Brun, prend sa voiture de liaison et part à la recherche du bataillon polonais. Il pousse jusqu'à la Saône sans rien trouver : la rive gauche est déserte et les ponts sont intacts. C'est en retournant vers le bois de Frotey qu'il rencontre Konas, accompagné d'un officier de liaison français, le lieutenant Pierre Neukomm. Le chef de bataillon polonais effectuait justement sa reconnaissance ; il fixe ses emplacements à Pinault et lui donne des instructions. Le chef de la 2/16e BCC repart pour Vesoul et rend compte au commandant Bellanger avant d'aller enfin donner l'ordre à ses sections de combat de se porter vers la Saône. Les chars partent à 16 heures et s'arrêtent trois heures plus tard le long d'une petite rivière, la Romaine, entre Vellexon et Fresne-Saint-Mamès. On se hâte de les camoufler et la compagnie bivouaque paisiblement, comme si elle était aux manœuvres. Le capitaine Pinault remet l'organisation de la défense au lendemain matin ; pour l'instant, les Polonais ne se manifestant pas, on va essayer de dormir quelques heures.

Lorsque le colonel Duluc arrive à Vesoul, le 15 à 2 heures du matin, il se présente en premier lieu au préfet de la Haute-Saône M. Louis Jacques-Henry [1].

« Il me fait connaître, rapporte Duluc, d'après des renseignements téléphoniques, que rien ne permet de prévoir l'arrivée très prochaine d'éléments ennemis. » Prudent, le préfet aurait ajouté : « Dans la matinée du 15 tout au moins ! »

Cet optimisme repose sur une absence totale de renseignements mais il est faible si on le compare à celui dont fera preuve le commandant Bellanger, du 16e BCC, dans l'après-midi du 15 juin, en adressant le message suivant à ses trois compagnies :

---

combat, les camionnettes, les VTT et les motos. La compagnie d'échelon du capitaine Malabar, l'état-major et tous les véhicules non incorporés à la première colonne iront à Esprels, à 7 kilomètres de Villersexel.

1. Agé de 45 ans en 1940, M. Jacques-Henry, engagé volontaire en 14-18, avait obtenu la Légion d'honneur à titre militaire. Préfet de Vesoul depuis avril 1938, il sera préfet de l'Isère en juin 1941 avant d'être relevé de ses fonctions en janvier 1944 à la demande des autorités allemandes. Duluc souligne son « parfait esprit esprit de totale collaboration » et « l'entrain avec lequel il offre son concours personnel ».

— *D'après renseignements fournis par la VII^e Région, les forces ennemies qui occupent Langres comprendraient :*
— *Sept ou huit chars W 4,*
— *Quatre ou cinq chars W 1 ou W 2*[1].
*Ils ne seraient pas appuyés par des forces importantes.*

Comment un document d'une telle légèreté a-t-il pu être diffusé dans un bataillon de chars sans le moindre contrôle préalable ? D'autant qu'à l'heure où Bellanger se préoccupe des forces ennemies qui sont à Langres, la tête de la *1^re Panzer* a parcouru 55 kilomètres de plus et se prépare à traverser Arc-les-Gray. C'est le principe de la guerre-éclair appliqué à la lettre : « En avant et toujours plus vite ! »

En outre, lorsque Bellanger affirme que la douzaine de chars observés à Langres « ne seraient pas appuyés par des forces importantes », il répète l'erreur du haut-commandement qui sous-estime la puissance de l'adversaire. Le général Prételat, qui commande le groupe d'armées n° 2, est lui-même persuadé qu'il s'agit de « quelques unités blindées aventurées en flèche sur la direction Langres-Besançon[2] ». Quelques unités blindées ? Le *Kampfgruppe* de l'*Oberst* Krüger ouvre la route à la *1^re Panzerdivision* avec automitrailleuses et motos, suivies par trois bataillons (chars, motocyclistes et infanterie portée) et un groupe d'artillerie qui sera renforcé par deux autres dans la soirée du 15 juin.

Les chasseurs du 6^e Pyrénéens qui descendent des camions dans la matinée du samedi 15 juin et remettent sac au dos pour gagner leurs emplacements, se sentent dépaysés. La veille, les trois compagnies s'échelonnaient entre les cols de Sainte-Marie, du Bonhomme et de Luschpach, une région montagneuse et boisée qui leur rappelait leur province d'origine. Les voici maintenant dans une région de basses terres, parcourue de ruisseaux, semée d'étangs et de marécages. Après une nuit en camion, ils ne sont pas très gaillards mais ils se plient sans rechigner aux exigences de la situation. Habitués à la majesté et au silence des cols vosgiens, ils sont surpris par l'encombrement des routes et aussi par l'atmosphère de panique régnant chez les militaires et les réfugiés qui parlent avec terreur « des avions italiens mitraillant tout ce qui se déplace ».

Après avoir établi son PC à Champtonnay, à 10 kilomètres au sud-est-

1. Bellanger parle du PKW 4 (*Panzerkraftwagen 4*) plus connu sous le nom de *Panzer IV* armé d'un 75 court et d'une mitrailleuse de capot. Le *Panzer I* a deux mitrailleuses jumelées sous tourelle et le *Panzer II* une pièce de 20 mm avec mitrailleuse jumelée au canon.

2. Prételat a écrit cette phrase après la guerre car le 15 juin 1940 c'est la direction Langres-Vesoul-Belfort qui est considérée comme la plus dangereuse par le général Laure et le commandant du GA 2.

de Gray, le commandant Paul Marty monte dans sa voiture et se prépare à contrôler sur place l'installation de ses compagnies. La « 1 » du capitaine Déclareuil est au nord, à Rigny, où une passerelle métallique à voie unique enjambe la Saône, et à Prantigny où le pont est à la sortie du village.

« Avez-vous pris la liaison avec des Polonais qui doivent se trouver sur votre flanc droit ? demande Marty.

— Nous n'avons vu personne, ils ne sont peut-être pas encore arrivés » répond Déclareuil.

Les Pyrénéens n'ont pas fait de grands efforts pour prendre la liaison car ils ont, à la sortie de Gray, une compagnie du 401e régiment de pionniers, la « 2 » du capitaine Copain[1]. Les pionniers connaissent bien le secteur car ils travaillent dans les forêts voisines depuis le mois de février et tous les officiers ont eu un billet de logement à Gray.

« A 11 h 30, écrit l'aspirant Lalau, renseignés par la radio, nous croyons avoir largement le temps de déjeuner, les informations donnant l'ennemi à 112 kilomètres de Gray. »

Trois jours plus tôt, le sous-lieutenant Carton a découvert, dit-il, « une vingtaine de fusils-mitrailleurs, et 20 000 cartouches dans un magasin de la caserne des Gardes », ce qui a permis d'augmenter sérieusement le potentiel de feu de la compagnie dont l'armement était très insuffisant.

Au 6e Pyrénéens, la 3e compagnie du capitaine Laffont est installée au point sensible puisqu'elle tient sous la menace de ses armes l'accès des ponts de Gray. Elle dispose des deux canons de 37 du bataillon mais n'a aucune liaison avec le détachement de gendarmes haut-marnais du commandant Delmas. La plupart de ceux-ci ont pris position près des grands moulins et surveillent le barrage de la rivière. Deux sections de Pyrénéens de la compagnie Laffont ont été détachées au pont d'Apremont, à huit kilomètres au sud de Gray. La « 2 » du lieutenant Trémosa est isolée à Pontailler et au bac d'Heuilley, sans aucune liaison latérale. Avec son bataillon éclaté, le commandant Marty défend les principaux points de passage et lance des patrouilles légères entre les compagnies. Que peut-il faire d'autre avec un front de 33 kilomètres à défendre ?

Arrivés de Besançon, les sapeurs se sont mis au travail et placent les charges explosives qui permettront de détruire les ponts de la Saône. La rivière, qui mesure 80 à 100 mètres de large et ne comporte aucun gué, est le seul obstacle capable d'arrêter la *1re Panzer* mais le colonel Duluc, sans toutefois s'étendre sur le sujet, reconnaît que tous les passages ne sont pas coupés : « Quelques rares ponts d'importance secondaire n'ont

1. Le capitaine Copain est directeur d'école à Roubaix, le lieutenant Allaert est avocat à la cour d'appel de Douai, l'aspirant Lalau est de Lille, et les 120 hommes de la compagnie sont tous originaires du Nord.

pu être détruits, le personnel qualifié n'ayant pu suffire à toutes les tâches. » Le lieutenant Cournault, officier de liaison au I/5e RC Pol. rapporte de son côté que certains ponts n'ont pas été détruits « par manque d'explosifs[1] ».

Refoulé par l'avance allemande, le flot des réfugiés et des convois militaires ne tarit pas, ce qui finit par inquiéter le commandant Marty. Cette masse de non-combattants ne va-t-elle pas gêner ses chasseurs lorsque l'ennemi se présentera ? A Gray, le lieutenant Lassaigne, qui commande une section de voltigeurs, a posé la question au lieutenant Riandey dont le canon de 37 et les mitrailleuses sont braqués sur l'accès au pont de Pierre : « Si des motocyclistes boches se mêlent aux réfugiés, qu'allons-nous faire ? »

Riandey a réfléchi avant de répondre d'une voix paisible : « Notre meilleur atout pour arrêter l'ennemi sera la destruction du pont. A nous de faire en sorte que des femmes et des enfants ne traversent pas quand il sautera. »

A 10 heures du matin, le chargement du pont de Pierre est loin d'être terminé mais un officier du génie a promis au capitaine Laffont que les travaux seront achevés à midi. Il tiendra parole et Laffont donnera un ordre complémentaire au lieutenant Lassaigne : « Les mèches des charges explosives doivent être raccourcies pour que la mise à feu ait lieu dès que le premier char franchira le passage. »

Impressionnés par les récits des réfugiés beaucoup de Graylois ont rassemblé un maigre bagage et, en voiture pour « ceux qui ont des moyens », à bicyclette et à pied pour les autres, ils ont pris la route de l'exode. Le sénateur-maire, M. Moïse Lévy, est resté. A l'Hôtel-Dieu, le médecin-lieutenant Neumand ne s'est pas posé la question. Avec ses officiers, Kueny et Ruyer, il s'efforce de ne pas se laisser déborder par l'afflux de voitures sanitaires qui manœuvrent dans la cour de l'hôpital depuis le 14 au matin.

« Beaucoup de blessés viennent directement des premières lignes, raconte Neumand dans ses carnets, avec de simples pansements individuels, refoulés par les hôpitaux auxquels ils se sont présentés. A 20 heures, nouvelles sanitaires avec des blessés non opérés ni pansés chirurgicalement. Certains avec trente-six heures de garrot par fil de fer ou ficelle. Les arrivées se succèdent toute la nuit jusqu'à 3 heures du matin. »

Le premier chantier opératoire du 14 juin a duré de 14 à 19 h 30. Une

1. En septembre 1983, l'auteur a séjourné au château-hôtel de M. et Mme Maupin et, de la fenêtre de sa chambre, il apercevait la passerelle à voie unique de Rigny qui a survécu à 1940 et 1944.

heure plus tard, Neumand et son équipe étaient de nouveau en salle d'opérations. Ils y passeront la nuit jusqu'au 15 juin à 7 h 30. L'hôpital étant plein, Neumand tente, en vain, de téléphoner au médecin-chef de la Place de Gray puis au médecin des Étapes pour en obtenir des instructions. Il appelle finalement la direction du service de Santé de Besançon... qui « lui promet une réponse dans un quart d'heure ». Il l'attendra longtemps. Il décide de mettre les blessés légers déjà traités dans les sanitaires envoyées à vide sur Dijon. 55 blessés sont évacués de cette façon. Et un troisième chantier opératoire reçoit d'autres malheureux arrivés entre-temps. Il va durer quatre heures, jusqu'à 12 h 30. Épuisé, Neumand ne prend pas le temps de se restaurer et monte voir le médecin-chef de la Place. Les médecins militaires et les infirmiers de l'HOE. 17 qui lui ont été envoyés en renfort dans la matinée ont reçu l'ordre de partir. Le chirurgien et le médecin civil de l'hôpital sont allés « évacuer leur famille ». Neumand exige des instructions. Il ne peut pas continuer à entasser des blessés dans les couloirs. La réponse du médecin-chef de la Place le sidère.

« Il me dit textuellement, écrit Neumand : “ Si nous attendons des ordres, nous sommes faits comme des rats. Attends mes consignes et, au dernier moment, on f... le camp avec nos voitures ! ” Je lui réponds : “ Et les blessés ? ” Il me regarde : “ Tu n'as qu'à désigner un infirmier pour les garder et les remettre aux Allemands [1] ”. »

Neumand demande un ordre écrit — qu'il n'obtient pas — et fait savoir que l'infirmier désigné, ce sera lui car, dit-il « je ne me sens pas capable de partir en abandonnant un de mes hommes ».

Profondément heurté dans ses convictions, il prend congé et regagne l'Hôtel-Dieu : « J'aperçois à cette occasion, écrit-il, la file ininterrompue de réfugiés, de voitures militaires, pêle-mêle, des soldats, des officiers fuyant par tous les modes de transport possibles. On m'assure que ce défilé dure sans interruption depuis la veille au milieu de l'après-midi. »

Le médecin apprend aussi qu'un bombardement aérien a eu lieu dans la matinée à quelques kilomètres de Gray. De la salle d'opérations, il n'a rien entendu.

Si les réfugiés — et même les militaires — voient des avions italiens partout, la *Luftwaffe* agit comme si elle avait reçu l'ordre de créer affolement, confusion et encombrement devant le groupement Gudérian en déroulant un tapis de bombes sur les itinéraires affectés aux

1. La Convention de Genève du 27 juillet 1929 prévoit dans son article premier que « le belligérant, obligé d'abandonner des blessés ou des malades à son adversaire, laissera avec eux, autant que les exigences militaires le permettront, une partie de son personnel et de son matériel sanitaires pour contribuer à les soigner ».

*Panzerdivisionen.* Les Allemands cherchent à désorganiser les mouvements de troupes, à couper les voies ferrées de façon à bloquer les trains, à interdire les grands carrefours routiers à la circulation. Cependant, au-delà des attaques aériennes qui vont se multiplier, en particulier dans la traversée de la Haute-Saône, les 15 et 16 juin, il apparaît que les raids aériens, en plus de leur objectif tactique, ont aussi pour but de briser le moral déjà fortement ébranlé, des militaires et des civils français. A Aillevillers les *Stukas* incendient un train de munitions dont les wagons explosent en gare, réduisant les bâtiments à un assemblage de poutrelles noircies. A Auxonne, à Jussey, à Villers-les-Pots, les bombardiers attaquent... A Saint-Jean-de-Losne, leurs projectiles atteignent un train de réfugiés à l'arrêt, à Combeaufontaine, sur la RN 19, le bombardement provoque la mort de huit soldats et de vingt-six civils. A Ouge, à 30 kilomètres à l'est de Langres, les avions piquent sur un autre train de réfugiés et le résultat est catastrophique : 42 victimes civiles dont 9 enfants et adolescents [1]. Un spectacle insoutenable pour ceux qui l'ont vécu !

Il s'agit pour les Allemands de frapper les esprits, de saper la volonté des militaires qui veulent leur résister et de rendre l'exode plus insupportable aux civils. Ils montrent leur force brutale pour faire comprendre que rien ne peut arrêter leur puissante machine de guerre, même si cette pression psychologique doit s'accompagner d'atrocités comme le massacre de civils non-combattants. Le bombardement de Ouge a-t-il facilité l'avance de la *20^e^ Mot. Division* sur la RN 19 située à quelques kilomètres de la localité ? Il est impossible de le croire. D'autant que si une attaque aérienne ne choisit pas toujours ses victimes, les mitrailleuses de tourelle ou de capot d'un char sont plus précises. Or, nous allons le voir, les premiers éléments de la *1^re^ Panzerdivision* appliquent les méthodes de la *Luftwaffe* et répandent la terreur en déclenchant volontairement de véritables « tirs à tuer ».

***

Le général Maurice de Courson de la Villeneuve aura 61 ans au mois d'août. Des chasseurs d'Afrique aux hussards en passant par les spahis, toute sa carrière s'est effectuée dans la cavalerie. En 1929, il a même

1. René Gaudron, 17 ans, Roger Biget, 16 ans, Jacqueline Meyer, 10 ans, Jeannine Genonceau, 14 ans, et sa sœur Michelle âgée de 3 ans, Jean Materne, 4 ans, Arlette Bentz, 2 ans, Monique Joniaux, 6 ans, et son frère Henri, 12 ans. Selon M. Pierre Lavocat, de Ouge, arrivé l'un des premiers sur les lieux, « quatre wagons de cadavres ont été décrochés du train et laissés sur place. Les corps ont été enterrés le long de la voie, et c'est en 1941 qu'ils ont été identifiés en présence du maire, M. Alfred Martin, et inhumés dans les cimetières de Ouge et Montesson » (lettre du 12 octobre 1983 adressée à l'auteur).

commandé le prestigieux 1er régiment étranger de cavalerie. En août 1938 il a pris sa retraite mais, un an plus tard, il fut rappelé à Lunéville d'où il exerce son commandement sur quatre dépôts de cavalerie, le 7e de Vesoul, le 8e de Beaune, le 40e de Baccarat et le 20e de Lunéville. Dans le cadre de l'ordre de décrochage général des armées signé par Weygand le 12 juin, les dépôts doivent partir vers le sud mais, comme beaucoup de grands services, ils manquent de moyens de transport rapides et la réquisition ne donne que de maigres résultats. Le DC 8 (dépôt de cavalerie nº 8) dont les éléments motorisés sont à Troyes, est parti le 13 juin mais, sept jours plus tard, le lieutenant-colonel Serge Besnier et ses officiers, les capitaines de Persan, Collin, Reynaud, Dupeux et le lieutenant Barbarant seront faits prisonniers près de Saint-Rémy-sur-Durolle (Puy-de-Dôme). Le DC 7 du colonel de Contenson part de Vesoul dans l'après-midi du 14 et, grâce à des autocars et des camions réquisitionnés, et aussi les 105 kilomètres en vingt-huit heures imposés aux 56 chevaux du peloton monté, parvient à traverser la zone dangereuse. Il s'arrêtera le 23 juin à La Bastide-Saint-Pierre, près de Toulouse. Le DC 20 du colonel d'Hausen et le DC 40 du lieutenant-colonel Isch ont reçu l'ordre du général de Courson de se mettre en marche dans la soirée du 14 juin. Le droit de réquisition temporaire ne donne les résultats escomptés ni à Lunéville ni à Baccarat et ce n'est que le 15 à l'aube que le lieutenant-colonel Louis Isch fait partir, en automobile, son détachement précurseur : le commandant Quincampoix, les capitaines Gilbert et Larivière, le lieutenant Suddour. La colonne auto est placée sous les ordres du capitaine Aumont, Isch prenant le commandement des cavaliers et des hommes à pied. Un élément postcurseur est confié au capitaine Nicolier. A 8 h 30, Isch est à Girecourt-sur-Durbion, à 16 kilomètres au nord-est d'Épinal, lorsque la Peugeot du général de Courson s'arrête à sa hauteur. Parti le dernier de Lunéville, le général a vu passer la colonne du DC 20, et celle du DC 40 lui fait bonne impression.

« La marche des différentes colonnes s'effectue normalement ! » dit-il à Isch qui le note dans le journal de marche sans se douter qu'il ne reverra pas vivant son supérieur.

Dans l'immense vague de la retraite des armées de l'est, le lieutenant-colonel Isch a failli rencontrer son fils François, médecin-auxiliaire au PSSK (Poste de secours de Strasbourg-Koenigshoffen) installé depuis le début de la guerre au couvent des Capucins de Koenigshoffen et dirigé par le Dr Pfister. Le 14 juin, cette formation a reçu l'ordre de gagner Contrexéville dans le cadre du repli du service de Santé de la 20e Région. Isch est parti avec Pfister dans la voiture personnelle de celui-ci mais ils perdent la colonne du PSSK en cours de route et après une nuit passée à Contrexéville, se dirigent cette fois sur Dijon. C'est dans la matinée que la route du père et celle du fils se coupent. Le lieutenant-colonel voit le général de Courson à 8 h 30 et, curieusement, le jeune médecin auxiliaire, dont la voiture a dû obliquer vers le sud avant Bourbonne, se retrouve au début de l'après-midi derrière la Peugeot du général.

« La route venant de Langres était déserte, se souvient-il et, à ce moment-là, nous avons été dépassés par une voiture militaire avec une plaque à deux étoiles qui remontait la colonne dans laquelle nous étions englués. Mon ami Pfister s'est mis à la suivre et, vers 14 h 30, nous étions enfin à l'entrée d'Arc-les-Gray[1]. »

Outre son chauffeur, le général de Courson a dans sa voiture le capitaine Florent et son officier d'ordonnance, le capitaine Dupuy. On ignore pourquoi la Peugeot a changé de direction car, depuis Girecourt, sa route normale traversait Épinal, Luxeuil, Vesoul et filait sur Besançon. Elle a au contraire obliqué vers le sud-ouest, ce qui va l'amener inévitablement à couper l'itinéraire de la *1^re^ Panzerdivision.* Vers 12 h 30, la voiture des trois officiers est prisonnière d'un immense convoi où véhicules militaires et civils s'enchevêtrent sur plus de 8 kilomètres en direction d'Arc-les-Gray. C'est dans cette localité que se situe le bouchon, les colonnes venant de Langres se heurtant à celles qui arrivent de Combeaufontaine, chaque conducteur essayant de forcer le passage pour franchir le pont de Pierre de Gray[2]. Avançant par à-coups, au pas, la Peugeot met plus de deux heures pour franchir les huit kilomètres qui la séparent du carrefour. Vers 14 h 30 peut-être un peu plus tard, elle est enfin à Arc-les-Gray mais la pagaille dans la circulation est telle que les colonnes semblent paralysées. Un avion allemand effectue un passage à basse altitude et mitraille la longue file engagée sur le pont de Pierre-de-Gray.

Selon le médecin-auxiliaire Wittlin, qui vient de Gérardmer avec le convoi de l'ACL 418 (Antenne chirurgicale légère) l'avion — ou les avions — aurait également lâché des bombes de petit calibre. Wittlin était dans un camion avec le lieutenant-dentiste Villeneuve, l'adjudant Leclet et environ 40 hommes. Le véhicule a perdu le convoi du médecin-capitaine Ribat et, tombé en panne, a été remplacé par un autocar « rencontré vide sur la route[3] ». Wittlin et le caporal Iltis ont poursuivi à pied avec les hommes qui n'avaient pas pu prendre place dans l'autocar et c'est dans cet équipage qu'il atteint le carrefour d'Arc-les-Gray

1. Lettre du 13 février 1984 adressée à l'auteur par le Dr François Isch, de Strasbourg.

2. Selon le commandant Magnenville et le capitaine Griveau, le général de Courson devait les retrouver à Dijon. Il ne devait donc pas traverser le pont de Pierre mais emprunter la RN 70 par Mantoche et Mirebeau.

3. M. Félicien Wittlin a rédigé son rapport le 15 mars 1941 à Pont-de-Beauvoisin (Savoie) où il avait épousé en 1933 la fille d'un industriel, M^lle^ Germaine Lapp.

complètement paralysé. Wittlin ignore qu'il est à moins de trente mètres du général de Courson.

Devant le désordre, le général donne l'ordre au chauffeur de déboîter et d'essayer de gagner du terrain. Brutale, une longue rafale de mitrailleuse cingle le véhicule. Né à Bordeaux en 1901, le capitaine Pierre Dupuy est tué sur le coup. Une balle traverse le képi kaki du général et trace un sillon sanglant au sommet du crâne ; blessure spectaculaire mais sans gravité. Le chauffeur a une balle dans l'épaule. Trois automitrailleuses de l'avant-garde du *Kampfgruppe* Krüger sont arrêtées à 200 mètres du carrefour et observent, ouvrant le feu sur les véhicules militaires repérés. Des motocyclistes patrouillent dans les rues, montant sans hésiter sur les trottoirs où se reposent des réfugiés épuisés lorsque la chaussée devient impraticable. La voiture qui précède celle du général de Courson abrite un officier des transmissions de la IIe armée, le capitaine Bernard. Atteinte par des projectiles, elle commence à brûler et les officiers s'écartent du brasier pour se réfugier dans la maison d'un négociant en vins, M. Billard.

La voiture dans laquelle se trouvent le Dr Pfister et le médecin auxiliaire Isch a réussi à tourner en direction de l'embranchement de la route de Champlitte.

« Aussitôt, raconte Isch, nous avons aperçu un char allemand arrêté au croisement qui tirait sur les voitures lorsque celles-ci sortaient du virage. »

Les deux hommes n'attendent pas de voir leur véhicule transformé en écumoire ; ils s'éloignent à toutes jambes, l'un vers la gauche, l'autre vers la droite.

« Les Allemands patrouillaient déjà et, après une centaine de mètres, je me suis fait tirer dessus, dit encore Isch. Entendant les balles s'écraser sur des pierres dans le champ où je m'étais couché, je suis resté sur place jusqu'à ce que deux soldats allemands viennent me relever. »

François Isch ne le sait pas encore : il vient d'échapper à un véritable massacre.

A quarante mètres à peine, la voiture conduite par l'abbé Thiry est arrêtée elle aussi. Cousin du chauffeur, le lieutenant Tresse commence à craindre de ne pas arriver à Dijon le 15 juin comme il l'a envisagé. Affecté au contrôle postal, il était la veille encore, hospitalisé à Saverne [1]

1. Pierre Tresse est né le 8 novembre 1890 à Nancy où il était industriel. Quatre fois blessé en 14-18, il a fait toute la guerre avec le 26e RI et son hospitalisation à Saverne pour une paraphlébite était la conséquence des blessures reçues aux jambes vingt-cinq ans plus tôt.

lorsque le médecin-chef lui a dit : « Nous avons l'ordre d'évacuer. Vous partez avec nous en ambulance ou je vous signe une convalescence ? »

Tresse a opté pour la convalescence avec l'idée de rejoindre son unité qui, lui a-t-on dit, s'est repliée sur Dijon. Un taxi a accepté de le conduire, à ses frais, jusqu'à Diarville, à une douzaine de kilomètres au nord de Mirecourt, où demeure son cousin, l'abbé Thiry. Celui-ci a bien voulu se charger d'amener l'officier à bon port mais l'embouteillage est tel que l'avenir du voyage est sérieusement compromis. Au milieu des cris de femmes et des enfants, les rafales de mitrailleuses augmentent d'intensité. L'encombrement exaspère les Allemands dont les blindés se trouvent eux aussi bloqués. Un char léger ouvre délibérément le feu sur un autocar civil d'où l'on retirera 8 morts dont une mère de famille et ses 4 enfants, originaires de Neuves-Maisons (Meurthe-et-Moselle)[1]. Des militaires français isolés réagissent et ouvrent le feu, ce qui crée une situation dangereuse pour les civils couchés par terre ou enfermés dans leurs voitures. Originaire de Stainville (Meuse) le Dr Bruneval écrit : « Me trouvant sur le trottoir, à une quinzaine de mètres du carrefour tenu par les chars allemands, à côté d'une voiture criblée de balles qui nous avait servi de refuge, j'ai été cueilli, seul indemne, au milieu de mes sept compagnons tous tués ou blessés[2]. »

Les *Schützen* de l'*Oberstleutnant* Balck sont d'autant plus furieux qu'ils essuient des pertes. L'*Oberschutze* Loster et le *Feldwebel* Poosch trouvent la mort avenue Jean-Jaurès ; un officier, le *Leutnant* Gert Raabe, est tué dans la tourelle de son char qui traversait l'avenue Charles-Couyba. Une dizaine de blessés sont brancardés au poste de secours avancé et les Allemands tirent par chargeurs entiers sur tout ce qui est kaki. Le lieutenant Tresse, qui est descendu de la voiture de l'abbé Thiry, fait quelques pas en direction d'un groupe d'officiers français. Il est en képi et son pistolet est dans son étui mais un *Schützen* l'aperçoit et l'abat sans sommation d'une balle dans la tête[3]. Le capitaine René Vaillant puis le lieutenant Maxime Santigny trouvent, eux aussi, la mort dans les mêmes ignobles conditions. Un sous-officiers d'artillerie, Louis Marinier, tire au fusil-mitrailleur depuis la ferme de M. Émile Finot. Un *Stosstrupp* donne l'assaut, le tue sur son arme et incendie le

1. Il s'agit de Mme Marie Boesch, née Guyot, et de ses enfants : Eugène, 18 ans, Pierre, 9 ans, André, 5 ans, Roland, 3 ans. Outre M. Charles Nicolas et Mme Julie Lelièvre, un bambin de 6 ans, Jean-Marie Reignier, a également trouvé la mort dans le car. Lorsqu'il dressera la liste des victimes, le 17 février 1943, le maire-adjoint d'Arc-les-Gray, Léonce Amiot, écrira courageusement : « Mitraillés par un tank allemand. »

2. Lettre du 25 septembre 1940 adressée par le Dr Bruneval à la comtesse Maurice de Courson de la Villeneuve.

3. « Mon père n'a pas été tué en combattant, confirme Geneviève Tresse, de Nancy. Il a été abattu d'une balle dans la tempe. S'il avait été dans une unité de combat, il aurait porté un casque. » (lettre du 12 décembre 1983 adressée à l'auteur)

bâtiment à la grenade. Six autres soldats seront découverts dans les rues d'Arc-les-Gray, morts en combattant ou tués parce qu'ils portaient un uniforme kaki [1].

La tragédie n'est pas achevée car le général de Courson, pansé par Mme Billard, et en dépit des objurgations du capitaine Florent, sort de la maison « pour se rendre compte de la situation ». Il n'a pas fait dix pas que des armes automatiques se braquent sur lui.

« Kamerad ? » suggère une voix gutturale.

Dans la seconde qui suit, le général de Courson joue son destin. La vie ou la mort. Délibérément, plutôt que de lever les bras, il choisit la mort.

« Non ! » fait-il en portant la main à son étui à pistolet.

Une brève rafale l'abat à bout portant. Le tireur n'a pas essayé de viser les jambes et de capturer le général blessé mais vivant. Il a ouvert le feu pour tuer. Un ouvrier des établissements Costes-Caumartin, M. Louis Ravillon, 50 ans, a assisté à la scène depuis l'entrée de l'usine. Il proteste contre ce qui ressemble plus à un assassinat qu'à un combat loyal. Un *Schützen* se tourne vers lui et presse la détente de son arme [2]. Ravillon meurt en quelques secondes. Soupçonnant la maison Billard d'abriter des officiers français, les Allemands y pénètrent et, toujours sans sommation, grenadent le rez-de-chaussée. Le pharmacien auxiliaire Maurice Pitoux, qui pansait des blessés, est tué par des éclats ainsi que deux femmes, Mmes Marie Hanriquel, 48 ans, et Marguerite Claude, 42 ans. Atteint au visage, le capitaine Florent lève les bras. Les tirs diminuent, le calme se rétablit peu à peu. Des brancardiers de la *1re Panzer* et des volontaires civils cherchent les blessés qui appellent ou qui gisent, inanimés, au milieu des voitures enchevêtrées. Aidé par de jeunes médecins prisonniers [3] que les Allemands ont amené là, le Dr Wittlin arrache les volets de bois d'une maison voisine et les utilise pour transporter les blessés les plus proches dans une grande cuisine qui devient poste de secours.

« Mon brassard de sanitaire nous ouvrait le passage, raconte Wittlin. Bientôt, 11 blessés furent regroupés, des infirmiers et même une infirmière, elle-même atteinte à l'épaule, vinrent nous aider. Comme je parlais allemand, un *Hauptmann* nous autorisa à continuer et me chargea de la sépulture des militaires français. »

Le général de Courson et le capitaine Dupuy seront inhumés dans la cour des établissements Costes-Caumartin par une équipe sanitaire

1. Bordet, Fournier, Lardet, Marchand, Schmitt et Gustave Vaillant.

2. Une explication à la folie meurtrière des Allemands : le *Leutnant* Raabe, qui vient d'être tué, est le septième officier du *Panzer Regiment 1* mort au combat en SIX jours. Avant lui sont tombés le *Hauptmann* Dr Hühne, l'*Oberleutnant* Kirn et l'*Oberleutnant* von Hoeschlin, et trois *Leutnants :* Stodieck, John et von Zitzewitz.

3. Parmi eux, François Isch, de Strasbourg et Jean Gourgues, retiré à Bordeaux.

dirigée par le Dr Wittlin, en présence de l'abbé Millet, curé d'Arc-les-Gray, de M. Faucompré, juge au tribunal civil de Gray et de l'abbé Legrand. La citation qui sera décernée au général Maurice de Courson de la Villeneuve se termine ainsi : *Bien que ne disposant d'aucune troupe et se trouvant seul en face d'Allemands qui le sommaient de se rendre, a refusé, préférant la mort à ce geste humiliant.*

De Courson est le douzième général français tombé au feu en 1939-1940, ce qui prouve que, contrairement à la légende, tous les généraux ne meurent pas dans leur lit[1].

A l'hôpital de Gray où l'équipe chirurgicale Neumand-Kueny-Ruyer s'est remise au travail à 13 heures, l'écho de la fusillade et de la canonnade est très violent entre 14 h 30 et 15 heures.

« A 15 h 15, note le Dr Neumand, une violente explosion parmi les autres. L'hôpital est fortement ébranlé. Toutes les lumières s'éteignent. Nous pensons que le pont de Pierre vient de sauter. »

En effet, le pont reliant Arc-les-Gray à Gray vient d'être détruit et, à l'hôtel de M. et Mme Dodet comme aux fenêtres des maisons de la place du 4-Septembre, toutes les vitres ont été soufflées par la déflagration qui fait une victime, M. Lorique, tué par un bloc de pierre. Le pont suspendu et le pont du chemin de fer sautent quelques instants plus tard. Au 6e Pyrénéens, les témoignages varient et situent la prise de contact entre 14 et 15 heures. Le commandant Marty indique : 14 h 05. Le lieutenant Naudy : « A 14 h 10, deux avions mitraillent les deux rives de la Saône et des véhicules légers se présentent devant le pont de Pierre. »

Le lieutenant Riandey, dont les mitrailleuses sont braquées sur les accès au pont de Pierre, rapporte qu'il a ouvert le feu à 14 h 30. Au pont de la voie ferrée, le sous-lieutenant Galéano déclenche ses premiers tirs à 14 h 30 également. « Vers 15 heures, ajoute-t-il, des chars légers tirent sur nos emplacements depuis la rive droite. Le canon de 37 est détruit et le chef Lambignère est tué. »

Le lieutenant Lassaigne confirme de son côté l'intervention des appareils de la *Luftwaffe* : « Vers 15 h 30, des motocyclistes ennemis se montrent dans les rues d'Arc-les-Gray et un avion nous mitraille à basse altitude. Des chars légers arrivent... »

Alertée à temps, la 2e compagnie du 401e Pionniers a pris position le long de la Saône.

« La section du lieutenant Carton est à gauche, en liaison avec une

1. « Vainqueur » du général de Courson, l'*Oberstleutnant* Hermann Balck commandera en 1945 un groupe d'armées (*6e armée allemande, Ire et 3e armées hongroises*). L'auteur l'a retrouvé en 1980 alors qu'il venait de publier le tome II de ses mémoires : *Ordnung im Chaos*. Il est décédé au mois de novembre 1982... dans son lit.

compagnie du 6e Pyrénéens, écrit l'aspirant Lalau, je suis au centre et le lieutenant Allaert à droite. Plus loin, personne, nous sommes à l'extrême limite du dispositif. »

Réduite d'abord à quelques coups de feu, la fusillade se fait plus nourrie. Les gendarmes des grands moulins, les chasseurs pyrénéens et les pionniers brûlent de la poudre mais leur feu est décousu et l'absence d'armes lourdes rassure les Allemands qui arrosent les emplacements repérés à coups de *minen.* La situation du groupement Duluc est fortement compromise puisque l'ennemi est devant Gray alors que le général Laure l'attend à Port-sur-Saône... où il ne se passe rien. Le GR polonais n'est pas encore arrivé, ni les chars du 16e BCC. Le lieutenant Bouchière, officier-adjoint de Duluc, ne dissimule pas la faiblesse du dispositif en place : « Le 15 au matin, écrit-il, une couverture est en place sur la Saône mais ce n'est que dans l'après-midi que l'ensemble des unités seront sur leurs emplacements de combat. »

Bouchière est optimiste : à l'heure où le combat s'engage d'une rive à l'autre devant Gray, les trois compagnies du 16e BCC attendent un ordre de départ sous les couverts du bois de Frotey, près de Vesoul. Nous avons vu que la 2/16e BCC du capitaine Pinault bivouaquera dans la soirée près de Vellexon. Pinault ne manifestera aucune inquiétude et personne ne lui dira que la *1re Panzer* est à Gray, à une vingtaine de kilomètres de ses propres chars.

Depuis Arc-les-Gray, l'avant-garde de l'*Oberstleutnant* Balck ne ménage pas ses munitions et, après les *minen,* ce sont des obus d'un groupe d'artillerie qui s'abattent sur la ville. Le *I/AR 73* tire aussi sur le petit terrain d'aviation de Gray, et sur les locomotives des trains qui ont pu traverser Arc-les-Gray avant l'apparition des premiers blindés et roulent en direction du sud, vers Mantoche [1].

Sous le bombardement, la ville subit d'importants dégâts : plusieurs maisons de la place du 4-Septembre, proche du pont de Pierre détruit, commencent à brûler ; l'hôtel Dodet est en feu et le clocher de la basilique Notre-Dame ressemble à une énorme torche enflammée dominant les toits. Dans moins d'un quart d'heure, le clocher va s'écraser au sol avec les cloches en partie fondues. Le presbytère, la sous-préfecture et les maisons Billardet, Boivin et Gavoille sont également atteints par le feu. Au mousqueton, les gendarmes haut-marnais embusqués près des grands moulins, tirent sur les blindés. Le gendarme Duvaux, de Langres, est tué mais la brigade de Fayl-Billot va payer le tribut le plus élevé : le chef Marcel Henry et deux de ses gendarmes,

1. Dans la soirée du 15, deux autres groupes d'artillerie, le *II/AR 3* et le *II/AR 56* rejoindront le premier et déclencheront des concentrations de tirs sur Mantoche, Apremont et la route de Besançon.

Bouchacourt et Bouchenart, trouvent la mort au cours du combat. Un troisième, Marie Roussel, est projeté en l'air par l'éclatement d'un obus qui le défigure.

« Un éclat lui a traversé la tête, mutilant au passage l'oreille, la mâchoire, le nez et arrachant l'œil gauche, écrit M. Louis Chardin. Un autre éclat a été arrêté par son livret militaire, dans la poche de sa vareuse[1]. »

On le croit mourant mais on le transporte néanmoins à l'Hôtel-Dieu où le Dr Neumand a fait installer un poste de secours dans les abris. Halgy, Peupette, Bossuel, Oudot et d'autres infirmiers se portent volontaires pour aller relever les blessés sous les tirs aveugles de l'artillerie allemande. Dans la salle Saint-Martin dont les fenêtres tremblent à chaque explosion, deux religieuses, sœur Valérie et sœur Humbert, sont restées au chevet d'un lieutenant d'infanterie coloniale, mortellement blessé et intransportable[2]. L'éclatement d'un obus les couvre de morceaux de verre et de plâtras mais elles demeurent en prière de chaque côté du lit. Bientôt, les *minen* creusent de petits cratères dans la cour d'honneur, ce qui n'empêche pas deux jeunes filles de la traverser vers 17 heures et de demander avec insistance « le médecin-chef ». Elles apportent un message de M. Lévy, sénateur-maire, qui signale le départ de tout le personnel médical de l'hôpital complémentaire[3] où une dizaine de blessés graves ont été abandonnés. Les jeunes filles ont été alertées par leurs cris et sont allées prévenir M. Lévy. Le Dr Neumand envoie Kueny sur place. Il trouvera les blessés, les uns dans la cave, les autres dans leur lit. Deux d'entre eux sont décédés, un troisième mourra dans la nuit. Lorsque Kueny revient à l'Hôtel-Dieu, la nouvelle qu'il apporte surprend tout le monde : « Les Allemands sont à Gray, des mitraillettes m'ont tiré dessus du haut de la ville. »

Médecins, infirmiers et religieuses demeurent un instant silencieux puis, résignés, reprennent leurs occupations.

Neumand : « Un blessé vient de nous être amené sur une civière improvisée avec une porte. Pendant que Ruyer et moi l'opérons, à la lueur des bougies et des lampes à pétrole, Kueny descend vers le pont

1. Louis Chardin a épousé Colette Roussel, fille du malheureux gendarme. « Le visage affreusement mutilé malgré les soins esthétiques qui lui ont été prodigués, dit-il encore, mon beau-père souffrait en silence, supportant son mal avec beaucoup de courage. Il est décédé à Fontaine-les-Luxeuil, dans la Haute-Saône le 26 septembre 1966 » (lettre du 21 novembre 1983 adressée à l'auteur).

2. Blessé le 14 juin lors des combats livrés par la 6e DIC (Voir *Les combattants du 18 juin,* tome I) le lieutenant Pierre Caperan, du 5e RICMS, s'éteindra le dimanche 16 juin à 19 heures.

3. Selon M. André Fick, l'hôpital complémentaire se trouvait rue Victor-Hugo, dans deux établissements voisins, l'école ménagère et l'Ermitage Sainte-Marie (lettre du 20 octobre 1983 adressée à l'auteur).

prendre contact avec les Allemands et leur dire que nous sommes à notre travail, à l'hôpital. »

L'*Oberstleutnant* Balck a fait patrouiller ses motocyclistes sur la rive droite de la Saône et ceux-ci ont rendu compte que les Français n'étaient pas en nombre et défendaient seulement les points de passage. A 16 heures, les *Pionniers* d'assaut traversaient la Saône à bord de canots pneumatiques et sur des barques laissées imprudemment amarrées le long du quai Vergy. Pendant qu'on travaille à la mise en place d'un va-et-vient destiné à faciliter le passage des blindés légers sur une portière, les premières patrouilles se dirigent vers la partie haute de la ville couronnée de flammes.

A la « 2 » du 401e Pionniers, le lieutenant Allaert s'est plaint au capitaine Copain de « manquer de vues sur l'ennemi » et, sous le feu des chars, il a déplacé sa section jusqu'à la Baignade où, la veille encore, les Graylois s'ébattaient dans la Saône. Les tirs de Allaert sont sans doute efficaces car, aux mitrailleuses adverses, s'ajoute un *37 Pak.* Plusieurs blessés font accourir les brancardiers et Watrelos, de Lille, est tué à son poste. Allaert remplace un tireur au FM grièvement atteint et la fusillade augmente. Un obus de *Pak* coupe à la base un soutènement de béton qui, en tombant, assomme à demi le pionnier Beugnet. Lorsque ce dernier revient à lui, c'est pour gagner en chancelant le poste de secours où la nouvelle qu'il apporte jette un froid.

« Il déclare au capitaine que le lieutenant Allaert a été tué, écrit le sous-lieutenant Carton. Il l'a vu s'effondrer sur son arme, se raidir et ne plus bouger. »

Impressionnés, les hommes de la section Allaert se replient derrière un talus pour échapper au tir meurtrier. L'un d'eux, Duchatelet, un prêtre, tente de s'approcher du corps de l'officier mais des impacts serrés l'encadrent et le contraignent à reculer. L'aspirant Lalau essaie à son tour mais deux balles traversent son casque — sans l'égratigner — et le dissuadent d'avancer davantage [1]. D'ailleurs, le capitaine Copain vient d'apprendre que les Allemands ont traversé la rivière et s'infiltrent dans la ville. Ses munitions se raréfient, il n'est lié à aucune autorité et ne se soucie pas d'être encerclé et fait prisonnier avec ses hommes.

« Préparez-vous au repli direction Besançon ! » dit-il à Carton et à Lalau.

1. Fils et petit-fils d'avocat, Eugène Allaert était lui-même avocat. Agé de 32 ans, il avait fait son service militaire chez les « Diables rouges » du 152e RI de Colmar. Mobilisé en 1939 au 401e Pionniers, il avait demandé à plusieurs reprises à être versé dans une unité combattante.

Vers 17 heures, les Allemands sont devant la Caisse d'Épargne. Des fusées blanches signalent leur avance aux artilleurs qui allongent leurs tirs. Gênés par les incendies et la fumée, laissés sans ordres, les Pyrénéens de la compagnie Laffont vont être pris à revers.

« L'unité qui défendait la ville, écrit le colonel Duluc, attaquée par un puissant groupement de toutes armes, a été rapidement débordée. Gray est perdu, sans que l'ennemi puisse en déboucher, les ponts étant détruits[1]. »

Poussant le gros de son *Kampfgruppe* sur Arc-les-Gray où l'attend l'avant-garde de Balck, l'*Oberst* Krüger a conscience des difficultés de franchissement rencontrées par son subordonné. Harcelé lui-même par le *Kommandeur* de la *1re Panzer* qui a son PC à Oyrières, à 10 kilomètres au nord de Gray, sur la RN 67, il a déjà passé plusieurs messages radio à Balck : « Avez-vous pu vous emparer d'un pont intact ? »

Deux jours plus tôt, Balck a percé le front de la 3e DINA et lancé son avant-garde en direction de Saint-Dizier après avoir mis la main sur le seul pont qui n'avait pas été détruit au nord-est de Vitry-le-François, celui d'Etrepy[2]. Sans le dire, Krüger espère que Balck aura encore un coup de chance mais aux environs immédiats de Gray, les recherches sont vaines. Il y a bien la passerelle métallique de Rigny mais, si elle permet la traversée des motos et des side-cars, il serait imprudent d'y engager les chars. De son PC de Langres, le chef du *39e Korps,* le *General* Schmidt, installé dans la maison du maire « d'où l'on a une vue superbe », pose lui aussi la question : « Avez-vous un pont pour le *1er Panzer Regiment ?* »

Dans la soirée enfin, une patrouille motocycliste signale « un grand pont intact à Quitteur, sur lequel passent d'interminables colonnes françaises, en grande partie hippomobiles. » Depuis Oyrières, le *Major* Wenck, chef d'état-major de la *1re Panzer,* demande une confirmation rapide par reconnaissance aérienne. Vingt minutes plus tard, un *Henschel* transmet le message tant attendu :

« Pont de Quitteur non détruit ! Je répète : pont de Quitteur non détruit ! »

La petite phrase parvient au PC de Balck, s'arrête à celui de Krüger, remonte chez Kirchner à Oyrières et vole jusqu'à Langres où vient d'arriver l'état-major du *39e Korps* qui a passé l'après-midi à slalomer entre les colonnes de la *20e Mot. Division.*

« Pont de Quitteur non détruit ! »

1. Lettre du 11 février 1981 adressée à l'auteur par le général Duluc. C'est l'exemple-type du texte rédigé après coup. Si Duluc l'avait su le 15 juin, comment expliquer son absence de réaction et l'obstination du général Laure à vouloir être fort sur l'axe Langres-Vesoul ?

2. Voir *Les combattants du 18 juin,* tome I : le sang versé (Fayard, 1982).

On étale les cartes sur des tables et l'on cherche cette localité totalement inconnue. Voilà Quitteur ! A une quinzaine de kilomètres au nord de Gray, à quatre ou cinq kilomètres à l'est de Dampierre-sur-Salon. L'ouvrage est situé entre Quitteur et Autet, la voie ferrée passant au-dessus de la route sur un pont de pierre d'une seule arche à la sortie de ce dernier village. Le *General* Kirchner estime qu'il est tard pour passer à l'attaque d'un pont dont on peut supposer qu'il est bien défendu. Il donne l'ordre à l'*Aufklärungs Abteilung* et au bataillon motocycliste *K 1* de se porter vers Dampierre pendant la nuit et de s'emparer du pont de Quitteur le dimanche 16 au lever du jour.

***

Au nord d'Arc-les-Gray occupé par les Allemands, les trains se sont arrêtés, les uns derrière les autres, séparés par des intervalles de cinquante à cent mètres : trains de matériel, trains sanitaires, trains de réfugiés, tous sont logés à la même enseigne : ils ne peuvent plus ni avancer ni reculer. Devant la gare d'Autet, à quelques kilomètres de Quitteur, un convoi d'artillerie est stoppé. Parti de Metz le 14 juin à 7 h 30, il transporte le chef d'escadron Théodet et l'état-major du III/26$^{e}$ RA ainsi que la 7$^{e}$ batterie du capitaine Capelle avec tout son matériel.

« Nous devions arriver vers 15 heures à Gray et y recevoir des ordres pour poursuivre le voyage ou débarquer » rapporte Capelle.

A 15 heures, la rame s'est bien arrêtée mais à Autet et, une demi-heure plus tard, Théodet apprenait par un cheminot que l'ennemi était devant Gray.

« Peut-on repartir vers Vesoul ? » a demandé Théodet.

Le cheminot a levé les bras au ciel : « Il y a plus de 10 kilomètres de trains derrière vous ; je ne serai même pas surpris d'apprendre que les derniers sont encore à Vesoul. »

Le capitaine Capelle décide d'assurer d'abord la sécurité du convoi avec les deux mitrailleuses Saint-Étienne et les quatre FM dont il dispose pour la défense rapprochée. Il est vrai que les « bobards » ont la vie dure !

« Trois parachutistes auraient été vus vers 14 h 30, descendant dans un bois situé au nord d'Autet ! » note le commandant de la 7$^{e}$ batterie à qui Théodet donne l'ordre de débarquer ses matériels. Un travail considérable car le quai de la gare n'est utilisable que sur trente mètres, la tête de rame avec les wagons plats se trouvant au-delà, en pleine voie.

« Descendez en première urgence les chevaux, les caissons et les pièces, dit Théodet à Capelle, et traversez la Saône pour vous mettre en position sur la rive gauche. »

A bicyclette, le commandant du III/26$^{e}$ RA prend la route de Quitteur avec le lieutenant Guy-Grand qui va rechercher une position de tir. Théodet va installer son PC à Quitteur et tenter de joindre Vesoul par téléphone pour susciter des ordres. Le hasard fait bien les choses puisque le colonel Duluc n'a pas d'artillerie. La 7e batterie aura peut-être le temps de barrer la route de Besançon en plaçant ses pièces en antichars sous la protection du 6e Pyrénéens ! A moins que les 75 ne soient affectés au II/5e RC Pol. puisque Quitteur est dans son quartier ! De toute façon les quatre tubes de Capelle constituent un renfort inespéré pour une infanterie qui, pour l'instant, est seule face aux blindés de la *1re Panzerdivision.*

Mettant tous ses artilleurs au travail, Capelle réussit à débarquer deux pièces, puis deux voitures et deux sanitaires. L'opération va s'accélérer lorsque le maréchal des logis Jourd'huy, qui a trouvé un dépôt de traverses de chemin de fer, construit avec les hommes de son peloton une sorte d'assemblage sur lequel il fixe deux portes arrachées à un garage. Placé devant chaque wagon ce pont de fortune permet de descendre les véhicules de la batterie en pleine voie. Inspirés par l'idée, l'adjudant Sinclair et le maréchal des logis Dangoisse scient et clouent pour monter un autre pont de débarquement destiné aux chevaux. Le maréchal des logis Princet et son peloton assurent la défense et la police des abords du train, le lieutenant Bianconi est allé au pont de Quitteur avec un FM et l'aspirant Léonard a constitué un détachement de sécurité avec les deux équipes téléphonistes du groupe. Léonard a armé ses hommes avec une des deux mitrailleuses et... des fusils de chasse que la gendarmerie d'Autet vient de livrer dans une camionnette.

« On apprendra dans la soirée que ces précautions étaient superflues, note Capelle, des éléments polonais gardant les deux rives de la Saône. »

Le train qui précède celui du 26e RA transporte du matériel du génie et Théodet donnera l'ordre à l'officier qui commande les sapeurs de vérifier la chambre de mine du pont de Quitteur — qui n'est pas chargé — et de fournir éventuellement les explosifs nécessaires. La rame qui est arrêtée à cinquante mètres derrière celle des artilleurs est constituée de wagons de vivres. Le chef Guillemin prendra la camionnette qui a apporté les fusils de chasse et la remplira de pain et de conserves prélevés sur les réserves du train de ravitaillement. Les artilleurs sont assurés de ne pas souffrir de la faim !

A 18 heures, les quatre 75 sont attelés et l'officier de tir, le sous-lieutenant Vialatte, leur fait franchir la Saône pour désigner aux chefs de pièce les emplacements choisis entre le pont et Quitteur par le chef d'escadron Théodet. Tous ces mouvements — débarquement et mise en batterie — s'effectuent en plein jour et il est peu probable que les Allemands aient repéré le pont de Quitteur avant que soient achevés la mise en place et le camouflage de la 7/26e RA. Sinon, l'ennemi aurait sans doute fait appel à son aviation. A 21 h 30, à la tombée de la nuit, le train vide est abandonné. Le capitaine Capelle a réussi à mettre à terre les pièces de tir, les 11 caissons, les 6 fourgons, les 3 chariots, les 2 voitures de liaison et la cuisine roulante. Les deux mécaniciens et chauffeurs qui se relayaient sur la locomotive, ont proposé de la détruire et demandent des armes pour se battre au côté des artilleurs. Le commandant de batterie leur a demandé de baisser la pression au maximum et de se rendre à Quitteur, au PC du chef d'escadron Théodet.

« Au contraire, s'insurge Capelle, l'attitude du personnel de la gare d'Autet a été honteuse. Les différents employés ont passé leur soirée à s'affoler d'abord, à se disputer ensuite, à se réconcilier enfin autour des bouteilles qu'ils voulaient sauver des mains des Allemands. A 19 heures, tout ce monde-là était ivre ! »

A 23 heures, toute la 7e batterie est sur la rive gauche de la Saône. Les hommes ont mangé, les chevaux ont bu et reçu leur avoine. Le pont de Quitteur a été chargé par les sapeurs et la mise à feu n'attend qu'un signal. Deux des pièces de 75 prennent le pont en enfilade depuis une position dominante, au-dessus de la ferme Noirot. A Quitteur même, le chef d'escadron Théodet a fait dresser deux barrages antichars et cinq bouteilles incendiaires ont été préparées avec de l'essence réquisitionnée. A minuit, le lieutenant Bianconi est envoyé en patrouille sur la rive droite de la Saône. Mission : détacher toutes les barques entre Quitteur et Vereux et les ramener sur la rive gauche.

Théodet est parvenu à entrer en conversation téléphonique avec le commissaire de la gare de Vesoul. « Installez-vous en défense antichars sur la rive gauche et défendez le passage jusqu'au bout ! » aurait dit le commissaire en précisant qu'il s'agissait d'un ordre de la VIIIe armée [1]. Deux officiers polonais en voiture se sont arrêtés au pont de Quitteur ; ils inspectent « un mince cordon de petits postes égrenés le long de la Saône ». Aucune défense commune ne sera envisagée entre le II/5e RCP du lieutenant-colonel Konas et la 7/26e RA du capitaine Capelle. Chacun se battra pour son propre compte.

Sans artillerie, sans chars et sans avoir l'intention de s'engager dans un combat de rues à Gray, le 6e bataillon de chasseurs pyrénéens du commandant Marty est réduit à l'état d'épave dans la soirée du 15 juin. A la 3e compagnie, le lieutenant Lasseigne donne un ordre de repli à 19 heures. Le lieutenant Riandey le suit avec sept hommes et une mitrailleuse ; les autres sont prisonniers ou cachés dans des caves. Le

1. Au mois d'août 1940 le capitaine Capelle aura confirmation de ces ordres par le chef d'escadron Charles Godail qui, à Vesoul, a assisté à l'entretien. L'ordre est en contradiction avec celui qui a été donné au colonel Duluc, la durée de la résistance de celui-ci n'étant pas fixée. Duluc n'est même pas informé de la présence de la 7/26e RA à Quitteur.

capitaine Laffont tombe entre les mains d'une patrouille allemande alors qu'il se rendait auprès du sous-lieutenant Galéano, au pont du chemin de fer. Galéano lui-même et ses hommes sont faits prisonniers vers 20 heures. Seul, le capitaine Copain, de la 2/401e Pionniers, a réussi à décrocher avec la majorité de ses soldats et échappera à la captivité. Les défenseurs de Gray ont cédé la place à l'*Oberstleutnant* Balck.

La basilique brûle toujours et, malgré les efforts des pompiers, l'incendie dévore les immeubles bordant la place du 4-Septembre ; la Banque populaire, le restaurant Rollin, le magasin Daltroff sont détruits dans la soirée. Les seuls militaires français présents à Gray sont les morts : le lieutenant Allaert et le pionnier Watrelos, à la Baignade, le lieutenant Jean Coutant, de Joigny (Yonne) près du pont de Pierre, Amar, Tessier, le caporal Tock et deux tirailleurs annamites. Sept civils ont également perdu la vie au cours des combats et sous le bombardement[1].

A Prantigny, le lieutenant Peybernés, du 6e Pyrénéens, a procédé à la mise à feu du pont de la Saône vers 18 heures, lorsqu'il a vu des motocyclistes et des chars légers circuler sur la rive droite.

« Les chars ont tiré, rapporte le commandant Marty, mais ne recevant pas de riposte, ils sont repartis une heure plus tard. »

Peu après 19 heures, Peybernés apprend « que les Allemands sont à Dampierre ». Sans doute les automitrailleuses de l'*Aufklärungs Abteilung* de la *1re Panzer* qui se mettent en place pour attaquer le pont de Quitteur le dimanche matin. Peybernés se voit déjà encerclé et, sans demander son reste, décroche à 22 heures avec ses deux sections.

Dans le sous-quartier sud, à Pontailler, le lieutenant Trémosa a connu un instant d'émotion lorsque, vers 17 heures, deux gendarmes lui ont appris que l'ennemi est à Gray. Voulant vérifier que le pont avait été chargé, il s'est rendu au bord de la Saône... pour constater que les sapeurs étaient partis sans effectuer leur travail. Trémosa s'est alors souvenu qu'une poudrière figurait sur sa carte et, avec quelques chasseurs, il est allé chercher des explosifs. Passons sur l'incident qui l'a opposé au zélé gardien du dépôt, lequel exigeait une autorisation écrite et un bon de livraison. Trois volontaires ont pu charger le pont qui, à 19 h 30, sautait devant les premiers motocyclistes allemands. Ceux-ci n'ont pas insisté et la compagnie Trémosa, répartie entre le bac d'Heuilley, le cimetière de la ville et un groupe de maisons, connaîtra une nuit parfaitement calme. Trémosa ignore que la reconnaissance motocycliste qui l'a incité à provoquer la destruction du pont appartient

1. Charles Lorique, Émile Georges, Gilbert Démoulin, Mme Lucien Puissant, le jeune André Renard, un adulte inconnu défiguré et un enfant de 6 à 8 ans également non identifié (Liste communiquée à l'auteur par M. André Fick).

à la *29e Mot. Division* du *General* Willibad von Langermann und Erlenkamp dont l'avant-garde bivouaque pour la nuit à Mirebeau à 13 kilomètres à l'ouest de Pontailler. La division a ses éléments les plus avancés à Talmay, arrêtés par le pont sauté de la Vingeanne, à moins de 5 kilomètres de la Saône.

A minuit, de la maison du maire de Langres où son état-major l'a rejoint vers 20 heures, le *General* Rudolf Schmidt fait partir les ordres pour la journée du 16 juin aux trois divisions du *39e Korps*.

— *La 1re Panzer poussera sur Besançon avec des éléments très mobiles de façon à atteindre la frontière suisse par Morteau.*

— *La 29e Mot. Division avancera par Salins-les-Bains et Pontarlier et percera jusqu'à la frontière suisse.*

— *La 2e Panzer poursuivra sa route vers la Saône et couvrira le flanc sud-ouest du 39e Korps sur Auxonne, Dôle et Arbois.*

CHAPITRE XX

# « Réoccupez Vesoul ! »

A son PC de Vesoul, le colonel Duluc passe encore une mauvaise nuit. Le dimanche 16 à une heure du matin, l'officier de permanence du 3e Bureau au PC de la VIIIe armée l'appelle par téléphone : « Mon colonel, pouvez-vous me donner l'assurance que la route jusqu'à Vesoul est sûre, c'est-à-dire entre nos mains ?

— Je vous la donne. L'ennemi est à Gray mais la destruction des ponts l'empêche d'en déboucher avec ses chars. A Port-sur-Saône la RN 19 est calme. Pas encore d'attaque de ce côté. Pourquoi cette question ?

— Nous allons vous faire porter un ordre du général Laure pour la journée du 16 juin.

— C'est bon, je l'attends. »

Duluc ne dispose pas de voiture radio ; les transmissions s'effectuent par le réseau téléphonique civil et par agents de liaison. C'est l'un d'eux qui apportera l'ordre d'opérations de la VIIIe armée à 5 heures du matin à Vesoul.

« Il me prescrit, écrit Duluc, en cas d'attaque dans la matinée du 16, de replier le groupement de manière à couvrir sur l'axe Vesoul-Lure-Mélisey le flanc ouest de la 67e DI qui, elle-même orientée au sud-ouest, appuie sa droite à Champagney [1]. »

Duluc hésite à peine ; il pourrait replier son PC à Lure et défendre Vesoul, à 22 kilomètres de Port-sur-Saône où il prévoit d'être attaqué dans la matinée mais le mouvement de repli serait de faible amplitude et l'infanterie polonaise n'aurait peut-être pas le temps de se rétablir sur la nouvelle ligne. Mélisey ? Trop loin ! Reste Lure mais, avant de prendre sa décision, Duluc attend de voir comment vont évoluer les événements de la matinée du 16 juin. Personne au cours de la nuit, ne lui a rendu

1. La 67e DI fait partie du 45e corps qui, ce jour-là, nous le verrons, reçoit l'ordre de quitter Belfort et de marcher en direction de Besançon par la rive sud du Doubs.

compte de la présence d'une batterie de 75 du 26e RA au pont de Quitteur !

De son côté, Gudérian toujours très actif sait qu'il ne doit pas perdre de temps s'il veut s'emparer de ce pont intact sur la Saône. Le jour est à peine levé que la *1re Panzer* se prépare à attaquer en direction de Quitteur qui, l'observation aérienne vient de le confirmer, paraît faiblement défendu.

Les quatre tubes de la 7/26e RA sont échelonnés entre le pont et le village. Le terrain est légèrement en coteau sur les deux rives de la Saône et les bosquets et buissons y sont nombreux qui favoriseront les infiltrations ennemies. La 3e pièce du maréchal des logis Jourd'huy, un solide Meusien de Mogneville, est au débouché du pont. La 4e pièce du maréchal des logis Princet est à l'entrée ouest de la localité. Entre elles, les 1re et 2e pièces sont en position au sud-est. Vers 4 h 30 du matin, une fusillade nourrie éclate sur la rive droite, vers Autet et, rapidement, les artilleurs voient les petits éléments polonais qui ont passé la nuit de l'autre côté refluer vers le pont, le franchir et traverser Quitteur sans s'arrêter.

« Les Polonais tiennent mal ! » écrit le chef d'escadron Théodet[1]. Les chasseurs de la 2e DI Pol. ne peuvent être comparés aux grenadiers de la division Duch qui se bat au 20e corps. « Ils n'avaient pas achevé leur instruction dont la fin était prévue pour septembre », dira le lieutenant Neukomm, de Nancy, officier de liaison au II/5e RC Pol.

Les Allemands suivent de près mais alors que le capitaine Capelle et son supérieur, le chef d'escadron Théodet, attendaient des chars, ce sont des fantassins, respectueux des intervalles, qui approchent du pont en progressant par bonds. A 4 h 45, le sous-lieutenant Bianconi qui est avec Jourd'huy, donne l'ordre d'ouvrir le feu. La pièce tire 72 projectiles, à balles et explosifs.

« Et le pont, demande le capitaine Capelle, qu'attendent-ils pour faire sauter le pont ? »

Avec les explosifs retirés du train précédant celui des artilleurs, les sapeurs ont bien chargé la chambre de mine mais vers 4 h 30, au premier essai, la mise à feu n'a pas fonctionné. Au deuxième non plus d'ailleurs. Il n'y aura pas de troisième essai car les sapeurs, sans doute impressionnés par les coups de canon qui leur passent au-dessus de la tête, décrochent et disparaissent. A 5 heures, Capelle qui se trouve à la deuxième pièce avec le sous-lieutenant Vialatte, fait tirer à obus explosifs percutants sur un véhicule blindé qui descend la pente de la rive droite à environ 1 500 mètres. Au cinquième projectile, la voiture s'immobilise.

1. « La liaison infanterie-artillerie a été inexistante, observe Capelle. L'infanterie polonaise n'a été d'aucune aide. »

Deux autres coups l'achèvent et elle commence à brûler mais la pièce est déparée, ses freins de recul ne fonctionnent plus. Les fantassins allemands utilisent les couverts et semblent avoir disparu. Puis des mitrailleuses légères entrent en action et retentissent les premières explosions de *minen* suivies des gerbes de traceurs des canons de 20. Et toujours pas de chars ! A 5 h 15, Princet fait ouvrir le feu à la quatrième pièce depuis l'entrée de Quitteur. Les servants ont le temps de tirer dix obus explosifs puis une pluie de *minen* s'abat sur le peloton et le 75 de Princet se tait. Quatre morts[1] et plusieurs blessés dont Marlard et Després gisent derrière le canon au bouclier piqueté d'éclats.

« Les pièces étaient en pleine vue de l'ennemi, rapporte le commandant de la 7e batterie. Repérées dès l'ouverture du feu, elles ont été contre-battues aussitôt. »

Sur son ordre, l'adjudant Sinclair est allé à Quitteur afin d'envoyer les voitures et les échelons dans un petit bois, à l'abri des regards du « mouchard » qui a déjà effectué deux passages au ras des peupliers. La pièce de Jourd'huy interdit toujours le franchissement du pont aux fantassins qui progressent latéralement, de buisson en buisson, sur la rive droite, comme s'ils cherchaient à retenir l'attention plutôt que d'aller se faire hacher sur le pont. Le sous-lieutenant Bianconi n'a plus que des obus de rupture. Un lot de 24.

« Tire sur le parapet ! » commande-t-il à Jourd'huy.

Les projectiles arrachent d'énormes fragments et les moellons brisés projettent leurs éclats à plusieurs centaines de mètres. Jourd'huy consomme dix obus mais soudain, derrière lui, le fusil-mitrailleur du brigadier-chef Fort commence à tirer. Les hommes de la 3e pièce se retournent : les Allemands sont derrière eux, comme s'ils venaient de Quitteur ! Ils ont traversé la Saône sur des canots pneumatiques, en aval du pont, et, après avoir réduit la pièce de Princet au silence en décimant le peloton à coups de *minen,* ils sont entrés dans le village à 6 h 15. On se bat derrière la barricade ouest, car de nombreux coups de fusil se font entendre. Les sous-lieutenants Bourguet et François, l'aspirant Léonard, ont peu d'effectifs et peu de moyens mais ils retiendront leur adversaire une bonne heure. François sera fait prisonnier[2], les deux autres avec quelques artilleurs pourront décrocher et se réfugier dans un bois.

Couvert par Fort et son FM, le sous-lieutenant Bianconi fait

1. L'aspirant Aimé Bezin, de Caudry (Nord), le maréchal des logis André Princet, de Briquenay (Ardennes), le brigadier-trompette Pascal Louis et le canonnier Arthur Crombez.

2. En 1983, l'abbé René François était professeur au lycée d'enseignement professionnel privé Saint-Michel à Tomblaine (Meurthe-et-Moselle) « Le dernier carré fut fait prisonnier avec moi au château, écrit-il, dans la ferme de M. Mille » (lettre du 12 octobre 1983 adressée à l'auteur).

déclaveter la troisième pièce et donne l'ordre de rejoindre les échelons dans le bois où l'adjudant Sinclair les a envoyés. Dans la section du chef Marcq, seule la première pièce peut encore intervenir. Elle est montée sur plate-forme Arbel, système qui permet de tirer tous azimuts si la situation l'exige. Sous les salves de 20 mm particulièrement serrées, un certain nombre de servants ont quitté leur poste pour se dissimuler dans des buissons. Les gradés sont restés derrière la pièce qui est prise à partie par une mitrailleuse légère camouflée dans la verdure. Le lieutenant Guy-Grand fait déboucher à zéro avec trois obus à balles sur l'objectif. Le sous-lieutenant Vialatte s'aperçoit que le brigadier B... « a perdu ses moyens » et il le remplace à la mitrailleuse de défense rapprochée. Il épuisera quinze bandes avant l'enrayage définitif. Canons et mitrailleuses datent de la dernière guerre, ils devraient être réformés depuis longtemps.

« L'artillerie tire sur nous, observe Capelle. Il semble que ce soit du 105. En quelques instants les coups sont sur nos pièces. Les Polonais ont reflué à droite et à gauche, aucune contre-attaque n'est possible pour dégager au moins les deux dernières pièces. »

Guy-Grand est légèrement blessé à la tête, mais il reste derrière le canon avec les maréchaux des logis Bracq et Mirouel qui réussissent à tirer encore plusieurs obus à balles débouchés à zéro malgré les problèmes posés par les freins de recul. Vialatte reçoit deux petits éclats dans la région temporale. Le capitaine Capelle qui a eu le bras traversé par une balle a le crâne labouré par un éclat qui arrache le cimier du casque. Beaucoup de sang mais la plaie n'est pas profonde et, après pansement, le commandant de la 7^e^ batterie revient à la position de tir. Il se sent désarmé devant la tactique adverse.

« L'infanterie signalait son emplacement de quart d'heure en quart d'heure par de véritables rideaux de fusées rouges et blanches, écrit-il dans son rapport. Toute résistance rencontrée était l'objet d'une concentration immédiate des feux de tout ce qui était en mesure de tirer dessus. Le procédé de signalement est simple : l'infanterie utilise des balles traceuses, les *minen* et l'artillerie amènent leurs coups sur la gerbe de ricochets des balles traceuses. »

A 9 h 30, les *minen* et les coups de 105 se font plus précis. Une caisse de fusées atteinte par un *minen* explose, heureusement sans blesser personne. Capelle a conscience que le terrain devient intenable ; à 10 heures il transmet l'ordre de décrocher « aux gens qui peuvent marcher ». On laisse un infirmier auprès des morts et des blessés intransportables. Le chef Marcq, qui avait été envoyé en patrouille vers Quitteur avec Bonnet et Malvisi, ramène ce dernier, grièvement atteint au visage. Avant de partir, Guy-Grand et Vialatte essaient avec l'aide de deux sous-officiers, Mirouel et François, de saboter les deux derniers canons mais ils n'y parviendront pas. Vers 10 h 30, les fantassins allemands se rapprochant, ils partent à leur tour mais leur retraite est déjà coupée et ils se réfugient dans un bosquet où ils découvrent 13 hommes de la batterie « qui reconnaissent s'y trouver depuis 9 heures. » Les 17 artilleurs vont rester cachés toute la journée du dimanche, échappant par miracle aux fouilles entreprises par l'ennemi.

A 11 heures, le capitaine Capelle rejoint dans un boqueteau, au sud de la route Beaujeu-Motey, le chef d'escadrons Théodet, le sous-lieutenant Bourguet et l'aspirant Léonard qui se sont échappés de Quitteur, le chef Marcq, le maréchal des logis Horeau, le brigadier Fromont et 16 canonniers.

« Personne n'a vu Bianconi et le peloton de la troisième pièce ? » demande Capelle.

Non, personne n'a rencontré Bianconi. Avec une partie des échelons et les sapeurs qui n'ont pas réussi à faire sauter le pont de Quitteur, l'officier se dirige vers Besançon à travers champs et bois, sa colonne éclairée par un trompette à cheval. Une rencontre inopinée avec deux automitrailleuses de la *1^re^ Panzer* mettra fin à son équipée dans la soirée du 16 juin. Les autres rescapés de la 7^e^ batterie, sous les ordres de Théodet, gagneront la forêt de la Belle-Vaivre toute proche et décideront d'y attendre la nuit avant de repartir en direction du sud.

Certes, le passage de Quitteur a été tenu pendant cinq heures par la 7^e^ batterie du III/26^e^ RA, retardant d'autant l'avance allemande en direction de Besançon, mais le capitaine Capelle considère que les directives reçues de Vesoul étaient inappropriées.

« L'ordre de se placer en antichars et de défendre le passage de la Saône jusqu'au bout a eu deux conséquences funestes.

*a)* Se défendre jusqu'au bout écartait sans doute, dans la pensée du commandement, l'hypothèse d'un combat en retraite section par section ou pièce par pièce. Aucune ligne de retraite n'avait donc été envisagée.

*b)* Se placer en antichars revenait à supposer a priori qu'on serait attaqué par des chars. Cela participait à l'obsession du char qui semblait, depuis le 10 mai, avoir saisi une partie de l'Armée. Cette hypothèse était fausse puisque l'attaque fut exécutée par un groupement tactique infanterie-artillerie. »

Vers 10 heures, le bataillon motocycliste *K 1* du *Major* Gerd von Wietersheim a rendu compte au PC de la *1^re^ Panzer* que le pont de Quitteur était entre ses mains et que les charges explosives avaient été désamorcées en présence du *Leutnant* Huppert, premier officier arrivé sur la rive gauche. Les chars du *II/Panzer Regiment 1* qui attendaient ce message pour s'élancer en direction de Besançon se mettent en marche et passent à vive allure devant les pièces hors d'usage de la 7/26^e^ RA. C'est sans doute vingt à trente minutes plus tard que le capitaine Capelle rejoint dans un boqueteau le chef d'escadrons Théodet et ses compagnons. De là, il assiste à un raid aérien : « Le bois où se trouvent les échelons est bombardé par un groupe d'avions italiens. » (*sic*)

Dans le journal du *39$^{e}$ Korps,* nous trouvons la véritable version des bombardements de la matinée du 16 juin.

« 11 h 30. Le franchissement de la Saône est interrompu par les bombardements opérés par nos aviateurs. Les premiers ont lieu aux points de franchissement de Gray [1] et de Quitteur. Bien que les panneaux de reconnaissance aient été déployés, que le groupe d'armées C, la *12$^{e}$ Armee,* le groupement Kleist et le *2$^{e}$ Flieger-Korps,* aient été prévenus, ces attaques reprennent à 12 h 20 et à 13 heures (deux fois par la même formation). Le *General* Schmidt est témoin de ces bombardements. »

Plus surprenante est la réaction du Dr Neumand qui, à l'hôpital de Gray, au cœur de la ville occupée depuis la veille par l'ennemi, n'imagine pas qu'il puisse s'agir d'avions à croix gammée prenant pour cible leurs propres troupes : « Trois vagues successives de bombardiers alliés (*sic*) viennent attaquer la ville, écrit-il. Elles sont accueillies par un tir nourri de la DCA allemande. Effet moral très pénible. L'idée d'être victime des nôtres après coup est angoissante [2]. »

***

Quatre divisions du groupement Gudérian prennent le contact, parfois brutalement comme au pont de Quitteur, avec la défense de la Saône. Au nord, des éléments légers de la *6$^{e}$ Panzer,* automitrailleuses et motocyclistes, patrouillent dans la région de Jussey et sondent la détermination des unités françaises installées vers Cendrecourt. Un officier du III/5$^{e}$ RC Pol., le sous-lieutenant Krzywiecki est tué mais lorsque les chars du lieutenant Michalet (1/16$^{e}$ BCC) interviennent au canon, l'ennemi se retire sur Jussey.

L'avant-garde de la *20$^{e}$ Mot. Division* du *General* von Viktorin, est partie à 7 heures de Langres par la RN 19 et il est probable qu'elle se présentera devant le GR polonais à Port-sur-Saône en fin de matinée. A quelques kilomètres à l'ouest, très en pointe, le lieutenant Nathan monte la garde à Scey-sur-Saône avec six chars de la 3/16$^{e}$ BCC.

« Au petit matin du 16, écrit-il, le passage des réfugiés reprend. Exode lamentable car ils sont pour la plupart à pied. Secteur toujours calme. (...) J'organise un centre de distribution de lait avec quelques

1. Le pont de bateaux en construction sera achevé à 13 heures et le passage s'effectue encore par bac.

2. André Fick raconte, lui aussi, et de bonne foi, que « l'aviation franco-britannique attaque à deux reprises les colonnes ennemies ». Il indique que l'école Jeanne-d'Arc et la propriété du Dr Chomel sont touchées par des bombes.

habitants, en particulier la fille de l'éclusier qui se dévoue sans compter. Un dernier civil passe et annonce : « Ils sont derrière ! »

Vers 11 heures, on entend des coups de feu autour du pont de Scey qui a sauté vers minuit. Un lieutenant polonais vient trouver Nathan qui est sur les hauteurs de Chassey et demande l'intervention d'une section.

« J'y vais ! » dit Nathan au chef Mérat qui reste en réserve avec les trois autres chars.

On se tire dessus de part et d'autre de la Saône et les R 35 de Nathan envoient quelques « boulets de 37 » sans subir de dommages. La pression semble plus vive à Port-sur-Saône qui ouvre la porte de Vesoul.

Derrière le II/5ᵉ RC Pol., la compagnie de chars du capitaine Pinault n'est pas inquiétée. Après une nuit relativement calme, les équipages de la 2/16ᵉ BCC vont prendre leurs positions. « Dès 6 heures » lit-on dans le journal de la compagnie. Personne n'entend le bruit du combat engagé pour la conquête du pont de Quitteur et Pinault note laconiquement : « Mise en place à 9 h 30. » S'il n'est pas en première ligne, il a tout de même appris la percée de la *1ʳᵉ Panzer* puisqu'il écrit : « D'après les renseignements parvenus, des éléments avancés motorisés allemands auraient franchi la Saône au pont de Quitteur. »

Quitteur se trouvant dans le quartier du II/5ᵉ RC Pol., le lieutenant-colonel Konas va-t-il lancer ses fantassins et les chars de Pinault en direction du pont ? Pas le moins du monde ! Il en serait d'ailleurs empêché par les éléments de l'*Aufklärungs Abteilung* de la *1ʳᵉ Panzer* qui protègent le flanc nord du *Kampfgruppe* Krüger et patrouillent vers Mercey et Savoyeux, à l'est de Quitteur.

Au sud, à Pontailler-sur-Saône où se trouvent les derniers éléments du 6ᵉ Pyrénéens, le lieutenant Trémosa signale l'arrivée des Allemands sur la rive droite vers 9 heures. L'avant-garde de la *29ᵉ Mot. Division* déclenche des tirs de *minen* et de *37 Pak* sur les emplacements d'armes automatiques et, pendant qu'elle retient ainsi l'attention des Français, fait traverser la rivière en amont à ses *Stosstrupps* sur des canots pneumatiques.

« L'ennemi a franchi la Saône loin des vues de nos guetteurs, note le commandant Marty. Fait prisonnier, le lieutenant Trémosa a été passé lui-même sur la rive droite à bord d'un de ces nombreux bateaux. »

Les Allemands manquent de matériel pour construire un pont provisoire et tout le trafic de la *29ᵉ Mot. Division* s'effectue d'une rive à l'autre par bacs et canots pneumatiques.

A la fin de la matinée du dimanche 16 juin, Gudérian a deux divisions qui avancent vers l'est sur la rive gauche de la Saône : la *1ʳᵉ Panzer* et la *29ᵉ Mot. Division.* A Port-sur-Saône, la pression exercée par l'avant-garde de la *20ᵉ Mot. Division* sur le GR polonais du lieutenant-colonel Swiecicki devient telle que l'officier envoie un message, puis deux, au

PC du colonel Duluc, dans lesquels il sollicite un ordre de repli. Duluc ne tient pas à sacrifier ses troupes qu'il sait incapables de tenir la Saône.

« Le GR polonais a 150 hommes sur vingt kilomètres de front ! » observe-t-il.

Il ignore tout des capacités offensives de son adversaire mais il sait, par les rapports qui lui sont envoyés, qu'il est pourvu d'une nombreuse artillerie et qu'il possède des chars. A 11 h 15, il prend sa décision : son chef d'état-major, le commandant Gignoux, fait transmettre le message suivant aux unités du groupement :

« Décrochage immédiat. Instructions suivent ! »

L'ordre d'opérations du général Laure ordonne à Duluc de se rétablir sur l'axe Vesoul-Lure-Mélisey. Duluc choisit de s'arrêter à Lure où il va d'abord installer son PC à la mairie avant de se fixer au service des Étapes du colonel Béranger.

Le 15 après-midi, le général Oehmichen supposait qu'il allait recevoir l'ordre de quitter Luxeuil d'une heure à l'autre. On ne laisse pas une direction d'Étapes en première ligne ! Ce n'était pas encore le cas mais l'ennemi semblait avancer avec une telle rapidité qu'il était permis de l'envisager. Les capitaines Claret, Prat et Ruas avec les secrétaires, les plantons, les archives et les bagages sont partis sur ordre pour Bourg-en-Bresse le samedi vers 13 heures. Un peu plud tard, de retour du PC de la VIII$^e$ armée, le lieutenant Chenain apprenait au général « qu'il devait rester provisoirement à Luxeuil pour maintenir l'ordre dans les arrières ». Les effectifs dont dispose Oehmichen sont peu importants : le colonel Chalon, le lieutenant-colonel Louvard, le capitaine Sauvage et le lieutenant Chenain, quelques secrétaires et hommes de garde sans oublier le lieutenant Finlay, officier d'approvisionnement. Dans la soirée du 15, Oehmichen a reçu un ordre qui l'a inquiété : mettre Luxeuil en état de défense. Avec quelles unités, grands dieux ! Il a fait arrêter le bataillon autonome de protection N° 200 du commandant Faraut qui entamait son repli, puis les dépôts d'Épinal, 25 officiers et 800 hommes environ qui « ne possèdent, dit le général dans son rapport, qu'une très faible valeur militaire ». Enfin, dans la matinée du dimanche se présente le chef d'escadrons Cruse du 69$^e$ RAMF qui demande à être employé [1]. C'est autre chose que les « fonds de tiroir » d'Épinal !

Oehmichen : « Il rend compte que son unité, composée d'un groupe de 155 et de deux groupes de 75, a été coupée du reste de la division

1. Né le 5 février 1889, Philippe Cruse appartient à une célèbre famille de négociants en vins de Bordeaux. Il a épousé en 1912, M$^{lle}$ Jacqueline Girod, fille du P-DG de la Société des Eaux minérales d'Évian auquel il succédera à son retour de captivité. Six fois cité en 14-18, Philippe Cruse a été mobilisé en 1939 dans un Parc automobile mais cette « planque » ne lui convenait pas et il obtint de commander une unité combattante, le 69$^e$ régiment d'artillerie mobile de forteresse.

constituée par le Secteur fortifié de Haguenau sous les ordres du colonel Regard. »

Arrivé près de Bourbonne-les-Bains le 15 juin à 7 heures du matin, le 69e RAMF, entièrement motorisé, est resté ONZE heures sans recevoir d'ordres. Lorsqu'on a voulu l'envoyer à Gray, dans la soirée, il était trop tard, la *1re Panzer* tenait la ville. Apprenant que le Ier groupe du commandant Ajoux se dirige vers Lure, le général Oehmichen prescrit à Cruse de lui faire assurer la défense antichar des lisières ouest et sud de cette ville. Les deux autres groupes vont prendre position aux abords de Luxeuil.

Vers 13 heures, un officier de liaison motocycliste, le lieutenant Bouilloc, se présente chez Oehmichen : « Le lieutenant-colonel Réthoré, du 79e RIF, m'envoie prendre des ordres, mon général. Nous sommes partis d'Alsace avant-hier mais les quatres rames du régiment sont dispersées et la nôtre a pu gagner Conflans-Varigney où elle dispose d'un quai pour débarquer. Les trains sont bloqués devant et derrière nous, l'ennemi serait à Port-d'Atelier. »

Réthoré a réussi en effet à faire reculer les convois qui stationnaient derrière le sien afin de pouvoir disposer du quai de Conflans. Il a avec lui sa compagnie de commandement, la compagnie d'engins du IIIe bataillon et l'état-major de celui-ci avec le capitaine Bonnet. En tout, 13 officiers et 350 hommes.

« Quel armement possédez-vous ? » s'inquiète Oehmichen qui a l'esprit pratique.

— Avec nos 9 chenillettes, détaille Bouilloc, nous avons 11 canons de 25 et 4 mortiers de 81. Les compagnies de mitrailleuses du III/79e RIF sont sur un autre train avec le capitaine Carribou et si nous pouvions les récupérer, le bataillon serait au complet...

— Je vais me renseigner mais ce sera difficile car on me signale des centaines de trains bloqués par la percée ennemie à Gray. Pour l'instant, vous débarquez et je vous affecte à la défense de Luxeuil. »

Un instant après le départ de Bouilloc, un officier d'artillerie se présente lui aussi au général Oehmichen :

« Capitaine Émile Robbe, de la 8e batterie du 26e RA. Mes hommes et mon matériel sont sur un train depuis le 14 juin, date de notre départ de Metz, mais nous sommes maintenant bloqués...

— Où êtes-vous exactement ?

— A proximité du quai de Conflans-Varigney où je pense débarquer ma batterie.

— Vous avez vos canons, des projectiles ?

— J'ai mes chevaux, quatre pièces de 75 et mes caissons de munitions, mon général.

— Très bien ! Venez ici le plus rapidement que vous pourrez, vous allez coopérer à la défense de Luxeuil. »

Dans la matinée du dimanche 16 juin, deux compagnies du 29e BCC parties le 14 de la région de Longuyon, traversent Lure au milieu des encombrements. Les antiques Renault modèle 17 sont sur des porte-chars et, à petite allure, les lourds véhicules parviennent à sortir de la ville, par la RN 19 en direction de Belfort. Le commandant Bernier est parti en tête avec un état-major réduit après avoir donné verbalement au capitaine Le Corre, de la 3e compagnie, l'ordre de « continuer le repli vers Pontarlier via Belfort ». Le Corre a transmis la consigne au capitaine Morin, dont la 2e compagnie se déplace dans les mêmes conditions.

Le 29e BCC forme avec le 5e BCC le groupe de bataillons de chars du 42e corps placé sous les ordres du lieutenant-colonel de Saint-Sernin. Le 16 juin, les fantassins du 42e corps sont à plus de 30 kilomètres au nord de Toul et l'on peut s'interroger sur la présence du 29e BCC à Lure. Le bataillon a été affecté deux jours plus tôt au groupement Miserey chargé de couvrir le flanc ouest de la IIIe armée [1] mais le commandant Bernier affirme qu'il n'a pas trouvé le PC du colonel Miserey et qu'il a reçu du lieutenant-colonel de Saint-Sernin « l'ordre verbal de faire route au sud-est de façon à éviter l'encerclement [2] ». La colonne, qui a passé la nuit à Martigny-les-Bains, à 18 kilomètres au sud-ouest de Vittel, s'éloigne de Lure, plus ou moins prise en sandwich par d'autres véhicules militaires et les inévitables voitures de réfugiés. Il est à peine midi et soudain, un motocycliste qui se préparait à doubler la Laffly tout-terrain du capitaine Le Corre, ralentit à son niveau et fait signe au chauffeur de serrer à droite et de s'arrêter.

« Je suis le commandant Eon, de l'état-major de la VIIIe armée, dit le motocycliste, et le général Laure m'a donné l'ordre de regrouper toutes les unités isolées ou perdues...

— Mais je ne suis pas perdu, se rebiffe Le Corre. Mes porte-chars doivent gagner Pontarlier par Belfort. Le commandant Bernier, mon chef de bataillon, me l'a confirmé avant de quitter Lure et de précéder la colonne.

— Vous avez un ordre écrit ?

— Non, mais le commandant Bernier... »

Il est exact que le 29e BCC appartient à la IIIe armée et n'a pas

1. Voir *Les combattants du 18 juin*, tome I : le sang versé (Fayard, 1982).

2. Affirmation peu crédible. La 1re compagnie du lieutenant Emmanuel de Cools, qui se déplace sur chenilles, perdra 9 chars sur 19 au cours de la retraite à la suite d'incidents mécaniques dûs à la vétusté et au manque de temps pour réparer mais elle remplira jusqu'au bout les missions qui lui seront données dans le cadre des opérations du 42e corps sans jamais chercher à « éviter l'encerclement ».

d'ordres à recevoir de la VIII^e^ mais la présence des compagnies Le Corre et Morin dans la zone de celle-ci, sans ordre de mission, fait supposer à Eon que ce repli sur Pontarlier est... improvisé.

« Il m'enjoignit, rapporte Le Corre, malgré mes observations, de ne pas faire un mètre de plus et de faire faire immédiatement demi-tour au restant de ma colonne pour aller me mettre à la disposition du colonel Duluc dont le PC était à Lure [1]. »

Le 29e BCC est maintenant coupé en quatre éléments : l'état-major du commandant Bernier qui se regroupera à Pontarlier vers 16 h 30, la compagnie d'échelon qui a continué par erreur sur Langres mais poursuivra vers le sud avant l'arrivée de la *1re Panzer,* la 1re compagnie du lieutenant de Cools qui couvre l'infanterie du 42e corps avec le 5e BCC et enfin les compagnies Morin et Le Corre. Le matériel est tellement « fatigué » que Morin, parti de Mercy-le-Haut (Meurthe-et-Moselle) avec 20 engins sur porte-chars, en a abandonné 9 au cours de la retraite en raison de leur état mécanique. Le lieutenant Hiance, de la 75e compagnie de transport, dispose de porte-chars dont la moitié seulement sont d'un modèle récent. Le capitaine Le Corre a perdu 10 porte-chars sur 20 dont un la veille en traversant Neufchâteau au moment où la *Luftwaffe* attaquait à la bombe le quartier de la gare [2].

La 13e batterie du 403e RADCA du capitaine de Chillaz n'a pas été engagée sur le front de la Saône. Ennuis mécaniques, imprévoyance (manque de carburant, d'huile) ont provoqué de sérieux retards et, lorsque de Chillaz s'est présenté au colonel Duluc pour rendre compte que ses canons étaient en mesure d'intervenir, il s'entendit répondre « que ce n'était plus utile, l'ordre de décrocher venant d'être donné ».

Le capitaine a pris la tête de sa colonne et, appliquant les nouvelles consignes de Duluc, s'est dirigé vers Lure. A peine a-t-il parcouru six kilomètres qu'un motocycliste l'oblige à s'arrêter. C'est le commandant Eon.

« Où allez-vous ? Quelle est votre mission ? demande-t-il sèchement au capitaine de Chillaz.

— Le colonel Duluc m'a donné l'ordre d'aller à Lure. Mes auto-canons ont été retardés par de nombreuses pannes et, lorsque je fus prêt à intervenir sur la Saône, le colonel m'a fait savoir que ma mission était devenue sans objet. Je suppose que l'ennemi est en force et qu'il a franchi la rivière...

1. Dans son rapport, Eon affirme qu'il a donné à Le Corre « l'ordre écrit de faire demi-tour et de se porter sur Vesoul ». Le Corre dit au contraire qu'il devait se mettre à la disposition du colonel Duluc, ce qu'il a fait avec beaucoup de mauvaise volonté, prouvant ainsi que Eon commet une erreur en assurant l'avoir envoyé à Vesoul.

2. Selon Le Corre, sa colonne a eu quatre blessés : Modde, Prou, l'aspirant Burgot et Romain-Desfossés qui mourra deux jours plus tard dans un train sanitaire.

— Vous faites demi-tour sur-le-champ et vous allez prendre position aux lisières ouest de Vesoul. Le général Laure, commandant la VIIIe armée a décidé de réoccuper la ville.

— A vos ordres mais je dois vous prévenir que mon matériel exige deux heures, parfois plus, pour une mise en batterie correcte, après reconnaissance.

— Nous verrons cela sur place car vous serez sans doute utilisé en défense contre blindés et non en DCA. Marchez sur Vesoul et attendez-moi à la poste. »

Un instant plus tard, le commandant Eon donne les mêmes ordres au capitaine Douzon, dont la 15e batterie chemine vers Lure : « Rendez-vous à la poste de Vesoul[1] ! »

Le commandant Eon appartient au 3e Bureau de l'état-major de la VIIIe armée et, parmi les initiatives qu'il va prendre le dimanche 16 juin, il est difficile de classer celles dont il prend la responsabilité et les autres, qui découlent des ordres donnés par ses supérieurs. Eon indique dans son rapport qu'il se trouvait à Malvaux, au PC de l'armée lorsque le dimanche 16 juin, vers 10 h 45, le colonel Duluc a rendu compte par téléphone de la pression ennemie sur la Saône et de sa décision de faire replier son groupement. Duluc ayant donné l'ordre de décrocher à 11 h 15, la conversation relatée par Eon correspond à la réalité, à l'exception d'une petite perfidie qui ne comprend que deux mots mais pèsera lourd dans la suite des événements. Eon écrit en effet : « Le colonel Duluc a décidé de décrocher immédiatement, d'abandonner Vesoul et de reporter son barrage sur la ligne Luxeuil-Lure. »

Abandonner Vesoul ? Curieuse façon de dire que Duluc porte son PC de Vesoul à Lure ! Le terme d'abandon est inapproprié. L'ordre d'opération pour la journée du 16 signé par le général Laure et apporté à Duluc à 5 heures du matin, autorisait celui-ci à replier son groupement sur l'axe Vesoul-Lure-Mélisey sous la pression de l'ennemi. Ce qu'il a fait. En établissant sa nouvelle ligne de défense entre Lure et Luxeuil-les-Bains, Duluc prend du champ pour regrouper ses unités et se donne le temps de les mettre en place. Il n'abandonne pas Vesoul que personne ne lui a demandé de tenir. D'ailleurs le colonel Campet, chef d'état-major de l'armée, a été informé par Eon du mouvement envisagé par Duluc et n'a pas cru devoir y apporter de modification, voire s'y

1. Dans le journal de la 13e batterie, le capitaine de Chillaz note qu'il a attendu le retour de Eon en compagnie du capitaine Douzon et du commandant du GR polonais. Ne le voyant pas revenir et l'ennemi se rapprochant de Vesoul, les deux capitaines ont rejoint leurs batteries et repris la direction de Lure. Dans son rapport, Eon écrit qu'il a laissé « les deux commandants de batterie faire leur reconnaissance ». Qui a raison ?

opposer. Toutefois, on peut se demander si, à la VIIIe armée, la main droite n'ignore pas ce que saisit la main gauche.

« Quelques instants plus tard, raconte en effet Eon, le lieutenant-colonel Krebs, chef du 3e Bureau me donne verbalement la mission suivante : « Partez immédiatement par les voies les plus rapides, ramassez au passage toutes les unités que vous trouverez en chemin et réoccupez Vesoul ! »

Comment peut-on parler de réoccuper Vesoul qui n'a jamais été occupée, tenue, défendue ! Si Krebs a vraiment donné cet ordre, il est regrettable qu'il ne l'ait pas fait par écrit, ce qui permettrait peut-être d'en retrouver la trace. Le commandant de la VIIIe armée donne d'ailleurs une version très différente tout en approuvant l'initiative prise par Eon : « Le 16 juin, ayant reçu la mission de reconnaître la progression de l'ennemi qui avait débouché de la Saône, le commandant Eon a spontanément (*sic*) pris le commandement des unités arrivant en débarquement à Vesoul pour mettre la ville en état de défense et barrer la route aux engins blindés. »

Laure s'est-il rendu compte en écrivant ces lignes qu'il infligeait un camouflet à Duluc, seul responsable de la couverture face à l'ouest ? En tout cas, la chose est claire : la mission initiale confiée à Eon était *de reconnaître la progression de l'ennemi.* Tout ce qui va se passer à Vesoul sera fait sous son entière responsabilité. A sa décharge, on peut retenir le côté « auberge espagnole » de l'état-major de la VIIIe armée. Le général commande, le chef commande, le sous-chef aussi et le chef du 3e Bureau ne sait plus à quel saint se vouer ? Nous exagérons à peine puisque le lieutenant-colonel Krebs écrira : « J'ai toujours ignoré la mission attribuée à la VIIIe armée dans les semaines qui ont précédé la cessation des hostilités. L'armée devait-elle former autour de Belfort un ultime centre de résistance, comme en 1870, ou devait-elle se replier vers le sud pour continuer la lutte aux côtés des unités encore en état de combattre [1] ? »

Empruntant la motocyclette du 3e Bureau qui lui permet de se déplacer rapidement sur les routes encombrées, Eon « ramasse au passage » les batteries d'autocanons de DCA des capitaines Douzon et de Chillaz, les compagnies de chars FT des capitaines Le Corre et Morin, et une section de 75 tractée, avant de prélever sur le GR polonais le peloton motocycliste du lieutenant Gerda. Passant à Lure où le colonel Duluc n'est pas encore arrivé, Eon confie à un agent de liaison de la batterie Douzon un message dans lequel il avise Duluc « de la décision du général commandant l'armée de faire réoccuper Vesoul », le prie

1. Lettre adressée par le colonel Krebs en juillet 1945 au général Daille, ancien chef du 45e corps.

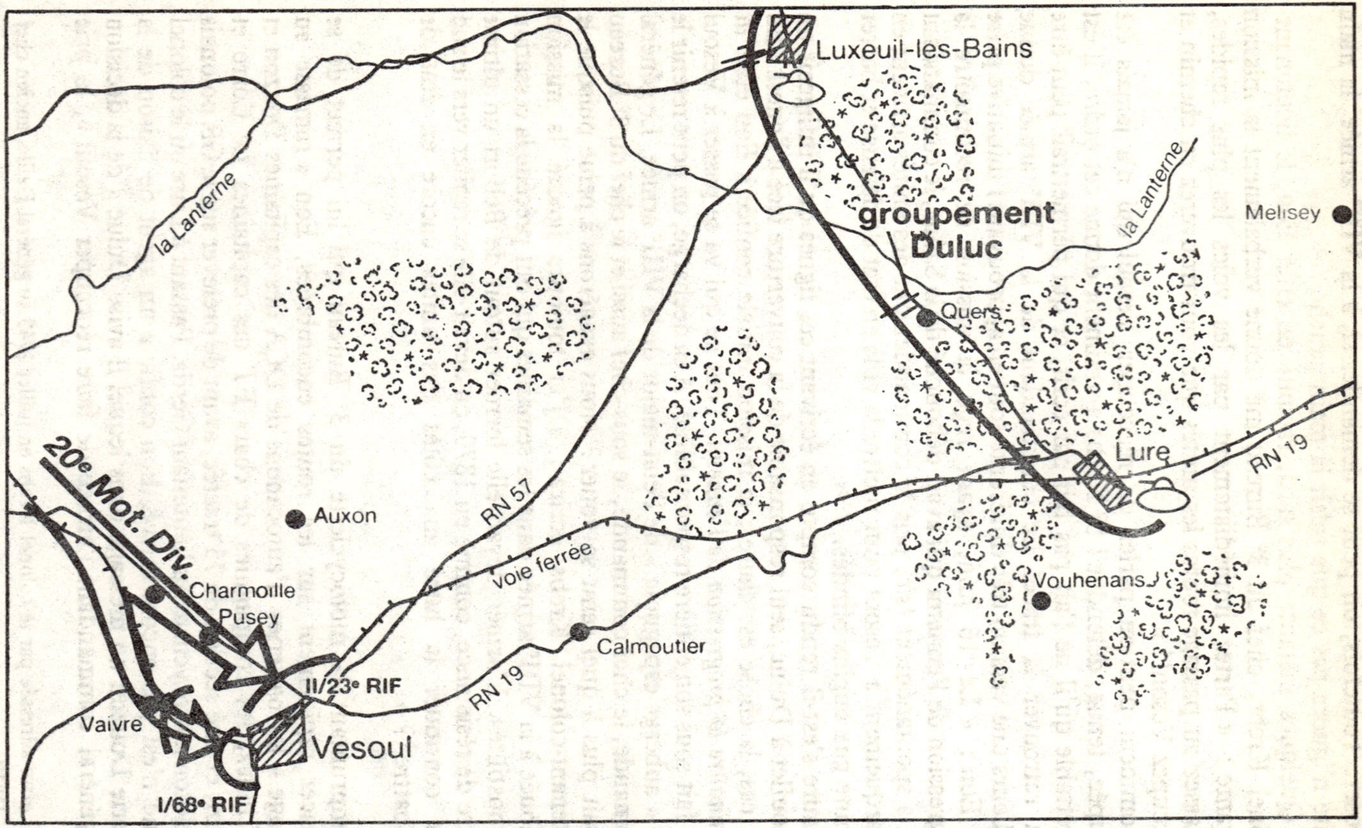


**Groupement Duluc le 17 juin au matin et défense de Vesoul**

également de le rejoindre à la préfecture où « il le mettra au courant de sa mission et des éléments qui participeront à cette occupation ».

Eon ne fait aucune allusion à l'ordre verbal qui lui a été donné par le chef du 3e Bureau et affirme au contraire qu'il s'agit d'une décision du général Laure. Dans le rapport qu'il adressera plus tard à celui-ci, Duluc montre bien qu'il n'a pas apprécié la « convocation » du commandant Eon.

« Vers 14 heures, dit-il, m'est apporté un bout de papier (*sic*) écrit au crayon sous forme de message adressé en votre nom par le commandant Eon pour me préciser de reprendre Vesoul. »

Même s'il en manifestait l'intention, Duluc serait incapable d'exécuter cette mission. Les officiers de liaison chargés de porter l'ordre de repli aux unités se trouvent « quelque part sur la rive gauche de la Saône » et il est impossible de savoir sur quel itinéraire retraitent les chasseurs du 6e Pyrénéens, les Polonais du 5e RC Pol. et les chars du 16e BCC. D'ailleurs, Duluc ne cherche pas à répondre au commandant Eon, il téléphone directement au PC de la VIIIe armée et obtient la communication avec le colonel Campet. Selon lui, le chef d'état-major ne parle pas de réoccuper Vesoul mais confirme au contraire la mission définie par l'ordre d'opérations du matin, c'est-à-dire le décrochage autorisé sur l'axe Vesoul-Lure-Mélisey. Campet notifie toutefois à Duluc qu'il doit étendre son front au sud, de Lure à Villersexel. Il lui apprend également, ce qui prouve que le général Oehmichen a rendu compte à l'armée, que la 69e RAMF du chef d'escadron Cruse a deux groupes à Luxeuil, un à Lure et qu'il est placé sous ses ordres ainsi que deux compagnies du 29e BCC sur porte-chars qui se dirigent vers Lure [1].

Quelque chose ne tourne pas rond dans le camp français ; le groupement Duluc va s'installer sur la ligne Luxeuil-Lure-Villersexel pendant que le commandant Eon remue ciel et terre pour mettre Vesoul en état de défense, TRENTE KILOMÈTRES EN AVANT, sans liaisons latérales et avec des moyens qui, pour l'instant, ne pèseraient pas lourd devant la *20e Mot. Division* dont l'avant-garde a traversé Port-sur-Saône et suit la RN 19. Bien entendu, Eon est furieux de voir que Duluc ne répond pas à sa « convocation » et tient pour négligeable son « bout de papier sous forme de message ».

« Il se refusa à tout, écrit-il, même à venir se rendre compte sur place de la situation et, à fortiori, à envisager quoi que ce soit pour rétablir son front de couverture sur la Saône. »

Ce n'est pas sérieux ! Non seulement Eon veut réoccuper Vesoul qui n'a jamais été occupée [2] mais il entend revenir sur la Saône où trois

1. Confirmation que Eon n'a pas envoyé Le Corre et Morin à Vesoul mais à Lure.
2. Il est vrai que son commandant d'armée va plus loin. « Duluc a réoccupé Vesoul où des *Panzer* étaient déjà entrés et les a rejetés jusqu'à la Saône », écrit Laure dans ses notes personnelles. Nous sommes en plein roman !

divisions allemandes, une blindée et deux motorisées, sont maintenant passées sur la rive gauche ? On peut se demander si les supérieurs du commandant Eon sont vraiment au courant de ses projets !

Imperturbable et fort de ses pleins pouvoirs, Eon procède à la mise en état de défense de Vesoul mais sa première décision sur le terrain témoigne d'un sens tactique très personnel. En effet, il laisse au carrefour de Frotey, à l'est de la ville, les deux 75 de la section tractée qu'il a récupérée, ainsi que les fantassins d'un autocar arrêté dans les mêmes conditions. A quoi peut servir ce bouchon antichars A L'EST de Vesoul alors que la *20e Mot. Division* arrive de la Saône PAR L'OUEST ?

Vers 13 h 45, accompagné du capitaine Laurent, officier de liaison français au GR polonais, Eon se présente à la préfecture de la Haute-Saône.

« Le préfet, dit-il, en grande tenue dans son salon de réception, attendait les Allemands signalés aux lisières ouest de la ville. Je suis chaleureusement accueilli par le préfet qui se mit à ma disposition avec un dévouement et un empressement touchants. »

Branle-bas de combat ! Il n'est plus question d'accueillir les Allemands mais de se battre. Eon se conduit en « patron » et donne des ordres : qu'on se hâte de lui installer un PC à la préfecture ! Que M. Charles Pavaut directeur des PTT, fasse établir la communication avec Malvaux ! Que M. Jean Filleul, directeur de la Défense passive et de la Garde civique organise immédiatement des barrages battus par des armes automatiques dans les rues débouchant des lisières nord et ouest de la ville vers le centre !

Eon : « Il fallait en effet que, de toute urgence, un rideau fut en place pour couvrir les colonnes auto (DCA, chars) qui allaient arriver. »

Décidément, Eon en fait trop ! Comment peut-il attendre les autocanons de DCA alors que les capitaines Douzon et de Chillaz sont à la poste de Vesoul où il a promis de leur apporter des instructions [1] ? Quant aux chars du 29e BCC, il ne les verra pas non plus puisque, à la même heure, le capitaine Le Corre se présente au colonel Duluc. La rencontre est d'ailleurs marquée par une parfaite incompréhension entre les deux hommes.

Duluc : « J'ai eu une prise de contact assez violente avec le capitaine Le Corre à l'occasion des ordres qu'il recevait et qu'il discutait

1. La batterie de Chillaz est amputée de la section du lieutenant Chiron qui poursuit son repli jusqu'à Baume-les-Dames où elle sera à 22 heures ayant perdu en route l'autocanon du chef Zorn. Chiron sera fait prisonnier sans combat le 24 juin au Valdahon avec les chefs Artiglia et Loizeau, quatre sous-officiers (Calvet, Grojean, Mulheim, Reignier) et une quarantaine de canonniers. Le matériel, les vivres et les munitions tomberont aux mains de l'ennemi.

âprement, prétextant la fatigue de ses hommes et la vétusté de son matériel [1]. »

Quels sont les ordres que Le Corre « discute âprement » ? Ils tiennent en quelques lignes et Duluc les a signés à 13 heures : « La 3e compagnie du 29e BCC a pour mission initiale de protéger l'artillerie, le 1er groupe de 75 du 69e RAMF, groupe placé en antichars autour de Lure. »

Le capitaine Morin et les FT de la 2e compagnie sur leurs porte-chars sont envoyés à Villersexel, à 18 kilomètres au sud de Lure. Morin et Le Corre n'ont peut-être pas encore compris que la guerre vient de changer de visage mais le commandant de la 3e compagnie a quelques bonnes raisons de n'être pas satisfait. D'abord, il n'a plus qu'un officier, le sous-lieutenant Marchetti. L'aspirant Burgot a été blessé lors du bombardement de Neufchâteau et ses deux lieutenants, F... et P... ont profité du demi-tour effectué sur la RN 19 par les porte-chars pour s'emparer de sa voiture de liaison et fuir en direction de Pontarlier [2]. Quant aux effectifs, ils sont squelettiques : les chefs Fusch et Desfontaine, le sergent Cornuau, 13 caporaux et chasseurs auxquels s'ajoutent le lieutenant Hiance et les 19 hommes des porte-chars.

« Puis-je au moins avoir une carte de Lure ou de la région ? a demandé Le Corre au commandant Gignoux [3].

— Nous n'en avons pas ! » a répondu le chef d'état-major de Duluc.

Deux heures plus tard, pendant que le sous-lieutenant Marchetti fait distribuer des vivres aux équipages, les mécaniciens procèdent au graissage de leurs engins et le capitaine Le Corre se présente au chef d'escadron Ajoux, du I/69e RAMF.

« Il me demande, écrit le capitaine, malgré le règlement formel des chars, de fractionner ceux-ci en groupes de deux, en soutien des 75. Je n'eus qu'à m'incliner. »

1. Lettre du 5 mai 1948 motivant le rejet par Duluc des propositions de citations rédigées par Le Corre.

2. Ils rejoindront le commandant Bernier et, avec le capitaine Puget, les lieutenants Turquier, Lévy, Chaumet, Bove, Picard, Renault, Cailliau, l'aspirant Lefebvre, 29 sous-officiers et 228 hommes de troupe gagneront Auch (Gers) où ils cantonneront le 30 juin. Le Corre a demandé la traduction de F... et P... en conseil de guerre.

3. M. Hubert Gignoux a été président du patronat français de 1936 à 1940.

CHAPITRE XXI

# Vesoul pivot d'une puissante contre-attaque...

Le commandant Georges Chevalier sent l'espoir renaître en lui. Aux premières heures de la matinée du dimanche 16 juin, il a cru que le voyage entrepris depuis deux jours allait s'achever là, quelques kilomètres après le tunnel de Port-sur-Saône. Son bataillon, le I/68e RIF, l'état-major du régiment avec le lieutenant-colonel Blanlœil et sa compagnie de commandement, se trouvent sur un train arrêté en pleine voie. Sans le moindre renseignement. La locomotive peut lancer deux coups de sifflet dans la minute qui suit et partir en direction de Vesoul comme elle peut rester immobile durant un temps indéfini. Et personne ne saura pourquoi !

Agé de 38 ans, Chevalier est le plus jeune chef de bataillon du Secteur fortifié de Haguenau mais cela ne l'empêche pas de partager avec ses officiers la crise morale qui les secoue depuis leur départ de la ligne Maginot. Pendant combien de temps la SNCF va-t-elle ainsi les promener sur son réseau ? Et sur quel drame s'achèvera ce « circuit touristique » auquel rien ne les a préparés ? La guerre qui était restée à l'état de préoccupation, se manifeste soudain à sa manière, c'est-à-dire bruyamment.

« Une fusillade assez vive est entendue vers l'arrière, note Chevalier. Des civils, des militaires refluant en désordre le long de la voie signalent l'ennemi à proximité. »

Le lieutenant-colonel Blanlœil réagit en exigeant l'envoi de deux sections de voltigeurs sur une crête proche du convoi. La mise en place est rapide mais à peine les hommes ont-ils gravi la pente que le train repart, lentement, à une vitesse qui permet aux voltigeurs de remonter dans leurs wagons. Un kilomètre plus loin, nouvel arrêt ponctué d'un coup de frein.

Chevalier : « Reflux du personnel d'un groupe d'artillerie fuyant en désordre, démoralisé, criant que leur train vient d'être incendié par l'ennemi qui s'approche. »

Le I/68e RIF va-t-il être fait prisonnier dans ses wagons ? Blanlœil hésite à peine : « Mettez le bataillon à terre, ordonne-t-il à Chevalier, et installez-le en position défensive sur les crêtes de part et d'autre de la voie ! »

Le convoi devient fourmilière. Portés à dos, mitrailleuses (25 kg chacune) trépieds (24 kg) et caisses de munitions sont hissés sur les hauteurs désignées. Personne n'a le temps de mettre les pièces en position car la locomotive s'entoure d'un nuage de vapeur et redémarre, toujours aussi lentement. Fusiliers, mitrailleurs et servants d'engins descendent à toutes jambes vers la voie et, hissés par leurs camarades restés dans les wagons, se réinstallent et tentent de retrouver leur souffle avant la prochaine alerte. Ils ont l'impression d'avoir échappé à un affrontement dont ils ne seraient pas sortis vainqueurs, les canons de 25 étant restés sur les plateaux. Le train roule à faible vitesse mais avec régularité.

« On espère qu'une fois Vesoul atteint, écrit Chevalier, il sera facile de bifurquer vers Besançon pour être ultérieurement en mesure de recevoir une mission, selon les intentions du commandement qui nous a contraints à abandonner « Notre ligne Maginot ! »

Lorsqu'il a été convoqué par Blanlœil, le 13 juin à 12 h 30, avec les deux autres chefs de bataillon, Cannet et Chanzy, Chevalier a reçu des ordres d'une insoutenable sécheresse : Chanzy et lui prenaient chacun le commandement d'un bataillon de marche qui embarquerait le soir même par voie ferrée à Schirrhein. Cannet restait sur la position avec le reste du régiment et les compagnies d'équipages d'ouvrages et de casemates. Le I/68e RIF, comme les autres unités de forteresse, s'est trouvé disloqué ; la CM 1 du capitaine Riboulet ne partait pas et la CM 10 du lieutenant Aymé la remplaçait. Le train auto prenait la route et la CHR du capitaine Ribs s'installait dans un autre convoi en raison de la présence de l'état-major du 68e RIF et de la compagnie de commandement du capitaine Lamoureux dans le train du commandant Chevalier. Rassemblé dans la soirée à Schirrhein après une marche d'une dizaine de kilomètres, le I/68e RIF abattra encore 25 kilomètres dans la nuit car la rame, on l'apprend au dernier moment, l'attend à Schweighouse. Le bataillon est monté à bord le 14 à 13 h 30, avec une surcharge de six chenillettes avec leurs remorques à munitions et, à 15 heures, ce fut le départ. Adieu l'Alsace ! On traversa Saint-Dié dans la soirée, Épinal le lendemain. Quelle était la destination du train ? Le lieutenant-colonel Blanlœil ne disait rien.

« Au bataillon, raconte Chevalier, personne n'était au courant de la situation. C'est avec étonnement et surprise que l'on découvrit un trafic intense et désordonné sur les routes, de voitures civiles fuyant un danger. »

Le premier arrêt de longue durée se produit le 15 juin à six heures à hauteur de Pouxeux, au sud d'Épinal. Par la suite, les haltes deviennent de plus en plus fréquentes et l'allure du convoi, précédé et suivi à vue par d'autres rames, tombe à 10-15 km/h. Le commandant du I/68e RIF s'en plaint : « Les nombreux arrêts, les tentations offertes de toutes parts, ne sont pas sans provoquer un relâchement notable de la discipline, relâchement vis-à-vis duquel les cadres se révèlent incapables de réagir efficacement. »

Après Jussey, traversé le dimanche 16 juin à quatre heures du matin, le train ralentit encore, s'immobilise, repart, s'arrête. Ni Blanlœil ni Chevalier ne savent que la *1re Panzer* est à Gray et qu'au nord de Jussey, les trains ne peuvent plus emprunter la ligne de Langres et descendent maintenant en direction de Port-sur-Saône, avec un embouteillage à Port-d'Atelier où des dizaines de convois arrivant du nord-est cherchent à s'engager sur la même voie. Enfin, d'arrêt en alerte, de débarquement en rembarquement, la rame du 68e RIF retrouve une atmosphère plus sereine au fur et à mesure qu'elle s'éloigne de la Saône.

« Vers midi, rapporte Chevalier, nous arrivons enfin en vue de Vesoul, dont la chapelle de Notre-Dame de La Motte, si caractéristique, se profile sur la colline, à l'horizon. »

Les hommes vont être déçus car, sur un nouveau crissement des patins de freins, le train s'immobilise après la gare de Vaivre, entre un dépôt de traverses et des magasins du service de Santé. Une heure, deux heures, le temps passe et le colonel envoie le capitaine Broglin[1] se renseigner sur la situation à la gare de Vesoul qui est à quelques centaines de mètres. Venant du nord, de Charmoille dont les toits se profilent sur une crête, les échos d'une fusillade se font entendre.

« Le boche colle à la roue ! » commente avec amertume le lieutenant Gavillot, de la compagnie d'engins.

Broglin ne ménage pas ses pas car, moins d'une demi-heure après son départ, il est de retour et rend compte à Blanlœil qu'à quelques trains devant celui du 68e RIF « un bataillon du 23e RIF a commencé à débarquer, ce qui bloque momentanément le trafic. »

Le commandant Frédéric de Gay de Nexon aura bientôt 48 ans, dix ans de plus que Chevalier, Avec son bataillon, le II/23e RIF, il a connu les mêmes vicissitudes que le I/68e RIF. Informé du départ le 13 juin à 13 heures, Nexon a passé l'après-midi à mettre sur pied son bataillon de marche, un millier d'hommes avec 15 pièces de 25 et une seule section de voltigeurs, ce qui promet un sérieux handicap dans l'hypothèse d'un combat en rase campagne. A 23 heures, le II/23e RIF « nouvelle

1. Le capitaine Broglin remplace le chef d'état-major, le commandant Émilien Champet, de Bourg-en-Bresse, parti avec le bataillon Chanzy.

formule » a pris la direction de Haguenau, à 15 kilomètres, pour embarquer à bord d'un train spécial le 14 à sept heures du matin. Les 53 wagons se révélant insuffisants, Nexon donna la priorité aux chenillettes et aux cuisines roulantes, laissant les chariots d'allégement sur le quai mais conservant ses 118 chevaux pour lesquels il prévoit de réquisitionner des voitures lors du débarquement. Les hommes sont loin d'être à l'aise : 40 à 50 par wagon et sur les plateaux.

Les quais de Haguenau sont saturés car trois autres bataillons de forteresse attendent leur tour pour embarquer et Nexon remarque qu'il règne « une grande confusion et une certaine indiscipline. On sent une insuffisance très nette de commandement et d'autorité chez les cadres subalternes[1] ».

Le train du II/23e RIF quitte Haguenau le vendredi 14 juin à 13 h 30. Il passe à Saint-Dié dans la soirée et connaît son premier arrêt prolongé le 15 à cinq heures du matin à la gare d'Arches. Un second se produira à 10 heures et l'on repartira à 14 heures. Un peu plus loin, un *Dornier 17* lâche un chapelet de petites bombes sur le convoi. La voie n'est pas atteinte mais cinq blessés du 23e RIF seront évacués sur Darney par une sanitaire arrêtée à un passage à niveau[2]. Une heure après le passage du *Dornier,* une automobile freine le long du train. En descend le capitaine Christian, de l'état-major du Secteur fortifié de Haguenau.

« L'ennemi serait à Chaumont et à Langres ! » dit-il à Nexon qui possède un ordre de transport pour Is-sur-Tille, à une quarantaine de kilomètres au sud de Langres.

Se suivant parfois à moins de vingt mètres, les trains repartent. Les gares de Jussey et de Port-d'Atelier sont vides : les cheminots ont reçu un ordre d'évacuation mais, avant de disparaître, ils ont verrouillé les aiguillages ce qui oblige mécaniciens et chauffeurs à descendre de leurs locomotives pour les débloquer. Après Port-sur-Saône, les hommes du 23e RIF entendent derrière eux le bruit d'un combat et, peu après, dit le commandant de Nexon, « on voit dévaler le long de la voie ferrée et à travers champs plusieurs centaines de civils et de militaires, en particulier des artilleurs, qui ont évacué les trains derrière nous dont l'un serait en flammes. »

Ce sont les fuyards qui viennent de longer la rame du I/68e RIF. Nexon fait mettre les 25 en batterie sur les plates-formes, des mitrailleuses et des FM sont descendus à terre et mis en position. Au nord, vers Charmoille, des éléments motorisés circulent sur la RN 19

1. Nexon rejoint Chevalier qui estime que ses officiers ne « sont pas assez confirmés. Ils furent déficients au moment de prendre des décisions rapides et de les traduire en ordres précis. Ils témoignent d'une inaptitude très nette au commandement qui leur a été confié ».

2. Nexon précise qu'il « faudra user de menaces pour que le chauffeur les charge et se déleste du matériel et des valises dont elle était bourrée. »

mais à cette distance, il est impossible de les identifier. Une attaque va-t-elle se produire venant de l'arrière des convois ? Non, la « 231 000 » crache un jet de vapeur et redémarre... pour s'arrêter à Vaivre, à environ un kilomètre de la gare de Vesoul. Devant : un train de réfugiés dont la machine aurait été dételée, un train de munitions dont la locomotive n'a plus de charbon, et un train d'ALVF[1] sans projectiles. Derrière, un convoi du 156e RAP sans canons, encore des réfugiés puis la rame du 68e RIF.

Nexon découvre Vesoul : « Comme ailleurs les employés de la gare sont partis en verrouillant les aiguillages. Les deux officiers régulateurs sont enfermés dans un café près de la gare et ne daignent pas se déranger. Dans la gare, un médecin à quatre galons sème la panique et contribue au désordre tandis qu'un officier du train d'ALVF s'emploie à faire repartir les rames de tête, au besoin en attelant deux d'entre elles à une seule locomotive. »

Repartira ? Ne repartira pas ? Nexon est pessimiste et ne croit pas à l'avenir des déplacements par voie ferrée : « Sans ordres ni liaisons, écrit-il, les chances de repartir étant faibles, je décide de débarquer, malgré les conditions défavorables, en pleine voie, et de tenter ma chance par la route en direction de Belfort ou de Besançon. »

Nexon ne le sait pas encore mais, pris entre l'irrésistible flux des divisions de Gudérian et le reflux du groupement Duluc, il est condamné à rester à Vesoul où son destin lui a donné rendez-vous. Il fait appeler ses capitaines : Streicher, Gutter, Zimmermann, et les lieutenants Goyaux et Ziegel à qui il donne l'ordre de regrouper leurs compagnies. Une demi-heure plus tard, une grande partie du bataillon est à terre lorsque le capitaine du train d'ALVF rend compte au commandant du II/23e RIF qu'il a pu débloquer les deux trains qui précèdent et se prépare à partir avec une seule locomotive.

« J'hésite sur la conduite à tenir, avoue Nexon, lorsque je suis avisé qu'un officier de la VIIIe armée me demande à la préfecture. Il s'agit du commandant Eon. Il est environ 14 heures[2]. »

Le destin du bataillon de Nexon porte maintenant un nom : Eon. Le commandant du II/23e RIF s'installe en tan-sad derrière un motocycliste et se présente quelques instants plus tard à la préfecture. Eon lui explique que son bataillon doit débarquer sur-le-champ « pour défendre Vesoul jusqu'au lendemain afin de couvrir le repli des IIe et IIIe armées. » Il ajoute que « Vesoul sera le pivot d'une puissante

1. Artillerie lourde sur voie ferrée.

2. Le rapport Eon décrit l'arrivée du train du II/23e RIF dans une atmosphère d'apocalypse : « (...) accueilli par un bombardement de l'artillerie ennemie et des rafales de mitrailleuses, la rame commence à flamber, elle est bloquée sur la voie détruite. »

contre-attaque qui sera déclenchée le lendemain matin par la VIIIe armée avec des effectifs importants, en direction du sud-ouest. »

A la manière d'un bateleur, Eon démontre que la défense de Vesoul est vitale pour les armées de l'Est et il assure à Nexon qu'il va recevoir deux batteries d'autocanons de DCA et deux compagnies de chars en renfort [1]. Puis, pour faire partager son bel optimisme, il téléphone au PC de la VIIIe armée où il obtient le colonel Campet, chef d'état-major, auprès de qui « il insiste, dit Nexon, sur la solidité de la défense de Vesoul ainsi assurée. »

Eon a-t-il vraiment les pieds sur terre ? On peut en douter en lisant la suite du rapport de Nexon : « J'ai beau lui indiquer qu'aucun des éléments n'est en place, que mon bataillon n'est pas encore débarqué, que les Allemands sont aux portes de Vesoul, le commandant Eon me reprend des mains l'appareil qu'il m'avait passé pour parler au colonel Campet à qui j'exposais la situation sans détour, pour lui refaire un exposé optimiste et rassurant. »

Le train du 68e RIF est toujours immobile et le lieutenant-colonel Blanlœil n'a encore pris aucune initiative. Pourtant, comme pour Nexon, le destin lui a également donné rendez-vous à Vesoul. Envoyé à la gare, le capitaine Broglin a sans doute rencontré le commandant du II/23e RIF lorsque celui-ci revenait de la préfecture car il raconte à Blanlœil et à Chevalier que « le bataillon de Nexon a reçu de la part d'un officier de l'état-major de la VIIIe armée, l'ordre de défendre Vesoul ». En conséquence, aurait dit Eon (car il s'agit naturellement de lui) le I/68e RIF n'a qu'à concourir à la même mission en prolongeant sur sa gauche le II/23e RIF.

Chevalier : « La mission générale est d'interdire à l'ennemi venant de l'ouest, l'accès de Vesoul jusqu'au lendemain matin, afin de faciliter et de couvrir une contre-attaque que doit déclencher la VIIIe armée au point du jour. Il n'y a plus à hésiter, il faut défendre Vesoul ! »

Retenons que les deux bataillons de forteresse n'ont pas reçu l'ordre de se battre à Vesoul « sans esprit de recul ». Nexon dit « jusqu'au lendemain ». Chevalier est plus précis : « jusqu'au lendemain matin ». On mesurera l'importance de ces mots à l'aube du 17 juin.

Deuxième point : la « puissante contre-attaque » préparée par la VIIIe armée. Le matin même, à sept heures, le général Prételat, du groupe d'armées n° 2, a téléphoné au général Laure et l'a autorisé à se porter en direction de Besançon avec les forces dont il dispose dans la trouée de Belfort c'est-à-dire le 45e corps du général Daille. Il a insisté sur le fait que le mouvement devait s'effectuer au sud du Doubs, de manière à être couvert au nord et au nord-ouest par la rivière en tant qu'obstacle

1. « Jamais vus ! » relève le commandant de Nexon dans son rapport.

antichars... après destruction des ponts. Prételat en a profité pour rappeler à Laure qu'il ne devait pas hésiter à se réfugier en Suisse avec le maximum de ses effectifs si la manœuvre de dégagement se révélait impossible. A midi, Laure arrivait au PC du 45e corps où il prescrivait au général Daille « de prendre l'offensive en direction de Besançon » avec la 2e DI Pol. (dont le GR et le 5e RC Pol. sont au groupement Duluc) la 67e DI, la 2e brigade de spahis et cinq groupes d'artillerie lourde[1]. Contre-attaque, manœuvre de dégagement, offensive, les mots diffèrent mais l'esprit demeure. Ce qui n'apparaît pas clairement c'est l'utilité d'un centre de résistance à Vesoul avec deux bataillons de forteresse. On admettrait que le commandant Eon les repliât sur la ligne choisie par le colonel Duluc (Luxeuil-Lure-Villersexel) mais seuls à Vesoul, le II/23e RIF et le I/68e RIF ne pourront jouer aucun rôle dans l'opération que le général Daille est supposé lancer le 17 au matin en direction de Besançon. Daille lui-même est déjà perdant puisque la *1re Panzerdivision,* après avoir réduit la 7/26e RA du capitaine Capelle au pont de Quitteur, roule maintenant vers Besançon où elle arrivera la première.

Si le commandant de Nexon n'a pas manifesté un enthousiasme délirant à l'idée de se battre pour Vesoul, les réticences du commandant Chevalier ne sont pas moindres : « Nous arrivons dans un pays totalement inconnu, dit-il, sans reconnaissance préalable, sans cartes, l'ennemi sur nos talons, sans renseignement sur la situation des éléments amis. Tout notre matériel est embarqué dans un train arrêté en pleine voie, sans quai pour débarquer. Cadres et troupes voyagent depuis quarante-huit heures et n'ont pas dormi ou presque depuis plus de quatre-vingts heures. Les vivres sont épuisés depuis la veille et les munitions emportées se réduisent à sept caisses de cartouches par mitrailleuse, 24 coups par canon de 25, 82 coups de mortier, aucune grenade, aucun moyen de signalisation ni de transmissions. »

Au II/23e RIF, les hommes ont trouvé un moyen de débarquer les chevaux et le matériel : des traverses alignées sur des rails posées sur le bord des wagons et des couvertures étalées sur ces rampes improvisées pour assurer le pied des animaux. Quant aux vivres dont Chevalier se plaît à souligner l'épuisement, un stock important se trouve semble-t-il, dans les magasins de l'armée situés le long de la voie, à l'entrée de Vesoul. Nexon envoie d'ailleurs ses chefs de section avec chacun quatre hommes de corvées puiser dans le dépôt.

« Il y avait de tout dans ces baraquements, se souvient l'aspirant Colonna d'Istria, des tonnes de confitures, des montagnes de cartons de

1. Deux groupes de 155 de l'artillerie du 13e corps et le 147e RAL à trois groupes de 155.

cigarettes, des wagons de drap d'uniforme, etc. Il y avait tant de choses qu'on ne savait quoi choisir [1] ? »

Nous avons vu que Nexon disait : « Les Allemands sont aux portes de la ville. » Chevalier confirme : « L'ennemi est sur nos talons ! » Le GR polonais du lieutenant-colonel Swiecicki et les chars de la 3/16e BCC du capitaine de Courcel étaient les deux éléments chargés à Port et à Scey-sur-Saône d'arrêter l'avant-garde de la *20e Mot. Division* venant de Langres. Ayant sollicité — et reçu — de Duluc l'ordre de décrocher, Swiecicki s'est retiré en direction de l'est en donnant rendez-vous aux chars à Auxon, à sept kilomètres au nord de Vesoul.

« Avec leurs motos, souligne le lieutenant Nathan, de la 3/16e BCC, les Polonais roulaient à 60-80 km/h tandis qu'avec nos R 35, notre vitesse était d'environ 15 km/h. »

Au début de l'après-midi du 16 juin, le capitaine de Courcel arrive avec ses sept chars à Pusey, sur la RN 19, à quatre kilomètres à l'ouest de Vesoul.

« Le village paraît désert, note de Courcel, seul le curé est resté. J'envoie une reconnaissance sur Auxon : personne ! Les Polonais ne se sont pas arrêtés. »

Un motocycliste appartenant à une batterie de DCA apporte un message du lieutenant Nathan qui s'est replié avec ses six chars et se trouve en DCB (défense contre blindés) à la lisière d'un bois proche de Montigny-les-Vesoul.

« Dites-lui de me rejoindre à Pusey ! » ordonne de Courcel.

Pendant que le motocycliste repart vers le sud-ouest, deux autres motocyclistes, allemands ceux-là, apparaissent à un coude de la route, suivis à courte distance par une voiture tout-terrain. De sa tourelle, le sergent Vergnaud envoie deux coups de 37 qui manquent leur cible. Abandonnant leurs machines sur la route, les motocyclistes ont plongé dans un champ de blé et la tout-terrain effectue une marche arrière précipitée.

« Pousse en avant ! » ordonne Vergnaud à Bouveret, son mécanicien.

Le char s'arrête au coude de la route et Vergnaud adresse des signes de la main au capitaine, comme s'il avait soudain des ennuis mécaniques. Le sergent Hauth est resté à Pusey avec les cinq autres chars. Écrasant au passage les deux motos sous ses chenilles, de Courcel se porte au niveau du R 35 de Vergnaud. Ils n'ont pas le temps d'engager la conversation qu'un *37 Pak* ouvre le feu. Vergnaud est tué le premier puis Bouveret. La bouche du canon et celle de la mitrailleuse du capitaine sont faussées par le même obus. Impossible de riposter. Le

1. Lettre du 16 septembre 1983 adressée à l'auteur par M. Antoine Colonna d'Istria, de Strasbourg.

mécanicien, la cuisse broyée, sort en hurlant de douleur et se jette dans le fossé. De Courcel tente d'incendier son char mais un projectile lui arrache le biceps du coude à l'épaule. Il saisit son pistolet 7,65 et, geste dérisoire, met en joue les *Schützen* qui accourent à la curée. Une balle lui laboure le cou, une autre le frappe à la main : le pistolet tombe à terre. Un instant plus tard, le chef de la 3/16e BCC est prisonnier et on le brancarde jusqu'à un poste de secours.

La présence des chars incite les Allemands à la prudence et ils attendent d'être renforcés avant d'attaquer Pusey, ce qui donne le temps à la section Nathan d'emprunter le chemin venant de Montigny et de rejoindre les cinq engins du sergent Hauth. Celui-ci raconte à Nathan ce qu'il sait, c'est-à-dire peu de chose : le char du capitaine et celui de Vergnaud se sont portés en avant, des coups de canon et des rafales ont été entendus, puis plus rien. Nathan n'a pas le temps de s'interroger que la grosse voix de l'artillerie se fait entendre. Une batterie allemande est en position derrière Charmoille, le village voisin, et semble tirer sur le triage de Vaivre où le I/68e RIF a commencé à débarquer. Un bruit de moteur le fait se retourner : c'est un motocycliste.

« Arrive de Vesoul le commandant Eon, de l'état-major de la VIIIe armée, avec un beau brassard, rapporte Nathan. Il trouve admirable que nous ayons le contact et que nous soyons là. »

Sans s'arrêter au fait que le 16e BCC appartient au groupement Duluc, Eon prend les 11 chars de la 3e compagnie sous sa coupe et les dirige sur Vesoul « qui est tenue » affirme-t-il à Nathan [1]. Celui-ci s'arrêtera sous les arbres, le long du Durgeon, à deux pas d'un kiosque à musique dans lequel il dormira quelques heures. Il retrouve le lieutenant Striblen avec l'échelon, ce qui lui permet de compléter ses pleins de carburant. Pour la nourriture, il ne se fait pas de souci, « C'est la population qui ravitaille mes hommes », écrit-il.

Devant le train du I/68e RIF : Vesoul et la colline de La Motte. Au nord, la crête d'où émergent les toits de Charmoille et de Pusey. Au sud-ouest, Montoille puis Vaivre. Au sud dominent les pentes abruptes du Camp Romain. C'est là, dans une zone boisée, que le lieutenant-colonel Blanlœil établit son PC. Le commandant Chevalier reste à proximité du train et installe le sien dans le dépôt de traverses bordant la voie. Le médecin-lieutenant René Hild, de Strasbourg, prévient le sergent-infirmier Matz : « Le poste de secours sera aussi dans les traverses et il faut prévoir plusieurs épaisseurs pour nous protéger des éclats. »

En application des ordres reçus de Blanlœil, Chevalier prépare les missions de son bataillon : le sous-lieutenant Blanc, l'adjudant-chef

1. Eon a envoyé à Duluc les vieux FT du 29e BCC mais il réquisitionne littéralement la 3e compagnie du 16e BCC avec ses R 35 qu'il juge certainement plus modernes.

Heitz et le chef Bastié iront tenir un point d'appui à Vaivre avec les deux pièces de 25 du lieutenant Weill. La CM 2 du lieutenant Pérotin portera ses mitrailleuses à Montoille, toujours pour faire face à l'ouest ; elle recevra trois pièces de 25. Quant à la CM 10 du lieutenant Aymé, elle fera face au nord sur la ligne du Durgeon et cherchera la liaison avec le II/23e RIF. Les chevaux, les véhicules et une partie du matériel des échelons restent pour l'instant dans les wagons. Le lieutenant Retz, est envoyé à la gare de Vesoul pour expliquer les mesures prises par le I/68e RIF au commandant de Nexon pendant que le débarquement du matériel s'effectue sous les coups de la batterie ennemie en position derrière Charmoille.

« Des obus tombent sur le train et ses abords, relève Chevalier. (...) Tout mouvement de quelque importance est l'objet d'une salve. Des pertes sont déjà à déplorer et un certain flottement se manifeste parmi les hommes essuyant pour la première fois un tir d'artillerie. »

Le chef de bataillon indique aussi « qu'il faut le sang-froid et l'autorité de gradés énergiques tels que le lieutenant Weill » pour descendre les canons de 25 et les pousser à bras jusqu'à Vaivre par le chemin de terre longeant la voie. De son côté, le lieutenant Aymé rend compte que sous les coups de l'artillerie, il est impossible de porter les 25 sur la ligne du Durgeon en plein jour avec les nombreux arrêts provoqués par des clôtures et des petits ruisseaux. Il faut donc attendre la nuit.

Au II/23e RIF, la section de pionniers du lieutenant Boudier est partie en avant vers la RN 19 qu'elle a coupée en abattant des arbres. La CM. 1 du lieutenant Goyaux reçoit la mission la plus difficile : tenir la face nord de la colline de La Motte. Une section de 25 et le groupe de mortiers Nietchke lui sont envoyés en renfort pendant que la CM 7 du capitaine Gutter, à cheval sur la voie ferrée, surveillera la direction de Gray. Pour l'instant, la CM 5 du capitaine Zimmermann reste en réserve avec les derniers éléments de la compagnie d'engins. Comme au bataillon Chevalier, l'artillerie allemande gêne la mise en place des unités.

« La fin du débarquement est soumise à un tir de 105 bien ajusté, rapporte le commandant de Nexon. Deux canons de 25 sur trois sont mis hors de service et leurs servants tués ou blessés. Le train du 156e RAP est atteint et brûle. Le chauffeur de notre rame est blessé. »

Lorsqu'il entre à Vesoul avec les officiers de son état-major, leurs premiers contacts avec les Vésuliens manquent de chaleur : « Je me suis heurté à des protestations assez vives de la population qui m'a dit que Vesoul avait été déclarée « ville ouverte », raconte Nexon. J'ai fait donner l'ordre aux civils de rentrer dans leurs maisons et de se mettre à l'abri dans les caves et de ne pas circuler. »

Toutefois, il ajoute un peu plus loin : « La population, en général, s'est offerte spontanément pour nous apporter du ravitaillement[1]. »

Apprenant la présence, dans le train du 68e RIF, du chef de corps de ce régiment, Nexon croit bien faire d'en rendre compte au commandant Eon. Celui-ci est en train de s'éblouir lui-même en dressant son plan de bataille.

« Avec les importants renforts que j'ai amenés, deux compagnies de chars, deux batteries de 75 de DCA[2], une section de 75 tractée s'ajoutant au bataillon de Nexon déjà en place (*sic*) et au bataillon du 68e RIF qui débarquait, on allait pouvoir essayer le soir même de dégager la ville et rejeter de l'autre côté de la Saône les faibles éléments ennemis qui s'infiltrent dans Vesoul. »

Eon ne possède aucun renseignement sur les forces adverses et, s'il en avait, il ne parlerait sans doute pas de « faibles éléments » à propos de la *20e Mot. Division* du *General* von Viktorin.

« La portée de cette opération pouvait être incalculable, écrit-il encore, étant donné l'importance de ce nœud de communications, pour permettre aux armées du nord d'effectuer à temps leur repli. Mais pour mener cette opération, il faut un chef et le colonel Duluc n'est toujours pas là. »

De son PC de la préfecture, Eon demande et obtient la communication avec Lure. On lui passe Duluc : « Je le mets au courant, écrit Eon, de la situation nouvelle à Vesoul, de la supériorité (*sic*) des forces dont nous disposons, qui vont permettre de rejeter l'ennemi dans la Saône. »

Chose admirable, Duluc, en écoutant ces élucubrations, conserve son sang-froid. Il explique que le lieutenant-colonel Aubert, sous-chef d'état-major de l'armée, est à côté de lui, apportant de nouvelles instructions du général Laure[3]. Sans se démonter, Eon engage la conversation avec Aubert à qui il rend compte « des mesures prises pour assurer l'occupation de Vesoul et un débouché éventuel. » (*sic*) Il insiste aussi sur les difficultés que lui cause l'absence du colonel Duluc. Celui-ci, qui avait l'écouteur, reprend l'appareil et rappelle à Eon « que sa mission de défense de la Saône (...) était seulement une action retardatrice, ce qui l'autorisait à effectuer le décrochage à son initia-

1. De confession israélite, M. René Veil, maire de Vesoul depuis 1934, a quitté la ville. M. René Hologne assure l'intérim. Il sera arrêté en 1944, en même temps que M. Jean Filleul, chef de la Défense passive. Déporté en Allemagne, le premier mourra à Neuengamme le 4 décembre 1944, Filleul devenant « Nuit et brouillard » à Buchenwald en juin 1944. (Lettre du 3 octobre 1983 adressée à l'auteur par M. Jean-Claude Grandhay, de Vesoul).

2. Il s'agit des chars du 29e BCC qui ont rejoint le groupement Duluc et des deux batteries du V/403e DCA qui ont également quitté Vesoul.

3. Duluc ne parle pas de cette conversation dans son rapport ; c'est Eon qui en fait état dans le sien.

tive. » Et il ajoute pour bien préciser sa pensée « que l'organisation d'un centre de résistance à Vesoul ne rentre pas dans le cadre de sa mission ».

Eon n'est pas à court d'idées pour autant et il suggère au lieutenant-colonel Aubert revenu au téléphone, de confier la défense de Vesoul au lieutenant-colonel Blanlœil, du 68e RIF. Aubert aurait accepté et donné un renseignement important à Eon : les Allemands ont franchi la Saône et progressent en direction de Besançon. Coup dur pour Eon qui semble enfin revenir sur terre : « Il ne peut plus être question de déboucher de Vesoul mais tout au plus de tenter de s'y maintenir le plus longtemps possible sous réserve de ne pas y être encerclé et de se décrocher à temps. »

Pourquoi cet officier d'état-major n'admet-il pas que son projet de défendre Vesoul ne tient pas ? Combien inutiles seront les morts et les blessés qui tomberont dans la défense de la ville ! Décrocher à temps ne peut avoir qu'un sens : profiter de la nuit pour ramener les deux bataillons de forteresse et la 3/16e BCC sur la ligne Duluc. Mais Eon fait une sorte de fixation : Vesoul est sa création, son œuvre, et il tient à continuer ce qu'il a entrepris. Avec sa moto, il décide d'aller chercher le lieutenant-colonel Blanlœil et passe devant la gare, ce qui lui donne une nouvelle occasion de manifester son lyrisme : « L'artillerie ennemie, intensifiant ses tirs, a immobilisé et incendié les différentes rames qui s'embouteillent. La gare est abandonnée et livrée au pillage. L'ensemble constitue un énorme brasier d'où s'échappent hommes et animaux. »

Nous savons que des salves de 105 encadrent le train du II/23e RIF mais les dégâts ne sont pas importants et ne ressemblent en aucun cas à un « énorme brasier ». Cependant, les éclatements d'obus affolent le mécanicien de la rame qui n'hésite pas à mettre la vapeur et à sortir de Vesoul par la voie libérée depuis le départ du train d'ALVF. Nexon s'est contenté de faire surveiller le mécanicien par un de ses officiers — qui a failli à sa mission — au lieu de décrocher d'autorité la locomotive et de neutraliser le cheminot aux nerfs sensibles. Le départ du train constitue une perte irréparable pour le bataillon de Nexon : les vivres et les munitions de réserve sont à bord avec une centaine de chevaux (sur 118), les chenillettes, les bagages, les cuisines roulantes, huit canons de 25 et environ 110 hommes occupés aux opérations de débarquement avec l'adjudant Dupouy[1]. La question mérite d'être posée : pourquoi Nexon n'a-t-il pas fait accélérer le débarquement, sinon des vivres, du moins du matériel et des munitions puisque ses hommes allaient se battre ?

« A ma connaissance, écrit l'aspirant Colonna d'Istria, aucune tentative pour enlever au moins une partie des munitions, n'a eu lieu. Il n'est

1. Le train brûlera Lure, Belfort, Montbéliard et s'arrêtera à Saint-Hippolyte où le matériel sera versé à la 2e brigade de spahis qui passera en Suisse trois jours plus tard, entraînant avec elle les hommes du 23e RIF.

donc pas étonnant qu'au cours de l'action qui se déclenchera peu après 21 heures certaines sections seront obligées d'économiser leurs cartouches et d'autres de cesser le feu [1]. »

Vers 18 heures, avec une moto du 68e RIF et la sienne, le commandant Eon amène à la préfecture le lieutenant-colonel Blanlœil et le capitaine Broglin. Il n'a eu aucun mal à convaincre Blanlœil, lui faisant part, comme s'il n'était lui-même qu'un modeste agent de transmission, « de la décision du général commandant l'armée de lui confier le commandement du centre de résistance de Vesoul. » Le chef de corps du 68e RIF aurait pu ergoter, discuter, jeter le poids de ses galons dans la mêlée et surtout exiger un ordre écrit du général Laure que Eon était incapable de lui présenter. Au lieu de cela, il s'incline et accompagne Eon à la préfecture pour rédiger un ordre d'opérations permettant de coordonner l'action des diverses unités qui vont être engagées dans la « bataille de Vesoul [2]. »

Outre le préfet Jacques-Henry représentant l'autorité civile et M. Filleul chef de la garde civique, assistent à la réunion le commandant de Nexon, les lieutenants Striblen et Nathan, de la 3/16e BCC, le lieutenant Gerda, du GR polonais. Le préfet, dont Nexon dit « que son attitude a été parfaite et pleine de cran », fait distribuer une collation aux officiers.

Eon : « Le tableau qu'offrait cette réunion était particulièrement pittoresque. Tous ces officiers affamés dévoraient les victuailles que leur apportait lui-même le préfet en grande tenue et, tout en mangeant, écoutaient la rédaction de l'ordre de défense que je dictais à l'élégante dactylo du préfet. »

Ayant signé le document, Eon passe le commandement à Blanlœil et, laissant celui-ci donner les ordres de détail aux unités, reprend le téléphone. Il rend compte à Duluc de l'organisation du centre de résistance de Vesoul, puis il appelle le PC de la VIIIe armée où il aurait eu en ligne le colonel Campet. Celui-ci lui confirme les renseignements donnés par Aubert sur la poussée allemande en direction de Besançon et souligne (c'est Eon qui parle) « le danger d'un débordement et encerclement de Vesoul par le sud-ouest et la nécessité impérieuse de décrocher à temps en direction de Lure ».

On comprend le souci du chef d'état-major de l'armée, qui rejoint le

1. Lettre du 25 mars 1984 adressée à l'auteur par M. Colonna d'Istria.

2. Né le 9 avril 1888 à Lorient, Edmond Blanlœil n'a pas eu de chance. Lieutenant au 145e RI il épouse Mlle Odette Nogent le 11 mai 1914 et trois mois plus tard, le 8 septembre, il est fait prisonnier à Maubeuge. Il rentre de captivité le 19 novembre 1919. Cinq ans de campagne au Maroc puis il commande le 68e RIF à partir du 25 août 1939. Il est lieutenant-colonel depuis septembre 1937. Fait prisonnier le 20 juin, il sera rapatrié de l'Oflag X-B le 23 novembre 1943 mais sa santé s'est altérée et il mourra à Laval (Mayenne) le 18 février 1947.

lieutenant-colonel Aubert en insistant sur la « nécessité impérieuse de décrocher à temps en direction de Lure ». En fait, pourquoi se maintenir à Vesoul éloignée de tout dispositif ? Si la position est jugée aventurée — et elle l'est — pourquoi Campet ne donne-t-il pas à Eon un ordre ferme de repli immédiat ? Le décrochage dans l'obscurité est possible alors que le 17 au matin, en plein jour, il risque d'être coûteux. Les Allemands vont certainement profiter de la nuit pour avancer leur artillerie, pousser leur infanterie, manœuvrer, s'infiltrer. Personne, à l'état-major de la VIIIe armée ne prend la décision qui s'impose : évacuer Vesoul le plus vite possible. A 23 heures, le commandant Eon prendra congé du préfet et du lieutenant-colonel Blanlœil. Il est persuadé d'avoir entrepris l'essentiel ; les unités en place n'ont plus qu'à faire le reste : mourir pour Vesoul [1].

Dimanche 16 juin. 20 heures. A son PC de Lure, le colonel Duluc reçoit un appel téléphonique du général Laure qui apporte une nouvelle modification à sa mission : il n'a plus à défendre au sud la ligne Lure-Villersexel mais la prolongera au nord, de Luxeuil à Plombières. Le commandant de la VIIIe armée prescrit ensuite à Duluc de manœuvrer en retraite si la pression ennemie devient trop forte et de préférence sur les axes suivants : de Plombières vers Remiremont, de Fougerolles vers Rupt-sur-Moselle, de Luxeuil vers Faucogney et, s'il le faut, vers Rupt également, enfin de Lure vers Mélisey et Le Thillot. Toutefois, Laure répète que cette retraite sur les hauteurs au sud de la Moselle doit s'achever sur une défense sans esprit de recul.

« Vous allez être renforcé, dit Laure, par le lieutenant-colonel Réthoré, du 79e RIF, qui s'est mis en place à Luxeuil sur l'ordre du général Oehmichen et, le 17 au matin, vous prendrez également sous votre commandement les unités se repliant de Vesoul avec le lieutenant-colonel Blanlœil. Je vous demande aussi de quitter Lure et de porter votre PC à Faucogney. »

Duluc ne le sait pas encore mais ce sont les derniers ordres qu'il recevra de la VIIIe armée. On y voit que le sort de Vesoul est scellé, que la décision d'abandonner la ville est prise le dimanche soir, à l'heure où le commandant Eon passe le commandement à Blanlœil. C'est d'ailleurs

1. Né le 29 novembre 1894 à Versailles, Albert Marie Eon fit une partie de ses études au Prytanée militaire de La Flèche et sortit de Saint-Cyr avec la promotion « Croix du drapeau ». Fait prisonnier le 22 juin 1940, il s'évadera le 22 juillet et sera affecté en Afrique du Nord où il reprendra le combat en Tunisie après le débarquement allié de 1942. Il rejoint ensuite les FFL en Grande-Bretagne et, nommé commandant des FFI de Bretagne le 5 juillet 1944, est parachuté le 4 août avec le colonel Passy dans le cadre de l'opération « Aloès ». En mai 1946, le général de brigade Eon commande la subdivision d'Albi mais il quitte l'armée avec les étoiles de divisionnaire le 29 novembre 1951 avant d'être envoyé en Indochine. Il est décédé le 20 mai 1970 à Casablanca.

ce qui était prévu puisque, nous l'avons vu, Nexon a appris dès le premier contact avec Eon, qu'il défendrait Vesoul « jusqu'au lendemain », Chevalier lui-même précisant « jusqu'au lendemain matin ». L'erreur est de maintenir les unités pendant la nuit à Vesoul et de préparer leur décrochage dans la matinée du 17 juin ce qui va causer de nombreux morts et blessés.

Le colonel Duluc ignore ce qu'il pourra récupérer de Vesoul dans la matinée du lundi et il remanie son dispositif avec les troupes dont il dispose. Le GR polonais reste à Lure, le I/5e RC Pol. du commandant Allinger entre Luxeuil et Quers mais le III/5e RC Pol. du lieutenant-colonel Glowacki qui devait se porter entre Lure et Villersexel est en marche et Duluc prévoit de le varianter lorsque l'officier de liaison, le capitaine Berrod, téléphonera au PC. Pour l'artillerie, la répartition faite par le général Oehmichen est bonne et il est inutile de la modifier : le groupe Ajoux, du 69e RAMF reste à Lure, les groupes du chef d'escadron de Kergaradec et du capitaine Chartier à Luxeuil avec la 8/26e RA du capitaine Robbe. Les chars de la 3/29e BCC du capitaine Le Corre ne quittent pas leur position de Lure, mais le capitaine Morin, dont la 2e compagnie a été envoyée la veille au soir à Villersexel — où elle a subi un bombardement aérien une heure après son arrivée [1] — doit profiter de la nuit pour gagner Luxeuil où il se placera sous les ordres du lieutenant-colonel Réthoré.

Dans la soirée, Duluc enverra un officier de liaison à Luxeuil pour informer le général Oehmichen, de la direction des Étapes, que la localité est « englobée dans la ligne de repli fixée à son groupement. » Considérant sa mission comme terminée, Oehmichen adressera un compte rendu téléphonique à la VIIIe armée au PC de laquelle il enverra ensuite le lieutenant Chenain. De retour vers 22 h 30, celui-ci rapportera l'ordre de replier tous les éléments de la direction des Étapes sur Bourg-en-Bresse « en passant le plus près possible de la frontière suisse et en se plaçant au besoin sous la protection des troupes du général Daille [2] ».

Si Duluc a de l'infanterie et maintenant de l'artillerie, le seul bataillon de chars dont il disposait, le 16e BCC du commandant Bellanger, a littéralement éclaté. La 1re compagnie du lieutenant Michalet a couvert environ 45 kilomètres depuis la Saône et tient dans la soirée du 16 les lisières sud de Luxeuil. La « 3 » commandée maintenant par le lieutenant Striblen est à Vesoul où le commandant Eon « a pris sur lui de

1. Un fourgon de la compagnie de transport n° 75 sera retrouvé avec huit corps carbonisés. Cinq seulement seront identifiés (Gourdon, Dulong, Le Turnier, Lecorre et Tallement). Cinq civils seront également tués : M. Bardenet et quatre femmes : Mme Bardenet, son épouse, MMmes Mouasson, Bassand et Repson.

2. Le général Jean Oehmichen réussira à gagner le sud de la France. Il est décédé le 14 juillet 1957 à son domicile parisien à l'âge de 81 ans.

la conserver », dit Duluc. Manque à l'appel la 2e compagnie du capitaine Pinault.

Le lieutenant Bouchière, officier-adjoint du colonel Duluc, a apporté l'ordre de repli au capitaine Pinault dont les chars se trouvaient en avant de Vellexon, à une douzaine de kilomètres de Quitteur que les colonnes de la *1re Panzer* traversent sans être inquiétées. Selon le journal de la 2/16e BCC, l'ordre de repli a été remis à Pinault à 14 h 45. « Il aurait dû parvenir depuis la veille au soir 15 juin » lit-on également. C'est inexact, l'ordre a été donné à 11 h 15 par le colonel Duluc.

Le II/5e RC Pol. du lieutenant-colonel Konas se réfugie dans la forêt de la Belle-Vaivre, ce qui ne gêne pas les Allemands dont l'intérêt se porte essentiellement sur les itinéraires allant vers le sud-est. De violents tirs d'artillerie accompagnent le décrochage de l'infanterie polonaise et celui de la 2/16e BCC. Le lieutenant Bouchière a sa voiture détruite par un obus et regagnera Lure dans le side-car du caporal Courbeil en passant par Besançon qu'il traversera peu de temps avant l'arrivée des premiers blindés allemands. Selon le capitaine Pinault, les chars ont refait le plein de carburant à 16 heures à Saint-Gand, à quelques kilomètres au sud de Fresne-Saint-Mamès. La « 2 » a perdu une demi-heure pour attendre la section du sous-lieutenant Brun engagée vers Motey. Brun aurait démoli deux automitrailleuses et assisté à l'explosion d'un camion de munitions polonais atteint par un coup au but de l'artillerie adverse. Il y a beaucoup de monde sur les petites routes de la Haute-Saône et le repli est difficile. Deux motocyclistes, Doize et Vaudin, disparaissent. Les trois camionnettes conduites par Lavergne, Rigal et Darbot, s'égarent et ne rejoindront pas [1]. Ce qui va retarder les chars de la « 2 », c'est la décision prise par Pinault de lier son sort aux Polonais de Konas. Ceux-ci vont marcher toute la nuit, précédés par une section de R.35, les autres blindés couvrant l'arrière-garde. Le bataillon d'infanterie et les chars traverseront la RN. 57 (Vesoul-Besançon) le 17 juin vers deux heures du matin et s'arrêteront pour une grand-halte bien méritée à six heures à Loulans, à 12 kilomètres à l'est de Rioz. Pinault pourrait encore remonter vers Villersexel et Lure pour rejoindre le groupement Duluc. Le fera-t-il ?

Dans la forêt de Belle-Vaivre, au nord-est de Gray-sur-Saône, les artilleurs rescapés de la 7/26e RA vivent une sinistre soirée. Ils n'oublieront pas de sitôt ce dimanche 16 juin qui les a fait passer de l'état de soldats à celui de fugitifs. Le chef d'escadron Théodet, le capitaine Capelle, le sous-lieutenant Bourguet, l'aspirant Léonard et, avec eux, 16 sous-officiers et hommes de troupe, sont encore traumatisés par le

1. Quatre déserteurs, D... K... M... et H... s'enfuient à bord du side-car n° 69414.

combat de la matinée. Sans boussole mais avec deux cartes arrachées à des calendriers des PTT, ils se mettent d'accord pour marcher en direction du sud afin de regagner les lignes françaises. Théodet et Capelle précisent l'attitude à observer ; le jour : se reposer, se reconnaître, se ravitailler. La nuit : marcher en évitant les villages, les grandes routes et les terrains trop découverts. La première nuit est particulièrement difficile : « Marche pénible par des sentiers à peine frayés à travers bois. Nous commettons de nombreuses erreurs de direction » ! écrit Capelle.

Le lundi 17, s'arrêtant à la lisière de la forêt ils sont persuadés d'apercevoir Ancier, à deux kilomètres au nord-est de Gray. Il s'agit en fait d'Igny, une dizaine de kilomètres plus au nord. A environ 200 mètres, sur la route, les voitures et les motos allemandes se succèdent. Des charbonniers et le garde-chasse d'Igny ravitaillent les artilleurs qui, après une journée de repos, repartent le 17 à la tombée de la nuit. A l'aube du mardi, ils découvrent des armes françaises cachées dans un fourré. Un peu plus loin, une bergerie paraissant inhabitée se dresse au milieu d'une clairière. Le capitaine Capelle et le sous-lieutenant Bourguet vont la reconnaître.

Capelle : « Grand remue-ménage ; des têtes peureuses se montrent, des soldats sortent, l'un derrière l'autre, timidement. Il y a là une quarantaine d'hommes, complètement hagards, qui nous ont pris pour une patrouille allemande venant les capturer. »

Les malheureux appartiennent au 6ᵉ bataillon de chasseurs pyrénéens du commandant Marty et viennent de Fray. Le sergent-chef qui les « commande » possède un sac d'infirmier qui permet de refaire le pansement du capitaine Capelle. Les artilleurs complètent leur équipement avec les paquetages abandonnés par les Pyrénéens et mangent leurs conserves sans remords. Dans l'après-midi, le fermier du hameau de Corneux qui cache les hommes du 6ᵉ BC Pyr. dans sa bergerie viendra confirmer « que la TSF annonce la demande d'armistice ». Il procurera une carte Michelin au chef d'escadron Théodet qui, le soir venu, repartira vers le sud avec ses artilleurs. Les Pyrénéens ne feront pas un pas pour les suivre.

Le lieutenant René Guy-Grand, le sous-lieutenant Michel Vialatte, les sous-officiers Karch, Mirouel, François, et une dizaine de canonniers de la 7/26ᵉ RA, ont passé une journée éprouvante. Ils ont vu les Allemands fouiller les buissons, débusquer d'autres artilleurs qui s'y dissimulaient et, dix fois, ils ont cru que leur tour était venu. Enfin la nuit est tombée et, se guidant sur les étoiles, ils ont gagné eux aussi la forêt de Belle-Vaivre. Vers minuit, ils rencontrent un groupe de 13 Polonais du II/5ᵉ RC Pol. qui ont perdu leur bataillon en évacuant la zone du pont de Beaujeu sous les *minen*. Chacun d'eux a son fusil et ils portent même un

FM. Les artilleurs n'ont que trois mousquetons et les revolvers des deux officiers. Vers une heure du matin, dans une ferme isolée, les métayers leur donnent du pain et du lait. C'est la première nourriture qu'ils absorbent depuis le café du dimanche matin. Guy-Grand, Vialatte et leurs hommes vont traverser la forêt de Belle-Vaivre dans l'obscurité et s'arrêteront dans la matinée du lundi 17 à l'orée d'un bois proche de Sauvigney. Travaillant dans un champ, le maire de la localité leur déconseillera d'aller vers Besançon, comme ils en ont l'intention : « Les boches sont allés dans cette direction, piquez plutôt vers le sud et franchissez le Doubs ! » leur recommande-t-il.

Après avoir dormi sous la protection d'un des leurs resté en sentinelle, ils repartiront le lundi soir et rencontreront quatre canonniers de la 7/26e RA qui se joindront au groupe. Le mardi 18 au lever du jour, un agriculteur leur apprendra que toute la Franche-Comté est occupée et « que les lignes françaises les plus proches se trouvent certainement à plus de 200 kilomètres ! »

Le moral très atteint par la nouvelle, artilleurs et soldats polonais se demanderont alors si une autre solution ne peut être envisagée. Le lieutenant Guy-Grand fera une proposition : « J'ai des parents à Clervaux-du-Jura, de l'autre côté de Lons-le-Saunier [1]. Si nous trouvons le courage de marcher jusque-là, je peux vous donner l'assurance que nous serons hébergés et nourris. »

Les fugitifs ne seront pas longs à réfléchir. Va pour Clairvaux. Un soldat épuisé mais libre vaut mieux qu'un prisonnier reposé.

A l'hôpital de Gray, la journée du dimanche paraît longue. Les premiers soldats allemands se sont présentés la veille à 20 h 30, escortant un de leurs officiers et le sénateur-maire Moïse Lévy. La nuit a été calme, nonobstant l'incendie qui, à trois reprises, s'est rallumé dans les greniers. La matinée du dimanche passe très vite, les médecins refont les pansements des blessés et opèrent ceux qui n'ont pu l'être la veille en raison des « événements ».

« Beaucoup d'entre eux font de la gangrène, écrit le médecin-lieutenant Neumand. Ils doivent à nouveau être débridés ou amputés. Il règne dans les salles une odeur épouvantable et écœurante. »

Dans le haut de la ville, des femmes de Gray ont pris en charge les blessés abandonnés à l'hôpital complémentaire et leur apportent des aliments. A 13 heures, un médecin allemand fait savoir à Neumand qu'une ambulance lourde va s'installer à l'Hôtel-Dieu et qu'il est prié d'évacuer les lieux. Certains blessés français étant intransportables, on s'entend sur un compromis : les salles Saint-Martin et Saint-Joseph

1. Aujourd'hui Clervaux-les-Lacs. Chef-lieu de canton du Jura situé à 25 kilomètres au sud-est de Lons-le-Saunier.

seront réservées aux Allemands, la salle Saint-Jean-de-Dieu restera française. Vers 18 heures, l'ambulance arrive avec voitures, camions et sanitaires.

« Manœuvre de débarquement impeccable dans la cour de l'hôpital » commente Neumand.

Ignorant les allées et venues des brancardiers en feldgrau, les trois médecins, Ruyer, Kueny, Neumand auxquels s'est joint l'économe de l'établissement, s'enferment pour dîner en paix dans la chambre de garde de la salle Saint-Jean-de-Dieu. Ils feront un sort aux trois bouteilles de champagne apportées par l'économe et dormiront tous les trois dans la pièce, Kueny utilisant deux matelas posés à même le sol. Pour la première fois depuis trois jours, ils vont dormir, récupérer une partie de ce sommeil qui leur a tellement fait défaut. Le bilan de ces trois journées est impressionnant : 120 blessés militaires et une quarantaine de civils opérés dans les pires conditions. Le sommeil des quatre hommes épuisés sera si profond qu'ils n'entendront même pas les craquements de l'incendie. Tout le quartier de l'église Notre-Dame et les maisons bordant la place du 4-Septembre, dans la ville basse, sont détruits. Les pompiers s'efforcent de faire la part du feu et quelques habitants dévoués leur apportent de l'aide : MM. Coigniez et Mourey, M. Fimbel, directeur de l'école Saint-Pierre Fourier et son adjoint, M. Ballay. Malgré leur bonne volonté, le feu menacera encore l'hôtel de ville le lundi matin en s'attaquant au grenier de la librairie Louvat et à celui d'une modiste, M^lle^ Maria. Le même jour, 17 juin, la population de Gray comprendra qu'il lui faut s'organiser pour vivre sinon avec, du moins à côté des forces allemandes. Une *Kommandantur* est déjà installée à l'hôtel de Paris mais elle s'établira finalement à la Chambre de commerce. La maison du Dr Delmas devient le *Soldatenheim,* le foyer du soldat, et la plupart des appartements de familles israélites sont réquisitionnés, à commencer par celui du maire, M. Lévy [1]. Non seulement l'occupant expulse le maire de chez lui mais il fait savoir qu'il est hors de question de traiter les problèmes municipaux avec un Israélite. M. Fimbel, né en 1897 à Mulhouse est nommé commissaire civil puis responsable de la police et de la sécurité. Il sera délégué dans les fonctions de maire le 11 juillet et confirmé le 20 par un arrêté préfectoral qui relèvera officiellement M. Lévy de ses fonctions [2].

1. Né à Gray le 12 avril 1863, M. Moïse Lévy a été conseiller municipal à partir de 1892. Maire de la ville en 1912, conseiller général en 1920, sénateur en 1935, il quittera Gray en octobre 1940 pour se réfugier à Paris dans son appartement de la rue Daubigny. La Gestapo renoncera à le déporter en raison de son état de santé et il mourra à Paris le 24 février 1944.

2. Un des premiers gestes de M. Fimbel a été de sauver le drapeau de la gendarmerie de Fayl-Billot. « Dans la salle d'études de Saint-Pierre Fourier, il y eut chaque jour, durant l'occupation, lever et descente des couleurs avec ce drapeau. J'en étais très fier

Le lundi 17, le médecin-lieutenant Neumand a attiré l'attention des autorités sur un problème à régler en matière de prophylaxie : il est nécessaire d'enterrer au plus vite les victimes des combats et d'enfouir la viande des abattoirs et des boucheries abandonnée à la chaleur et aux mouches depuis trois jours. L'apathie, voire l'indifférence des Graylois, va heurter profondément la sensibilité des médecins de l'Hôtel-Dieu. AUCUN volontaire ne se présente pour creuser les fosses destinées aux soldats et aux gendarmes tués le 15 juin. Neumand est obligé de « signer un ordre de réquisition de tous les civils valides pour obtenir une main-d'œuvre suffisante ». Malgré cela, et pendant que M. Fimbel se bat pour « faire tourner la boutique » et assurer en première urgence le ravitaillement de la population, les travaux traînent en longueur et il faudra presque deux jours pour ouvrir la vingtaine de tombes nécessaires. Neumand : « Les civils ont été lamentables à cette occasion. Les deux fois où je suis allé au cimetière, je les ai trouvés assis dans l'herbe autour des tombes à peine creusées et occupés à boire des litres de rouge. Je n'ai pu m'empêcher de leur dire ce que je pensais et qu'il était malheureux que des braves types se soient fait casser la gueule pour des salauds comme eux. »

Le mardi 18 juin, en fin de journée, une brève cérémonie marquera l'inhumation des victimes du samedi et les dernières prières seront dites par le chanoine Mamet, archiprêtre de Gray, en présence de M. Fimbel et du médecin-lieutenant Fritz Kueny. C'est peut-être ce soir-là que la nuit de l'occupation s'est abattue sur la ville, avec son cortège d'égoïsme et de discordes, de malaises et de souffrances. M. Joseph Fimbel sera un bon maire, un très bon maire qui saura défendre les intérêts des Graylois tout en préservant ceux de la France. Les Allemands mettront quatre ans à s'apercevoir que M. Fimbel, de la Société de Marie, n'a jamais voulu entrer dans leur jeu [1].

A l'hôpital le médecin-lieutenant Neumand se préoccupera d'abord de faire évacuer ses grands blessés sur Besançon où les formations sanitaires de l'armée disposent, sous contrôle allemand, de moyens plus importants. Avec l'aide de M. Fimbel, il fera ensuite le nécessaire pour que son personnel, infirmiers et brancardiers, ne connaisse pas les camps de prisonniers. A chacun de ses hommes, il délivrera un document certifiant « qu'il a été employé à l'hôpital en qualité de personnel

---

car j'étais pratiquement le seul Haut-Marnais pensionnaire. » (Lettre du 30 octobre 1983 adressée à l'auteur par M. Pierre Moris, conseiller général de Fayl-Billot.)

1. Le Père marianiste Joseph Fimbel sera arrêté le 1er mai 1944 et déporté à Buchenwald d'où il reviendra, en mai 1945, pesant 39 kg. Cédant aux instances de Mgr Le Couëtdic, évêque de Troyes, il fondera l'école d'agriculture de Sainte-Maure (Aube) et lui consacrera vingt ans de sa vie. Décédé le 22 mars 1978, il a été inhumé à Sainte-Maure.

sanitaire et tombe sous le coup de la Convention de Genève ». Le Dr Neumand réussira dans son entreprise et aucun de ses hommes ne partira en captivité en Allemagne. Le dernier, le 15 juillet, il sera autorisé à rentrer chez lui, à Salins-les-Bains (Jura) où il reprendra ses fonctions de chirurgien à l'hôpital[1].

1. Pierre Neumand sera arrêté pour faits de résistance à la fin de 1942. Transféré à la citadelle de Besançon, il finira par être libéré grâce à son avocat et ami Paul Koch, de Mulhouse. Après la guerre, il reviendra exercer à Salins-les-Bains où il est décédé le 18 mai 1968.

## CHAPITRE XXII

# « Les Polonais nous lâchent ! »

Dans l'après-midi du dimanche 16 juin, le *General* Rudolf Schmidt, qui commandait la *1re Panzer* au début de la guerre avant d'être nommé à la tête du *39e Korps*, envoie le message suivant à son successeur, le *General* Kirchner : « Je suis fier de mon ancienne division ! »

Le chemin parcouru en trois jours a sans doute impressionné Schmidt mais il faut reconnaître que la percée est spectaculaire. Malgré la campagne de Pologne qui a pourtant apporté de multiples enseignements, malgré Dunkerque, les Français n'ont pas su trouver de parade à la guerre-éclair. Depuis 16 h 45, l'avant-garde de l'*Oberstleutnant* Balck est dans la partie ouest de Besançon où tous les ponts ont sauté devant elle. A la *29e Mot. Division* où le *General* von Langermann est obligé de franchir la Saône de Pontailler sur des bacs par manque de matériel de pontage, une avant-garde légère a poussé en direction du Doubs. Dans la soirée, avec une chance insolente, elle saisira le seul pont non détruit, celui de Rozet, près de Saint-Vit, à 18 kilomètres au sud-ouest de Besançon. La *2e Panzer* qui a trouvé le pont de Lamarche, sur la Saône, intact lui aussi, lance ses colonnes en direction de Dôle où elle trouvera un autre pont en état à l'aube du 17 juin, celui de Brevans.

Les ordres d'opérations pour la journée du 17 juin ne sont pas encore arrivés mais on prévoit déjà une délicate conversion de l'ensemble du groupement vers le nord car le *Major* Gehlen [1], officier de liaison de l'OKH a apporté des instructions personnelles à Gudérian. Il ressort de celles-ci que l'objectif prioritaire assigné au *39e Korps* ne varie pas ; il doit atteindre au plus vite la frontière suisse. « C'est d'une importance décisive sur le plan militaire et politique ! » a déclaré Gehlen.

Lorsque le groupement aura dépassé la ligne Besançon-Vesoul-Jussey il obliquera vers le nord pour se diriger vers la ligne Belfort-Giromagny-

1. Futur *General* Gehlen, chef des Services de renseignements de la *Bundeswehr* après la guerre.

Remiremont. But de l'opération : resserrer l'encerclement des armées françaises par des attaques lancées en direction du nord. Dans la soirée du 16, le PC de Gudérian est à Langres. Ceux du *39e Korps* et de la *29e Mot. Division* à Talmay à six kilomètres au nord de Pontailler-sur-Saône, le PC de la *2e Panzer* est à Lamarche, celui de la *1re Panzer* à Besançon où Balck a lancé ses canots pneumatiques sur le Doubs. Par radio, le *General* Schmidt a obtenu des informations sur le flanc gauche du *39e Korps :* appuyé par le *Panzerjäger Abteilung* de la *20e Mot. Division* et de l'artillerie, l'*Oberleutnant* Traut attaque Vesoul avec le 1er bataillon du *IR 90.*

Abrité par les traverses de chemin de fer qui recouvrent son PC, à côté du train du 68e RIF immobilisé, le commandant Chevalier estime le 16 à 18 h 45 que « les Allemands ne sont pas pressants ». Des éléments légers ont atteint la crête du village de Charmoille et peuvent déboucher à l'ouest de Vaivre, où passe la voie ferrée, mais peut-être attendent-ils des renforts ?

Chevalier a transmis à ses commandants de compagnie un ordre écrit dans lequel il précise la mission du bataillon : « Tenir jusqu'à nouvel ordre la ligne : lisières ouest de Vaivre, de Montoille (500 mètres au nord) le ruisseau du Durgeon et prendre à droite une liaison étroite avec le II/23e RIF qui tient les croupes nord et nord-ouest de La Motte. Réaliser des verrous antichars à Vaivre et sur la route de Montoille. »

Suivent les détails destinés à chaque compagnie. Une copie a été portée au PC du lieutenant-colonel Blanlœil, à la préfecture, lequel renvoie à 20 h 30 un autre document qui modifie celui de Chevalier. Blanlœil exige, en particulier, que des bouchons antichars soient également mis en place à Noidans et à l'entrée sud de Vesoul.

« Pour tous les éléments, termine le colonel, résister sur place et ne se replier que sur mon ordre. »

Le PC du I/68e RIF doit aussi se déplacer et quitter son dépôt de traverses pour s'installer à l'entrée de Vesoul au « carrefour du Château [1] ».

Chevalier n'est pas très satisfait de ces consignes. Passe encore pour le changement de PC mais la mise en place de nouveaux bouchons va entraîner des mouvements difficiles à exécuter dans l'obscurité et risque de désarticuler le dispositif en place alors que l'ennemi s'est rapproché ; la fusillade est plus forte vers Montoille et surtout à Vaivre d'où montent des lueurs d'incendie. Le chef de bataillon n'exécutera pas à la lettre les ordres de Blanlœil mais il décide de porter la section de l'adjudant-chef Heitz à Noidans avec un canon de 25 et celle du sous-lieutenant Blanc au carrefour sud de Vesoul avec trois pièces de 25 qui interdiront les routes

1. Il n'a pas été possible à l'auteur d'identifier avec certitude l'emplacement de ce PC.

de Gray et de Besançon. Chevalier prévoit que Heitz et Blanc seront relevés à Vaivre par toute la CM 2 du lieutenant Pérotin qui conservera avec elle les deux 25 du lieutenant Weill. Le lieutenant Gavillot est chargé de reconnaître Noidans. Une heure après, des pas se font entendre le long du train du 68e RIF. Apparaît le lieutenant Jean-Paul Weill suivi de quelques hommes et du chef Bastié. Bien que blessé [1] et commotionné, Weill a tenu à rendre compte avant d'aller se faire soigner.

Chevalier : « Il rapporte que l'ennemi a attaqué Vaivre, d'abord par engins motorisés, lesquels ont été détruits ou repoussés par les canons de 25, puis par l'infanterie qui déborde par le Camp romain. Soumis à un violent bombardement, Vaivre est en feu et, la chaleur devenant intolérable, les sections de voltigeurs (Heitz et Blanc) ont dû se replier à la lisière est du village. Le canon de 25 de la route de Montigny a été mis hors service par un obus, tout le personnel tué ou blessé. »

Le lieutenant Pérotin arrivera-t-il à temps avec sa CM 2 pour relever les sections Heitz et Blanc ? Pourra-t-il se réinstaller dans Vaivre si l'incendie est aussi violent que le dit Weill ?

La batterie allemande en position derrière Charmoille poursuit ses tirs sur les trains et le secteur de la gare. Vers 23 heures, selon le commandant de Nexon, le chef d'escadron Korn vient spécialement de la préfecture pour diriger un tir de contre-batterie avec les deux pièces de 75 tractées récupérées par le commandant Eon. Le lieutenant Nathan, de la 3/16e BCC a donné des renseignements précis sur l'emplacement des canons ennemis qui, après quelques salves, sont obligés de se déplacer et ne reprendront pas leurs tirs.

Pour Nexon, le point chaud reste la colline de La Motte qui commande l'entrée ouest de Vesoul et la route de Port-sur-Saône où la section de 25 du lieutenant Matte barre le passage sous la protection des voltigeurs du chef Kurfiss. La section de mitrailleuses du sous-lieutenant Le Vézo est au sommet et celle de l'aspirant Colonna d'Istria entre les deux points d'appui. A elle seule, cette dernière doit couvrir environ 1 100 mètres de front. Nexon pensait que la CM 1 du lieutenant Goyaux renforcée remplirait sa mission mais le premier compte rendu de Goyaux se révèle pessimiste. Il indique que la nature du terrain, couvert de vergers, ne lui donne pas de vues étendues et qu'il doit resserrer son dispositif. Cela signifie que l'entrée nord-ouest de Vesoul est mal défendue. Le lieutenant Gerda avec un peloton du GR polonais aurait pu s'y porter mais il garde la route d'Auxon et rendra compte que, manquant d'essence et de munitions, il doit se retirer. Reste la CM 5 du

1. Selon Bastié, l'officier est atteint « à la face, au bras gauche et au flanc ». Avocat au Barreau de Paris, Me Weill a perdu un œil à la suite de ses blessures.

capitaine Zimmermann, tenue en réserve. Nexon décide de l'engager sur le flanc droit de la compagnie Goyaux mais, dans l'obscurité, le mouvement s'effectue avec prudence et le contact avec l'ennemi est pris plus tôt que prévu.

« Zimmermann doit s'installer à contre-pente, sans pouvoir établir la liaison avec Goyaux ! » commente Nexon qui reçoit un nouveau message alarmiste de ce dernier.

« Je suis pressé de toutes parts, se plaint Goyaux, je n'ai pas de champ de tir, les hommes sont nerveux et tiraillent sans arrêt et je vais manquer de munitions [1]. »

Ce serait pourtant le moment d'observer une stricte discipline de feu ! Nexon ne se décide pas à avouer à Goyaux que le train du II/23e RIF est parti avec la réserve de munitions ; il lui fait dire « de tenir bon, de ménager les cartouches et d'attendre le renfort qu'il envoie [2] ».

Le poste de secours du II/23e RIF a d'abord été ouvert dans un café proche de la gare mais Nexon l'a finalement envoyé à l'hôpital de Vesoul. Le PC du bataillon est, selon le lieutenant Broistedt, au Jardin anglais, promenade aménagée à la sortie est de la ville, le long du Durgeon. Nexon a sans doute la même idée que les Allemands : si ces derniers peuvent s'emparer de La Motte, ils disposeront le 17 au lever du jour d'une position dominante d'où ils prendront les Français sous leurs feux. La fusillade est intense entre la colline et la route de Port-sur-Saône où les mitrailleuses françaises, sans liaisons latérales, se contentent d'épuiser leurs cartouches. Le point d'appui du lieutenant Matte est très pressé et la maison où se trouve l'officier est incendiée à coups de *minen*. Successivement, les deux FM se tairont, faute de cartouches et, vers 2 h 30 du matin, après un bref affrontement, mousquetons contre mitraillettes, le PA du lieutenant Matte sera enlevé, les servants du canon de 25 réussissant à retirer lunette et culasse de la pièce. Quant aux voltigeurs, ils refluent pour la plupart en désordre vers le PC du lieutenant Goyaux « qui les renvoie brutalement à leurs emplacements de combat où ils se rendent sans avoir même utilisé leurs armes » (journal de la CM 1). Plus en arrière, entre la gare et la RN 19, les mitrailleuses du lieutenant Defresne ont ouvert le feu sur les fantassins allemands qui viennent d'apparaître dans leur champ de tir.

Autorisé par son commandant de compagnie, l'aspirant Colonna d'Istria se hisse jusqu'à la chapelle de La Motte vers 3 heures du matin pour demander des cartouches et un groupe de renfort au sous-

1. Retiré à La Rochelle, le colonel Jean Goyaux n'a pas cru devoir apporter son témoignage à l'auteur.

2. Envoyé par Goyaux chercher des cartouches, le lieutenant Boudier se rend à la gare. « Le train était parti avec toutes nos réserves et nos moyens de transport », écrit-il dans son rapport. C'est sans doute par lui que Goyaux a appris qu'il était inutile de compter sur un ravitaillement en munitions.

lieutenant Le Vézo. Il se trouve « devant un spectacle lamentable où le désordre règne avec l'affolement. Personne n'est capable de répondre ou de raisonner. Ni gradé ni soldat. A chaque détonation ou rafale, tout le monde s'engouffre, apeuré, dans la crypte de la chapelle et n'ose plus en sortir. Sur le terre-plein du sommet, aucun dispositif de défense n'est décelable. L'ennemi prendra pied sur cette plate-forme sans qu'aucune action ne soit entreprise pour l'empêcher d'y accéder[1] ».

L'idée de gagner le PC qui lui est imposé par le lieutenant-colonel Blanlœil ne sourit pas au commandant Chevalier. Ce départ va l'éloigner de ses compagnies, du train et du PS du médecin-lieutenant Hild où se trouvent des blessés intransportables.

« Vous allez rester ici, dit Chevalier au lieutenant Gavillot. Je vous laisse un groupe de mitrailleuses, deux sections de commandement et les agents de liaison. Vous serez PC avancé et vous garderez le train et le poste de secours. »

A 23 h 30, traînant la semelle, Chevalier s'engage avec son personnel le long de la voie ferrée et se dirige vers le nouveau PC : « A ce moment, écrit-il dans ses carnets, l'incendie de Vaivre illuminait le terrain, concurremment avec quelques maisons de Montoille et des wagons des trains bloqués en avant sur lesquels l'ennemi tirait à balles traceuses. De ci de là, des cadavres sur la voie... »

Le PC est dans la cave d'un immeuble, des barricades sommaires ont été dressées au carrefour défendu par le chef Martin qui dispose d'un canon de 25 et de trois groupes de « voltige ». Ayant rendu compte de son installation au colonel, Chevalier en reçoit un ordre particulier dans lequel Blanlœil fait savoir « que les éléments ennemis qui se sont infiltrés à la gauche du 68^e^ RIF sont peu nombreux. Il faut tenir Noidans à tout prix et renforcer sa défense. »

Le chef de corps recommande aussi de surveiller la compagnie qui tient le Durgeon car « elle pourrait être également débordée par l'ennemi à partir de Vaivre. » Mais la bonne nouvelle est pour la fin : trois sections de chars de la 3/16^e^ BCC seront envoyées à 3 heures du matin au carrefour du Château « avec mission de s'opposer à toute infiltration venant des routes de Gray ou de Besançon ».

« Si besoin est, ajoute Blanlœil, vous pourrez utiliser une de ces sections pour repousser une attaque pressante de l'ennemi venant de votre gauche. »

Un canon de 25 récupéré à Vaivre et les deux mitrailleuses qui gardaient le PC vont aller renforcer Noidans. Avec des chars au carrefour, l'état-major du I/68^e^ RIF sera bien protégé. Peu avant

1. Commentaires sur le journal de la CM 1 rédigés à l'intention de l'auteur par M. Colonna d'Istria.

3 heures se présentent en effet deux sections de R 35 (et non trois) celles du lieutenant Nathan et du sergent Roth. Six chars en tout. Les autres sont avec le lieutenant Striblen aux abords de la préfecture. Avec ses engins, Nathan va surveiller la route de Vaivre pendant que Roth, à la sortie sud de Vesoul, s'embosse à 300 mètres du passage à niveau. Ils ne seront pas inquiétés et resteront en position défensive pendant que les éléments de tête de la *20ᵉ Mot. Division* nettoient les pentes de La Motte et commencent à s'engager dans les rues de Vesoul. « Le feu de mousqueterie dure toute la nuit, rapporte le commandant de Nexon, avec des balles traceuses et des fusées multicolores. Les Allemands paraissent avoir amené des renforts qui s'infiltrent [1], bien soutenus par des tirs de mortiers ininterrompus. »

A 2 h 30, le lieutenant Goyaux a fait parvenir au PC du II/23ᵉ RIF une nouvelle demande de munitions. L'agent de liaison que lui envoie Nexon en retour se heurte à des éléments de la CM 1 qui se replient et disent « que les canons de 25 et le groupe de mortiers ont été capturés ». La défense de La Motte est en train de céder. Nexon craint d'être découvert à la fois du côté de la gare et par la route de Langres en direction de la préfecture « où les balles sifflent dans la rue qui y conduit ». Sur la droite de La Motte, la CM 5 du capitaine Zimmermann semble avoir réussi à verrouiller le passage ; c'est peut-être le moment de se « donner de l'air » ! Nexon ordonne au capitaine Gutter de faire occuper par la CM 7 tous les carrefours et débouchés aux abords du centre ville.

« Enfin, dit-il, je fais appel à une section de chars de la 3/16ᵉ BCC pour déblayer la RN 19 et dégager la préfecture jusqu'à la clinique Saint-Martin. »

Accompagnés par les voltigeurs du lieutenant Ziegel, les R 35 avancent lentement en raison de l'obscurité. Ils n'ont pas parcouru 300 mètres qu'un feu violent de *minen* et de *Pak* les accueille. Un obus arrache l'épiscope de visée du sergent Monnin qui est grièvement blessé au bras.

« Le mécanicien a ramené le char en arrière, raconte le sergent de Vrégille, on a évacué Monnin qui a survécu et je suis reparti à l'attaque avec le char mutilé et plein de sang [2]. »

Les hommes du 23ᵉ RIF se collent aux murs, tirent depuis les encoignures des portes mais l'adversaire est en force et particulièrement mordant. Les coups de 37 des chars paraissent cependant l'impression-

1. Le chasseur Faye et le chef Spony, du 16ᵉ BCC, qui circulaient à moto sont faits prisonniers dans une rue de Vesoul où personne n'avait encore signalé la présence de l'ennemi.

2. Lettre du 9 septembre 1983 adressée à l'auteur par M. de Vrégille retiré à Fédry (Haute-Saône).

ner et sa progression est momentanément arrêtée. Cent mètres de plus et la contre-attaque aurait permis à la section de commandement du lieutenant Goyaux — placée sous les ordres de l'adjudant Holveck — de rejoindre le centre ville. Avec un blessé grave, le caporal-chef Engel, elle se rendra vers 5 heures. Goyaux, le lieutenant Matte et quelques hommes se réfugieront dans une maison isolée où ils seront capturés le 17 juin vers 8 heures.

Au I/68e RIF la présence des chars de Nathan a rassuré tout le monde et le commandant Chevalier envoie le lieutenant Robert Sinay à la préfecture où il rendra compte au colonel des dispositions prises. Du poste de secours avancé resté auprès du train, le médecin-lieutenant Hild, dont le sergent-infirmier Matz a été blessé, fait évacuer les hommes les plus atteints par le sanitaire de Le Marchand qui les conduit à l'hôpital[1].

« Le jour commence à poindre, note Chevalier, les incertitudes de la nuit vont peu à peu se dissiper et permettre, s'il y a lieu, de redresser la situation. »

Celle-ci lui semble compromise dans quelques instants lorsque l'adjudant Jouillé, de la CM 2, arrive exténué au PC et rend compte que Montoille est pris et que le lieutenant Pérotin est prisonnier. Chevalier se demande pourquoi Pérotin s'est maintenu à Montoille alors qu'il avait l'ordre de relever les sections Heitz et Blanc à Vaivre. Il renvoie Jouillé avec l'ordre de regrouper ce qui reste de la CM 2 et de barrer la route et la voie ferrée face à Vaivre. Le lieutenant Nathan est informé que la direction de Vaivre est à surveiller avec ses trois chars. Chevalier ne peut pas savoir que, derrière lui, les hommes du 23e RIF et les R 35 du lieutenant Striblen se battent pour interdire les accès au centre ville.

Ignorant l'importance des forces qui lui sont opposées, le commandant de Nexon se rend bien compte que la défense de Vesoul commence à faiblir. Les liaisons entre le 68e et le 23e RIF, parfois entre les compagnies, sont inexistantes, et l'adversaire ne manque pas d'itinéraires pour s'emparer de la ville. Nexon décide donc d'aller exposer la situation au lieutenant-colonel Blanlœil et de lui conseiller de déplacer son PC vers l'est.

Nexon : « Il me dit qu'il a reçu l'ordre de décrocher et de se replier sur Lure, ordre qu'il me transmet pour exécution. Je lui demande : " Et le 68 ? " Il me répond : " Je ne sais pas ! " »

Que signifie ce « je ne sais pas » ? On attendait que Blanlœil répondît : « Je lui envoie tout de suite un motocycliste porteur de l'ordre de repli. »

1. Parmi les blessés connus du I/68e RIF : Carsenac, Chaumard, Fleurance, Sellier, Ackerman, Garon, Tolu, Daunois, le caporal Magnus, le sergent Noizat et l'adjudant-chef Giraud.

Ne vient-il pas de faire brûler le drapeau du régiment par le lieutenant Boulanger ? Un tel geste ne peut être accompli qu'avec l'idée que tout est perdu !

Le commandant Chevalier a maintenu toute la nuit la liaison avec son chef de corps mais, depuis que le jour est levé, celui-ci ne donne plus signe de vie. Afin de provoquer des ordres, le chef du I/68ᵉ RIF renvoie le lieutenant Sinay à la préfecture. Vers 4 h 15, celui-ci est de retour.

« Sinay est bouleversé, raconte Chevalier. Le colonel vient de partir avec son état-major en direction de Lure et n'a voulu donner aucun ordre avant son départ. Sinay déclare également avoir entendu dire que l'ennemi occupait La Motte. Ces nouvelles jettent la consternation dans le PC alors qu'on renaissait à l'espoir. »

Que s'est-il passé à la préfecture ? Le témoignage du lieutenant Sinay est capital : « J'ai découvert le colonel dans la cave servant d'abri. Le préfet s'y trouvait et avec lui pas mal de monde. Je suis arrivé à temps pour assister à une espèce de scène finale avant dislocation. Le préfet, dans le silence général, a prononcé quelques phrases pour annoncer que tout était fini et qu'il ne lui restait qu'à lui, comme représentant des autorités constituées, qu'à attendre l'imminente arrivée des Allemands. Là-dessus, le lieutenant-colonel Blanlœil a quitté les lieux. Je l'ai suivi. Il est allé vers sa voiture. Au moment où il allait y monter je lui ai, conformément à ma mission, réclamé des ordres pour le commandant Chevalier. Je n'ai pu obtenir de réponse. Il est parti. D'où mon émotion[1] ! »

Dans son rapport, le commandant Eon indique que vers 4 heures du matin Blanlœil a rendu compte de la situation au colonel Campet « qui donna l'ordre de repli sur Lure ».

Nexon, qui sort de la préfecture, assiste au départ rapide (*sic*) de la compagnie de commandement du 68ᵉ RIF et de son chef, le capitaine Lamoureux. Blanlœil a-t-il donné l'ordre de presser le mouvement ? Il pourrait au moins laisser un officier de permanence qui partirait avec les derniers éléments. Que fait Nexon ? « Il m'est difficile, avoue-t-il, de transmettre un ordre de repli à mes éléments disséminés et à ceux qui sont au contact, sans protection d'artillerie. Je décide de sacrifier la CM 1 du lieutenant Goyaux pour essayer de dégager le reste. »

Que fait Chevalier ? « L'heure avance, la mission sera bientôt remplie et on continuera à tenir, jusqu'au bout. »

Il est difficile de trouver propos plus sibyllin. Tenir jusqu'au bout de quoi ? Chevalier n'a pas pu oublier qu'il a reçu, la veille, l'ordre de « défendre Vesoul jusqu'au lendemain matin », sans que l'heure ait été précisée. Il l'a écrit dans ses carnets. Or, le matin est venu, le colonel est

1. Lettre du 18 octobre 1983 adressée à l'auteur par M. Robert Sinay, de Colmar.

parti et, à 4 h 45, le sergent Roth rend compte au PC du I/68e RIF qu'il va transmettre un ordre de repli au lieutenant Nathan : les chars de la 3/16e BCC décrochent en direction de Lure.

« Cette fois, tout le monde abandonne ! » note Chavalier.

Le temps de regrouper les deux sections et le dernier R 35 de Nathan traverse le carrefour à 5 h 30. Un instant plus tard le lieutenant Gavillot arrive du PC avancé.

« L'ennemi a atteint le train dont il a incendié les derniers wagons. Les magasins du service de Santé sont en feu. »

L'officier aurait évacué une partie du poste de secours mais Chevalier ne dit pas quel a été le sort des blessés intransportables. La fusillade semble se rapprocher et les liaisons sont maintenant impossibles. Le PC peut-il encore être évacué avant qu'il ne soit trop tard ? Il est certain que plusieurs officiers s'interrogent et ne comprennent pas le silence de leur chef. Celui-ci « estime qu'il doit demeurer sur place tant que son bataillon tient encore, et qu'il ne doit pas abandonner les braves qui continuent de résister ». Pense-t-il à l'ordre de 20 h 30 envoyé la veille par le lieutenant-colonel Blanlœil, ordre qui se terminait par cette phrase : « Résister sur place et ne se replier que sur mon ordre. » Possible mais le colonel a quitté Vesoul sans apporter de modification aux consignes données le 16 au soir. A-t-il voulu sacrifier le I/68e RIF pour permettre au II/23e RIF de quitter Vesoul ? C'est peu probable. Le comportement de Blanlœil reste incompréhensible. Comment a-t-il pu refuser de transmettre au lieutenant Sinay l'ordre de décrochage qu'il avait lui-même reçu du colonel Campet ?

Jugeant que son devoir est de rester au poste qui lui a été assigné, Chevalier ne bouge pas. Tous ses officiers ne le suivent pas dans cette voie fort discutable en la circonstance. Dans la cave défendue par deux FM, ils se sentent inutiles et il est certain que plusieurs d'entre eux ont exprimé leur opinion avec force, bien que Chevalier soit discret à ce sujet. Il autorise néanmoins le lieutenant Gavillot à partir avec une vingtaine de volontaires « et à tenter leur chance en se repliant en direction de Lure ». Le lieutenant Sinay et le sergent Luraghe, de l'état-major du I/68e RIF, s'en vont également. Acceptant la captivité désormais inévitable, les autres restent avec leur chef.

« Encerclés, sommés de se rendre, écrit Chevalier, le PC et les éléments récupérés du bataillon se constituent prisonniers à 7 heures. »

Il était facile de prévoir que le repli du II/23e RIF, effectué en plein jour, serait semé de difficultés. Un décrochage de nuit aurait peut-être permis de récupérer le gros des deux bataillons de forteresse engagés à Vesoul mais dans la matinée du lundi 17 juin, leurs chances de rejoindre Lure diminuent avec l'apparition du jour. Les chars du lieutenant Nathan ont quitté la ville par le sud-est et traversent Quincey avant de se diriger vers Noroy-le-Bourg, à une dizaine de kilomètres. « Le bataillon du 68$^{e}$ RIF est resté dans les caves et sera fait prisonnier presque sans combat ! » écrit Nathan[1].

Les fantassins du II/23$^{e}$ RIF ont l'itinéraire le plus exposé car ils vont sortir de Vesoul en franchissant le Durgeon par le pont du Transmarchement. Peut-être mal renseignés, ils empruntent le nouveau pont, construit juste avant la guerre. Plus long mais aussi plus élevé, il enjambe à la fois la rivière et la ligne de chemin de fer Paris-Bâle. Mise en route la première, la CHR est passée sans encombre et se dirige vers Calmoutier où le bataillon Nexon doit se regrouper. Une partie de la CM 7 du capitaine Gutter parvient à s'engager sur la route de Lure mais certains de ses éléments n'ont pu être touchés par l'ordre de repli et continuent de se battre dans le centre ville. Les difficultés vont se préciser lorsque les Allemands, ayant réduit les dernières résistances de la CM 1 du lieutenant Goyaux découvrent les Français traversant le pont du Transmarchement. Toutes les armes automatiques disponibles sont aussitôt mises en batterie pour couper la retraite du II/23$^{e}$ RIF.

« J'ai rencontré les capitaines Streicher et Gutter qui partaient pour Lure avec leurs compagnies respectives, raconte le lieutenant Alfred Bippus. Des mitrailleuses ont commencé à tirer sur la queue de colonne et, avec le lieutenant Ziegel, nous avons ramassé des blessés que nous avons portés dans des caves. »

Progressant par bonds, courant à toutes jambes, des groupes de cinq à six hommes traversent le pont battu par l'ennemi. Bippus a perdu du temps avec les blessés et ne pourra pas rejoindre. Réfugié d'abord dans le bois Sabot, en face de La Motte, il errera de forêt en forêt avant de se constituer prisonnier, mourant de faim, le 22 juin à Lure[2].

Le commandant de Nexon a conscience du péril qui menace ses hommes : « La colonne abritée contre les maisons est momentanément protégée, dit-il, mais ne peut déboucher. La CM 5 de Zimmermann, en bas de pente, n'a aucun champ de tir et ne peut riposter. »

Nexon pense aux deux 75 tractés récupérés la veille par Eon. S'ils intervenaient, tout le reste du bataillon passerait sans encombre mais ils ont disparu et personne ne sait ce qu'ils sont devenus. Heureusement, deux R 35 de la 3/16$^{e}$ BCC sont en arrière-garde et s'apprêtent à rejoindre le lieutenant Striblen à Lure.

« Le commandant de Nexon m'a demandé de traverser le pont du Transmarchement avec mes deux chars, se souvient le sergent de

1. Le commandant de Nexon note dans son rapport : « J'ai appris que le bataillon du 68$^{e}$ RIF, ayant cessé de tirer au cours de la nuit, faute de munitions, s'était mis dans les caves et avait été fait prisonnier en entier au lever du jour. »

2. Conduit au camp de prisonniers de Luxeuil, Bippus s'en évadera trois jours plus tard, le 25 juin, et regagnera son domicile, à Mulhouse.

Vrégille, et de tenir La Motte sous notre feu pour permettre à l'infanterie de franchir le Durgeon. »

Insensibles aux balles qui ricochent sur leur blindage, les chars s'installent en base de feu de l'autre côté du pont et tirent au 37 sur les armes automatiques ennemies. Celles-ci doivent se taire, ou se déplacer, leur trajectoire devient trop haute et les Français empruntent un chemin qui descend vers le Durgeon et s'engagent dans la rivière avec de l'eau jusqu'à la ceinture. Des Allemands réussissent à s'infiltrer jusqu'à la route à travers les vergers et coupent la retraite aux derniers éléments du II/23e RIF. Pris sous le feu des chars du sergent de Vrégille, ils ne peuvent aller plus loin, d'autant que des FM de la CM 5, enfermés dans une maison proche de l'entrée du pont, tirent également sur eux. La situation ne peut pourtant pas se prolonger. C'est sans doute l'avis des observateurs allemands qui, du sommet de La Motte, font déclencher un tir de 105 sur la zone du pont.

« Violent, précis et bien ajusté, rapporte Nexon, il tombe en plein sur le passage de la rivière, occasionnant des pertes sérieuses [1] et créant du flottement et de la dispersion dans la colonne. Beaucoup d'officiers et d'hommes qui ont été aperçus franchissant la rivière, ne seront pas revus par la suite. »

Les chevaux sont abandonnés, l'un d'eux, attelé au canon de 25 du chef Bastié, du I/68e RIF, s'emballe après une salve et disparaît au galop. Le capitaine Zimmermann et le lieutenant Broistedt parviennent à franchir le pont entre deux arrivées de 105 mais ils hésitent devant la violence des tirs de mitrailleuses et s'écartent de l'itinéraire pour s'ouvrir un chemin dans les vergers puis à travers bois. Ils ne rejoindront pas.

« La raison principale de la dispersion du II/23e RIF, dira Broistedt, est à mon avis le repli effectué dans la matinée du 17, en pleine vue des Allemands qui occupaient les hauteurs et contre lesquels nous n'avions pas d'artillerie. »

Où est la section de 75 tractée du commandant Eon ? Où sont les autocanons du 403e RADCA promises à Nexon par le même Eon ? Sur la rive nord du Durgeon, un canon de 25 a été pris en remorque par un char et Vrégille donne le signal du départ sur l'ordre de Nexon dont il va protéger les fantassins jusqu'à Calmoutier.

L'*Oberstleutnant* Traut [2], qui commande le 1er bataillon du *Regiment 90,* peut faire son entrée dans Vesoul où M. Hologne l'attend à la mairie et M. Jacques-Henry à la préfecture. Les résultats de la folle entreprise

1. Le lieutenant Broistedt parle d'une douzaine de tués.

2. Né le 25 janvier 1895 à Sarreguemines (Moselle) le *Generalleutnant* Hans Traut commandera sur le front russe la *78e Sturm Division* à la tête de laquelle il sera fait prisonnier le 12 juillet 1944. Il rentrera en Allemagne au printemps 1955, après onze ans de captivité.

imaginée par le commandant Eon — couvert par ses supérieurs — s'achève sur un désastre. Deux bataillons de forteresse ont été sacrifiés dans un combat de nuit qui ne pouvait retarder que de quelques heures la prise de Vesoul [1]. Le prix payé est beaucoup trop élevé. Que reste-t-il des 2 000 hommes des 23e et 68e RIF ?

« L'effectif regroupé se monte à environ 300 hommes et 11 officiers [2], admet Nexon, mais presque tout l'armement a été perdu. Il reste six FM avec un sac-chargeur chacun, deux mitrailleuses et un canon de 25 ramené par un char mais il n'a plus que quelques obus. (...) On peut considérer qu'à partir de ce moment, la valeur combative du bataillon est pratiquement nulle. »

La population de Vesoul a heureusement peu souffert des combats. « Une trentaine de personnes réfugiées dans les caves du Palais de justice ont été blessées par des grenades lancées par les Allemands », rapporte M. Grandhay [3].

Chez les militaires, les pertes sont plus élevées : 80 à 85 blessés dont la moitié ont pu être évacués sur Lure avant que les Allemands prennent possession de la ville. Deux officiers, le lieutenant Antoine Kopp, du II/23e RIF, et le sous-lieutenant André Cren, du I/68e RIF, ont été tués. 46 sous-officiers et hommes de troupe ont été mortellement atteints ou mourront de leurs blessures [4].

« Il y a eu à Vesoul des pertes d'autant plus douloureuses qu'elles pouvaient être évitées ! » écrira le lieutenant Sinay, du I/68e RIF.

Venant de Vesoul, les chars de la 3/16e BCC du lieutenant Striblen vont réintégrer à Lure le groupement Duluc. Lorsque le commandant Bellanger aura retrouvé la 2e compagnie du capitaine Pinault, le 16e BCC sera de nouveau au complet puisque la « 1 » est à Luxeuil. Mais sera-t-il possible de mettre la main sur la « 2 » qui, protégeant les fantassins du

1. Les fleurs décernées à Eon par le général Laure feraient sourire si elles n'étaient tachées du sang versé à Vesoul. Parlant de Eon, le chef de la VIIIe armée écrit : « Grâce à l'allant qu'il a communiqué à tous et aux mesures judicieuses qu'il a arrêtées, des pertes sensibles ont été infligées à l'ennemi dont la progression a été retardée de fait de près de 48 heures. » A quoi rime cette rodomontade ?

2. Le lieutenant Basile Boudier dit : « Environ 250 hommes et 7 officiers, trois FM et un canon de 25 le 17 au soir à Lure. »

3. Lettre du 29 août 1983 adressée à l'auteur par M. Grandhay.

4. A Vesoul : Schmell, Mendell, Isinger, Charton, Laurière, Idoux, Metrot, Frey, Calcin, Chappy, Roumy, Courty, Gourio, Geissert, Flecher, Flonck, Misbach, Billen, Halter, Charreyron, Engel, Jacquet, Bronner, Gabiache, Geiner, Pain, Del André, Ritter, tous du 23e RIF, et quatre hommes d'autres unités : Confuron, Gramond, Raux et un inconnu. A Noidans : Husson, Fohr et Verdier, du 23e RIF, Hartman, du 156e RAP et un inconnu. Risch, du 23e RIF, est décédé à Lure. A Vaivre : Marjo, Lang Joseph et Lang Charles, Sellier, Costanzer, Weiss, Mazière et un inconnu, tous du 68e RIF.

II/5e RC Pol. se dirige vers le sud-est, entre les itinéraires de la *20e Mot. Division* au nord et de la *1re Panzer* au sud ?

Le 17 juin vers 8 heures, les chars sont toujours en grand-halte à Loulans, au sud-ouest de Rougemont, lorsque le motocycliste Beaufort, envoyé par le commandant Bellanger à la recherche du capitaine Pinault, découvre celui-ci et lui remet l'ordre suivant :

> *Dimanche 16 juin — 22 h 40*
> *Porter votre compagnie bois sud de Vouhenans, au sud de Lure. Mission : à disposition du colonel Duluc.*

Signé par Bellanger, le texte indique aussi que le compte rendu d'arrivée devra être porté à Faucogney où le PC du 16e BCC fonctionnera le 17 à partir de 7 heures du matin. Pinault remarque évidemment que le message est daté de la veille. N'incriminons pas Beaufort qui a roulé toute la nuit dans une zone où personne ne sait où se trouve l'ennemi pour découvrir finalement la 2e compagnie au bivouac à Loulans. Pinault n'a pas l'intention d'obéir. Parlant du message pourtant impératif apporté par le motocycliste, il note dans le journal de marche : « Ordre devenu sans objet par suite des instructions téléphoniques reçues à 7 h 30 par le commandant du II/5e RC Pol. auquel la 2e compagnie est mise à disposition. »

Première remarque ; la compagnie était à la disposition du bataillon polonais du lieutenant-colonel Konas pour la défense de la Saône mais elle ne l'est plus puisque Beaufort vient précisément d'apporter un ordre qui la replace sous le commandement du colonel Duluc. Seconde remarque : Pinault ne nous révèle pas la nature des instructions reçues par Konas. Ni de quelle autorité celui-ci les tient, bien qu'on puisse supposer qu'il s'agit du général Prugar-Ketling, de la 2e DI Pol. Les archives de celle-ci sont muettes sur le point qui nous intéresse mais Pinault complète sa pensée :

« Force fut donc, d'après les renseignements sur l'ennemi qui occupait Vesoul et Lure (*sic*) de suivre le sort du bataillon polonais qui se repliait en direction de Clerval. »

Une fois encore, un commandant d'unité prend une décision reposant sur des renseignements non contrôlés. Pinault ne cite pas sa source. De qui tient-il que Lure est occupée ? La *20e Motorisée* vient seulement de s'emparer de Vesoul et c'est Duluc qui contrôle Lure. Peu importe à Pinault qui remet sa colonne en route à 8 h 15. Une heure plus tard, à Maussans, il obtient, grâce au maire de la localité, 800 litres d'essence. A 13 heures, les chars s'arrêtent devant la gare de Clerval et le capitaine trouve des vivres et cette fois 1 500 litres de carburant. Leurs pleins complétés, les R 35 traverseront le Doubs et feront étape le soir à

Vellevans, à 12 kilomètres au sud de Clerval. Les équipages savent-ils que pour eux, la guerre est finie [1] ?

Il est environ 3 h 30 du matin, dans la nuit du 16 au 17 juin, lorsque le colonel Duluc reçoit à son PC de Faucogney le colonel Kowalczewski, du 5e RC Pol. qui est accompagné du commandant de son IIIe bataillon, le lieutenant-colonel Glowacki.

« Votre bataillon a-t-il effectué son mouvement ? » demande Duluc à Glowacki.

La veille, vers 21 heures, il lui avait fait donner l'ordre — par téléphone — de maintenir le III/5e RC Pol. vers Luxeuil. Le général Laure venait d'annuler l'allongement du front du Duluc jusqu'à Villersexel et la présence du bataillon polonais au sud de Lure n'était plus nécessaire. Toutefois, les hommes de Glowacki s'y trouvaient déjà lorsque le contrordre téléphonique de Duluc leur est parvenu.

« Comme je n'ai pas reçu de confirmation écrite, explique Glowacki, j'ai cru à une action de la Cinquième Colonne ! »

Duluc l'écrit dans son rapport. Les Polonais ont parcouru une cinquantaine de kilomètres à pied et, dans l'état de fatigue où ils se trouvent, il ne serait pas humain de les renvoyer à Luxeuil avant qu'ils n'aient pris quelque repos. Duluc est obligé d'adapter sa ligne de défense à la situation et il explique à Kowalczewski qu'il va articuler ses forces en deux sous-groupements. Le premier sous les ordres du lieutenant-colonel Réthoré, du 79e RIF, tient Luxeuil et retraitera s'il le faut en direction du col du Mont de Fourche. Il dispose des éléments du 79e RIF débarqués de leur train à Conflans-Varigney, des deux groupes d'artillerie du 69e RAMF mis en place par le général Oehmichen, de la 1/16e BCC du lieutenant Michalet et de la 2/29e BCC du capitaine Morin ramenée de Villersexel.

Le sous-groupement sud passera sous les ordres du lieutenant-colonel Blanlœil qui a quitté Vesoul pour Lure. Son axe de repli éventuel passera par Mélisey, le col des Croix et Le Thillot. Ses forces se composeront des unités de forteresse qui pourront sortir de Vesoul, du I/69e RAMF du chef d'escadron Ajoux dont les 75 sont déjà en DCB aux lisières de Lure, de la 3/16e BCC du lieutenant Striblen et de la 3/29e BCC du capitaine Le Corre. Et les Polonais ? Duluc explique au chef de corps du 5e RC Pol. que son Ier bataillon reste à Fougerolles, à 10 kilomètres au nord de Luxeuil, avec une batterie d'artillerie hippomobile, la 8/26e RA du capitaine Robbe. Le IIIe bataillon et le GR

1. Le char 50020 en panne sera « désossé et incendié » par l'adjudant Belin le 19 juin à 19 heures. A 22 heures, la 2e compagnie stationnera devant le poste-frontière de Goumois qu'elle franchira le 20 à 2 heures du matin avec 12 chars, 4 tracteurs, 6 camions, 3 voitures de liaison, 5 motos et un side-car.

défendent les accès sud de Lure et il sera toujours temps d'aviser si le IIe bataillon peut être récupéré.

Tout serait parfait si le I/5e RC Pol. se trouvait effectivement à Fougerolles. Quittant la veille sa position sur la Saône, il a parcouru près de 60 kilomètres à pied et s'arrête, épuisé, le 17 au matin, près de Moffans, au sud de Lure. Le GR du lieutenant-colonel Swiecicki avec lequel le capitaine de Courcel, de la 3/16e BCC avait rendez-vous la veille à Auxon, au nord de Vesoul, stationne lui aussi près de Moffans. Force est de constater que, mis à part le II/5e RC Pol. qui marche en direction du Doubs, toutes les unités polonaises rattachées au groupement Duluc se trouvent dans la matinée du 17 juin au sud de Lure. Peut-on supposer qu'il s'agit d'une coïncidence ?

Vers 13 heures, le maréchal Pétain prononce sa tristement célèbre allocution radiodiffusée dans laquelle il déclare avoir sollicité un armistice et, comble de maladresse, demande aux soldats qui se battent « de cesser le combat ». L'information démobilisatrice ne se répand peut-être pas comme une traînée de poudre enflammée mais elle est vite connue. On a vu ce qui s'est passé au 20e corps, à la 1re division de grenadiers polonais du général Duch ; celle-ci a combattu aussi longtemps qu'elle ne compromettait pas ses chances de se disperser pour échapper à la capture. A la 2e DI Pol. le général Prugar-Ketling va agir différemment. Comme Duch, il a reçu de son gouvernement l'ordre de sauver sa division et de lui éviter la captivité. Mission difficile avec le GR et le 5e RC Pol. détachés au diable Vauvert sous les ordres du colonel Duluc ! Kowalczewski a-t-il reçu des instructions pour regrouper les forces polonaises de Duluc dans un rayon d'une dizaine de kilomètres autour de Moffans ? Au cas où son commandant de division lui donnerait brusquement l'ordre de rallier ? Ce n'est qu'une hypothèse.

Si l'on se réfère aux accords militaires conclus le 4 janvier 1940 entre M. Daladier, chef du gouvernement français, et le général Sikorski commandant en chef de l'armée polonaise, voici les conditions, énoncées à l'article II, dans lesquelles les unités polonaises devaient être employées : *L'armée polonaise sera soumise aux autorités polonaises. Jusqu'à cessation des hostilités, l'armée polonaise sera placée en tant qu'armée d'État allié, sous les ordres du général commandant en chef de l'armée française, commandant en chef les forces terrestres.*

Quelle est l'autorité qui a barre sur l'autre ? Sikorski ou Weygand jusqu'à la cessation des hostilités ? L'armistice étant demandé, celle-ci peut intervenir d'un jour à l'autre, d'une heure à l'autre. Prugar-Ketling peut-il s'offrir le luxe d'attendre la signature de l'armistice ou doit-il se préparer à passer en Suisse, imité en cela par le général Daille qui, on le sait, a été autorisé par Laure à se porter de l'autre côté de la frontière avec la 45e corps ? Un élément de réponse figure dans le rapport collectif [1] rédigé par les officiers de l'état-major de la 2e DI Pol.

« Notre ministre plénipotentiaire à Berne insistait pour qu'on passe la frontière le plus vite possible [2], les autorités suisses ayant fait savoir qu'au cas où un armistice entre la France et l'Allemagne serait signé, elles seraient contraintes de fermer la frontière. »

Les Polonais n'auraient alors d'autre ressource que de prendre le maquis ou de se rendre à l'ennemi. Cette alternative permet de mieux comprendre la réaction de Prugar-Ketling.

Au début de l'après-midi du lundi 17 juin le capitaine Jacques Laurent, officier de liaison français au GR polonais, vient trouver le colonel Duluc à Faucogney.

« Les Polonais manifestent un extrême mécontentement de la demande d'armistice faite par le gouvernement », explique-t-il avant d'entrer dans le vif de son intervention : « Il se trame quelque chose parmi eux. Des conciliabules se tiennent, qui cessent à mon approche. »

Toujours le 17 mais sans indiquer l'heure, un autre officier de liaison français, le lieutenant Cournault, du I/5e RC Pol., se montre plus précis : « Le colonel commandant la Place de Lure [Blanlœil] vient solliciter le commandement du 5e RC Pol. de participer à la défense de la ville, mais les Polonais ont reçu l'ordre d'effectuer le regroupement de leur division à Pont-de-Roide. »

Le rapport du commandant de Nexon trahit plus que de l'irritation : « Les Polonais qui faisaient partie du groupement Duluc et devaient contribuer à la défense de Lure, sont rappelés le 17 au soir par leur division et ont quitté leurs positions pour tenter, disent-ils, une percée en direction de la Suisse. »

Le regroupement dans la région de Moffans n'était donc pas innocent. Toutefois, les Polonais s'arrangent pour présenter cette défection d'une manière qui satisfait leur amour-propre et leur permet de ne pas perdre la face. Le rapport de l'état-major de la 2e DI Pol. nous apprend que dans l'après-midi du 17 juin, l'aspirant Korybut-Daszkiewicz, bientôt suivi du capitaine Prugar-Marcin, se présente au PC de la division, envoyé par le commandant du 5e RC Pol. Il rapporte que l'état-major du régiment, le Ier bataillon et le GR sont regroupés dans la région de

1. Il est précisé dans ce rapport que la décision de principe de faire passer la division en Suisse a été prise le 18 juin.

2. Les Français reçoivent les mêmes instructions. Le capitaine Léon Bard, du 61e régiment régional se trouve le 18 juin à 19 heures au poste-frontière de Fahy. Les douaniers suisses autorisent Bard à téléphoner à l'ambassade de France à Berne où il rend compte qu'il envisage de marcher vers le sud. L'attaché militaire, le colonel de la Forêt Divonne « lui déclare irréalisable son projet et lui conseille d'entrer en Suisse immédiatement avec ses 137 hommes ».

Moffans et qu'il est impossible d'obtenir des renseignements sur l'emplacement des IIe et IIIe bataillons [1]. Tout cela est exact à un détail près et ne nous apprend rien mais ce qui suit relève de la fabulation.

« Le commandement français est totalement désorganisé et nos unités abandonnées et laissées à leur sort sans un ordre quelconque, sans la moindre directive. »

Duluc n'apprécierait certainement pas ces contre-vérités. En effet, même s'il a été victime, comme les unités françaises d'ordres et de contrordres, le 5e RC Pol, a reçu une mission : il est intégré au groupement Duluc et son devoir est de se battre sur la ligne tenue par celui-ci. Or, le colonel Kowalczewski s'en soucie comme d'une guigne et prend le large. L'aspirant Korybut-Daszkiewiez rend compte en effet que « face à ces événements », le commandant du 5e RC Pol. a décidé de se retirer dans un premier temps en direction de Montbéliard. Le mouvement a été entamé entre 15 et 16 heures. Le GR du lieutenant-colonel Swieciecki est resté à Lure dans la soirée du 17 juin. Ses éléments motorisés, nous le verrons, ont jalonné l'avance de la *20e Mot. Division* venant de Vesoul et prévenu le groupement Duluc de l'approche de l'ennemi.

« C'est à ce moment précis que les Polonais nous quittent ! » écrit le commandant de Nexon.

Le capitaine Le Corre, du 29e BCC, laisse entendre que le GR est parti un peu plus tard : « Un officier polonais me prévient qu'à 21 heures il se replie complètement. »

Enfin, le lieutenant Platonoff note dans le journal de la 3e batterie du 69e RAMF : « Au début de la nuit, des éléments motorisés de la 2e DI Pol. quittent Lure par la RN 19 et se dirigeraient vers Héricourt. »

Le GR se heurtera aux premiers éléments de la *1re Panzerdivision* et sera en grande partie fait prisonnier, à l'exception de quelques isolés qui retrouveront leur chef [2] en Suisse ainsi que des éléments du Ier bataillon. On ne sait rien du III/5e RC Pol. sinon qu'il a été en majorité fait prisonnier avec le lieutenant-colonel Glowacki. Quant au IIe bataillon, incomplet et épuisé mais toujours protégé par les chars de la 2/16e BCC, il parviendra à rendre compte au général Daille, du 45e corps, qu'il a franchi le Doubs et se dirige vers Maiche. Daille enverra spontanément des camions au-devant de lui et il sera ainsi le seul à reprendre sa place au sein de la 2e DI Pol. avec laquelle il passera en Suisse deux jours plus tard.

1. Pour le III/5e RC Pol. c'est étonnant puisque le lieutenant-colonel Glowacki s'est présenté avec son chef de corps à 3 h 30 du matin au PC de Duluc et qu'à la même heure le bataillon se trouve, lui aussi, au sud de Lure.

2. Le lieutenant-colonel Swiecicki rejoindra la Grande-Bretagne et participera à la campagne d'Italie avec le corps polonais du général Anders.

Dans la nuit du 17 au 18 juin le colonel Duluc reçoit une lettre de Kowalczewski. Il la parcourt rapidement puis la tend à son chef d'état-major, le commandant Gignoux, avec ce commentaire désabusé : « Les Polonais nous lâchent ! »

Nous ne savons pas à quelle heure le commandant du 5e RC Pol. a rédigé sa lettre. Le matin, ce qui authentifierait les instructions évoquées par le capitaine Pinault ? Ou l'après-midi, après le discours du maréchal Pétain ?

« Il écrivait, se souvient Duluc, que la Pologne se considérait toujours en état de guerre avec l'Allemagne et qu'il venait de recevoir, et exécutait immédiatement l'ordre de rejoindre sa division [1]. »

Comment ne pas comparer cette rupture cavalière à la démarche courtoise du général Duch, qui a estimé de son devoir d'informer de ses intentions son supérieur, le général Hubert, avant d'aller faire ses adieux, en grande tenue et accompagné des officiers de l'état-major de la 1re division de grenadiers polonais, à son compagnon d'armes, le colonel Dagnan ?

1. Lettre du 24 avril 1970 adressée à l'auteur par le général Duluc.

## CHAPITRE XXIII

# « Commence alors un violent tir de destruction »

Depuis l'après-midi du dimanche 16 juin, la « ligne Duluc » est en place, de Lure au sud jusqu'à Fougerolles au nord. La défection des Polonais ne permettra pas à Duluc de s'étendre jusqu'à Plombières et, lorsqu'il apprend par le lieutenant-colonel Blanlœil, que 300 hommes à peine ont pu se dégager de la souricière de Vesoul, le commandant du groupement ne peut s'empêcher de faire la grimace. Il comptait sur les deux bataillons de forteresse du 23e et du 68e RIF et il est certain que leurs mitrailleuses et leurs canons de 25 auraient sérieusement renforcé le dispositif en place. Ce dernier est à l'opposé de celui qui devait arrêter l'ennemi la veille : de l'infanterie et pas d'artillerie à Vesoul, des canons mais de rares fantassins à Lure. Duluc lui-même définit très bien la caractéristique de son groupement : « Une ossature assez robuste en chars et en artillerie, et des effectifs d'infanterie squelettiques. De plus, les deux flancs sont dangereusement découverts. »

A Quers, à mi-chemin entre Lure et Luxeuil, sur la RN 64, le chef d'escadron de Kergaradec[1], du II/69e RAMF, a détaché une batterie de 75, la « 6 » du capitaine Jacques Meaux Saint-Marc qui a fait sa reconnaissance la veille avec ses deux chefs de section, Dunan et Gillet.

« Quelle est l'infanterie qui doit nous couvrir ? a demandé Saint-Marc, comme si la chose allait de soi.

— Ce sont des Polonais, lui a dit Kergaradec, ils vont arriver d'une heure à l'autre. » Le commandant de la 6e batterie ne verra jamais poindre à l'horizon le cimier d'un casque polonais.

A Lure, tout le 1er groupe est en position. Le chef d'escadron Ajoux a placé la 2e batterie du lieutenant Philippon et la « 3 » du lieutenant Platonoff au sud de la ville, tubes braqués dans les directions de Villersexel et l'Isle-sur-le-Doubs. La 1re batterie du lieutenant Henri

1. Le chef d'escadron Robert Le Jumeau de Kergaradec est né le 1er août 1885 à Angers.

Menestrier est au nord, au point le plus sensible puisque ses quatre pièces contrôlent à la fois la RN 19 et la direction de Vesoul avec le carrefour de la RN 64 qui monte vers Luxeuil-les-Bains. Dans l'après-midi du 17 juin, Menestrier est renforcé par un canon de 25 du GR polonais et le lieutenant-colonel Swiecicki qui est venu la veille examiner le plan de défense des artilleurs, leur a donné l'assurance qu'ils étaient couverts en avant, sur la route de Vesoul, par des motocyclistes du GR.

Le début de l'après-midi du lundi 17 est marqué sur la RN 19 par une circulation intense de civils et de militaires ayant quitté Vesoul avant d'en être empêchés par les Allemands. La hantise de l'espionnage et de la Cinquième colonne est telle que Menestrier fait contrôler l'identité de certains réfugiés. L'aspirant Laroche, après avoir vérifié celle d'une dizaine de jeunes gens, leur interdit d'entrer à Lure. Désemparés, ils se dirigent vers le carrefour de la RN 64 et reprennent leur marche, cette fois en direction de Luxeuil.

Les chars de la 3/16e BCC du lieutenant Striblen se regroupent dans un bois proche de la route de Belfort, à deux kilomètres à l'est de Lure. L'état mécanique du matériel n'est pas brillant et deux R 35 ont besoin d'être réparés : un joint de culasse à changer sur l'un et la poulie de tension — atteinte par un *37 Pak* — sur l'autre. Malheureusement la camionnette de la compagnie d'échelon accusera un tel retard pour apporter les pièces de rechange que Striblen recevra l'ordre de se porter à Saint-Germain, entre Lure et Mélisey, avant l'arrivée des mécaniciens. Les deux R 35 seront incendiés.

A la 3/29e BCC, le capitaine Le Corre a installé son PC à la gendarmerie de Lure où se trouve déjà, dit-il, celui de la 1re batterie du 69e RAMF. Le lieutenant-colonel Blanlœil qui commande l'ensemble de la défense a son PC au cimetière mais Le Corre est directement sous les ordres du commandant Bellanger, du 16e BCC. Il n'en tire aucune satisfaction car, ayant rendu compte à ce dernier que ses équipages étaient sans nourriture, le commandant lui aurait dit « de se débrouiller ». Dans l'après-midi, Le Corre a reçu l'ordre de détacher ses vieux FT en protection des batteries de 75 en position aux lisières de la ville. Le chef Fusch et le caporal-chef Divetain sont allés chacun avec deux chars, se mettre à la disposition des lieutenants Philippon et Platonoff, au sud de la localité. Au nord, le sous-lieutenant Marchetti et le chef Desfontaine ont gagné la position de la 1re batterie avec quatre chars. L'un de ceux-ci se porte à 200 mètres en avant des pièces.

« Avez-vous au moins assez de munitions ? a dit Marchetti en riant au lieutenant Menestrier.

— Ne vous inquiétez pas, lui a répondu l'artilleur, nous tirerons encore que vous serez déjà partis ! »

Il ne savait pas à quel point il avait raison ! Certes, le trajet depuis l'Alsace n'a pas été exempt de difficultés et, entre Soufflenheim et Lure, la 1re batterie a perdu un Kégresse, un camion et le tracteur de dépannage. Il n'empêche que le 17 juin, elle dispose de 513 obus explosifs, 74 obus de rupture et Menestrier compte davantage sur l'efficacité de ses canons que sur l'intervention des vieux FT si vulnérables aux *37 Pak*. Il a prévu de donner un seul ordre d'ouverture du feu : au maréchal des logis Claudius Bernard, de la 1re pièce. Lorsque celle-ci aura ouvert le feu, les trois autres chefs de pièce l'imiteront sans autre procédure.

A 19 h 20, un agent de liaison polonais rend compte à Menestrier qu'une colonne motorisée allemande arrive de Vesoul. Le lieutenant-colonel Swiecicki fait savoir que des éléments du GR précèdent la colonne. Menestrier comprend le message : « L'ennemi arrive mais les premiers motocyclistes que vous verrez sont polonais. S'il vous plaît, pas de méprise, ne les recevez pas à coups de 75 ! »

Une demi-heure se passe et un bruit de moteurs coupé par des coups de feu se rapproche. Les Polonais s'embusquent avec leurs sides derrière des buissons, une grange, un arbre, lâchent quelques rafales sur la tête de colonne allemande qui s'arrête aussitôt pendant que motos et sides du GR démarrent en trombe. Ils traversent la position de la 1re batterie et s'éclipsent. On ne les reverra plus. Avec ses jumelles, Martinoty, le lieutenant de tir de la 1/69e RAMF, aperçoit des side-cars verdâtres, couverts de poussière, suivis par des voitures dont il est impossible de préciser la nature car elles sont surchargées de fantassins. Tous les artilleurs sont à leur poste de combat.

« Mon idée, explique Menestrier, est de détruire le maximum de véhicules ennemis ; la première pièce ouvrira le feu sur le véhicule le plus éloigné, qui ne pourra ni faire demi-tour ni se camoufler dans les bosquets le long de la route ou se défiler au-delà de la crête. »

Les Allemands avancent avec prudence. Sachant qu'ils vont aborder Lure, ils craignent un piège. Menestrier lève le bras, le maintient tendu à la verticale quelques secondes puis l'abaisse d'un seul coup : « Feu ! » crie-t-il.

Au premier obus, la colonne s'immobilise et les fantassins giclent sur les bas-côtés. On les voit mettre des mitrailleuses légères en batterie. Les canons de 20 des automitrailleuses lourdes répondent aux coups de 75. Les Saint-Étienne de défense rapprochée de la batterie cinglent les buissons suspects et l'infanterie allemande doit renoncer à avancer et à manœuvrer. Laissant ses épaves sur la route, la colonne de la *20e Mot. Division* remonte vers la crête derrière laquelle elle disparaît. Selon le récit de Menestrier, qui semble très optimiste, trois automitrailleuses, une voiture légère et deux sides ont été détruits. Une moto abandonnée dans le fossé sera récupérée en état de marche.

Dès les premiers coups de canon, le capitaine Le Corre a sauté dans sa VTT (voiture tout-terrain) pour gagner la position de la 1re batterie. Il est inquiet. Pourvu que le sous-lieutenant Marchetti ait respecté ses consignes ! N'ouvrir le feu qu'à la dernière extrémité et seulement sur le personnel et mitrailleuses, jamais sur les chars.

Le Corre : « J'aperçois deux automitrailleuses et trois side-cars qui brûlent [1]. Marchetti m'explique que le 75 a fait mouche sur les automitrailleuses et qu'avec son 37 il a mis le feu à un side, entraînant l'incendie des deux autres. »

Marchetti ajoutant que le percuteur de son canon est cassé, Le Corre qui n'a pas de pièces de rechange lui donne l'ordre d'incendier le char. Ni plus ni moins ! Le chef de la 3/29e BCC va ensuite à la recherche du lieutenant-colonel Blanlœil dont il finit par trouver le PC au cimetière de Lure. Il lui rend compte de l'accrochage qui vient de se produire sur la RN 19 et lui demande, en cas de repli, de le prévenir à temps.

« Mes engins sont dispersés sur plus de trois kilomètres et il me faut un minimum d'une heure et demie pour embarquer sur les porte-chars. »

Dans la nuit, Le Corre fera la même recommandation au commandant Bellanger, du 16e BCC puis, rassuré, rejoindra ses équipages. La leçon infligée à l'avant-garde du *General* von Viktorin porte ses fruits et permet aux Français de prendre quelque repos avant que le jour se lève le mardi 18 juin.

« Nuit froide et humide, sans ravitaillement ! » note le commandant de Nexon.

Le lieutenant Nathan lui fait écho : « Nuit sans histoire. » Sans histoire mais courte puisqu'à trois heures du matin Nathan reçoit l'ordre de se porter avec ses trois chars et ceux de la section du chef Mérat en soutien du II/23e RIF, les derniers engins de la 3/16e BCC restant à Saint-Germain avec le lieutenant Striblen. Mérat se place à la lisière du petit bois où le PC de Nexon s'est camouflé. A la 1re batterie du lieutenant Menestrier, les artilleurs gagnent leurs postes de combat à 3 h 30, c'est-à-dire à la naissance du jour. Une heure plus tard, ils reçoivent café et casse-croûte. Le chef d'escadron Ajoux envoie un message à la batterie : « Faire replier sur Mélisey-Le Thillot tout ce qui n'est pas indispensable au combat. »

A 4 h 45, selon Menestrier, des véhicules légers chenillés franchissent la crête, venant de Vesoul et quatre d'entre eux auraient été endommagés par les 75 avant de faire demi-tour [2]. A 6 h 30, le commandant de la 1re batterie fait remettre à chacun de ses gradés des consignes écrites précisant l'attitude à observer en cas de repli. Le commandant du

1. Dans son rapport, le commandant de Nexon écrit « des motocyclistes et une ou deux automitrailleuses ».

2. Le commandant de Nexon parle de « motocyclistes ennemis venus reconnaître à nouveau et tâter la défense ».

groupe donne ensuite l'ordre de retirer 50 coups par pièce et de charger ces 200 projectiles sur un camion qui prendra la route de Mélisey.

« A 7 h 30, rapporte Menestrier, commence un réglage d'artillerie suivi rapidement d'un tir nourri, sans doute du 105. Les pièces semblent groupées en trois points. »

Le commandant de Nexon confirme « qu'un violent tir de 105 se déclenche sur l'entrée de Lure, se prolongeant jusqu'au cimetière. Ce bombardement est doublé d'un autre dont les points de chute se trouvent vers la gare et la caserne du Train. A la 3/29ᵉ BCC du capitaine Le Corre, c'est l'affolement. Cet officier jongle allégrement avec les heures. Pour lui, le bombardement a commencé à cinq heures et les artilleurs ont reçu l'ordre de se replier à sept heures. Ou plutôt, il l'apprend « vers sept heures ». Et il ajoute : « Les Allemands avancent sur la gare en suivant la voie ferrée et sont à l'entrée de la ville côté Vesoul. La route du repli serait donc coupée. »

Il prend tout de même une mesure pleine de sagesse : le sous-lieutenant Marchetti ira vérifier que les artilleurs ont bien reçu l'ordre de repli et le lieutenant Hiance cherchera des chemins praticables aux porte-chars au nord de la route de Belfort. Tout va certainement s'éclairer puisque Menestrier est sur sa position et que l'itinéraire du repli en direction de Mélisey est toujours sous contrôle français. Pas du tout ! Si l'on en croit Le Corre, Marchetti confirme « tous les renseignements » et Hiance revient en indiquant qu'il est impossible de faire passer des porte-chars chargés sur les chemins reconnus. Commence alors un véritable roman-feuilleton écrit de la main de Le Corre, dans lequel pour un zest de vérité, on trouve un maximum de fabulation.

« Je n'ai toujours pas d'ordres et par deux fois j'essaie d'en avoir. Je ne trouve personne au PC de l'artillerie, saute dans la VTT, quelques fusants éclatent au-dessus de la rue principale mais très haut. Le maire et deux conseillers ceints de leurs écharpes sont dans la rue près de la mairie. Ils me font signe de m'arrêter, me disent que tout le monde s'est replié, et me demandent de ne pas résister pour épargner la ville. Je continue et, avant le carrefour de Mélisey, je descends et vais à pied au cimetière. Plus personne, tout le monde a disparu. »

Parfois très précis, Le Corre ne nous dit pas à quelle heure il se présente au cimetière où se trouvait le PC du lieutenant-colonel Blanlœil. Mais le roman grossit, grossit...

« Les Allemands tirent à fusants un peu partout. Je rejoins mes équipages à travers champs et aperçois sur ma gauche une caravane de gros chars ennemis (j'en compte seize) qui rentrent dans Lure[1]. »

1. La *20ᵉ Mot. Division* ne possède aucun char. En revanche, son *Aufklärungs Abteilung* dispose de 20 automitrailleuses et la division, dont l'artillerie organique compte 24 pièces de 105 et 12 de 150, peut encore aligner 16 canons de 75 d'infanterie et 48 pièces de *37 Pak.*

Le récit de Le Corre est écrit pour justifier ce qui va suivre. En effet, ayant pris la peine de nous expliquer que la route du repli était coupée, que ses porte-chars avec les FT resteraient embourbés sur les chemins reconnus si par malheur ils s'y engageaient, et enfin que les Allemands entraient dans Lure, Le Corre fait incendier TOUS ses engins et donne l'ordre à son personnel d'embarquer sur les porte-chars.

« Un quart d'heure après, nous quittons Lure et nous replions direction Le Thillot où nous arrivons à 11 h 30 [1]. »

Quand il apprendra « l'exploit » du capitaine Le Corre et la destruction de ses moyens de combat, le colonel Duluc laissera éclater son courroux. Plus tard, il écrira : « Point n'était nécessaire d'embarquer les matériels et là où sont passés infanterie, artillerie et camions porte-chars (à vide) des chars, même FT, pouvaient à priori tenter de passer sur chenilles [2]. »

Au nord de Lure, la position de la 1re batterie du I/69e RAMF devient difficile à partir de huit heures. Les Allemands ont compris que pour utiliser la RN 19, ils devaient neutraliser les 75 français. Et lorsque l'opposition rencontrée par les motocyclistes et les automitrailleuses de tête est trop forte, le recours à l'artillerie est systématique.

« 272 coups ont été tirés, raconte le lieutenant Menestrier. Commence alors un violent tir de destruction. Chacun d'entre nous attend que l'orage passe. »

A l'abri de leurs propres tirs, les fantassins allemands progressent en direction des lisières de Lure. Menestrier parle « de la présence rapprochée de l'ennemi qui s'infiltre. » Il se sent menacé et rend compte au commandant de Nexon qui s'étonne : « Aucun tir de mousqueterie n'a été entendu et mes groupes de FM placés en défense des 75 ne confirment pas. » Le chef de bataillon demande tout de même au lieutenant Nathan de lancer une patrouille de trois chars en direction des artilleurs. Pour les rassurer !

« Ils se sont approchés mais ils ont fait demi-tour avant que j'aie pu leur fixer une mission ! » se plaint Menestrier.

Dans le rapport Nathan, c'est inévitable, nous trouvons une version

1. Dans l'après-midi, Le Corre ira au PC de la VIIIe armée, à La Bresse, où il recevra, à 14 h 05 l'ordre écrit de rallier et suivre le sort de la compagnie d'échelon du 16e BCC, stationnée à Ferdrupt (cinq kilomètres à l'ouest du Thillot) sous les ordres du capitaine Malabar.

2. Si le commandant Eon ne l'avait pas arrêté, Le Corre serait peut-être à la même heure à Valence (Drôme) où le commandant Bernier et l'état-major du 29e BCC sont pris en charge par le lieutenant-colonel Alric, du dépôt 504. Joseph Bernier, âgé de 50 ans, sera fusillé par les Allemands à Ruffec le 21 août 1944 avec René Groussard, 44 ans, Roger Aubin, 29 ans, et Louis Proust, 16 ans. (Renseignements communiqués à l'auteur par M. Trouvet, de Ruffec).

différente : « J'ai vu quelques Allemands qui ne semblaient guère menacer les 75. Mes chars ne voyaient rien et tiraient à l'intimidation. Nous rentrons sans voir personne. Plus tard, les artilleurs diront que nous ne sommes pas restés assez longtemps ; ils auraient mieux fait de me le dire au passage, nous serions retournés. Les Allemands n'étaient pas agressifs. »

Nexon prend le parti de Nathan : « Sa section s'est promenée pendant un quart d'heure dans les vergers sans rien voir mais elle a attiré sur elle un tir de 105 d'une rare violence. Elle se replie miraculeusement sans dommages. »

Le lieutenant-colonel Blanlœil a quitté le cimetière de Lure dans les mêmes conditions que la préfecture de Vesoul la veille : sans rédiger ni faire parvenir à ses commandants d'unités le plus petit ordre de décrochage. Nexon assure que le colonel s'est replié en direction de Saint-Germain vers neuf heures. La compagnie de commandement du 68ᵉ RIF qu'on a vu « pressée » de quitter Vesoul, agit de la même façon à Lure et suit le chef de corps. La différence avec Vesoul est qu'elle était à la disposition du commandant de Nexon et que celuic-ci avait son mot à dire. Dans la matinée, le capitaine Lamoureux « est venu à plusieurs reprises solliciter l'autorisation de se replier sous prétexte que sa compagnie n'était pas destinée au combat. » Nexon a refusé et, lorsque Blanlœil est parti, Lamoureux s'est passé d'autorisation et l'a suivi.

A la 1ʳᵉ batterie du I/69ᵉ RAMF, un brigadier téléphoniste transmet l'ordre de repli à 10 h 15. Menestrier se le fait confirmer mais il émet des doutes sur la possibilité de ramener ses pièces. Sous le bombardement, des arbres ont été abattus et des obus à fusée retard ont ouvert de larges entonnoirs autour des emplacements de tir. Deux tracteurs à chenilles tentent de s'approcher mais ils sont immobilisés par les branches enchevêtrées. « Même à pied, la circulation est difficile », affirme Menestrier qui, à 10 h 30, donne l'ordre de saboter les pièces et de se retirer sur l'échelon, place de la sous-préfecture. Les artilleurs obéissent et rejoignent les camions. Leurs camarades de l'échelon sont mécontents car ils reçoivent des fusants depuis le début de la matinée et, dit Menestrier, « le sous-préfet a refusé de laisser les chauffeurs descendre dans un abri inoccupé [1] ». Un artilleur, Paul Desmurs, a été mortellement blessé. Les servants des batteries de tir montent dans les véhicules et Menestrier prend avec ses hommes la direction du nord-est [2]. La

1. Cela paraît difficile à croire. Le sous-préfet, René-Pierre Coldefy, obtiendra le 20 juin l'autorisation de visiter son arrondissement et de se rendre à Vesoul avec son chauffeur, M. Jobert, mais il devra s'engager « à ne rien faire qui soit de nature à porter atteinte aux intérêts allemands » (archives *2ᵉ Panzerdivision*).

2. Le soir, au Ménil (quatre kilomètres au nord du Thillot) cinq hommes de la 1ʳᵉ pièce seront portés manquants : le maréchal des logis Bernard, le maître pointeur Griesbach, les canonniers Conrath, Muller, Wilhelm et Klein. Sans doute ont-ils été faits prisonniers !

batterie Philippon part à peu près à la même heure et la batterie Platonoff évacue Lure la dernière, par la RN 19, obliquant vers le nord à La Côte pour rejoindre Mélisey.

Les derniers combattants du 23e RIF quittent Lure en application des ordres reçus, c'est-à-dire après le repli de l'artillerie. Comme l'a souligné le lieutenant Nathan « les Allemands ne sont pas agressifs ». Le commandant de Nexon le confirme sans ambiguïté : « Des affectés spéciaux qui ont quitté la caserne du Train vers 10 heures, sont passés au carrefour une demi-heure après et disent n'avoir pas vu de fantassin allemand dans Lure ou sur la route. »

Point de destination : Mélisey, à une dizaine de kilomètres au nord de Lure. Le PC du lieutenant-colonel Blanlœil est un peu plus loin, à Belonchamp, et il ordonne à Nexon de défendre Mélisey jusqu'au lendemain matin puis de se replier sur Servance, en direction du col des Croix. Les chars de la 3/16e BCC protègent les fantassins et le chef d'escadron Ajoux a fait mettre les 75 de la batterie Philippon en position à la sortie sud de Mélisey. Les hommes du II/23e RIF sont dans un tel état de fatigue que Nexon obtiendra de laisser une simple couverture à Melisey et d'entamer le soir même le mouvement sur Servance, les camions du 69e RAMF effectuant plusieurs navettes pour transporter l'infanterie.

A Quers, la 6e batterie du capitaine Meaux-Saint-Marc, réduite à ses seuls moyens, a été très vite tournée. Elle a d'abord tiré sur les premières automitrailleuses arrivant par la RN 64 puis les pièces ont utilisé des obus à balles contre l'infanterie débordant la position. Deux pièces ont été sabotées et, sous le feu des mitrailleuses adverses, les deux autres ont pu effectuer leur sortie de batterie. Toutefois les tracteurs n'effectueront pas un long trajet car les Allemands sont sur les arrières et les deux derniers 75 seront eux aussi sabotés et abandonnés à la lisière du bois des Franches-Communes, au sud du village de Franchevelle. Le capitaine et le personnel de la batterie parviendront à rejoindre le PC du chef d'escadron Cruse rattaché au sous-groupement du lieutenant-colonel Réthoré.

Comme celle de Lure la défense de Luxeuil souffre du manque d'infanterie mais les éléments du III/79e RIF qui s'y trouvent présentent l'avantage de n'avoir pas encore été engagés. Pour compenser le petit nombre de fantassins placés sous ses ordres, le lieutenant-colonel Réthoré dispose de deux compagnies de chars, la 1/16e BCC du lieutenant Michalet avec ses R 35 et la 2/29e BCC du capitaine Morin dotée de vieux FT. L'appui d'artillerie n'est pas négligeable : deux groupes du 69e RAMF dont un de 155 court.

Dans la matinée du 17 juin, le capitaine Louis Bonnet, du III/79e RIF, a reçu l'ordre de son chef de corps de constituer trois points d'appui. Modestement étoffés, bien entendu, car les effectifs du bataillon (environ 350 hommes) ne permettent pas de tresser une ceinture défensive solide autour de Luxeuil. Avec deux groupes de voltigeurs et deux pièces de 25, le lieutenant Durand va barrer au nord de la ville les routes de Fougerolles et de Saint-Loup-sur-Semouse. Le sous-lieutenant Leclère et l'aspirant Garnier vont s'installer, le premier à Ormoiche, le second au pont de Breuches, au sud-ouest de la cité thermale. C'est une erreur car si les Allemands pouvaient menacer Luxeuil à partir de la Saône le dimanche 16 juin, le lieutenant-colonel Réthoré ne peut pas ignorer qu'ils ont poursuivi leur route vers le sud-est et pris Vesoul au début de la matinée du lundi. La faiblesse — et la mauvaise orientation — des points d'appui du III/79e RIF inquiète le colonel Duluc lorsque Réthoré, dans la matinée du 17, vient lui rendre compte à son PC de Faucogney. Il donne sans doute des ordres en conséquence car, lorsque Réthoré est de retour, vers midi, il demande au capitaine Bonnet de constituer de nouveaux PA, cette fois au sud, face à Vesoul qui n'est qu'à 30 kilomètres. Bonnet désigne le lieutenant Fix et le lieutenant Contal, le premier avec deux groupes de voltigeurs et trois canons de 25, le second avec un FM et deux groupes de mortiers de 81. Tous les deux vont s'installer au nord du terrain d'aviation, près de Saint-Sauveur, commune de la périphérie sud de Luxeuil. Un sixième PA est confié à l'aspirant Barué qui va tenir la route en avant du stade municipal avec les deux 25 de l'adjudant Rozaux et le groupe de FV du caporal-chef Antony. La topographie des lieux et la faiblesse des effectifs ne permet pas d'obtenir un cordon défensif continu mais Réthoré doit s'en contenter. Le médecin-lieutenant Jassin, qui a son poste de secours à Saint-Sauveur, s'étonne tout de même de l'emplacement choisi par les artilleurs.

« La configuration du terrain est telle, écrit-il dans son rapport, que les quatre canons sont en avant des carrières de Saint-Sauveur pour pouvoir tirer à vue, c'est-à-dire en avant de l'infanterie. »

La 4e batterie du capitaine Récasens tient en effet sous la menace de ses 75 la route de Vesoul et le terrain d'aviation mais elle est très exposée. Le chef d'escadron de Kergaradec a bien cherché un autre emplacement mais sans succès ; pour arrêter au canon une colonne de blindés débouchant de Vesoul, Récasens doit rester en avant des carrières.

« S'il le faut, a promis le lieutenant-colonel Réthoré à Kergaradec, les chars du lieutenant Michalet interviendront pour dégager votre batterie. »

Le lieutenant Neychens, officier adjoint du capitaine Bonnet, a installé le PC du bataillon dans une usine, à la sortie est de la ville. Celui de Réthoré fonctionnera à Froideconche où les 155 de la 9/69e RAMF sont en surveillance. Tous les chars, R 35 et FT, sont camouflés dans les bois, à l'est de la route de Lure. Le dispositif est en place et, dans la soirée du 17, Réthoré, avec Bonnet et le commandant Faraut, du 200e bataillon autonome régional, a visité les points d'appui et vérifié barricades et obstructions, ces dernières constituées par des arbres abattus en travers des routes.

***

La nuit du 17 au 18 juin a été d'autant plus longue pour les artilleurs du capitaine Récasens et pour les avant-postes du 79e RIF que la visibilité était nulle. Il a plu en effet jusqu'au lever du jour et seules les premières lueurs de l'aurore ont dissipé les craintes d'une attaque nocturne.

Jeune prêtre du diocèse d'Orléans, l'aspirant Étienne Barué n'a pas fermé l'œil. Il est resté avec les servants du canon de 25 en batterie dans un pré, l'adjudant Rozaux étant sur la route, avec la seconde pièce. Barué est conscient de l'importance de sa mission ; il doit arrêter tout véhicule ennemi qui se présenterait sur la route de Breuches et recueillir les hommes des PA Leclère et Garnier si jamais ils sont obligés de se replier.

« Le premier coup de canon est tiré sur ma gauche vers 5 heures, rapporte Barué, et presque aussitôt s'engage un combat violent devant Saint-Sauveur. »

Succédant au silence de la nuit, la prise de contact réveille les Luxoviens qui se hâtent de gagner caves et abris. Les coups de 75, les rafales d'armes automatiques qui se répondent et, bientôt, la riposte de l'artillerie allemande montrent à l'évidence que c'est devant Saint-Sauveur que se décide le sort de la bataille. Traversant la ville silencieuse en compagnie du capitaine Morin, le commandant du III/79e RIF se rend sur la ligne de feu. Les 25 du lieutenant Fix n'ont pas encore tiré mais les mortiers du lieutenant Contal ont pris pour cible les camions d'infanterie alignés derrière les blindés de tête de la colonne ennemie et l'un d'eux brûle sur la route. En avant, chez les artilleurs du 69e RAMF, la tension monte après les premiers tirs.

« Le commandant de Kergaradec et le capitaine Récasens sont en observation dans un fossé de la route, écrit Bonnet. A proximité, une pièce de 75 a été renversée par un obus et plusieurs morts sont allongés dans l'herbe mouillée [1]. »

Des automitrailleuses et des voitures blindées ennemies évoluent à l'extrémité du terrain d'aviation tandis que des groupes de fantassins semblent glisser vers le nord-ouest. Sur l'ordre du capitaine Bonnet,

1. Six tués du 69e RAMF ont été identifiés à Saint-Sauveur : Auguste Bollender, Albert Weiss, Albert Matthey, Louis Antoni, Camille Roecker et Pierre Stahl.

Morin retourne auprès de ses chars. L'aspirant Béchard est détaché avec trois d'entre eux auprès du sous-lieutenant Leclère, au PA d'Ormoiche. Les autres gagnent leur base de départ pour contre-attaquer vers Saint-Sauveur à la demande. Leur mouvement est sans doute repéré car plusieurs salves s'abattent sur la compagnie. Un projectile traverse un FT et explose à l'intérieur ; les deux hommes d'équipage, Beaumes et Chipault, sont tués. Vers 6 h 30, le lieutenant Foucré, officier de renseignements du III/79e RIF, reçoit l'ordre du capitaine Bonnet de faire le tour des points d'appui et d'assurer la liaison car aucune ligne téléphonique n'a pu être tirée jusqu'aux avant-postes. Foucré part en tan-sad avec Larcher, le motocycliste de l'état-major du bataillon. Au PA du stade, chez Barué « tout est calme, le combat reste localisé à Saint-Sauveur ». Au PA de Breuches, l'aspirant Garnier ne signale rien d'anormal. En route pour Ormoiche !

« Après avoir quitté les maisons du carrefour, raconte Foucré, des rafales d'armes automatiques sont, semble-t-il, tirées dans notre direction. Habitué aux échos déconcertants du bois de Hoffen [1], je rassure Larcher en affirmant que c'est au loin et je dis la même chose au sous-lieutenant Leclère en arrivant à son PA. Je brûle néanmoins les papiers relatifs au plan de défense. »

Foucré a raison de se montrer prudent car c'est sur son motocycliste et sur lui qu'on a tiré. Passés maîtres dans les techniques d'infiltration, les Allemands cherchent les points faibles de la défense et exercent une pression par le feu quand ils ne peuvent pas avancer.

« A 6 h 45, dit Barué, le combat s'engage devant le PA Garnier. »

Les deux aspirants ne se sont pas concertés mais le rapport de Garnier semble faire écho à celui de Barué.

« A 300 mètres, j'ouvre le feu ! » précise-t-il.

Très nourris les tirs de l'adversaire sont vraiment des « tirs à tuer » et témoignent d'une indifférence totale concernant l'approvisionnement en munitions. Le caporal-chef Hartmann est blessé derrière le bouclier du 25, Balleux est tué d'une balle dans la tête et, profitant des bruits du combat, le sergent Peterschmidt « disparaît mystérieusement ». Certes, la riposte du PA Garnier est vigoureuse mais lorsque les premiers *minen* explosent sur sa position, l'aspirant comprend que ses heures de résistance sont comptées.

A Froideconche, d'où la 9e batterie du lieutenant Muguet tire sur le terrain d'aviation de Luxeuil et les abords de Saint-Sauveur, le lieutenant-colonel Réthoré envoie lui aussi un motocycliste aux renseignements. C'est un Saint-Cyrien de la promotion « Lyautey » (35-37), le lieutenant Bouilloc, qui va effectuer cette mission. Ancien chef du

1. Position tenue par le bataillon jusqu'au 13 juin sur la ligne Maginot.

groupe franc, son passage est signalé à 8 h 15 par l'aspirant Barué à qui il donne des informations sur le combat en cours et remet une carte. Puis Bouilloc reprend sa moto et se dirige vers le PA de l'aspirant Garnier. Personne ne le reverra vivant.

Devant Ormoiche, le PA du sous-lieutenant Leclère n'est toujours pas inquiété et la présence des trois chars FT de l'aspirant Béchard a « regonflé » les hommes. Tout à coup, le caporal Bloch s'écrie : « V'là quelqu'un ! »

Les regards convergent vers la silhouette en uniforme français qui vient d'apparaître sur la gauche du PA. Il s'agit du sergent Peterschmidt, « disparu mystérieusement » du PA de l'aspirant Garnier. Il semble boiter.

Leclère : « Il pleurait en disant : " Mon lieutenant, les boches arrivent ! Je suis blessé, l'aspirant Garnier est mort. J'ai une balle de mitraillette dans la cuisse. " »

Peterschmidt est en état de choc et Leclère le fait rapidement évacuer par une voiture civile « pour ne pas le voir démoraliser ses hommes ». Le lieutenant Foucré a entendu les échos du combat engagé au PA Garnier et cette fois il est sûr de ne pas se tromper. Il laisse Larcher et sa moto à la lisière d'un bois et, progressant par bonds, revient vers le point d'appui où Garnier tire lui-même au mousqueton depuis que son FM s'est enrayé.

« J'ai l'impression que quelques hommes quittent le PA, écrit Foucré. J'en ramène deux à la corne du bois et menace de les tuer s'ils désertent. »

Les voitures allemandes se sont arrêtées près du kiosque de Breuches et, tandis que des fantassins avancent vers le pont, un autre groupe se dirige vers les maisons proches du cimetière.

« Ils lancent des grenades et on entend des cris de douleur », raconte l'officier de renseignement qui rejoint Larcher et lui ordonne d'aller se mettre à la disposition du sous-lieutenant Leclère, à Ormoiche. Puis, le pistolet à la main, il entreprend de regagner à pied le PC du III/79$^{e}$ RIF en traversant le bois. Il parcourt environ 200 mètres et se trouve face à face avec un grand diable d'Allemand qui n'a pas le temps d'épauler son fusil ; Foucré s'est jeté à terre et tire, sans viser. Cinq autres soldats ennemis se manifestent et les Mauser tonnent. A moins de cinquante mètres mais trop haut ! Derrière eux, le PA Garnier s'est tu. Foucré dégrafe ses écussons, les glisse rapidement sous un buisson et se lève, bras en l'air. On lui retire ses jumelles et son pistolet et, cinq minutes plus tard, au carrefour de Breuches, il retrouve Garnier, le regard vide, avec deux soldats du 79$^{e}$ RIF. L'aspirant a été commotionné par une explosion, *minen* ou grenade, et les Allemands l'ont ceinturé pendant qu'à moins de cent mètres, Adam et Scouflaire tiraient leurs dernières cartouches. Hauber est mort dix minutes plus tôt, Eugène Adam a été le dernier tué du PA.

Foucré : « On place Garnier et moi en avant, les mains levées, la baïonnette dans le dos, et on nous fait avancer vers le kiosque où l'on nous garde dans cette position. Quand les bras s'abaissent, les baïonnettes piquent [1]... »

Le lieutenant Bouilloc n'entend rien d'autre que la pétarade de sa moto. Le bruit du moteur l'empêche de s'étonner du silence qui entoure maintenant le PA de l'aspirant Garnier et, lorsqu'il approche du pont de Breuches, une longue rafale le couche à terre. Du réservoir percé le carburant s'écoule et prend feu. Joseph Bouilloc ne réagit pas : il a été tué sur le coup et son corps va être en partie carbonisé [2].

Au PC du capitaine Bonnet, faute d'en savoir davantage, on reste persuadé que Garnier est seulement « en difficulté » et, pour le dégager, Bonnet donne l'ordre au capitaine Morin de contre-attaquer avec ses chars en direction du PA du stade et de repousser l'ennemi vers Saint-Sauveur. Le lieutenant Tirlet attaquera en premier échelon avec trois engins, suivi par le lieutenant Ollivier et les quatre derniers FT de la 2/29e BCC. L'aspirant Barué signale leur passage à hauteur du stade à 9 h 30 mais ils n'iront pas loin car les pièces de *Pak* du *IR90* leur barrent le passage. Les trois chars de Tirlet sont détruits et les mécaniciens blessés. Sur les quatre engins qui interviennent en deuxième échelon, trois tombent en panne entre les lignes et doivent être abandonnés. On ramènera les blessés sur le dernier char.

« Un des FT brûle à 200 mètres en avant du PA, rapporte Barué, et des motocyclistes allemands cherchent à profiter de la fumée qu'il dégage pour franchir la barricade. Ils sont repoussés par nos tirs à deux reprises. »

Lorsque le lieutenant Tirlet rend compte aux capitaines Morin et Bonnet de l'échec essuyé par la contre-attaque, le commandant du III/79e RIF se tourne vers le lieutenant Lamoureux, de la compagnie d'engins :

1. Après cinq années de captivité, André Garnier sera rapatrié le 15 juin 1945 mais sa santé n'a pas résisté à l'épreuve et il mourra chez ses parents, au hameau de Courcelles, par Jouarre (Seine et Marne) le 23 septembre 1945, à l'âge de 29 ans.

2. « Nous avons appris officiellement sa mort le Vendredi Saint de l'année suivante ! » écrit son frère Henri Bouilloc, de Grenoble. (Lettre du 17 novembre 1983 adressée à l'auteur). Le lieutenant Bouilloc a été inhumé le soir même par le maire de Breuches, M. Henri Jeangey, aidé par quelques habitants. En l'absence de cercueil, « le corps a été placé dans deux caisses clouées bout à bout ». Cette diligence, comparée à l'insupportable carence de Gray, s'explique par le fait que M. Jeangey, ancien « poilu », a lui-même perdu deux frères et un beau-frère en 14-18.

« Allez trouver le lieutenant Michalet et dites-lui de reprendre l'affaire à son compte avec ses R 35 avant qu'il ne soit trop tard. »

Bonnet ne sait pas qu'il est déjà trop tard ! Lamoureux monte derrière un motocycliste du 29e BCC et traverse Luxeuil en direction de Saint-Sauveur où les tirs des *minen* ont succédé aux feux de l'artillerie. Il ne réussit pas à découvrir le PC de la 1/16e BCC et il s'arrête au PA du lieutenant Fix où une pièce de 25 a été détruite par un obus de rupture.

« J'ai trois blessés : Paquet, Voisin et Laroche qui est sérieusement touché ! » rend compte le chef du PA.

Laroche ne survivra pas[1]. Lamoureux repart et finit par trouver Michalet qui décide de ramener ses chars au carrefour central de Saint-Sauveur. Mission accomplie, Lucien Lamoureux dit à son motocycliste : « Retour au PC du III/79 ! » Au moment où les deux hommes atteignent le pont du Breuchin, une rafale de mitrailleuse cingle la machine. Blessé au pied, le pilote lâche le guidon, la moto se renverse au milieu du pont et Lamoureux se trouve désarçonné. Les Allemands ont contourné Saint-Sauveur et sont AU NORD du pont. Le commandant de la CEFV/3 et le blessé sont faits prisonniers.

Aux lisières sud de Saint-Sauveur, le combat s'achève. A la 4e batterie du II/69e RAMF le chef d'escadron de Kergaradec a lui-même donné l'ordre de repli. Seuls en première ligne, les artilleurs vont se faire détruire s'ils restent là plus longtemps. Une pièce doit être sabotée lors de la sortie de batterie mais les deux dernières peuvent être sauvées et les tracteurs leur font franchir les barricades dressées sur la route. Le capitaine Récasens et sept de ses hommes sont portés disparus, sans doute prisonniers.

« A 11 h 30, note le lieutenant Contal, du III/79e RIF, j'aperçois une fusée lancée de Saint-Sauveur. N'ayant pas le code des signaux, je ne bouge pas. A 12 h 30, le lieutenant Fix vient me prévenir de l'ordre de repli[2]. »

Depuis le repli des artilleurs, Contal et ses mortiers sont en première ligne et, par le jeu de leurs infiltrations, des patrouilles allemandes se trouvent derrière eux, au nord de Saint-Sauveur. Il en faut plus pour impressionner Contal qui donne l'ordre d'abandonner sacs et cantines et d'emporter mortiers et munitions à dos[3]. Le chef Guislain couvre le

1. Eugène Sittler et Jules Daval, tués à Saint-Sauveur, ont été identifiés le premier du 68e RIF, le second du 146e RIF. S'y ajoute Georges Branchut, du 79e RIF.

2. Le lieutenant-colonel Réthoré aurait donné l'ordre de repli vers 11 H 30 mais son rapport ayant été rédigé le 18 septembre 1945 à Laval (Mayenne) à son retour de captivité, il comporte quelques erreurs.

3. « Je croyais en mon étoile, écrit Albert Contal, de Malzéville (Meurthe-et-Moselle) mais surtout je refusais d'envisager de me rendre. La disparition de mon père, en 1914, à Saint-Laurent-Blangy, m'avait marqué pour toujours et c'était là une des causes de ma détermination. » (Lettre du 3 novembre 1983 adressée à l'auteur.)

repli avec un FM. Le lieutenant Fix est encore au carrefour de Saint-Sauveur et, les mortiers ne pouvant pas être utilisés dans le village, c'est au fusil que la lutte reprend, cette fois avec les patrouilles allemandes qui coupent la route de Luxeuil. Gangloff et le sergent Stoss tirent depuis les fenêtres d'une maison, Guéringer a mis un genou à terre sur le trottoir, Contal fait du tir couché au mousqueton, Paquet reçoit un éclat dans le ventre mais Schlister, le casque entaillé au-dessus de l'oreille, n'est même pas blessé. Heureusement, la situation ne se prolonge pas et deux sections de chars envoyées par le lieutenant Michalet vont permettre le décrochage rapide du PA. En outre les artilleurs du 69e RAMF mettent deux camions à la disposition des fantassins. Au poste de secours, le médecin-lieutenant Jassin fait charger le matériel médical sur la voiture sanitaire mais un obus éclate sur l'attelage et tue les deux chevaux. Jassin a une vingtaine de blessés répartis dans trois caves.

« Je reste avec eux et avec mes brancardiers, dit-il à Fix qui le presse de partir. Nous attendrons l'ennemi afin de pouvoir évacuer les plus gravement atteints. »

Grâce aux chenillettes de Fix et aux camions des artilleurs, Contal sauve ses mortiers et la quarantaine de projectiles qui lui restent. Les chars de la 1/16e BCC ouvrent la route et quelques coups de 37 lâchés à courte distance, incitent les fantassins allemands à céder le passage.

Les voitures et les éléments de dépannage de la 2/29e BCC ne peuvent être repliés à temps et tombent aux mains de l'ennemi. Le capitaine Morin se porte au PA du stade avec l'espoir de récupérer un ou deux chars. L'aspirant Barué lui montre le FT qui brûle encore à proximité de la barricade et le dissuade d'aller plus loin. Morin fait demi-tour. Au moment où il va partir, Barué ajoute : « Si vous rencontrez le lieutenant Lamoureux, dites-lui que je suis sans liaisons et que j'attends des ordres. »

L'aspirant ne peut pas savoir que le commandant de la compagnie d'engins du III/79e RIF est prisonnier. Morin est lui-même sans liaisons et, dans moins d'une demi-heure, il sera capturé ainsi que le lieutenant Tirlet[1].

La fin de la matinée est particulièrement difficile au PA du stade dont les feux gênent la progression des Allemands et ceux-ci déclenchent des tirs meurtriers sur la petite position. Delattre est grièvement atteint par des éclats de *minen* quelques minutes avant Cornevin ; ils ne survivront ni l'un ni l'autre. Cloué au sol avec ses voltigeurs, le caporal-chef Antony est blessé et Barué enrage de ne pas pouvoir l'évacuer sur l'hôpital. Il n'y aura pas d'ordre de repli pour le PA du stade, ni pour celui d'Ormoiche.

1. Le lieutenant Ollivier aurait réussi à gagner La Bresse avec le dernier char de la 2/29e BCC et se serait mis à la disposition de l'état-major de la VIIIe armée.

Les trois officiers du 79e RIF qui effectuaient les liaisons à moto ont disparu : Bouilloc est mort, Foucré et Lamoureux sont prisonniers. Barué conserve d'autant moins l'espoir d'être secouru que le bombardement par *minen* ne faiblit pas alors que ses munitions baissent rapidement. Les fantassins allemands les plus proches sont à moins de 300 mètres. Ils attendent que les culasses du PA du stade claquent sur des chambres vides. Mal protégé par le bouclier de sa pièce de 25, l'adjudant Marceau Rozaux est blessé à la tête ; Grattwoll est touché au pied. Une à une, les armes se taisent. Les cartouches font défaut. « Je vais lever un mouchoir blanc, dit Barué, et, en même temps, je me dresse au milieu de la route. »

L'adversaire est-il exaspéré par cette résistance ? Un fantassin en feldgrau refuse de voir le mouchoir blanc et lance encore une grenade. Elle tue le soldat Albert Vigier.

Si le *Regiment 90* ignore délibérément le PA d'Ormoiche c'est parce que celui-ci n'entrave en rien l'avance de la *20e Mot. Division* en direction du nord. L'erreur du lieutenant-colonel Réthoré a été de vouloir se protéger sur toutes les faces, sans chercher à savoir quel serait l'itinéraire adopté par l'ennemi. En voulant se garder partout, le chef de corps du 79e RIF a affaibli les PA menacés sans bénéfice pour l'ensemble du dispositif. En tout cas, le PA Leclère aurait dû être ramené beaucoup plus tôt sur le centre de Luxeuil. Il est maintenant trop tard et au PC du bataillon le capitaine Bonnet croit sans doute que Leclère s'est rendu. Certes, il est serré de près puisque l'observateur dissimulé dans le clocheton de la mairie signale les Allemands « à 4 ou 500 mètres du village », mais aucune attaque n'est lancée contre lui. La présence des trois chars FT de l'aspirant Béchard est-elle si impressionnante ?

Sans paraître s'intéresser aux hommes du point d'appui, les civils recommencent à circuler. Luxeuil est en partie occupée et ils considèrent que la guerre est finie. Quelques-uns d'entre eux finissent par s'arrêter auprès des soldats du III/79e RIF à qui ils expliquent « de source sûre », qu'il y a eu combat de chars à Saint-Sauveur, que les troupes françaises se replient vers le nord, que le maréchal Pétain a demandé l'armistice.

« Les hommes sont stupéfaits et le moral est touché ! » avoue Leclère qui ne s'est pas méfié de ces conversations au point de les interdire.

Le commandant du PA d'Ormoiche jette un coup d'œil à l'aspirant Béchard et, sans l'exprimer, les deux officiers sont traversés par la même pensée : « Que faisons-nous encore là ! »

Le chef d'escadron de Kergaradec parvient à sauver la majorité de ses pièces. Deux canons sur quatre récupérés à la 4e batterie, c'est inespéré. Le III/69e RAMF du capitaine Chartier dont les 155 tiraient depuis Froideconche éprouve des difficultés avec ses tracteurs Jeffery lors de la sortie de batterie et doit abandonner deux pièces, ce qui porte le nombre des canons perdus à cinq puisque trois autres 155 ont été sabotés au cours du déplacement depuis l'Alsace, à la suite d'accidents dont les tracteurs ont été victimes. Le chef d'escadron Cruse a fait savoir que son PC de Raddon se transportait à Faucogney à partir de 13 heures. Celui du colonel Duluc quittera Faucogney pour Corravillers où il s'installera au bureau de poste. Duluc, qui est le « patron », et ses deux grands subordonnés, Cruse l'artilleur et Réthoré le fantassin, se rapprochent donc des cols vosgiens, une ligne que le général Laure a prescrit, rappelons-le, de défendre « sans esprit de recul ». La défense de la Saône paraît loin et pourtant elle date de moins de trois jours.

La 5e batterie du lieutenant Roche quitte Luxeuil la dernière mais les chars de la 1/16e BCC restent en arrière-garde, ce qui incite les Allemands à la prudence. A son PC de la route de Faucogney, le capitaine Bonnet a envoyé à 11 h 15 le lieutenant Neychens porter l'ordre de se replier au lieutenant Durand qui, au PA nord, n'a pas eu l'occasion de tirer un coup de fusil.

« Lorsque Neychens revient, rapporte Bonnet, Durand est avec lui. Le PA a été surpris par derrière et il a pu s'échapper avec quelques hommes. Tous les autres sont prisonniers. »

Les deux canons de 25 ont été pris intacts par l'ennemi qui semble maître du centre-ville. Bonnet hésite à partir. Conserve-t-il l'espoir de voir arriver les lieutenants Lamoureux et Foucré ? Vers 12 h 30, une patrouille commandée par l'adjudant-chef Aiguier quitte le PC du III/79e RIF mais une demi-heure plus tard, elle est de retour : les Allemands occupent le carrefour situé à 800 mètres du PC et, derrière eux, avec ses jumelles, Aiguier a aperçu un canon de *Pak* en batterie [1].

« Cette fois nous partons ! » décide Bonnet.

A Ormoiche, le sous-lieutenant Leclère attendra jusqu'à 17 heures mais il ne se passe toujours rien. Pour rompre l'inaction qui condamne l'ensemble du PA à une capture inévitable, il réunit un « conseil de gradés » auxquels participent l'aspirant Béchard, le chef Heckmann, les sergents Nehel et Drouart.

« Il semble que le bataillon nous a oubliés ou n'a pu nous faire parvenir un ordre de repli, dit en substance Leclère. Nous pouvons attendre une attaque qui tarde à venir mais dans laquelle nous subirons des pertes inutiles puisque l'ennemi est dans Luxeuil. Je propose plutôt de nous alléger et de passer au large de la ville pour aller vers le nord et tenter de rallier le 79e RIF. »

1. Fleurent-Didier et Cadet, les observateurs du III/79e RIF, viennent d'être faits prisonniers. Ils retrouveront le lieutenant Foucré le soir, dans le parc de l'établissement thermal de Luxeuil.

Béchard est d'accord, les sous-officiers sont d'accord et les 16 hommes du PA manifestent leur approbation lorsqu'ils sont informés du projet. Les deux mitrailleuses, le canon de 25 sont sabotés et, d'une manière bien imprudente car peu discrète, les chenillettes et les trois chars FT sont incendiés. Commandé par Leclère qui possède une boussole et une carte arrachée à un calendrier des PTT, le détachement gagnera d'abord le bois de la Dame tout proche afin de s'y dissimuler jusqu'à la nuit.

Jusqu'au 24 juin, les hommes du PA d'Ormoiche vont errer dans les forêts de la région de Luxeuil. Ce jour-là, un meunier leur annoncera que l'armistice est signé. Leclère et Béchard iront au village le plus proche, Plainemont, à une quinzaine de kilomètres à l'ouest de Luxeuil. Ils seront aussitôt faits prisonniers. Le détachement resté à l'abri d'un bois se dispersera. Quelques Alsaciens rentreront chez eux, les autres se « démobiliseront », ou seront capturés avant d'avoir pu se procurer des vêtements civils.

Les artilleurs du 69e RAMF et les équipages de chars de la 1/16e BCC retraitent jusqu'à Faucogney, à une vingtaine de kilomètres à l'est de Luxeuil, sur la route qui, après Corravillers, monte vers le col du Mont de Fourche. Les fantassins du III/79e RIF font étape à Raddon, un important carrefour routier. Le capitaine Bonnet fait placer deux canons de 25 aux issues de la localité, côté Luxeuil ; la mission n'est pas de défendre Raddon mais d'essayer d'y regrouper tous les petits détachements échappés de Luxeuil. Vers 17 h 30, les premiers éléments motorisés ennemis se présentent et les voltigeurs du sous-lieutenant Bickar les accueillent au fusil-mitrailleur. Un peu plus tard, une automitrailleuse et des motocyclistes sont signalés au sud, sur la route de Breuchottes. Les accrochages qui se produisent aux abords de Raddon désorganisent le III/79e RIF que son chef voulait remettre sur pied. Dans son rapport, Bonnet n'indique pas qu'il a appelé le PC du régiment à son secours mais nous le savons par le capitaine Boutry, officier-adjoint du lieutenant-colonel Réthoré.

« Sur un coup de téléphone du capitaine Bonnet signalant qu'il est accroché par éléments blindés ennemis à la poste de Raddon, écrit Boutry, trois chars R 35 sont envoyés pour le dégager. A leur retour, ils rendent compte qu'ils ont trouvé la poste abandonnée. »

Le lieutenant Laloy a eu le temps de détruire le central téléphonique de Raddon avant de s'engager sur la route de Faucogney. Le lieutenant Neychens qui était allé au-devant des petits groupes supposés venir de Luxeuil, ne reparaîtra pas. Le capitaine Bonnet lui-même est obligé de couper à travers champs et de rejoindre le col du Mont de Fourche par des chemins impossibles qu'il gravira courageusement dans la nuit du 18 au 19 juin. Les Allemands ne poursuivent pas : la *20e Mot. Division* monte vers Plombières, Faucogney ne l'intéresse pas. Le lieutenant Laloy y arrive vers 20 heures dans un équipage qui fait sensation.

« J'avais une chenillette traînant en remorque deux canons de 25, raconte-t-il, le plateau de dépannage et une douzaine d'hommes avec le chef Voltoury. »

Informé par téléphone, le lieutenant-colonel Réthoré qui se trouve à La Longine, confie par téléphone à Laloy « le commandement de tous les éléments du 79e RIF qui se présenteront à Faucogney ». Le colonel Duluc a certainement donné des consignes pour défendre ce gros bourg mais ce ne sera qu'une étape sur la route du col du Mont de Fourche. Et là, il faudra se battre « sans esprit de recul », comme l'a fait savoir le général Laure à Duluc, lors de leur dernière conversation téléphonique du dimanche 16 juin.

Laloy fait le recensement des forces du 79e RIF : le lieutenant Fix avec un canon de 25, ce qui fait trois en comptant ceux qui ont été remorqués par Laloy ; le lieutenant Contal a encore ses mortiers de 81 avec une quarantaine de projectiles, le chef Guislain a pu sauver un groupe de voltigeurs et leur FM et, sur place, les lieutenants Waline et Dupont se mettent à la disposition de Laloy avec une douzaine de chasseurs cyclistes, deux mitrailleuses mais peu de munitions. Le médecin-lieutenant Guiran a pu sortir de Luxeuil et le lieutenant Durand rejoindra dans la soirée. En tout, une cinquantaine d'hommes.

Les artilleurs du 69e RAMF se réorganisent, eux aussi et, exécutant les ordres de son chef de corps, le chef d'escadron Cruse, Kergaradec constitue une nouvelle batterie, la 4/6. Elle est commandée par le capitaine Meaux Saint-Marc qui a perdu toutes ses pièces à Quers et dispose des deux 75 de la 4e batterie et d'un troisième retiré à la « 5 » du lieutenant Moreillon. Celui-ci reçoit l'ordre de prendre position en avant de Faucogney, comme l'était le capitaine Récasens au sud de Saint-Sauveur. La 8/26e RA, batterie attelée du capitaine Robbe, n'a pas encore été engagée et vient de Fougerolles. Comme il lui faut plus de temps pour se déplacer que les batteries tractées du 69e RAMF, elle ira prendre position en arrière de Faucogney, à la hauteur du hameau des Pagets. Le III/69e RAMF a poursuivi sa route avec ses pièces de 155 vers le mont de Fourche pour s'installer dans la vallée de la Moselle.

Le lieutenant Michalet embosse ses chars en sentinelles avancées sur les lisières ouest de Faucogney, à l'est du Breuchin, la petite rivière qui longe le tracé de la route de La Longine où le chef d'escadron Cruse a son PC. Dans la soirée l'aspirant Labbaye ira patrouiller avec trois chars en avant de Faucogney et, à son retour, les sapeurs feront sauter le pont du Breuchin. Peut-on pour autant parler d'une soirée calme ? Vers 21 h 30, à la tombée de la nuit, une patrouille allemande approche des lisières sud-ouest de Faucogney. Tirs de balles traceuses. Riposte des mitrailleuses du lieutenant Waline et des chars de l'aspirant Labbaye.

« L'ennemi voulait vérifier si Faucogney était défendu » commente le lieutenant Laloy à qui un petit poste signale vers 22 heures que les Allemands travaillent au rétablissement du pont sur le Breuchin. Le lieutenant Contal va épuiser ses obus de mortier sur cet objectif. Avec ses hommes, il n'a rien mangé depuis la veille et reçoit du pain et du bœuf en conserve.

« J'établis ensuite un tour de guet, dit Contal, et nous nous couchons dans le bois. » Les fantassins sont tellement épuisés qu'ils n'entendront même pas les tirs de 75 de la batterie du capitaine Robbe.

« Au cours de la nuit, dit Laloy, la 8/26^e^ RA tire sur les bois au nord de la route Faucogney-Raddon. Cela fait du bruit, maintient le moral chez nos hommes très fatigués et... met le feu à plusieurs parcelles de forêt. »

A cinq kilomètres au nord, à La Longine, le PC du lieutenant-colonel Réthoré et celui du chef d'escadron Cruse recevront le 19 juin vers 3 heures du matin l'ordre d'opérations signé par le colonel Duluc. Un paragraphe du document indique que lorsque le sous-groupement se repliera sur le col du Mont de Fourche sous la pression de l'ennemi, « il devra s'y défendre sans esprit de recul ». (rapport Cruse)

« C'est là que nous finirons ! » prophétise Réthoré après lecture.

***

La journée du mardi 18 juin a considérablement diminué les moyens et les effectifs du groupement Duluc qui se trouve maintenant coupé en deux au moment où il aborde les cols vosgiens. Le sous-groupement Blanlœil est à Servance, sur la route du col des Croix, et le sous-groupement Réthoré à Faucogney, sur l'itinéraire conduisant au col du Mont de Fourche. Duluc souffre d'un autre handicap dont il n'a pas encore ressenti les effets. Au moment où ses forces affaiblies par le départ des Polonais et les pertes subies le 18 juin entre Lure et Luxeuil se préparent à se battre « sans esprit de recul » sur la ligne des cols, de nouveaux adversaires vont leur être opposés.

Blanlœil, qui avait devant lui, à Vesoul puis à Lure, des éléments de la *20^e^ Mot. Division* va devoir affronter la plus agressive des grandes unités blindées de Guderian, la *1^re^ Panzer* du *General* Kirchner. Réthoré, qui vient, lui aussi, de se battre contre la *20^e^ Motorisée* mais à Luxeuil, va subir l'attaque de la *2^e^ Panzer* du *General* Veiel. En application des instructions qui lui ont été apportées le 16 au soir par le *Major* Gehlen, Guderian, dont le groupement marchait vers le sud-est depuis le 14 juin, effectue une conversion face au nord, qui l'oblige à couper le département de la Haute-Saône. En effet, si le mouvement est relativement facile pour les *6^e^* et *8^e^ Panzerdivisionen* qui vont s'élancer vers la Moselle défendue par la cavalerie française, il pose un certain nombre de

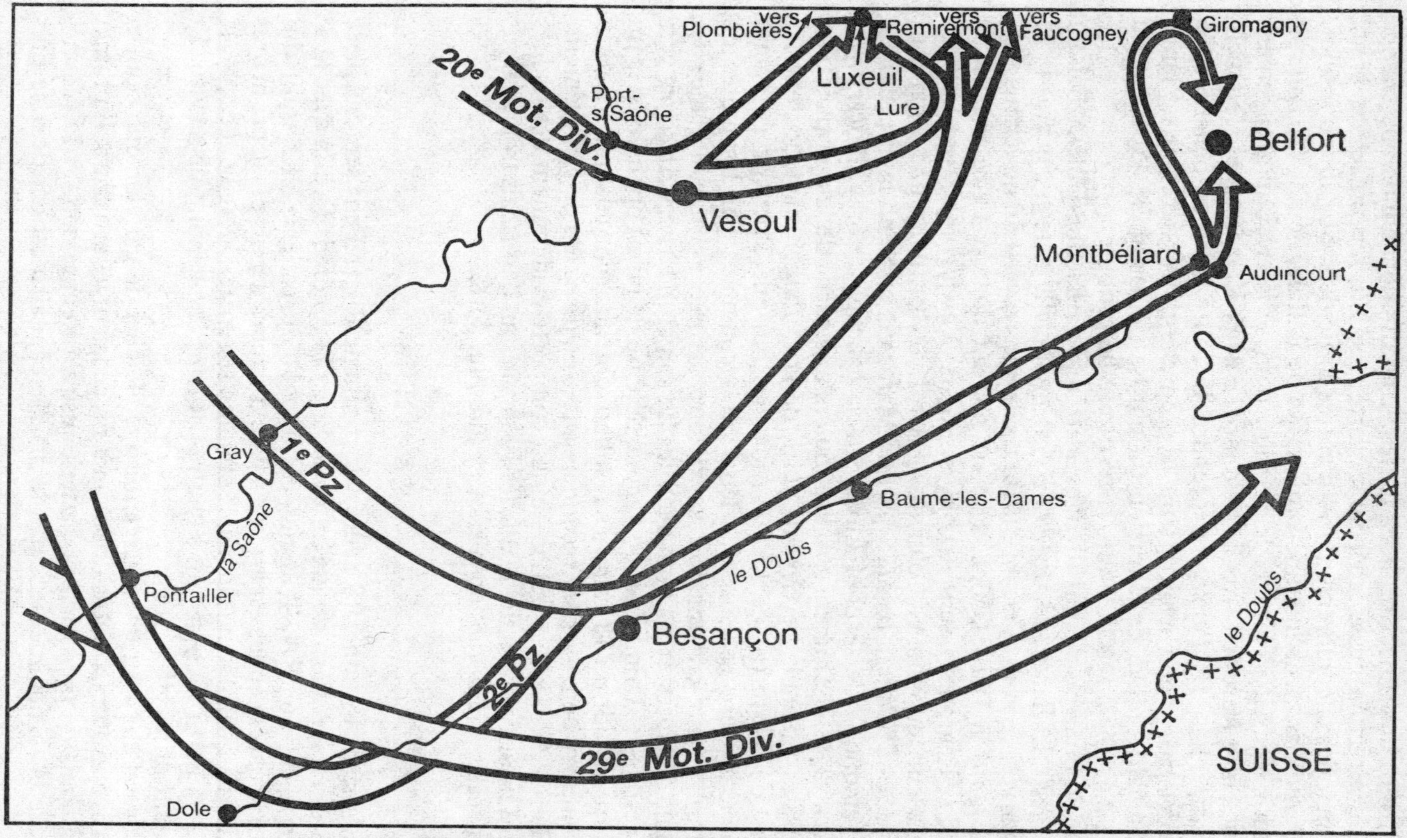


L'aile droite du groupement Gudérian les 17 et 18 juin

problèmes aux autres grandes unités. Une division blindée ne change pas de direction aussi facilement, surtout si elle rencontre des ponts détruits, des encombrements ou d'autres difficultés. Sortant de Vesoul, la *20e Motorisée* a abandonné la direction de Belfort, dont le *General* von Viktorin pensait s'emparer le 17 juin, pour se heurter au groupement Duluc entre Lure et Luxeuil. Articulée en deux *Kampfgruppen* (Nedwig et Krüger) la *1re Panzer* va prendre la route de Montbéliard et la *29e Motorisée,* après avoir atteint la première la frontière suisse, longe maintenant celle-ci en direction du nord-est et oblige le 45e corps du général Daille à retraiter vers le territoire helvétique.

La *2e Panzer* se trouvait dans le triangle Auxonne-Dôle-Arbois et protégeait le flanc sud du *39e Korps* lorsqu'elle a reçu l'ordre de se diriger vers le nord. Partant du Jura, elle doit traverser dans le sens sud-nord toute la Haute-Saône. Elle ne pouvait donc pas être engagée le 18 juin. Regroupés vers Arbois, ses deux *Kampfgruppen* ont aussitôt repris leur autonomie. Celui du *General* von Prittwitz und Gnaffron, chef de la *2e Panzer Brigade,* part de Marchaux et prend la direction de Rougemont, Villersexel et Lure. Sur sa gauche, à Voray, l'*Oberst* von Vaerts, de la *2e Schützen Brigade* roulera une partie de la nuit par Rioz, Vesoul et Luxeuil. Le *General* Veiel, de la *2e Panzer,* chausse donc les bottes de Viktorin, de la *20e Motorisée* puisque Prittwitz et Vaerts traversent Lure et Luxeuil, deux villes conquises par les unités de Viktorin. Celui-ci, une fois sa victoire assurée à Luxeuil, lance les automitrailleuses et les motocyclistes de son *Aufklärungs Abteilung* vers Fougerolles et Plombières où aucune défense ne lui est opposée. A la fin de l'après-midi du 18 juin, les résultats obtenus sont tels que Viktorin n'hésite pas à envoyer ses reconnaissances en direction de Remiremont, par la RN 57. Une opération de nuit comporte évidemment des risques mais Viktorin est persuadé que les Français sont désormais trop affaiblis pour réagir. Sa déception n'en sera que plus forte.

***

Le mardi 18 juin à 18 heures, le capitaine Roger-Petit sent la colère monter en lui. Parti de la région de Briey le vendredi 14 juin avec la 3e batterie du 26e RA, l'officier est à bout de patience. Le train qui transporte ses canons est arrêté en gare d'Arches depuis plusieurs heures et, depuis quatre jours, le même scénario se répète : « Ne bougez pas, la rame va partir d'un instant à l'autre ! affirme le cheminot de service. Et l'instant dure des heures.

Roger-Petit a eu une altercation avec le chef de gare lorsque celui-ci lui a avoué que six trains de réfugiés précédaient les artilleurs. Il promet néanmoins de pousser la 3e batterie jusqu'à Remiremont, à 15 kilomètres de là. L'homme tient parole mais le capitaine est décidé à ne plus poursuivre son voyage par fer et décide de débarquer chevaux, caissons et canons sur un quai de Remiremont. Roger-Petit ne pense qu'à une chose : se porter au-devant de l'ennemi, seul avec sa batterie.

« Les boches arriveront sans doute par le sud-ouest, en suivant la route de Plombières ! » lui dit-on pendant qu'il met de l'ordre dans sa colonne.

Il ne lui en faut pas plus pour prendre sa décision : « En route, direction Plombières ! »

Il est à peine 20 heures, les hommes auront le temps de mettre leurs pièces en position avant la chute du jour. Précédant la batterie à bord de sa voiture, Roger-Petit s'arrête à une demi-douzaine de kilomètres de Remiremont, au lieudit « La Demoiselle ». L'endroit lui semble parfait pour placer ses quatre 75. Un motocycliste qui semble venir de Plombières s'arrête à sa hauteur et lui jette : « Les Allemands arrivent derrière moi ! »

C'est peut-être vrai ! Le capitaine se dit qu'il serait idiot de se faire surprendre sur roues après quatre jours de train mais il ne recule pas pour autant : « Prends le galop et va chercher la batterie ! » dit-il à un agent de liaison qui vient de le rejoindre.

Le lieutenant Larible a fait accélérer le débarquement et, trente minutes plus tard, la colonne s'arrête à « La Demoiselle ». La mise en batterie est dirigée par Roger-Petit : « La 4$^{e}$ pièce tirera à la hausse 600, la 2$^{e}$ et la 3$^{e}$ pièce à la hausse 400. La 1$^{re}$ détruira ce que les autres auront laissé passer. »

Larible rend compte que « la colonne lourde et les services généraux sont dans les dernières maisons de Remiremont. » Le jour baisse mais le capitaine est satisfait : tout son monde est en place avant la nuit. Deux cyclistes qui se prétendent polonais se présentent aux artilleurs : « Ennemi à Plombières, tentent-ils d'expliquer. Lui aller Épinal, pas Remiremont. Vous voir personne. »

Ils ne parviennent pas à convaincre Roger-Petit qui consent à les laisser passer. Le crépuscule prend de l'épaisseur et au loin, dans la direction de Plombières, on aperçoit deux faibles lumières sur la route, comme des phares de voiture camouflés, deux yeux-de-chat. Un bruit de moteur s'amplifie...

« C'est toute une colonne qui approche, rapporte Roger-Petit, mais la nuit m'empêche de voir sa composition, son importance et surtout sa nationalité. »

Il envoie une patrouille reconnaître le convoi : le chef Marquise, Reminger, Denoyelle avec le FM et le brigadier Étienne. Les véhicules sont plus proches mais, à la première injonction de Marquise, la voiture de tête freine. Un officier se dit lui aussi Polonais et agite une carte à la manière d'un drapeau blanc. Marquise hésite, laisse le convoi arrêté sous la surveillance du FM et revient vers son capitaine.

« Je crois que ce sont des boches ! » lui souffle-t-il à l'oreille.

Sur la route, pendant ce temps, les événements se précipitent. Marchant dans l'ombre, des soldats ont remonté la colonne et dépassent la *Kubelwagen* de tête. L'un d'eux, dont la baïonnette bleutée brille à l'extrémité du fusil, menace Denoyelle et le somme de jeter son arme. Le Français plonge dans le fossé en même temps que Reminger ajuste son agresseur et l'abat d'une rafale de FM. Étienne tire au revolver et le groupe se replie, emportant Reminger blessé à l'aine.

« Feu ! » hurle le capitaine Roger-Petit au moment où ses hommes se réfugient derrière le barrage routier [1].

Les hommes de la *20e Mot. Division* ne s'attendaient pas à une telle réception. Impressionné par le chemin parcouru dans la journée par le *Kampfgruppe* Esebeck, de la *6e Panzer*, le *General* von Viktorin a estimé que sa division accusait beaucoup de retard et s'est décidé à envoyer une avant-garde en direction de Remiremont. Pur hasard de la guerre : Roger-Petit aurait pu se placer sous les ordres du chef d'escadrons de Champeaux à Archettes ; il pouvait aussi se montrer prudent et mettre ses pièces en batterie sur la rive droite de la Moselle. Malheureusement pour l'avant-garde de Viktorin, il a choisi de se battre.

Les quatre 75 tirent sans arrêt et les coups de départ, comme les arrivées, illuminent la nuit. Un canon de 20 riposte à une cadence précipitée mais ses obus traceurs font repérer son emplacement et un explosif le neutralise. Des *37 Pak* envoient plusieurs projectiles puis se hâtent de changer de position avant de recevoir un coup fatal. Entre les éclairs de feu, on devine des véhicules qui s'efforcent de faire demi-tour, des hommes qui courent, plongent dans les fossés, tirent... Une section du 79e RIF arrive de Remiremont avec le lieutenant Allard [2].

« Protégez mon flanc droit, lui dit Roger-Petit, et essayez de savoir si l'ennemi se retire ou s'il nous prépare un mauvais coup ! »

La riposte allemande ayant cessé, les pièces de la 3e batterie du 1/26e RA se taisent les unes après les autres. Roger-Petit pense qu'il ne doit pas s'attarder car un tir de contre-batterie peut, en toute hypothèse, être déclenché par l'ennemi dont il ne connaît pas la force. D'ailleurs, un cycliste vient d'apporter un message du capitaine Gautier, du 26e RA, qui regroupe toutes les pièces du régiment : « Passez rive droite de la Moselle et mise en batterie immédiate ! »

La 3/26e RA ne laisse que ses douilles à « La Demoiselle ». Les artilleurs n'ont même pas le temps d'aller « aux résultats ». La *20e Mot. Division* renoncera à l'attaque de Remiremont et c'est en direction de

1. Le garde-forestier Louis Balland a noté qu'il était un peu plus de 22 heures à sa montre lorsque le tir d'artillerie a commencé.

2. Le lieutenant Henry Allard, que nous retrouverons dans un prochain chapitre, n'a conservé aucun souvenir de cette intervention.

Arches et Pouxeux que le *General* von Viktorin enverra dans la matinée ses bataillons de premier échelon. Quant à l'avant-garde de la division, tombée sous le feu des canons du capitaine Roger-Petit, ses débris feront l'objet d'un « nettoyage » dans la matinée du 19 juin.

« Vers neuf heures, témoignent MM. Couval et Petitgenêt, une cinquantaine d'Allemands ont procédé au déblaiement de la route... »

De son côté, M^me^ Rémy, du café de « La Demoiselle » se souvient qu'un *Hauptmann* lui a parlé de 19 tués et blessés lors de l'attaque au canon, chiffres qui restent dans les limites du vraisemblable.

CINQUIÈME PARTIE

# De Belfort aux cols vosgiens

## CHAPITRE XXIV

# Ordres, contrordres, désordre

Dimanche 16 juin. Au sud de Belfort les routes sont couvertes de colonnes d'infanterie, d'artillerie et d'autres armes qui marchent et roulent dans la même direction : le sud. Au PC du IVe groupe du 159e régiment d'artillerie à pied, à Châtenois, à mi-chemin entre Belfort et Montbéliard, le capitaine Georges Lambelin et quelques-uns de ses commandants de batterie, Hoff, Mallet et Moreau, sont étonnés par l'ampleur de ce mouvement qui concerne visiblement plusieurs grandes unités. Les artilleurs sont d'autant plus intrigués qu'ils sont rattachés à la 2e DI polonaise du général Prugar-Ketling et que celle-ci ne s'est pas manifestée. Pourtant, on a vu des fantassins polonais sur la route. A 11 heures, les officiers du IV/159e RAP vont être fixés. Un motocycliste polonais remet à Lambelin un message dont voici l'essentiel :

« Le colonel-commandant l'AD 2 polonaise remercie le commandant du IV/159e RAP de son concours. Appelé à une autre mission, il quitte son PC et ne sera pas remplacé. Le IV/159e RAP passe aux ordres directs de la Défense de Belfort. »

Le secret a été bien gardé. C'est en effet le dimanche 16 juin, au lever du jour, que le 45e corps du général Daille a été autorisé par la VIIIe armée à prendre la direction du sud. Le général Laure conserve une grande discrétion sur les motifs de cette décision qui l'ampute de la 67e DI du général Boutignon, de la 2e DI polonaise et de la 2e brigade de spahis. Supposant que le groupement Gudérian suivait un itinéraire qui devait conduire son aile droite à la frontière suisse, Laure a voulu sauver une partie de son armée.

« Pour des raisons d'intérêt supérieur, écrit-il, j'ai lancé " en sortie " le 16 au matin, tout le 45e corps. »

Les « raisons d'intérêt supérieur » dont parle le chef de la VIIIe armée ne suffisent pas à expliquer l'abandon de Belfort. En retirant les forces mobiles qui tenaient la célèbre place forte, Laure enlève toute crédibilité à la défense de la ville considérée depuis le début de la guerre comme le pivot de la résistance de la VIIIe armée, son épine dorsale [1]. Belfort sera-t-elle déclarée ville ouverte, comme Metz le 17 juin et Nancy le 18 ? La situation de Laure est difficile car il commande la seule armée qui se bat sur deux fronts. Certes, aucune grande unité adverse ne donne encore l'impression d'avoir Belfort pour objectif mais Laure n'ignore pas que ses forces perdent chaque jour du terrain. La seule question qui se pose est : quel est le front qui craquera le premier, à l'est ou à l'ouest ? Belfort doit être défendue sur ses deux flancs et Laure n'a pas le choix puisqu'il ne lui reste qu'une division non engagée, la 63e DI du général Parvy. Il le sait si bien que dans la soirée du 15 juin, il a téléphoné à Parvy pour lui demander de laisser sur la face nord-est « désormais moins immédiatement menacée » la valeur d'un ou deux bataillons, et d'obliger les autres à faire demi-tour pour aller barrer les routes venant de Lure. Tout serait simple si la 63e DI était une division fraîche, ardente, prête à se jeter dans la bataille. Il n'en est rien et cette division de série B a eu plus que son compte de marches nocturnes et de demi-tours. On peut même se demander si celui qui est exigé par Laure ne va pas faire déborder la coupe.

« Depuis 10 jours, écrit le commandant Fontaine, du III/321[e] RI, la 63e DI nous paraît avoir été le jouet des ordres contradictoires du corps d'armée et de l'armée, nous en avons subi les conséquences. Nous avons été envoyés du sud au nord et vice-versa, puis de l'ouest à l'est, nous avons aménagé des positions défensives face à tous les azimuts, sans les défendre ni même céder la place à d'autres unités, nous avons opéré marches et contre-marches, subi ordres et contrordres, sans rime ni raison. La troupe est épuisée sans même avoir vu l'ennemi. »

Son chef de corps, le lieutenant-colonel Aubignat, parle de son côté des « déplacements sans but clairement expliqué, précédés souvent par des contrordres ». Et le commandant du 321e RI ajoute : « Il en résulte pour les hommes une fatigue extrême et du découragement. »

Suivons pendant quelques jours le I/321[e] RI du commandant Crépin-Leblond. Dans la nuit du 12 au 13 juin étape nocturne pour le bataillon qui, de la plaine d'Alsace, est ramené au pied des Vosges. La nuit suivante, les hommes reprennent le sac et marchent jusqu'à Rougemont. Une troisième nuit sur les routes les conduit à Rougegoutte le 15 juin. Le I/321[e] RI est réserve de division, celle-ci organisant face à l'est la défense du camp retranché de Belfort. Le soir même, à 19 heures, Crépin-Leblond reçoit l'ordre de porter son bataillon à l'est de Ronchamp, dans la Haute-Saône, pour interdire les voies d'accès à Giromagny et à Belfort à un ennemi qui viendrait de Lure.

1. Le plan de couverture du Secteur fortifié de Belfort comporte une phrase sans réplique : « La place de Belfort constitue le réduit de la défense en Haute Alsace. Sa conservation est capitale. »

« Une compagnie est transportée en camions, le reste du bataillon fait mouvement à pied », raconte Crépin-Leblond.

Le dimanche 16 juin, le dispositif est en place à l'aube et une compagnie est en réserve à Champagney. Vers 11 heures, nouveau changement : le bataillon doit s'installer dans Ronchamp et en défendre les accès ainsi que la croupe nord où Le Corbusier édifiera plus tard sa célèbre chapelle. Cette fois, le I/321e RI reçoit l'appui d'un groupe de 75 de la division, le I/53e RA du chef d'escadron Michel. Les hommes creusent leurs emplacements avec ardeur, la présence des artilleurs leur laissant supposer que la période des longues marches est terminée : ils vont se battre pour Ronchamp.

A l'heure où Crépin-Leblond reçoit l'ordre de se porter à Ronchamp, le lieutenant-colonel Aubignat perd un nouveau bataillon : le III/321e RI du commandant Fontaine, lui est retiré pour aller lui aussi sur le flanc ouest de Belfort, à Champagney.

« Je reste avec le IIe bataillon du commandant Bonnabaud pour défendre la vallée de Masevaux », note Aubignat.

A 9 heures, il reçoit l'ordre de la division de rejoindre les deux bataillons envoyés à l'ouest. Avec la compagnie d'engins et la compagnie de commandement. Quand il monte dans sa voiture avec le capitaine Pannetier et le lieutenant Duflos, Aubignat leur confie le « tuyau » qu'il tient du PC de la 63e DI : avec l'appui des 75 de Michel, Fontaine et Crépin-Leblond vont lancer une offensive en direction de Lure « pour donner du champ aux Vosges [1] »

La voiture s'arrête au PC de la division, à Giromagny : « Là, il n'est plus question de contre-attaque sur Lure, raconte Aubignat. On me parle de rejoindre le 45e corps dans le Jura mais le général Parvy arrive et fait connaître que cette solution ne peut être adoptée. Je reçois l'ordre de me porter à Magny pour organiser la défense face à Lure. »

Pendant toute la journée du dimanche, les hommes du 321e RI aménagent leur futur champ de bataille. Ce n'est pas le premier mais ils espèrent que ce sera le dernier. Et bien entendu ils se trompent car dans les ordres donnés par le commandement de la VIIIe armée on cherche en vain une ligne directrice, l'idée d'un grand dessein. On ne décèle pas le souci de la fatigue et du moral de la troupe. Le dimanche soir, à 22 heures, Aubignat reçoit l'ordre de replier tous ses éléments sur la région des étangs qui couvre Belfort à l'ouest et d'installer son PC à La Chapelle-sous-Chaux. En raison de la dispersion des unités et de l'heure tardive à laquelle les nouvelles directives sont données, le mouvement sera exécuté dans la seconde partie de la nuit et s'achèvera le 17 juin,

1. En somme, dans le dos du groupement Duluc dont le PC sera justement à Lure dans l'après-midi.

après le lever du jour. Le lieutenant Jean Valeix, de la 7e compagnie, est un officier qui mesure ses propos. Il écrit pourtant : « Les hommes, presque tous des paysans, ont joui jusqu'ici d'un excellent moral mais cette marche en rond sans but apparent et l'abandon continuel, toutes les vingt-quatre heures, des travaux défensifs commencés avec fièvre et exécutés consciencieusement, commencent à les décourager. »

Au 298e RI, le lieutenant-colonel Devismes se trouve dans la même situation. Il a laissé le I/298e RI du commandant Drapier au nord-est de Belfort et le général Parvy l'a envoyé sur le flanc ouest de la place forte avec ses deux autres bataillons. Le PC du régiment s'installe dans les grottes de Cravanche mais quand le chef d'état-major, le commandant Mallet, rend compte de sa reconnaissance au chef de corps, celui-ci est obligé de s'avouer qu'une fois de plus, ses hommes vont opérer en terrain vierge.

« Aucun travail de défense n'a été exécuté, pas de barricades, de barrages antichars, de champ de mines ; il faut barrer les ponts avec des matériaux trouvés sur place et, à chaque instant, des convois gênent l'exécution des travaux. »

Devismes se plaint également de n'avoir reçu aucune artillerie d'appui. Le chef d'escadron Michel ne lui a donc pas envoyé au moins une batterie ?

Entre Champagney et Giromagny, la route venant de Lure n'est pas défendue mais la VIIIe armée va combler cette lacune en installant le 2e bataillon de chasseurs pyrénéens à Plancher-Bas. Cette unité est commandée depuis une semaine par un officier énergique qui vient des « Joyeux » du 28e BILA, le capitaine Eyrieux. Le 2e Pyrénéens a été, lui aussi, ballotté à droite et à gauche et, le 8 juin, il se trouvait encore à Oye-et-Pallet, au sud de Pontarlier. Le 9, sans préavis ni explication, des camions et des autocars sont venus embarquer le bataillon qui, faute de place dans les véhicules, a laissé dans le Jura 90 mulets de bât et 40 muletiers. Le 10 à l'aube, après avoir roulé toute la nuit, les compagnies étaient dispersées entre les cols de Bussang, d'Oderen et le Ballon d'Alsace. Et les travaux défensifs recommencèrent ! Le 2e Pyrénéens est resté six jours sur les hauteurs vosgiennes et le dimanche 16 juin, le capitaine Eyrieux reçut l'ordre de regrouper ses chasseurs et de les conduire à Plancher-Bas, soit une distance d'une quarantaine de kilomètres à parcourir.

« Notre étape fut longue et pénible, se souvient le capitaine Fontaine, de la compagnie d'appui. Sac au dos, survol de la colonne par de nombreux avions ennemis, routes très encombrées... »

Le dimanche soir, les Pyrénéens arrivent à Plancher-Bas. Morts de fatigue. Eyrieux, qui n'a aucun renseignement sur l'ennemi, leur accorde une nuit de repos. Le lundi 17, ils reprendront la pelle et la pioche car, bien entendu, il faut tout recommencer : barricades, épaulements, tranchées, abris, etc.

Une fausse note au milieu de ces changements de position, de ces déplacements épuisants et de ces travaux inutiles sans cesse recommencés : la satisfaction sereine affichée par le général Laure.

« Malgré l'incident du " demi-tour " brusqué, écrit-il, nous avons réussi en moins de trente-six heures après ce bouleversement de toutes nos prévisions, à remettre la 63e DI en ordre, avec les liens tactiques sensiblement rétablis [1]. »

La 63e DI remise en ordre ? Ce n'est pas l'avis du capitaine des Roseaux, du 3e Bureau de la division Parvy. Il observe, comme Laure pourrait le faire, que les régiments ont littéralement éclaté. Devismes et Aubignat installent chacun deux de leurs bataillons sur la face ouest de Belfort, le II/321e RI et le I/298e RI étant laissés au nord-est. Le 238e RI est en Alsace, sous les ordres directs du général Tencé, du 44e corps, les trois compagnies du centre d'instruction sont commandées par le colonel Lavelle, de l'ID 63, l'escadron moto du GR (capitaine des Courtils) est parti vers le sud avec le 45e corps et l'escadron à cheval du capitaine Descours est resté à la disposition du général Salvan, du Secteur fortifié d'Altkirch. Où sont les liens tactiques « sensiblement rétablis » ?

« Quelle confusion ! Quel désordre ! écrit des Roseaux dans ses carnets. Et pourtant on a écrit en caractères gras dans l'Instruction sur les grandes unités : ON NE ROMPT PAS LES LIENS TACTIQUES. Je ne suis même pas sûr que ce ne soit pas gravé en grandes lettres sur le fronton de l'École de guerre [2]. »

Contrairement à ce qui s'est passé à Verdun, à Toul et à Épinal, les forts de ceinture de Belfort ont une garnison. Les pelotons des pièces sont fournis par le V/159e RAP du chef d'escadron Pion dont le PC est au fort de la Justice. L'infanterie est fournie par la 2e demi-brigade de chasseurs pyrénéens du colonel Paul de Bernard qui a, lui aussi, son PC à la Justice. Les garnisons ont fait l'objet de plusieurs prélèvements depuis le 10 mai et les effectifs des artilleurs sont descendus à un niveau qui ne permet pas de servir toutes les pièces en même temps. Quant aux chasseurs pyrénéens, ils sont dispersés à raison de une ou deux sections par fort, le minimum pour repousser un éventuel coup de main.

1. Lettre du 8 décembre 1943 adressée par le général Laure au Secrétaire d'état à la Défense du gouvernement de Vichy.

2. Des Roseaux cite de mémoire. La phrase exacte puisée dans l'Instruction sur l'emploi tactique des grandes unités, datant de 1936, est la suivante : « Il est toujours préférable de maintenir les unités sous les ordres de leurs chefs habituels ; la rupture des liens organiques ne peut être qu'un expédient imposé temporairement par les circonstances. » En juin 1940, il semble que « l'expédient » soit monnaie courante !

D'autres sont installées aux abords de Belfort et défendent ponts de chemin de fer et carrefours importants mais sans liaisons entre elles.

Outre le Ve groupe dont les artilleurs sont répartis dans les forts, le 159e RAP compte deux groupes placés sous les ordres des capitaines Bauer et Lambelin. Leurs batteries sont en position fixe au sud de Belfort et, sans véhicules de traction, il sera impossible de leur confier une autre mission. Informé par le commandant de l'artillerie de la 2e DI polonaise de son passage sous les ordres de la Défense de Belfort, Lambelin a quitté Châtenois à midi pour aller se présenter au général Louis Girol, dont le PC est à la citadelle, le Château, comme l'appellent les Belfortains. Retardé par des embouteillages le commandant du IV/159e RAP n'arrive qu'à 15 heures chez Girol. Celui-ci n'est plus très jeune, il aura 62 ans au mois de novembre et les informations qu'il livre au capitaine ne sont pas faites pour rendre celui-ci optimiste.

« L'ennemi est à Gray mais néanmoins il faut s'attendre d'un moment à l'autre à voir surgir des éléments légers ennemis, venant d'une direction quelconque. En conséquence, le IV/159e RAP, tout en conservant ses positions actuelles, devra procéder à leur aménagement en vue de pouvoir tirer " tous azimuts " (rapport Lambelin). »

Le PC de groupe quittera Châtenois pour la ferme de Froideval, au nord-ouest de Danjoutin. Lambelin s'incline mais il se demande de quelle façon il va pouvoir « aménager » ses positions. Ses batteries sont en lisière de bois et, pour leur permettre de tirer « tous azimuts » il est nécessaire de les déplacer. A l'aide de quels véhicules ? Le général Girol ne l'a pas précisé.

« En attendant, ordonne Lambelin aux sous-lieutenants Poignand et Vaessert à son retour à Châtenois, allez reconnaître les emplacements du nouveau PC et prévoyez la mise en service d'un central téléphonique pour demain 17 au lever du jour. »

La Défense de Belfort dispose d'un autre régiment d'artillerie lourde, le 197e RAL tracté. Formé à Bordeaux, le régiment est commandé par le lieutenant-colonel Émilien Barbaud, âgé de 52 ans. De même que les fantassins, les artilleurs du 197e RAL ont beaucoup circulé sur les routes d'Alsace. Ils avaient certes l'avantage de ne pas se déplacer à pied mais leur opinion sur les hésitations du commandement rejoint celle des fantassins. A cet égard, le rapport du chef d'escadron Louis Baup, du XIIe groupe, est particulièrement instructif : « Dans les nuits des 12 et 13 juin, le groupe a quitté les positions de batterie des fossés de Neuf-Brisach et des bois de Widensolen. Le 14 juin, le groupe est rassemblé et dirigé sur Soppe-le-Bas, à 22 kilomètres au nord de Belfort [1] aux ordres

1. La veille de l'offensive « Kleiner Bär » sur le Rhin, la VIIIe armée retire un excellent régiment d'artillerie du secteur de Neuf-Brisach où les Allemands vont débarquer.

de l'Artillerie de la VIII^e armée. Le 15 juin, à 14 heures, départ précipité pour des cantonnements d'accès difficiles, à environ 25 kilomètres au sud de Belfort. Le 16 à 2 heures du matin, nouveau départ précipité, vers Belfort. Il faut au plus vite passer Héricourt, franchir ses ponts et se mettre à l'abri dans le camp retranché. »

Le groupe Haack a suivi le même itinéraire mais les artilleurs du 197^e RAL n'ont pas encore rejoint, comme ils le croient, un emplacement définitif. Le dimanche 16 juin à 17 heures, Baup reçoit l'ordre d'aller se mettre en batterie au nord de Belford. La recherche d'observatoires, les reconnaissances d'objectifs, la construction de circuits téléphoniques, le déboisement d'une haute fûtaie qui masque en partie les champs de tir, tout cela prend beaucoup de temps et c'est seulement vingt-quatre heures plus tard, le lundi à 18 heures, que le groupe sera prêt à ouvrir le feu.

« En raison de la pluie violente, écrit Baup, le PC qui était sous un chêne est transféré dans une cave, entre Valdoie et Offémont. »

Le chef d'escadron Delacroix, du XIV/197^e RAL, a été blessé dans une collision trois jours plus tôt et, le 16 juin, il devient nécessaire de l'hospitaliser. Son adjoint le capitaine Limouzin lui succède à la tête du groupe qui, à 19 heures, est allé se mettre en position à Danjoutin, à la périphérie sud de Belfort. Encore une nuit sans sommeil pour rien car le 17 à 6 h 30, le lieutenant-colonel Barbaud fait savoir à Limouzin qu'il doit remonter vers le nord et s'installer entre Chaux et Éloie. Les positions imposées au 197^e RAL prouvent l'incertitude du commandement.

« Notre groupe tirera vers l'est, rapporte le lieutenant Demontrond, et le XIII^e groupe du commandant Gianinazzi qui est sur le même chemin, est tourné vers l'ouest [1]. »

Au IV/159^e RAP, le capitaine Lambelin se demande si le problème osé par le déplacement de ses pièces n'est pas insoluble. Le lieutenant Moreau est allé à Sochaux pour essayer de récupérer du matériel auto aux usines Peugeot mais celles-ci ont été évacuées et il ne reste aucun véhicule. Le lieutenant Moeder réquisitionne des chevaux et des harnachements à Andelmans, le sous-lieutenant Galopin à Châtenois, le capitaine Eon à Vézelois mais ces opérations traînent en longueur « malgré toute la bonne volonté mise par la population de ces localités ». Un détachement du Train stationné à Valdoie accepte, sur l'intervention

1. Le général Laure applique l'ordre général d'opérations n° 21 du groupe d'armées n° 2 daté du 15 juin à 23 heures : « Défendre face à l'ouest et à l'est le camp retranché de Belfort. » Deux heures plus tôt, apprenant que la Saône était franchie, le général Prételat, d'accord avec Laure, a décidé « de défendre le camp retranché de Belfort, même encerclé ». Et le 16 au matin, Laure, avec l'accord de Prételat fait partir le 45^e corps qui défendait la place. Comprenne qui pourra !

du capitaine Lambelin, de fournir quatre petits tracteurs qui sont envoyés à la batterie Bernard. L'idéal serait d'obtenir du 197e RAL qu'il prêtât, lui aussi, quelques tracteurs au IV/156e RAP. Lorsque vers 18 h 30, Lambelin en fait la demande au lieutenant-colonel Barbaud, celui-ci lui fait observer « que les éléments du 197e RAL font ou vont faire mouvement ; ils ont besoin de tous leurs moyens ».

Le chef d'escadron Baup sera plus compréhensif que son chef de corps puisqu'il enverra des tracteurs au capitaine Bauer, du VI/159e RAP. En traversant Belfort pour aller se mettre en position au nord de la ville, les artilleurs du groupe Bauer sont surpris de n'y pas trouver l'atmosphère d'une place forte.

« Nous ne voyons aucun préparatif de défense, souligne le capitaine O'Quin, de la 10e batterie. Pas d'obstacles antichars, pas d'infanterie. Seuls, sur la route de Bosmont à Belfort, quelques arbres abattus ; au carrefour Mulhouse-Offemont, un vieux char FT et deux bennes à ordures qui ne barrent rien du tout. »

L'absence d'obstacles antichars et de fantassins dans les rues de Belfort n'est rien comparée à la nouvelle qui va être assenée au capitaine Lambelin le 17 au matin. Vers 5 heures, le sous-lieutenant Galopin lui rend compte que le fort du Bois d'Oye où se trouvait l'observatoire du IV/159e RAP, a été abandonné par sa garnison qui a saboté l'armement et les installations téléphoniques.

« L'ordre a été donné par la Défense de Belfort », précise Galopin.

Le général Girol aurait fait détruire le fort du Bois d'Oye avec sa tourelle à éclipse de 155, les deux tubes de 75 également sous tourelle à éclipse, la casemate de Bourges avec deux 75, les trois tourelles de mitrailleuses jumelées [1] ? La nouvelle paraît tellement invraisemblable à Lambelin qu'il décide d'aller sur-le-champ en demander la confirmation au général Girol. Accompagné du lieutenant Moeder, il se rend au Château où il est immédiatement reçu par le commandant de la Défense de Belfort.

« J'ai essayé de vous toucher cette nuit, lui dit celui-ci, mais vous n'étiez pas à la ferme de Froideval. »

Lambelin explique que ses transmissions téléphoniques ne sont pas encore installées, qu'il est toujours à Châtenois où il vient d'apprendre les destructions opérées au fort du Bois d'Oye, « ce qui me fait croire que l'on renonce à le défendre ».

Girol : « J'ai reçu l'ordre d'abandonner la ligne des forts extérieurs pour reporter la défense sur la ligne jalonnée par Bavilliers, Danjoutin, Les Perches, Pérouse, etc. Ce qui s'est passé au fort du Bois d'Oye a été exécuté dans tous les forts, Roppe excepté, c'est un ordre formel du

1. L'artillerie des forts de Belfort était approvisionnée sur place à 550 coups pour le 155 et à 1 500 coups pour le 75.

commandement qui m'a été confirmé par le commandant de l'armée lui-même. Je n'ai qu'à obéir. En ce qui vous concerne établissez-vous sur la rive gauche de la Savoureuse, dans la région de Valdoie, avec mission d'ouvrir le feu sur tous objectifs en direction Montbéliard-Héricourt. »

Lambelin rappelle au général que le IV/159[e] RAP est un groupe de position sans moyens de transport organiques. Pour effectuer le déplacement ordonné, il lui faut 350 tonnes en une seule rotation. Qui les lui fournira ? Girol est totalement démuni. Son sapeur, le capitaine Boudot, pourra peut-être prêter deux camions...

Lambelin prend congé : « Je tâcherai de me débrouiller, mon général ! »

Vézelois, Chévremont, Bessoncourt, Méroux, Fougerais, le fort du Haut-Bois et celui du Bois d'Oye sont donc abandonnés et leurs matériels sabotés. Girol, qui affirme avoir reçu l'ordre du général Laure, est ainsi privé de l'appui non négligeable d'une dizaine de tourelles de 75 jumelés et de treize tourelles de mitrailleuses. N'était-il pas possible d'associer l'artillerie des forts à la défense de la ville ? Faire tirer les 75 sous tourelle au profit de l'infanterie de la 63e DI ? La décision prise par Laure est d'ailleurs contraire à ses propres prévisions. Il écrit dans ses notes « qu'un personnel peu nombreux occupe les grands forts qui tireront et dont le matériel sera détruit quand l'ennemi sera au plus près ».

Nous n'en sommes pas là puisque personne, du général Girol à l'état-major de la VIIIe armée, n'est en mesure le 17 au matin, de prévoir sur quel flanc se produira l'attaque sur Belfort, et même si elle se produira. Il y a dans l'abandon des forts extérieurs quelque chose qui échappe au bon sens [1]. D'autant que les artilleurs du V/159[e] RAP retirés des forts ne reçoivent aucune autre mission. On les regroupe à la caserne d'Offemont où « ils attendront des ordres ». Les chasseurs pyrénéens qui constituaient l'infanterie des forts doivent s'installer dans la nature, sur des positions improvisées. Leur chef, le colonel de Bernard, ne cache pas qu'il a exécuté l'ordre d'évacuation des forts « en formulant les plus expresses réserves sur les possibilités d'organiser en temps utile une nouvelle ligne et après avoir fait remarquer que, dépourvue de tous engins antichars, ma formation ne pourrait tenir en rase campagne contre une attaque de blindés ». A ces réserves, de Bernard ajoute son étonnement de voir la Défense de Belfort coupée en deux : « Le général Girolles (*sic*) donnait au colonel Gard le commandement de la partie sud, de sorte que je commandais seulement le secteur Roppe-Pérouse. »

Responsabilité symbolique car le capitaine Poulin, qui commande le

1. En 1870, Denfert-Rochereau avait au contraire assuré la défense de Belfort au plus loin, en s'appuyant sur les forts de la ceinture extérieure.

fort de Roppe, à sept kilomètres au nord-est de Belfort, n'a jamais reçu d'ordre — et n'en recevra jamais — du colonel de Bernard. Construit en 1889, modernisé de 1907 à 1922, Roppe est armé d'une tourelle à éclipse de 155 à un tube, d'une tourelle à éclipse de 75 jumelés, d'une casemate de Bourges à deux pièces de 75 et de trois tourelles de mitrailleuses jumelées. Depuis le 15 juin, Poulin connaît les mêmes déboires que les fantassins et ordres et contrordres n'ont pas manqué. Le commandant du fort a d'abord reçu la consigne de faire rentrer tous les postes extérieurs. « L'avance allemande situant le danger à l'ouest et non à l'est, contrairement au dispositif arrêté. »

Le 16 juin, à 8 h 15, note Poulin, « notification que le danger ouest a disparu et qu'il faut reprendre la défense face à l'est ».

Dans la soirée, le capitaine est convoqué au fort de la Justice, à Belfort, où le chef d'escadron Pion lui fait savoir que tous les ouvrages de ceinture, à l'exception de Roppe, sont abandonnés.

« La consternation est générale ! » commente Poulin avant de retourner à son poste. Dans la nuit, à 0 h 15 exactement, il recevra l'ordre n° 2509 lui confirmant que la défense de Belfort reste « face à l'est [1] ».

A la fin de la matinée du 17 juin, le capitaine des Roseaux, de l'état-major de la 63e DI, se rend sur la position du 298e RI dont le IIIe bataillon tient les passages du canal de Montbéliard, à la hauteur de Bavilliers, au sud-ouest de Belfort. Des Roseaux s'arrête d'abord au IIe bataillon du capitaine Dosmas : « Je suis étonné de constater que rien n'a été préparé. Les officiers me disent que les hommes sont très fatigués. Je les préviens que les Allemands arrivent sur Héricourt, y sont peut-être à l'heure présente, mais ils ne s'étonnent pas ; on leur a tellement dit déjà que le contact était imminent ! »

Au IIIe bataillon du commandant Brassens, des Roseaux éprouve la même déconvenue : « On s'est occupé de la défense mais, pas plus ici qu'au IIe bataillon, les passages sur le canal ne sont barricadés. Je prends sur moi de donner l'ordre, au nom du général Parvy, de barrer immédiatement et définitivement les ponts ; seul, celui de Bavilliers restera ouvert pour permettre le passage aux éléments ayant combattu à Vesoul (*sic*) et à Héricourt [2]. »

N'oublions pas l'événement qui, pour beaucoup, reste le plus saillant de cette journée du 17 juin : l'allocution radiodiffusée du maréchal Pétain au cours de laquelle le chef de l'état demande à l'armée « de

1. Ce qui est faux, quatre bataillons du 298e RI et du 321e RI faisant face à l'ouest avec l'appui d'un groupe de 75.

2. Le capitaine des Roseaux note que dans l'après-midi, le capitaine Lerède, du 4e Bureau de l'armée, donnera l'ordre « avec véhémence » de rouvrir les ponts. Le capitaine Laroche, de la 9e compagnie du III/298e RI confirme que « la VIIIe armée donna l'ordre de rendre les ponts à la circulation ».

cesser le combat ». Le lieutenant-colonel Devismes, du 298e RI, n'a pas d'hésitation : « Ordre est donné aux chefs de bataillon de dire aux officiers et à la troupe que ce discours a certainement été prononcé non par le maréchal mais par un speaker (*sic*) à la solde de l'Allemagne. »

Au PC du 321e RI, à La Chapelle-sous-Chaux, l'appel du chef de l'état a également été entendu. Lorsque le capitaine des Roseaux se présente à la popote où tous les officiers sont encore sous le coup de l'émotion, le lieutenant-colonel Aubignat lui apprend la nouvelle.

« Tous les deux, nous pleurons comme des veaux ! » avoue des Roseaux qui se hâte de regagner Giromagny où le général Parvy et son état-major ont écouté la radio.

« L'atmosphère est funèbre, nous sommes atterrés ! » dit encore le capitaine.

Une fois le premier choc encaissé, le lieutenant-colonel Aubignat mesure le caractère démobilisateur du discours prononcé par le maréchal Pétain : « A partir de ce moment, écrit-il, on sent que le ressort est brisé. On attendra l'armistice d'un jour à l'autre. »

Le commandant Robert Alaroze, du I/418e Pionniers, a perdu deux compagnies le 13 juin ; le commandement qui en avait paraît-il un urgent besoin les a fait enlever en autocars et envoyer à Gerbépal. Alaroze n'en entendra plus parler. Avec ses deux dernières compagnies, la « 1 » du capitaine Lézy et la « 3 » du capitaine Vérat, le chef de bataillon a suivi le sort commun, recevant ordres et contrordres à tout moment avant d'être abandonné à lui-même le 16 juin, à Cravanche, dans la banlieue nord de Belfort. Il a d'abord pris contact par téléphone avec le PC de la 63e DI à Giromagny mais les communications ont été interrompues et Alaroze est allé spontanément se placer sous les ordres du général Girol qui l'a d'abord intégré à la Défense de Belfort en lui demandant d'organiser Cravanche en centre de résistance avec une compagnie et d'envoyer la seconde au ford du Salbert. Deux heures plus tard, le contrordre arrivait et cette fois, les dernières forces du I/418e Pionniers ont éclaté : une section au Salbert, une autre au fort de la Motte pour assurer la protection du lieutenant-colonel Page et de l'état-major du 428e Pionniers, une au fort de la Justice [1], le reste du bataillon, le PC et le poste de secours du Dr Longuet se fixant à la Manutention, rue des Bons-Enfants.

Le 428e Pionniers du lieutenant-colonel Page a lui aussi éclaté et ses compagnies, arrivées dans la matinée du 17 juin, sont dispersées dans les organisations défensives de Belfort, ce qui enlève toute possibilité de

1. Renvoyée par le colonel de Bernard « qui n'a pas besoin d'effectif supplémentaire », la section du lieutenant Larue rejoindra le PC du I/418e Pionniers à la Manutention.

commandement au chef de corps. Avec le PC du Ier bataillon, le commandant Carrière est au fort des Basses-Perches, le capitaine Olivier, du IIe bataillon, est au fort de la Justice et le capitaine Naudin, du IIIe, a rejoint le commandant Alaroze à la Manutention. Le 428e Pionniers ne constitue pas un renfort sérieux pour le général Girol. S'agit-il même de combattants ? On compte UNE mitrailleuse Hotchkiss par bataillon et TROIS FM (dont un seul 24-29) par compagnie. Quelques jours plus tôt, le 428e Pionniers se trouvait dans le Secteur fortifié de Montbéliard où il assurait la garde des dispositifs de mines et des dépôts d'essence. La 8e compagnie du capitaine Signarbieux était la seule unité mobile ; dotée de 100 bicyclettes, elle était chargée de la lutte contre les parachutistes. Elle n'en avait capturé aucun lorsque le 13 juin elle fit mouvement avec son bataillon en direction du Jura. Deux jours plus tard, contrordre : le 428e Pionniers remontait sur Belfort.

A la Manutention, le commandant Alaroze a reçu l'ordre du Château, de mettre les bâtiments en état de défense. Les pionniers auront-ils le temps de se fortifier ? La cour principale communique avec la caserne des gardes mobiles qui donne elle-même sur une rue conduisant à la Porte de Brisach. Une simple grille ferme la caserne. Alaroze décide d'aménager une dénivellation partant des remparts et capable d'arrêter les chars. La 3e compagnie sera sur le rempart élevé dominant la Manutention, la « 1 » du capitaine Lézy sur le rempart bas qui encadre la porte donnant sur la route de Mulhouse, opposée à la grande porte-tunnel de la rue des Bons-Enfants. Il faut également fermer ce passage, préparer les emplacements de combat mais le général Girol demande l'envoi d'une patrouille à la gare où le gérant du Buffet signale des incidents. Des vols sont commis à la gare des marchandises et il faut envoyer une autre section. Des centaines d'isolés et de petits groupes, sans armes, déséquipés, arrivent de plus en plus nombreux à Belfort et le commandant de la Défense ordonne d'ouvrir un centre d'accueil au fort Hatry pour y regrouper les fuyards et tous les véhicules qui circulent sans ordre de mission.

« Pour finir, raconte Alaroze, je reçois l'ordre de faire au moins trois patrouilles en même temps dans les grandes artères pour maintenir l'ordre et envoyer à Hatry tous les militaires rencontrés dans la rues. »

Le poste de police de la Manutention est renforcé afin de fournir des guides aux détachements qui seront dirigés sur le fort Hatry et l'on demande une section à Valdoie « où des travailleurs espagnols se seraient mutinés ». C'est un bobard et la section rentrera sans avoir trouvé de situation anormale mais pendant ces allées et venues, ces patrouilles permanentes, la mise en état de défense de la Manutention est arrêtée faute de bras.

Le renfort qui se présente à Belfort dans l'après-midi du 17 juin constitue encore un bel exemple de rupture des liens tactiques. Le lieutenant-colonel Louis Françon commandait deux jours plus tôt les deux bataillons du 12e RIF en position dans la zone du Rhin. Comme tous les défenseurs de la rive gauche, Françon a reçu l'ordre de détruire casemates et blockhaus et de se replier vers l'ouest. Son Ier bataillon lui a été retiré et, avec le IIe du commandant Boutillon, le chef de corps a été affecté à la Défense de Belfort. Un inconvénient : il était encore à une quarantaine de kilomètres de la ville.

Françon et son chef d'état-major, le commandant Grison, sont allés en voiture jusqu'au Château pour tenter d'obtenir quelques camions. Ils ont eu satisfaction puisque le lieutenant Morel, de la CM 5, écrit dans son rapport : « Etape à pied le matin sous un soleil de plomb. A 15 heures, nous embarquons dans des camions. »

Malheureusement, pour des raisons que rien ne semble justifier, chaque mouvement DOIT subir d'incompréhensibles retards.

« Contrordre ! dit encore Morel. On attend ! »

Le commandant Boutillon et son adjudant-major, le capitaine Sarrazin, se rendent à Belfort pour susciter des ordres. A-t-on oui ou non besoin du II/12e RIF ? Il faudra cinq heures pour débloquer la situation et c'est seulement à 20 heures que les camions transportent le bataillon à Belfort où, bien entendu, on s'empresse de disperser les compagnies. La CM 5 de Morel est dirigée sur la caserne d'Offemont, la CM 6 du lieutenant Martin tiendra les abords du fort de la Justice où le lieutenant-colonel Françon installe le PC du régiment. Le colonel de Bernard, de la 2e demi-brigade de chasseurs pyrénéens lui donnera pour mission « de se défendre face à l'est ». Et il ajoutera : « Recommandez à vos hommes de tirer dans les fentes de visée des chars. » Enfin, la CM 7 du lieutenant Pontvieux est mise à la disposition du capitaine Favre, du 4e Pyrénéens, qui commande le fort des Hautes-Perches, au sud-est de la ville. La CHR du capitaine Martin, avec ses 27 voitures, 91 chevaux et mulets, s'arrêtera dans la soirée sous les couverts d'un bois proche de Vézelois, à quelques kilomètres de Belfort. Les animaux sont fourbus et Martin veut leur donner une nuit de repos avant de faire son entrée à Belfort. A la compagnie de commandement, le lieutenant René Bastien s'est arrêté sur le Champ de foire, entre la gare de marchandises et la gendarmerie, avec cinq camionnettes. La sixième, conduite par un excellent chauffeur, Redersdorff, est tombée en panne à une dizaine de kilomètres de Belfort.

« Ce n'est pas grand-chose, a déclaré Redersdorff, je vais réparer moi-même. »

Bastien est tout de même inquiet et préfère attendre avant d'aller se présenter au lieutenant-colonel Françon au fort de la Justice. Outre le chef Mistler, comptable, et le caporal-chef Bitsch, secrétaire du chef de corps, la camionnette transporte les archives du 12e RIF et le drapeau du régiment.

Le lundi 17 juin au coucher du soleil (c'est un euphémisme car il pleut) la Défense de Belfort existe. La veille à 22 heures, le général Laure indiquait déjà « qu'il avait réussi à ceinturer Belfort avec 14 bataillons »... Mais que valent ces bataillons ? Laure est-il sûr de tenir la ville avec des unités aussi médiocres ? Des chasseurs pyrénéens pour la plupart sans liaisons avec le PC de la demi-brigade du colonel de Bernard, des pionniers dispersés de la même manière avec leur armement insuffisant (UNE mitrailleuse par bataillon) et le II/12e RIF qui ne dispose même pas d'une pièce de 25. L'artillerie est importante mais les missions qu'elle a reçues ne correspondent pas à la réalité d'une situation dont on peut dire, il est vrai, qu'elle évolue d'heure en heure. Le I/53e RA du chef d'escadron Michel et le Ve groupe du capitaine Amouretti soutiennent les 298e et 321e RI réduits à quatre bataillons alignés sur la face ouest de Belfort. Les quatre groupes de 220 du 197e RAL sont passés, eux aussi, au nord de Belfort. Les XIIIe et XIVe groupes sont orientés, l'un vers l'ouest, l'autre vers l'est, entre Chaux et Éloie. Le XIIe groupe du chef d'escadron Baup tient sous son feu la route de Colmar, à quelque distance du groupe Haack.

Au 159e RAP, les pelotons des pièces du Ve groupe qui ont évacué les forts de ceinture ont été regroupés à la caserne d'Offemont où, désœuvrés, ils attendent les événements. Le VI/159e RAP du capitaine Bauer est déployé le long du champ de tir de l'Arset et l'on s'aperçoit que, pour l'essentiel, tous les tubes de la Défense de Belfort sont orientés soit vers l'est, soit vers l'ouest. Reste le IV/159e RAP du capitaine Lambelin qui a reçu pour mission du général Girol de prendre position « dans la région de Valdoie, prêt à ouvrir le feu sur tous objectifs en direction Montbéliard-Héricourt ». Le flanc sud de la ville aurait ainsi son appui d'artillerie mais rien n'est fait car Lambelin n'a toujours pas réussi à se procurer des moyens de traction. Vers 19 heures, apprenant que le PC de l'artillerie de la VIIIe armée est à Rougegoutte, près de Giromagny, il téléphone au général Fédary et lui expose les difficultés qu'il éprouve à déplacer ses batteries.

« Venez me voir à Rougegoutte, lui dit Fédary, nous allons arranger ça ! »

Toujours accompagné du lieutenant Moeder, Lambelin prend la route et, à 20 heures, il est au PC de l'artillerie d'armée. Le général vient de passer à table avec quelques-uns de ses officiers, les chefs d'escadron Sure et Nicolas, le capitaine Marchand. Courtoisement il invite Lambelin et Moeder à partager son dîner et il écoute avec attention le récit des démarches effectuées par le commandant du IV/159e RAP pour se procurer des tracteurs et exécuter l'ordre du général Girol. Fédary déclare qu'il va régler la question et fait préparer des ordres écrits. Les emplacements des batteries sont précisés : le 95 au nord du fort des Hautes-Perches, le 155 C vers l'étang des Forges et le 155 L au fort Hatry. Lambelin aura son PC au Château.

« Mais... le transport de mes matériels ? demande le commandant du groupe.

— Il s'effectuera à l'aide de moyens à fournir par le 197ᵉ RAL dès que ce dernier aura achevé ses mouvements. »

Lambelin remercie le général et, rasséréné, rejoint son PC d'attente de Valdoie. De là, il envoie des estafettes motocyclistes au lieutenant-colonel Barbaud, du 197ᵉ RAL, et aux commandants de batterie de son groupe. Tout devrait s'arranger et le déplacement des pièces pourrait s'effectuer aux premières heures du mardi 18. Hélas la chance n'est pas avec Lambelin qui écrit à 22 h 45 : « Les barrages de route établis aux entrées de Belfort par ordre du commandement rendent toute circulation impossible ; les motocyclistes sont rentrés sans avoir pu remplir leur mission. »

Le général Fédary ayant prescrit la mise en batterie pour la matinée du 18, il n'y a pas lieu de s'inquiéter d'un retard de quelques heures. Lambelin fait savoir à ses subordonnés que le départ pour les reconnaissances de position aura lieu à 4 h 30. Les officiers du groupe rejoignent leur personnel vers minuit, ceux de l'état-major font comme le capitaine : ils s'installent dans les voitures pour y dormir quelques heures. La nuit est opaque. Il pleut.

Dans la soirée, le général Girol a prié le PC de la 63ᵉ DI de vouloir bien lui envoyer un officier de l'état-major « au courant des opérations ». Le capitaine des Roseaux, du 3ᵉ Bureau, est désigné pour cette mission et il se présente au Château avant la tombée de la nuit.

« Simple prise de contact, note-t-il. Je retrouve Ronsin, replié avec son état-major sur Belfort [1] (...) Vers 21 heures, alors que je suis encore dans le bureau du général Girol, le téléphone sonne : une colonne blindée allemande traverse en ce moment Montbéliard ; dans quinze minutes, elle sera à Belfort. Le général me dit de filer si je ne veux pas être surpris dans la ville... »

Des Roseaux extrapole et si rapide que soit l'avance allemande il est peu probable que les premiers blindés se présentent devant Belfort dans quinze minutes. En revanche, il est bon d'observer que les hypothèses du général Laure s'effondrent : l'ennemi n'attaquera la ville ni par l'ouest ni par l'est mais par la face sud. Et le seul groupe d'artillerie dont

1. Le capitaine Ronsin est le chef d'état-major du SF de Montbéliard (colonel Gard). Au 29 mai, on trouvait à cet état-major les capitaines Manche et Gognet, les lieutenants Meyer et Nolleau, le médecin-commandant Boulle et l'aumônier Chacaton.

la mission était de tirer sur la route de Montbéliard n'est toujours pas en position : c'est le IV/159e RAP du capitaine Lambelin. Des Roseaux ne regagne pas directement Giromagny, il fait un détour par le PC du 298e RI puis s'arrête à celui du 321e RI afin d'alerter les colonels Devismes et Aubignat. Il aurait également prévenu le colonel Lavelle, de l'ID 63, qui barre le front est avec le centre d'instruction et le I/298e RI du commandant Drapier. Les deux groupes de 220 du 197e RAL qui appuient ces éléments ne sont plus d'aucune utilité mais, en admettant qu'ils en reçoivent l'ordre, auraient-ils le temps de changer de position pour battre les entrées sud de Belfort ? C'est peu probable. Deux heures sont nécessaires à la sortie de batterie, auxquelles s'ajoute un éventuel trajet et quatre heures de mise en batterie. Il faut donc prévoir un délai minimum de sept heures pour que le 197e RAL soit en mesure de faire face à la nouvelle situation. Malheureusement, aucun changement de position ne sera effectué car aucun commandant de groupe n'en recevra l'ordre. Pourtant, le central téléphonique du Château est loin d'être inemployé ; Girol fait prévenir tous les chefs de corps dont le PC est à Belfort et ceux-ci répercutent la nouvelle sur leurs subordonnés.

« Vers minuit, écrit le chef d'escadron Haack, du XI/197e RAL, le PC du régiment signale que les troupes allemandes arrivent par le sud. On annonce une colonne blindée aux environs de Montbéliard. »

Haack, qui n'est pas de Marseille comme on pourrait le croire mais de la région de Bordeaux, ajoute sérieusement[1] : « Le 18 à 2 heures du matin, le PC téléphone que 1 000 chars venant du sud livrent bataille sur Héricourt. »

Le chiffre prête à sourire puisque la *1re Panzerdivision,* dont une partie seulement attaque par Montbéliard, dispose exactement de 141 chars, la dotation théorique de 40 automitrailleuses à l'*Aufklärungs Abteilung* étant elle-même réduite à 25 engins. Observons aussi que, de son PC du fort de la Justice, le lieutenant-colonel Barbaud téléphone à ses subordonnés pour les informer de l'approche de l'ennemi mais ne leur transmet aucun ordre. Cette inertie du commandement de la Défense de Belfort pendant la nuit du 17 au 18 juin sera à l'origine de la catastrophe qui va se produire.

Vers 22 heures, le général Girol va être fixé sur l'imperméabilité de ses positions. Le commandant Alaroze, du I/418e Pionniers, a deux sections au fort Hatry avec les lieutenants Arnaud et Forin qui ont renforcé les hommes du 12e RIF du lieutenant Schibert. Bordé à l'ouest par la promenade des Barres, Hatry ressemble plus à une caserne qu'à un

1. Daté du 20 octobre 1940, le rapport du chef d'escadron Roger Haack a été rédigé à Lanton (Gironde).

ensemble fortifié. Au sud, la gare centrale, au nord l'usine à gaz et à l'est, de l'autre côté de la voie ferrée, la caserne Bougenel et la rue de l'As de Carreau. Hatry, dont Girol a fait un centre de regroupement pour isolés, se trouve donc au cœur de Belfort.

« A la nuit, rapporte Alaroze, des isolés et des voitures arrivent encore. Dans un groupe de camions se présentent à la porte du quartier une voiture blindée et une voiture TSF allemandes. Elles sont puissamment armées, mitraillettes, FM et grenades. Le chef, le capitaine comte de Bellegarde, demande à voir le commandant de la ville pour une reddition sans combat. »

Profitant de l'obscurité de la nuit que la pluie rend plus épaisse, le *Hauptmann* Graf von Bellegarde, l'*Oberleutnant* Seidel et six hommes, tous de l'*Aufklärungs Abteilung* de la *1re Panzer*, ont intégré leurs véhicules aux convois français montant sur Belfort et, franchissant le canal de Montbéliard sur un pont obligeamment rendu à la circulation dans l'après-midi sur l'ordre de la VIIIe armée [1], se sont laissé porter par le flot de la retraite jusqu'au fort Hatry. L'audace est payante et Bellegarde aurait parié de s'emparer seul de Belfort qu'il n'aurait pas agi autrement. En outre, il excipe de sa qualité de parlementaire pour négocier la reddition de la ville. Prévenu par le poste de police du fort Hatry, le général Girol pose la question : « Sont-ils armés ?

— Oui, mon général et une des voitures possède un émetteur radio.

— Avaient-ils le drapeau blanc ?

— Pas du tout, mon général !

— Alors enfermez-les ! Ils sont prisonniers. »

Les deux officiers allemands et leurs hommes sont désarmés et enfermés dans les locaux jouxtant le poste de police. Selon le commandant Alaroze, les deux véhicules « sont mis hors d'état de servir et le livre de bord des radios envoyé au général Girol [2] ».

La nouvelle de l'entrée d'une colonne blindée à Montbéliard et l'arrivée, sans un coup de feu, de deux voitures blindées au fort Hatry ont-elles provoqué sinon un commencement de panique, du moins une perte de sang-froid à Belfort ? Le capitaine Dombrowski, qui commande la batterie antichars de la 63e DI (six pièces de 47 perçues le 7 mai) a reçu à 21 heures l'ordre du général Parvy de modifier la position d'une de ses sections et de l'amener à l'entrée de Giromagny. Conduite par Viard, son

1. « Faute grave qui permit à deux voitures allemandes de pénétrer dans Belfort la nuit du 17 au 18 juin, au milieu d'une colonne sanitaire française. » (rapport du capitaine Georges Laroche, de la 9e compagnie du III/298e RI).

2. Alaroze rapporte qu'un officier de la 63e DI est venu de Giromagny interroger les prisonniers. On peut s'étonner que Bellegarde et Seidel n'aient pas été envoyés sur-le-champ au 2e Bureau de la VIIIe armée.

chauffeur habituel, la voiture de Dombrowski entre à Belfort vers 23 heures.

« C'est le désordre et l'affolement, observe l'officier. Les Allemands arrivent ! Des camions et des autocars sont placés au travers des rues. »

Les deux 47 du sous-lieutenant Posso que Dombrowski vient récupérer seraient plus utiles à la sortie sud de Belfort qu'à Giromagny mais... les ordres sont les ordres.

« Rendez-vous à l'entrée de Giromagny au lever du jour ! » a dit le capitaine à Posso avant de retourner au PC du colonel Clavel de l'AD 63, pour s'y reposer une ou deux heures dans sa voiture.

Comment Dombrowski peut-il trouver le sommeil, comment l'état-major de Clavel peut-il dormir alors que tout le monde sait qu'une colonne blindée allemande a traversé Montbéliard en direction de Belfort ?

A son PC des grottes de Cravanche, le lieutenant-colonel Devismes a reçu à 23 h 30 un appel téléphonique du général Parvy. Le 298$^{e}$ RI ne relève plus de la 63$^{e}$ DI mais passe sous les ordres directs du général Girol, commandant la Défense de Belfort.

Devismes : « Le général Girolles (*sic*) confirme cet ordre par téléphone et signale que le régiment doit s'attendre au début du jour à une attaque par chars venant de la région de Montbéliard. »

Cette information donnée dans la soirée du 17 juin ne modifie en rien la position des deux bataillons du 298$^{e}$ RI qui n'ont aucune liaison au nord avec le 321$^{e}$ RI du lieutenant-colonel Aubignat. Ce dernier, on ne sait pourquoi, ne dispose pas d'un poste téléphonique à son PC de La Chapelle-sous-Chaux et, pour entrer en communication avec le PC de la division, il doit parcourir, avec sa voiture, quatre kilomètres.

« Le général Parvy me fait appeler plusieurs fois au cours de la nuit, rapporte-t-il. Il me fait prévoir un ordre de décrochage pour le 18 avant le lever du jour. »

Mais alors, la défense de Belfort ? Le commandant Crépin-Leblond, du I/321$^{e}$ RI, confirme que son chef de corps l'a averti de se tenir prêt à faire mouvement, « le général commandant la division attendant d'un moment à l'autre l'ordre de ramener ses unités dans les Vosges ». Comment les hommes vont-ils accepter ce nouveau repli ? A chaque fois que la prise de contact est imminente, la 63$^{e}$ DI se dérobe. Certes, le général Parvy ne fait sans doute qu'exécuter les ordres mais dans ce cas, il fallait oser déclarer Belfort ville ouverte.

A Plancher-Bas, le 2$^{e}$ Pyrénéens du capitaine Eyrieux est passé sous les ordres de la 63$^{e}$ DI dans la journée du 17 juin et devrait être en liaison au sud avec le 321$^{e}$ RI du lieutenant-colonel Aubignat. En fait, le-

dispositif ne correspond pas aux ordres puisque le 321e RI n'a pas plus de liaison au nord avec le 2e BC Pyr. qu'il n'en a au sud avec le 298e RI.

Eyrieux a poussé ses chasseurs et ceux-ci ont travaillé toute la journée sur leur nouvelle position. Dans la soirée, le dispositif est en place, la surprise ne jouera pas en faveur de l'ennemi. Le PC est à l'école, les médecins-lieutenants Fraker et Tine ont installé le poste de secours au couvent et la 2e compagnie du lieutenant Justafre a été envoyée à Plancher-les-Mines, à une douzaine de kilomètres au nord. La « 3 » du lieutenant Egeley tient la partie nord de Plancher-Bas et la « 1 » du lieutenant Félip la partie sud, les mitrailleuses de la compagnie Fontaine étant réparties dans les points d'appui. Le 2e BC Pyr. a plus de chance que le 298e RI où le lieutenant-colonel Devismes se plaint de l'absence d'artillerie d'appui. Eyrieux a reçu en effet la batterie du capitaine Martin, du 53e RA. Martin a laissé trois pièces de 75 à Plancher-Bas avec le lieutenant Bresson et il est allé à Plancher-les-Mines avec la quatrième. Le capitaine Eyrieux est persuadé que la période d'errance est terminée et que son bataillon va subir le baptême du feu sur une position soigneusement préparée. C'est compter sans le génie désorganisateur du commandement.

A une heure du matin, dans la nuit du 17 au 18 juin, Eyrieux reçoit l'ordre d'envoyer sur-le-champ à Giromagny : une compagnie, une section de mitrailleuses et une pièce de 75. Tout le dispositif du bataillon est par terre ! Pour saper le moral des hommes, il est difficile de faire mieux ! Une heure plus tard, la compagnie Félip, la section de mitrailleuses du lieutenant Roquefort et la pièce de 75 du maréchal des logis Pinaud s'engagent sur la route de Giromagny. Dans l'obscurité et sous une pluie fine et pénétrante, Eyrieux, les officiers de son état-major, Taillade, Alberny, Giamarchi, les commandants de compagnie réveillés et convoqués à l'école, vont s'employer à replâtrer le dispositif. Dans moins de deux heures, le jour se lèvera. Les Pyrénéens auront-ils le temps d'aménager leur nouvelle position avant l'apparition de l'ennemi ? Pour le savoir il faudrait avoir des renseignements sur celui-ci. Eyrieux n'a même pas été informé de la traversée de Montbéliard par les chars allemands !

CHAPITRE XXV

# « Les blindés ennemis viennent d'entrer à Belfort... »

Pendant que s'achève le « nettoyage » de Besançon, la *1re Panzerdivision* poursuit le regroupement de ses unités à une douzaine de kilomètres au nord de la ville, à la hauteur d'une ligne Gy-Marchaux. La course à la frontière suisse est terminée pour les gros, seul le bataillon motocycliste *K I* du *Major* von Wittersheim reste au combat du côté d'Ornans. Dans la matinée du 17 juin, la division s'oriente face au nord et, vers 11 heures, les commandants d'unités reçoivent du *General* Kirchner l'ordre que le *39e Korps* vient de transmettre :

« Le pivotement du groupement Gudérian vers le nord, déjà prévu dans l'ordre préparatoire de la division, doit se faire dans la direction de Belfort avec objectif final de s'emparer de la forteresse et de détruire l'ennemi qui s'y trouve encerclé. »

Kirchner a articulé sa *Panzer* en deux *Kampfgruppen.* A droite, l'*Oberst* Krüger, de la *1re Schützen Brigade,* dont l'avant-garde sera conduite par une vieille connaissance, l'*Oberstleutnant* Balck. A gauche l'*Oberst* Nedtwig, de la *1re Panzer Brigade.* Vers midi, ils reçoivent tous les deux l'itinéraire imposé par le PC du groupement Gudérian. Krüger suivra le Doubs par la rive nord et s'emparera de Baume-les-Dames, Clerval, l'Isle-sur-le-Doubs avant de pousser jusqu'à Montbéliard où il s'assurera une tête de pont au nord du canal du Rhône au Rhin. A l'ouest, Nedtwig traversera Rioz et Villersexel avant d'obliquer vers Héricourt. Entre les deux colonnes, l'*Aufklärungs Abteilung 4* du *Major* von Scheele montera également vers le nord par Rougemont et rejoindra le RN 83 pour gagner Bussurel, à mi-chemin entre Héricourt et Montbéliard. La journée est déjà très avancée et le déplacement de la division devant obligatoirement prendre du temps, il est prévu de ne pas dépasser le 17 au soir la ligne Héricourt-Montbéliard. Les blindés attaqueront le lendemain en direction de Belfort. La mesure est prudente car, en dépit de nombreuses reconnaissances aériennes, il n'a pas été possible de savoir si les deux villes constituant l'objectif du jour sont défendues, et si les forts de ceinture de Belfort ouvriront le feu sur les itinéraires de la *1^re Panzer*. Dans l'affirmative, il sera nécessaire de faire intervenir les *Stukas*.

Vers 13 heures, l'émetteur-radio de la division diffuse le mot-code que chacun attendait : « *Ordnung !* » Il signifie que les *Kampfgruppen* Krüger et Nedtwig, ainsi que l'*AA 4* de von Scheele doivent se porter sur leur base de départ, prêts à lancer leurs éléments de tête vers le nord lorsque le second mot-code, « *Vorwärts* » leur sera communiqué. Mais le temps passe et, bien que tous les véhicules aient procédé à l'essai moteur, la radio du *General* Kirchner reste silencieuse. Un événement imprévu retarde-t-il la mise en route de la division ? Le *Major* Richter, du *III/1^er Schützen Regiment,* raconte : « A 17 heures, le mot-code ne nous a pas encore été donné. Les commandants de compagnie sont réunis autour de l'*Oberstleutnant* Balck lorsque nous parvient une information inattendue : le maréchal Pétain a demandé l'armistice. Le Führer et le Duce Mussolini se rencontreront demain pour mettre au point les conditions à imposer à la France. »

A cet instant, les officiers de l'avant-garde du *Kampfgruppe* Krüger se demandent si le raid sur Montbéliard et Belfort ne va pas être annulé. Puisque les Français demandent l'armistice, il est probable que les combats vont s'éteindre d'eux-mêmes. Or, à la surprise générale, l'émetteur de la *1^re Panzerdivision* se réveille brusquement et lance le dernier mot-code : « *Vorwärts.* »

Des centaines de moteurs ronflent à pleine puissance et les trois colonnes s'ébranlent en direction de leurs objectifs. A 17 h 40, la pointe la plus avancée de Krüger est à Baume-les-Dames, à 30 kilomètres au nord-est de Besançon. Aucun contact avec les forces françaises, pas un coup de feu. Même chose chez Nedtwig où l'avant-garde ne signale aucune résistance. De façon régulière, la voiture-radio de Balck rend compte à Krüger qui retransmet au PC de la division où le chef d'état-major, le *Major* Wenck suit l'avance des unités sur la carte. Les automitrailleuses de von Scheele ont traversé Rougemont sans apercevoir un uniforme kaki. Une véritable promenade ! Déjà, sur la gauche, une compagnie du *I/Schützen Regiment* du *Major* von Stutnitz, qui ouvre la route à Nedtwig, signale que Villersexuel est dépassé et que la colonne oblique vers l'est. Toutes les patrouilles motorisées envoyées en reconnaissance sur les flancs des colonnes rapportent des nouvelles rassurantes : les Français ne sont plus là [1].

Le *Major* Wenck est troublé. Où se cachent les forces adverses ? Resserrées sur Belfort ? Sur Montbéliard ? Vont-elles accepter une

1. Le 45^e corps du général Daille qui se trouve au sud du Doubs, va se heurter à la *29^e Mot. Division* mais, au nord de la rivière, la *1^re Panzer* n'a rien devant elle avant Héricourt et Montbéliard.

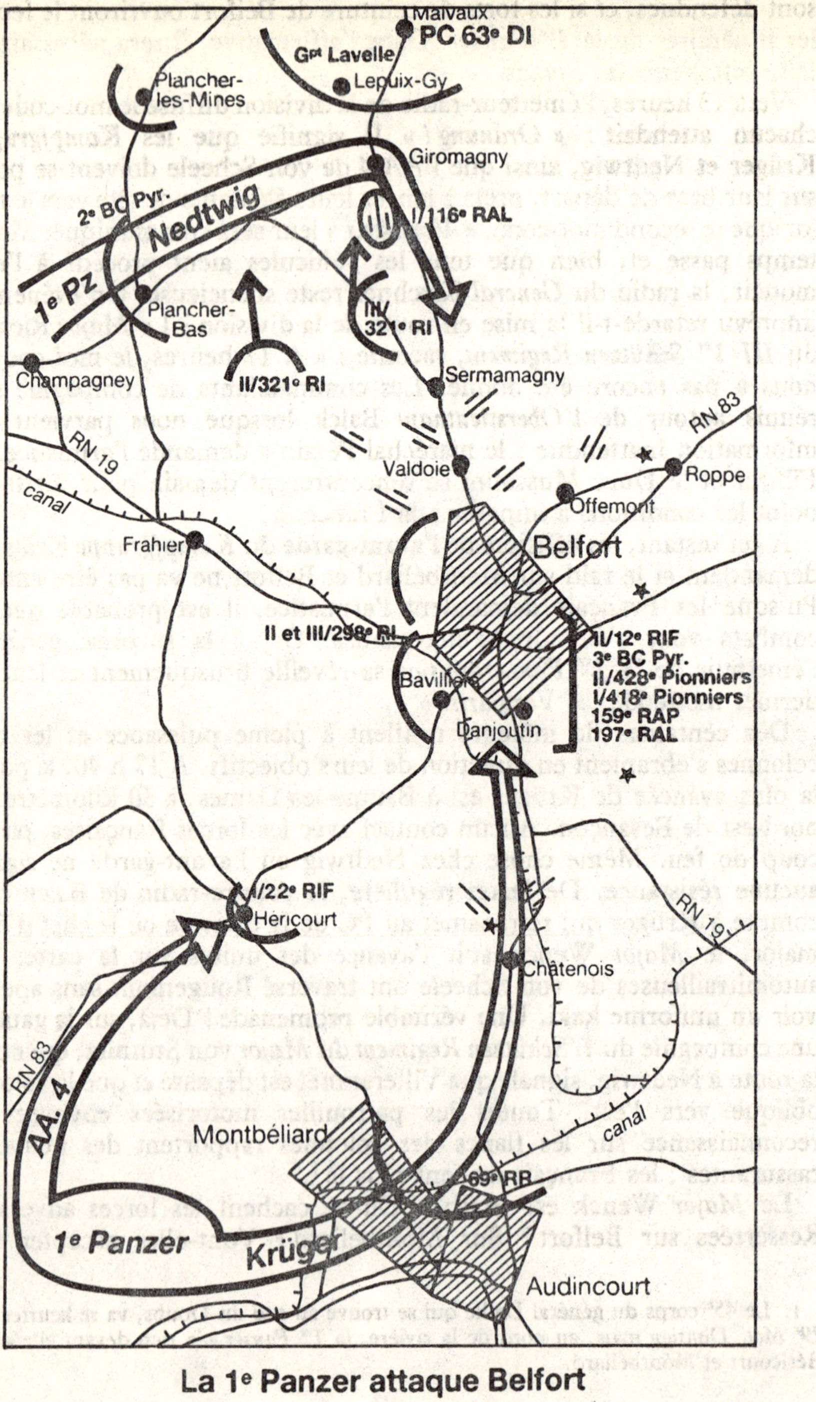


**La 1e Panzer attaque Belfort**

bataille coûteuse afin de terminer la campagne sur un fait d'armes avant l'armistice ? Relisant les messages envoyés par les deux *Kampfgruppen* et par l'*AA 4* depuis leur départ, Wenck « a l'impression que l'ennemi est en décomposition et que par une rapide empoignade (*sic*) les résistances pourraient être surmontées ». (Journal de la *1re Panzerdivision*) Si résistances il y a, bien entendu ! Partant de cette idée, le *Major* décide, de sa propre initiative, et sans en rendre compte au *General* Kirchner, de dépasser l'objectif du jour et de lancer toute la division sur Belfort. Par radio et sans leur donner d'explication il prévient Krüger, Nedtwig et von Scheele : il n'y a plus d'arrêt prévu le 17 au soir sur la ligne Héricourt-Montbéliard, l'objectif est Belfort. Wenck ne leur précise pas qu'il prend l'affaire « sous son chapeau » mais, agissant ainsi, il engage sa responsabilité car, en raison de l'heure tardive, il est probable que l'avant-garde de Balck abordera Montbéliard à la tombée de la nuit. Pour gagner une heure ou deux, il faudrait négliger la sécurité sur les flancs des colonnes, ce qui est hors de question. Si la manœuvre échoue, ou si les pertes sont élevées, Wenck sait qu'il sera sanctionné. Pour cette unique raison, il refuse de partager le risque avec son supérieur, le *General* Kirchner.

« Il sera toujours temps de le prévenir si l'opération réussit !» confie-t-il à l'*Oberleutnant* Freytag von Loringhoven qui a toute sa confiance.

Wenck a même calculé le moment exact où il se déciderait à rendre compte à son *General :* lorsque le *Kampfgruppe* Krüger ne pourrait plus être arrêté ni rappelé. Il conserve secret l'ordre qu'il vient de donner, ordre qui figure dans le journal de la *1re Panzer* tel qu'il a été adressé à Krüger :

« Un message radio de la division donne l'ordre, non comme il était prévu, de lancer une tête de pont à Montbéliard, mais de pousser sur Belfort. »

Le PC du *39e Korps* de Schmidt est en cours d'installation, celui de Gudérian est établi à Avanne, d'où l'on domine la vallée du Doubs à quelques kilomètres au sud de Besançon. Le chef d'état-major, l'*Oberst* Nehring, a décidé de ne pas gâcher la soirée de son supérieur, le *General* Gudérian, et de rester seul « aux commandes ». Le pivotement des divisions vers le nord s'opère dans des conditions satisfaisantes et il est probable que la nuit sera calme. Gudérian, dont c'est l'anniversaire, a reçu la visite d'un de ses fils, Kurt, qui vient d'être affecté au *Führer Begleit Bataillon,* le bataillon chargé d'assurer la sécurité du chancelier Hitler. Le père et le fils vont dîner avec les officiers de l'état-major et il est vraisemblable que le menu a été amélioré. Aussi Nehring veut-il que son chef profite pleinement de cette soirée. A 16 h 25, il a fait transmettre un message radio au *39e Korps* qui le reçoit... à 20 heures : « Quelle est la situation ? Où est votre PC ? »

Questions routinières destinées à montrer que l'état-major du groupement tient les rênes des grands subordonnés. La réponse de l'*Oberst* Baïer, chef d'état-major de Schmidt, montre qu'il ignore tout de la décision prise par Wenck :

« Situation des divisions inconnue. Elles progressent certainement au mieux. Notre PC est à l'observatoire de Besançon. »

Baïer a fait porter sur le journal du *39ᵉ Korps* les consignes envoyées par le PC de Gudérian vingt minutes plus tôt : « Le groupement donne l'ordre qu'on ne pousse pas plus avant aujourd'hui [1]. »

Le *General* Schmidt a aussitôt répercuté sur ses divisions : « Plus d'avance aujourd'hui. Assurer la sécurité. »

Dans l'esprit de Schmidt, cela signifie qu'à la *1ʳᵉ Panzerdivision,* Krüger s'arrêtera comme prévu à Montbéliard et Nedtwig à Héricourt. Le lendemain 18 juin, on avisera. De son côté, le *General* Kirchner demande au *Major* Wenck si les *Kampfgruppen* ont bien été prévenus. Avec un bel aplomb, Wenck répond par l'affirmative.

« Balck a-t-il rencontré de l'opposition ? insiste le *Kommandeur* de la *1ʳᵉ Panzer :*

— Pas que je sache !

— Où se trouvent-ils ? Ont-ils signalé leur position ! »

Le *Major* se dérobe et laisse entendre que des difficultés de transmissions se sont sans doute produites car il n'a rien reçu depuis 17 h 40. Naturellement, c'est faux, un motocycliste lui a remis un instant plus tôt un billet de Balck qui, malgré quelques résistances, contourne Montbéliard et poursuit sa route vers Chatenois, tous phares éteints et en observant le silence radio imposé par Wenck. Celui-ci estime que le *General* ne peut plus intervenir, que l'avant-garde de Balck sera bientôt à une dizaine de kilomètres de Belfort... Il n'y tient plus !

« *Herr General,* dit-il à Kirchner, j'ai pensé qu'il convenait de saisir l'occasion et j'ai lancé la division au-delà des objectifs du jour, en direction de Belfort.

— En pleine nuit ?

— En pleine nuit et sous la pluie, sans utiliser la radio et si possible sans tirer.

— Vous vous rendez compte de la responsabilité que vous avez prise ?

— Oui, *Herr General,* mais je suis persuadé que la surprise va jouer en notre faveur. Les Français ne peuvent pas nous attendre par le sud. »

Kirchner réfléchit. Il connaît suffisamment Wenck pour savoir que celui-ci n'a pas agi à la légère. S'il ne lui a rien dit, s'il a décidé seul,

1. Cet ordre est important car, dans ses « Souvenirs » publiés après la guerre, Gudérian aura une défaillance de mémoire et prétendra avoir pris l'initiative de marcher sur Belfort le 17 au soir, ce qui est faux (Voir Bulletins de l'Association des Amis de l'École supérieure de Guerre, numéros 61 et 62 de 1974).

c'était justement pour assumer un échec toujours possible et le dégager, lui, Kirchner, de toute responsabilité vis-à-vis de Gudérian. Le chef de la *1re Panzer* n'est pas homme à jouer les Pilate : « C'est bon ! dit-il à Wenck, nous continuons sur Belfort mais vous venez avec moi, nous allons essayer de rejoindre Krüger. » Dix minutes plus tard, à bord de la voiture du *General,* et sans escorte, les deux hommes prennent la route de Montbéliard. Ils ne savent pas que l'avant-garde de Balck a forcé l'entrée de la ville, à Sainte-Suzanne, avec la même brutalité que deux jours plus tôt à Arc-les Gray. D'ailleurs, s'en soucieraient-ils ?

***

Le dimanche 16 juin, personne n'envisage de défendre Montbéliard. D'une part, les troupes disponibles font défaut et, d'autre part, la ville devrait être protégée par la Croix-Rouge. Le commandant de la Place, le médecin-commandant Didier, dirige le groupe d'ambulances de la VIIIe armée qui, après ordres et contrordres, a finalement reçu pour consigne de s'installer avec l'antenne chirurgicale d'armée no 14 du médecin-capitaine Patel à Montbéliard où un train sanitaire est attendu. Dans cette perspective, Patel a pris possession du quartier Pajol. Le 16 juin, Didier et Patel obtiennent des précisions : le train sanitaire transporterait 540 blessés qui voyagent dans des conditions lamentables depuis trois jours. Un grand nombre d'entre eux ont été atteints pendant la retraite, dans la Marne, la Meuse et la Haute-Marne.

Didier : « Les hangars, les magasins libres, la salle de spectacle, sont transformés en salles d'hospitalisation pour les chirurgicaux mais l'aménagement de toutes les dépendances du quartier Pajol se poursuit pour lui donner sa capacité maximale [1]. »

Le lundi 17 à 10 h 15, le convoi sanitaire attendu s'arrête enfin à Montbéliard. Les médecins-lieutenants Poinot et Maître recensent dans un wagon 34 civils, des femmes et des enfants, victimes de bombardements aériens ; ils n'ont reçu aucun soin depuis plus de quarante heures. Le médecin-commandant Didier met tout son personnel au travail et pendant trois jours, quatre équipes chirurgicales vont se relayer, 24 heures sur 24 et pratiquer 360 interventions. Didier serait étonné d'apprendre que ce même 17 juin, le commandement a brusquement décidé de défendre Montbéliard.

Le 61e régiment régional de travailleurs du lieutenant-colonel Cachier n'est pas exactement ce qu'on appelle une unité combattante. De recrutement mosellan, pour la plupart mariés et pères de famille, ses

1. Après l'arrivée des Allemands, le quartier Pajol abritera jusqu'à 1 300 blessés.

soldats ont vécu la « drôle de guerre » entre Metz et Thionville, gardant les ponts, les dépôts de munitions et les internés étrangers.

« La troupe est composée au moins à 50 % de militaires du service auxiliaire, écrit le capitaine Bard, de la 3e compagnie. Les mitrailleuses Hotchkiss sont très usagées, nous avons 20 FM modèle 1915 pour les deux bataillons et chaque homme a un fusil modèle 1886. »

Pour le 61e RR, la « drôle de guerre » s'est achevée le 13 juin lorsque le lieutenant-colonel Cachier a reçu l'ordre d'embarquer le régiment dans un train stationné en gare de Metz. Direction prévue : Paray-le-Monial (Saône et Loire). Les voies étant coupées à Neufchâteau par des bombardements aériens, le convoi a d'abord été dérouté sur Épinal qu'il dépasse au ralenti, encadré par des dizaines de trains lancés dans la même direction. Le vendredi 14 juin, à 17 heures, la rame est arrêtée à 1 500 mètres de la gare d'Aillevillers où les *Stukas* ont incendié un train de munitions. Une seule opération permettrait de gagner du temps : faire refluer les trains sur Épinal où ils prendraient une autre direction. A bicyclette, le commandant de Montjoue, chef d'état-major du 61e RR, va téléphoner à Épinal et vers 21 heures, les convois sont refoulés vers le nord. Les manœuvres durent toute la nuit et c'est seulement le samedi à huit heures, que le 61e RR quitte Épinal pour Jussey où il s'arrêtera le jour même à 18 heures. Le chef de gare apprend au lieutenant-colonel Cachier que la voie est impraticable à Culmont-Chalindrey et qu'il déroute les trains sur Belfort et Besançon. Après une nouvelle nuit de voyage, le 61e RR arrive à Belfort le dimanche 16 à 5 h 30. De même qu'à Jussey, le commissaire de gare a disparu mais un cheminot compatissant conseille au chef de corps de faire descendre le régiment, les voies étant coupées dans la direction de Besançon ou obstruées par les centaines de rames lancées sur cette ligne. Cachier apprend que le téléphone fonctionne et qu'on peut lui passer le général Girol, de la Défense de Belfort. Celui-ci lui donne l'ordre d'abandonner le train avec ses deux bataillons et de prendre la route de Pontarlier. A pied.

Le 16 est le jour où le général Laure lance le 45e corps du général Daille en direction du sud avec l'idée de le faire échapper à l'encerclement qui se dessine. La solidité des défenses de Belfort s'en trouve affaiblie et l'on peut se demander pourquoi Girol qui a l'occasion de récupérer le 61e RR et de l'utiliser, l'envoie à Pontarlier sans lui accorder de moyens de transport, si bien que quatre des huit mitrailleuses sont chargées sur des voitures à bras réquisitionnées, les quatre autres et leurs munitions restant à bord du train pendant que le lieutenant Soirfeck recherche des véhicules. Il convient aussi de se procurer des vivres car, au départ de Metz, le régiment a pris le train avec deux jours de ravitaillement et les hommes ont l'estomac vide. Le lieutenant-colonel Cachier précède le régiment en voiture et s'arrête à Vieux-Charmont où le général Daille n'a pas encore quitté son PC.

« Aller à Audincourt, s'y encercler et attendre de nouvelles instructions. » Tels sont les ordres de Daille.

Une vingtaine de kilomètres à parcourir pour les hommes mais Audincourt est tout de même moins loin que Pontarlier. Vers 14 h 30, les deux bataillons arrivent et commencent à édifier des barrages et un dispositif de défense sur la rive nord du Doubs. Le soir, le lieutenant Soirfeck rejoint Audincourt : pendant qu'il cherchait un camion ou même des voitures à bras, une unité de la Défense de Belfort s'est emparée des quatre dernières mitrailleuses. La nuit s'écoule et le 17 juin à 8 heures, le colonel envoie un officier de liaison à Vieux-Charmont. A son retour, il apprend par lui que le PC du 45e corps est vide ; le général Daille n'a pas laissé d'ordres pour le 61e RR.

Le temps passe. Cachier est décidé à se battre à Audincourt mais à 13 h 30, un officier de liaison de l'état-major de la VIIIe armée [1] apporte un ordre verbal : deux compagnies doivent aller à Montbéliard et barrer les entrées nord et ouest de la ville. Le chef de corps du 61e RR rappelle qu'il n'a pas d'armes antichars, quatre mitrailleuses pour deux bataillons et aucune cartouche à balle perforante. En revanche, si on lui affecte deux canons de 37, il a des servants. Ces observations tombent dans le vide et, à 17 h 30, le même officier de liaison revient. L'ensemble du 61e RR doit se porter à Montbéliard et barrer la vallée de la Lizaine entre cette ville et Héricourt. Renseignement confidentiel donné à Cachier : les blindés allemands seraient à Besançon et se dirigeraient vers Belfort.

« Et les deux canons de 37 que je vous ai demandés ? insiste le colonel.

— Nous n'en avons pas » tranche l'officier de la VIIIe armée qui remonte dans sa voiture et disparaît.

Cachier réunit ses commandants de compagnie : la « 1 » et la « 2 » conservent les emplacements donnés au début de l'après-midi. La « 3 » tiendra Courcelles, la « 6 » Bussurel, la « 7 » Bethoncourt, la « 4 » et la « 8 » étant pour l'instant en réserve. Quant à l'attitude à adopter, elle se résume ainsi : « L'attaque pouvant être imminente », réaliser aussi vite que possible des barricades infranchissables aux motocyclistes, aux troupes à pied (*sic*) et aux voitures légères. Les renforcer ensuite de manière qu'elles constituent un obstacle aux engins blindés. Et Cachier ajoute : « Les compagnies n'ayant aucune arme antichars, ne pas se démasquer au passage des chars et automitrailleuses, n'ouvrir le feu que sur les motocyclistes, troupes à pied, camions chargés d'hommes. (...) Aucun ravitaillement n'étant possible, ménager les munitions. »

A 18 heures, les reconnaissances sont effectuées et, une demi-heure plus tard, les compagnies gagnent leurs emplacements. Il apparaît que, même en marchant bien, ce qui n'est pas le cas, elles n'auront pas le

1. Cet officier n'a pas été identifié.

temps de s'installer et d'édifier des barricades avant la tombée de la nuit. Le PC du colonel était prévu à la mairie mais le premier magistrat de la commune s'y oppose « Montbéliard s'étant déclarée ville ouverte » et la mairie étant envahie par les réfugiés. Le PC s'installe à la villa Marty, sur la route de Besançon, à environ 500 mètres de la barricade de la 2e compagnie du capitaine Gouyon.

A Sainte-Suzanne, dans la banlieue sud-ouest de Montbéliard, la 2e compagnie du capitaine Gouyon est en place depuis la fin de l'après-midi mais personne ne semble avoir conscience de l'approche d'un danger quelconque. Le lieutenant Guérin a donné l'ordre d'élever une barricade à environ 50 mètres du café Georges (du nom du patron, Georges Simonin) mais les hommes du 61e RR estiment sans doute que rien ne presse car la construction de la barricade n'avance pas vite. Peu avant 20 heures, des réfugiés qui viennent du sud affirment que les Allemands approchent. Réaction de Guérin : « Je ne les crois qu'à moitié, les soupçonnant d'être de la Cinquième colonne. »

Guérin est couvert à environ 400 mètres par un petit poste d'une dizaine d'hommes commandés par l'adjudant Fischer. A 20 heures, le capitaine Gouyon qui est allé inspecter les autres sections, rentre à Sainte-Suzanne. Guérin reste au barrage avec quelques soldats et envoie les autres à la soupe qui est distribuée dans une grange située à une cinquantaine de mètres EN AVANT de la barricade. 20 h 30 : le poste Fischer reflue et l'adjudant essoufflé rend compte à Guérin : « Les boches... les boches sont derrière moi ! »

Cinq minutes plus tard, le claquement des chenilles se fait entendre et une vingtaine de chars s'approchent de la barricade. Guérin : « J'ouvre le feu, les tanks s'arrêtent, les motocyclistes qui les escortent sont abattus. Le char de tête riposte à coups de canon tirés à bout portant dans la grange où se trouve le lieutenant Rigal avec le reste de la compagnie. »

La distribution de la soupe est brutalement interrompue et la colonne allemande ne perd pas de temps. « Un char ennemi enfonce la barricade qui n'était que commencée. » lit-on dans le rapport du lieutenant-colonel Cachier. Au café « Chez Georges », une quinzaine de militaires dînaient. Parmi eux, quatre soldats de l'état-major du 61e RR venus depuis le PC se restaurer : Grethen, Michely, Pernet et Trachterev. Vers 21 heures, alors qu'ils achèvent leur repas, un coup de feu les fait sursauter.

« Par la fenêtre ouverte, se souvient Grethen, nous voyons des hommes de la « 2 » se sauver vers les bois et nous apercevons des engins motorisés et des chars arrêtés sur la route devant le barrage. »

Les quatre soldats n'ayant pas leurs armes avec eux répondent à leur premier réflexe : ils se réfugient dans la cave avec les civils. Au-dehors, après quelques coups de canon et de brèves rafales, les blindés ont franchi l'obstacle et poursuivent leur route. Des fantassins allemands frappent à coups de crosse à la porte du café et menacent de lancer des grenades si tous les militaires français ne se livrent pas sur-le-champ.

« Ils exigeaient que nous sortions sans armes les bras en l'air, et certifiaient que nous serions considérés comme prisonniers » dit Grethen.

Cédant aux supplications des femmes, les hommes du 61e RR se décident et, mains levées, franchissent la porte, encadrés aussitôt par des Allemands particulièrement excités. L'un d'eux parle de « les coller au mur et de les abattre ». Aucun Français ne prend la phrase au sérieux. Pourquoi les fusillerait-on puisqu'ils sont désarmés et se rendent avec ostentation ?

Grethen : « A peine ces mots ont-ils été prononcés que les deux premiers de notre groupe étaient foudroyés par une balle de pistolet tirée à bout portant, dans l'œil ou la tempe, par celui qui avait parlé. Les autres Allemands se mirent à tirer sur nous[1]... »

Grethen se jette à terre et fait le mort. Miraculeusement il échappera aux balles et, lorsque leurs nerfs seront calmés, les hommes de l'avant-garde de l'*Oberstleutnant* Balck accepteront de le considérer comme prisonnier de guerre. A quelques mètres de « Chez Georges », les corps sans vic dc sept Français baignent dans leur sang[2]. La *1re Panzerdivision* a signé son passage à Saine-Suzanne.

A quelques centaines de mètres des lieux du drame, à la villa Marty, le lieutenant-colonel Cachier est sidéré par le spectacle qu'il aperçoit de sa fenêtre.

« Une colonne d'engins blindés fonce à 50 km/h dans la Grande Rue et défile devant le PC du régiment d'où des guetteurs embusqués dans le parc dénombrent tous les engins qui passent, écrit Cachier. Je téléphone ces renseignements de quart d'heure en quart d'heure au général Girol mais à 22 h 30, la communication est coupée. »

C'est donc le chef de corps du 61e RR qui, depuis son PC de Montbéliard, a prévenu Girol de l'entrée des Allemands dans la ville, pendant que le capitaine des Roseaux se trouvait dans son bureau. Au sud-est de Montbéliard, trois compagnies du 61e RR ne sont toujours pas en place mais alertées à temps, elles ont pu éviter de venir se jeter contre la colonne blindée ennemie qui traverse la ville dans le sens sud-nord. Le capitaine Bard, qui allait innocemment reconnaître son PC à l'école de Courcelles, a été prévenu par le lieutenant Gusse à qui il avait confié le soin d'amener la 3e compagnie.

1. Lettre du 11 mai 1978 adressée à l'auteur par M. Lucien Grethen, de Thionville.
2. Les soldats Lucien Michely, Antoine Kling, Victor Martiny, Georges Thouvenin, Pierre Weber, Alexandre Trachterev et le sergent Lucien Farcy.

« Un sapeur vient de m'affirmer que les boches montaient de l'Isle-sur-le-Doubs vers Montbéliard, mon capitaine ! » a dit Gusse à son supérieur.

Bard bouleverse sur-le-champ le dispositif prévu et fait déployer les unités sur la rive est du canal. Mission : en interdire le franchissement et se couvrir dans la direction de Courcelles. Le lieutenant Pray avec deux sections de la « 8 » du capitaine Gentet, le lieutenant Gilquin avec sa section de mitrailleuses, la « 4 » du capitaine Combebias avec les lieutenants Dagnan et Chapuis, soit près de 350 hommes dont 6 officiers. Lorsque Bard passe devant le pont du canal, le sous-officier chargé de la destruction lui rend compte que les chars allemands sont dans Montbéliard mais que le sous-préfet lui a interdit — verbalement — de faire sauter l'ouvrage. Bard comprend ; il rédige un ordre qu'il remet au sapeur : « Si des tanks ennemis viennent pour franchir le pont sur le canal, faites-le sauter immédiatement ! » En attendant, il est indispensable de lever le pont-levis, ce qui est exécuté en présence du capitaine. Celui-ci place ensuite ses sections de manière à prendre sous son feu toute la longueur du canal. Le lieutenant Gilquin laisse un groupe de mitrailleuses à 150 mètres à gauche du pont et un second à 150 mètres à droite. La compagnie Combebias se déploie au-delà de l'usine à gaz mais vers 22 heures au moment où Bard se dispose à prendre liaison avec le PC du régiment, une énorme déflagration se produit sous ses yeux : le pont a sauté. Le capitaine est blessé à l'épaule par un éclat de pierre, ou de métal, le soldat Deletain est touché dans le dos et l'arrière de la voiture est défoncé. Chez les mitrailleurs, les soldats Nicolle et Jousse doivent être évacués pour fractures.

Personne n'a encore aperçu l'ombre d'un engin blindé mais Bard et Combebias jugent prudent d'abandonner le canal [1]. Par un chemin de terre, ils se réfugient avec leurs hommes sur une croupe située à l'est de Montbéliard, au lieu dit « La Petite Hollande ». C'est là que les retrouvera vers 23 heures le capitaine Gentet, de la 8e compagnie, qui apporte des nouvelles fraîches : « J'ai vu les tanks allemands défiler dans la ville en direction de Belfort. Plusieurs coups de canon de petit calibre ont été tirés... »

Un élément imprévu va jeter la confusion dans le centre de Montbéliard et obliger l'*Oberstleutnant* Balck à distraire tout un bataillon de son détachement d'avant-garde pour nettoyer la ville. Le *II/Schützen Regiment 1* du *Hauptmann* Dr Eckinger est désigné et Balck lui

1. Le mouvement a été « rapide » car, dans la nuit, le sergent Lévitre, les soldats Jérôme et Oudin retourneront à la Peugeot du capitaine Bard pour y récupérer les documents oubliés par celui-ci. Ils ramèneront aussi Deletain qui, blessé par un éclat de pierre lors de la destruction du pont, avait été, lui aussi, « oublié ».

recommande de ne pas s'engager en force avant le lever du jour afin d'éviter les confusions toujours possibles. En effet, outre les compagnies du 61e RR dispersées autour de Montbéliard, une autre unité vient de faire son entrée en ville. Elle est passée à Sainte-Suzanne, sans doute peu de temps avant l'arrivée des chars allemands, et se heurte maintenant à l'avant-garde de Balck. Il s'agit de l'état-major du 5e RC Pol. du colonel Kowalczewski, et du Ier bataillon du commandant Allinger. Depuis Lure qu'ils ont refusé de défendre sous les ordres du lieutenant-colonel Blanlœil, les Polonais n'ont qu'une idée : rejoindre leur division rattachée au 45e corps. Malheureusement pour eux, la direction de Montbéliard qu'ils ont adoptée au début de l'après-midi va leur être fatale. La première prise de contact avec les chars allemands coûte la vie au capitaine Jan Karszniewicz puis, dans l'obscurité, les combats vont dégénérer, les Polonais cherchant par tous les moyens à sortir de la ville où ils se sentent piégés. Une partie d'entre eux réussiront, les autres seront faits prisonniers et parmi eux le colonel Kowalczewski [1].

La 1re compagnie du 61e RR est au nord de Montbéliard et les hommes travaillaient paisiblement à la construction d'une barricade sur la route d'Héricourt lorsqu'un petit monsieur en civil vint leur donner l'ordre de déposer leurs outils et leurs armes.

« Je suis M. Marchandise, commissaire de police, explique-t-il aux officiers médusés. Les Allemands occupent Montbéliard et toute résistance est désormais inutile. »

Le commissaire propose au lieutenant Saxe de l'accompagner au PC du colonel pour y recevoir des ordres allant dans ce sens.

« Je n'ai pas confiance en vous, répond Saxe, vous me donnez l'impresssion de vouloir me livrer vous-même à l'ennemi. » (rapport Cachier)

M. Marchandise insiste pour qu'on téléphone d'une maison voisine au sous-préfet. Celui-ci est aussi défaitiste que le commissaire : « Je vous demande instamment de ne pas faire usage de vos armes, dit-il, la mort d'un seul Allemand peut amener des représailles sévères sur Montbéliard ! »

Le massacre des sept soldats français à Sainte-Suzanne doit-il être considéré comme un avertissement ? Responsable de l'avant-garde du *Kampfgruppe* Krüger, Balck a-t-il voulu faire comprendre qu'une résistance prolongée attirerait des représailles sur la population ? Ce n'est pas très loyal mais bien dans sa manière. Un officier de la 1re compagnie, le lieutenant Carréga, décide pourtant de faire confiance

1. Le colonel Kowalczewski sera envoyé en captivité en Allemagne. Après trois évasions manquées (de l'Oflag XII-A-Limburg, de l'Oflag IV-C-Cölditz et de l'Oflag VI-B-Dössel) la Gestapo l'enverra à Buchenwald où il sera assassiné en janvier 1944.

au commissaire de police et de l'accompagner en voiture au PC du lieutenant-colonel Cachier. Une heure plus tard, M. Marchandise revient. Seul.

« L'auto a été arrêtée par l'ennemi et le lieutenant fait prisonnier, dit-il. Les Allemands insistent pour que vous déposiez vos armes dans un local et qu'au lever du jour, vous veniez, désarmés, à la mairie. »

Pour se débarrasser de l'encombrant personnage, on lui promet que ce sera chose faite et il consent à s'éloigner. A-t-il sévi ailleurs ? C'est probable. A la villa Marty, le lieutenant-colonel Cachier a envoyé une patrouille chargée de reconnaître un itinéraire en direction d'Héricourt. Elle s'est repliée sous le feu de postes ennemis disséminés le long de l'itinéraire principal Montbéliard-Belfort. Partie le 18 à deux heures du matin, une seconde patrouille subit un échec semblable.

« Peu après son retour, écrit Cachier, un détachement ennemi, *au milieu duquel est un civil*[1] envahit par surprise le parc et neutralise les sentinelles. »

Le colonel, le capitaine Langeard et quelques gradés subalternes qui se trouvaient avec eux sont faits prisonniers.

***

Héricourt. A neuf kilomètres au nord de Montbéliard. En parler c'est évoquer le I/22e RIF du commandant Babault, revenir en arrière et retrouver le train sur lequel embarqua ce bataillon, à Haguenau, dans la soirée du 14 juin. Le lendemain, la rame traversait les Vosges jusqu'à Bruyères, à une vitesse certes peu élevée mais régulière. Les difficultés commencent le 16 juin dans la vallée de la Moselle où les bombardiers allemands effectuent plusieurs raids.

« Lignes téléphoniques bordant la voie arrachées, raconte le capitaine Cohen, officier adjoint, rails abîmés, wagons démolis... Nous sommes obligés de remettre de l'ordre dans le train du génie qui nous précède et le capitaine P..., de la CM 6, monte près du chauffeur, sur notre locomotive, afin de parer à toute difficulté imprévue. »

Le dimanche 16 à 19 heures, le convoi est à Aillevillers où les bâtiments de la gare ont été soufflés et incendiés par les explosions du train de munitions atteint par les *Stukas*. Au milieu des rails arrachés, une voie unique a été rétablie et le train du I/22e RIF poursuit sa route en direction de Lure car la ligne de Port-d'Atelier, selon les cheminots, est barrée par l'ennemi. Le 16 à minuit, en amont de la gare de Lure déserte, le lieutenant Saul, de la section de pionniers, remet lui-même l'aiguillage en état mais, au moment de repartir, un obstacle se présente sous la forme d'un train sanitaire arrêté devant celui du bataillon Babault

1. Souligné par le chef de corps du 61e RR.

et incapable d'avancer par ses propres moyens, le réservoir d'eau de la locomotive étant à sec. Aux grands maux les grands remèdes. Le mécanicien et le chauffeur du I/22e RIF poussent leurs feux et amènent doucement les tampons de leur machine contre ceux du fourgon de queue du train sanitaire. Les roues patinent mais la locomotive, tirant son propre convoi, parvient à pousser la rame en panne jusqu'à Ronchamp, à une dizaine de kilomètres. Le plein d'eau est fait, neuf morts sont descendus sur le quai et le train sanitaire repart par ses propres moyens [1].

Le commandant Babault a profité de l'arrêt à Ronchamp pour téléphoner à Belfort d'où un officier de l'état-major Girol lui a conseillé « de continuer jusqu'à Bas-Evette où il recevra une mission ». A 10 heures, le train s'y arrête, à quelques kilomètres au nord de Belfort. Pendant que Babault se rend au Château où le général Girol le renvoie sur Giromagny, au PC de la 63e DI, « un chef d'escadron de la VIIIe armée, rapporte le capitaine Cohen, me donne l'ordre de constituer deux bouchons, l'un à Héricourt, le second à Frahier ». Ne serait-ce pas le commandant Eon qui ferait encore des siennes ? Comme à Vesoul, c'est réussi ! Le I/22e RIF n'a pas encore mis pied à terre qu'il éclate en trois éléments : Cohen et la CHR du capitaine Descamp restent auprès du train pour débarquer véhicules, vivres et munitions, la CM 3 du lieutenant Barbotin part pour Frahier, sur la RN 19, à environ 10 kilomètres à l'ouest de Belfort, où elle sera sans liaison [2], le gros du bataillon descend à pied sur Héricourt et le médecin-lieutenant Gautrelet, qui a réquisitionné une Renault à Belfort, conduit le commandant Babault au château Schwob I pour y installer son PC. La mission confiée au I/22e RIF manque d'ailleurs de clarté puisqu'il s'agit de « barrer toutes les directions à partir d'Héricourt ». Pourquoi à une telle distance de Belfort alors même que le général Laure a fait saboter les forts de ceinture pour resserrer la défense sur la ville ?

« Faire au mieux » était le mot suprême, observe le Dr Gautrelet, laissant à chacun les initiatives stratégiques et tactiques. »

Babault prépare son plan de feux et l'expose à ses officiers convoqués à Schwob I dès leur arrivée. Le capitaine P... tiendra le sud de la localité avec la CM 6, interdisant les directions de Lure, Villersexel et Besançon ; la CM 1 du capitaine Chazelat sera à l'entrée nord de la localité, sur la route de Belfort ; les lieutenants Richardin et Christophe patrouilleront avec les voltigeurs de la compagnie d'engins. Babault ajoute qu'il

1. Il s'agit sans doute du convoi de 540 blessés arrivé à Montbéliard le 17 juin vers 10 h 15. Les neuf morts sont : le colonel Laprun, de la 6e DIC, le caporal Gilbert (18e BILA) et les soldats Bournot (43e RIC) Cueff, Leroux (18e BILA) Redron (58e BM) Romain-Desfossés (29e BCC) Violleau (3e RIC) et un militaire non identifié.

2. Barbotin fera face à l'ouest, en AVANT du 298e RI du lieutenant-colonel Devismes qui fait lui aussi face à l'ouest.

convient de se hâter car, avec la nuit qui tombe, les compagnies vont encore perdre du temps.

« Pendant la mise en place, rapporte le lieutenant Saul, la ville est traversée par des groupes polonais qui se replient et par des véhicules automobiles non identifiés en raison de l'obscurité. Ils ne sont pas inquiétés pour éviter une nouvelle méprise car un motocycliste polonais vient d'être grièvement blessé par notre feu[1]. »

Dans la crainte de tirer une nouvelle fois sur des véhicules français ou polonais, les hommes du I/22e RIF laissent ainsi passer à vive allure les deux voitures blindées du *Hauptmann* von Bellegarde qui ne s'arrêteront qu'à Belfort, devant le fort Hatry. Si Bellegarde avait été intercepté — et interrogé — à Héricourt, Babault aurait peut-être appris qu'il appartenait à l'*Aufklärungs Abteilung* de la *1re Panzer* dont les automitrailleuses marchent sur la ville. En revanche, Bellegarde et Seidel étant prisonniers à Belfort, le *Major* von Scheele, leur supérieur, n'a pu être informé de la présence du I/22e RIF à Héricourt avec sa dotation de canons de 25[2].

Entre minuit et une heure du matin, une patrouille de l'*AA 4* s'approche de la petite ville par le sud et les conducteurs des automitrailleuses se montrent d'autant moins méfiants qu'ils n'ont pas encore rencontré de résistance depuis la réception du mot-code « *Vorwärts* ». La surprise joue en faveur du I/22e RIF dont les canons de 25 ouvrent le feu.

« Trois ou quatre véhicules sont touchés par notre tir », écrit le lieutenant Saul.

« Deux automitrailleuses, une voiture blindée et une moto », précise le commandant Babault.

A la fin de la prise de contact, l'ennemi s'étant retiré, l'adjudant Gaucher est envoyé avec quelques hommes explorer la route en avant de la barricade. A environ 200 mètres il découvre un véhicule blindé abandonné par ses occupants et capture deux Allemands, dont un blessé, rapporte des documents et un pistolet-mitrailleur. Le blessé est amené au poste de secours de Schwob I où le médecin-lieutenant Gautrelet diagnostique « une dislocation du genou avec présence de projectile intra-articulaire ».

Environ une heure après ce premier engagement, une voiture allemande arborant un large drapeau blanc avance lentement en direction de la barricade en chicane de la route de Vesoul et s'arrête à la première sommation. En descendent l'*Oberleutnant* von Kleist et

1. Sans doute des éléments du I/5e RC Pol. échappés de Montbéliard. « Il s'agissait d'un officier tué par erreur par nos sentinelles, note le Dr Gautrelet. Vers 3 heures, j'ai vu son corps dans une voiture. »

2. 14 à Héricourt et 9 à Frahier avec la compagnie Barbotin, rapporte le capitaine Cohen ; 12 en tout, selon le Dr Gautrelet.

l'*Oberleutnant* Braune-Krickau qui appartiennent tous les deux au *Kampfgruppe* Nedtwig et se disent envoyés en parlementaires. Conduits à Schwob II, au PC du capitaine P... ils expliquent à ce dernier qui parle allemand qu'ils ont pour mission de rencontrer le *Kommandeur* de la Place de Belfort pour lui offrir la possibilité d'une reddition sans combat, évitant ainsi une effusion de sang inutile au moment où l'armistice peut être signé d'une heure à l'autre. Les deux officiers sont conduits au PC du commandant Babault qui a pris ses ordres à Belfort par téléphone. En effet le général Girol a sans doute accepté de recevoir les parlementaires car ils ont été vus « les yeux bandés et accompagnés d'un officier du 22e RIF » par le capitaine Laroche, de la « 9 » du III/298e RI, au pont de Bavilliers. Le commandant de la Défense de Belfort ayant écarté l'idée d'une reddition sans combat, « l'officier du 22e RIF », le lieutenant Pattey, ramènera les deux Allemands une heure plus tard. L'adjudant Grancher, qui avait pour mission de garder leur voiture et le chauffeur de celle-ci, les a vu revenir « vers 4 heures, les yeux bandés ». Sage précaution qui n'a pas empêché Kleist et Braune-Krickau d'observer que Héricourt était tenu par au moins un bataillon. Le capitaine P... ne les a-t-il pas conduits au PC du commandant Babault ?

Le commandant du I/22e RIF ne fermera pas l'œil de la nuit. Dans Héricourt qu'il ne connaît pas et où la mise en place de ses compagnies s'est effectuée de nuit et sous la pluie, il a conscience de sa vulnérabilité. Il est seul, coupé de la CM 3 du lieutenant Barbotin partie pour Frahier, coupé de son adjoint, le capitaine Cohen, resté près du train, à Bas-Evette, coupé de la CHR du capitaine Descamp qui doit se trouver quelque part sur la route avec les vivres et les munitions. En outre, le Polonais abattu par erreur, la prise de contact avec les automitrailleuses et le passage des deux parlementaires ont fait monter la tension nerveuse des hommes. Babault, qui les connaît mal [1] se demande de quelle façon ils vont réagir lorsque les Allemands attaqueront avec de plus gros moyens. Il lui faut attendre six heures du matin pour être fixé.

L'*Aufklärungs Abteilung 4* lance une forte reconnaissance sur Héricourt, utilisant cette fois des automitrailleuses lourdes [2] dont les canons de 20 déclenchent des tirs particulièrement impressionnants. Les pièces de 25 et les mitrailleuses de la CM 6 répondent mais avec timidité et soudain, à l'exception du sous-lieutenant Dandonnot et de quelques hommes, la compagnie du capitaine P... met bas les armes. Les archives du 22e RIF sont discrètes sur ce que le Dr Gautrelet appelle « une

1. Le commandant Babault commande le bataillon depuis le 30 mai, c'est-à-dire depuis 18 jours.

2. *Schwerspähwagen* à six roues, quatre hommes d'équipage, radio, une mitrailleuse et une pièce de 20.

défaillance d'un instant ». Babault se contente de dire que « la compagnie P... est désorganisée ». Dans une lettre privée [1], l'adjudant Hamel, du PC du bataillon, nous éclaire davantage :

« Nous assistons, dit-il, à la défection de la presque totalité des éléments alsaciens de la CM 6. Spectacle pénible, le commandant Babault doit, revolver au poing, ramener le capitaine P... à une plus juste notion de ses devoirs [2]. »

Le journal de la *1re Panzer* indique que l'*AA 4* a fait une centaine de prisonniers dont deux officiers (P... et le lieutenant Pattey). Des chenillettes sont incendiées et trois canons de 25 sabotés avant la reddition. Les Allemands sont maintenant moins agressifs et semblent vouloir se retirer. Leur mission n'est pas d'occuper le terrain et leur retrait partiel permet au lieutenant Saul après un tir de mortiers de 81, de reprendre avec ses pionniers le carrefour situé en avant du pont de la Lizaine, ce qui laisse le temps au Dr Gautrelet de ramasser huit blessés dont le lieutenant Jean-Baptiste Busser qui a reçu trois balles dans l'épaule. De son côté, le lieutenant Richardin parviendra, avec une section, à gagner les jardins, entre la rivière et la route de Lure.

« Nous y retrouvons le sous-lieutenant Dandonnot et cinq hommes de la CM 6, note Richardin. Aucun autre élément de cette compagnie n'a pu être récupéré. »

Avec Dandonnot et la section de l'adjudant Gaucher, il regagnera sans pertes le PC du bataillon, en dépit des rafales tirées par une automitrailleuse embusquée près du pont de la Lizaine. Une heure plus tard, les Allemands rompent le contact et se retirent au sud de la localité dont ils tiennent cependant les lisières sous leur feu. A Schwob I, le commandant Babault est persuadé que sa présence à Héricourt, malgré la défection de la CM 6, dissuade l'ennemi de tenter le passage en force en direction de Belfort. C'est une illusion, bien compréhensive chez un homme qui reste sur la défensive pendant que ses adversaires, habitués à manœuvrer, recherchent tous les itinéraires possibles.

En signalant à l'*Oberst* Nedtwig que Héricourt est défendu, Kleist et Braune-Krickau l'ont amené à changer de plan. Le chef du *Kampfgruppe* Ouest choisit un autre itinéraire sur lequel il lance ses reconnaissances alors que le jour est déjà levé. Commandée par l'*Oberstleutnant* Breusing, du *Panzer Regiment 2,* l'avant-garde prend la direction du nord de façon à déboucher sur la RN 19 vers Ronchamp. De là, elle obliquera vers l'est et, par Champagney et Plancher-Bas — où elle se

1. Lettre du 12 mai 1945 communiquée à l'auteur par son neveu, Roger Hamel, de Grisy-Suisnes (Seine-et-Marne).

2. Le capitaine Richard P... né le 5 décembre 1894 en Alsace, a servi dans l'armée allemande du 5 novembre 1914 au 5 décembre 1918 avant de passer dans l'armée française.

heurtera au 2e Pyrénéens — elle entrera par l'ouest à Giromagny, à 12 kilomètres de Belfort que Nedtwig a l'intention d'attaquer par le nord. Krüger arrivant par le sud, la manœuvre en pince ne permettra pas aux défenseurs de Belfort de s'échapper. Mais l'itinéraire choisi par Nedtwig est difficile, le trajet sera long et, pendant ce temps, au *Kampfgruppe* sud, Krüger est passé à l'attaque.

***

Dans la nuit épaisse et humide, le *General* Kirchner et le *Major* Wenck ont remonté les colonnes françaises refluant sur Belfort et, grâce à un motocycliste allemand en panne qui les a renseignés, ont pu rejoindre l'*Oberst* Krüger. Celui-ci s'est lui-même porté à Châtenois où l'*Oberstleutnant* Balck vient de lui rendre compte « qu'il n'attend plus que l'ordre de passer à l'attaque ».

Les chars du *II/Panzer Regiment 1* ont poussé plus loin, leurs feux toujours éteints, volets fermés, sans tirer un coup de feu. Leur chef, le *Hauptmann* Gittermann, n'a même pas voulu courir le risque de faire intercepter un message radio et il a fait partir un motocycliste pour Châtenois avec un billet écrit à l'intention de Krüger : « Suis à Danjoutin. Aucune résistance devant nous. Les forts ne tirent pas. J'attends l'ordre d'attaquer. »

Danjoutin. Aux portes de Belfort. Le *General* Kirchner qui a lu le billet de Gittermann ne comprend pas et s'interroge : deux forts ont été repérés par les reconnaissances aériennes et peuvent prendre sous le feu de leurs canons la route de Montbéliard. Or, ils restent silencieux. Kirchner comprendrait encore moins s'il apprenait que sur l'ordre du général Laure, les forts ont été sabotés et abandonnés la veille, *vingt-quatre heures* avant l'apparition des premiers éléments de la *1re Panzer*. Celui du Bois d'Oye aurait pu tirer sur l'itinéraire du *Kampfgruppe* Krüger avec une tourelle de 155, une tourelle de 75 jumelés, et même deux mitrailleuses sous tourelle. Le fort de Vézelois, situé à l'est de Danjoutin, avait une tourelle de 75 jumelés disponible. Depuis que Laure a amputé la défense de Belfort de ses ouvrages fortifiés, Girol n'a plus qu'une poignée de fantassins des 3e et 4e Pyrénéens pour protéger la face sud. Comparés à ceux de Balck ces moyens sont ridiculement faibles. Pour sa seule avant-garde, Balck a en effet sous ses ordres le bataillon de chars de Gittermann, c'est-à-dire une vingtaine de *Panzers III* et quelques gros *Panzers IV,* le *III/Schützen Regiment* du *Major* Richter, une compagnie de canons de 150 d'infanterie, les 105 du *I/AR 73,* douze *Mörser* de 210 du *Schwer Artillerie Abteilung 616* et une batterie de *88 Flak,* toute cette artillerie étant bien entendu motorisée. Se regroupent à Châtenois au cours de la nuit les gros du *Kampfgruppe* placés sous les ordres du l'*Oberstleutnant* Kopp, du *Panzerjäger Abtei-*

*lung 37*[1]. On remarque tout de suite que la dotation de Krüger en artillerie a été renforcée par des *Mörser* de 210 et du *88 Flak.* Comment les canons français vont-ils pouvoir riposter alors qu'ils sont pour la plupart au nord de Belfort, orientés vers l'est et vers l'ouest, ignorant tout du danger qui les menace au sud ou n'ayant reçu aucun ordre pour y parer ?

Balck pousse sur Danjoutin le *III/SR 1* du *Major* Richter qui suivra les chars du bataillon Gittermann. Selon le journal de la *1re Panzer,* le *General* Kirchner aurait donné l'ordre d'attaquer Belfort à 4 h 42 mais les heures varient selon les unités et l'on peut considérer que c'est vers 5 heures du matin, le jour étant levé depuis plus d'une heure, que l'avant-garde de Balck entame sa marche sur Belfort.

Dans la nuit du 17 au 18 juin, le PC de la VIIIe armée s'est porté à La Bresse et celui de la 63e DI l'a remplacé à Malvaux. C'est de cette petite localité, située à quelques kilomètres au nord de Giromagny, sur la route du Ballon d'Alsace, que le général Parvy a téléphoné à Laure, à l'aube du 18.

Laure : « Les blindés ennemis viennent d'entrer à Belfort par les issues du sud, presque sans coup férir, semble-t-il et, ayant traversé la ville, progressent vers Giromagny. Le général Girol est enfermé et cerné dans la citadelle. Je suis atterré[2] ! » Il avance ensuite une hypothèse : « Nos troupes préposées à la garde des barricades du sud n'ont pas dû se battre, sans doute trompées par la fâcheuse rumeur d'armistice et par des stratagèmes que les Allemands n'auront pas hésité à employer pour les entretenir dans cette illusion[3]. »

Le chef de la VIIIe armée ne dissimule pas que, de son côté, il en conservait quelques-unes : « Je comptais sur autre chose et au moins sur plusieurs heures d'un combat au cours duquel l'ennemi aurait essuyé des pertes sévères. »

A la Manutention, rue des Bons-Enfants, les pionniers ont travaillé toute la nuit. La porte-tunnel a été obturée par des voitures chargées d'énormes pièces de bois et la petite porte a été barricadée avec de gros rondins. Le commandant Alaroze, du I/418e Pionniers, a demandé au

1. Les gros comprennent, outre les états-majors de la *Schützen Brigade* et du *Artillerie Regiment 73,* le *Panzerjäger Abteilung 37* (moins une compagnie détachée chez Nedtwig) deux groupes du *AR 73,* une batterie de *88 Flak,* le *II/SR 1* (laissé provisoirement à Montbéliard) le *Pionnier Bataillon 37* et les autres chars du *Panzer Regiment 1.*

2. Cela n'empêche pas Laure de forcer la note en téléphonant à 9 heures au général Condé « qu'une masse de chars, au moins 200, a traversé Belfort ».

3. Le lieutenant-colonel Louis Françon, du 12e RIF, confirme les propos de Laure : « Au petit jour, les blindés allemands pénètrent dans Belfort par la route de Danjoutin sans que les barrages placés aux issues offrent la moindre résistance. »

commandant Thiébaud, chef d'état-major de la Défense de Belfort, du barbelé, des grenades et des fusées. Bien entendu, il n'obtiendra rien sinon des promesses. Un sergent et huit hommes de la compagnie Vérat ont été détachés place Corbis, à quelques centaines de mètres, afin de donner l'alerte au cas où...

A 5 heures, le sergent revient à toutes jambes à la Manutention et rend compte « qu'une colonne blindée de 101 véhicules *(sic)* venant en partie du faubourg de Montbéliard, en partie de la gare, monte sur Valdoie en suivant les rails du tramway ».

Vingt minutes plus tard, des chars allemands apparaissent rue des Bons-Enfants. Le commandant Alaroze témoigne : « L'un d'eux tire une dizaine d'obus dans la grande porte qu'il dépasse avant de disparaître dans une rue perpendiculaire. La masse de bois qui bouche la voûte n'a pas bougé. D'autres engins arrivent du Marché couvert et explorent l'autre face de la Manutention. Ils sont accueillis par un feu nourri. »

Par chance, les blindés ne dépassent pas le grand saillant du rempart. S'ils avaient poursuivi leur route, ils auraient découvert l'entrée de la caserne des gardes mobiles et de là, la cour de la Manutention. La mission du *Hauptmann* Gittermann est de repérer les endroits où, dans Belfort, les Français se sont retranchés. Quant les *Schützen* du *Major* Richter seront là, le nettoyage méthodique des points de résistance pourra commencer.

L'intendant militaire Rozo a reçu un ordre formel du général Girol : détruire tous les stocks de vivres. N'est-il pas trop tard ? Le lieutenant-vétérinaire Deloumme est chargé d'aller saboter les immenses chambres froides remplies de viande mais les *Panzers* sont déjà dans les rues et il ne peut remplir sa mission. Pour les autres denrées alimentaires, on se contentera d'une aspersion superficielle de pétrole, ce qui laissera tout de même un joli butin à la *1re Panzer.* En revanche, la caisse des subsistances du lieutenant-colonel d'administration Colombani part en fumée. On brûle 397 500 F en billets de banque.

Du fort de la Justice, à la périphérie est de Belfort, le colonel de Bernard observe depuis le PC de la 2e demi-brigade de chasseurs pyrénéens : « J'aperçois nettement des éléments ennemis débarquant sur la place d'Armes ; ils semblent arriver par les routes de Montbéliard et d'Héricourt. »

De Bernard se trompe : le barrage du I/22e RIF à Héricourt n'a pas été franchi et c'est bien de Montbéliard que l'avant-garde de Balck arrive. Téléphonant au général Girol pour lui décrire ce qu'il voit depuis la Justice, de Bernard n'en reçoit qu'un ordre : « Résister aussi longtemps que possible ! »

Vers 5 h 30, les guetteurs voient l'ennemi attaquer de flanc la crête des

Perches et s'approcher du fort des Basses-Perches qui ne tarde pas à hisser le drapeau blanc. Le commandant Carrière et l'état-major du I/428$^{e}$ Pionniers, le capitaine Martelet, de la 12$^{e}$ compagnie du III/428$^{e}$ Pionniers ont estimé que leurs moyens de défense ne correspondaient pas à ceux que l'adversaire déploie et, pour ne pas faire tuer leurs hommes, ont choisi de mettre bas les armes. Ils se rendent vers 6 heures, non pas à des troupes d'assaut mais à des artilleurs, des officiers du *II/AR 56* et du groupe lourd *616* qui cherchaient un observatoire. Le rédacteur du rapport d'opérations de l'*Artillerie Regiment 73* souligne leur satisfaction : « Ainsi tombe entre les mains de l'artillerie un remarquable observatoire qui sera la base de tirs très efficaces contre Belfort. »

Malgré ses efforts et ses multiples interventions le capitaine Lambelin n'aura pas le temps de déplacer et de mettre en batterie les pièces de son groupe, le IV/159$^{e}$ RAP. A 4 h 30, il est convoqué par le lieutenant-colonel Barbaud, du 197$^{e}$ RAL. Celui-ci va-t-il lui imposer de nouvelles positions ? Lambelin décide de s'arrêter d'abord au Château afin de remettre au général Girol une copie des ordres qui lui ont été donnés dans la soirée du 17 par le général Fédary, commandant l'artillerie de la VIII$^{e}$ armée. Vers 5 h 15, un barrage établi par une section du 428$^{e}$ Pionniers sur le chemin de Pérouse, à hauteur du magasin à fourrage, oblige Lambelin à laisser sa voiture et à continuer à pied. Avec le lieutenant Moeder, il gagne l'entrée de la citadelle mais là, les bras lui tombent.

« La grille de l'ouvrage est fermée, écrit-il, et malgré de nombreux appels, personne ne répond de l'intérieur. Vers 6 h 15, désespérant de pouvoir me faire ouvrir, je décide d'aller au fort de la Justice. »

Les deux officiers n'ont pas le temps de s'interroger sur les raisons du silence qui règne à l'entrée du Château : « A ce moment, dit encore Lambelin, éclate pendant quelques minutes une vive fusillade et quelques coups de canon ; un avion allemand survole la ville... »

Lambelin et Moeder ne s'émeuvent pas ; il s'agit certainement d'un tir de DCA dirigé contre le « mouchard ». Quand ils arrivent au carrefour de la route de Colmar, le chauffeur Schmitt, un mousqueton à la main, les avertit « qu'une colonne motorisée allemande a pénétré dans Belfort et semble se diriger vers Valdoie par le faubourg des Vosges. »

Lambelin : « Il ne s'agit plus de mise en batterie mais il faut se rendre immédiatement à Éloie, rassembler les éléments du groupe et organiser la défense du village. »

Deux batteries de 155 du VI/159$^{e}$ RAP sont en position vers Offemont, au nord-est de Belfort. A la 10$^{e}$ batterie, le capitaine O'Quin, sans doute saisi par un pressentiment, a demandé le 17 au soir au maréchal des logis Parrent, de l'aider à trier puis à détruire les archives et les documents du chiffre. Vers 5 heures du matin, le capitaine Bauer, commandant le groupe, met tout le monde en état d'alerte. Il faut préparer la défense rapprochée des pièces car des chars allemands seraient dans Belfort. Pourquoi ne pas envisager de faire ouvrir le feu au 155 ? La réponse est stupéfiante !

« Nous avons des obus, écrit O'Quin, des gargousses mais pas de fusées. Le lieutenant de Genouillac et le chef Daydé sont allés en chercher. »

On peut se poser la question : à quel moment sera-t-on prêt à faire la guerre ? O'Quin place ses hommes le long de la route de Valdoie, le lieutenant Pariset à la mitrailleuse, les deux FM servis par les sous-officiers, Parrent et Tissot. Vers 6 h 30, un motocycliste s'arrête à la hauteur du capitaine : « Il y a un char embossé à 800 mètres, de l'autre côté de la route... »

Le lieutenant Pariset se porte volontaire pour attaquer le blindé. Il part avec Parrent, Tissot et quelques hommes. Quand ils disparaissent, de l'autre côté du dos d'âne, on entend des rafales, les coups secs d'un canon de petit calibre. Grièvement blessé, Pariset perdra un œil et ses compagnons seront faits prisonniers. Mais les Allemands ne restent pas immobiles, ils font en sorte d'être partout, ne serait-ce que pour laisser croire à leur supériorité numérique.

« J'aperçois un char dont le sommet dépasse le dessus de la route en dos d'âne, rapporte le capitaine Durupt, officier-adjoint du VI/159e RAP. Je saute dans le fossé tandis que la mitrailleuse du PC le prend à parti. On entend d'autres chars... »

Il est bientôt 7 h 30. Le lieutenant de Genouillac ne rapportera jamais les fusées tant attendues. A travers les bruits de moteur, on perçoit des cris, le tir d'une mitrailleuse vers le Martinet.

O'Quin : « Un char ennemi surgit, se place à 200 mètres de nous et balaie notre position au canon et à la mitrailleuse. Je donne l'ordre de faire sauter les pièces. »

Le maréchal des logis Mulin et ses hommes exécutent leur dernière mission : saboter les quatre 155 de la 10e batterie. Quelques instants plus tard, ils sont prisonniers.

Dans le faubourg des Vosges, le lieutenant Bastien, de la compagnie de commandement du 12e RIF, attend avec de plus en plus d'inquiétude la camionnette contenant les archives et le drapeau, camionnette que son conducteur, Redersdorff, s'est engagé à ramener à Belfort après dépannage. L'adjudant-chef Stiquel et le chef Malarme proposent à Bastien d'aller au-devant de la camionnette. L'officier leur donne l'autorisation mais, une demi-heure plus tard, ils sont de retour et rendent compte que « des blindés ennemis se promènent dans Belfort. » A bord de sa voiture de liaison, Bastien décide d'aller au PC du régiment pour prévenir le chef d'état-major, le commandant Grison. En coupant l'avenue Jean-Jaurès, il aperçoit des motocyclistes allemands à l'arrêt qui discutent avec des équipages de chars. Abandonnant son auto dans l'avenue de la Laurencie, Bastien réussit à se réfugier à la Manutention.

« Nous sommes pratiquement encerclés et un char a déjà tiré sur la porte ! » lui dira le capitaine Naudin, du III/428e Pionniers.

Toujours au 12e RIF, le lieutenant Jean Morel, de la CM 5, a réveillé ses hommes à 5 h 30 et, tirant à bras les voiturettes porte-mitrailleuses, ceux-ci se sont mis en marche, section après section, vers la caserne d'Offemont. Vers 7 heures, Morel reçoit un appel téléphonique du lieutenant Croizier, officier de transmissions du régiment : « Les Allemands sont à Belfort ; que fait la compagnie ? Où êtes-vous ? »

Morel explique la situation et indique qu'il ne tient pas à se laisser enfermer dans la caserne [1]. Bien lui en prend car vers 7 h 20, il aperçoit « sept chars ennemis qui entrent dans la caserne dont les défenses sont inexistantes. Il est vrai que les Allemands qu'on attendait par l'est arrivent par l'ouest ».

Morel voit des dizaines d'artilleurs, la plupart du V/159e RAP, ceux-là mêmes qui servaient les tourelles des forts avant de recevoir l'ordre de saboter leurs pièces, se déséquiper et marcher en direction de la route pour se rendre. Avec une trentaine d'hommes de sa compagnie, il se dissimule dans un bois et envoie le soldat Stuck en reconnaissance pour essayer de trouver une unité prête à se battre.

« Je n'ai rencontré que des prisonniers ou des futurs prisonniers, dira Stuck à son retour. Tout le monde lève les bras ! »

Pendant que les chars du *Hauptmann* Gittermann font du volume dans les rues de Belfort et dans les faubourgs, le *III/Schützen Regiment* du *Major* Richter est entré dans la ville et, tandis que les voitures blindées commencent à rechercher les nids de résistance français, les fantassins descendus des camions se regroupent et occupent la partie ouest de Belfort et le quartier de la gare centrale.

L'*Oberstleutnant* Balck se rend compte que le cœur de la cité ne comporte aucune résistance organisée capable de lui barrer la route. Les centaines de prisonniers capturés sans un coup de feu par les chars de Gittermann appartiennent pour la plupart à des services de corps d'armée, ou de la VIIIe armée qui ont été refoulés sur Belfort par l'avance du groupement Gudérian. Un certain nombre de tireurs isolés prennent cependant pour cible les motocyclistes de liaison et même les équipages de chars lorsque la tourelle est ouverte. Balck est conscient qu'il manque encore d'infanterie et il fait envoyer par radio au

1. Lorsque Morel retrouvera Croizier, à l'Oflag X-C de Lübeck, l'officier de transmissions du 12e RIF lui affirmera n'avoir jamais téléphoné à la CM 5 ce matin-là.

*Hauptmann* Dr Eckinger l'ordre de quitter Montbéliard et de porter sur-le-champ le *II/SR 1* sur Belfort. Eckinger a terminé le « nettoyage » de Montbéliard, capturé les chefs de corps du 61$^{e}$ RR et du 5$^{e}$ RC Pol. et il fait partir son bataillon qui entrera à 8 heures à Belfort.

A la même heure, Balck vient de faire expulser les officiers français — dont certains dormaient encore — de l'hôtel de Paris où il installe le PC avant de la *1$^{re}$ Panzerdivision.* L'hôtel de Paris, qui appartient à un Suisse, M. Oetli Gerig, est situé à deux pas de la gare centrale, à l'angle de l'avenue Wilson et de la rue Stractman. Les petits déjeuners étaient prêts à être servis... aux Français, mais ce sont les officiers de Balck qui en profiteront. Le *Major* Richter aussi, sans doute, qui vient rendre compte à Balck que les points de résistance sont tous repérés. Ils se situent au fort des Hautes-Perches, à la Manutention, au fort Hatry, à la citadelle et au fort de la Justice.

A cet instant précis un officier d'ordonnance de l'état-major du groupement Gudérian met pied à terre devant l'hôtel de Paris. Il semble épuisé. Sans doute a-t-il roulé à moto une partie de la nuit sous la pluie, cherchant en vain à joindre l'*Oberstleutnant* Balck. En effet, le message qu'il remet à celui-ci a été rédigé le 17 à 23 h 55. Balck en prend connaissance, sourit et lit le texte à haute voix.

« (...) La *1$^{re}$ Panzerdivision* doit, par un coup de main, occuper l'ancienne forteresse impériale de Belfort. Moment du débouché laissé à l'appréciation de la *1$^{re}$ Panzer...* »

Un immense éclat de rire secoue les officiers aux yeux rougis par le manque de sommeil. On suppose que le messager de Gudérian a été invité à partager le café au lait et les croissants de l'hôtel de Paris. Dans la matinée, Gudérian en personne rejoindra le *General* Kirchner au PC avancé et félicitera le *Major* Wenck d'avoir... anticipé sur ses ordres.

CHAPITRE XXVI

# Les ponts de la Savoureuse

Dans l'aube grisâtre et humide du 18 juin, l'*Oberstleutnant* Breusing n'a pas hésité à se porter à l'avant-garde du *Kampfgruppe* Nedtwig avec sa voiture-radio. Breusing commande le *Panzer Regiment 2* et ses chars ont été poussés en tête, immédiatement derrière les motocyclistes et les camions portant les *Schützen.*

Les éléments légers qui éclairent la colonne sont entrés à Ronchamp sans recevoir un coup de fusil puis, cinq kilomètres plus loin, ils ont provoqué la dispersion et la fuite de deux compagnies de sapeurs. Ces derniers prenaient leur café sur un train en stationnement et ne s'attendaient pas à une surprise aussi matinale. Les voitures blindées du *I/Schützen Regiment 1* (*Major* von Stutnitz) ont tiré quelques rafales de mitrailleuses pour inciter les Français à lever les bras et la colonne a repris la route en direction de Giromagny qui n'est plus qu'à une quinzaine de kilomètres. La prochaine localité, Plancher-Bas, semble défendue car un *Henschel* qui a survolé l'itinéraire au lever du jour a observé des travaux défensifs en cours, en particulier la construction d'une barricade. La force installée à Plancher-Bas n'a pu être évaluée. Breusing n'est pas inquiet pour autant : le *Panzer Regiment 2* a encore 57 chars en état de marche, dont la moitié peuvent renforcer l'avant-garde sur un simple appel radio. Un groupe d'artillerie motorisé, le *III/AR 73,* peut, lui aussi, intervenir à la demande [1]. Non, Breusing est persuadé que rien ni personne n'est capable de l'empêcher de prendre Giromagny et de se rabattre ensuite vers le sud pour rejoindre le *Kampfgruppe* Krüger.

A Plancher-Bas, le capitaine Eyrieux a très mal accepté l'ordre envoyé par le général Parvy à une heure du matin. En retirant au 2^e^ RC Pyr. une

1. Outre le 1^er^ bataillon du *Schützen Regiment 1* et le *Panzer Regiment 2, Abteilung 37* et d'une batterie de *88 Flak* avec le *III/AR 73,* du *Pionnier Bataillon 85,* le *Kampfgruppe* Nedtwig se compose d'une compagnie du *Panzerjäger.*

compagnie, une section de mitrailleuses et un des 75 de la batterie Martin, le général a désorganisé toute la défense de la localité. Le 18 juin à six heures, les compagnies se sont resserrées sur Plancher-Bas mais la construction des barricades n'est pas achevée. Les deux 75 ont été déplacés sur l'ordre du lieutenant Bresson ; celui du maréchal des logis Gorce est maintenant sous le porche d'une maison et commande le franchissement du pont sur lequel débouche, à environ 120 mètres, la route de Champagney enserrée entre les maisons. La pièce du maréchal des logis Lachal surveille le flanc sud, le Pré-Besson, une vaste étendue que des chars arrêtés par un barrage pourraient utiliser pour contourner le village. Les motocyclistes et les voitures blindées de l'avant-garde du *Kampfgruppe* Nedtwig vont sans doute connaître une chaude réception.

A 7 h 30, le lieutenant Bresson rend compte au capitaine Eyrieux que ses deux pièces sont chargées avec un obus de rupture [1] et prêtes à ouvrir le feu. De leur côté, les chasseurs pyrénéens travaillent aux barricades et aux emplacements de tir mais... sans excès de zèle. Depuis le printemps, ils ont tellement creusé de trous inutiles qu'ils ne voient pas pourquoi les choses auraient changé. Les officiers ont un autre sujet d'inquiétude : personne n'a songé à leur donner des informations sur l'adversaire. « Nous n'avons aucun renseignement sur l'avance ennemie » écrit le capitaine Fontaine, de la compagnie d'appui.

A la même heure pourtant, le PC de la 63$^{e}$ DI et celui de la VIII$^{e}$ armée qui vient de s'installer à La Bresse, savent que les chars allemands sont entrés dans Belfort. Personne n'a songé à prévenir le capitaine Eyrieux qui est réduit à toutes les hypothèses : les Allemands se présenteront-ils à l'ouest, venant de Champagney, à l'est, passant par Giromagny, au sud, venant de la RN 19 et traversant le Pré-Besson ? Un « mouchard » est venu survoler Plancher-Bas mais il semblait venir de nulle part et son apparition n'a rien apporté à Eyrieux sinon la certitude que l'ennemi tenait à repérer les défenses de la localité.

Les hommes ayant besoin d'être nourris, le capitaine Sabineu, de la CHR, a envoyé le lieutenant Enjalbert au ravitaillement. Vers 7 h 30 l'officier est de retour et « la situation ne paraissant pas s'être aggravée, écrit Sabineu, la compagnie rejoint le cantonnement pour la distribution ».

A huit heures, Enjalbert repart avec le lieutenant Giamarchi, à bord de la voiture de liaison conduite par Nivet. Les deux officiers se rendent à Giromagny où ils espèrent provoquer des instructions de l'état-major de la 63$^{e}$ DI pour le ravitaillement du 2$^{e}$ Pyrénéens. Il faut nourrir les hommes et rien n'a été prévu pour le lendemain 19 juin. De Plancher-

1. Le lundi 17 juin à 15 heures, le lieutenant Bresson a reçu une livraison de 225 projectiles de ce type.

les-Mines où il se trouve avec la dernière pièce de la 2e batterie du I/53e RA, le capitaine Martin fait demander au capitaine Sabineu deux fourgons et leurs conducteurs ; il a l'intention de constituer un petit dépôt de munitions de 75 au nord de Plancher-Bas. Ravitaillement, corvées, liaisons, travaux, le train-train quotidien d'un bataillon où personne ne sait à quoi ressemble un soldat allemand. Soudain, tout bascule...

« A 7 h 40, se souvient le capitaine Fontaine, précédés d'une voiture où se trouvaient des civils, les premiers éléments ennemis arrivent (motocyclistes, camions bâchés portant des troupes, une automitrailleuse). Pas un coup de fusil n'est tiré, les soldats allemands sautent à terre, désarment par surprise (*sic*) les sentinelles du pont en criant en français : " La guerre est finie, nous ne tirons pas, rendez-vous ! " Les chasseurs qui travaillaient à leurs nouveaux emplacements sont aussi désarmés et faits prisonniers. »

C'est la tactique appliquée par l'avant-garde de l'*Oberstleutnant* Balck au cours de la nuit entre Montbéliard et Danjoutin : on ne tire pas, la guerre est finie. Eyrieux n'avait donc aucun poste avancé à l'extérieur du village ? La version du lieutenant Léon Égeley, de la 3e compagnie, est très proche du récit fait par Sabineu.

« Six motocyclistes camouflés derrière une voiture de tourisme occupée par des Allemands se présentent ; ils venaient de la direction de Vesoul et surgirent sur un groupe de chasseurs en train d'établir un barrage sur le pont, à l'entrée de Plancher-Bas. Ils crièrent : « Ne tirez pas ! » et firent vingt prisonniers sans aucune réaction des hommes et des gradés qui étaient là. Ils cassèrent les armes et placèrent les captifs sur le pont pour empêcher le 75 de tirer. »

Égeley, qui se trouvait dans la partie haute de la localité, a été prévenu par les habitants. Il a emprunté une bicyclette et c'est à moins de cent mètres du pont qu'il a assisté à la scène extraite de son rapport. La docilité avec laquelle les Pyrénéens lèvent les bras à la première injonction laisse supposer que ces terrassiers ont fini par oublier qu'ils étaient aussi des soldats. Mais qu'a-t-on fait pour le leur rappeler ? Écrasant les pédales de sa bicyclette, Égeley revient vers l'école et rencontre le capitaine Eyrieux qui lui donne l'ordre de contre-attaquer par le lit du ruisseau et les vergers. Le chef de la 3e compagnie parvient à regrouper une quarantaine de chasseurs auxquels il donne de brèves instructions avant de s'élancer à leur tête en direction du pont. Hélas, la *furia francese* n'est pas pyrénéenne.

Égeley : « Je suis obligé de le dire, les hommes ne me suivirent pas et nous arrivâmes deux au barrage. »

Deux sur quarante ! Si quelqu'un a parlé de cette « contre-attaque » à l'*Oberstleutnant* Breusing il a dû se tenir les côtes de rire. Mais l'affaire n'est pas terminée. Le lieutenant Bresson sort de l'école et aperçoit des chasseurs du 2e Pyrénéens qui refluent.

« Derrière eux, observe-t-il, je vois un Allemand qui fait briser les fusils. »

Bresson monte l'escalier, se poste à une fenêtre et donne de toute sa voix l'ordre de tirer. Il crie à s'époumonner mais personne ne l'entend. Ou ne veut l'entendre. Il assiste, impuissant, à la reddition de son peloton de pièce. Méthodiques, les *Schützen* du *Major* von Stutnitz sabotent les mitrailleuses et se dirigent vers le 75 abandonné. Bresson n'en peut plus et il descend vers le pont avec l'intention de reprendre la défense en main. Il éprouve tout de même un sérieux doute sur l'efficacité de son intervention lorsqu'il voit le capitaine Eyrieux, lui aussi désarmé, passer au milieu des chasseurs immobiles, sous la surveillance de deux Allemands, pistolet-mitrailleur à la hanche. Mais le chef du bataillon est d'une autre trempe que ses Pyrénéens :

« Négligeant cette menace, rapporte Bresson, il apostrophe ses hommes, les exhorte à se défendre et à le suivre. »

Passant des paroles aux actes et agissant comme si les deux *Schützen* qui le suivent étaient ailleurs, Eyrieux se met à courir en zigzaguant et longe le lit du Rahin qu'il remonte de toute la vitesse de ses jambes. Suivi par Thévenet, Allegre, le brigadier Ponchardier et le maréchal des logis Lachal, le lieutenant Bresson emboîte le pas au commandant du 2e Pyrénéens. L'ennemi réagit brutalement.

« Lachal et Thévenet tombent... » écrit Bresson qui, de même que le capitaine Eyrieux, échappe aux projectiles [1].

Le capitaine Sabineu est allé chercher les sections du chef Moret et de l'adjudant Hauvy qui attendaient l'attaque face à l'est, par Giromagny. Le chasseur Comes ouvre le feu au fusil-mitrailleur, des Lebels lui font écho, une mitrailleuse se réveille... Secondé par le lieutenant Alberny, Eyrieux regroupe des fuyards et décide de revenir vers le 75 maintenant saboté.

« Avec un courage magnifique, note le capitaine Fontaine, le commandant du bataillon a fait cesser la panique et réorganisé la position autour du canon. »

Fontaine sert lui-même une mitrailleuse sur la droite de la pièce, le chef Gayraud assurant le service d'une seconde sur la gauche. Avec Ponchardier, Allégre, Chanessieau et le maréchal des logis Gorce, le lieutenant Bresson relève les dégâts : l'appareil de pointage est détérioré et le marteau de mise à feu a été arraché.

1. Ils ne sont que blessés mais sept artilleurs de la 2e batterie du I/53e RA vont trouver la mort à Plancher-Bas : Balichard, Baumann, Chaminadas, Chastaing, Dechambre, Chazelle et Laurent.

« Pouvez-vous réparer et tirer si un char boche se présente ? lui demande Eyrieux.

— Avec une pioche, on doit pouvoir faire fonctionner le percuteur ! » répond l'artilleur.

Les motocyclistes et les camions de l'avant-garde allemande sont passés au sud de Plancher-Bas et reconnaissent en direction de Giromagny. Une compagnie du *I/SR 1* a été laissée sur place et, de toute façon, le gros du *Kampfgruppe* Nedtwig n'est plus très loin. Les *Schützen* manœuvrent et cherchent des positions dominantes. Les échanges de feu sont plus nourris. Pourtant lorsque le premier char apparaît, Bresson actionne le percuteur d'un coup de pioche.

Le *panzer* « semble touché » mais il recule et se défile derrière le coude de la route. Dix minutes plus tard, les Allemands réagissent par le feu et obligent le peloton de pièce à se replier sous les coups d'un *37 Pak.* Des *minen* éclatent le long de l'école.

« Les lieutenants Enjalbert et Giamarchi ont été faits prisonniers à leur retour de Giromagny mais ils ont pu s'enfuir, raconte le capitaine Fontaine. Ils apportent un ordre de repli. »

Comment ? Le 2^e^ Pyrénéens va aller se perdre dans la montagne au lieu de retarder par tous les moyens le *Kampfgruppe* Nedtwig ? Il est vrai que ces moyens se sont sérieusement amenuisés.

« Les nôtres ne tirent plus, dit encore Fontaine. Des maisons brûlent, une colonne motorisée arrive, traverse le pont et se dirige vers Giromagny. Il est 10 h 15 [1]. »

Fontaine est l'un des derniers à évacuer Plancher-Bas avec le lieutenant Bresson, l'adjudant Degorre, le chef Dagou et le chasseur Parpillon. Ils gravissent la pente à travers les sapins en direction de Plancher-les-Mines où ils retrouveront, une heure plus tard, le capitaine Eyrieux et les débris du bataillon, la 2^e^ compagnie du lieutenant Justafre et une pièce de 75 avec le capitaine Martin qui étaient sur place. Le lieutenant Sicard a deux mitrailleuses, le lieutenant Carrère en a sauvé trois et l'adjudant Vanni un des deux canons de 37. La seconde pièce, les mortiers et surtout les voitures avec munitions de réserve, vivres et bagages sont restés à Plancher-Bas. Sans mission, sans liaison avec d'autres unités, ses capacités de combat réduites des deux tiers, le 2^e^ Pyrénéens a subi un échec : le verrou de Plancher-Bas a sauté et le capitaine Eyrieux, qui est persuadé que le PC de la 63^e^ DI a été enlevé et le général Parvy fait prisonnier, ne mesure pas l'importance du passage que son bataillon a cédé à l'adversaire. Il pense d'abord attendre d'autres

1. Le capitaine Fontaine indique que deux Allemands ont été tués. C'est exact : le *Gefreiter* Oeshreich et le *Unteroffizier* Meyer.

rescapés de son unité[1] et s'enfoncer ensuite dans la montagne en direction du Thillot où serait le PC de la 1re demi-brigade de chasseurs pyrénéens. Le destin en décide autrement car apparaît le capitaine Gouraud, du 2e Bureau de l'état-major de la VIIIe armée, envoyé en liaison par le général Laure. Après avoir écouté le récit de l'attaque de Plancher-Bas, Gouraud transmet à Eyrieux les ordres de l'armée : le 2e Pyrénéens se portera au Ballon de Servance et le défendra sans esprit de recul. Le Ballon de Servance ? Une montée d'environ 18 kilomètres pour s'installer à 1 200 mètres d'altitude avec, pour seul abri, un vieux fort désaffecté envahi par la végétation. C'est maintenant que les chasseurs vont regretter leurs 90 mulets de bât laissés le 9 juin à Oye-et-Pallet, dans la région de Pontarlier.

***

Si le 321e RI avait eu, comme il le devait, une liaison solide avec le 2e Pyrénéens, le lieutenant-colonel Aubignat aurait appris ce qui vient de se produire à Plancher-Bas et pris des mesures en conséquence. Mais les deux bataillons du 321e RI n'ont pas plus de liaison avec le 2e Pyrénéens qu'ils n'en ont au sud, avec les deux bataillons du 298e RI placés sur le flanc sud-ouest de Belfort. On l'a vu dix fois, chacun fait sa propre guerre et c'est toujours le voisin qui est responsable lorsque surgit la catastrophe. Aubignat reçoit l'ordre de décrocher en direction du Ballon d'Alsace « très tôt » le matin du 18 juin. Il ne sourcille pas puisque, depuis le début de la guerre, son régiment n'a rien fait d'autre que de se déplacer et de creuser des emplacements de tirs inutiles. Il transmet l'ordre à ses deux chefs de bataillon, Fontaine et Crépin-Leblond, quitte son PC de La-Chapelle-sous-Chaux et, par Auxelles, se dirige vers Giromagny avec son état-major et la section motocycliste.

« Sur la route, écrit-il, nous devons doubler une colonne ininterrompue d'artillerie et de convois. Nous ne nous doutions pas que des motocyclistes allemands doublaient, eux aussi, la même colonne à peu de distance derrière nous... »

Pendant que les *Schützen* du *Major* von Stutnitz refoulent le 2e Pyrénéens vers Plancher-les-Mines, l'avant-garde de l'*Oberstleutnant* Breusing poursuit en effet son chemin en direction de Giromagny. Comme elle circule dans le sens ouest-est et que les deux bataillons du 321e RI marchent sud-nord, la collision est inévitable.

« A 6 h 30, note le commandant Crépin-Leblond, du I/321e RI, un motocycliste m'apporte l'ordre suivant : « Portez votre bataillon sur

1. Le lieutenant Égeley rejoindra le capitaine Eyrieux dans la soirée avec 43 chasseurs de la 3e compagnie.

Plancher-Bas et Plancher-les-Mines. Exécution immédiate. Signé : Aubignat. »

Une heure plus tard, alors que les compagnies sont à peine regroupées, le chef de bataillon apprend que l'ennemi est à Belfort. Tout s'éclaire : les Allemands arrivent par le sud, on le fait donc partir en direction du nord. Crépin-Leblond ne commente pas le fait qu'il n'a aucune liaison avec le 298$^{e}$ RI du lieutenant-colonel Devismes qui est plus au sud que lui. Chacun pour soi !

Derrière le train auto qui prend la tête avec la batterie d'appui du 53$^{e}$ RA, le bataillon part dans l'ordre : 1$^{re}$, 2$^{e}$ et 3$^{e}$ compagnie. Les sections de mitrailleuses restent à la compagnie à laquelle elles ont été affectées et la section de 47 antichars de l'aspirant Mamia est au milieu de la colonne où des consignes sévères sont données concernant le respect des intervalles. Le capitaine Admiran, adjudant-major, est en tête avec la 1$^{re}$ compagnie, Crépin-Leblond restant en arrière-garde avec la 3$^{e}$ compagnie « considérée comme la plus exposée ». L'itinéraire est en grande partie sous bois ou à proximité des couverts et jusqu'au Pré-Besson, à environ 400 mètres au sud de la route Champagney-Plancher-Bas, le mouvement s'opère sans difficulté.

« Vers 8 h 30, écrit Admiran, un lieutenant de notre batterie de 75 arrive et me dit : « Une colonne motorisée allemande est sur la route de Plancher-Bas, la batterie est prisonnière. »

Ainsi, les Allemands que l'on croyait au sud, se présentent également au nord ? Le capitaine donne le signal de la halte horaire et envoie un cycliste prévenir le commandant. Il fait ensuite déployer la section de tête et donne l'ordre de « se tenir prêt à rentrer sous bois ». Le I/321$^{e}$ RI dispose de tous ses effectifs, d'une pièce de 75 et de deux antichars de 47. De quoi jeter la perturbation dans la colonne ennemie qui vient de forcer le passage à Plancher-Bas ! L'idée de la défensive l'emporte et le bataillon Crépin-Leblond ne saisit pas l'occasion qui lui est offerte de frapper le flanc de son adversaire.

Admiran : « Nos moyens ne permettaient pas d'attaquer les chars ennemis, d'autant plus que la troupe était dans un grand état de fatigue dû aux marches précédentes et au manque de sommeil. Son état moral était médiocre ! »

Comment les soldats pourraient-ils faire preuve d'agressivité alors qu'au moment où ils attendent l'ordre : « A l'attaque ! » on leur dit : « Sac au dos ! » La preuve ? L'idée de Crépin-Leblond n'est pas de chercher une position pour ses pièces de 47, d'incendier chars et camions et de lancer son bataillon à l'assaut de la route mais de constituer trois colonnes qui « à travers bois, tenteront de gagner par des itinéraires différents la région nord-ouest de Giromagny où j'espère me mettre en liaison avec le lieutenant-colonel Aubignat. »

Les deux premières colonnes se mettent en marche mais au moment où la troisième entame son mouvement « elle est surprise par des blindés venant du sud ». La pièce de 75, les deux 47 tout neufs de l'aspirant Mamia sont rapidement sabotés et la plupart des hommes lèvent les bras. Les deux autres colonnes se fragmentent en petits détachements qui devraient ainsi progresser plus vite à travers le taillis. Fermons les yeux sur les armes collectives et les caisses de munitions abandonnées.

« Lorsque ces éléments tentent de franchir la route Plancher-Bas-Giromagny, reconnaît Crépin-Leblond, ils sont en grande partie capturés. »

Même si les Allemands sont en force, les hommes du 321e RI font preuve d'une alarmante passivité. Ainsi, lorsque le capitaine Admiran qui a pris la tête de la 1re compagnie, se retourne après un quart d'heure de marche, c'est pour constater qu'une soixantaine de soldats sont encore derrière lui. La moitié de l'effectif a préféré se rendre.

« La presque totalité du bataillon a été prise le matin du 18 juin ! » avoue le capitaine adjudant-major du I/321e RI [1].

Sur la face ouest et sud-ouest de Belfort, les bataillons Dosmas et Brassens, du 298e RI, se trouvent sans le savoir à l'intérieur du piège constitué par l'attaque en pince de la *1re Panzerdivision.* Dans la matinée du 18 juin, le lieutenant-colonel André Devismes s'est décidé à envoyer un groupe franc vers le nord afin de prendre la liaison avec le 321e RI. Trop tard, celui-ci est déjà parti. Devismes est livré à lui-même puisqu'il est depuis la veille sous le commandement du général Girol... qui ne lui transmet ni informations ni instructions. Il est vrai qu'à la même heure, Girol peut apercevoir les chars allemands depuis les fenêtres de la citadelle. Devismes ne bouge pas, il attend.

« Vers midi, écrit-il, le capitaine Dosmas signale que le IIIe bataillon est prisonnier, à l'exception de la 10e compagnie qui a pu se replier sur le IIe.

Personne ne comprend la manœuvre allemande. Pourquoi l'ennemi se présente-t-il au sud, et même à l'est, côté Belfort, alors qu'on l'attend à l'ouest ?

« Des soldats désarmés de la garnison de Belfort circulent autour du régiment, dit encore Devismes. Ils disent que sur la demande du préfet, le général commandant la Place a ouvert la ville aux Allemands qui ont pris les armes et rendu la liberté aux soldats, disant que l'armistice est signé. »

Tout cela est faux, Devismes se fait intoxiquer et laisse intoxiquer ses hommes par des fuyards ! Impressionné, il donne l'ordre au capitaine

1. Marchant à travers bois, le capitaine Admiran se rendra, à bout de forces, le 21 juin. Le capitaine Guers, de la CA 1 sera fait prisonnier le même jour, le commandant Crépin-Leblond ayant été pris la veille, près d'Auxelles.

Giron, de la CHR, d'enterrer le drapeau du 298e RI. Au début de l'après-midi, l'artillerie allemande déclenche un tir d'intimidation sur la position du régiment.

« Le maire d'Essert vient me supplier de ne pas continuer la lutte (*sic*) dit encore le colonel dans son rapport[1]. Belfort s'est rendu pour éviter la destruction de la ville et l'anéantissement de la population, il demande qu'Essert soit épargné dans les mêmes conditions. »

Si Devismes prêtait l'oreille, il entendrait tirer le canon DANS Belfort, preuve évidente que des résistances s'y manifestent. Le chef de corps fait lancer des appels radio au PC de la 63e DI mais celui-ci ne répond pas. Les civils circulent sur la route, devant les postes du 298e RI, comme si la guerre était finie, et achèvent par leurs propos de saper le moral déjà défaillant de la troupe. Le colonel est d'ailleurs sur la même pente.

« Pour éviter un massacre inutile, écrit-il, je prescris au IIe bataillon de cesser la résistance dans le village d'Essert[2]. »

Avec la compagnie de commandement du capitaine Escaillas et la compagnie d'engins du capitaine Brière de l'Isle, Devismes constitue une sorte de carré défensif... qui se désagrégera sous les coups de l'action psychologique ennemie. Dans la matinée du 19 juin, des soldats sans armes puis des Belfortains, viendront faire savoir au colonel que les Allemands connaissent parfaitement l'emplacement du PC et que « si la garnison ne vient pas se rendre, elle sera exterminée par les chars. » Ébranlé par ces arguments, Devismes fera détruire matériel et armement et décidera de franchir les lignes adverses. A 15 heures, avec six officiers, quatre soldats et un adjudant, il gagnera le bois du Coudray, traversera le canal de nuit et marchera en direction du sud pendant six jours avant d'être fait prisonnier avec ses compagnons de route[3].

Le 2e Pyrénéens, le I/321e RI et maintenant les deux bataillons du 298e RI. En tout, quatre bataillons qui n'ont pas su entraver le mouvement enveloppant, l'attaque en pince déclenchée par la *1re Panzerdivision*. Ce n'est qu'un début !

Le 18 juin à quatre heures du matin, le capitaine Paillot, de l'état-major de la 63e DI, est venu aux Boulets, PC du III/321e RI du commandant Fontaine. Il apportait à la fois une information et un ordre.

1. Les commandants des bataillons et des compagnies des II et III/298e RI ne semblent pas avoir rédigé de rapport sur les opérations.

2. Le lieutenant Pierre Amouroux, de la 5e compagnie, précise que l'ordre de « déposer les armes » a été donné vers 18 heures.

3. Épuisés, affamés, les hommes du groupe Devismes s'arrêteront le 24 juin dans une ferme proche de Frasne-le-Château. A peine auront-ils achevé leur toilette que les Allemands seront là. « Les deux fermiers nous ont prévenus par téléphone ! » dira, goguenard, le *Hauptmann* conduisant le détachement.

L'information ? Les Allemands sont à Belfort. C'est prématuré d'une bonne heure et Fontaine qui le relate dans son rapport a dû commettre une erreur. L'ordre ? Le IIIe bataillon reste sur place et constitue l'arrière-garde de la division. Une demi-heure après le départ de Paillot, un motocycliste remettait à Fontaine un message du lieutenant-colonel Aubignat : regrouper le train de combat et le diriger sur le Ballon d'Alsace via Malvaux. Vers 4 h 30, nouvel ordre de départ, cette fois pour la 10e compagnie du capitaine de Rochefort et la CA du lieutenant Battaglini qui se dirigeront sur Giromagny où elles recevront des instructions. Trois heures s'écoulent et, à 7 h 30, la « 11 » du capitaine Vauclard met à son tour sac au dos et prend la route de Giromagny. Pourquoi ces départs successifs qui enlèvent son homogénéité au bataillon Fontaine ? Ce n'est pourtant pas terminé et le commandant, qui se voyait déjà rester aux Boulets avec son état-major, reçoit enfin l'ordre de rejoindre le gros du III/321e RI. Il part en voiture, vers 8 heures, doublant la 11e compagnie qui ferme la marche avec le corps franc du lieutenant Jeudy. Sur la route, un agent de liaison l'informe que le colonel l'attend au carrefour central de Giromagny, devant l'église Saint-Jean Baptiste ; il confie le soin de regrouper le bataillon à son adjudant-major, le capitaine Goursonnet, et, prenant au passage le capitaine des Roseaux qui regagnait à pied le PC de la division, s'arrête vers 8 h 30 à Giromagny. En descendant de sa voiture, Fontaine aperçoit le lieutenant-colonel Aubignat qui vient à sa rencontre avec le lieutenant-colonel Richefort, chef d'état-major de la 63e DI. Aubignat a l'intention de dire au chef de son IIIe bataillon qu'il a pris la liberté d'envoyer la compagnie Battaglini à la lisière sud de la localité et la « 10 » au sud-ouest, mais il n'en a pas le temps.

Aubignat : « Nous voyons brusquement déboucher sur nous des motocyclistes allemands. L'un d'eux agite un journal et crie : « *Krieg vertig ! Nicht schiessen !*[1] Les autres ont sous le bras leurs mitraillettes dirigées sur nous... »

L'effet de surprise joue à plein et le capitaine des Roseaux le souligne dans ses carnets : « Arrivent deux sides montés par cinq Allemands. Debout dans le panier, l'un d'eux fait de grands gestes du bras droit, comme pour dire : “ Déblayez la place ! Ne tirez pas ! Il ne vous sera fait aucun mal ! ” Je suis cloué d'ahurissement ! »

Les gendarmes qui réglaient la circulation au carrefour lèvent prudemment les bras. Des officiers du 321e RI, le capitaine Pannetier, les lieutenants Meplain et Lebaile, dégainent leurs pistolets. Des habitants de la petite ville, mêlés aux soldats, accourent... Un des lieutenants est saisi à bras-le-corps par une femme qui s'écrie : « Je vous

1. « Guerre finie ! Ne tirez pas ! »

en prie, ne tirez pas, vous allez nous faire tous tuer ! » (rapport Aubignat).

Le lieutenant-colonel Richefort comprend que la seule chose à faire est de prendre de la distance avant que l'ennemi soit en force. Pendant que les civils se pressent autour des Allemands, il s'engouffre dans sa voiture en compagnie du capitaine Clémentel et démarre en direction de Lepuix-Gy. Aubignat, le capitaine Pannetier, les lieutenants Duflos, Muret, Lebaile et Meplain entrent dans un magasin où un civil tente illico de désarmer Pannetier qui se dégage à grand'peine. Empruntant une porte dérobée, ils retrouvent leurs voitures en stationnement sur la route de Lepuix-Gy et s'éloignent sans autre difficulté. Pistolet à la main, le capitaine des Roseaux a ouvert une porte au hasard et s'est retrouvé... dans une cour sans issue. D'un côté les Allemands, de l'autre des murs à franchir, d'autres cours...

« De murs en cours, dit-il, je réussis à rejoindre le petit chemin à l'est de la Savoureuse. Il y avait là des voitures de mitrailleuses, des fantassins qui cassaient la croûte, des attelages d'artillerie. Je leur dis que les Allemands sont là mais ils n'ont pas l'air de s'émouvoir, ni même de comprendre... »

Giromagny étant traversé par de nombreuses unités françaises venant du sud, comment croire, en effet, que l'ennemi est là alors qu'aucun coup de feu n'a été tiré. Drôle de guerre ! Le commandant Fontaine se retrouve seul ; son chauffeur s'est réfugié dans une maison et la voiture est à cinquante mètres, pas plus, cinquante mètres qu'il lui faudrait parcourir sous le regard des motocyclistes allemands. Heureusement, débouche sur la place un gros camion semi-chenillé d'où descendent une douzaine d'hommes de l'avant-garde du *Kampfgruppe* Nedtwig. Détournant l'attention, les Giromagniens entourent le véhicule. Fontaine appelle son chauffeur, qui répond aussitôt, et court vers la voiture. Les secondes sont longues lorsqu'on redoute un tir de pistolet-mitrailleur mais rien de tel ne se produit et les deux hommes démarrent en direction de Lepuix-Gy.

Pendant ce temps, inconscient du danger, le capitaine Goursonnet marche avec l'arrière-garde du III/321e RI. En devisant avec le médecin-lieutenant Lépine, il atteint les premières maisons de Giromagny. Derrière lui, la « 10 » du capitaine Vauclard et le corps franc Jeudy.

« A hauteur de la gare, rapporte Goursonnet, je suis arrêté par des Allemands que je n'avais pu reconnaître car ils étaient masqués par des soldats français déjà prisonniers. »

Là encore, pas un coup de fusil. L'opération s'effectue en douceur, l'ennemi ne cherchant pas à tirer sur ceux qui s'enfuient ni à tenter de les rattraper. Le médecin-lieutenant Lépine, Larrounets, un autre médecin, le lieutenant Mathonnat, l'adjudant Piquet et le sergent Dumontparviennent ainsi à se dégager et à prendre la direction de Lepuix-Gy en longeant le lit de la Savoureuse.

Le colonel Lavelle, de l'ID 63, tente de barrer la sortie sud de Lepuix-Gy mais il manque d'effectifs.

« Je vais essayer de récupérer quelques sections de mon bataillon », lui dit le commandant Fontaine qui retourne à pied vers Giromagny. Il franchit la Savoureuse à gué, traverse la gare brusquement déserte et aperçoit « des voiturettes porte-mitrailleuses abandonnées, des armes et des équipements en tas. » Une idée affreuse lui traverse l'esprit : « Mes hommes se sont rendus ! » Il en découvre un certain nombre près du cimetière allemand de 1870, une dizaine de brancardiers et même le capitaine Goursonnet qui vient de s'évader. D'autorité, Fontaine fait rééquiper et réarmer une cinquantaine de soldats du III/321e RI et se met à leur tête pour monter à Lepuix-Gy. Il nous fait penser irrésistiblement à son homonyme du 2e Pyrénéens, contre-attaquant à Plancher-Bas avec une quarantaine d'hommes et s'apercevant que deux d'entre eux seulement l'ont suivi. En effet, lorsqu'il s'arrête à l'entrée de Lepuix-Gy, Fontaine n'a plus qu'une douzaine de soldats derrière lui. Les autres ont préféré l'état de prisonnier de guerre à celui de combattant et sont retournés à Giromagny pour s'y rendre.

*
* *

Le général Parvy a pris dans la nuit la place laissée vacante à Malvaux par l'état-major de la VIIIe armée parti pour La Bresse. Parvy serait étonné d'apprendre que la colonne allemande qui est arrivée à Giromagny par la route de Lure, n'a pas l'intention d'attaquer en direction du Ballon d'Alsace. Il n'imaginerait même pas que les blindés entrés à Belfort aux premières heures de la journée, et la colonne qui vient de s'arrêter à Giromagny après avoir culbuté le 2e Pyrénéens à Plancher-Bas et capturé le I/321e RI, appartiennent à la même division, la *1re Panzer*. Comment le saurait-on dans le camp français, les seuls avions d'observation qui tiennent le ciel en permanence appartenant à la *Luftwaffe !* Si l'on ajoute à cette carence de l'armée de l'air, les ordres et les contrordres, l'absence de liaisons, l'effet de surprise, le manque d'initiative, le retard dans les transmissions, le moral déficient et la fatigue, on saura pourquoi les Français ne parviennent pas à se ressaisir. Et quand l'autorité du chef se mue en perte de sang-froid, rien ne peut plus nous étonner.

Commander c'est prévoir. Partant de ce vieux principe, le général Parvy a supposé que sa division, installée sur les deux flancs de Belfort, pouvait être amenée à se replier sous la pression de l'ennemi. Pour arrêter celui-ci, il sera nécessaire de faire jouer les destructions préparées à l'avance par le génie. Dans cette hypothèse, le 17 juin à 23 h 30, Parvy a convoqué à son PC le commandant du génie divisionnaire, le lieutenant-colonel Picq.

« Rendez-vous immédiatement à Giromagny et demandez aux sapeurs les plans des dispositifs de mine de la localité et des environs » a ordonné le général.

Sous une petite pluie fine, Picq et son adjoint, le capitaine Senglet, sont allés jusqu'aux ponts de la Savoureuse et se sont enquis auprès des postes du génie de l'endroit où il était possible de trouver leurs officiers. Les sapeurs n'en savaient rien.

« Allons au PC du génie de la VIII$^{e}$ armée à Lepuix-Gy », a suggéré le capitaine Senglet vers une heure du matin.

La voiture est repartie dans la nuit mais, à Lepuix-Gy, les deux officiers essuient une nouvelle déconvenue : le génie de l'armée est parti à 22 heures pour La Bresse. On leur donne cependant l'adresse du commandant Pasquier, du 158$^{e}$ bataillon du génie... qui est en mission. Le capitaine Grandjean qui le remplace, indique où l'on peut trouver le capitaine Bernard, de la compagnie de sapeurs routiers 358/3, responsable des dispositifs. Il a fallu une nuit pour obtenir ce résultat. Picq emmène Bernard et l'un de ses officiers, le lieutenant Fontana, au PC de la 63$^{e}$ DI où le général Parvy, de fort méchante humeur, écoute le compte rendu de son commandant du génie divisionnaire avant de reprocher à Bernard les heures passées à sa recherche. Le capitaine fait observer — respectueusement — que personne ne l'a mis en alerte et que sa compagnie venant de Ferdrupt prend un repos légitime. L'orage s'atténue et le général veut que des responsables de la mise en œuvre des dispositifs soient désignés. Il est entendu que le lieutenant Fontana remplira ce rôle avec le lieutenant Dubernat, de la compagnie 63/2 cantonnée à la caserne Gallieni, à Giromagny. Ils auront pour adjoints les sergents Morel et Laudinat. L'affaire étant réglée, Parvy met une voiture à la disposition des sapeurs qui vont se rendre à Sermamagny où se trouve le premier dispositif à mettre à feu au cas où...

Ce préambule peut paraître excessif mais il permet de comprendre les événements qui vont se produire. A 5 heures du matin le PC de la 63$^{e}$ DI est installé à Malvaux et celui du génie divisionnaire l'a suivi avec quelque retard « du fait des colonnes ininterrompues de camions, voitures de tourisme et voitures hippos montant vers le Ballon d'Alsace ». Moins d'une heure après son installation, le lieutenant-colonel Picq est convoqué par le général Parvy. Toujours accompagné du capitaine Senglet, Picq trouve le général, le front soucieux, devant la carte du secteur.

Parvy : « Vous allez faire sauter immédiatement les dispositifs suivants : 61 et 60 à Sermamagny, 53, 54 et 55 à Giromagny et le 49 à Lepuix-Gy. »

D'abord le silence accompagnant la stupeur. Tous les dispositifs cités concernent les ponts de la Savoureuse, une rivière longue de 43 kilomètres qui descend du Ballon d'Alsace et se jette dans l'Allan, à l'est de Montbéliard, après avoir traversé Belfort.

Senglet : « Le lieutenant-colonel Picq fait remarquer qu'il lui semble prématuré de faire jouer ces destructions mais le général, qui paraît agité, insiste et renouvelle son ordre. »

Le commandant du génie divisionnaire doit s'incliner. Parvy vient d'apprendre que les chars allemands sont entrés dans Belfort et il les voit déjà monter vers Giromagny et Lepuix-Gy. C'est à la même heure qu'il a ordonné au lieutenant-colonel Aubignat de replier les deux bataillons du 321ᵉ RI.

A 6 h 15, Picq et Senglet sont de retour au PC de la 63ᵉ DI : « Un motocycliste a porté l'ordre de mise à feu », rend compte le colonel.

« Les explosions se sont-elles produites ? s'inquiète le général Parvy.

— Il faut le temps au motocycliste de se rendre à Sermamagny et la première mise à feu devrait avoir lieu autour de 6 h 30. »

A cet instant, Parvy est appelé au téléphone par le général Laure, depuis le PC de La Bresse. Les deux hommes reparlent des chars allemands « qui traversent Belfort » et Parvy, que son sang-froid abandonne de minute en minute, semble persuadé que les *Panzers* n'ont qu'un objectif : la route du Ballon d'Alsace. Quand il repose le combiné, il se tourne vers Picq :

« Désignez un officier pour exécuter immédiatement la mise à feu du nº 49 à Lepuix-Gy ! » Le pont de la Savoureuse situé le plus au nord ! Le lieutenant-colonel Picq croit de son devoir d'attirer l'attention du général sur le fait « qu'il est trop tôt pour opérer cette destruction, toute l'artillerie se trouvant séparée du reste de la division ainsi que beaucoup d'autres convois ». Si le pont de Lepuix-Gy est détruit, les pertes en matériel priveront la 63ᵉ DI d'un potentiel très important. Parvy ne le comprend donc pas ?

Senglet : « Malgré la vive protestation de mon colonel, le général réitère sa demande : le dispositif nº 49 doit sauter le plus vite possible[1]. »

A 6 h 30, le capitaine Nauche reçoit l'ordre écrit de procéder à la mise à feu des charges explosives du pont de la Savoureuse de Lepuix-Gy. Cependant, le lieutenant-colonel Picq lui prescrit verbalement « de laisser passer tous les véhicules qui se présenteront et d'attendre, s'il y a lieu, d'être sous la pression de l'ennemi ».

Pour les autres dispositifs et faute de renseignements sur l'avance allemande, Picq s'incline devant les directives du général Parvy. A 6 h 23 et à 6 h 25, selon le rapport Senglet, deux fortes explosions font

1. Le rapport du capitaine Paul Senglet est daté du 1ᵉʳ août 1940, ce qui lui donne tout son intérêt puisqu'il a été rédigé un peu plus d'un mois après les événements.

sursauter les habitants de Sermamagny : les destructions ont commencé. Les sapeurs de Giromagny suivent de près puisque les ponts de la Savoureuse sautent respectivement à 6 h 58 [1], 7 h 20 et 8 h 12. Reste le passage de Lepuix-Gy qui n'est nullement menacé sinon par la perte de sang-froid du général Parvy. Devant les réticences manifestées par Picq, il faut l'intervention personnelle du chef d'état-major de la 63e DI, le lieutenant-colonel Richefort, pour que le capitaine Nauche accepte de procéder, à 9 h 15, à la destruction du pont.

« Elle laisse intacte une passerelle de ciment qui permet de la contourner, écrit le capitaine des Roseaux. De toute façon, la Savoureuse peut être franchie en amont car elle est peu large et peu profonde [2]. »

Entre l'ordre donné pour la première fois à 5 h 40 par le général Parvy et la mise à feu du dispositif de Lepuix-Gy, l'obstination du lieutenant-colonel Picq a permis de gagner trois heures pendant lesquelles les convois n'ont pas cessé de monter vers le Ballon d'Alsace. Pourtant, ces trois heures de sursis sont encore insuffisantes car l'artillerie n'a pu s'engager sur les ponts de Giromagny.

Le I/116e RAL et ses trois batteries de 105 L, matériel vétuste modèle 1913, a quitté Aspach, près d'Altkirch, le 14 juin pour abattre une quarantaine de kilomètres avant de prendre position à Chaux, au nord de Belfort. Le 16 juin, le chef d'escadron Francisque Lasbats a fait savoir à ses officiers que les ordres étaient de résister sur place. Deux jours plus tard, la défense mise en place par le général Laure s'écroule comme un château de cartes et Lasbats reçoit le 18 à 6 heures du matin l'ordre de faire mouvement : « Repli immédiat sur le Ballon d'Alsace ! »

Le I/116e RAL est hippomobile et non seulement les sorties de batterie prennent du temps mais avec plus de 500 chevaux à l'effectif, son déplacement ne peut pas passer inaperçu. Chaque attelage a plus de trois tonnes à tirer par pièce et les officiers du groupe se demandent avec inquiétude comment les choses vont se passer au nord de Lepuix-Gy, lorsque la colonne abordera les lacets de la route du Ballon d'Alsace. La question ne se posera pas car, après avoir parcouru quatre kilomètres, le

1. La destruction du pont de la rue du Hautot, situé au centre de la ville, cause de gros dégâts aux maisons les plus proches. Selon le témoignage de M. Alexandre Pichenot, 63 ans, confirmé par celui de M. Alphonse Verrier, maire adjoint, les éclats de pierre ont tué deux femmes de la rue Philippe-Berger : Marie Élisa Fleury, 80 ans, et Georgette Steineck, 52 ans. (Lettre du 15 mars 1984 adressée à l'auteur par M. Ralph Delaporte.)

2. Le capitaine des Roseaux confirme l'heure de la destruction : 9 h 15. C'est le capitaine Deruelle, du 4e Bureau de la 63e DI, qui aurait apporté l'ordre de Richefort au capitaine Nauche.

groupe s'engage dans Giromagny lorsqu'une première explosion alerte les artilleurs. Une deuxième, aussi brutale, fait éclater les vitres des fenêtres vingt minutes plus tard.

« Les ponts de la Savoureuse... » commente à mi-voix le capitaine Mazière.

Le I/116e RAL qui allait traverser la rivière dans moins d'un quart d'heure est arrêté par la destruction des ponts. Lasbats réunit ses officiers pour prendre leur avis : les capitaines Guérin, Mazière, Lamon, les lieutenants Barthe, Lolon et du Roure. Que peut-on faire ? Renseigné par un habitant, un lieutenant affirme qu'un troisième pont enjambe la Savoureuse avenue de la Gare, à deux pas d'une usine, la Société textile de la Savoureuse. Le renseignement est vague et le commandant du groupe se hâte de faire reconnaître l'endroit. Une difficulté apparaît : le coude de la route, derrière l'usine, ne permettra pas le passage des pièces. A moins de creuser le talus, ce que Lasbats décide de faire, comme s'il disposait de plusieurs heures devant lui.

Les artilleurs n'ont pas le temps de donner un seul coup de pioche ; à 8 h 12, cinquante-deux minutes après la deuxième explosion, le troisième pont de la Savoureuse dans la traversée de Giromagny saute lui aussi. Entre temps, Lasbats avait envoyé un sous-officier, le chef Averous, demander aux sapeurs de Lepuix-Gy de surseoir à la destruction de l'ouvrage.

« J'étais avec le canonnier Coin, raconte Averous, et à peine avions-nous fait 500 mètres que le pont sautait. »

Ou bien Lasbats a tardé à faire partir Averous, ou bien celui-ci ne s'est pas pressé car, entre la troisième destruction de Giromagny et celle de Lepuix-Gy il s'écoule un peu plus d'une heure. Toujours est-il que le I/116e RAL est maintenant bloqué derrière la Savoureuse dans le faubourg de Belfort, et que personne ne semble s'en inquiéter à l'état-major de la 63e DI. Le général Parvy sait pourtant que toute son artillerie est tributaire des ponts et que ceux-ci ayant sauté sur son ordre, les batteries sont à l'arrêt derrière la rivière. Que va-t-on faire de tous ces tubes ?

Une nouvelle réunion des officiers du groupe doit permettre de répondre à cette question. Faute de documents, on ne connaît pas la position de chacun mais il semble qu'une majorité se prononce pour le sabotage des pièces et le passage à gué de la Savoureuse avec les chevaux. Toutefois, un des commandants de batterie, le capitaine Lamon, rejette cette solution. A son retour de mission, le chef Averous remarque que les faisceaux sont formés et que « le commandant Lasbats et le capitaine Lamon discutent avec violence ». Et il ajoute : « Le capitaine voulait organiser une résistance en avant de Giromagny avec des volontaires.

“ Je préfère être tué en combattant que d’être pris par les boches sans combattre ”, disait-il [1]. »

Selon le lieutenant Barthe, un Toulousain, un essai de passage à gué avec une pièce et son attelage a été tenté mais ce fut un échec. Le groupe est paralysé.

« Nous étions engagés dans les rues qui étaient très étroites et il nous était impossible de doubler ni de faire demi-tour » écrit l’adjudant Bernard, de la batterie Barthe.

Le chef Averous, de son côté, souligne les hésitations du commandant de groupe : « Près d’une heure a encore été perdue en discussion, puis l’ordre a été donné de détruire le matériel et de rejoindre le Ballon d’Alsace à travers bois. J’ai remis l’argent de la batterie, environ 12 000 F, au capitaine Mazière, et je suis parti. »

La sanitaire du médecin-lieutenant Rouel et les voitures de liaison traverseront à gué la Savoureuse mais le chemin de montagne devenant trop abrupt il faudra les abandonner dans une ferme. Les artilleurs du I/116e RAL sauront plus tard qu’un quart d’heure après leur départ, les premiers motocyclistes du *Kampfgruppe* Nedtwig débouchaient au carrefour central et capturaient sans combat le III/321e RI du commandant Fontaine.

Au V/53e RA du capitaine Amouretti, les batteries sont en position au nord de Belfort quand, vers 6 h 20, les premiers blindés allemands apparaissent. Du côté sud. Il n’est plus temps de changer d’emplacement et ce sont les armes automatiques de défense rapprochée qui ouvrent le feu. Amouretti voudrait essayer d’adopter une nouvelle position mais « il faut faire vite pour pouvoir se dégager à temps », écrit-il. La situation ne s’y prête pas : la 16e batterie du lieutenant Meghint pourrait sans doute décrocher et longer la lisière du bois mais elle tomberait sous le feu des *panzers*. Quant à la 13e batterie du lieutenant Bellenger, on s’aperçoit après reconnaissance que ses deux itinéraires de repli sont coupés. Il faut donc procéder à l’irréparable.

« A 9 h 30, rapporte Amouretti, je donne l’ordre de mettre les pièces de ces batteries hors service et de replier le personnel à travers bois. »

Le groupe se compose désormais de la 14e batterie du capitaine Allimant, de la CR 5 du capitaine Armanet et des échelons. Pendant que s’organise la défense rapprochée, Allimant se rend à Giromagny pour voir si l’itinéraire est praticable mais il reviendra très vite après avoir failli se faire capturer par les motocyclistes du *Kampfgruppe* Nedtwig occupés à désarmer les hommes du III/321e RI. A son retour, le commandant de la 14e batterie rend compte à Amouretti.

« Les ponts de la Savoureuse ont sauté et le boche est déjà là ! »

1. La phrase est également citée dans le rapport de l’adjudant-chef Rey, de la CR 1.

Le capitaine Amouretti ne choisit pas la facilité. Il pourrait faire comme le chef d'escadron Lasbats à Giromagny, saboter ses dernières pièces, enfourcher son cheval et entraîner ses hommes dans la montagne. Il préfère essayer de sauver ses canons. Comment va-t-il hisser du 155 jusqu'au Ballon d'Alsace ? Il existe bien un chemin qui monte vers Planche-le-Prêtre et La Madeleine mais il est d'accès difficile. Consultés, les habitants le décrivent comme « impraticable et douteux ». Amouretti ne se décourage pas ; l'ennemi n'est pas pressant, on va donc tenter l'impossible : lancer la batterie Allimant en direction des hauteurs. Et contrairement aux prévisions les plus pessimistes, l'opération va réussir.

Amouretti : « Hommes et chevaux sont exténués mais nous passons, non sans laisser quelques voitures dans la montée, en raison de l'état du chemin, de celui des animaux et de la forte pente. »

Le 18 juin à 19 heures, lorsque le commandant du V/53e RA s'arrêtera au Ballon d'Alsace et rendra compte à son chef de corps, le lieutenant-colonel André, celui-ci lui dira : « Je pensais que vous étiez tous prisonniers. »

La 14e batterie du capitaine René Allimant sera la seule de la Défense de Belfort à rallier le Ballon d'Alsace par ses propres moyens [1].

Au début de la matinée du 18 juin les XIIIe et XIVe groupes du 197e RAL sont toujours en position entre Chaux et Éloie. Dans la nuit, les communications téléphoniques ont été interrompues avec le fort de la Justice où se trouve le PC du chef de corps, le lieutenant-colonel Barbaud. Vers quatre heures, peu après le lever du jour, des fantassins sont passés devant les pièces de 220 camouflées sous les branches : ils avaient reçu un ordre de repli. Du PC du XIVe groupe, le capitaine Limouzin a envoyé un motocycliste au fort de la Justice mais l'agent de liaison n'est pas revenu. Sans ordres de tir, sans ordre de repli, que vont faire les deux groupes ?

Vers six heures, le chef d'escadron Gianinazzi, du XIIIe groupe, vient au PC de Limouzin et lui fait savoir qu'en raison de la coupure inexplicable avec le colonel, il prend les deux groupes sous ses ordres. Une demi-heure plus tard, un commandant de batterie du XIVe groupe, le capitaine Milles-Lacroix, rend compte que des chars allemands sont arrivés à l'entrée sud d'Éloie.

« Une partie de mon état-major est dans le village... » dit Gianinazzi.

L'atelier auto du lieutenant Medalia-Branetzki qui se trouve égale-

1. Le I/53e RA du chef d'escadron Michel a été dispersé sur le front ouest de Belfort et ses batteries sont sabotées lors de la reddition du 298e RI et du 321e RI.

ment à Éloie est capturé [1] mais les chars ennemis semblent hésiter sur la direction à prendre.

« Faites saboter les pièces ! ordonne Gianinazzi.

— Des deux groupes ? demande tout de même le capitaine de Lagarrigue.

— Oui, des deux groupes ! »

Les batteries du XI/197e RAL du chef d'escadrons Haack sont relativement voisines de celles du XIIe groupe du chef d'escadrons Baup, entre Offemont et Éloie. Vers six heures, Haack a transmis à Baup les dernières consignes téléphonées par le lieutenant-colonel Barbaud [2].

« Dans le cas où les communications seraient coupées avec le fort de la Justice, s'entendre avec le commandant du XIe groupe et se mettre aux ordres du colonel Clavel, commandant une artillerie divisionnaire. »

Aucun officier des deux derniers groupes du 197e RAL ne connaît le colonel Clavel, de l'AD 63, qui a certainement quitté Giromagny où était son PC, pour Malvaux où s'est installé le général Parvy. Haack et Baup ne disposent d'aucun moyen pour joindre Clavel et la recommandation de leur chef de corps reste lettre morte. S'entendre avec Haack ? Baup ne donne pas l'impression d'y songer un seul instant. Un fossé profond sépare les deux hommes. S'appuyant sur la dernière information qu'il prétend avoir reçue (« 500 chars traversent Belfort et se dirigent vers Giromagny ») Haack s'est empressé de faire saboter ses canons. Puis, « on a couché des camions et des arbres en travers de tous les accès » comme si les artilleurs allaient se battre en utilisant leurs armes collectives et individuelles. Avec trois mitrailleuses Saint-Etienne, quatre FM modèle 1915 et 45 fusils Lebel, la résistance du groupe Haack serait de courte durée. Baup est logé à la même enseigne [3] mais, avant de donner un ordre de sabotage, il cherche à reprendre contact avec la hiérarchie, à commencer par le colonel Clavel.

Baup : « Personne ne put me dire où il se trouvait et bientôt, je n'entendis même plus parler du groupe Haack. D'ailleurs, à partir de la dernière communication, je n'entendis plus parler de commandement et ne vis même pas un agent de liaison. »

1. Les lieutenants Ruffet et Medalia-Branetzki, le brigadier-chef Queyrou et le canonnier Laforgue vont s'évader et se réfugier au fort de Roppe où ils retrouveront la CR 13 du capitaine Rousse.

2. Au XIVe groupe, le lieutenant Demontrond situe la coupure avec le PC du régiment à 2 heures du matin.

3. Le chef d'escadrons Louis Baup rappelle dans son rapport qu'à la mobilisation, des batteries de 128 hommes ont perçu 42 fusils, ce qui laissait deux artilleurs sur trois sans arme.

Une partie du XIe groupe a été abordée par des motocyclistes allemands et la 33e batterie tout entière a été capturée. Sans tirer un coup de fusil. Voyant cela, Haack a donné l'ordre de décrocher en direction du fort de Roppe. Il ne perdra pas de temps puisqu'il se présentera au capitaine Poulin à 10 h 30.

De son côté, Baup a fait monter aux batteries son officier adjoint, le capitaine Roederer, et l'orienteur, le lieutenant Peyches. Quant à lui, il reste à son PC avec quelques officiers « dans l'attente d'ordres problématiques ». Une heure se passe et soudain, le centraliste qui regardait par le soupirail de la cave, l'appelle à voix basse : « Mon commandant... » Il tend le bras dans la direction de la route. Baup s'approche. Des motocyclistes et des blindés allemands passent à petite allure devant la maison. Certains soldats ennemis sont assis sur le rebord de leur tourelle, comme s'ils défilaient. Pas de coups de canon, ni de coups de fusil. Le commandant du XII/197e RAL est stupéfait et, lorsque le dernier véhicule est passé, il décide de rejoindre ses batteries avec son personnel et ses trois lieutenants, Bonnaud, Fouillade et Dussutour. Ils gravissent tous l'escalier et aperçoivent, à environ cinquante mètres de la maison, un rassemblement de près de 200 hommes, artilleurs et fantassins. Baup en interpelle quelques-uns du 197e RAL et s'apprête à les rassembler lorsque, dit-il, « un Allemand me tape sur l'étui-révolver. A deux, ils me désarment. Dans le tas, je ne les avais pas vus. C'étaient des soldats en side-car restés là. A ma demande polie, mes jumelles me furent rendues avec correction ».

Le lieutenant Vallat et le médecin-lieutenant Le Bigot qui étaient dehors au passage de la colonne ont été faits prisonniers les premiers. Le lieutenant Dussutour s'approche de Baup et lui souffle à l'oreille : « J'ai toujours l'argent. Qu'est-ce que j'en fais ? »

Cinq jours plus tôt, à Colmar, Dussutour, officier des détails, a été obligé de percevoir la solde et le prêt de juin qu'il devait payer à la fin du mois. Le voilà prisonnier avec 225 000 F sur lui [1].

« Vers 6 h 45, écrit Baup, alors que les Allemands nous forment en colonne par quatre, je me glisse derrière deux camions et réussis à filer vers la forêt. »

Il suit une des lignes téléphoniques de son propre réseau et « après vingt-cinq minutes d'une course à fond » débouche sur ses positions de batterie où il qualifie de « pénible » le spectacle qui s'offre à ses yeux. Le capitaine Roederer a fait former les faisceaux et les artilleurs du XIIe groupe s'apprêtent à abandonner leurs armes et à partir. Il était temps ! Toutefois, lorsque Baup rassemble le personnel du groupe de tir pour prendre les dispositions de combat, on lui fait remarquer « que les

1. Aucun document des archives du 197e RAL consultées par l'auteur n'indique ce que sont devenus les fonds détenus par le lieutenant Dussutour.

canons sont démolis et les appareils de pointage brisés ». Baup est furieux. « Si les Allemands étaient à Valdoie, à Offemont, à Éloie et à mon PC, dit-il, aucun n'était encore monté aux batteries. » Il ajoute pour expliquer l'état d'esprit de nombreux cadres : « Depuis quelques jours, il régnait partout une sorte de psychose d'abandon contre laquelle je luttais à outrance. On ne parlait que de la destruction des tourelles des forts et du désarmement de Belfort [1]. »

Le lieutenant Gaillard, de la 35$^{e}$ batterie, s'approche du chef d'escadron. Il explique qu'il a « renâclé » à détruire ses deux dernières pièces, enlevant seulement les verrous de mise à feu et conservant les appareils de pointage.

« Je peux ouvrir le feu si vous m'en donnez l'ordre ! » dit-il doucement à Baup.

Celui-ci ne se le fait pas répéter ; il donne des objectifs à battre : le carrefour de la route de Belfort à Colmar et la route de Saint-Germain, à environ trois kilomètres au nord-est de Roppe. Tir d'enfilade de la route. Gaillard ne dissimule pas sa satisfaction et, à 8 h 12, le tir commence. Les deux pièces de 220 ont quinze tonnes de munitions à consommer et il est regrettable qu'elles soient orientées vers le nord-est, ce qui revient à envoyer des obus sur une route déserte. Tout de même, c'est la première réaction de l'artillerie française depuis l'entrée des Allemands à Belfort et les départs des 220 attirent des officiers évadés ou égarés qui se présentent au chef d'escadron Baup. Ils se rendent compte que les pièces font plus de bruit que de mal mais qu'importe ! Le capitaine O'Quin, qui s'est évadé avec le capitaine Bauer, du VI/159$^{e}$ RAP, écrit que la batterie du 197$^{e}$ RAL « tire dans la nature sans trop savoir où tombent les coups ». Le lieutenant Lahousse et l'aspirant Renaud arrivent, eux aussi, bientôt rejoints par deux lieutenants du 53$^{e}$ RA, Bolzinger et de Jerphanion. La batterie Gaillard tire 150 coups et, munitions épuisées, le lieutenant rend compte à son commandant de groupe qui annonce sa décision :

« Nous allons essayer de gagner le fort de Roppe. »

Non seulement les artilleurs du XII$^{e}$ groupe emportent leurs armes portatives mais ils ramasseront, en cours de route, celles qui ont été abandonnées par le groupe Haack. Baup lui-même remplace le pistolet qui lui a été enlevé par un mousqueton. Vers midi, il sera accueilli avec ses hommes par le capitaine Poulin qui leur fera aussitôt servir un repas chaud. Apporté par le vent d'ouest, le bruit d'une violente canonnade roule dans le lointain. Résisterait-on encore dans Belfort ?

1. On mesure ici le choc moral provoqué par le départ du 45$^{e}$ corps dont la mission était depuis le début de la guerre de défendre Belfort, et surtout par l'abandon sans combat des forts de ceinture sur l'ordre du général Laure.

## CHAPITRE XXVII

# « Pour éviter un massacre de la population. »

Le *III/Schützen Regiment 1* du *Major* Ritter a envoyé ses patrouilles couvrir Belfort au nord et ce sont elles qui s'emparent des batteries du 197e RAL et du 159e RAP. Arrivé de Montbéliard dans un temps record, le *IIe bataillon* du *Hauptmann* Dr Eckinger s'est regroupé dans le faubourg de France avant d'envoyer ses compagnies aux points chauds de Belfort. Le gros du *Kampfgruppe* Krüger est maintenant déployé et l'*Oberstleutnant* Kopp, chef du *Panzerjäger Abteilung 37* prépare l'attaque méthodique de toutes les résistances. Eckinger lui a rendu compte que des tirs nourris sont signalés dans la partie est de la ville, à la hauteur du Plateau-des-Chèvres, partant de quelques forts et surtout de la citadelle qui domine le centre ville. Le chef du *II/SR 1* a lancé deux compagnies à l'attaque, avec mitrailleuses et pièces de *37 Pak* mais elles ont essuyé un échec dont le journal de la *1re Panzerdivision* se fait l'écho ! « Elles furent entraînées dans un combat de rues et retirées car ce combat était sans issue ; la citadelle et les forts surplombent les rues et les tiennent sous leurs feux. »

Va-t-on utiliser les lance-flammes pour forcer l'entrée des forts, à Hatry et à la Justice par exemple ? Datée du 8 juin, une note du *39e Korps* signée par l'*Oberstleutnant* Gittner a justement précisé les conditions dans lesquelles les lance-flammes peuvent intervenir.

*En raison des difficultés de ravitaillement en combustible, l'emploi des lance-flammes doit être réservé en priorité aux missions des Stosstrupps, aux attaques contre les bunkers et aux combats de rues.*

Consulté, l'*Oberstleutnant* Balck répond par un mot : « L'artillerie ! » Le *General* Kirchner lui-même est de cet avis, ce qui permettra de localiser les destructions alors que les lance-flammes provoqueraient peut-être l'incendie d'une partie de la ville et gêneraient la progression. Il est donc convenu d'agir par étapes, quelle que soit la résistance opposée, et de lancer les attaques en deux temps : matraquage par l'artillerie et assaut de *Stosstrupps* avec concours de voitures blindées et des chars du *II/Panzer Regiment 1.*

Premier objectif : le fort Hatry, qui se trouve à quelques centaines de mètres de l'hôtel de Paris et gêne, par ses tirs sporadiques, la circulation dans les rues situées au nord de la gare. La défense devrait tomber facilement puisque, seuls, des FM et des fusils se dévoilent par intermittences. Les Allemands ignorent que, sur l'ordre du général Girol, le fort Hatry est un centre d'accueil pour isolés. Trois sections seulement, dont deux du I/418ᵉ Pionniers, constituent la garnison sous les ordres des lieutenants Schibert, Arnaud et Forin. Les centaines d'hommes qui peuplent l'ancien fort des Barres sont pour la plupart sans armes et leur moral défaillant ne contribue pas à entretenir l'esprit de résistance. Se trouvent également à Hatry le *Hauptmann* von Bellegarde et l'*Oberstleutnant* Seidel, faits prisonniers la veille après avoir traversé à Héricourt la position du I/22ᵉ RIF. Kopp fait mettre en batterie près de la gare un canon de 150 d'infanterie et une section d'obusiers de 105. Les servants sont bien entraînés et la mise en place est rapide.

« Feuer ! »

Le bruit du canon dans le centre ville est impressionnant et révèle aux Belfortains réfugiés dans les caves et les abris qu'on se bat désormais dans la cité défendue naguère par Denfert-Rochereau et restée inviolée. Des pièces de *Pak* sont avancées vers l'entrée du fort puis trois *Panzers IV,* leur tube de 75 braqué sur Hatry, se mettent en marche, suivis au plus près par deux *Stosstrupps* du *Panzerjäger Abteilung 37.* Des chars se dégage une impression de puissance qu'accentue encore la lenteur de leur progression. Le grincement de leurs chenilles doit s'entendre depuis le casernement... A bout portant, les servants des tourelles lâchent une dizaine de projectiles dans la façade. Les Français ne tirent plus. Les 105 et la pièce de 150 se taisent. Seul subsiste le froissement métallique des chenilles, comme si les *Panzers IV* se disposaient à en finir en écrasant tout sur leur passage. A 10 h 30, un bras anonyme agite une étoffe blanche. Les défenseurs du fort Hatry mettent bas les armes. Selon des documents de source allemande, le nombre de prisonniers s'élève à 12 officiers et environ 800 hommes, ce qui souligne l'importance des effectifs non combattants regroupés à cet endroit. Bellegarde, Seidel et leurs soldats sont libérés et il est possible que la reddition soit due à la pression psychologique exercée sur les Français par les deux officiers. Ils auraient d'ailleurs été utilisés pour établir le dialogue avec les attaquants. Un rapport du *Pionnier Bataillon 37* indique en effet : « On libéra deux officiers allemands qui ont été employés comme parlementaires par les Français [1]. »

1. Les rapports des autres unités allemandes ayant participé aux combats dans Belfort sont étrangement muets sur la libération de Bellegarde et Seidel.

Le *General* Kirchner a recommandé d'éviter des pertes et, pour enlever les autres points de résistance, Eckinger et Kopp sont décidés à employer au maximum leur artillerie et à couvrir la progression des *Stosstrupps* par les chars. On va d'abord « donner de l'air » au fort des Basses-Perches où les observatoires sont en place depuis le matin, en attaquant son voisin, le fort des Hautes-Perches [1]. La garnison ne possède même pas une pièce de 25 antichars. Le lieutenant Pontvieux, de la CM 7 du 12e RIF, est à l'extérieur, camouflé dans des bosquets, ainsi qu'une partie de la 7e compagnie du 428e Pionniers (lieutenant Saboureux). Le capitaine Favre est responsable de la défense des Hautes-Perches avec la 2e compagnie du 4e Pyrénéens. Le compte est vite fait : trois compagnies de fantassins sans soutien d'artillerie. Les Allemands vont d'abord obliger les défenseurs à se replier sur l'ouvrage et à s'y terrer. Servis par Haehnel, Grandgirard et le sergent Vincent, les FM du 428e Pionniers ne font même pas illusion.

« Des chasseurs pyrénéens se replient sur nous, écrit le lieutenant Saboureux, nous entendons distinctement les cris de l'assaillant et je décide de regagner le fort... »

« L'assaillant » ne demandait rien d'autre. Il est 11 h 30 et Saboureux, comme le capitaine Favre, ignore que deux groupes de 105 sont en position et vont procéder à une concentration de tirs sur le fort où la défense est encore organisée sur les superstructures. Pionniers et Pyrénéens ne vont pas y rester longtemps.

Saboureux : « Vers 12 h 15, un obus de gros calibre éclate sur l'angle nord. Pressentant le bombardement massif, je regroupe ma compagnie sous les grandes voûtes est-ouest mais, en fin de mouvement, les tirs d'artillerie s'accentuent... »

Un quart d'heure plus tard, la voûte nord-sud est crevée et un gros effondrement se produit. Des contusions chez les Français mais aucun blessé grave. Toutefois, la leçon est enregistrée. Contre le canon le capitaine Favre se sent désarmé et, lorsque deux compagnies allemandes s'élancent en direction du fort à bord de voitures blindées dont les mitrailleuses vident leurs bandes sur les superstructures, il donne l'ordre de hisser le drapeau blanc. Il est 13 heures. Le *Hauptmann* Dr Eckinger fait évacuer les prisonniers et prend possession des lieux, bientôt suivi par les observateurs d'artillerie. Prochains objectifs : le fort de la Miotte et la Justice.

Pendant ce temps, l'*Oberst* Krüger a pris l'initiative, sans doute avec l'accord du *General* Kirchner, de tenter une démarche d'intimidation auprès du général Girol. Pressentant peut-être que celui-ci n'ouvrirait pas la porte du Château à des parlementaires allemands, Krüger va

2. Qu'on ne se méprenne pas sur le mot « fort ». Il recouvre des casernements vaguement fortifiés, sans artillerie.

utiliser — il n'y a pas d'autre mot — deux officiers prisonniers. Dans le journal de la *1^re^ Panzer,* le rédacteur précise que ces officiers « se sont déclarés prêts à se rendre en parlementaires à la citadelle et, sous la protection de nos armes (*sic*) de la sommer de se rendre ».

Le document révèle qu'un troisième officier « fut retenu au PC par mesure de sécurité ». Si c'est exact, le troisième officier serait gardé en otage au cas où il prendrait fantaisie aux deux premiers d'entrer au Château et d'y rester. Nous avons peu de détails sur cette affaire qui va tourner au drame. Le lieutenant Jean Roméas, de l'état-major du VI/159e RAP, explique dans son rapport qu'après avoir été fait prisonnier dans la matinée, près d'Offemont, il s'est retrouvé dans une colonne avec d'autres officiers du 159e RAP, notamment les capitaines Teychené et Durupt [1], les lieutenants Guillon, Galopin, Malet, Trincal et Sayet.

« Lorsque nous avons traversé la place Corbis, écrit Roméas, un gradé allemand a demandé aux officiers de sortir des rangs. Il a retenu Sayet et Trincal et la colonne est repartie. Nous avons su qu'ils avaient été envoyés comme parlementaires au Château. »

Trincal est officier d'approvisionnement au 159e RAP et il a l'avantage de bien connaître Belfort. En effet, cet officier de réserve habite la ville où il exerçait, avant d'être mobilisé, les fonctions de sous-directeur de l'école pratique de Commerce et d'Industrie [2]. Trincal et Sayet furent-ils volontaires, comme le prétendent les Allemands, pour se rendre au Château et demander à ses défenseurs de mettre bas les armes ? Aucun document connu ne l'établit avec certitude. En revanche, on sait qu'ils ont subi une pression inadmissible de la part du préfet.

Les deux hommes sont d'abord allés à l'hôtel de ville [3] pour essayer d'entrer en communication téléphonique avec le général Girol ou le colonel Gard. Ils n'obtinrent pas satisfaction et se rendirent ensuite à la préfecture avec les mêmes intentions. Un rapport écrit le 20 juillet 1940 par M. Marcel Picot, préfet de Belfort, nous permet de connaître la nature des pressions exercées sur les deux artilleurs, pressions qui n'ont rien d'exceptionnel puisqu'on a vu à maintes reprises les Allemands utiliser « la carotte ou le bâton », selon les circonstances, pour obtenir que cesse une résistance. Ce qui n'est pas concevable, c'est que le préfet se fasse l'instrument du chantage exercé par l'ennemi. Selon M. Picot, Trincal et Sayet lui ont fait connaître à 10 h 30 « qu'ils étaient prisonniers et chargés par le commandement ennemi de se rendre en

1. Le capitaine Durupt va s'évader et se réfugier au fort de Roppe.
2. Aujourd'hui lycée technique de Belfort.
3. Le maire de Belfort, M. Pierre Dreyfus-Schmidt est mobilisé et c'est M. Hubert Metzger, premier adjoint, qui a reçu l'*Oberstleutnant* Kopp lorsque celui-ci s'est présenté comme « chef de la *Kommandantur* ».

parlementaires, porteurs d'un drapeau blanc, à la citadelle, pour aviser le général Girol qu'il avait un délai d'une heure pour consentir à la reddition de la forteresse, faute de quoi la ville serait bombardée par trois régiments d'artillerie qui étaient en position et un groupe de 500 avions de bombardement ».

Le bluff absolu ! Kirchner n'a pas trois régiments d'artillerie à sa disposition et il n'a jamais envisagé de solliciter la *Luftwaffe* pour en finir avec Belfort. C'est de l'intoxication mais qui intoxique ? Le préfet ou les Allemands ? Trincal et Sayet soumettent leur projet à Picot : téléphoner au Château depuis la préfecture. Ils n'auront pas plus de chance qu'à l'hôtel de ville : les communications sont interrompues. Toutefois, la réaction du préfet est surprenante ; il lui est peut-être difficile de procurer des vêtements civils aux deux officiers et de leur éviter la captivité mais il n'est pas non plus dans son rôle lorsqu'il entre dans le jeu de l'ennemi. En effet, cet homme de 43 ans, ancien sous-préfet d'Épernay, nommé à Belfort un mois plus tôt [1], va inciter les « parlementaires à aller au Château. S'exprimant à la troisième personne, il écrit dans son rapport : « Le préfet leur fit remarquer qu'il était de leur devoir d'accomplir la mission dont ils étaient chargés afin d'éviter un massacre de la population. »

Toujours le chantage aux représailles ! Le préfet ne va pas jusqu'à proposer aux deux officiers de les accompagner et il assure qu'avant de le quitter Trincal lui aurait dit : « C'est notre devoir d'aller à la citadelle, nous allons nous y rendre mais nous risquons de nous faire tuer par les nôtres. »

C'est exactement ce qui s'est produit mais dans des circonstances sur lesquelles on manque de précisions. Les Allemands affirment seulement que Trincal — dont ils ne citent pas le nom — « a été tué d'un coup de feu après avoir été injurié et traité de traître ». Sayet aurait été blessé à la main et serait revenu au PC de la *1^re^ Panzer* raconter le drame.

La garde du Château est assurée par deux sections de la 6^e^ compagnie du 428^e^ Pionniers placées sous les ordres du capitaine Gilloux. Est-ce lui qui a donné l'ordre d'ouvrir le feu sur les deux « parlementaires » ou le coup de fusil a-t-il été tiré par une sentinelle aux nerfs fragiles ? Cette thèse ne peut être retenue car le lieutenant du génie Pierre Chauvin, qui se trouve à l'intérieur de la citadelle où il vient de recevoir l'ordre d'élever des barricades dans les couloirs, a entendu crier : « On demande un tireur d'élite ! » Tout à son travail, Chauvin ne se préoccupe pas de savoir qui veut tirer sur qui mais il explique cependant

1. Ancien combattant de 14-18, M. Picot quittera Belfort en novembre 1941 pour la préfecture de la Sarthe. Deux ans plus tard, élevé à la 1^re^ classe, il sera préfet de l'Allier mais le 2 septembre 1944, il sera suspendu puis rétrogradé, placé en disponibilité et enfin mis à la retraite.

dans son rapport : « Ce tireur devait être chargé d'abattre des parlementaires venus demander la reddition de la citadelle sous la menace de la destruction de la ville et qui, après les sommations d'usage, ne se retiraient pas[1]. »

Personne n'a donc fait savoir à Chauvin qu'il s'agissait de parlementaires FRANÇAIS ? Le capitaine Briet, du II/428e Pionniers, indique de son côté que Trincal et Sayet « ont tenté » d'approcher du Château.

« Arrêtés à distance par les sommations de la garnison, ajoute-t-il, ils crient le but de leur mission. Ordre leur est donné de se retirer. L'un d'eux paraissant ne pas vouloir obtempérer et insistant à nouveau, est finalement abattu[2].

Abattu ? Appliqué à un officier français, le terme surprend. Les défenseurs du Château sont-ils à ce point déterminés qu'ils n'hésitent pas à tirer sur les leurs ? Ou Trincal ne s'est-il pas soumis à l'injonction qui lui était adressée[3] ?

Vers midi, après quelques coups de semonce tirés au canon de 20 par un *Panzer II,* deux *Stosstrupps* s'introduisent sans subir de pertes dans le fort de la Miotte situé à quelques centaines de mètres de la Justice. Ils n'éprouvent aucune difficulté à faire cesser des défenses qui n'existent pas. Se rendent en effet le lieutenant-colonel Marcel Page avec l'état-major du 428e Pionniers et une quarantaine de fuyards réfugiés au fort. A la Manutention, les *Schützen* du bataillon Eckinger ont d'abord tenté de s'approcher en s'abritant derrière les chars. Sous les feux croisés de la défense, ils ont reflué.

« Ils se sont installés depuis dans les maisons dominant la Manutention, vers le bureau du Recrutement, raconte le commandant Alaroze. Du côté de la rue des Bons-Enfants, il y a des tireurs dans les greniers qui soulèvent les tuiles pour lâcher leur coup de fusil. »

Les capitaines Parmentier et Gros ont découvert une pièce de 90 comme il en existe un exemplaire dans les autres forts et deux artilleurs se sont portés volontaires pour la servir. Au troisième coup tiré par le 90, un *Panzer IV* arrêté au saillant du rempart a riposté au 75. Une roue brisée, le 90 se tait à jamais. Les Allemands ne semblent pas pressés d'enlever la Manutention et se contentent d'en tenir les défenseurs en haleine par des feux d'infanterie. De temps en temps, un claquement de

1. Le rapport de Pierre Chauvin a été rédigé le 8 septembre 1945. En cinq ans, ses souvenirs ont pu s'altérer.

2. Officier de réserve, M. Maxime Briet était inspecteur général de l'Enregistrement à Lons-le-Saunier (Jura). Il aurait obtenu ce témoignage du capitaine Adrien Gilloux avec qui il était prisonnier à l'Oflag X-C.

3. Les responsables de la Défense de Belfort n'ont rédigé aucun rapport connu sur les combats du 18 juin et sur la mort de Marcel Trincal. Inhumé le 20 juin au cimetière des Mobiles de Belfort, le lieutenant était né le 8 septembre 1905 à Rouilly-Sacey (Aube).

chenilles sur l'asphalte annonce l'approche d'un char. Celui-ci lâche deux ou trois obus et revient se mettre en faction.

Alaroze : « Accalmie entre 11 heures et 13 heures, ce qui permet aux hommes de manger et de se détendre un peu. Après 13 heures, reprise de la fusillade. Plus tard, l'artillerie allemande semble chercher la Manutention. »

En dépit de leurs excellents observatoires, les artilleurs de la *1re Panzerdivision* ont, semble-t-il, des difficultés à amener leurs feux sur l'objectif. Une maison d'angle est atteinte et brûle pendant que des fantassins allemands s'infiltrent dans les bâtiments du Recrutement et prennent pied dans la cour basse. L'étau se resserre sur les défenseurs dont la discipline de feu laisse à désirer, ce qui explique la baisse inquiétante du stock de cartouches. L'ennemi a-t-il fait des sommations, annoncé des représailles ou agité la menace d'une intervention des *Stukas ?* Nous ne le savons pas mais le fait d'être sur le point d'être pris à revers influe sans doute sur le commandant Alaroze qui, avec l'assentiment du capitaine Naudin, du III/428e Pionniers, décide de déposer les armes.

« Compte rendu est fait au général qui comprend la situation, rapporte Alaroze. La lutte est terminée. Il est 15 h 40 [1]. »

Le fort de la Justice, ancien fort Lecourbe, n'est pas plus fortifié que les autres ouvrages intérieurs de Belfort. Le pont-levis franchi, on aperçoit au fond de la cour rectangulaire un grand bâtiment à trois étages dont la silhouette est identique à celle des casernes françaises. Quant aux casemates qui apparentent ce vestige du passé à une forteresse, leurs entrées donnent de plain-pied dans la cour et leurs voûtes ne sont pas bétonnées mais recouvertes par environ trois mètres de terre rapportée. Si la garnison n'est pas plus étoffée qu'à la Manutention, la Justice abrite d'importants PC, ce qui explique peut-être pourquoi la reddition ne sera obtenue qu'au prix du sang. S'y trouve d'abord le PC du colonel de Bernard, de la 2e demi-brigade de chasseurs pyrénéens, qui commande le fort. Ensuite le lieutenant-colonel Françon et l'état-major du 12e RIF, le lieutenant-colonel Barbaud avec celui du 197e RAL et enfin le chef d'escadron Pion, du V/159e RAP, qui commandait l'artillerie des forts de ceinture avant l'ordre d'abandon donné par le général Laure. En fin de matinée, le colonel de Bernard a voulu, par solidarité, appuyer le fort des Hautes-Perches que les Allemands se préparaient à attaquer. On a mis en batterie un 90 de Bange découvert dans une casemate mais, personne ne connaissant ce matériel, de Bernard et Pion ont eux-mêmes

1. M. Robert Alaroze fut, de l'avis de tous les combattants, l'âme de la résistance à la Manutention. Professeur d'allemand au lycée Lamartine de Mâcon, il sera rapatrié comme grand malade après une courte captivité en Allemagne.

servi la pièce, tirant une dizaine de coups sur des chars et des véhicules blindés. Sans résultat apparent, flammes ou explosion. L'ennemi a riposté au canon d'infanterie puis les chenilles des chars se sont fait entendre et les pièces de tourelle ont cherché les ouvertures basses du fort. Un avion de reconnaissance de la *1re Panzer* rôde depuis le matin dans le ciel de Belfort mais à partir du début de l'après-midi il décrit des cercles au-dessus de la Justice et du Château. C'est lui qui règle le tir d'artillerie.

« Après une accalmie d'une heure, écrit le capitaine Briet, le bombardement reprend à cadence accélérée avec du 150 et du 210[1]. »

L'analyse est bonne car l'*Oberstleutnant* Kopp a en effet obtenu, pour traiter le fort de la Justice, deux groupes d'artillerie lourde[2]. Sur un objectif aussi peu protégé, les projectiles causent d'énormes dégâts.

« Crevant les toits des casernements, écrit Briet, démolissant en partie la façade sud, ébranlant les abris et détruisant complètement une casemate dont tous les occupants sont ensevelis sous les décombres. »

Toutes les victimes appartiennent à la 5e compagnie du capitaine Noblet et de nombreux blessés sollicitent le médecin-lieutenant Rabain et son auxiliaire, Durand, qui se trouvent rapidement débordés. La panique se répand dans les autres casemates où l'on sait maintenant qu'elles ne constituent pas des abris sérieux contre l'artillerie lourde. Le colonel de Bernard, qui parle de 70 tués et blessés, rapporte qu'à 14 heures « lorsque le bombardement cesse, 35 chars sont rangés devant la Justice dont toutes les armes sont hors de service ».

Un peu plus tard, de Bernard fait hisser le drapeau blanc. Il n'indique pas s'il a pris l'avis des deux chefs de corps présents au fort, Barbaud et Françon. Atteint par de multiples éclats d'obus, le caporal-chef Marius Belin meurt sur une civière du poste de secours quelques minutes avant l'arrivée des Allemands qui donnent l'ordre d'évacuer la Justice. Ils refusent que les officiers regroupent leurs hommes et désignent des corvées pour enterrer les morts. Seuls, les deux médecins, Rabain et Durand, sont autorisés à rester auprès de la trentaine de blessés dont plus de la moitié, faute de temps, n'ont pas encore reçu de soins. Quant aux morts de la compagnie Noblet, 20 d'entre eux seront retrouvés et identifiés[3]. On suppose que quelques autres sont restés sous les tonnes de terre éboulée.

1. Récit recueilli en captivité par Briet auprès des capitaines Jules Pardon et Raoul Noblet, du II/428e Pionniers.

2. Les 150 du *II/AR 56* et les *Mörser* de 210 du *II/616e Schwer Artillerie Abteilung.*

3. Cornut, Grosjean, Gehin, Gay-Lancernin, Hagen, Jeanneaux, Sonzongni, Bodein, Jeanblanc, Brun, Dubois, Gainet, Dubief, Chesnais, Mercelat, Barriod, Bringard, Thépaut, Fombaron et Belin. Les décès ont été constatés par le lieutenant Pierre Bourgeaux faisant fonction d'officier d'état civil, avec pour témoins le lieutenant de Manssion de Farières et le chef Renaud, aumônier.

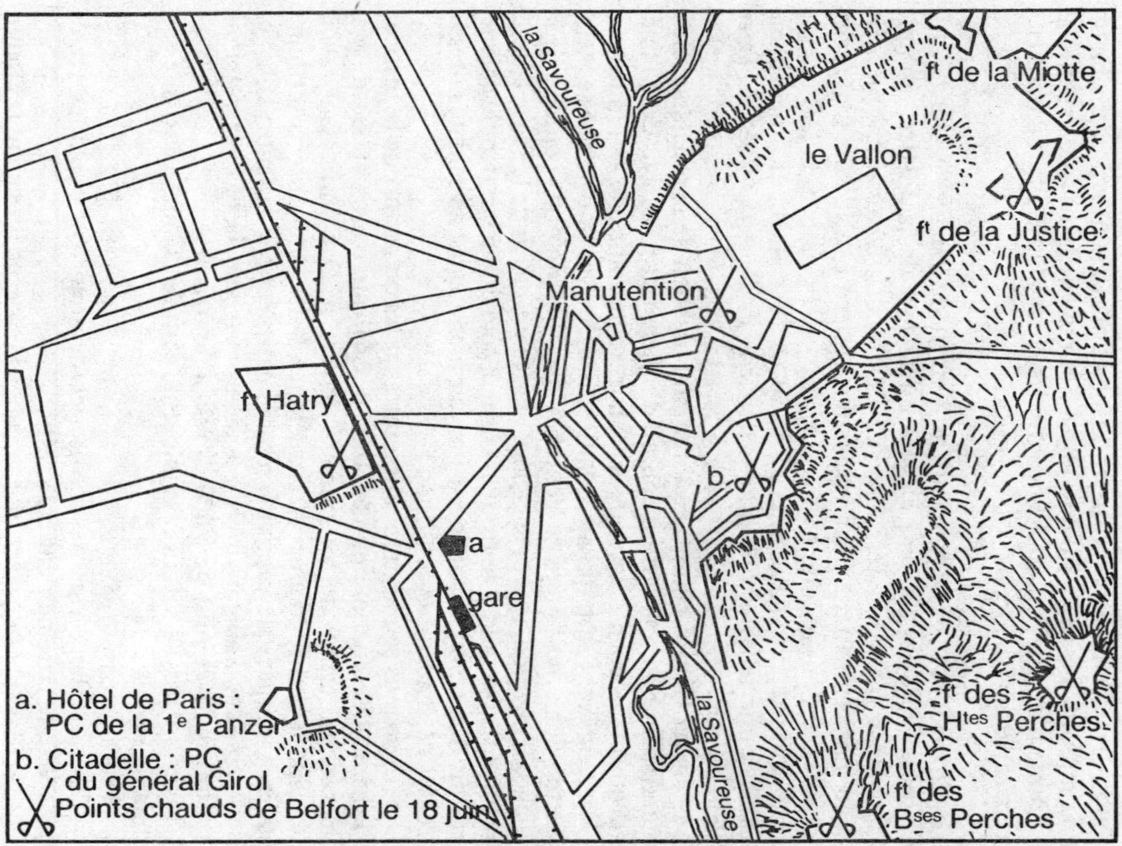


**Belfort le 18 juin**

Le capitaine Henri Signarbieux, dont la 8e compagnie du II/428e Pionniers est en position dans le bois des Fourches, a assisté impuissant au bombardement du fort de la Justice. Ses hommes restent impressionnés et son adjoint, le lieutenant Grimaud, lui fait remarquer que la défense, orientée face à l'est, ne correspond plus à la situation. Estimant que sa mitrailleuse Saint-Étienne et ses FM modèle 15 ne constituent pas l'instrument de dissuasion idéal contre les chars allemands, Signarbieux se rendra vers 15 heures.

Le Château est soumis au bombardement de l'artillerie lourde qui, sans causer des pertes aussi élevées qu'au fort de la Justice, ébranle néanmoins la volonté de résistance des défenseurs. Là aussi une pièce de 90 a été mise en batterie mais après un premier tir, d'ailleurs mal réglé, quelques 210 l'ont réduite au silence. A part le Château, la Défense de Belfort n'existe plus et, entre 15 h 30 et 16 heures, un linge blanc apparaît à une fenêtre. Dissimulés derrière les *Panzers IV* les *Schützen* hurlent de joie.

Le général Girol a compris qu'une prolongation de la résistance était vaine. A-t-il réuni d'abord un conseil d'officiers et pris l'avis du colonel Gard ou a-t-il choisi d'assumer seul la responsabilité de la reddition ? L'*Oberstleutnant* Kopp qui attendait cet instant avec impatience se met à la tête de deux *Stosstrupps* et s'enfonce dans les profonds couloirs de la citadelle. Il cherche, il veut le général, le *Kommandeur* de la Place auquel il va succéder. Quand il le trouve, Girol, à côté duquel se tient le colonel Gard, dit d'une voix blanche : « J'ai fait mon devoir de soldat, faites le vôtre, je me rends sans condition [1] ! »

Les Allemands se montrent aussi intraitables qu'au fort de la Justice ; ils exigent l'évacuation immédiate du Château. Girol et Gard sont emmenés au camp de prisonniers ouvert à Danjoutin sans avoir seulement le temps d'emporter quelques boîtes de conserve et leurs premières journées de captivité seront marquées par la faim. Tous les prisonniers sont d'ailleurs logés à la même enseigne, la *1re Panzerdivision* se retrouvant avec plus de 8 000 captifs à nourrir.

« 18 juin : pas de vivres à Danjoutin, écrit le colonel Gard sur son agenda de poche [2].

— 19 juin : pas de vivres.

— 20 juin : les Sœurs de la Miséricorde apportent quelques vivres mais la viande crue ne peut être cuite. »

Les vaincus de Belfort seront ramenés à la caserne Bréchaud le 20 juin

1. Témoignage du capitaine Gilloux cité dans son rapport par le capitaine Briet.
2. Agenda retrouvé par M. Jacques Gard, d'Aurillac, un des fils du colonel Victor Gard. Né à Toulouse le 17 mars 1883, ce dernier sera rapatrié d'Allemagne comme grand malade le 19 novembre 1942. Il est décédé à Aurillac le 5 mars 1962.

et conduits le lendemain à l'asile de vieillards de Mulhouse. Le 24 juin, Girol sera séparé de ses officiers et rejoindra d'autres généraux prisonniers près de Colmar [1].

La perte de Belfort, cette défense qui s'effondre en quelques heures, porte en elle tous les vices d'un système qui précipitera la France dans la défaite. De plus, ce baroud d'honneur que le 321e RI et le 298e RI, sans oublier le 2e Pyrénéens, ont été incapables de livrer, cette lutte inégale des forts intérieurs avec pour toute artillerie quelques pièces de 90 de Bange, tout cela a coûté cher, beaucoup trop cher. Dans le désastre qui frappe l'armée française, Belfort prend un relief inattendu car le général Laure disposait des moyens pour ne pas rendre cet échec aussi total, aussi absolu. Il n'a pas su les utiliser et n'a pas tenu compte du facteur humain. Lorsque dans la nuit du 16 au 17 juin il a fait saboter et abandonner les forts de ceinture, la Défense de Belfort, malade du départ du 45e corps, était désormais moribonde.

En comptant les 20 tués de la 5e compagnie du II/428e Pionniers au fort de la Justice, les combats dans Belfort ont finalement coûté 48 morts [2] et un nombre élevé de blessés. A la *1re Panzerdivision,* les pertes subies le 18 juin ne sont pas comparables mais, même partielles, elles ne sont pas négligeables : quatre tués dont deux officiers et sept blessés au *II/SR 1,* cinq tués et trois blessés au *Panzerjäger Abteilung 37,* cinq tués et six blessés au *Pionnier Bataillon 37.* En tout : 14 tués et 16 blessés.

En quels termes le général Laure va-t-il rendre compte de l'écroulement de la Défense de Belfort ? Comment va-t-il expliquer au général Prételat, du groupe d'armées n° 2, que 14 bataillons d'infanterie et une centaine de bouches à feu ont été réduits à l'impuissance dans la matinée du 18 juin, la plupart sans même avoir tiré ? Moins de 600 hommes de la division Parvy ont réussi à passer au nord de Giromagny et à se réfugier dans la montagne. Chez les artilleurs, une seule batterie est sauvée, la 14/53e RA du capitaine Allimant, que son commandant de groupe, le capitaine Amouretti, conduira jusqu'au Ballon d'Alsace dans la nuit du 18 au 19 juin. La lecture du journal du groupe d'armées n° 2, qui n'est pas exempt d'erreurs, laisse supposer que les informations parviennent

1. Né à Bruyères (Vosges) le 10 novembre 1878, le général Louis Girol restera en captivité en Allemagne jusqu'au 9 mai 1945. Il est décédé le 15 janvier 1965 à Ramerupt (Aube) où habite sa fille, Mme Françoise de Larquelay.

2. Bonnet, Moffre, Garnier, Pavy, Choron, Euvrard, Grenouillet, Rothamer, Demol, Étienne, Le Goff, Roussel, Vanel, Courriol, Dalloz, Burger, Lecuelle et l'aspirant Pierre Courtin, du 4e Pyrénéens. Sont morts de leurs blessures les jours suivants : Gessant, Gay, Boutillier, Cortet, Arrighi, Dubois, Carroué, Graffeuille, Motz et Poignant. Les noms de ces victimes ont été aimablement relevés à l'état-civil de Belfort et communiqués à l'auteur par M. et Mme Georges Schouler.

avec un certain retard au général Prételat. On découvre en effet que le 18 à 18 heures « la VIII^e^ armée rend compte : sur son front ouest, l'ennemi s'est emparé de Vesoul et Besançon ; la VIII^e^ armée tient Lure, Luxeuil, Fougerolles, Épinal ».

La *1^re^ Panzer* a attaqué Besançon le 16 après-midi et la *20^e^ Mot. Division* est entrée dans Vesoul le 17 au matin. On sait également que la tête du *Kampfgruppe* Esebeck (*6^e^ Panzer*) a atteint Épinal rive gauche à l'heure du compte rendu de la VIII^e^ armée, le 18 à 18 heures. Belfort qui est entièrement entre les mains de la *1^re^ Panzerdivision,* n'apparaît pas encore dans le compte rendu de Laure. Il faut attendre le 19 juin à 0 h 15 pour lire que la VIII^e^ armée « tient les cols des Vosges ; Belfort a été attaqué et traversé par de nombreux chars ennemis ; le Ballon d'Alsace est tenu. A l'ouest, Lure et Luxeuil sont pris ».

Est-ce pour faire contrepoids à la chute de Belfort que Laure indique qu'il tient les cols des Vosges et le Ballon d'Alsace ? Il n'a pourtant aucun mérite, ces points n'ayant fait l'objet d'aucune attaque. Le mercredi 19 juin, le compte rendu du soir aura certainement une tonalité moins optimiste. En effet, la *1^re^ Panzer* ne doit pas stationner à Belfort. La *29^e^ Mot. Division* qui nettoie le 18 la région située à l'est du Valdahon et attaque sur Maiche, va rejeter le 45^e^ corps du général Daille en Suisse et enverra ses unités occuper Belfort le 19 juin, pendant que la *1^re^ Panzer* poursuivra son offensive face au nord. L'*Oberst* von Boltenstern, du *Regiment 71,* succédera à Kopp à la *Kommandantur* de la ville.

***

Le capitaine des Roseaux longe le lit de la Savoureuse aux eaux vives et, laissant Lepuix-Gy derrière lui, remonte d'un pas pesant vers Malvaux. Il espère que le PC de la 63^e^ DI s'y trouve encore mais, au fond, quelle importance ? Quelque chose d'indéfinissable s'est brisé en lui depuis le moment où il s'est trouvé face à face avec les motocyclistes allemands, à Giromagny. Sans doute a-t-il mesuré, en quelques secondes, tout ce qui sépare le vainqueur du vaincu, une victoire d'une défaite. Comme la plupart des officiers de la division Parvy, et même de la Défense de Belfort, des Roseaux est sous le choc, il ne comprend pas ce qui est arrivé. Tout un sytème défensif écrasé en quelques heures, des bataillons entiers capturés sans tirer, une artillerie qui reste muette... L'esprit ne suit plus car, tout en sachant que l'appel du maréchal Pétain lancé la veille (... « je vous demande de cesser le combat ») a porté un coup mortel aux armées, la chute de Belfort est une chose qui dépasse l'entendement. Ce n'est pas le général Parvy qui donnera une explication cohérente du phénomène car des Roseaux le retrouve « effondré, assis dans le fossé, sur le bord de la route. D'ailleurs, tout le monde est désemparé ».

Parvy s'est montré incapable de maîtriser une situation qui lui échappait et il a manqué de sang-froid, notamment lorsqu'il a donné l'ordre de faire sauter les ponts de la Savoureuse à Giromagny et à Lepuix-Gy. A son PC de la Jumenterie, derrière le Ballon d'Alsace, le général Tencé, chef du 44e corps et supérieur direct de Parvy, a clairement exprimé son opinion à son entourage. Il l'a même fait savoir à La Bresse, au PC de la VIIIe armée et des Roseaux apprendra par le chef d'escadron Eon — celui de Vesoul — que « le général Tencé est très monté contre Parvy et s'est exprimé très durement sur son compte à plusieurs reprises ». L'ire de Tencé prend sa source dans le fait qu'il ne croit pas, à la fin de la matinée du 18 juin, à la présence de l'ennemi à Giromagny et aux portes de Lepuix-Gy comme le lui a dit Parvy. « Il accuse tout bonnement celui-ci d'avoir perdu la tête [1] et d'être la cause d'un désastre », note des Roseaux.

Même si le trait est exagéré, on voit à quel point la manœuvre hardie de la *1re Panzerdivision* a bouleversé les esprits. On remarque aussi que, malgré son incrédulité, Tencé prend ses précautions. A 9 h 30, il a demandé lui-même au lieutenant-colonel Picq, du génie de la 63e DI, « de reconnaître les dispositifs de mine se trouvant sur la route du Ballon d'Alsace, entre Malvaux et le sommet ». Le chef du 44e corps compte davantage sur les difficultés du terrain que sur la 63e DI (existe-t-elle encore ?) pour empêcher l'adversaire de s'engager sur la route du Ballon. Sur trois coupures envisagées, une seule est capable d'arrêter les Allemands un certain temps. Le premier dispositif, à « La Maison forestière » peut être facilement tourné par une dérivation sur l'hôtel ou un passage à gué de la Savoureuse. Un peu plus haut, au « Saut de la Truite », l'explosion ouvrirait une brèche intéressante, la route franchissant un ravin transversal profond. La troisième et dernière charge, à « La Goutte du Lys » provoquerait une coupure peu importante.

Pour se débarrasser de ses doutes, Tencé donne l'ordre au général Menu, commandant l'artillerie du corps d'armée, de descendre lui-même à Lepuix-Gy et d'y calmer les esprits. Menu ne va pas employer la diplomatie car, en passant à Malvaux, il démontre par son attitude à quel point la présence des Allemands à quelques kilomètres n'est pas prise au sérieux par l'état-major du 44e corps.

« C'est un fou trépignant et hurlant », affirme le capitaine des Roseaux dans ses carnets.

Menu s'en prend au colonel Lavelle, de l'infanterie divisionnaire, puis au commandant Fontaine, du III/321e RI, qui essaie de se rendre utile en préparant un ravitaillement en munitions pour Lepuix-Gy. Enfin, le

1. Le général Laure défendra au contraire le général Parvy. « Il a agi très courageusement, écrit-il, et sans jamais perdre la tête, sur l'axe Giromagny-Lepuix-Gy-Ballon d'Alsace. »

général se calme lorsqu'il rencontre le capitaine Deruelle. Celui-ci appartient à l'état-major du général Parvy qui l'a envoyé très tôt à Lepuix-Gy confirmer au capitaine Nauche, du génie, l'ordre de destruction du pont de la Savoureuse. Deruelle a su que l'ennemi était arrivé à Giromagny par le lieutenant Félip, de la 1re compagnie du 2e Pyrénéens, qui a évacué la ville avec la section de mitrailleuses du lieutenant Roquefort [1]. Le capitaine a pris l'initiative de regrouper « ce qui n'était pas en débandade absolue » et, lorsque le général Menu l'interroge, il lui rend compte que la compagnie Félip est en position à l'ouest de Lepuix-Gy, qu'il dispose également du capitaine Ferrandon avec la 1re compagnie du I/298e RI placée sur le flanc est, et d'une demi-compagnie du CID de la 63e DI avec le capitaine Santini. Ces dispositions semblent judicieuses et le général Menu se hâte de rendre compte par téléphone au PC du 44e corps.

« La défense de Lepuis-Gy est placée sous les ordres du colonel Lavelle par décision du général Tencé », dira-t-il à Deruelle.

Menu n'a aucune idée des forces ennemies qui tiennent Giromagny. Pourtant, si le *Kampfgruppe* Nedtwig avait l'ordre de pousser vers le nord, en direction de Lepuix-Gy, au lieu d'aller vers le sud, la défense mise en place par le capitaine Deruelle ne pèserait pas lourd.

« A 14 heures seulement, écrit des Roseaux, l'ennemi prend le contact mais il ne pousse pas et se borne à être là [2]. »

Vers 15 heures, le général Parvy fait abattre des arbres en travers de la route puis, une demi-heure plus tard, rencontrant le lieutenant-colonel Picq, il lui demande — très sérieusement — s'il est possible de rétablir le passage sur la Savoureuse à Lepuix-Gy. C'est un peu tard ! D'ailleurs, Picq lui objecte qu'il n'a plus assez d'effectifs, une de ses compagnies ayant été capturée à la caserne Galliéni de Giromagny. Et puis les arbres abattus suffisent pour l'instant. A la hauteur de Malvaux, la défense est encore plus légère qu'à Lepuix-Gy mais que faire d'autre ? Le capitaine Paillot a fait dresser une barricade en avant de l'établissement de la pisciculture et s'est posté là avec un FM et deux ou trois hommes. Les capitaines Dombrowski et des Roseaux sont sur un rocher, au-dessus de la pisciculture avec un second FM qui bat le pont. Au fond, personne ne jurerait que les Allemands ne vont pas apparaître au premier tournant dans la minute qui suit. Commentant l'étrange situation de ces officiers d'état-major placés en embuscade sur la route du Ballon d'Alsace, des Roseaux ne cèle pas son amertume : « Il n'y a plus d'ordres à donner et

1. On a vu que la compagnie Félip a été enlevée à la défense de Plancher-Bas dans la nuit et qu'elle a été envoyée à Giromagny avec une pièce de 75.

2. Deruelle dit « à 11 heures » mais son rapport, bien que daté du 23 août 1940 comporte des faiblesses. Le capitaine Dombrowski, de la BDAC (batterie divisionnaire antichars) écrit : « 16 heures : une reconnaissance d'une voiture légère et deux motos ennemies se présente. Quelques rafales et elle se replie. »

d'ailleurs on semble les ignorer car, aussi bien, la division ne semble plus guère exister. » Il reconnaît ensuite que « tout l'après-midi se passe calmement ; quelques tirailleries vers Lepuix-Gy où des soldats français prisonniers envoyés par les Allemands se seraient avancés pour dire que l'armistice est signé [1]. »

L'ennemi ne paraissant pas décidé à profiter de l'élan pris à Belfort pour attaquer en direction du Ballon d'Alsace, le PC de la 63ᵉ DI va reprendre un minimum d'activités dans la soirée du 18 juin. Le lieutenant-colonel Picq a mis ses sapeurs au travail et, à l'école de Malvaux deux téléphones sont installés dans la chambre de l'institutrice : l'un relie le général Parvy au colonel Lavelle, l'autre au PC du 44ᵉ corps. Les voitures de l'état-major sont camouflées sous des arbres et les chauffeurs coucheront à bord ; ils ont pour consigne d'être prêts à démarrer dans les cinq minutes qui suivraient un ordre de départ. A la tombée de la nuit, le lieutenant-colonel Richefort s'est allongé sur le lit, auprès des téléphones, et il dort à poings fermés. Le général est nerveux et ne se décide pas à l'imiter. Pense-t-il à une attaque de nuit contre Lepuix-Gy ? Il retient le capitaine des Roseaux, trouvant mille prétextes pour prolonger la conversation, comme s'il avait besoin d'une oreille pour écouter ses doléances. Des Roseaux craint que l'entretien se prolonge une partie de la nuit : « Je redoute ce tête-à-tête, écrit-il, surtout dans l'état de fatigue et de désarroi où le plonge cette journée sinistre pour la division. »

Enfin Parvy s'allonge sur un divan où il va essayer de dormir. Les capitaines des Roseaux et Paillot se relaieront auprès des téléphones. Il fait une soirée superbe et l'on n'entend pas un bruit. « On se croirait en temps de paix à une suspension de manœuvre », note des Roseaux.

A la lisière est de Lepuix-Gy, le roulement des eaux de la Savoureuse constitue un clapotis constant qui ne rassure pas pour autant les hommes. Pendant que le capitaine Deruelle effectue des patrouilles avec les Pyrénéens de la compagnie Félip, le capitaine Ferrandon, de la 1ʳᵉ compagnie du I/298ᵉ RI, laisse percer son angoisse dans un message qu'il fait parvenir au PC du colonel Lavelle.

« S'il était permis à un subalterne de dire sa conviction intime à ses supérieurs (comme il a à le faire dans la vie civile puisque directeur diocésain d'œuvres, il fait partie du conseil de son évêque) mieux vaudrait contenir l'ennemi sur une position plus sûre que celle occupée ce soir et qui risque fort d'être facilement tournée par l'ennemi au cours de la nuit. »

Ferrandon se trompe, il n'a rien à craindre pendant la nuit. Après le

1. C'est peut-être au cours de ces « tirailleries » que le capitaine Pierre Santini a été blessé et évacué. Il sera remplacé par l'officier-adjoint du CID 63, le capitaine Coulamy, dont le colonel Lavelle dit qu'il sera « l'âme de la résistance à Lepuix-Gy ».

raid audacieux qui l'a menée jusqu'à Besançon puis relancée vers le nord où elle s'est emparée de Belfort et Giromagny, la *1re Panzerdivision* récupère. Hormis les mécaniciens des chars et les services de garde, tout le monde dort.

Au nord-est de Belfort, le fort de Roppe constitue maintenant le dernier point de résistance proche de la ville et tient la route de Mulhouse sous son feu. Établissant la liaison entre le *Kampfgruppe* Nedtwig venant de Giromagny et celui de Krüger montant de Belfort, le *General* Kirchner ne s'est pas beaucoup soucié du fort de Roppe. Il est vrai que l'enlèvement de la Justice puis du Château a occupé une partie de l'après-midi mais de toute façon le fort ne gêne pas la *1re Panzer.*

Selon le capitaine Poulin, la tourelle de 75 de l'aspirant Houglet a ouvert le feu vers 10 heures du matin sur des éléments ennemis observés près de Pérouse. A la tourelle de 155, l'adjudant Nedez a utilisé son tube unique une heure plus tard pour un tir de réglage. Poulin a alors envoyé aux tourelles son officier-adjoint, le lieutenant Bonneville, faire savoir à Houglet et à Nedez qu'ils doivent « se tenir prêts à tirer, mais au commandement pour ménager les munitions ». Puis, on l'a vu, des dizaines, des centaines d'hommes ont commencé à refluer sur le fort pour s'y réfugier : les chefs d'escadron Haack et Baup, du 197e RAL et la majorité de leurs deux groupes, le capitaine Ledru, avec près de 300 artilleurs du 159e RAP, deux sections de la « 11 » du III/428e Pionniers, sans compter les isolés, parmi lesquels des prisonniers qui ont pu s'évader. Plusieurs rapports ont été rédigés par des officiers ayant séjourné au fort de Roppe à partir du 18 juin et, ce qui frappe le plus dans ces documents, c'est l'ignorance de chacun des faits et gestes des autres. Par exemple, le chef d'escadron Baup apprend de l'adjudant-chef Maynard, du service de l'artillerie du fort, que douze mortiers de 75 Schneider appartenant à la célèbre famille des « crapouillots » de 14-18, sont entreposés dans les casemates ainsi que 6 000 obus, charges et accessoires.

Baup : « Ayant fait la plus grande partie de l'autre guerre dans l'artillerie de tranchée et connaissant très bien le 75 T dont les plates-formes ont été allégées sur mes demandes, fin 1916 à Verdun, je reconstituai immédiatement mon groupe en groupe de tranchée. »

Le capitaine Tabar, de la 34e batterie, perçoit et arme quatre pièces qui prennent position dans les intervalles des écuries. Le capitaine Saint-Estève, de la 36e batterie, reçoit également quatre pièces et les place à environ 500 mètres en tête du ravin commandant le village de Roppe et les routes montant au fort. Les quatre derniers 75 T sont destinés aux artilleurs du lieutenant Gaillard dont la 35e batterie a tiré ses 150 tonnes de munitions dans la matinée. Baup les garde en réserve. Les 75 T pouvant tirer à environ 1 700 mètres, la mise en service des douze pièces peut briser un éventuel assaut de l'infanterie ennemie [1]. Vers 18 h 30, les 75 T étant prêts à tirer, Baup est allé au fort demander l'autorisation d'effectuer un piquetage sur les pentes. Réponse du capitaine Balent, du 3e Pyrénéens, commandant l'infanterie du fort : « Dans les circonstances actuelles, vous n'avez pas à tirer. »

De son côté, le chef d'escadron Haack (dont le rapport est également muet sur les 75 T de Baup) décide « après entente avec le capitaine Poulin » d'organiser les avancées du fort pour en compléter l'organisation. Il explique qu'à son initiative, des éléments du 159e RAP réfugiés à Roppe, sont envoyés occuper les ouvrages du Mont-Rudolph et de l'Étang-Neuf, à l'ouest du fort. Le capitaine Poulin confirme que le capitaine Durupt est allé avec ses artilleurs au Mont-Rudolph, le capitaine Bauer et le lieutenant Thierry à l'Étang-Neuf mais... le 19 juin pour le premier, dans la matinée du 20 pour le second. Haack rapporte aussi qu'il a mis sur pied un corps franc composé uniquement de ses hommes, placé sous les ordres du capitaine Molinié avec les lieutenants Caillibaud, Barathieu, Jauneau et Cardinas. Haack ajoute que les reconnaissances et coups de main de son corps franc « dureront sans arrêt, jour et nuit » et l'amèneront le 19 juin « aux portes mêmes de Belfort ». Le capitaine Poulin, pas plus que le chef d'escadron Baup ne font la moindre allusion à ce corps franc et à ses exploits.

Dans la soirée du 18 juin, le commandant du fort semble d'ailleurs hésiter sur la conduite à tenir. D'abord, son isolement est total, il est coupé de toute autorité et ne recevra plus aucun ordre [2]. Ensuite, les effectifs ont été multipliés par quatre, ce qui va poser des problèmes d'hébergement et de ravitaillement. Dernier point : Poulin a maintenant sous ses ordres deux chefs d'escadron, Haack et Baup. Le premier est le plus ancien dans le grade mais il n'a pas fait savoir clairement qu'il décidait de prendre le commandement.

« Poulin pensait à se démettre, écrit Baup et j'eus d'ailleurs l'idée de prendre le commandement. » Il ajoute cette phrase étrange qui laisse supposer que la meilleure entente est loin de régner entre les candidats au commandement du fort : « Pour ça, il me fallait rendre Haack inutilisable, ce qui pour moi n'était pas un obstacle. »

Rendre Haack inutilisable ? De quelle façon doit-on interpréter cette phrase ?

Baup aborde aussi ce qui constitue le vrai problème : « Le fort a 10 jours de vivres pour 400 hommes. Or, il y a maintenant

1. Dans son rapport, le capitaine Poulin, commandant le fort de Roppe, ne fait aucune allusion aux 75 T.

2. Le général Laure a envoyé en liaison vers Masevaux et Rougemont-le-Château, le lieutenant Foucault, du GR du 13e corps. Celui-ci poussera jusqu'au fort de Roppe et, d'abord pris pour un espion, se fera reconnaître et regagnera le PC de La Bresse dans la soirée du 18 juin.

1 400 hommes avec les réfugiés et PAS D'EAU. Les citernes de guerre sont en mauvais état et il faut abaisser le pont-levis et ouvrir les grilles pour prendre même un bidon d'eau. (...) En raison de l'affluence, le capitaine Poulin a demandé que 15 officiers et 700 hommes quittent le fort [1]. Les cours, couloirs et parapets sont encombrés d'hommes sans armes et désœuvrés ne représentant que des rationnaires. »

Zizanie larvée entre les responsables, effectifs excédentaires, manque d'eau, manque d'initiative, le fort de Roppe ne pourra certainement pas résister à une attaque avec appui d'artillerie et encore moins à un siège.

*
* *

Héricourt est avec le fort de Roppe le dernier bastion de la Défense de Belfort tenu par les Français à l'heure où l'*Oberstleutnant* Kopp obtient la reddition du général Girol. L'attaque du 18 au matin, au cours de laquelle la majorité de la CM 6 a levé honteusement les bras ainsi que son chef, le capitaine P..., a désorganisé et affaibli le dispositif adopté par le commandant Babault pour le I/22e RIF. Pourtant, rien ne s'est produit depuis et les hommes ont pu déjeuner en paix avec les victuailles apportées par les habitants.

« Vers 15 heures, tout repart, écrit l'adjudant Hamel, mais cette fois les Allemands y mettent le prix. »

Hamel, qui est au PC du bataillon, à Schwob I n'éprouve qu'une impression. En réalité, l'escadron de l'*Aufklärungs Abteilung* de la *1re Panzer* qui relance l'attaque, a manœuvré par le nord et tente maintenant d'envelopper la défense française condamnée à se battre sur place. Les canons de 20 de l'adversaire cherchent les pièces de 25 du I/22e RIF et les mitrailleuses de celui-ci tissent des rideaux de feu dans les rues où apparaissent les fantassins ennemis descendus de leurs véhicules blindés.

« Cette troisième attaque progresse et menace le cantonnement de ma section de mortiers », s'inquiète le lieutenant Richardin, de la compagnie d'engins.

Vers 17 heures, le commandant Babault l'autorise à replier les mortiers sur le PC. L'officier gagne en hâte le cantonnement où il trouve d'adjudant Gaucher : « Faites charger le matériel et direction le PC du bataillon ! » lui crie-t-il.

Pendant que les hommes entassent rapidement les mortiers sur les voiturettes, une automitrailleuse apparaît, qui remonte la rue, suivie de voitures blindées. Celles-ci ouvrent le feu et, dit Richardin, « les

1. Pas un mot de cette demande dans le rapport du capitaine Poulin. Nous retrouverons le fort de Roppe dans le tome III des *Combattants du 18 juin :* la fin des généraux.

hommes qui m'entourent sont pris de panique. » Avec l'aide de l'adjudant, il essaye de les regrouper en les rappelant sèchement à leur devoir mais lorsqu'il s'écarte de la ferme et débouche sur les jardins, seuls, l'adjudant Gaucher et le soldat Mercklé l'ont suivi.

« Nous entendons les cris des Allemands qui pénètrent dans la ferme et, en direction du PC de la compagnie Chazelat, la fusillade et des éclatements de grenades. »

Ils longent le talus de l'ancienne voie ferrée et, après deux tentatives, renoncent à le franchir, pris aussitôt sous le feu des armes automatiques de la CM 1 du capitaine Chazelat. De la lisière d'un bois, ils vont assister aux derniers instants de cette compagnie, la plus solide du bataillon, qui attend vainement un ravitaillement en munitions.

Le médecin-lieutenant Gautrelet a tenté d'établir une liaison avec Belfort à bord de sa voiture conduite par Buch mais il a renoncé et, après avoir essuyé le feu des premiers postes du I/22e RIF, est revenu au PC du commandant Babault. Il y trouve deux prisonniers allemands, un motocycliste ennemi vient d'être abattu sur la route et l'on attend l'apparition de l'automitrailleuse que Richardin a eu le temps de signaler avant de disparaître.

Quelques instants plus tard, malgré des fumigènes qui semblent traîner à hauteur d'homme, le bruit du moteur est clairement perçu et l'engin, roulant avec précautions, fait son apparition. Des mitrailleuses tirent puis un canon de 25. Une gerbe d'étincelles accompagne un ricochet sur le blindage. Soudain, l'automitrailleuse s'arrête et commence à reculer, toujours à petite vitesse. L'équipage compte deux blessés dont un officier, l'*Oberleutnant* Lienau. Lors de l'attaque du matin, le *Leutnant* Freiherr von Milititz a été tué ainsi qu'un sous-officier, ce qui porte les pertes de l'escadron devant Héricourt à deux morts et dix blessés.

Lorsqu'une patrouille conduite par le sous-lieutenant Christophe signale au Dr Gautrelet « que des morts et des blessés gisent devant l'entrée principale du château » le médecin décide d'aller secourir ceux qui sont transportables et de les hisser à bord de sa Renault. Suivi de deux brancardiers et d'un sous-officier armé d'un FM, Gautrelet longe le mur jusqu'au portillon du concierge. « Le coin semble inoccupé et calme », dit-il. Aussi est-il surpris lorsque, agitant son drapeau à croix rouge à travers la grille, il est salué par une véritable pluie de balles. L'ennemi est là, à moins de 50 mètres, à l'angle de la rue.

Dans l'artère principale, pendant ce temps, des soldats allemands descendus de leurs blindés rassemblent des civils et des prisonniers et, masqués par ce rempart humain[1] tirent sur les armes automatiques françaises qui se manifestent encore. Gautrelet parle « d'une automitrailleuse précédée de civils et de prisonniers. Le commandant ordonna de tirer quand même, si possible dans les jambes des prisonniers[2]. »

Cet ordre, s'il a été donné, ne semble pas avoir été exécuté. C'est à la même heure qu'on peut situer une première « conversation » entre les Allemands et les défenseurs d'Héricourt. Selon le lieutenant Paul Saul, un *Hauptmann* précédé du porteur d'un drapeau blanc serait venu vers 18 heures apporter un ultimatum : le commandant Babault se rend ou l'artillerie qui est déjà en position bombarde la ville jusqu'à destruction.

Toujours le bluff ! L'artillerie de la *1^re^ Panzer* a été portée sur Belfort et le *Major* von Scheele, de l'*AA 4,* ne dispose d'aucune batterie. D'autre part, M. Paul Bajot, commissaire d'Héricourt, a établi un rapport dont il ressort que les pertes subies par les Allemands expliquent peut-être leur colère et leur comportement. M. Auguste Vuillet, secrétaire de mairie, aurait été arrêté et chargé et de se présenter au commandement français « pour lui signifier de cesser la lutte, sans quoi la population civile serait bombardée et certains otages fusillés. »

M. Vuillet a-t-il accompagné le *Hauptmann* signalé par le lieutenant Saul ? Nous l'ignorons mais le commissaire Bajot assure qu'une quarantaine d'otages ont été mis en état d'arrestation, parmi lesquels le Dr Gaulier, M. Dodelier, M. Palier, M. Vaufrey, président de l'association des Anciens Combattants et M. Georges Dormoy, président de l'association des Mutilés. Pas plus que la mitraillade d'Arc-les-Gray ou le massacre de Sainte-Suzanne, cette prise d'otages n'est improvisée. Les officiers de l'*Aufklärungs Abteilung* qui en prennent la responsabilité sont couverts. Ils s'appuient sur des ordres qu'il est facile d'interpréter. On trouve en effet dans les archives de la *1^re^ Panzerdivision* une note annexe datée du 18 avril 1940 qui dit ceci :

*La prise d'otages n'est judicieuse que si la partie de la population qui nous est défavorable porte un intérêt à la vie des otages. Ceux-ci doivent donc être prélevés dans la partie de la population dont on peut craindre une attitude hostile.*

Le 22 juin, Gudérian rappellera que la prise d'otages est légale et un ordre signé par Nehring, son chef d'état-major, sera diffusé dans les six divisions du groupement blindé.

1. Le fait est confirmé par le commandant Babault, par le lieutenant Saul, les adjudants Hamel et Gaucher.

2. Le Dr Gautrelet parle « d'une hécatombe effroyable : plus de 100 cadavres français ». Les Allemands ne sont pas en reste. On lit dans le journal de la *1^re^ Panzerdivision :* « On a su après le combat que l'ennemi avait eu 80 tués. » L'auteur a trouvé au Service des Sépultures militaires une liste de six morts du 22^e^ RIF : Chausse, Grignon, Kieffer, Leduc, Liszka et Lang.

*Pour éviter des actes de sabotage, il y a lieu de prendre des otages dans les localités occupées.*

Avant de rassembler ceux d'Héricourt, les Allemands ont prétexté pour les arrêter « qu'ils avaient agi en francs-tireurs. » Le commissaire Bajot a vivement protesté car, les souvenirs de 1870 et de 14-18 étant encore très vifs, il a lui-même conseillé aux gardes territoriaux de se défaire de leurs fusils et de les verser à la gendarmerie actuellement inhabitée. Quant aux pistolets de service du commissariat, Bajot les a fait démonter et installer sur les tables des bureaux.

Bajot : « La visite des habitations, faite avec violence par les Allemands, brisant les portes, vitres, etc. et procédant à des vols de produits, notamment chez MM. Decrion, épicier, et Vuillemin, pâtissier, n'a rien fait découvrir d'anormal, aucune de ces maisons n'abritant de militaires, de fusils ou munitions. »

Le commissaire confirme ensuite que les otages furent placés devant les Allemands, les bras levés « essuyant ainsi le tir des soldats français dont certains cessèrent le feu pour ne pas tuer des civils [1]. » Bajot réussit alors à obtenir par téléphone le commandant Babault. Il « le supplie d'éviter des représailles à la population par la fusillade des otages ». Le chef du I/22^e^ RIF lui aurait donné l'assurance « qu'il se cantonnerait désormais à la défense du faubourg de Belfort et du château Schwob ».

Babault vient en effet de réunir un conseil d'officiers et, s'il accepte de faire cesser le feu à ses derniers éléments, il refuse la reddition sans conditions et veut obtenir les honneurs de la guerre.

Gautrelet : « C'est sur cette base que je sortis du château par la grande allée, accompagné d'un prisonnier allemand. Je tenais le drapeau blanc et mon compagnon criait : « Ne tirez plus ! C'est un plénipotentiaire. Arrêtez le feu ! » Il était très exactement 20 h 10 minutes. »

Nous le verrons de plus en plus souvent, les Allemands accordent volontiers les honneurs de la guerre pour faire cesser une résistance. Cela ne leur coûte rien. Ils acceptent donc les conditions posées par Babault et, une demi-heure plus tard, le II/22^e^ RIF a vécu. Selon le lieutenant Saul, il défila en armes devant une section allemande, ce qui est confirmé par l'adjudant Hamel.

« Les Allemands nous rendent les honneurs et les restes du bataillon défilent, à la nuit tombante, sur la grand'place d'Héricourt, devant un *Major* et une section présentant les armes [2]. »

1. M. Bajot signale la mort d'un civil, M. de Mortans, tué à sa fenêtre alors qu'il observait le combat avec ses jumelles.

2. Le capitaine Charles Cohen, adjudant-major, a été capturé vers 12 h 30 avec le soldat Guéry, près du train arrêté à Bas-Évette. La CM 3 du lieutenant Paul Barbotin a été rapidement enlevée à Frahier. Barbotin et quelques hommes s'échapperont et, après avoir erré dans les forêts, seront faits prisonniers le 26 juin près de Rougemont.

Pendant ce temps, le commissaire Bajot est allé trouver un officier allemand pour lui demander de relâcher les otages. Le I/22e RIF ayant cessé le combat, la détention arbitraire d'une quarantaine de civils ne se justifie plus. Bajot obtient une réponse : il est lui-même arrêté et les otages sont conduits, à pied, au camp de Sainte-Suzanne. De la lisière du bois où ils se sont dissimulés, le lieutenant Richardin, l'adjudant Gaucher et le soldat Mercklé, assistent à leur passage.

« A la tombée de la nuit, écrit Richardin, une colonne de civils et de soldats est emmenée par les Allemands en direction de Montbéliard [1]. »

Les derniers éléments du 61e régiment régional ont bien marché et, après avoir contourné Hérimoncourt, à l'heure où les 370 rescapés du I/22e RIF défilent devant les Allemands, ils se présentent au poste-frontière franco-suisse de Fahy. Il est 21 heures et le capitaine Léon Bard a encore 137 hommes avec lui [2]. Plus rapide, le lieutenant Dagnan est passé « de l'autre côté » à 18 heures avec 129 sous-officiers et soldats. Le capitaine Gouyon, le lieutenant Guérin, qui ont réussi à s'échapper de Sainte-Suzanne, et une dizaine de soldats, ont également franchi la frontière à 18 heures mais à quelques kilomètres au nord, entre Villars-le-Sec, dernier village français, et Bure. En revanche, le capitaine Charles Combebias [3] de la 4e compagnie « conserve l'espoir de rejoindre une unité combattante à la faveur d'une incidence. » Avec lui le lieutenant Chapuis, le chef Birembaut, les sergents Kalas, Pequegnot et Corvisier, le soldat Kremer. Ils resteront pendant trois jours à proximité de la frontière, assistant au passage de nombreuses unités du 45e corps et se décideront à entrer en territoire helvétique le vendredi 21 juin à la tombée de la nuit.

1. Nous retrouverons le lieutenant Richardin et l'adjudant Gaucher dans le tome III des *Combattants du 18 juin* pour les suivre dans l'étonnant périple qui les amena le 11 juillet à Thézac (Lot-et-Garonne).

2. Le capitaine Bard donne la liste — en annexe à son rapport — de 36 soldats qui ont déserté dans la nuit du 17 au 18 juin après l'entrée de la *1re Panzer* à Montbéliard.

3. Avant de quitter Montbéliard, le capitaine Combebias a confié les registres de comptabilité et d'ordinaire de la « 4 » à M. Gyuk-Fourtot, habitant 20 rue de la Petite-Hollande.

SIXIÈME PARTIE

# L'effondrement du front sud

## CHAPITRE XXVIII

# « Nous sommes dans un filet gigantesque... »

Mardi 18 juin. Dans la soirée, le colonel Duluc a dîné à son PC installé à la poste de Corravillers, sur la route du col du Mont de Fourche. Rassuré pour le sous-groupement Blanlœil derrière lequel « l'ennemi n'a pas encore entamé la poursuite », Duluc l'est moins pour le sous-groupement du lieutenant-colonel Réthoré. Ce dernier vient en effet de rendre compte « que les Allemands ont pris le contact et, profitant du clair de lune, s'infiltrent sur les flancs de la position de Faucogney ».

Sur le moment, Duluc n'a pas prêté une attention particulière au message de son subordonné. Des infiltrations ? Peut-être quelques fantassins plus audacieux que les autres mais certainement pas une attaque de nuit. Le défilé de Faucogney est solidement verrouillé : une cinquantaine de soldats du 79e RIF, les chars de la 1/16e BCC du lieutenant Michalet, deux batteries de 75 du II/69e RAMF et la 8/26e RA du capitaine Robbe. Une défense sérieuse qui n'empêchera pas Duluc de passer — une fois de plus — une mauvaise nuit car, à deux reprises, Réthoré le réveillera et insistera « sur la nécessité de décrocher à la pointe du jour ». On a vu ce qu'il en a coûté au bataillon Nexon lors de l'évacuation de Vesoul ! Réthoré n'a-t-il pas perdu son sang-froid ? Pourquoi une telle insistance sur les infiltrations, l'attaque probable à l'aube et la nécessité d'un décrochage rapide en direction des crêtes ? On le comprend d'autant moins que la nuit du 18 et 19 juin n'est troublée que par les tirs de 75 déclenchés par la 8e batterie du 26e RA en position au nord de Faucogney près du hameau des Pagets. Or, les artilleurs du capitaine Robbe ne font même pas de contrebatterie.

« Ils ont fait du bruit, ce qui maintient le moral chez nos hommes très fatigués, et mis le feu à de nombreux endroits de la forêt », rapporte le lieutenant Laloy, du III/79e RIF.

Un officier du même bataillon, le lieutenant Contal, note dans ses carnets : « La nuit a été très douce. J'ai dormi au pied d'un arbre, sans faire de mauvais rêves. »

Réthoré aurait-il eu des cauchemars ? Laloy signale un début d'animation le 19 à l'aube : « Nos chars ouvrent le feu sur des éléments d'infanterie ; cela dure jusqu'à 7 h 30 environ. Quelques *Panzers* sont aperçus mais ils se tiennent loin. Ensuite quelques rafales d'arme automatique mais calme relatif. »

La position de Faucogney n'est donc pas attaquée et les R 35 de la compagnie Michalet se sont démasqués trop tôt. Au II/69e RAMF, les commandants de batterie, le capitaine Meaux Saint-Marc et le lieutenant Moreillon, auraient bien voulu calmer la tension nerveuse de leurs hommes en participant à la petite fête matinale donnée par les chars mais lorsqu'ils ont sollicité une autorisation de tir auprès de leur chef de groupe, le chef d'escadron de Kergaradec, celui-ci a évité les commentaires.

« Aucun objectif à battre pour l'instant ! » s'est-il contenté de répondre.

Il a eu raison puisque le lieutenant Laloy parle ensuite de « calme relatif. » Il ne s'agit pas d'une opinion personnelle car le capitaine Boutry, officier-adjoint de Réthoré, fait la même remarque dans son rapport : « Matinée calme. » Il reste que l'ennemi est maintenant renseigné : pour enlever Faucogney, il devra affronter et détruire des blindés français. La prise de contact a eu lieu avec une patrouille de l'*Aufklärungs Abteilung* de la *2e Panzer.* Précédant les gros, automitrailleuses et motocyclistes reconnaissent — c'est leur mission — les itinéraires fixés à la division. Articulée en deux colonnes, celle-ci monte à vive allure du sud de la Haute-Saône pour combler le vide laissé par la *20e Mot. Div.* du *General* von Viktorin. Cette dernière va passer au nord de Remiremont afin de se placer sur la droite de la *6e Panzer* et participer à l'attaque de la Moselle défendue par le groupement Pichon. Le déplacement de ces milliers de véhicules sur des routes où de nombreux ponts ont été détruits, retarde les opérations de l'aile droite de Gudérian mais lorsque les gros de la *2e Panzer* aborderont Faucogney et Remiremont par le sud, le *General* Rudolf Veiel disposera d'une supériorité numérique et mécanique dont les Français n'ont qu'une faible idée. Le colonel Duluc analyse pourtant très bien la situation : « Contrairement aux prévisions faites au cours de la nuit [par le lieutenant-colonel Réthoré] la pression ennemie se relâche pendant toute la matinée du 19 juin qui est sans doute employée par l'ennemi à une importante mise en place de ses troupes. »

Duluc va profiter du sursis qui lui est accordé pour reprendre la route du col du Mont de Fourche où le sous-groupement Réthoré, s'il a le temps et la possibilité d'évacuer Faucogney, devra s'arrêter et se battre sans esprit de recul. La veille, Duluc a déjà inspecté la future position où la VIIIe armée devait envoyer des troupes de renfort. Au col des Croix comme au col du Mont de Fourche, il n'a trouvé qu'une compagnie du

Ier BC Pyr. du commandant Llense et son opinion sur les Pyrénéens transparaît dans son rapport. Il écrit qu'ils « ne paraissent pas avoir une grande confiance dans l'efficacité de la résistance ».

Lorsque sa voiture s'arrête au col, Duluc éprouve une vive surprise : les hommes d'un régiment de forteresse sont en train de décharger des voiturettes porte-mitrailleuses et deux canons de 25 sont déjà dételés. Duluc va au-devant de deux officiers qui, l'ayant aperçu, se dirigent vers lui.

« Commandant de la Fournière, dit le premier, du IIIe bataillon du 168e RIF. » Et se tournant vers son compagnon : « Voici le capitaine Betat, de la 9e compagnie de mitrailleuse. »

Les questions se bousculent sur les lèvres de Duluc : où est le reste du bataillon ? D'où vient-il ? Qui lui a donné l'ordre de venir au col ? La Fournière explique que les IIe et IIIe bataillons du 168e RIF sont partis de Metz le 15 juin à bord d'un train qui devait les conduire vers Neufchâteau. La percée allemande dans la vallée de la Marne les a empêchés de poursuivre dans cette direction et, après avoir failli défendre Épinal, ils se sont arrêtés la veille vers 19 h 30 à Rupt-sur-Moselle où le lieutenant-colonel Ferroni a installé le PC du régiment.

« Le mieux serait d'aller voir le colonel ! » suggère La Fournière.

« J'y vais sur-le-champ ! » décide Duluc après avoir renseigné le chef de bataillon sur la nature de son groupement et la défense mise en place à Faucogney par Réthoré.

Une demi-heure plus tard, Duluc reoncontre Ferroni et ne lui cache pas la satisfaction qu'il éprouve à savoir que deux bataillons de forteresse sont maintenant en recueil sur ses arrières[1]. Le chef de corps du 168e RIF explique que la veille, un officier de l'état-major de la VIIIe armée lui a transmis les instructions du général Laure sous l'autorité duquel il est maintenant placé : interdire les passages de la Haute-Moselle, du col du Mont de Fourche à Saint-Amé. L'officier n'a rien dit du groupement Duluc. Le 168e RIF doit se déployer dans les délais les plus courts mais, après quatre-vingt-trois heures de train, Ferroni ignore tout de la situation et de la direction d'où viendra l'attaque allemande. Duluc lui décrit ses deux sous-groupements, évoque la Saône, Vesoul, Lure, Luxeuil et laisse entendre que le prochain combat aura certainement lieu à Faucogney. Les deux hommes décident d'un commun accord que le III/168[e] RIF se portera en totalité sur la ligne de crête, et passera sous les ordres de Réthoré. Pour l'appuyer, Duluc va demander au chef d'escadron Cruse de retirer une des batteries de 75 de Faucogney

1. On a vu que le I/168[e] RIF du commandant Juillaguet a été retiré le 16 juin à la division Poisot et se trouve sur la Moselle, entre Sexey-aux-Forges et Méréville où il va interdire, le 19 juin, le passage de la rivière à la *212[e] ID* du *General* Endres.

et de l'amener dans la vallée de la Moselle[1] où le II/168e RIF du capitaine Collilieux commence à installer ses compagnies, de Maxonchamp au sud à Dommartin-les-Remiremont au nord. Le groupe lourd du 69e RAMF a déjà fait mouvement sous les ordres du capitaine Chartier avec les sept pièces de 155 C qui lui restent. De la vallée de la Moselle elles pourront battre, par-dessus la crête, la route montant de Corravillers au col du Mont de Fourche. Le dispositif étant fixé, Duluc se sépare de Ferroni et, en passant au col, donne l'ordre à la 3e compagnie du 1er Pyrénéens de rallier son bataillon au Thillot. A La Longine, où Réthoré et Cruse ont leur PC, Duluc s'arrête pour annoncer la nouvelle à ses deux subordonnés : le 168e RIF tient le col et la vallée de la Haute-Moselle derrière eux.

Le lieutenant-colonel Ferroni souligne, lui aussi, l'absence d'opérations au début de la journée du 19 juin : « La matinée est calme. On en profite pour ravitailler en vivres les unités et je charge le lieutenant Bourlart de trouver des munitions, en particulier de FM et de canon de 25. »

Duluc semble en effet ignorer que le 168e RIF ne dispose pas de tous ses moyens. Le manque de wagons plate-forme a obligé Ferroni à constituer une colonne qui, partant elle aussi de Metz, devait suivre le régiment par la route avec les chenillettes, les mortiers et les canons de 25. Le lieutenant Velain commandait ce détachement et, s'il n'a pas fait comme le capitaine Berthomieu, du 164e RIF, qui a confondu la direction de Dijon avec celle de Neufchâteau, il a néanmoins perdu une partie de l'armement et du matériel. Ainsi sur 21 pièces de 25, 6 seulement sont arrivées à Rupt. Ferroni porte une accusation contre Velain. Il lui reproche d'avoir donné l'ordre en chemin « de jeter dans une mare ou de détruire le matériel de transmissions (radio et téléphone) ».

On ne voit pas Velain se débarrasser sans raison du matériel dont il avait la charge. D'ailleurs, une partie des transmissions a été sauvée puisque le lieutenant Hasse, officier de renseignements du II/168e RIF, rapporte que le matériel est livré dans la matinée du 19 « très incomplet, le convoi auto ayant été bombardé en cours de trajet, une grande partie du chargement a été abandonnée ».

Le lieutenant Velain n'a pas rédigé de rapport connu et le lieutenant de Silly, officier de transmissions du 168e RIF « n'a conservé aucun souvenir de cet épisode ». Des chenillettes et des voiturettes manquent, ainsi que les mortiers de 81. Ferroni n'en parle pas. Ont-ils été, eux aussi, « jetés dans une mare » ?

1. C'est la 4/6e batterie du capitaine Meaux Saint-Marc qui sera désignée et se portera à Maxonchamp tenu par la CM 6 du II/168e RIF (lieutenant Lecoq-Vallon).

Le III/168e RIF du commandant de la Fournière passant sous les ordres de Réthoré, Ferroni va prendre le commandement des unités que les hasards de la retraite ont amenés dans la vallée de la Haute-Moselle. D'abord le dépôt de cavalerie de Baccarat du lieutenant-colonel Louis Isch. Avec deux escadrons regroupant 230 hommes, Isch était le 16 juin à Saint-Nabord, à quelques kilomètres au nord de Remiremont, lorsque deux officiers de la 20e Région (Nancy) le commandant Richard et le capitaine Montagne, lui firent savoir que son mouvement de retraite s'arrêtait là et qu'il était mis à la disposition de la VIIIe armée, à charge pour lui de prendre liaison avec le PC du 13e corps à Gérardmer. Deux heures plus tard, Isch se présentait au général Misserey qui lui confiait aussitôt une mission :

« Vous défendrez les ponts de la Moselle entre Jarménil et Remiremont en liaison avec le dépôt de cavalerie du lieutenant-colonel d'Hausen. Celui-ci commande l'ensemble du dispositif. »

Toute la journée du 17 les cavaliers de Isch ont aménagé leurs emplacements de combat. Le 18, le contrordre leur est tombé sur la tête.

« J'ai reçu un ordre verbal du colonel du Jeu [1] qui téléphonait de Gérardmer, rapporte Isch. Des artilleurs et un bataillon du 79e RIF allaient nous relever et une nouvelle mission nous était confiée. »

Celle-ci est précisée à 16 heures par un nouvel appel téléphonique du lieutenant-colonel du Jeu : défense des passages de la Moselle entre Remiremont et Rupt exclus. Tout semble clair et, deux heures plus tard, Isch installe son PC à Vecoux, « chez le maire, M. Antoine, qui a le téléphone ». Vers 19 heures, il va rendre compte au lieutenant-colonel d'Hausen dont le PC est à Saint-Amé.

« Vous n'êtes plus sous mes ordres, lui dit d'Hausen, mais sous ceux du lieutenant-colonel Ferroni, du 168e RIF, dont le PC est à Rupt-sur-Moselle. »

Isch ne s'étonne plus. Il va se présenter à Ferroni qui est lui-même en pleine installation : « Prenez la liaison avec le II/168e RIF du capitaine Collilieux, et arrangez-vous pour tenir solidement les ponts de Dommartin et de Vecoux. »

Les cavaliers du dépôt de Baccarat ont repris la route pour la troisième fois et, pleins de bonne volonté, se sont remis au travail. Dans moins de 24 heures ils se battront pour interdire le franchissement de la Moselle à la *2e Panzerdivision.*

Les cavaliers de Isch vont se trouver renforcés à Dommartin par deux compagnies du dépôt d'infanterie 204, de Saint-Nicolas-de-Port. Placé

1. Le lieutenant-colonel de Mallerat du Jeu commandait le 174e RALPA (régiment d'artillerie lourde puissante autonome) que le 13e corps se préparait à faire intervenir à l'est. A quel titre du Jeu a-t-il téléphoné à Isch ?

sous les ordres du lieutenant-colonel Avenel, le dépôt compte cinq ou six compagnies qui sont censées organiser la défense de Remiremont. Avenel a d'ailleurs été nommé commandant de la Place, sans doute par le général Misserey, du 13e corps.

« Quatre autres colonels avaient, je crois, reçu le même ordre », rapporte le capitaine Robert Cherouvrier dont la 2e compagnie est à Dommartin.

La 3e compagnie du capitaine Jean Barthélemy a d'abord été envoyée à Saint-Étienne puis elle a reçu l'ordre de laisser une section au pont de la Moselle et d'aller à Dommartin. Barthélemy a désigné la section de l'aspirant Lentz puis il a repris la liaison avec Cherouvrier. Celui-ci révèle dans son rapport que le lieutenant-colonel Avenel n'était pas enthousiasmé par l'idée de se battre sur la Moselle.

« Il m'a demandé d'exécuter la mission confiée par la 20e Région au départ de Saint-Nicolas-de-Port », écrit Cherouvrier.

La mission consistait à battre en retraite en direction de Dijon et de la vallée du Rhône. Avenel savait pourtant que sans véhicules automobiles, il n'avait aucune chance. A l'étape de Mirecourt, il avait déjà abandonné une cinquantaine d'éclopés dont un officier, le lieutenant Gaillard. Seul, le capitaine Cosson, avec le convoi auto, a sans doute traversé Dijon avant l'arrivée des Allemands. La compagnie Desbois, qui « traînait » avec elle 2 000 affectés spéciaux, n'a même pas atteint Remiremont où prennent position les autres capitaines du dépôt 204 : Casaromani, Gadel, Vigerie, Aimar et Willerwald.

Entre-temps, le II/168e RIF s'est déployé et le capitaine Fosse, de la CM 5, a installé son PC à Dommartin où il a conservé une section de mitrailleuses. Fosse verrait sans doute d'un mauvais œil Barthélemy et Cherouvrier repartir vers le sud « en application des ordres donnés le 14 juin par la 20e Région ». Les deux capitaines, comme leur colonel, renonceront à tenter l'expérience et se résigneront à défendre le village.

Les forces du lieutenant-colonel Étienne d'Hausen prolongent au nord celles de Ferroni. D'Hausen ne manifeste pas plus d'enthousiasme que le commandant de la Place de Remiremont car il a conscience que ses moyens sont dérisoires. En quittant Lunéville, le dépôt de cavalerie n° 20 comptait 1 500 cavaliers. Il en reste à peine 200 sur la Moselotte. La colonne automobile du chef d'escadrons de Pillot de Coligny est partie la première et, traversant Dijon avant l'arrivée de l'ennemi, s'arrêtera le 20 juin à Villeneuve-sur-Lot (Lot et Garonne)[1]. La colonne

1. Le convoi a sans doute éclaté car si le capitaine Cousteix, les lieutenants Pinjon et Gobert, le sous-lieutenant Gillet sont à Villeneuve avec Coligny, un petit détachement rejoindra Tarbes avec le lieutenant Armagnac et un autre Clermont-Ferrand avec le lieutenant Rémery et le médecin-lieutenant Lévy.

à cheval, plus lente, sera désarticulée ; une partie des pelotons seront faits prisonniers, d'autres réussiront à passer en Suisse. Quant à la colonne à pied, prise au piège, elle a été dispersée et d'Hausen a des éléments à Jarménil avec le capitaine Guillemet, à Gérardmer avec les capitaines Barlier, Lestienne et le lieutenant Challe. En fait, de son PC de Saint-Amé, le commandant du dépôt de cavalerie aura sous ses ordres les troupes qui prennent, ou vont prendre position à l'intérieur du confluent Moselle-Moselotte et à Remiremont. Les tribulations vécues par certaines unités montrent dans quelles conditions s'organise la défense de la Haute-Moselle.

Le commandant Émile Chaton a reçu le 14 juin de son supérieur, le colonel Grémillet, une mission difficile : conduire d'Épinal à Dijon les éléments à pied du dépôt d'infanterie 203. Deux camionnettes transportaient le ravitaillement et l'effectif des six compagnies atteignait un millier d'hommes. L'idée directrice était la même pour tous les dépôts : se regrouper à Dijon et de là poursuivre en direction du sud par la vallée du Rhône. A aucun moment il ne fut question de transformer les hommes des dépôts en combattants.

« La moyenne d'âge oscillait entre 35 et 45 ans, rapporte Chaton. Beaucoup d'entre eux appartenaient au service auxiliaire ou étaient inaptes à faire campagne. L'ensemble, peu instruit, peu entraîné, était de faible valeur combative. »

Pourquoi n'a-t-on pas démobilisé sur place, à Épinal, tous ces braves gens ? Avec leur armement de modèle ancien et leur faible dotation en munitions que pourront-ils faire devant la *2e Panzer ?* Le détachement du commandant Chaton est arrivé le 18 au matin à Fougerolles d'où il est reparti sur le Val d'Ajol, « perdant » en cours de route la bagatelle de quatre compagnies avec le capitaine Desassures. Au Val d'Ajol, Chaton a réussi à entrer en communication par téléphone avec le PC du 13e corps à Gérardmer.

« Vous allez à Remiremont et vous vous placez sous les ordres du colonel de Gonneville », lui a-t-on dit.

Chaton forme sa colonne mais au moment du départ, une violente pluie d'orage s'abat sur la localité. La compagnie du lieutenant Jacques et le service de Santé attendent, pour partir, que cesse l'averse. Chaton ne les reverra pas. Cette perte est d'autant plus regrettable que la compagnie Jacques avait avec elle les quatre mitrailleuses du détachement. Avec deux petites compagnies et quelques Polonais « oubliés » à Fougerolles par le 5e RC Pol., le commandant Chaton arrivera dans la nuit du 18 au 19 à Remiremont et se mettra en quête du colonel de Gonneville. Personne ne connaît ce nom, personne ne peut le renseigner. Les hommes ont pour la plupart dormi dans la forêt proche, sur le sol mouillé. Ils grognent. A huit heures, le chef de bataillon réunit les gradés.

« Je leur déclare que nous n'irons pas plus loin. Nous sommes dans un filet gigantesque dont les mailles se rétrécissent de jour en jour. Nous ne pouvons désormais échapper à la capture. Seuls nous ne pouvons rien mais adjoints à des unités combattantes, nous pouvons encore rendre service. »

Les hommes n'ont sans doute pas la même conviction car, au moment du rassemblement, le commandant Sigisbert, adjoint de Chaton, s'aperçoit que ceux d'entre eux qui avaient préféré dormir dans les maisons de Saint-Étienne n'ont pas reparu. Les déserteurs se comptent par milliers sur les arrières et tous prétendent avoir perdu leur unité. Alors, trente de plus ou de moins... Quelqu'un parle d'un PC de cavalerie à Saint-Amé. Chaton s'y rend et rencontre le lieutenant-colonel d'Hausen auquel il raconte ses tribulations.

« Il vous reste deux compagnies ? lui dit d'Hausen. Très bien. Vous allez organiser la défense des ponts de la Moselotte à Saint-Amé et Le Syndicat, la commune voisine. »

La colonne à pied du dépôt d'infanterie 203 n'ira pas plus loin. Le capitaine Hamel répartit ses sections de part et d'autre du pont de Peccavillers, au sud de Saint-Amé, et le capitaine Grat les siennes au pont de Brettavillers. Avec 50 cartouches par fusil mais sans arme automatique, les deux compagnies apportent surtout de nouveaux rationnaires au lieutenant-colonel d'Hausen.

« Il ne fallait pas se faire d'illusion sur la capacité de résistance du détachement, reconnaît Chaton, d'autant que la Moselotte est à peu près franchissable partout par de l'infanterie. »

Vers deux heures du matin, le 19 juin, une unité visiblement très disciplinée fait son entrée à Remiremont. Réduit à l'escadron porté du capitaine Rossignol et à un peloton motocycliste, le groupe d'escadrons motorisés du GRDI 51 constitue la branche sud de la ligne établie par la cavalerie du lieutenant-colonel Pichon sur la Moselle. On a vu que l'escadron moto n'a pas rallié le GR et va se battre dans quelques heures à Darney où le capitaine Touchard sera mortellement blessé. Dans l'obscurité, le chef d'escadrons Gigandet pare au plus pressé et exécute la mission qui est celle de tous les GR alignés sur la rive droite de la rivière : interdire le franchissement à un ennemi venant de l'ouest.

« Vous allez placer vos hommes de part et d'autre du pont du Prieur, dit-il à Rossignol. C'est le passage principal pour un adversaire qui souhaiterait se diriger vers Gérardmer ou monter sur Épinal par la rive droite. »

L'escadron Rossignol est fort de quatre officiers, quatre-vingt-douze cavaliers avec deux canons de 25, huit mitrailleuses et deux FM.

Gigandet lui a rattaché le lieutenant Guyon de Salettes, du GRDI 39, qui a perdu son unité deux jours plus tôt et cherchait à rallier une unité combattante. Salettes dispose d'une pièce de 25 qui prendra en enfilade la route Remiremont-Saint-Étienne, le capitaine Rossignol répartissant ses forces de part et d'autre du pont. Ce dernier est chargé et une équipe de sapeurs n'attend qu'un ordre pour procéder à la mise à feu. Gigandet confie le soin à son officier-adjoint, le capitaine Sauvage de Brantès, de rechercher un PC doté de moyens de communications téléphoniques mais il n'aura pas le temps de s'installer en ville car, dès le début de la matinée, le chef d'escadrons apprend par une liaison qu'il passe sous les ordres du lieutenant-colonel d'Hausen, dont le PC est à Saint-Amé. Gigandet revient sur la rive droite de la rivière pour fixer son PC à Seux, à environ trois kilomètres au nord de Saint-Étienne.

La défense du pont du Prieur se met en place : « Je suis adossé à une pente plantée d'arbustes, écrit le lieutenant de Salettes. A droite, une tranchée étroite et profonde ; je fais creuser l'emplacement de mon 25, placer des poteaux télégraphiques en pare-éclats derrière nous, camoufler une sortie vers la gauche... »

D'Hausen doit se réjouir d'avoir enfin reçu une unité combattante digne de ce nom car, même avec de la bonne volonté, les hommes du dépôt de cavalerie de Lunéville, et ceux du dépôt d'infanterie d'Épinal du commandant Chaton, n'ont pas les moyens d'interdire le pont. Lorsque Gigandet vient lui faire son compte-rendu d'installation, d'Hausen lui apprend qu'une batterie de 75, la 3/26e RA du capitaine Roger-Petit, est passée sur la rive droite de la Moselle « après avoir détruit hier soir une colonne allemande qui montait de Plombières ». Gigandet n'a pas le temps d'exprimer sa satisfaction que le colonel ajoute : « Les 75 sont mis à la disposition d'un bataillon du 79e RIF qui tient les accès sud et sud-ouest de Remiremont. Si vous voyez le capitaine Roger-Petit, vous le lui confirmerez. »

Certes, Gigandet eut aimé prendre sous ses ordres une ou deux pièces de la 3/26e RA mais il n'est pas mécontent de savoir qu'un bataillon de forteresse se trouve en avant de l'escadron Rossignol. Celui-ci n'a donc pas de mauvaise surprise à redouter. Appuyés par une batterie de 75, les hommes de la fortif' sont certainement capables de bloquer une attaque contre Remiremont !

Le « bataillon » de forteresse évoqué par le lieutenant-colonel d'Hausen est une unité improvisée avec des éléments du même régiment : le 79e RIF. Dans l'après-midi du 18 juin, un train parti trois jours plus tôt du Secteur fortifié de Haguenau s'est arrêté à Remiremont. Impossible d'aller plus loin. L'officier le plus ancien dans le grade le plus élevé est le capitaine Carribou, de la CM 9. Passant sa compagnie au lieutenant Georges, il va prendre le commandement de l'ensemble : la CM 3 du lieutenant Henry Allard, la CM 2 du lieutenant Joseph Trendel et la CHR du lieutenant Auer. Carribou possède des mitrailleuses et des FM mais pas de canons de 25 ni de mortiers, ceux-ci ayant été embarqués sur le train du lieutenant-colonel Réthoré à qui ils sont très utiles le même jour à Luxeuil-les-Bains.

Pourquoi ne pas avoir regroupé l'ensemble des forces françaises sur la rive droite de la Moselle est une question qui demeure sans réponse. Carribou dispose de onze officiers, quatre cent cinquante hommes et d'un poste de secours dirigé par le médecin-lieutenant Marc Dumont. Sur l'ordre du lieutenant-colonel d'Hausen, le « bataillon » va se trouver dispersé aux issues sud et sud-ouest de Remiremont, le PC de Carribou [1] étant fixé à Saint-Étienne où cantonne la CHR du lieutenant Auer. Les trois compagnies de mitrailleuses ont un autre handicap, elles n'ont pas de voiturettes pour transporter matériel et munitions.

« En gagnant nos emplacements à partir de la gare, matériel à bras, se souvient l'aspirant Grosbuis, chef de section à la CM 9, nous avons été heureux de trouver une voiture d'enfant abandonnée et de l'utiliser pour le transport des munitions [2]. »

Le lieutenant Trendel reçoit l'ordre de couper la CM 2 en deux ; il s'installe aux Grands moulins avec les sections du lieutenant Jacob et de l'adjudant Vandenbrucke, les deux autres (sous-lieutenant Andlauer et adjudant Mur) constituant une ligne de résistance sur la rive droite de la Moselle où elles renforcent l'escadron du capitaine Rossignol. Agé de 26 ans, Saint-Cyrien de la promotion « Roi Alexandre Ier », le lieutenant Allard conserve un pénible souvenir de sa « montée en position ». Il doit occuper avec sa compagnie le fort de Parmont, au sud-ouest de la ville, d'où il battra, lui a dit Carribou, la route de Plombières.

« Je demande mon chemin aux habitants car je n'ai pas de carte, écrit Allard. Marchant en tête de colonne, je ne m'aperçois pas tout de suite que les Romarimontains distribuent en abondance des bouteilles de vin à mes hommes qui en consomment sur place, à la régalade, abandonnant sur les trottoirs les caissettes de munitions pour emporter des bouteilles de réserve. Aux lisières de la ville, ils cuvaient leur vin dans les fossés de la route. J'ai dû organiser avec les plus valides une corvée de récupération des caissettes [3]. »

Pour gagner du temps, Allard est allé voir le lieutenant-colonel Avenel, commandant la Place afin d'obtenir de lui le prêt d'un véhicule

1. Dans son rapport, petit chef-d'œuvre lacunaire daté du 14 juillet 1940, Carribou parle du « colonel Claudel » (*sic*) commandant le dépôt de cavalerie de Lunéville.

2. Selon le lieutenant Allard, les compagnies ont d'abord débarqué à Arches puis, sur l'ordre d'un officier de l'état-major de la VIIIe armée, ont envoyé par train leurs éléments légers à Remiremont, l'échelon lourd devant rejoindre dans la soirée du 18 juin.

3. Lettre du 20 mai 1984 adressée à l'auteur par M. Henry Allard, retiré près d'Espalion (Aveyron).

destiné à transporter les munitions. La rencontre n'a pas donné les résultats espérés et, laissant le colonel en pleine péroraison, le jeune officier « est sorti en claquant la porte ». On peut toutefois s'étonner de la passivité observée par les chefs de section de la CM 3 pendant la distribution du vin à leurs hommes. Heureusement, un violent orage va s'abattre sur la ville et une pluie diluvienne éclaircira les idées des plus assoiffés. Lorsque l'échelon lourd arrivera, une soupe chaude achèvera de les remettre sur pied. Une heure plus tard, à la tombée de la nuit, des tirs de 75 se font entendre dans la direction de Plombières et Allard, qui n'a pas froid aux yeux, « marche au canon » et rencontre le capitaine Roger-Petit dont la batterie vient de mettre à mal la tête d'une colonne allemande. Les artilleurs et le chef de la CM 3 du 79e RIF regagnent Remiremont mais, une heure plus tard, Allard décide d'aller sur les lieux de l'engagement en compagnie d'un caporal-chef de sa section de commandement. Dans l'obscurité, les deux hommes sont vite rendus et le spectacle qu'ils découvrent leur paraît irréel au point qu'ils craignent un piège.

Allard : « Une quinzaine de camions chargés de munitions, d'essence et d'impedimenta divers, dont quelques-uns en flammes, précédés par une voiture de tourisme, phares allumés. Je suis resté un long moment en observation puis, certain que le convoi était abandonné, je m'en suis approché... »

Le lieutenant et le caporal-chef s'arrêtent à la hauteur de la voiture de tête. Le conducteur a été tué au volant et Allard s'empare d'une sacoche de documents et d'un lot de cartes Michelin renseignées dont une porte des flèches sur l'axe Plombières-Remiremont-Gérardmer.

« Donc, dans un proche avenir, se dit l'officier, des heures agitées en perspective. »

Les deux hommes ne s'attardent pas et, après avoir vérifié que le véhicule était en état de marche, ils font basculer le cadavre sur la route et, au volant de leur prise de guerre, reviennent à Remiremont. Une fois rendu, Allard fait porter la sacoche de documents au lieutenant-colonel Avenel. Il lui laisse même la voiture alors que le « bataillon » Carribou ne possède aucun véhicule de liaison ! Puis, la nuit portant conseil, Allard décide de faire reposer ses hommes et de se porter sur la position qui lui a été assignée, le fort du Parmont, le 19 juin au lever du jour.

***

A une compagnie près, le dispositif français est en place le mercredi 19 juin. Les cols des Croix et du Mont de Fourche, Faucogney, Lepuix-Gy, le Ballon de Servance, Remiremont et la Haute Moselle, autant de points sur lesquels les Français attendent l'attaque allemande. L'ensemble manque d'homogénéité, les liaisons sont fragiles ou inexistantes,

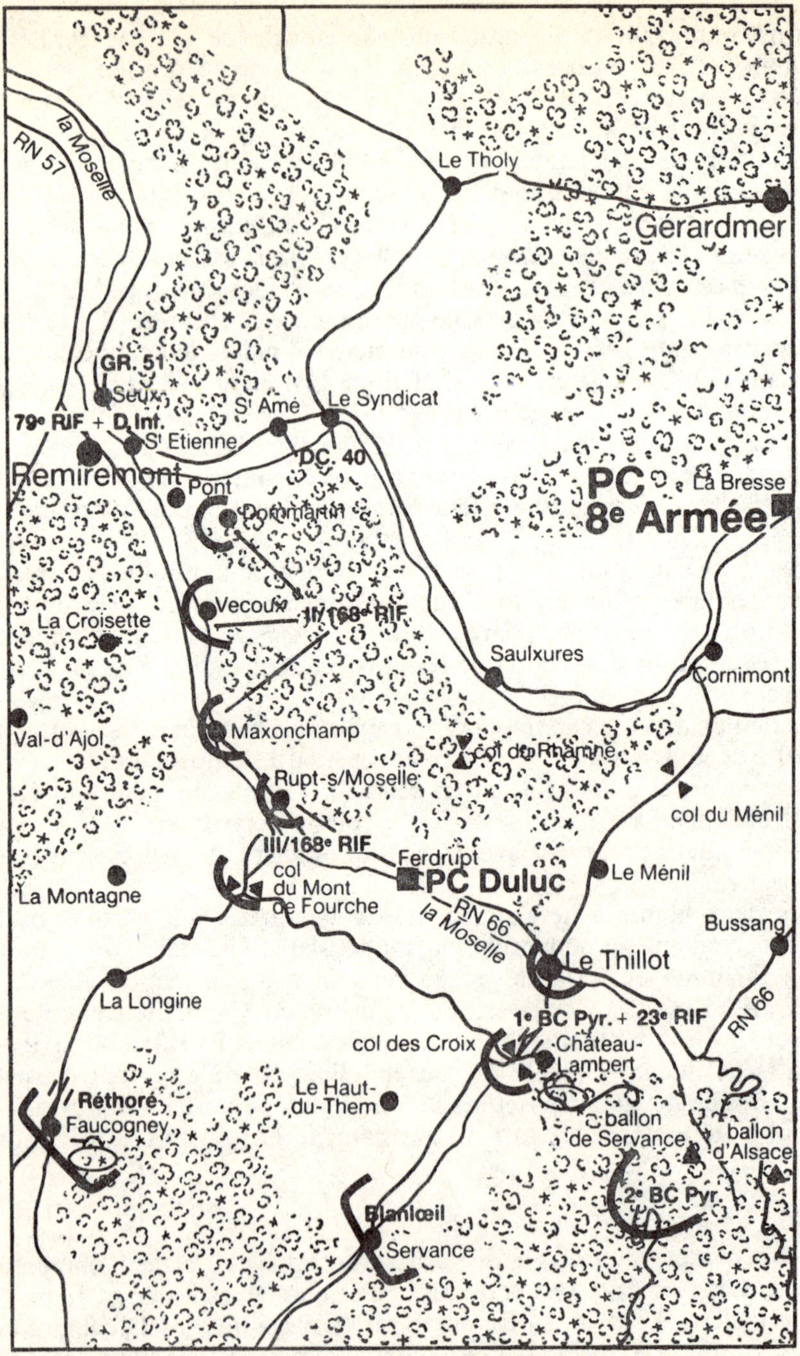


**Front de la Haute-Moselle le 19 juin à midi**

l'approvisionnement en vivres et en munitions n'est pas assuré et... l'armistice demandé deux jours plus tôt par le maréchal Pétain peut intervenir d'une heure à l'autre mais sur le front sud des armées encerclées, le 19 juin à l'aube, des milliers d'hommes s'apprêtent à livrer bataille aux *Panzers* du groupement Guderian.

A Seux, le chef d'escadrons Gigandet reçoit à cinq heures du matin un message de l'état-major du 12e corps [1] lui ordonnant d'envoyer une patrouille reconnaître la route de Plombières après avoir inspecté au passage le convoi allemand attaqué la veille par les canons de la 3/26e RA.

« Dites à Favitski qu'il accompagne les motocyclistes de Roginsky ! » ordonne Gigandet à son adjoint le capitaine de Brantès.

Officier de renseignement, le lieutenant de Favitski prend place dans le panier d'un side-car et le groupe moto de l'adjudant Roginsky démarre dans la fraîcheur de l'aube. La patrouille traverse la Moselle puis Remiremont et s'engage sur la RN 57. Le premier arrêt a lieu à « La Demoiselle », à la hauteur du convoi allemand abandonné. Favitski note dans son rapport qu'il trouve « beaucoup de documents intéressants tels que le code TSF, un cahier de chiffrement, ordres de bataille, journal de marche, etc. ». Les cavaliers remettent en marche un camion de cinq tonnes qu'ils ramèneront à Seux. A proximité de la route ils découvrent deux canons de *37 Pak* dont les servants, avant de partir, ont fait leur possible pour enrayer le tir des 75 français, comme en témoigne une centaine de douilles entassées derrière les pièces. Les motocyclistes repartent mais ils ne dépasseront pas la lisière sud-ouest de la forêt de Humont. A la jumelle, Favitski aperçoit des automitrailleuses qui patrouillent au nord-est de Plombières.

« Demi-tour ! commande-t-il. Ils sont là. »

Les motos pétaradent et la reconnaissance prend le chemin du retour. Roginsky est en tête à bord d'un side-car armé d'un FM. Au bout de quelques kilomètres, l'adjudant — qui a une bonne vue — aperçoit un blindé roulant à vitesse réduite sur un chemin perpendiculaire à la nationale. Le side parcourt encore une centaine de mètres, moteur coupé. Derrière, sur un geste de l'adjudant, les cavaliers ont plongé dans les fossés. Le véhicule, une automitrailleuse, a ses volets ouverts, un homme est à demi sorti de la tourelle et promène ses jumelles dans la direction opposée à celle de la patrouille.

« Feu ! » commande Roginsky.

Le FM lâche de brèves rafales qui, par un hasard extraordinaire, tuent

1. Gigandet est encore sous les ordres du lieutenant-colonel Pichon qui dépend du 12e corps (général Champon). Dans quelques heures, il dépendra du lieutenant-colonel d'Hausen rattaché au 13e corps (général Misserey).

les trois Allemands de l'équipage. Pas plus que Roger-Petit la veille, les cavaliers ne prennent le temps d'aller « aux résultats » et repartent à vive allure en direction de Remiremont. Favitski suppose que d'autres automitrailleuses sont dans les parages et il craint qu'alertées par le bruit des détonations, elles ne tentent de leur couper la route. Rien de tel ne se produit et l'officier de renseignement du GRDI 51 rendra compte une heure plus tard au chef d'escadrons Gigandet.

Au début de l'après-midi, le sous-lieutenant Paulmier et quelques cavaliers iront s'emparer de l'automitrailleuse intacte et la ramèneront à Seux... où elle restera inutilisée, comme la voiture saisie par le lieutenant Allard. Les trois Allemands tués seront du voyage et les hommes du GR les feront inhumer au cimetière de Seux[1].

Gigandet ignore que ses cavaliers ont tiré les premiers coups de feu d'une journée qui va s'achever sur un embrasement général du front de la Moselle et des crêtes vosgiennes. Nous avons vu ce qui s'est passé à Archettes, à Épinal et à Châtel devant le *41e Korps* du *General* Reinhardt. C'est maintenant le tour des deux divisions blindées du *39e Korps* d'entrer en scène sur la face sud des armées françaises encerclées.

Pendant que les cavaliers du GRDI 51 « ouvrent le bal » la défense de Remiremont achève de se mettre en place. La CM 2 du lieutenant Trendel et la CM 9 commandée par le lieutenant Georges se sont installées au début de la nuit et, seule du « bataillon » Carribou, la CM 3 du lieutenant Allard n'a pas rejoint l'emplacement qui lui a été fixé, le fort du Parmont, vieille fortification de type Séré de Rivière, sorte de caserne enterrée avec une seule porte d'entrée. Le 19 à l'aube, Allard a d'abord fait réveiller le vétéran-gardien qui, possédant les clés, lui a fait visiter sa future position dont les chambres fortes abritent un stock de projectiles de 120 de Bange.

« Aucun emplacement de tir pour battre les accès, note Allard, puisque les superstructures ne dépassent pas le niveau du sol. C'est un piège ! »

Le jeune officier estime que si la CM 3 s'enferme dans le Parmont, elle n'en sortira pas, deux mitrailleuses suffisant à tenir la porte sous des feux continus.

« Mes chefs auraient-ils été obnubilés par le titre de « fort » attribué au Parmont ? écrit-il. Mieux valait aller à l'air libre, se porter du côté de la compagnie Georges et barrer la route de Plombières aux portes de Remiremont. Évidemment, ce serait une désobéissance aux ordres... Finalement, le bon sens, renforcé par la carence du capitaine Carribou et la nullité du commandant de la Place, l'emporta. »

1. Le chef d'escadrons Gigandet enverra une troisième patrouille vers Plombières dans l'après-midi. Elle tombera dans une embuscade au lieu dit « La Charade » et son chef, le lieutenant Marcel Roulland, sera tué au cours de l'engagement.

Le commandant de la CM 3 envoie deux sections à la droite de la CM 9, entre la route du Val d'Ajol et les contreforts boisés du Parmont. Un autre élément se porte à une barricade dressée sur une bretelle de la route de Plombières.

« Pour finir, raconte Allard, la section de commandement avec la voiture à vivres s'est installée dans la maison de tolérance de Remiremont... déjà vide de ses pensionnaires [1]. »

L'eût-il voulu que le lieutenant Allard n'aurait pas eu le temps de rédiger un compte rendu d'installation pour le capitaine Carribou. Une rafale de mitrailleuse, deux, trois, crépitent successivement au sud de la ville. La CM 9 du lieutenant Georges vient de prendre le contact.

La compagnie n'a que trois sections : deux sections de mitrailleuses (lieutenant Frantz et aspirant Grosbuis) et une de voltigeurs placée sous les ordres du chef Leblond depuis que Georges a succédé à Carribou à la tête de la CM 9. Grosbuis s'est installé dans un petit enclos du service des Eaux avec cinq hommes et un FM, en bordure de la D 23, la route du Val d'Ajol. Deux de ses mitrailleuses sont à droite et battent un coude situé à environ 3 400 mètres. Les deux autres sont à gauche, dans un petit ravin d'où elles croisent leurs feux avec les premières. Avec l'aide des femmes et des enfants des dernières maisons de Remiremont, l'aspirant a fait édifier une barricade sur la route, à moins de cinquante mètres des pièces. Frantz, qui a son PC au Tennis-club, a aligné ses quatre mitrailleuses à la corne d'un bois, à l'est de la D 23. Ses deux FM sont en batterie près de lui, sur le chemin. La section se trouve à environ 600 mètres de celle de Grosbuis.

« Lever du jour dans la rosée, écrit celui-ci. Rien encore. Enfin, vers 7 heures, un civil affolé, puis deux femmes échevelées : « Les voilà ! » Chacun en place et moi sous mes sapins, écarquillant les yeux derrière mes jumelles sur ce fameux tournant. »

Suivant deux automitrailleuses et un véhicule de transport tout terrain, une dizaine de side-cars s'arrêtent après avoir franchi le coude de la route. Une automitrailleuse se détache et avance prudemment, arborant un drapeau blanc.

Grosbuis : « En français, on nous crie que l'armistice est signé et qu'il faut déposer les armes. De ma plus belle voix, je leur ordonne de stopper et de descendre de leur voiture, après on verra. Ils n'en font rien et se contentent d'envoyer devant eux un bonhomme agitant un drapeau blanc et criant de ne pas tirer. C'était, je le sus peu après, un prisonnier français qu'ils contraignaient à agir ainsi [2]. »

1. « La Renaissance » était située au n° 7 de l'impasse de la Joncherie.

2. Extrait d'une lettre de janvier 1941 adressée par M. Julien Grosbuis à son frère Adrien. « Ce récit, écrit Grosbuis à l'auteur, était fait par un vaincu de 1940 à un vainqueur de 1918, par le plus jeune frère à son aîné de treize ans. »

L'aspirant commande le feu. Les quatre mitrailleuses et les deux FM tirent en même temps et clouent l'ennemi sur place. La première automitrailleuse esquisse une manœuvre et... se couche dans le fossé. La voiture tout-terrain est abandonnée par ses occupants ainsi que les sides. Le bruit est d'autant plus assourdissant qu'à la section Frantz, le chef Henri Maïer vient lui aussi de déclencher le feu de ses quatre mitrailleuses.

« Du chemin, je ne vois rien, rapporte Frantz. J'escalade la pente jusqu'à mes pièces qui dominent la vallée. J'aperçois une automitrailleuse, une douzaine de motos et sides, une quarantaine d'Allemands... »

L'ennemi a des blessés, des tués. Haché par les balles perforantes de la section Grosbuis, l'un d'eux est allongé sur la route et ses viscères jaillissent d'une horrible blessure ouverte à hauteur des reins. Depuis le fossé, des coups de feu, des rafales esquissent une faible riposte. Chez Grosbuis, le caporal André Lancelot est grièvement blessé derrière sa mitrailleuse. Pendant qu'on l'évacue sur l'hôpital où il succombera dans la soirée, les servants, Roux et Arnold, reprennent le feu. De son côté, Frantz a fait monter ses deux FM et décide de « contre-attaquer pour exploiter le premier succès avant que l'ennemi n'ait repris possession de ses engins. » Il désigne le chef Maier qui, avec quatre volontaires [1], va dévaler la pente jusqu'à la route. Une distance d'environ 600 mètres à parcourir et une mission : interdire l'accès de ses véhicules à l'ennemi et faire des prisonniers. Pleins d'enthousiasme, le caporal Stisy ouvrant le chemin par de courtes rafales du FM serré contre sa hanche, Maïer et ses hommes prennent l'offensive. Des balles miaulent, un Allemand crie *Kamerad* mais d'autres continuent de tirer et Maïer furieux en blesse deux à moins de trente mètres. Les autres sortent du fossé et des buissons, bras levés. Une dizaine en tout. Maïer lance des appels en direction de son chef de section car ses prisonniers sont plus nombreux que sa patrouille et, un peu plus loin, d'autres Allemands tirent encore. Frantz laisse le commandement au sergent Zoeller et accourt avec cinq soldats de renfort pour couper la route à d'éventuels fuyards. Originaire d'Alsace, l'officier hurle « de violentes sommations en allemand et en français ». Des hommes en kaki, sans armes, sortent d'un bosquet, les bras ballants, ne sachant quel comportement adopter. Crosse brisée, leurs fusils sont sur le bas-côté de la route. Ils se sont rendus à trois soldats allemands — alors qu'ils sont une douzaine — mais après un quart d'heure de captivité, les voilà délivrés.

« Apeurés et tremblants, écrit Frantz qui les jauge du regard, ils sont incapables de reprendre la poursuite avec moi. »

1. Bizet, Wulgue, le sergent Louis Bonnet et le caporal Eugène Stisy avec le FM.

Avec le caporal Fischer et un de ses mitrailleurs. Frantz est à la hauteur de la ferme du Haut-Patu ; conscient de son infériorité numérique, il n'ira pas plus loin.

Faire des prisonniers au vainqueur correspond sans doute à une tentation très forte. Frantz vient d'y succompber sans subir de pertes. Le lieutenant-colonel Avenel, commandant la Place, et quelques-uns de ses officiers éprouvent la même envie. Alors que le combat s'achève, le capitaine Vescher, adjoint du colonel, et le lieutenant Bidegain [1], se hâtent vers la position du 79e RIF tandis que le capitaine Vigerie rassemble une section. Bidegain se présente au PC de Grosbuis.

« L'aspirant du 79e RIF nous explique la situation, rapporte-t-il. A droite et à gauche de la route, deux groupes de mitrailleuses tiennent sous leur feu l'élément d'exploitation ennemi arrêté à cent mètres d'une barricade. On aperçoit une automitrailleuse à cinquante mètres environ d'un petit bois. »

La version de Grosbuis est différente : « Arrive un officier du dépôt d'infanterie qui demande s'il n'y a pas moyen de faire des prisonniers. Je l'envoie courir : j'ai juste le nombre d'hommes nécessaire pour servir les pièces. Je tiens le boche sous mon feu, j'en descendrai le plus possible [2] mais je refuse de distraire qui que ce soit pour me trouver démuni au cas où l'ennemi remettrait ça ! »

Bidegain ne se décourage pas et obtient l'autorisation du capitaine Vescher « d'aller ramasser les boches avec quelques volontaires ». Il désigne cinq hommes de la compagnie Vigerie et s'élance en direction de la route. Lorsqu'il arrive en vue des véhicules allemands, seul un caporal l'a suivi, les autres ont fait demi-tour. Ce n'est pas le dépôt d'infanterie 204 qui défendra Remiremont rue après rue !

« L'automitrailleuse est en tête, renversée dans le fossé, dit Bidegain, et je compte une dizaine de motos et side-cars échelonnés sur la route. »

Il rejoint la patrouille du chef Maïer [3] et un sous-officier du dépôt 204, l'adjudant-chef Tisserand, grossit leur effectif avec cinq à six hommes. Au moment où ils s'approchent du blindé aux commandes duquel le

1. En septembre 1939, Bidegain commandait la compagnie d'équipages de casemates du 133e RIF. Accidenté en février 1940, il a passé la compagnie au lieutenant Kersual et, après sa convalescence, s'est retrouvé au DI 204. Coïncidence : le lieutenant-colonel Avenel, du DI 204, commandait le 133e RIF au début de la guerre.

2. Avec 26 hommes à l'effectif, Grosbuis n'a « ni les moyens ni le désir » de faire des prisonniers (lettre du 7 avril 1984 adressée à l'auteur). Le dernier mot vient du fait que Grosbuis a de la mémoire : son frère André, adjudant au 132e RI, a été tué à 22 ans, le 16 avril 1917 à Soupir (Aisne). Son aîné, Adrien, lieutenant au 94e RI, blessé pour la cinquième fois en 1916 sur la Somme a été amputé du pied à l'âge de 20 ans.

3. Daté du 17 mars 1942, le rapport du lieutenant Frantz ne parle pas de l'intervention du DI 204.

conducteur a été tué, « des rafales de mitrailleuse balaient la route ». Tisserand reçoit deux balles dans la cuisse. Qui a tiré ? Bidegain parle de « mitrailleurs français ». Grosbuis qui a vu le détachement du DI 204 manœuvrer en deux groupes, l'un avec Bidegain, l'autre avec le capitaine Vigerie, assure que « ce dernier a tiré sur le premier. Il y a eu un blessé [1]... ».

Les Allemands qui ont pu se réfugier derrière le coude de la route ne cherchent pas à reprendre l'offensive et, les tirs ayant cessé, les Français nettoient le terrain et rassemblent les prisonniers.

« Je rentre à Remiremont avec les six premiers, rapporte Bidegain qui se pare des plumes du paon. Je laisse au chef Maïer le soin de ramener les blessés et le matériel. Tisserand a été évacué sur l'hôpital dans un side-car de prise. »

Bidegain n'a donc pas vu Frantz, ni le lieutenant Georges, de la CM 9 du 79e RIF ? Sous les ordres du chef Leblond, les voltigeurs de Georges sont pourtant descendus jusqu'à la route et participent au tri du butin.

« Leblond a pris une mitraillette, se souvient le sergent Mossier, et moi qui avais 20 ans, j'ai récupéré un survêtement de sport avec l'aigle et la croix gammée [2]... »

Les prisonniers ? Bidegain parle de 16 dont un *Oberleutnant*, Georges d'une douzaine dont un officier, Grosbuis de « quinze au total dont un officier et plusieurs blessés ». Frantz écrit que « 10 prisonniers ont été remis au colonel commandant la Place en présence du capitaine Vescher ». L'automitrailleuse est laissée dans le fossé mais motos et side-cars, une demi-douzaine d'armes automatiques, de fusils, grenades et munitions diverses sont apportés à la caserne Gobert, PC du lieutenant-colonel Avenel.

« Vers midi, ajoute Frantz, mes hommes m'apporteront leur butin : un fanion à croix gammée, des appareils photo, des jumelles, un pistolet et des documents que Heitz, l'agent de liaison, portera au capitaine Carribou. »

Ces documents sont importants car ils permettent d'identifier l'assaillant, c'est-à-dire une reconnaissance de la *2e Panzerdivision*. Ils devraient donc être transmis au lieutenant-colonel d'Hausen puis au 2e Bureau du 13e corps à Gérardmer. Ils ne sont certainement pas allés si loin car dans son rapport de fin de campagne, le capitaine Carribou ne consacre pas une ligne au combat de la route du Val d'Ajol. Du côté allemand, les comptes rendus minimisent « l'incident » et aucune allusion n'est faite aux prisonniers ni au matériel perdu. Les éléments de tête de la *2e*

1. Autre hypothèse : les mitrailleuses de la compagnie Allard ont également tiré depuis les contreforts du Parmont. Leurs projectiles ont peut-être atteint Tisserand.
2. Lettre du 7 mai 1984 adressée à l'auteur par M. Robert Mossier, de Neufchâteau (Vosges).

*Panzer* ont peut-être été imprudents mais après avoir traversé la Haute-Saône du sud au nord sans tirer un coup de feu, ils n'ont fait qu'obéir aux ordres : « Pousser en avant le plus vite possible ! »

Le *II/Panzer Regiment 3* du *Major* Kraeber est le bataillon qui a lancé ses reconnaissances vers Remiremont le 19 au matin. On lit dans le rapport de l'*Oberleutnant* Lohrisch, de la 6e compagnie : « A environ 800 mètres de la ville, la section de pointe du *Leutnant* Fischer reçut un violent feu d'armes automatiques venant des bois à droite et à gauche de la route. Il fut ordonné au chef de section de ne plus avancer, d'attendre des renforts et de surveiller le terrain (...) Vers 12 h 30, la section de pointe fut repliée et passa au repos. »

A la 8e compagnie, le *Hauptmann* Maerker est aussi discret : « Peu avant l'entrée sud de Remiremont, la section de tête reçut un feu très nourri venant d'un bunker (*sic*) sur le côté droit de la route, et de plusieurs nids d'armes automatiques. Les *Schützen* durent s'abriter dans les fossés et y restèrent sans pouvoir avancer. »

A chacun sa manière d'écrire l'Histoire !

***

Vesoul, Luxeuil, Lure et Belfort aux mains de l'ennemi, la route du Ballon d'Alsace menacée, les cols des Croix et du Mont de Fourche sur le point d'être attaqués, telle est la situation du front sud. Le général Laure, de la VIIIe armée, en a tellement conscience qu'il a décidé de remettre de l'ordre dans le commandement et, dans la soirée du 18 juin, il est venu à La Jumenterie, PC du 44e corps, pour dire au général Tencé que toutes les unités de la vallée de la Haute-Moselle jusqu'à Rupt passaient sous les ordres du 44e corps. La confirmation écrite a été apportée au début de la matinée du 19 et, à l'heure où les mitrailleuses du lieutenant Frantz et de l'aspirant Grosbuis portent un coup d'arrêt aux reconnaissances de la *2e Panzer,* Tencé décide, en application des ordres de Laure, de réorganiser le commandement. L'idée n'est pas mauvaise en soi mais le temps risque de faire défaut. Plagnol, chef d'état-major du 44e corps, convoque pour 10 heures à La Jumenterie le général Parvy, dont la 63e DI a perdu son artillerie et les deux tiers de son infanterie dans l'affaire de Belfort, Salvan, qui commande la division de marche du Secteur fortifié d'Altkirch, et Didio, le plus éloigné puisque son PC est fixé à Kruth, ce qui l'obligerait à parcourir plus de 40 kilomètres par des routes de montagne très encombrées. D'ailleurs, il n'accusera pas réception de la convocation.

« Il n'a pas dû la recevoir à temps ! » admet Tencé.

Tous les participants ont été retardés et la réunion ne commencera pas à l'heure prévue. La circulation sur les routes est toujours anarchique. Un exemple : rejoint à 10 heures par son état-major laissé la veille à

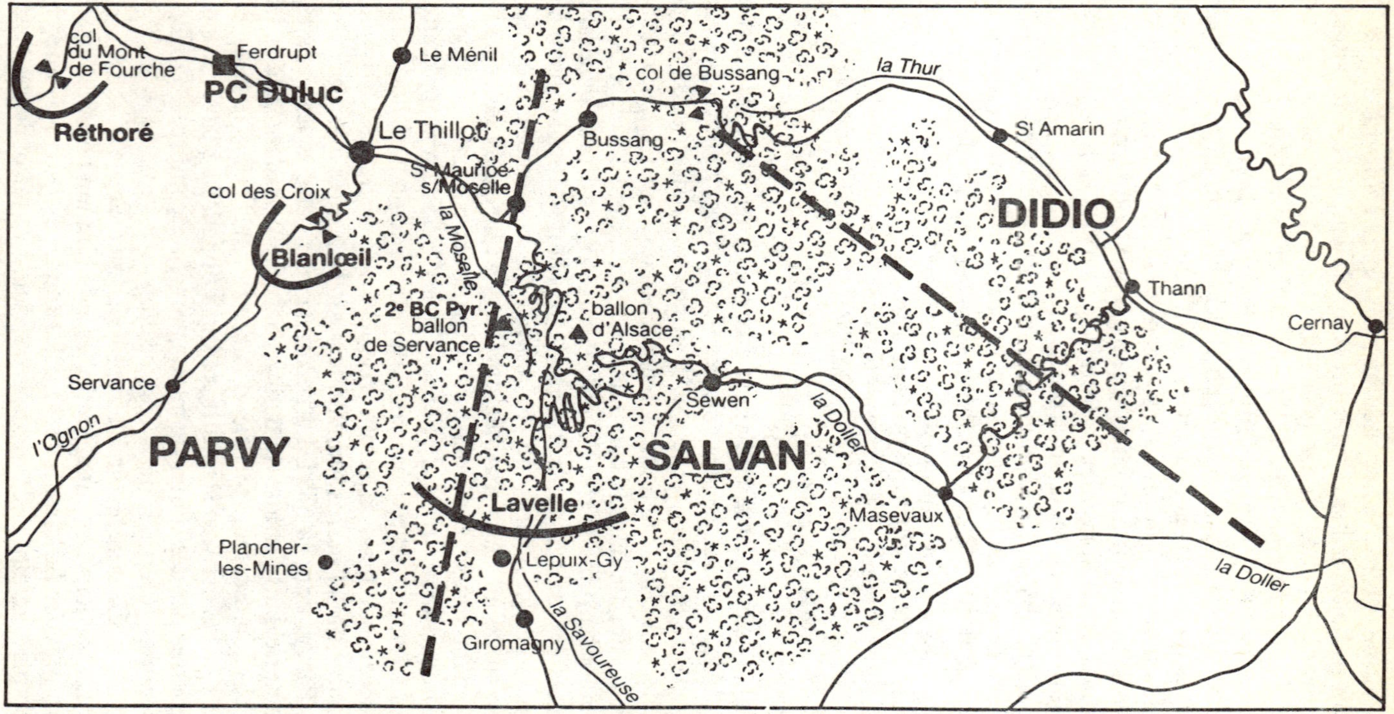


Réorganisation (théorique) du 44e corps le 19 juin

Masevaux, le général Salvan prend dans sa voiture le capitaine de Quincerot, son sous-chef d'état-major, et le capitaine Florentin, du 3e Bureau. Pour aller du Ballon d'Alsace à La Jumenterie, Salvan pensait mettre un quart d'heure à peine mais il se heurte à un invraisemblable désordre de voitures hippos et autos qui rendent l'itinéraire impraticable. Le capitaine Florentin descend du véhicule et reste sur place (on le prendra au retour) avec consigne de « mettre de l'ordre par tous les moyens y compris l'application de la force ».

Salvan aurait quitté le Grand Hôtel du Ballon à 11 h 30, ce qui le ferait arriver au PC du 44e corps vers midi ; le lieutenant-colonel Aubignat, du 321e RI [1], note que la réunion a commencé à 11 h 30, Tencé dit : « A 10 h 45. » Il insiste d'abord sur le point qui lui paraît le plus important : rétablir l'ordre. La chute de Belfort et celle de Giromagny sans combats réels sont tout à fait inadmissibles et la pagaille qui règne sur les arrières doit être jugulée. Selon le capitaine des Roseaux, Tencé profite de la circonstance « pour faire amende honorable vis-à-vis du général Parvy. Il reconnaît que la veille, la situation à Giromagny, puis à Lepuix-Gy, était beaucoup plus sérieuse qu'il ne le pensait ». Puis le chef du 44e corps expose les nouvelles missions confiées à chacun. Didio — un courrier lui sera envoyé — devra assurer la liaison entre 13e et 44e corps entre les cols du Herrenberg et du Bramont avec les éléments de sa division qui n'ont pas été détruits dans la plaine d'Alsace [2]. Salvan installera son PC à La Jumenterie que Tencé va quitter pour Cornimont. Il aura deux axes à défendre : la vallée de la Doller par laquelle retraite sa division, et la montée du Ballon d'Alsace barrée derrière Lepuix-Gy par le groupement du colonel Lavelle. La seule batterie qui a échappé au désastre de Belfort, celle du capitaine Allimant (V/53e RA) est laissée à sa disposition. Parvy, dont le PC est fixé au Ménil, à environ quatre kilomètres au nord du Thillot, assurera la défense du front sud, à l'ouest de Salvan. Avec quelles unités, la 63e DI étant réduite au I/298e RI du commandant Drapier, au II/321e RI du commandant Bonnabaud, et au 238e RI du lieutenant-colonel Dubois ? Et combien de temps faudrait-il pour amener ses cinq bataillons à l'ouest du Ballon d'Alsace, et avec quels moyens de transport ?

Tencé rassure Parvy, il va prendre sous son commandement d'autres unités : le groupement Duluc, le 168e RIF du lieutenant-colonel Ferroni et la 1re demi-brigade de chasseurs pyrénéens du colonel Conraux. Parvy est impressionné. Le capitaine des Roseaux l'est également et confie au

1. Le 19 à 2 heures du matin, le capitaine Chambon, de la CHR du 321e RI, a fait enterrer à Fresse le drapeau du régiment par le soldat Joseph Alvarez. Chef d'un maquis de l'Allier intégré au 152e RI, le capitaine Alvarez reviendra à Fresse en 1944 avec le sous-lieutenant Auberger, du 3e RCP, et récupèrera le drapeau qui sera remis le 13 mars 1945 au chef d'état-major de la 13e Région (Clermont-Ferrand).

2. Voir *Offensive sur le Rhin,* (Fayard 1977).

lieutenant-colonel Aubignat : « L'armistice va peut-être nous trouver là mais au moins nous aurons contenu l'ennemi et sauvé l'honneur. »

Tencé a même pensé à boucher les brèches du dispositif ; le bataillon Drapier, dont la 1re compagnie (capitaine Ferrandon) se bat à Lepuix-Gy, tiendra les crêtes entre les Ballons d'Alsace et de Servance[1]. Le lieutenant-colonel Aubignat va se rendre « sans délai au Ballon de Servance ; il prendra sous son commandement les éléments qui s'y trouvent et organisera solidement la défense ». Le chef de corps du 321e RI est serein car il compte recevoir des renforts et ne dissimule pas son optimisme : « Le général Tencé me renforcera dans quelques jours en me rendant le III/321e RI du commandant Bonnabaud. »

Dans quelques jours ! Tencé croit-il que les blindés de Gudérian lui accorderont un tel délai ou s'agit-il d'un point de vue exprimé par Aubignat ? Celui-ci semble pourtant avoir reçu des assurances. En effet, des Roseaux écrit dans son journal : « Le général a l'intention de nous rendre les restes de notre division : I/298e RI, II/321e RI et 238e RI. Il voit ce regroupement d'ici à deux jours. Je pense que la situation n'est pas alarmante puisque le général Tencé envisage cette récupération dans un délai somme toute assez long. »

Ce n'est donc pas Aubignat mais Tencé qui estime avoir le temps d'organiser la défense. Le commandant du 44e corps n'a pas encore compris que Gudérian frappait vite et fort et la leçon de Belfort n'a pas porté ses fruits. Tencé vient de réaliser un bel exercice d'école ; en théorie, le front sud est reconstitué et, comme le dit des Roseaux « la situation n'est pas alarmante ». Didio contrôlera la vallée de Guebwiller et celle de la Thur, la division Salvan la vallée de la Doller où le lieutenant-colonel Demange, du 171e RIF, a pris le commandement, Salvan ayant sous ses ordres la défense des accès au Ballon d'Alsace. Aubignat a calculé qu'il arriverait vers 13 heures au Ballon de Servance où il doit reprendre en main les débris du 2e Pyrénéens. Quant à Parvy, les forces sur lesquelles il compte vont se transformer en peau de chagrin. Après la réunion, il se rend en effet à la gendarmerie du Thillot, PC du colonel Conraux, à qui il fait savoir que « la 1re demi-brigade de chasseurs pyrénéens est placée sous ses ordres ». Conraux écarquille les yeux.

« Quelle demi-brigade, mon général ?

— La vôtre parbleu ! rétorque sèchement Parvy.

— Mais mon général, sur trois bataillons il me reste deux compagnies.

— Comment ça deux compagnies ? »

1. Le lieutenant Marcel Berthon, chef du corps franc du I/298e RI, précise que la position sera occupée vers 14 heures, le PC Drapier étant au nord-est du Stallon, entre La Jumenterie et Saint-Maurice-sur-Moselle.

Pas mécontent de pouvoir déverser sa bile sur un de ses supérieurs, Conraux s'appesantit sur ses déboires : le 6$^{e}$ Pyrénéens de Marty lui a été retiré au profit d'un « groupement de la Saône » et personne n'a jugé bon de l'informer du départ de ce bataillon dont il est toujours sans nouvelles. Le 2$^{e}$ Pyrénéens du capitaine Eyrieux lui a été enlevé pour constituer une réserve d'armée avant de passer à la 63$^{e}$ DI, ce que le général Parvy doit tout de même savoir. Quant au 1$^{er}$ Pyrénéens de Llense, un colonel Duluc, « s'est permis de donner des ordres à la 3$^{e}$ compagnie » qui était au col du Mont de Fourche[1]. Enfin, pour couronner le tout, Conraux vient d'apprendre qu'un autre groupement, « commandé par un lieutenant-colonel Blanlœil » est en train de s'installer au col des Croix. Fort des assurances reçues une heure plus tôt, Parvy croit pouvoir rassurer le commandant de la demi-brigade en lui confiant que par ordre du général Tencé, il va coiffer le groupement Duluc et le 168$^{e}$ RIF, un régiment de forteresse débarqué la veille à Rupt-sur-Moselle. Parvy est d'autant plus persuadé de ce qu'il avance que le capitaine des Roseaux, sur sa demande, parvient à joindre Duluc puis Ferroni au téléphone : « Je les convoque pour 15 heures au PC, note le chef du 3$^{e}$ Bureau de Parvy. Il s'agit avant tout de faire l'inventaire des moyens et de les coordonner. »

La convocation va rester lettre morte et Duluc en expose les raisons :

« Je me souviens qu'un général, sans doute le général Parvy, alors qu'on cherchait à réorganiser le commandement, m'a convoqué. Je ne m'y suis pas rendu car j'avais depuis le 14 juin un ordre personnel et une mission permanente du général Laure, de la VIII$^{e}$ armée ; lui seul pouvait la modifier[2]. »

Au début de l'après-midi du 19 juin, Parvy quitte Le Thillot pour Le Ménil où il installe son PC. Le chef d'état-major, le lieutenant-colonel Richefort, l'a précédé mais la localité est déjà prise dans le tourbillon de la débâcle et il faudrait un chef plus énergique que Parvy pour rétablir l'ordre.

« Au PC règne le désarroi, observe le capitaine des Roseaux. Le village est envahi par une tourbe de militaires venus de partout. Les hommes ne saluent plus, ont arraché leurs écussons, sont débraillés ; cela sent la déroute. Le général ne sait trop quel parti prendre. »

Le colonel Duluc, au contraire, n'a pas de question à se poser. Il vient d'apprendre par le lieutenant-colonel Réthoré que l'ennemi est passé à l'attaque devant Faucogney « avec de puissants moyens ». De son côté, le lieutenant-colonel Blanlœil lui a signalé qu'une colonne motorisée

1. On a vu que Duluc avait renvoyé la 3$^{e}$ compagnie au col des Croix.
2. Lettre du 14 avril 1981 adressée à l'auteur par le général Duluc.

comptant de nombreux chars montait vers le col des Croix. Une autre colonne se dirige vers le Ballon de Servance. Le répit de quelques jours espéré par le général Tencé n'a pas duré une heure : les *1^er^* et *2^e^ Panzerdivisionen* montent à l'assaut des crêtes.

# CHAPITRE XXIX

## « Je suis sorti de ma tourelle en deux secondes... »

Vers la fin de la matinée du 19 juin, le lieutenant Laloy a reçu un appel téléphonique du PC Réthoré, à La Longine. C'était l'officier-adjoint, le capitaine Boutry. Il annonçait qu'à midi un camion partirait de La Longine avec un repas chaud destiné aux fantassins du 79e RIF en position à Faucogney.

« Espérons qu'il arrivera avant l'attaque ! » a commenté Laloy qui « sent » les Allemands préparer un mauvais coup.

Les équipages de chars de la 1/16e BCC ont rendu compte de leur côté au lieutenant Michalet d'un véritable « remue-ménage » chez l'ennemi. Or, à midi et quelques minutes, au moment où le camion annoncé par Boutry s'arrête devant la poste de Faucogney, l'artillerie adverse ouvre le feu sur les issues de la localité.

« Repartez à La Longine, vous allez vous faire massacrer ! » ordonne Laloy aux hommes de la corvée de soupe.

Près du hameau des Pagets, l'observateur de la 8/26e RA signale l'emplacement d'une batterie allemande au capitaine Robbe. « Je voyais très bien les coups de départ ! » assure celui-ci qui déclenche aussitôt un tir de contre-batterie. Les artilleurs français ne ratent pas leur but et le chef d'escadron Cruse note dans le journal du 69e RAMF : « On voit des sanitaires embarquer des blessés. »

Au II/69e RAMF, le chef d'escadron de Kergaradec a placé les trois 75 de la 5e batterie du lieutenant Moreillon en avant de Faucogney. Deux pièces sont vers le champ de foire, la troisième près du cimetière, braquée sur la route de Mélisey. Dès les premiers coups de canon, les observateurs français signalent la présence de chars lourds qui évoluent à distance respectueuse[1]. Les artilleurs de Moreillon tirant à vue, les

1. Dans son rapport, le colonel Duluc souligne que « la caractéristique de la journée réside dans l'engagement de chars allemands de fort tonnage armés de canons de gros calibre ».

blindés cherchent à se camoufler plutôt qu'à charger. Les *Schützen* sont plus dangereux car ils cherchent la faille du dispositif pour s'y infiltrer. Le lieutenant Michalet a envoyé deux sections de chars en avant de Faucogney, la section du sous-lieutenant Théry et la sienne surveillant la route de Raddon.

« J'étais placé en sonnette depuis la veille avec les trois chars de ma section », se souvient l'aspirant Labbaye [1].

Biron, son pilote-mécanicien, a recouvert l'engin de branches feuillues et les deux autres chefs de char, le sergent Alexandre et le caporal Cholley, ont fait de même avec l'aide de leurs pilotes, Chevallot et Lachaud. La seconde section est à l'entrée sud de Faucogney. Sous leur camouflage, les petits Renault ne subissent aucun dégât. Ont-ils seulement été repérés ? Quand le tir s'allonge, les *Panzers* et l'infanterie allemande manifestent leur intention de s'approcher de Faucogney. La section Labbaye ouvre le feu.

« Nous nous battions en “ casemate mobile ”, raconte Labbaye, sans aucun appui d'infanterie et suivant une tactique très éloignée des cours de l'école des chars. »

Tant que les sept 75 de la 5/69ᵉ RAMF et de la 8/26ᵉ RA participent au combat, les *Panzers* hésitent manifestement à lancer leur attaque. Ils laissent le soin à leurs fantassins de découvrir un angle mort favorable.

La mitrailleuse du char de Labbaye s'enraye et l'aspirant revient vers la section de deuxième échelon à Faucogney. Il laisse son engin et monte dans celui du chef Vieille-Grosjean pour repartir au combat avec Drouin, le pilote du sous-officier. Au canon de 37 et à la mitrailleuse, les R 35 tirent sur des side-cars de liaison, sur des emplacements d'armes automatiques.

« Nous étions arrêtés, témoigne Drouin, moteur tournant pour évacuer les gaz de notre cercueil ambulant : 165 litres d'essence, 102 obus (j'en prenais toujours un peu plus que la dotation) et 3 000 cartouches... »

Soudain, après environ trois heures d'échange de feu, les rassurants 75 français se taisent et seule, l'artillerie allemande poursuit les tirs. Quelques *Panzers IV* interviennent sur les entrées de Faucogney comme s'ils pensaient que la section Labbaye était un leurre destiné à les amener en vue des lisières de la localité où les attendent les 75 avec leurs redoutables obus de rupture. Ce ne sont pourtant pas les *Panzers IV* qui vont s'attaquer aux chars de la compagnie Michalet mais des *88 Flak*. Ce sont eux que le général von Priwitz, chef du *Kampfgruppe* de droite de la *2ᵉ Panzer,* attendait avec impatience. Avec leur puissance de pénétration, les obus de *88* vont décimer la section Labbaye. Le char

1. Lettre du 28 juillet 1983 adressée à l'auteur par M. Louis Labbaye, de Revel (Isère).

50240 est frappé de plein fouet. Le pilote, François Lachaud, est tué et reste prisonnier de l'engin qui commence à brûler tandis que le caporal René Cholley réussit à sortir de la tourelle mais se fait abattre à la mitrailleuse à quelques mètres. Le char 50591 du sergent Roger Alexandre est neutralisé par trois coups de *88* dont deux percent le bouclier à côté du tube de 37. Alexandre et son pilote Clément Chevallot vont mourir carbonisés à l'intérieur de l'engin[1]. Manœuvrant dans une pâture, à moins de cinquante mètres des chars en feu, celui du caporal-chef Tiphine s'arrête. La tourelle tourne lentement vers la gauche mais Tiphine n'a pas le temps de tirer sur l'objectif qu'il vient de repérer. Deux *88* percent la tourelle. Pierre Tiphine n'a même pas vu la mort fondre sur lui. C'est le cinquième tué de la 1/16^e^ BCC en quelques minutes ! Dans sa tourelle, l'aspirant Labbaye est tout occupé à ses tirs et ne voit pas les chars d'Alexandre et de Cholley qui brûlent en dégageant d'épaisses volutes noires. Un projectile frappe le masque du R 35.

« J'ai vu une boule de feu, de la fumée, et mon moteur a calé, se souvient Drouin, le mécanicien. Ce n'était pas le moment de regarder les dégâts mais de sauver mon chef[2]. »

Grièvement atteint, Labbaye s'est affaissé au fond de la tourelle. « Heureusement, dit encore Drouin, la porte n'était pas bloquée et j'ai tiré comme j'ai pu mon aspirant qui paraissait sérieusement blessé. Je l'ai traîné dans les fossés, dans les prés tandis qu'il me suppliait de le laisser mourir en paix... »

Drouin parvient à l'entrée de Faucogney avec Labbaye à bout de forces qui est hissé sur le char du chef Vieille-Grosjean. Celui-ci démarre aussitôt, et sans doute par Esmoulières et le col des Croix, conduit le blessé à l'hôpital de Bussang-Thermal où il sera opéré et sauvé.

Pourquoi la 5^e^ batterie du lieutenant Moreillon a-t-elle cessé de tirer ? Et après elle, la 8/26^e^ RA du capitaine Robbe ? Sans appui d'artillerie, les R 35 ne pouvaient plus tenir tête aux *Panzers IV* et aux *88 Flak.* Et ce soutien leur a été brusquement retiré.

Le défilé à l'entrée duquel se trouve Faucogney permet de retarder l'avance ennemie mais le lieutenant-colonel Réthoré n'a jamais eu l'intention de s'y maintenir, surtout au prix de sacrifices inutiles. Depuis la nuit précédente, il sait, par un ordre écrit du colonel Duluc, que le dernier combat, s'il doit avoir lieu avant l'armistice, se livrera sans esprit de recul sur les crêtes, donc au col du Mont de Fourche. Aussi,

1. Lachaud, Alexandre et Chevallot seront identifiés avec difficulté, leurs corps ayant été retrouvés calcinés au fond des épaves.

2. Lettre du 21 novembre 1983 adressée à l'auteur par J. M. Drouin, de Saint-Christol-les-Alès (Gard).

apprenant vers 14 h 30 que les Allemands ont été renforcés en chars et en artillerie devant Faucogney, Réthoré décide de décrocher. Par téléphone, il rend compte à Duluc qui a quitté Corravillers vers 13 heures pour s'installer dans une maison de la RN 66, à Ferdrupt.

« Vous avez mon accord, répond Duluc. Prévenez Cruse et portez vos PC respectifs au col du Mont de Fourche. »

Se dégager de Faucogney ne sera peut-être pas facile mais c'est d'abord une question de liaisons et de discipline. A quelle heure l'ordre de repli a-t-il été communiqué aux défenseurs de la petite ville ?

« Vers 15 heures », assure le lieutenant Laloy, qui commande l'infanterie.

Les artilleurs sont plus précis : 14 h 53 a noté le chef d'escadron Cruse dans le journal du 69ᵉ RAMF. Mais dans quel ordre doit s'effectuer le décrochage ? Dans son rapport, Laloy rappelle les dispositions prises par Réthoré : la 8/26ᵉ RA, batterie hippomobile, partira la première puisqu'elle est la plus lente. En deuxième position, les trois pièces tractées de la 5/69ᵉ RAMF et les FM du 79ᵉ RIF qui assurent la défense rapprochée [1]. L'artillerie va donc cesser de tirer la première et un camion viendra chercher les fantassins du 79ᵉ RIF. Les chenillettes et les canons de 25 du lieutenant Fix partiront ensuite et les chars du lieutenant Michalet couvriront le mouvement. Par le central de la poste de Faucogney, Laloy demande qu'on lui envoie un second camion car il veut emporter les mortiers du lieutenant Contal et prendre au passage, à la sortie nord de la localité, les mitrailleurs des lieutenants Walline et Dupont.

Laloy : « Je préviens personnellement le commandant de Kergaradec, le lieutenant Fix, et je veux aussi prévenir le lieutenant Michalet mais je ne le trouve pas. »

Il donne l'ordre au motocycliste Couval de se rendre au PC de la compagnie de chars mais blessé par un éclat d'obus, sa machine hors service, Couval revient vingt minutes plus tard et rend compte qu'il n'a pu accomplir sa mission.

« C'est le chef Guislain, qui, je crois, a prévenu les chars. » dit encore Laloy.

Son « je crois » laisse perplexe, car, entre temps les 75 français se sont retirés et les chars placés en avant de Faucogney se font détruire au *88*. N'était-il pas impératif de transmettre D'ABORD l'ordre de repli à Michalet qui devait fermer la marche ? Devinant que les Français s'apprêtent à décrocher vers le nord, les Allemands reprennent leurs tirs d'artillerie qui avaient diminué depuis 13 heures. Un obus éclate sur le

1. Le chef d'escadron de Kergaradec reprochera à Laloy de n'avoir pas suffisamment protégé ses artilleurs. « Que pouvais-je faire de plus avec mes effectifs ? » se défend Laloy.

toit d'une maison voisine de la poste. Les fils téléphoniques sont rompus et, au PC du 79e RIF, on sabote le standard désormais inutile. Une des chenillettes du lieutenant Fix refuse de démarrer. Panne d'allumage. Les pièces de rechange et le temps faisant défaut, le chef Voltoury brise le moteur à coups de masse. A 15 h 30, les deux camions demandés se rangent en bordure de la petite place, en face de la poste.

Laloy : « Vers 15 h 45, la batterie tractée du 69e RAMF décroche sans histoire mais aussitôt le bombardement augmente et le feu se déclare dans un garage proche de la poste. »

Avant 16 heures, les fantassins ont chargé leur armement à bord des camions et le départ est donné. Laloy a décidé de franchir par surprise le pont de la sortie nord de Faucogney. L'un derrière l'autre, les deux véhicules prennent de la vitesse dans la rue jonchée de tuiles, de vitres brisées, et traversent l'obstacle sans recevoir un seul projectile. Un peu plus loin, les mitrailleurs des lieutenants Walline et Dupont embarquent entre deux salves, dans une fumée épaisse qui gêne heureusement les observateurs ennemis, y compris celui de *Henschel* qui a fait son apparition au-dessus de Faucogney. Les éclatements encadrent les camions jusqu'au hameau des Mottes.

« Un peu avant les Pagets, rapporte Laloy, je vois la batterie du 26e RA en train d'atteler sous le bombardement. A-t-elle été prévenue trop tard par le commandant de Kergaradec ? J'ai réglé mon départ sur celui de sa batterie tractée. »

Celle-ci est doublée par les camions du 79e RIF un ou deux kilomètres après la traversée de Corravillers. Les gros véhicules doublent aussi en l'enveloppant d'un nuage de poussière, le sous-lieutenant Bickar qui, avec quelques hommes d'escorte, convoie des prisonniers allemands.

Laissons les fantassins du 79e RIF monter vers le col du Mont de Fourche où les attend le III/168e RIF du commandant de la Fournière et revenons à la batterie hippomobile du capitaine Robbe. Celui-ci rapporte qu'il a reçu « vers 16 heures l'ordre de se replier sur Remiremont pour occuper de nouvelles positions sur la route du fort de Rupt, à une quinzaine de kilomètres. »

Vers 16 heures ? Un retard d'une heure sur le sous-groupement alors que la 8/26e RA devait partir la première ! De plus, elle a été repérée par le « mouchard » et fait l'objet d'un tir de 105 qui gêne et ralentit la sortie de batterie. Les chevaux de la 4e pièce sont tués par une salve mais Robbe a la chance d'arrêter un camion dont le conducteur accepte de prendre le 75 en remorque. Pendant que l'opération s'effectue, le capitaine rejoint le lieutenant Comménil qui a mis la colonne en marche. La malchance s'acharne sur la 8e batterie : le camion qui tractait la 4e pièce tombe en panne avant d'avoir rejoint les attelages.

Robbe : « Je décidai à tort de l'attendre quelques instants car je ne me doutais pas de la proximité de l'ennemi... »

Assurant la couverture du décrochage, le lieutenant Michalet dispose de deux sections de chars. Il commande la première et la seconde est sous les ordres d'un jeune officier de 24 ans, le sous-lieutenant Théry.

« L'ordre de repli est enfin arrivé, note celui-ci et, après avoir assuré le départ de l'infanterie et de l'artillerie, nous avons essayé de récupérer les deux sections manquantes mais nous fûmes vite mis à la raison par les chars adverses deux fois plus puissants en tonnage et en nombre [1]. »

Pendant que les *Schützen* explorent Faucogney et ramassent les inévitables traînards, les R 35 de Michalet ont pris la route de Corravillers. Après avoir dépassé la localité, Théry aperçoit le camion en panne et la pièce de 75 de la 8/26ᵉ RA. Il n'hésite pas, s'arrête et prend le canon en remorque. Un peu plus loin, un char s'immobilise et le moteur refuse de redémarrer. Un R 35 qui le suivait manœuvre pour se placer devant lui et les mécaniciens accrochent les chaînes. L'un tirant l'autre, les deux engins repartent en direction du col de Mont de Fourche. Soudain, des rafales de mitrailleuses crépitent derrière eux, auxquelles succèdent les « pom-pom » des canons de 20. La poussière soulevée par les chenilles est tellement épaisse qu'il est difficile pour les chefs de char de déterminer d'où viennent les coups. Les tirs semblent se rapprocher et brusquement, dans une trouée de lumière, Michalet et Théry aperçoivent de leur tourelle des dizaines de *Panzers* qui, sans doute renseignés par le « mouchard » se sont lancés à la poursuite des Renault de la 1/16ᵉ BCC. Des *Panzers IV* choisissent un emplacement, lâchent quatre ou cinq obus de 75 et repartent en accélérant. Les pièces de 20 des *Panzer II* ont un tir plus rapide et leurs servants cherchent à atteindre moteurs et trains de roulement.

« L'adversaire gagnant du terrain, raconte Théry, nous avons abandonné le char en remorque ainsi que la pièce de 75. Un second char est tombé en panne dans la montée et nous l'avons laissé aussi. Nous n'avions pas les moyens de faire face, accepter le combat revenait à perdre la compagnie déjà amputée de moitié. »

Pendant cette « poursuite infernale », comme la qualifie Théry, le moteur de son R 35 est percé par un projectile, lâche un nuage de fumée noire et se tait. Après une violente secousse due à l'arrêt brutal, le char reste immobile, comme atteint de paralysie. A quelques centaines de mètres derrière, le grondement des moteurs surchauffés semble couvrir les coups de canon.

Théry : « Je suis sorti de ma tourelle en deux secondes en donnant l'ordre au pilote de filer et je me suis mis à courir en direction d'un char de la compagnie qui se trouvait à trente mètres devant moi. Je ne sais pas

1. Lettre du 15 octobre 1983 adressée à l'auteur par M. Pierre Théry, architecte à la retraite près d'Arradon (Morbihan).

comment j'ai pu le rejoindre et encore moins de quelle façon je me suis hissé sur l'arrière en me brûlant au bras sur le tuyau d'échappement. Je me suis agrippé à la tourelle, les yeux fermés, écoutant les impacts des balles et des éclats sur le blindage et me répétant : « Ce serait trop bête, ce serait trop bête... »

Théry a la chance pour lui. Trois chars atteignent le col du Mont de Fourche, tout ce qui reste de la compagnie : le R 35 du sergent Guinchard, suivi par celui de Michalet et le dernier à la tourelle duquel Théry adhère littéralement, sain et sauf. Les fantassins du 79e RIF qui se croyaient en sécurité et s'apprêtaient à dévorer un casse-croûte, n'en croient pas leurs yeux.

« Tout à coup, rapporte le lieutenant Laloy, tirs de mitrailleuses de chars boches, les balles claquent au sol, la surprise est totale. Depuis notre arrivée, le temps m'a semblé court et nous ne soupçonnions pas l'ennemi aussi près. Et les 25 ne sont pas encore décrochés des chenillettes ! »

Laloy ne semble pas avoir pris la liaison avec le commandant de la Fournière dont le bataillon est installé au col. Pourtant le colonel Duluc l'a rappelé à Réthoré le matin même : « On ne s'accroche pas à Faucogney mais une fois sur les crêtes, on ne bouge plus et l'on se bat. » Réthoré croit-il que les blindés allemands vont submerger la défense du col ? Au lieu de faire mettre en batterie les trois pièces de 25 du lieutenant Fix, il donne un nouvel ordre de décrochage, cette fois en direction de la vallée de la Moselle.

« Le colonel donne l'ordre de repli sur Le Chêne » écrit le lieutenant Laloy.

C'est inexact ! Les hommes du 79e RIF descendent vers la rivière et la franchissent. Ils ne se battront pas au col du Mont de Fourche.

« Nos éléments se portent par Le Chêne sur la rive est de la Moselle où il est procédé à leur regroupement, admet le capitaine Boutry qui ajoute : « Avec ces éléments et une section de chars R 35 il est décidé de réoccuper Le Chêne. »

Occuper serait plus juste car le 79e RIF ne s'y est pas encore arrêté. Encore un témoignage, celui du lieutenant Contal, de la section de mortiers : « Mon étonnement a été grand quand le colonel a donné l'ordre de repli. Je pensais que l'on pouvait se défendre au col mais j'ai obéi. Sous les tirs de l'ennemi, il y a eu un peu de panique et les camions ont été pris d'assaut par la troupe. Je suis descendu à pied avec le sous-lieutenant Bickar mais je n'ai pas retrouvé mes hommes. »

Contal ajoute de bonne foi : « Je me demande pourquoi notre chef de bataillon le capitaine Bonnet, ne nous a pas informés des possibilités de résistance avec le 168e RIF. Sûrement parce qu'il l'ignorait [1] ! »

1. Lettre du 15 février 1984 adressée à l'auteur par M. Albert Contal.

Bonnet n'ignorait pas la présence du 168e RIF au col du Mont de Fourche ; il écrit dans son rapport qu'il s'est présenté le 19 juin à 10 heures du matin au lieutenant-colonel Ferroni. Et lorsque Réthoré a donné l'ordre de descendre vers la vallée de la Moselle, Bonnet était au col où il avait rencontré le commandant de la Fournière au début de l'après-midi. Bonnet, comme les autres officiers du 79e RIF, a exécuté l'ordre de Réthoré et si quelqu'un a encore manqué de sang-froid, c'est bien le chef du sous-groupement car, pendant ce temps, devant le col, la poursuite devient tragédie.

La batterie tractée du lieutenant Moreillon est arrivée sur la crête avant les chars. Le personnel n'est pas au complet, le sous-lieutenant Julien Samuel et une partie de son personnel ont disparu. Pendant que le 79e RIF se replie vers la Moselle, Moreillon donne l'ordre de mettre les trois pièces en batterie. Les artilleurs se hâtent mais dès le premier tir, ils sont contre-battus à vue par les *Panzers IV* et les servants abandonnent une position qu'ils jugent, avec quelque raison, trop exposée.

A la demande du colonel Duluc, le commandant Pasquier, du génie de la VIIIe armée, a fait préparer des destructions sur les itinéraires des sous-groupements Blanlœil et Réthoré, la première dans la montée du col des Croix, la seconde sur la route du col du Mont de Fourche. Face à la ruée des chars allemands qui montent à l'assaut des crêtes, chacun retient son souffle : la mine va-t-elle sauter oui ou non ? Des mitrailleuses du III/168e RIF ouvrent le feu à balles perforantes. La pièce de 25 du chef Hauprich est plus efficace et immobilise les premiers blindés. Et la mise à feu du fourneau de mine n'est toujours pas faite. Hauprich fait tirer son 25 jusqu'au moment où un *Panzer IV* le repère et le détruit au 75 de tourelle. André Hauprich et deux servants, Affler et Roeder, sont tués sur le coup. Tous les autres sont blessés, à l'exception de Sibilia qui s'éloigne en titubant, en état de choc. L'attaque forcenée lancée par les blindés de la *2e Panzer* va pourtant s'arrêter.

« Alors que les chars sont à environ 150 mètres lit-on dans le rapport Duluc, le fourneau de cheddite de 800 kg saute devant eux et empêche tout passage sur la route [1]. »

Rien n'est simple dans la « poursuite infernale » car la colonne française qui devait décrocher la première est maintenant la dernière. Avec ses chevaux blancs d'écume, ses caissons, ses trois 75, ses fourgons, la 8/26e RA du capitaine Robbe est serrée de près par les *panzers* lorsque la route explose devant elle.

Robbe : « Alors que nous étions encore aveuglés par les poussières de

1. Selon le commandant André Pasquier, du 158e bataillon du génie, le lieutenant Michenet a fait jouer le dispositif du col du Mont de Fourche à 17 h 45 et celui du col des Croix à 17 heures.

l'explosion, les premiers blindés ennemis arrivèrent sur nous, renversant et incendiant nos fourgons et les poussant dans le ravin avec les chevaux et les pièces car la route était étroite et il n'y avait place que pour les chars. »

Ceux-ci tirent au canon et à la mitrailleuse et fauchent impitoyablement tout ce qui gêne leur passage, écrasant sous leurs chenilles les véhicules et même les chevaux blessés. Le canonnier Delot est tué, le brigadier Villefroy et l'aspirant d'Arcy sont blessés, les autres, paralysés par la violence de la scène, lèvent les bras. Lorsque les chars sont passés, des *Schützen* blancs de poussière, le visage marqué par l'effort, rassemblent les artilleurs et les font descendre à La Longine où le PC avant de la *2^e^ Panzer* installe ses transmissions. Le *General* Veiel et son chef d'état-major, von Quast, sont arrivés derrière le *General* von Priwittz dont le *Kampfgruppe* est arrêté par la coupure pratiquée par les sapeurs français. Les prisonniers de la 8/26^e^ RA marcheront le soir même jusqu'à Corravillers où ils passeront leur première nuit de captivité [1].

Du côté allemand, von Priwittz se rend compte que la charge de ses blindés a été en partie inutile. Certes, il est enfin accroché à la montagne vosgienne mais les Français tiennent solidement le col du Mont de Fourche et l'attaque de celui-ci doit être remise au lendemain, ce qui laissera le temps à l'artillerie de chercher de bonnes positions. Du côté français, le commandant de la Fournière a compris qu'il ne pouvait pas compter sur le 79^e^ RIF et que son bataillon serait seul pour défendre le col. Et l'attaque ne viendra peut-être pas seulement du sud ! Vers 15 heures, alors qu'il parcourait la position du III/168^e^ RIF avec les colonels Réthoré et Ferroni, La Fournière a vu dans la région du fort de Rupt « la poussière soulevée par une colonne motorisée montant la Voie du Ban. » Moins de deux heures plus tard, le chef d'escadron Cruse qui effectuait une reconnaissance avec Réthoré, a aperçu « une longue colonne mécanisée vers la Chapelle-Beauregard ». Des fantassins placés en observation ont affirmé aux deux hommes « qu'il passait un véhicule à la minute depuis environ une heure trente ». (Journal du 69^e^ RAMF).

Bloquée le matin dans sa progression par les mitrailleuses du lieutenant Frantz et de l'aspirant Grosbuis, la seconde colonne de la *2^e^ Panzer,* le *Krampfgruppe* de l'*Oberst* von Vaerts lance des reconnaissances sur tous les itinéraires montant vers les crêtes.

***

1. Conduit à Lure, le capitaine Émile Robbe s'évadera et rejoindra Versailles où la gendarmerie lui délivrera un certificat de démobilisation. Décédé à 76 ans le 19 octobre 1976, il repose à Saint-Saulge (Nièvre) après une longue carrière à la direction des forges de Champagnac-la-Rivière (Vienne) et au groupe de Wendel.

Le colonel Conraux est profondément troublé. Quand il s'est installé à la gendarmerie, le 17 juin, les ordres de la VIIIe armée étaient de « défendre Le Thillot sans esprit de recul ». Mais de quel côté allait se présenter l'ennemi ? Quand le chef de la 1re demi-brigade de chasseurs pyrénéens a posé la question, personne n'a pu lui répondre. Depuis le débarquement allemand du 15 juin sur la rive gauche du Rhin, on pouvait supposer que les colonnes adverses attaqueraient à l'est, venant de Guebwiller, voire de Mulhouse. Les réfugiés venant en nombre considérable du nord, Conraux pensait également à une attaque débouchant de Gérardmer. Et voilà que depuis la veille, 18 juin, les cartes se brouillent, le reflux s'opérant dans le sens sud-nord.

« Pendant toute la journée, écrit Conraux, défilent sans discontinuer camions et troupes fuyant (*sic*) en direction de Remiremont et de Gérardmer ».

Des nouvelles alarmantes se sont répandues : les *Panzers* traversent la Haute-Saône, Vesoul, Besançon, Luxeuil et paraît-il, Belfort, sont tombées... Le 19 juin, Conraux est enfin renseigné. En le prenant sous ses ordres, le général Parvy lui a confirmé la chute de Belfort et celle de Giromagny. Il a sans doute négligé de lui parler de la destruction prématurée des ponts de la Savoureuse mais l'on ne saurait penser à tout. Pour compenser la faiblesse de ses effectifs, Conraux a reçu du 13e corps le III/613[e] Pionniers du commandant Billeron qu'il a aussitôt dispersé : la « 11 » du lieutenant Plantivaud est allée au col des Croix, les deux autres compagnies renforçant les points d'appui du 1er Pyrénéens ou préparant des barrages routiers et des emplacements de tir. Inquiet de ces travaux, le maire du Thillot, M. François, s'est rendu à la gendarmerie avec M. Dreyer, président des Anciens Combattants, avec l'intention de persuader le colonel Conraux que si l'on voulait se battre, c'était au col des Croix et pas dans les rues de la ville. Si les Allemands s'emparent du col, ils seront sur une position dominante et la défense du Thillot deviendra impossible. Conraux a d'abord fait savoir au maire que les ordres de la VIIIe armée étaient de défendre la localité « sans esprit de recul » mais que ses unités se trouvent pour l'essentiel au col des Croix, ce qui constitue unc petite entorse à la vérité. Le chef d'escadron Escourrou, du V/403[e] DCA, a reçu l'ordre de renforcer le 1er Pyrénéens avec les trois autocanons de 75 de la 14e batterie du capitaine Desroches. Celui-ci se trouve bien au col des Croix mais avec une seule pièce. Le lieutenant Dasmas est à la sortie ouest du Thillot avec la deuxième et l'aspirant Reynaud derrière le pont de la Moselle, en pleine ville, avec la troisième.

Cependant, la véritable faiblesse de la défense du Thillot réside dans la qualité médiocre des troupes et leur manque d'instruction. Les aviateurs de la batterie Desroches n'ont aucune expérience du combat contre les blindés ; les pionniers de Billeron sont plus terrassiers que soldats et les chasseurs pyrénéens du commandant Llense ne sont pas exempts de critique. Les voici dépeints par un de leurs chefs de section, l'aspirant Gendre : « Nos hommes étaient pour la plupart des pères de famille dont l'esprit n'était guère combatif alors que, par la radio, ils étaient informés de la demande d'armistice et de la situation catastrophique. C'est dire que le moral était très bas [1]. »

A la fin de la matinée du 19 juin, Conraux apprend qu'une colonne blindée vient de traverser Mélisey et poursuit sa route en direction de Servance.

« L'attaque aura donc lieu par le sud ! » note le commandant de la Place du Thillot qui conseille aussitôt à la population « d'évacuer les maisons et de se réfugier dans les bois pour y attendre la fin des combats ».

Conraux ne confie pas au maire les raisons secrètes qui l'incitent à prodiguer ces conseils aux civils. En pleine ville, deux destructions sont prévues, la première au passage à niveau, la seconde au pont de la Moselle. Ce n'est pas le plus important. Le général Têtevuide [2], du génie de la VIII^e^ armée, a fait connaître à Conraux l'existence d'un dépôt de cheddite dans le voisinage de la gare. Le temps et les camions manquent pour le vider mais il ne doit à aucun prix tomber entre les mains de l'ennemi. Conraux aurait fait remarquer au colonel Jules Py, du génie du 44^e^ corps, que « ce dépôt de trois tonnes d'explosif détruira une partie de la ville si la mise à feu est ordonnée. » Avec cette phrase qui figure dans son rapport, Conraux manifeste son ignorance. En effet, les quelques dizaines de Thillotins qui ont choisi de rester dans leur maison au lieu de se réfugier dans la montagne, changeraient peut-être d'avis s'ils apprenaient que le dépôt de cheddite de la rue du Tramway n'est pas de TROIS tonnes, comme l'écrit le commandant de la demi-brigade pyrénéenne, mais de QUINZE tonnes. De mauvaises liaisons entre les corps d'armée ont fait qu'à Gérardmer, le commandant Kern, du génie du 13^e^ CA, n'a appris l'existence du dépôt — par le général Têtevuide — que dans la soirée du 17 juin.

« Il est regrettable que nous n'en ayons pas été prévenus plus tôt, écrit Kern, cela aurait évité un long déplacement sur Belfort. »

Ignorant l'existence du dépôt du Thillot, Kern a envoyé le capitaine Magnet à Dorans, à quatre kilomètres au sud de Belfort, pour y charger 10 tonnes d'explosifs à bord de trois camions que Magnet, en dépit des difficultés du parcours, a réussi à ramener à Gérardmer. Trois tonnes

1. Lettre du 21 novembre 1983 adressée à l'auteur par M. Paul Gendre, de Millas (Pyrénées-Orientales).

2. Fait prisonnier le 21 juin, le général Constant Têtevuide, né le 2 octobre 1879, sera rapatrié d'Allemagne le 12 mai 1945. Il est décédé le 9 avril 1967 à Grigny (Essonne).

ont été mises à la disposition du capitaine Favier qui prépare des coupures de route entre Servance et le col des Croix. Responsables de la destruction des ponts de la Haute-Moselle, les lieutenants Panier et Courreaux sont autorisés à s'approvisionner au dépôt du Thillot mais il est évident que malgré leurs besoins et leur célérité, ils ne parviendront pas à l'épuiser. Que se passera-t-il alors ?

Le 2e bataillon de chasseurs pyrénéens du capitaine Eyrieux est réduit au tiers de son effectif, environ 250 hommes, depuis que le *Kampfgruppe* Nedtwig l'a expulsé de Plancher-Bas. Eyrieux est au Ballon de Servance pour interdire la route qui monte de Plancher-les-Mines par la vallée du Rahin et se prolonge en direction du col des Croix à travers la forêt de Saint-Antoine.

Venu en liaison de l'état-major de la VIIIe armée et, voyant la faiblesse de la défense, le capitaine Gouraud a promis à Eyrieux de lui envoyer « tout ce qu'on pourra récupérer du 321e RI du lieutenant-colonel Aubignat ». Le commandant du 2e Pyrénéens n'est pas demeuré inactif pour autant. Les compagnies des lieutenants Justafre et Égeley surveillent la route avec l'appui des sections de mitrailleuses des lieutenants Carrère et Sicart. Le canon de 37 du sergent Vanne est en position et le seul 75 du 53e RA qui a pu être sauvé se trouve sous les ordres du lieutenant Bresson et sous la protection des chasseurs de la CHR du capitaine Sabineu. Celui-ci a fait abattre de gros sapins en travers de la route et, profitant du calme de la matinée du 19 juin, les Pyrénéens aménagent leurs emplacements de combat, perçoivent un complément de munitions et... une soupe chaude à la « roulante » des artilleurs.

« A 12 h 30, écrit le capitaine Sabineu, nous étions tous au PC où le commandant du bataillon donna ses dernières instructions. Vers 13 h 30, chaque officier s'apprêtait à rejoindre ses hommes lorsque le lieutenant-colonel Aubignat, du 321e RI, arriva avec un état-major réduit [1]. Il annonça qu'il était désigné pour prendre le commandement du groupement du Ballon de Servance. »

Aubignat explique à Eyrieux qu'il précède sa compagnie de commandement et sa compagnie d'engins. Un sérieux renfort que complètera « dans quelques jours » le II/321e RI du commandant Bonnabaud. Aubignat reflète simplement le solide optimisme manifesté moins de deux heures auparavant par le général Tencé mais celui-ci n'a pas tenu compte du fait que Gudérian est pressé d'en finir avec le front sud. Très pressé !

Aubignat : « Je suis à peine descendu de voiture qu'on annonce une

1. Le capitaine Pannetier, les lieutenants Duflos, Lebaile, Muret, Merplain et l'aumônier Desplats.

attaque imminente ; un observateur vient de signaler un blindé progressant sur la route avec un drapeau blanc. »

Le capitaine Fontaine, de la compagnie d'appui du 2e Pyrénéens confirme que « les premiers engins, drapeau blanc en tête, sont aperçus à un lacet de la route, à environ deux kilomètres au sommet [1] ».

Précédé par des automitrailleuses, le groupement du *Major* von Studnitz monte vers le col des Croix par le Ballon de Servance afin de réduire, au passage, la défense française signalée à cet endroit par le « mouchard ». En dépit de leur position dominante, les chasseurs du capitaine Eyrieux, même renforcés par la compagnie d'engins du 321e RI, ce qui reste improbable en raison des délais, ont peu de chance d'arrêter von Studnitz. Outre des blindés légers et des motocyclistes, celui-ci dispose du IIe bataillon du *1er Schützen Regiment* et d'un groupe d'artillerie, le *II/AR 73.*

Les fantassins du II/23e RIF sortis à grand'peine de Vesoul avec le commandant de Nexon, les deux batteries de 75 du I/69e RAMF du chef d'escadron Ajoux, et une section de chars du 16e BCC avec le lieutenant Striblen, ont passé la nuit du 18 au 19 juin à Servance, à mi-chemin entre Mélisey et Le Thillot. Le PC du sous-groupement est au Haut-du-Them et, dans la matinée, le lieutenant-colonel Blanlœil a transmis ses ordres : prendre le contact avec l'ennemi mais décrocher sans attendre le tir d'artillerie. Le repli s'effectuera par échelons successifs en direction du col des Croix. Vers midi, un side-car et deux automitrailleuses s'approchent du barrage dressé en avant du pont de l'Ognon. Placé en DCB, un 75 du I/69e RAMF tire à moins de cent mètres et... rate sa cible. L'ennemi se retire rapidement en lâchant des rafales de mitrailleuse. La prise de contact ayant eu lieu, Nexon donne le signal du départ qui s'effectuera dans l'ordre : artillerie, infanterie, chars. Tout se fait très vite mais à peine Servance est-il évacué que les Allemands ouvre le feu au 105 sur les lisières sud. Il était temps ! La côte est dure et les hommes ont des semelles de plomb.

Nexon : « Marche extraordinairement pénible en raison de la fatigue, de la chaleur lourde et de la montée. Je précède la colonne jusqu'au col des Croix pour y prendre des ordres. »

Ceux-ci sont d'une extrême simplicité : Blanlœil confie à Nexon le commandement de toutes les unités installées au col, Pyrénéens compris. Une fois encore, personne n'a songé à demander son avis au colonel Conraux qui ne semble pas quitter souvent la gendarmerie du Thillot.

1. Dans son rapport, le capitaine Sabineu précise que les occupants du premier blindé « sommèrent les nôtres de se rendre, alléguant que l'armistice était conclu ». Le lieutenant Égeley confirme la tentative d'intimidation.

« Aucune organisation, aucun souci de camouflage », déplore Nexon lorsqu'il prend contact avec la compagnie du 1er BC Pyr.

Les hommes du III/613e Pionniers tiennent le chemin de ronde du fort désaffecté de Château-Lambert et se plaignent de n'avoir pas d'armes automatiques. Quant à l'autocanon du capitaine Desroches, son tube ne paraît pas encore adapté à sa mission antichar.

« La pièce a la gueule pointée vers le ciel et je me demande comment elle pourra tirer sur la route », remarque le chef de bataillon à qui Blanlœil a promis l'appui des 75 du I/69e RAMF.

Le PC du 16e BCC est lui aussi au col des Croix et les équipages de la 3e compagnie du lieutenant Striblen attendent l'ordre d'intervenir. Comme Réthoré au Mont de Fourchc, Blanlœil est maintenant sur la crête et la mission donnée par le colonel Duluc est la même : défense sans esprit de recul. Lorsque le chef de corps du 68e RIF transmet la consigne à Nexon, celui-ci se retient pour ne pas hausser les épaules, il estime que la position est indéfendable : « Le fort de Château-Lambert est une broussaille et un maquis impénétrable où l'on ne voit pas à cinquante mètres, observe-t-il. Le chemin de ronde a de bonnes vues lointaines mais pas de champ de tir rapproché. »

Les soldats du II/23e RIF ont perçu à Servance une cinquantaine de grenades et, lorsqu'ils arrivent, exténués, Nexon les place autour du fort, en avant de la route des Crêtes. Les chars de la 3/16e BCC restent en réserve, la section Nathan sur cette même route, Striblen en arrière du col. Dès que le dernier fantassin est passé, les sapeurs font jouer la destruction de la route de Mélisey, à une centaine de mètres en avant du col des Croix [1]. La fumée de l'explosion est à peine dissipée que les observateurs placés sur le chemin de ronde du fort de Château-Lambert signalent « une colonne de chars ennemis suivie de véhicules blindés qui se déploie vers le Haut-du-Them ».

La mise à feu du fourneau de mine, le vrombissement exaspérant du *Henschel* qui décrit des cercles au-dessus du col, et l'apparition des *Panzers* vers le Haut-du-Them provoquent une vive confusion. Malgré la distance — environ quatre kilomètres — la section de mitrailleuses du 1er Pyrénéens reçoit l'ordre de tirer sur le Haut-du-Them, ce qui provoque un sérieux gaspillage de cartouches. Le capitaine Desroches doit, lui aussi, ouvrir le feu sur le village avec son autocanon. Pourquoi cette débauche de projectiles ? Blanlœil est-il donc si pressé de confirmer à l'ennemi qu'il tient le col ? Le début de l'après-midi s'écoule dans une ambiance survoltée car la défense du col ne semble pas avoir fait l'objet d'une coordination entre fantassins, artilleurs et chars. A part ces derniers, le dispositif en place est d'une rare indigence. Nexon ne sait

1. Les sapeurs n'ont pas le temps de détruire ou même d'obstruer le tunnel du petit chemin de fer qui passe sous le col des Croix.

même pas si les deux batteries de 75 du I/69e RAMF sont en position quelque part, prêtes à l'appuyer. Or, le temps presse.

« Les forces ennemies que l'on voit se déployer sont de plus en plus nombreuses, note le commandant du II/23e RIF. On observe la progression de 16 automitrailleuses et de 20 chars lourds dont certains s'installent à mi-côte en base de feu ; en plus, on voit débarquer de l'infanterie amenée par camions. »

Sur un itinéraire où la *Feldgendarmerie* est présente à chaque carrefour, le *Kampfgruppe* de l'*Oberst* Krüger a quitté Belfort et, après avoir coupé les arrières du *Kampfgruppe* Nedtwig, s'est enfin déployé pour attaquer le col des Croix. Les gros se portent sur l'axe Lure-Mélisey-Haut-du-Them, von Studnitz devant progresser par le Ballon de Servance. Nous ne sommes plus en Champagne et la montagne vosgienne ne constitue pas un terrain propice aux évolutions des chars mais Krüger possède un avantage : grâce à l'observation aérienne et aux carences de camouflage dont font preuve les Français, il sait que la défense du col des Croix est insuffisante et tarde à se mettre en place.

Pour aplanir au maximum les difficultés que ses grands subordonnés vont rencontrer lors de l'attaque des cols vosgiens, le *General* Schmidt, du *39e Korps* leur a octroyé de nouveaux moyens. Il a donné à la *1re Panzer* le *Bataillon 85* des *Pionniers* de montagne de l'*Oberst* Richter dont les hommes n'hésitent pas à précéder les blindés lorsque ceux-ci sont arrêtés par un obstacle routier, barricade ou destruction. Schmidt a aussi renforcé l'artillerie organique de ses *Panzerdivisionen* en mettant à leur disposition le *Schwerartillerie Abteilung 616* équipé de trois batterie motorisées de 210 à trois pièces chacune. Une batterie est allée à la *2e Panzer* pour appuyer l'attaque du col du Mont de Fourche, les deux autres montent dans l'après-midi du 19 vers le Haut-du-Them afin de participer au bombardement du col des Croix avant l'assaut donné par Krüger.

Avec des moyens plus modestes, l'*Oberst* Nedtwig a déployé une partie de son *Kampfgruppe* au nord de Giromagny et des éléments de l'*Aufklärungs Abteilung* du *Major* von Scheele ont pris le contact au cours de la matinée avec la défense de Lepuix-Gy placée sous les ordres du colonel Lavelle, de l'ID 63.

« Défense sérieuse », reconnaissent les Allemands qui ne paraissent pas décidés à s'engager à fond pour conquérir le Ballon d'Alsace sur la route duquel, ils le savent, les Français sont en mesure de multiplier les obstacles.

« L'attaque dans le terrain montagneux des Vosges n'avança que lentement et nous dûmes progresser pas à pas », admet le rédacteur de l'historique de la *1re Panzer*.

Sur les premières pentes, au nord-ouest de Lepuix-Gy, les chasseurs pyrénéens du lieutenant Félip, appuyés par les mitrailleuses de la section du lieutenant Roquefort, tiennent les lisières de la forêt de la Beusinière mais, dans le village même, les hommes du CID 63 ont renoncé à la défense pour se rétablir au nord du pont de la Savoureuse où les capitaines Deruelle et Coulamy cherchent à interdire le débouché de la localité et le franchissement de la rivière. A l'est de la route du Ballon d'Alsace, la 1re compagnie du I/298e RI est, elle aussi, accrochée aux premières pentes mais son chef, le capitaine Ferrandon, supporte très mal les tirs de *minen* qui s'abattent sur sa position. Le colonel Lavelle indique dans son rapport que Ferrandon lui a fait porter à 9 h 15 le billet suivant : « Un tir effroyablement précis a jonché de morts et de blessés graves la position. S'il continue, combien resterons-nous ? Nous tenons, nous tiendrons selon nos moyens. Que les brancardiers viennent. »

Il est exact que la 1/298 subit des pertes mais de là à parler d'un terrain « jonché de morts et de blessés »... On devine que l'ancien directeur d'œuvres du diocèse de Clermont-Ferrand ne serait pas mécontent d'obéir à un ordre de repli. A la même heure, Lavelle reçoit à son PC camouflé dans les sapins la visite du lieutenant-colonel Picq, du génie de la 63e DI, qui vient d'assurer que les liaisons par fil avec le Ballon d'Alsace ont bien été établies et fonctionnent. Puis vient le général Menu, de l'artillerie du 44e corps, qui apporte une bonne nouvelle : une pièce de 75 est mise à la disposition de la défense et le lieutenant Gatineau est chargé de la mettre en position pour tirer en DCB face au débouché nord de Lepuix-Gy.

« Il faut tirer le plus vite possible pour soutenir le moral de l'infanterie », ajoute le général.

Malheureusement, l'observation adverse ne laisse rien passer et la pièce n'a pas le temps de tirer un seul obus. Elle est prise sous les *minen* et des mitrailleuses mettent les servants hors de combat. Les fantassins réussiront à ramener le 75 derrière une auberge située au tournant de la route mais, comme l'écrit Lavelle, « il fut impossible de rentrer en possession des quelques 20 cartouches qui restaient à tirer, et le canon ne fut d'aucune utilité pendant la bataille ».

En revanche, le général Menu a donné des ordres au capitaine Amouretti pour que les 155 de la 14e batterie du capitaine Allimant apportent leur soutien au groupement Lavelle. Les pièces se trouvent au Ballon d'Alsace, entre le carrefour routier et le Grand Hôtel, et leur premier tir est déclenché sur une batterie allemande. Amouretti : « A 9 h 45, ouverture du feu. Au huitième coup, la batterie ennemie se replie [1]. »

Les artilleurs allemands n'apprécient pas cette intervention et,

1. Le rapport Lavelle signale quelques coups de 155 « au but » sur des mortiers allemands.

renseignés par le *Henschel* qui vole à faible altitude, ripostent avec vigueur.

« Bombardement rapide et bien ajusté de 60 à 100 coups ! » écrit Amouretti[1].

Cela suffit à rendre muets les 155 mais ils le restent trop longtemps au gré du colonel Lavelle : « Au moment où tous les espoirs allaient aux 155, ceux-ci se turent et n'intervinrent à nouveau que deux heures plus tard pour tirer 8 à 10 projectiles sur la passerelle de Lepuix-Gy. »

Le gros calibre employé n'empêche pas les fantassins allemands de contourner la position française et de rechercher l'attaque de flanc où ils excellent. Vers 11 h 30, le capitaine Coulamy devenu l'adjoint de Lavelle, apprend par l'aspirant Cortial, que l'ennemi devient pressant sur le flanc ouest.

« Malgré mes efforts, rend compte l'aspirant, je suis contourné par la droite et j'attends des ordres. »

Sous-entendu : des ordres pour décrocher. Lavelle tient à vérifier les dires de l'aspirant et envoie sur place le capitaine Lotte. Vers 12 h 15, « entouré de trois côtés », Cortial se replie. On ne reverra pas Lotte. Le manque d'artillerie et de mortiers handicape la défense française. Seul, le capitaine Ferrandon possède un mortier de 60 mais sa petite réserve de projectiles est épuisée. Entre midi et 13 heures, une accalmie se produit sur le front de Lepuix-Gy. Les Allemands reçoivent des renforts en artillerie et en infanterie. Le colonel Lavelle voit « des fantassins amenés en camions qui débarquent à l'abri des maisons de Lepuix-Gy et se déploient dans la prairie ».

Vers 13 heures, le combat se rallume et, après les *minen,* l'artillerie adverse intervient brutalement. Une demi-heure plus tard, le capitaine Deruelle, qui est allé voir les Pyrénéens du lieutenant Félip, fait parvenir un message alarmant au PC Lavelle : « Je subis un violent bombardement. Ligne tenue : la rigole entre Lepuix-Gy et la compagnie Ferrandon. Demande munitions. »

Dans le quart d'heure qui suit, les pentes vosgiennes vont se couvrir d'éclatements et de fumée, et les échos profonds du bombardement gagneront les vallées. Après la *2e Panzer* à Faucogney, la *1re Panzer* passe à l'attaque.

1. Le canonnier Benoît Pérard a été tué pendant le tir de contre-batterie allemand.

## CHAPITRE XXX

# « En quelques minutes, Le Thillot était sinistrée... »

Au refuge du Ballon de Servance où se trouve le PC du 2^e^ Pyrénéens, le capitaine Eyrieux n'a pas hésité une seconde en apprenant qu'une colonne allemande précédée d'un blindé léger arborant le drapeau blanc montait vers sa position.

« Faites ouvrir le feu sur tout ennemi qui se présentera ! » a-t-il recommandé à l'officier-adjoint, le lieutenant Taillade.

Le capitaine Fontaine, de la compagnie d'appui, est sur la crête avec le lieutenant Justafre mais la route du Ballon est cachée par la forêt de sapins et, de son observatoire, Fontaine n'aperçoit qu'un seul coude de l'itinéraire emprunté par la colonne. Il a vu passer l'automitrailleuse portant le drapeau blanc mais c'est seulement lorsque commencent à défiler sous ses yeux les véhicules chargés de fantassins qu'il décide d'agir.

« Je fais tirer sur les camions qui s'arrêtent et reculent pour se dissimuler aux vues », écrit-il.

La riposte est immédiate et surprend les Français dont tous les regards convergeaient vers la route. Sans se faire remarquer, l'infanterie adverse s'est infiltrée dans les sapins pour occuper des positions dominantes et permettre au convoi d'avancer sous sa protection. Des mitrailleuses se révèlent sur la cote 1074 et sur d'autres points élevés. « Elles tirent sur nous de plusieurs directions et fauchent la crête », observe Fontaine.

Le feu est si nourri que les Pyrénéens se demandent comment toutes ces armes automatiques ont pu se mettre en place sans attirer l'attention. Vers 14 h 30, le capitaine Pannetier et l'aumônier Desplats, du 321^e^ RI, tentent de pousser jusqu'au PC du 2^e^ Pyrénéens mais la violence des tirs est telle qu'ils doivent renoncer. Une heure plus tard, Pannetier effectuera une reconnaissance vers l'ouest, cette fois avec le lieutenant Duflos. Arrêtés par des rafales serrées, les deux officiers ne pourront même pas aller jusqu'aux voitures garées sous les arbres et feront demi-tour. De leur côté, les Pyrénéens ne se sont pas aguerris depuis la veille et calment leurs nerfs en appuyant sur la détente de leurs armes. Le capitaine Eyrieux fait porter un message impératif au capitaine Sabineu : « Vérifiez les munitions, ne gaspillez pas les cartouches ! »

Le capitaine Fontaine a fait parvenir au PC « un papier » (*sic*) dans lequel il demandait des cartouches et des grenades.

« Je reçois des bandes de mitrailleuses, dit-il, avec l'ordre écrit d'économiser les munitions mais pas de grenades ! »

Derrière le bouclier du 75, le capitaine Martin et le lieutenant Bresson ne cachent pas leur impatience. Après l'échec de Plancher-Bas où ils ont laissé deux pièces et plusieurs morts, ils conservent l'espoir d'inscrire quelques blindés à leur tableau mais leur canon a sans doute été repéré par l'avion de reconnaissance qui a survolé le Ballon de Servance au début de la matinée car aucun objectif ne se présente sur la portion de route battue par la pièce du 53ᵉ RA.

« Comme les blindés se trouvaient en retrait par rapport au barrage de sapins, explique le capitaine Sabineu, aucun tir ne put être exécuté par nos artilleurs et l'attaque ennemie se développa par le nord. » Et il ajoute plein d'amertume : « Les éléments du 321ᵉ RI qui devaient rejoindre ne se sont pas présentés[1] et nous apprenons qu'une section du lieutenant Justafre est prisonnière. »

Certains chasseurs se montrent aussi peu vaillants qu'à Plancher-Bas : « Nombreuses défections ! » rapporte le lieutenant Egeley, de la 3ᵉ compagnie. Le lieutenant-colonel Aubignat confirme le propos : « A 16 heures, les chars sont sur le glacis du fort ; les Pyrénéens se rendent en masse... Sommé de mettre bas les armes, le capitaine Fontaine refuse et continue de tirer. »

Les Allemands consomment beaucoup de *minen* et leur artillerie d'appui tire sans arrêt, sans toutefois causer autre chose que des dégâts à la forêt. Aubignat, qui sait que les chars de la 3/16ᵉ BCC sont au col des Croix, a envoyé un motocycliste demander leur intervention. L'agent de liaison est arrivé à destination[2] mais il n'est pas revenu. Menacés d'encerclement, les artilleurs du 53ᵉ RA enragent de n'avoir pas tiré un seul obus ; ils sabotent la pièce et se replient pour ne pas être capturés.

« La position devient presque intenable, se plaint le capitaine

1. Le commandant Fontaine, du III/321ᵉ RI, a tenté de rejoindre son colonel avec le capitaine Goursonnet et le lieutenant Battaglini, à bord d'une voiture conduite par le soldat Bouchaud. Ils furent arrêtés après Le Thillot et un officier leur donna l'assurance que toute résistance avait cessé au Ballon de Servance.

2. Le lieutenant Nathan a reçu l'ordre d'aller avec ses chars au Ballon de Servance « où le 321ᵉ RI est en difficulté ». A mi-chemin, il rencontrera un sous-lieutenant et quelques Pyrénéens qui lui affirmeront « que tout est fini là-haut et que les chars ennemis les poursuivent ». Nathan fera demi-tour.

Sabineu, nous sommes arrosés copieusement par obus et par *minen* et la fusillade ennemie semble venir de trois côtés. »

Les Allemands ne regardent pas à la dépense car leur ravitaillement en munitions est assuré, ce qui n'est pas le cas chez les Pyrénéens où de nombreux chasseurs décrochent, cartouchières vides. Le lieutenant Sicard tire sa dernière bande rigide et fait enlever les couloirs d'alimentation des pièces avant de les abandonner et de se retirer sur le PC du bataillon.

Fontaine : « Le lieutenant Sicard et l'aspirant Roubin me rejoignent sur le sommet et me signalent que les Allemands sont très proches (...) Les feux cessent sur la crête, l'ennemi est là, j'entends des cris et je vois une soixantaine de prisonniers de chez nous, désarmés, encadrés de fantassins adverses qui nous somment de nous rendre. A ma gauche, un chasseur court vers eux en levant les bras. Je tire en l'air pour tenir les nôtres, puis sur l'ennemi... »

Le chasseur Durand abat un Allemand au mousqueton mais le sergent Molinier, son FM en position, n'ose pas tirer de crainte de faucher ses camarades prisonniers. Profitant du flottement, Fontaine fait replier ses hommes et dévale la pente en direction de la forêt. Rencontrant Sabineu, il lui raconte ce qui s'est passé et lui demande « s'il a reçu des ordres du colonel ». Aubignat demande de tenir à la lisière des bois. La plupart des chasseurs ayant couru sans s'arrêter jusqu'aux sapins, Sabineu et le lieutenant Sicard vont essayer d'en retrouver quelques-uns pour renforcer la dernière ligne de défense mais ils seront faits prisonniers avant d'avoir pu effectuer le regroupement.

Au PC du 2^e^ Pyrénéens, c'est le drame. Une salve de trois obus de gros calibre, sans doute du 210, s'abat sur le refuge. Le capitaine Paul Eyrieux est mortellement atteint et succombe. Il avait eu 38 ans trois jours plus tôt. Le lieutenant Taillade est touché au pied et, malgré la perte de sang, se traîne jusqu'au poste de secours où la dernière sanitaire allait partir en direction du col des Croix avec des blessés destinés à l'hôpital du Thillot. On fait une place à l'officier et la voiture démarre. Les Allemands la laisseront passer.

L'état-major du 321^e^ RI s'est regroupé à la lisière de la forêt avec le capitaine Fontaine et quelques éléments du 2^e^ Pyrénéens. Deux chasseurs, Larochette et Nivet, abattent chacun un Allemand et dispersent une patrouille qui s'approchait en balayant les sapins à hauteur d'homme au pistolet-mitrailleur. C'est un répit car les effectifs sont dérisoires. Le lieutenant Enjalbert, l'aspirant Roubin, l'adjudant Hauvuy, le sergent Rocaries et cinq chasseurs ont suivi le capitaine Fontaine qui, lorsque les munitions sont consommées, ordonne le repli par le sous-bois. Il est 17 h 30. Son intention est de rejoindre Le Thillot où se trouve, il le sait, le PC de la 1^re^ demi-brigade. En cours de route, la petite troupe est rejointe par une trentaine de Pyrénéens et d'artilleurs de la batterie Martin mais, en approchant du Haut-du-Them [1], Fontaine serre les poings : l'ennemi s'y trouve déjà et l'on aperçoit des pièces d'artillerie qui tirent sur Château-Lambert.

« Nous éloignant du Haut-du-Them, écrit Fontaine, nous traversons la route lorsque débouche derrière nous une longue colonne de chars... Impossible d'aller plus loin, nous nous cachons dans les bois où nous passerons la nuit. »

A quelques kilomètres, allongé sous les sapins avec ses officiers, le lieutenant-colonel Aubignat se trouve dans une situation identique : « Les éléments blindés et motorisés ennemis défilent sans arrêt sur la route de Servance, observe le chef de corps du 321e RI. Nous sommes cernés et n'avons plus qu'un espoir : nous dissimuler le plus longtemps possible. »

Installé dans une ferme, à environ 300 mètres au nord du col des Croix, le lieutenant-colonel Blanlœil a décidé, en accord avec le chef d'escadron Ajoux, d'utiliser les deux batteries de 75 du I/69e RAMF de la façon suivante : la « 2 » du lieutenant Philippon près de Ramonchamp, à l'ouest du Thillot, la « 3 » du lieutenant Platonoff à l'est, près de Fresse. De ces positions, les artilleurs pourront battre la descente du col des Croix au cas où l'ennemi s'emparerait de celui-ci. Vers 16 h 30, le général Menu, qui circule décidément beaucoup, s'arrête au PC du sous-groupement et, après avoir examiné le plan de feux, décide de le remanier : la 2e batterie et une pièce de la « 3 » vont aller au col des Croix pour tirer en DCB sur la route de Mélisey ; le lieutenant Platonoff et ses trois autres pièces resteront à l'est du Thillot pour interdire la route venant de Bussang et du Ballon d'Alsace. Il est possible que la décision prise par Menu soit judicieuse mais elle intervient trop tard. Le commandant de Nexon a rendu compte que les Allemands se déployaient à partir du Haut-du-Them et que leurs chars s'installaient en base de feu. L'artillerie adverse est en position, y compris les deux batteries de *Mörser* de 210 du *Schwer Abteilung 616* alors que le lieutenant Philippon, malgré sa célérité, arrive seulement au col avec ses cinq pièces.

Nexon : « La batterie du 69e RAMF vient s'installer sur une plateforme, en avant du fort de Château-Lambert, empruntant avec ses camions le chemin de ronde, en pleine vue de l'ennemi qui observe. »

Le *Henschel* que nulle DCA ne gêne, passe en effet à basse altitude et le mouvement des tracteurs de Philippon ne peut lui échapper. Il a sans doute alerté le PC du *Kampfgruppe* Krüger car les 75 ne sont pas encore

1. Fin 1944, de sanglants combats se livreront dans le triangle Servance-Le Haut-du-Them-Miellin où 75 Français seront tués. Parmi eux, 16 du Bataillon de choc, 14 du IIe bataillon de Zouaves et 12 du 1er Régiment du Morvan.

en mesure d'ouvrir le feu que les chars lourds et l'artillerie allemande déclenchent un bombardement massif sur la zone du col des Croix. Les premières arrivées incendient les bruyères et impressionnent tellement les défenseurs que, « sans ordre, s'indigne le commandant de Nexon, la compagnie de chasseurs pyrénéens se disperse et se replie vers la vallée. Dès le début du tir, les sections du III/613e Pionniers se réfugient dans les casemates du fort[1] ».

Le lieutenant Nathan, dont les trois R 35 stationnent sur la route des crêtes, à environ 200 mètres du col, confirme de son côté : « Aucun coup au but sur mes chars mais les défenseurs de la butte, côté sud, n'aiment pas ça du tout. Nous les voyons s'enfuir, l'un après l'autre, abandonnant un canon de 37 et leurs armes. »

Nathan se sent vulnérable et surtout inutile. Il va exposer la situation au lieutenant Striblen qui l'autorise à mettre ses blindés à l'abri derrière le col. Sous le bombardement, le chef Mérat va porter l'ordre de repli aux équipages. Là aussi, on a trop attendu sur une mauvaise position. Le char 50 021 du sergent Brandt doit être abandonné, son train de roulement que l'échelon n'a pas eu le temps de réparer, le lâche au démarrage. Pendant que Brandt et son mécanicien sabotent l'armement de bord, un 210 atteint de plein fouet le char du sergent Bernard qui s'éloignait déjà de la zone battue. Les rares témoins qui se trouvent heureusement à distance, ont l'impression que le R 35 explose sous l'impact. Le conducteur, Michel Philippe, 22 ans, meurt au poste de pilotage mais Bernard, dont les vêtements brûlent, parvient à sortir de la tourelle, saute à terre et se roule dans l'herbe pour éteindre les flammes. A l'état-major du 16e BCC où le commandant Bellanger a décidé de descendre au Thillot, le capitaine Hubert est blessé au bras par un éclat d'obus et évacué[2].

Chez les artilleurs, le bombardement cause des pertes élevées. L'autocanon de 75 est détruit par une salve de 105 et le chef de la 14e batterie du V/403e DCA, le capitaine Desroches, est mortellement blessé. Les servants de la pièce l'emportent en se repliant vers la vallée de la Moselle[3]. A la 3e batterie du I/69e RAMF, AUCUN officier n'est épargné. Le lieutenant Antoine Philippon, 37 ans, présente des blessures d'une telle gravité qu'il succombera le soir même à l'hôpital du Thillot. Son officier de tir, le lieutenant François Depierre, 28 ans, est

1. Version du colonel Conraux : « Sans ordres, sans liaison et tournée sur sa gauche, la 1re compagnie se replie sur Le Thillot où elle arrivera vers 22 heures, ayant eu la plupart de ses armes automatiques détruites. »

2. Quatre fois cité en 14-18, le capitaine Edmond Hubert a été gazé en 1915 lorsque les Allemands utilisèrent pour la première fois l'hypérite sur l'Yser. Agé de 50 ans en 1940, le chef d'état-major du 16e BCC est décédé le 25 juin 1958.

3. Le capitaine Elie Desroches va mourir le 25 juin, jour de l'armistice, à l'hôpital de Bussang-Thermal (HOE n° 9).

tué par l'éclatement du même obus. Le lieutenant Pedeux et le sous-lieutenant Robert, celui-ci de la 2e batterie, sont blessés ainsi que le sous-lieutenant Huot. Le maréchal des logis Mercier, chef de pièce du 75 de la « 2 » est tué. Les servants qui sont épargnés deviennent brancardiers et se hâtent de quitter la position avec les blessés.

« Pendant ce temps, écrit le commandant de Nexon, les Allemands semblent avoir rétabli le passage de la destruction opérée sur la route. Elle est en angle mort par rapport aux positions du 23e RIF et, par le chemin de ronde dégarni par le départ des pionniers, l'ennemi tombe dans le dos de ma compagnie de mitrailleuses. Un sergent que j'envoie la prévenir de se replier la trouve prisonnière et se fait lui-même cueillir. »

Le col des Croix a toutes les apparences d'un champ de bataille : équipements abandonnés, armes brisées, véhicules renversés, pièces d'artillerie, et même un char qui brûle encore. Quelques blessés oubliés ont appelé en vain les brancardiers puis, affaiblis, se sont résignés à leur futur état de prisonniers de guerre. Le col est tombé entre les mains de l'*Oberst* Krüger qui n'a pas eu besoin de faire donner son infanterie, la violence et la précision du bombardement ayant suffi à refouler les Français vers Le Thillot.

A la gendarmerie, le colonel Conraux a vu arriver la sanitaire transportant les blessés du 2e Pyrénéens. Le lieutenant Jean Taillade, son pied serré dans un pansement individuel, lui a fait part de la mort du capitaine Eyrieux, insistant sur l'inégalité des forces en présence et l'absence du 321e RI dont les renforts annoncés ne se sont jamais présentés. Impressionné par ce qu'il entend, Conraux, qui était sorti de son PC pour parler avec les blessés et avec les chasseurs qui ont abandonné le col des Croix, Conraux « donne l'ordre à l'adjudant Armangau, premier secrétaire, de brûler les archives de la demi-brigade ».

La situation évolue rapidement puisque, la veille, le colonel rassurait M. François, maire du Thillot en lui affirmant « qu'il pouvait compter sur l'autorité militaire ». Plus réaliste, la population s'est réfugiée en majorité dans la forêt et les habitants qui sont restés sont maintenant cloîtrés dans leur cave. Le bombardement du col des Croix leur fait craindre le pire. L'aspirant Gendre, du 1er Pyrénéens, a sa section entre la gare et le pont de la Moselle. Il n'a pas oublié « les bruits du combat au col des Croix : fusillade, mitraillade, éclatements d'obus, etc. Puis les premiers blessés sont passés, transportés à l'hôpital du Thillot ».

Gendre a certainement entendu plus d'éclatements d'obus que de « mitraillade » ! Vers 20 heures, deux coups de 105 sont tirés sur la ville. Le premier éclate devant la gendarmerie, le second en face de l'hôpital. L'artillerie allemande va-t-elle bombarder Le Thillot ? Le lieutenant Platonoff se présente au PC de Conraux et, coupé de son chef de groupe, le chef d'escadron Ajoux, demande l'autorisation de déplacer ses trois 75 vers Le Ménil afin de tirer sur l'ennemi lorsque celui-ci descendra du col des Croix. Consulté par téléphone, le général Parvy donne son accord. Quelques instants plus tard, le lieutenant Striblen, de la 3/16e BCC, rend compte au PC de la demi-brigade pyrénéenne, qu'il possède encore six chars et que par ordre du colonel Duluc, il les conduit au Ménil. Conraux rapporte qu'il s'est opposé au repli des chars en rappelant que le commandant du secteur est le général Parvy dont le PC est au Ménil. De son côté, Striblen appartient au sous-groupement Blanlœil placé sous les ordres de Duluc mais le lieutenant semble avoir perdu tout contact avec Blanlœil et avec l'état-major du 16e BCC. Il téléphone lui-même au Ménil et Parvy l'autorise à décrocher avec ses chars [1]. Conraux profite de la communication pour demander au général « si l'ordre de faire sauter le pont de la Moselle et le passage à niveau est maintenu ». Parvy confirme.

Au col des Croix, les *Schützen* nettoient... Avec la compagnie de commandement du 68e RIF le capitaine Lamoureux s'est abrité dans le tunnel du « tortillard ».

« Très fatigués, rapporte le sergent-chef Pérat, ils attendaient les Allemands pour se rendre [2]. »

Au PC du sous-groupement, le lieutenant-colonel Blanlœil a demandé au chef d'escadron Ajoux, du I/69e RAMF, et à son adjoint le capitaine Duhan, de rester avec lui « quoiqu'il puisse arriver ». Blanlœil exécute à la lettre l'ordre de la VIIIe armée transmis par Duluc : « Une fois sur les crêtes, on ne recule plus. » Pourtant, le capitaine Escande et le lieutenant Boulanger ont autorisé des sous-officiers et des hommes de troupe qui en manifestaient l'intention, à se réfugier dans la montagne. Le sergent-chef Bastié, l'adjudant-chef Heitz et une dizaine de soldats disparaissent ainsi à la tombée de la nuit [3].

« Quand les Allemands sont arrivés, rapporte le lieutenant Boulanger, nous n'avions que nos pistolets et le colonel a donné l'ordre de ne pas tirer. Nous avons été conduits à Ronchamp avec les soldats du 23e RIF ramassés à Château-Lambert. »

Sur le front de Lepuix-Gy, le colonel Lavelle n'est plus très sûr de pouvoir interdire longtemps la route du Ballon d'Alsace. Depuis le

1. Décédé en 1983 à Issy-les-Moulineaux (Hauts-de-Seine) le lieutenant-colonel Striblen n'a pas rédigé de rapport connu. Pas plus que le commandant Bellanger et les officiers de l'état-major du 16e BCC.

2. D'origine vosgienne, Pierre Pérat se dissimulera dans la forêt et rejoindra quelques jours plus tard le domicile de ses parents à Taintrux.

3. Alex Bastié s'arrêtera chez M. Charles Poirot à la ferme des Hauts-Rupts où se trouvent déjà le sous-lieutenant Baret et une dizaine de sapeurs. En civil et à bicyclette, Bastié atteindra la zone libre et rentrera chez lui à Bram (Aude) le 2 juillet.

début de l'après-midi, le bombardement allemand s'est accentué et, vers 14 heures, le capitaine Ferrandon, de la 1/298e RI, fait parvenir au PC un message aussi plaintif que le précédent :

« Si le commandement veut absolument tenir cette nuit le défilé, il pourra peut-être prévoir d'autres unités au cas où nous ne serions plus là, ce qui est du domaine des choses possibles, sinon probables. Et même une relève serait normale après efforts fournis et pertes subies. »

Avec la 2e compagnie du CID 63, le capitaine Rouzaud a été placé en soutien, à l'ouest de la route du Ballon, derrière les Pyrénéens du lieutenant Félip plus menacés que la compagnie Ferrandon. Celui-ci reçoit une réponse de Lavelle et la communique à ses lieutenants, Bridier et Espalieu : « Tenez jusqu'à la nuit. C'est un sacrifice qu'on vous demande et vous qui êtes prêtre savez ce que cela signifie. »

Le colonel n'a pas pris cette décision de sa propre initiative ; il sait au contraire que ses forces seront sacrifiées si le combat se prolonge jusqu'au soir. C'est d'ailleurs ce qu'il a dit à Ferrandon. Lavelle ne fait qu'obéir à un ordre écrit envoyé par le 44e corps :

*Le détachement se repliera le 19 juin à la tombée de la nuit sur le défilé de Malvaux qu'il occupera sans aucune idée de repli. Il se couvrira sur ses flancs par des éléments légers pour éviter un débordement immédiat. (...) Délégation est donnée au colonel Lavelle pour l'ordre de mise à feu des trois destructions de la route Malvaux-Ballon d'Alsace.*

*Signé : Tencé.*

Éviter un débordement à la tombée de la nuit ? On voit que Tencé n'est pas sur place ! De l'observatoire on peut suivre sans jumelles la manœuvre allemande sur le flanc des compagnies Félip et Ferrandon. En outre, les munitions commencent à être rationnées. Lavelle a envoyé un agent de liaison à Malvaux où, lui a-t-on dit, le commandant Fontaine, du III/321e RI, s'occupait du ravitaillement. L'homme n'a trouvé personne car, entre temps, Fontaine a reçu l'ordre de rejoindre le lieutenant-colonel Aubignat au Ballon de Servance... où les Allemands sont arrivés avant lui. Se présente alors le général Menu, de l'artillerie de corps. Lavelle lui expose la situation, lui montre sur le terrain le développement de l'attaque en cours et déclare ensuite « que l'ordre de tenir jusqu'à la nuit est inéxécutable étant donné la certitude qu'il a d'être complètement encerclé dans très peu de temps. »

Impressionné, Menu promet de rendre compte au général Tencé et rappelle que c'est Lavelle et lui seul, qui jugera de l'opportunité de faire jouer les dispositifs de destruction sur la route du Ballon d'Alsace. Menu n'a pas oublié la précipitation avec laquelle le général Parvy a fait sauter la veille les ponts de la Savoureuse, en particulier à Giromagny. Dix minutes après le départ du général, c'est un capitaine de l'état-major du 44e corps qui arrive au PC de Lavelle. Celui-ci répète les explications qu'il vient de fournir à Menu et ajoute qu'il pense disposer d'une heure avant d'être encerclé. Il ne pourra donc tenir et se replier à la tombée de la nuit comme il en a reçu l'ordre. Le capitaine se hâte de dire, lui aussi, qu'il va rendre compte, et reprend la direction des crêtes. Après avoir traversé un barrage d'artillerie, un agent de liaison blessé à la tête apporte un dernier message de Ferrandon : « Je viens de mettre tout le monde possible face à l'ouest car des forces importantes nous ont tournés et vont sans doute donner l'assaut. Nous tirons dès que nous voyons l'ennemi mais il ne semble pas que nous puissions les arrêter vu leur nombre. »

Ferrandon place une nouvelle fois son supérieur devant ses responsabilités et celui-ci hésite sur la conduite à tenir : obéir à l'ordre du général Tencé et résister jusqu'au sacrifice ou désobéir et se replier en faisant jouer les destructions, ce qui arrêtera plus sûrement les Allemands qu'une défense « sans esprit de recul » avec trois compagnies d'infanterie à bout de souffle.

« A partir de 16 heures, écrit le colonel Lavelle, les choses se précipitent. Le capitaine Deruelle arrive au PC et confirme que les Pyrénéens de Félip sont encerclés. Les Allemands seraient à une cinquantaine de mètres sous bois et des balles commencent à siffler. Deruelle ne veut pas être fait prisonnier. Il me demande quelles sont mes intentions. »

Le colonel peut très bien montrer au capitaine l'ordre écrit du général Tencé. Il n'a pas reçu de contrordre. Mais Lavelle n'a pas envie, lui non plus, d'être fait prisonnier et les arguments développés par son subordonné pèsent sans doute plus lourd que le « papier » du général ; il prend la décision de décrocher. Dans son rapport, il passe rapidement sur cette décision et se contente de dire qu'il fait couper le téléphone et fait partir les observateurs du PC vers le défilé de Malvaux. Deruelle, au contraire, n'hésite pas à maquiller la vérité : « Conformément aux ordres reçus précédemment, écrit-il avec les apparences de la bonne foi, nous nous replions par les bois. »

L'ennemi est en effet très proche et Lavelle et ses hommes doivent utiliser les couverts et les villas bordant la route pour échapper aux balles. A 16 h 30, le colonel est à la maison forestière proche du premier dispositif de destruction. Le capitaine de Sauve et le lieutenant Poulain le rejoignent. Les compagnies Félip et Ferrandon ont sans doute été submergées car on ne les entend plus tirer et les Allemands montent prudemment vers Malvaux [1].

1. Le lieutenant Pierre Bridier parviendra à rejoindre le bataillon du commandant Drapier sur les crêtes avec sa section de la 1/298e RI.

La charge explose à 16 h 41. Lavelle se dirige déjà vers le deuxième fourneau de mine qui sera plus efficace car il obligera les véhicules de la *1re Panzer* à franchir un ravin devant lequel ils risquent de passer la nuit. A 18 h 23, la charge nº 46 bis du Saut de la Truite est mise à feu. La troisième et dernière, à la Goutte du Lys, sautera par sécurité à 20 h 30. Le capitaine Deruelle a estimé qu'il avait assez joué au héros et il rejoint au Ménil l'état-major de la 63e DI où il rend compte de ses « exploits » au général Parvy. Le détachement Lavelle laisse 15 morts dont un officier, le sous-lieutenant Louis Guérard, sur le front défendu depuis la veille [1]. Trois civils ont été tués par le bombardement : Marie Demeusy, 72 ans, Anaïs Py, 82 ans, et un garçon de 13 ans, René Wimmer.

Vers 20 heures, sur une pente rocheuse où il a installé son PC lorsque l'artillerie allemande a allongé ses tirs pour bombarder La Jumenterie, le général Salvan reçoit Lavelle. Il le trouve « déprimé » et le sermonne lorsque le colonel lui rend compte qu'il s'est replié malgré les ordres car il était impossible de tenir jusqu'à la nuit. Dans son rapport, Salvan raconte que le général Tencé lui a présenté Lavelle « comme un officier de valeur qui a montré beaucoup de bravoure en 14-18 mais se trouve aujourd'hui fatigué ». Et Salvan ajoute cruellement : « Au lieu de ranimer ses troupes fléchissantes, d'exalter leur volonté de résistance, il trouve des difficultés et des objections à tout. »

Salvan lui confie tout de même la responsabilité de la défense du Ballon d'Alsace mais deux heures plus tard, sans doute sur l'ordre de Tencé, il placera Lavelle en réserve de commandement et désignera le commandant Cantrelle, du I/302e RI, « chef ardent, expérimenté et résolu [2] ». Nous verrons que le « chef ardent, expérimenté et résolu » n'en fera pas plus avec son bataillon que Lavelle avec son détachement hétérogène.

Les premiers éléments motorisés du *Kampfgruppe* Krüger occupent le col des Croix, suivis par les chars du *Panzer Regiment 2* et une compagnie du *Panzerjäger Abteilung 37*. Le *General* Kirchner n'est pas mécontent d'annoncer par radio à son ami Veiel, de la *2e Panzer*, qui piétine devant le col du Mont de Fourche, que la *1re Panzer* tient les crêtes et domine Le Thillot. Des reconnaissances d'infanterie descendent déjà en direction de la ville et vont s'y infiltrer en profitant de la chute du jour.

A la gendarmerie, le colonel Conraux se demande quelle rôle on veut lui faire jouer car si des R 35 et deux batteries de 75 avec des fantassins

1. Elie Bollo, Pierre Bonhomme, Marcel Bourreau, René Cortade, Émile Dufils, Paul Grau, André Lanavère, François Nouyoux, Michel Ouillastre, Louis Perrod, Henri Roux, Jean Pouyade, le caporal Baladier et le sergent Darnault.

2. Dans son rapport, le commandant Pierre Cantrelle indique qu'il s'est substitué au colonel Lavelle « sur ordre du général Tencé avec lettre de service du général Salvan reçue à 23 h 45 ».

du 23e RIF n'ont pas été capables de s'accrocher au col des Croix, que va-t-il faire, lui, avec la compagnie de chasseurs pyrénéens qui lui reste [1]. Certes, elle est commandée par un officier énergique, le lieutenant Belhomme mais il est des circonstances où l'énergie ne pallie pas la défaillance du nombre et du matériel. Peu avant 22 heures, Conraux donne l'ordre à son chef d'état-major, le commandant Bourjade, de faire procéder à la mise à feu des destructions prévues. Le passage à niveau saute le premier, le pont de la Moselle s'effondrant dans le lit de la rivière quelques instants plus tard. Les eaux étant basses et les gués nombreux, les fantassins allemands passeront sans difficulté sur la rive droite. Quant aux véhicules, ils auront rapidement un pont provisoire à leur disposition grâce à la compagnie du génie 113/16 du capitaine Payot qui était stationnée au Thillot et s'est empressée de regagner Gérardmer... en abandonnant son matériel pour aller plus vite. Nous le savons par le commandant Pierre Kern, adjoint du colonel Bouquin, du génie du 13e corps.

« Dans la soirée du 19, écrit Kern, la compagnie 113/16 arrive à Gérardmer. Le capitaine Payot désemparé a abandonné sans les détruire ses bateaux au Thillot. »

L'*Oberst* Krüger va donc trouver sur place, gracieusement offert par le génie du 13e corps, le matériel nécessaire au lancement d'un pont de bateaux. Reste l'important dépôt d'explosifs de la rue du Tramway. Quinze tonnes, selon le commandant Kern. Même si l'on admet que deux ou trois tonnes ont été distraites depuis la veille pour charger les ponts de la Moselle, il en reste suffisamment pour causer des dommages irréparables à la ville. Qui a pris la décision de faire sauter l'énorme stock ? Selon le commandant Kern, l'ordre a été donné par le génie du 44e corps. L'aspirant Gendre, dont les chasseurs pyrénéens sont en position sur la rive nord de la rivière, est témoin du désastre.

« Une déflagration d'une violence inouïe eut lieu du côté de la gare. Je vis une cheminée d'usine s'effondrer, les toits s'envoler de tous côtés, briques, tuiles, portes, fenêtres, meubles, tout fut précipité dans les rues et, en quelques minutes, Le Thillot était sinistrée. »

Rendu muet par ce spectacle, Gendre dira plus tard : « J'ai d'abord cru qu'un wagon de munitions avait sauté en gare mais j'ignore qui a pu donner un tel ordre qui a entraîné la destuction de la ville [2]. »

D'une plume innocente, un officier du génie du 44e corps, le

1. Dans son rapport, le colonel Conraux est muet sur le rôle joué par les deux autres compagnies et le commandant Llense n'a pas rédigé de compte-rendu connu sur les opérations du 1er BC Pyr.

2. Lettre du 21 novembre 1983 adressée à l'auteur par M. Paul Gendre. Le colonel Conraux, qui est commandant de la Place, n'a pas été avisé par le génie. « Qui a donné l'ordre de faire sauter le dépôt, écrit-il, et qui a exécuté cet ordre ? Je n'ai jamais pu le savoir. »

lieutenant Charles Leygues, commente : « Malgré les précautions prises, gros dégâts à la ville du Thillot ! »

On se demande quelles précautions ont été prises et quelle eut été l'ampleur des dégâts sans ces précautions. La première consistait à ne pas stocker des explosifs dans une localité importante. Dans l'ordre des urgences, n'était-il pas préférable de saboter les bateaux abandonnés par la compagnie Payot ? Les effets de l'explosion ont été ressentis dans les environs et, au Ménil qui est à quatre kilomètres, la plupart des vitres des fenêtres ont été brisées par l'onde de choc.

« Je parcours les rues pour me rendre compte, rapporte le colonel Conraux. Portes et fenêtres sont brisées, les tuiles arrachées, le bureau de poste a particulièrement souffert, ainsi que la mairie. Spectacle navrant qui, à mon avis, aurait pu et dû être évité. »

Le commandant de la 1e demi-brigade de chasseurs pyrénéens constate aussi que les hommes du III/613e Pionniers qui gardaient les barricades du Thillot, ont quitté leur poste. Leur chef, le commandant Billeron, admet que la compagnie qui se trouvait en position sur la route de Remiremont et sur celle de Lure, « a disparu avant d'avoir à combattre ». A la gendarmerie, Conraux peut maintenant être fait prisonnier par une des premières patrouilles allemandes qui arriveront au Thillot. Par téléphone, il demande au général Parvy, toujours au Ménil, de l'autoriser à porter son PC à l'abri de l'école Jules Ferry, à la sortie nord de la ville. Autorisation accordée. Dès que le lieutenant Henri Doucet, officier de transmissions, aura relié le nouveau PC au central téléphonique en partie dévasté par l'explosion du dépôt, Conraux et son état-major rejoindront l'école [1].

A la même heure, le commandant de Nexon s'arrête à l'entrée du Ménil avec les derniers éléments du II/23e RIF, rescapés de Vesoul et du col des Croix.

« Deux heures de repos ! » annonce-t-il aux hommes fourbus qui marchent à travers bois, à la boussole, depuis qu'ils ont abandonné le col.

« Nous avons été obligés de laisser véhicules, moto, chevaux et le seul canon de 25 qui restait », avoue le chef de bataillon.

Le détachement a traversé la Moselle à Ramonchamp, quelques minutes avant la destruction du pont. Nexon affirme qu'il souhaite rejoindre une unité combattante mais qu'il ne sait pas dans quelle direction porter ses pas.

1. Dans ses carnets, le général Didio, de la 105e DIF, écrit que dans la nuit, il a obtenu la communication avec la poste du Thillot. La « demoiselle des PTT » l'a prévenu que les Allemands étaient là. En 1967, l'auteur a retrouvé la « demoiselle » à Neufchâteau (Vosges) Alice Robin, née Marchand, lui a confirmé les faits.

« Mon groupe ne possède plus d'armes automatiques, précise-t-il, seulement des fusils. Ses possibilités combattives ont cessé d'exister. »

A 19 heures, obéissant à l'ordre du colonel Duluc, le chef d'escadron Cruse a porté son PC du col du Mont de Fourche au hameau du Chêne où se trouve maintenant celui du lieutenant-colonel Réthoré. Dans la soirée, sans que l'heure puisse être précisée, le général Menu — encore lui — se présente à Ferdrupt, au PC de Duluc où celui-ci lui décrit le dispositif mis en place : le III/168e RIF de La Fournière au col du Mont de Fourche, les derniers élements du 79e RIF entre Saulx et Ramonchamp où ils surveillent la route du Thillot, le groupe de 155 du 69e RAMF dans la vallée de la Moselle, une batterie de 75 à Maxonchamp avec le II/168e RIF de Collilieux et la batterie qui a pu être sauvée de Faucogney en DCB au col avec La Fournière. C'est exagéré car le commandant du III/168e RIF n'a aucune pièce de 75 à sa disposition. Le général qui avait fait pousser la batterie Philippon au col des Croix où elle a été détruite avant d'avoir pu tirer un projectile, va procéder différemment avec la 5e batterie dont les trois pièces sont certes au col du Mont de Fourche mais pas du tout en DCB.

« Il faut les ramener en arrière pour qu'elles puissent tirer depuis Rupt sur les lacets de la route qui descend vers la Moselle », ordonne Menu.

C'est exactement ce que le chef d'escadron Ajoux avait prévu au Thillot en plaçant les batteries Platonoff et Philippon aux sorties ouest et est de la ville avec mission de battre la descente du col des Croix. Tous les officiers de la batterie Philippon étant tués ou blessés, Menu admet peut-être qu'il s'est trompé et cherche à réparer son erreur. Il arrive trop tard car les abords du col sont sous le feu des chars de la *2e Panzer* et un corps franc d'artilleurs envoyé sur la position de la « 5 » n'y trouvera que le lieutenant Moreillon et un blessé. Gradés et servants ont disparu. Dans l'impossibilité de récupérer les pièces, le corps franc s'emploiera à les saboter mais sous les tirs de l'adversaire, deux d'entre elles seulement pourront l'être.

Un peu plus loin, à son PC creusé dans le grès vosgien, le commandant de La Fournière est inquiet pour son aile droite où la colonne ennemie signalée en fin d'après-midi sur la Voie du Ban, a atteint la route de crête et bousculé la section de 25 du lieutenant Houin qui a tout de même pu décrocher et se replier sur Rupt.

« Il n'en reste pas moins, écrit La Fournière, que les Allemands ont pris pied dans les bois autour du fort de Rupt. (...) L'infanterie commence à se montrer active et tous nos mouvements attirent ses feux. Nos patrouilles confirment toutes la présence de l'ennemi. »

La Fournière profite du crépuscule pour renforcer la CM 11 du capitaine Goedert dont le flanc est dégarni. Les sections Le Ralle et

Chapon constitueront un centre de résistance face au nord. Personne ne se doute que le 20 juin, elles seront en première ligne. De son côté, le lieutenant-colonel Ferroni quitte Rupt-sur-Moselle et transfère son PC à Saint-Amé, à deux pas de celui du lieutenant-colonel d'Hausen, du dépôt de cavalerie de Lunéville. L'adjudant-major du III/168ᵉ RIF, le capitaine Leloutre, reste à Rupt avec, pour l'essentiel, la section de voltigeurs de l'aspirant Thirion et les mitrailleuses du lieutenant Bachier. Il fait édifier des barricades par trois sections de travailleurs arrêtées dans leur « retraite » et, faute de pièces antichars, fait porter 10 bouteilles d'essence à tous les barrages. Leloutre sait que la journée du 20 sera décisive mais il aimerait surtout savoir de quel côté se présentera l'ennemi : par la route du Thillot ou dans la descente du col du Mont de Fourche ? Pour l'instant, le calme règne mais après minuit, les Allemands reprennent l'initiative avec leur artillerie.

La Fournière : « La nuit du 19 au 20 juin serait calme sans un bombardement de Rupt qui dure de minuit trente à trois heures et allume plusieurs incendies. »

A Remiremont, le « bataillon » Carribou est censé se trouver en position et s'il ne dispose d'aucun soutien d'artillerie, c'est parce que le capitaine Roger-Petit, de la 3/26ᵉ RA, a cherché en vain à rencontrer le capitaine Carribou. Aucune liaison non plus avec le dépôt d'infanterie 204. Les trois compagnies de mitrailleuses du 79ᵉ RIF se trouvent elles-mêmes isolées et ignorent qui est à droite et à gauche de leur position. A la CM 3, le lieutenant Allard a inspecté une dernière fois ses deux sections de la route du Val d'Ajol et, vers 20 heures, a regagné son PC au « 7 » de l'impasse de la Joncherie.

« Je m'allonge tout habillé sur un matelas dans le jardin, écrit-il. Une nuit blanche, les allées et venues à pied d'une section à l'autre, du grignotage à la place des repas, la fatigue nerveuse issue de la hantise d'une attaque en force, m'avaient diminué physiquement. J'avais besoin de dormir. C'est alors que le ciel se trouva strié de projectiles traceurs venus du sud. Tout de suite après, dans la même direction, des rafales de nos bonnes Hotchkiss, aussitôt étouffées par des coups de canon puis des bruits de chenilles. C'est l'attaque ![1] »

A la CM 9 commandée par le lieutenant Georges, la situation va rapidement empirer car les Allemands n'envoient pas une simple reconnaissance motorisée comme ils l'ont fait le matin. Le gros du *Kampfgruppe* de l'*Oberst* von Vaerts est maintenant aux abords de Remiremont et son chef n'a pas l'intention d'attendre le lendemain pour montrer aux Français que désormais l'initiative revient à la *2ᵉ Panzerdivision.*

1. Lettre du 20 mai 1984 adressée à l'auteur par M. Henry Allard.

« Vers 20 heures, note l'aspirant Grosbuis, l'ennemi revient en force, avec des chars. Il est reçu par mon adjoint, le sergent Cozzi car je m'étais absenté quelques instants. Lorsque je rejoins la section, les chars de tête sont embossés au tournant de la route et nous canardent consciencieusement ainsi que la section Frantz qui est à ma gauche. La nuit tombe dans un vacarme épouvantable et l'on s'habitue, au milieu des balles traceuses, au bruit de cloche que fait la tourelle du premier char à chaque fois que sa pièce tire. »

La section du lieutenant Frantz, plus proche de l'ennemi, utilise toutes ses balles perforantes. Le sergent Bonnet et le caporal Stisy tirent, dit Frantz, « alors que visiblement les projectiles traceurs les placent au centre de la gerbe ».

Les blindés adverses cherchent à écraser les mitrailleuses de la CM 9 sous leur feu ou à faire déguerpir les servants de manière à avoir le champ libre le 20 au matin. Les *minen* explosent sur la position française et les canons de 37 sous tourelle des *Panzers III* cherchent les flammes de départ des pièces de la section Frantz. Chez Grosbuis, le caporal-chef Delépine et le sergent Allonas voient avec inquiétude baisser le niveau des munitions. Deux chefs de pièce, les caporaux Patry et Bouladou, ont déjà rendu compte que les bandes rigides vont manquer. Aux FM, le sergent Gaudé et le caporal Werlé tirent maintenant à l'économie. Une solution va sans doute être trouvée car le capitaine Carribou arrive sur la position.

« Il a surgi derrière moi en pleine bagarre, se souvient Grosbuis. Nous étions camouflés par une haie de petits sapins et les Allemands tiraient haut, leurs balles traceuses sillonnant la nuit. Nous avons échangé quelques paroles et le capitaine m'a dit quelque chose comme : “ Lorsque vous n'aurez plus de munitions... ” suivi d'un geste très significatif, facile à interpréter. »

En somme, au lieu d'aller demander des munitions au GRDI 51, au 168e RIF ou même au lieutenant-colonel Avenel, commandant la Place de Remiremont, Carribou conseille à Grosbuis de se replier. Qui interdira la route du Val d'Ajol à l'ennemi ? Certainement pas la section Frantz qui compte plusieurs blessés ; Braun, Stoll, Meyerhoffen, Mehl et le caporal Stisy sont évacués sur l'hôpital. Le lieutenant Frantz est atteint par l'éclatement d'un *minen ;* il passe le commandement au chef Maïer et trouve la force d'aller à pied jusqu'à l'hôpital. Ses blessures sont pourtant sérieuses : un éclat dans le bras, un autre dans l'omoplate, un troisième lui a fracturé l'épaule gauche et un quatrième lui a arraché le mollet. Il est vrai que Frantz est un officier de réserve d'une trempe exceptionnelle [1].

1. Soigné à l'hôpital Haxo, à Épinal, Charles Frantz sera libéré, à peine guéri, le 27 septembre 1940. Né le 25 octobre 1913 à Strasbourg, il refusera l'incorporation dans la

Après son départ, Arnold est atteint à la jambe et le caporal Bertrand a le nerf sciatique coupé. Trois mitrailleuses ont été neutralisées par les tirs adverses et le chef Maïer décide de replier la section après sabotage de la dernière pièce. A la section Grosbuis, une décision semblable est prise lorsque les dernières cartouches sont brûlées. Cependant un cas de conscience se pose : faut-il emporter les mitrailleuses ou les abandonner ? L'aspirant donne l'ordre au sergent Cozzi de les saboter.

Grosbuis : « Les emporter immobilisait huit hommes, sans munitions et sans espoir d'en trouver. Le capitaine n'en avait pas proposé. Au contraire, avec deux groupes de FM, nous pouvions manœuvrer en cas de poursuite ou de débordement... [1] »

M. Édouard Georges, maire de Remiremont, souhaiterait connaître la situation mais les militaires ne se montrent pas coopératifs. Dans la soirée du 18, lorsque le canon a tiré sur la route de Plombières, on lui a expliqué que les 75 français venaient d'anéantir une colonne blindée allemande. Le matin du 19, une autre colonne venant cette fois du Val d'Ajol a été arrêtée et M. Georges a vu les side-cars capturés et les prisonniers amenés place de la mairie. Mais voilà que ce soir, on ne lui annonce aucune victoire et, à la lisière sud de la ville, les bruits de l'engagement sont beaucoup plus violents que ceux du matin. Le maire éprouve de sérieuses craintes pour Remiremont qui pourrait être le théâtre d'un combat de rues le 20 au lever du jour. Désireux de lever toute équivoque, il se rend au quartier Gobert et demande au lieutenant-colonel Avenel de déclarer la cité ville ouverte. Avenel lui fait, semble-t-il, une réponse de Normand.

« Le colonel promet que seules les approches de la ville seront défendues, rapporte le lieutenant Bidegain qui assiste à l'entretien. Si elles sont forcées, la lutte se poursuivra hors de la localité. Cela nous enlève nos meilleurs atouts contre les chars mais le nombre considérable de civils réfugiés dans la ville ne permet pas d'y résister. »

A la mairie du Ménil, le général Parvy attend les événements. On ne l'a pas vu au col des Croix, pas davantage au Thillot et, si la soirée du 19 juin se déroule dans une atmosphère tendue, lugubre, les coups de téléphone angoissés lancés depuis son PC par le colonel Conraux y sont pour beaucoup. Depuis la veille, depuis la prise de Belfort et le quasi anéantissement de sa division, Parvy réagit mal. Il ne fait aucun effort pour recueillir les débris d'unités qui viennent du Thillot, les derniers chars, les derniers canons du sous-groupement Blanlœil, et organiser de

*Wehrmacht* imposée aux Mosellans et aux Alsaciens, ce qui lui vaudra d'être déporté à Neuengamme où il est mort le 16 avril 1945.

1. Lettre du 17 avril 1984 adressée à l'auteur par M. Julien Grosbuis.

nouveaux barrages défensifs à hauteur du Ménil. Vers 21 heures il réunit les officiers de son état-major et chacun donne son avis sur cette grave question : que faut-il faire ?

« Le général voudrait passer la nuit dans les bois pour revenir le lendemain matin, raconte le capitaine des Roseaux. Le chef d'état-major et d'autres officiers sont d'avis d'aller dans la forêt mais pour passer inaperçus des Allemands qui ne vont pas tarder à arriver ici. Personne n'est d'accord sur la décision à prendre. »

On ne sait plus ce qui se passe au Thillot et il est possible que la ligne téléphonique qui reliait le général au PC du colonel Conraux soit coupée. Dans son rapport, le capitaine Dombrowski, de la batterie divisionnaire antichars, va plus loin que des Roseaux et montre Parvy sous un jour accablant. Dombrowski semble ignorer l'intention du général de passer la nuit dans les bois.

« Il nous décrit la situation critique, raconte le capitaine, nous dit l'impossibilité où il nous croit de combattre avec efficacité et, finalement, son intention d'attendre l'ennemi et de se constituer prisonnier. Il demande l'avis de chacun. Personne ne songe à se rendre. »

Voilà l'homme dont le général Laure, de la VIII$^{e}$ armée, dit qu'il « a été un des meilleurs commandants de division, peut-être le meilleur, dans une période de crise qui, évidemment, a été courte. »

Le meilleur ! L'appréciation n'est pas flatteuse pour les autres. A moins que Dombrowski ait mal interprété la pensée de son chef ! De toute façon, l'état-major de la 63$^{e}$ DI ne peut pas rester dans l'expectative et Parvy, voyant que ses officiers attendent de lui autre chose qu'une proposition de reddition, décide que les voitures du PC iront stationner un peu avant le carrefour des Baranges, à la hauteur de Travexin. Selon la direction d'où viendra l'ennemi, le petit convoi pourra filer soit vers le nord (La Bresse), vers l'ouest (Saulxures-sur-Moselotte) ou vers l'est (col d'Oderen) ; le capitaine des Roseaux assurera la permanence au Ménil et Dombrowski la liaison avec les voitures de l'état-major.

Du Thillot parvient un appel téléphonique de Conraux : il se trouve maintenant à l'école Jules-Ferry et l'obscurité qui règne dans la ville dévastée ne lui permet pas d'affirmer que les fantassins allemands s'y sont infiltrés. Il ne peut rien dire d'autre. Le général Parvy lève le siège, monte dans sa voiture et, suivi par son état-major, se dirige vers le carrefour des Baranges. Des Roseaux reste seul devant le téléphone. Vers deux heures du matin, des bruits de moteurs le font sursauter mais il se rassure : ce sont les tracteurs du I/69$^{e}$ RAMF avec les trois derniers 75 de la batterie du lieutenant Platonoff. La tenue de celui-ci impressionne le capitaine : « Il a l'air d'un officier splendide et son aspect physique doit être le reflet de son superbe moral. »

Au Thillot, le colonel Conraux dispose encore de l'état-major du 1er BCPyr. du commandant Llense et d'une compagnie, la « 2 » du lieutenant Belhomme. Théoriquement, il peut également compter sur les pièces de DCA du chef d'escadron Escourrou qui ont été placées en DCB au voisinage du pont de la Moselle. En réalité, le lieutenant Dasmias s'est replié avec son autocanon sur le col du Ménil et la deuxième pièce a été abandonnée par ses servants lorsque les premiers coups de feu ont claqué dans la nuit. A quelque distance de l'école Jules-Ferry, le lieutenant Molle, des pionniers de la demi-brigade, a installé une vingtaine de chasseurs dans des tranchées. Envisage-t-on de livrer quelque baroud d'honneur à cet endroit ? Non, pour Conraux, le temps des illusions est passé et, lorsqu'il évoque les moyens dont il dispose pour défendre les ruines de la ville, il avoue que « c'est peu et même dérisoire. »

Les *Schützen* du *Kampfgruppe* Krüger prennent possession de la cité meurtrie, rue par rue, et gagnent la Moselle de façon à border toute la rive gauche. Depuis l'explosion du dépôt de la rue du Tramway, Le Thillot ressemble, surtout dans l'obscurité, à un vaste cimetière. Personne ne circule dans les artères jonchées de poteaux abattus, de fils téléphoniques enchevêtrés, de monceaux de tuiles, de montants de fenêtres disloqués, d'équipements militaires, de véhicules renversés. Rue de la Gare, les rideaux de fer des magasins se sont gonflés jusqu'à la limite de l'éclatement sous l'effet de souffle et certains d'entre eux n'ont pas résisté à la pression. Le tissage Dreyer, les trois hôtels proches de la gare, l'immeuble de la SNCF et même le stade Grosjean ont beaucoup souffert. Dans la rue du Tramway, où se trouvait le dépôt de cheddite, les maisons ont été rasées dans un rayon d'une centaine de mètres. L'église elle-même n'a pas été épargnée : les vitraux ont volé en éclats et la porte, de type massif, a été arrachée de ses gonds. Les tissages Bluche, Rouillon, celui de la Courbe, bien que moins touchés que le tissage Dreyer, exigeront de grosses réparations, comme la tannerie Grosjean et la scierie Boileau. La ville est sinistrée à 80 % et un dernier épisode sanglant va marquer l'entrée des hommes de la *1re Panzer* au Thillot.

Vers deux heures du matin, une voiture du génie du 13e corps s'arrête devant la mairie. Elle est conduite par Toufflet à côté duquel a pris place le sapeur Crait, et deux officiers, le lieutenant Panier et le sous-lieutenant Courreaux, se trouvent sur la banquette arrière. Que font-ils dans la localité conquise aux deux tiers par les Allemands ? Leur supérieur, le capitaine Panerat, de la compagnie 113/2, leur a donné l'ordre, deux jours plus tôt, de préparer la destruction des ponts de la Moselle. Depuis, aucun compte rendu de leur part, aucun signe de vie. Dans son rapport, le commandant Kern écrit à la date du 18 juin : « Pas de nouvelles du détachement Panier-Courreaux ; ils sont partis hier remplir leur mission et depuis, on ne sait plus rien d'eux. »

Le pont de la Moselle ayant sauté vers 22 heures, les deux officiers avaient largement le temps de remonter vers Gérardmer. Pour quelles raisons inexpliquées sont-ils restés au Thillot ? A peine la voiture s'est-elle arrêtée devant la mairie que des voix rauques se font entendre dans l'obscurité. Les *Schützen* sont là et ordonnent aux Français de descendre du véhicule en levant les bras. Cela ne ferait jamais que quatre prisonniers de plus mais, surestimant ses chances, Toufflet enclenche la marche arrière et tente une manœuvre de dégagement qui se révèle suicidaire. Les soldats allemands ouvrent le feu à l'arme automatique et la voiture dont le moteur cale est criblée de balles. Toufflet est grièvement blessé et sa tête glisse doucement sur le volant ; à côté de lui, Crait agonise, il va mourir dans moins d'une heure. Derrière eux, le sous-lieutenant Gaston Courreaux, 28 ans, a été tué sur le coup. Seul, le lieutenant Panier, en état de choc, parvient à sortir du véhicule, les bras levés. Il est légèrement atteint et les Allemands le conduisent au poste de secours avant de l'envoyer au stade où, dans la matinée du 20, ils rassembleront leurs prisonniers.

La soirée du 19 juin n'est pas meilleure au PC du général Salvan « installé » sur les rochers proches de La Jumenterie pour échapper aux tirs d'artillerie allemands. Vers 21 heures, Salvan explique à un officier de liaison du 44$^{e}$ corps qu'il se trouve à l'extrémité ouest du secteur qui lui a été confié le matin même. Il est donc beaucoup trop éloigné du lieutenant-colonel Demange qui retraite avec le 171$^{e}$ RIF et les bataillons d'instruction de la division par la vallée de la Doller.

« Vous souhaitez aller au centre de votre dispositif, mon général ?

— Oui, je pense que dans la situation actuelle, Sewen serait un bon endroit pour mon PC.

— Je vais rendre compte au général Tencé. »

Le capitaine Amouretti reste au Ballon d'Alsace avec la dernière batterie de 155 du V/53$^{e}$ RA et tout l'état-major de Salvan fait mouvement à la tombée de la nuit. A 22 heures, le PC s'installe dans la salle de mairie de Sewen, près de la cure. Le problème prioritaire à régler est celui des communications.

« Nous sommes reliés par téléphone avec le lieutenant-colonel Demange à Masevaux, rend compte le capitaine Guillampey, officier de transmissions.

— Il me faut un fil avec le commandant Cantrelle au Ballon d'Alsace et un second avec le PC du 44$^{e}$ corps à Cornimont », ordonne Salvan qui ajoute : « Au besoin, réquisitionnez les cabines civiles ! »

Tout est calme à Sewen et Salvan y passe une excellente nuit. Aussi se lève-t-il très tôt le jeudi 20 juin pour se mettre au travail. La rédaction d'un ordre d'opérations ? Le remaniement de son dispositif ? Pas exactement : « J'ai rédigé mes propositions de citations pour mon entourage immédiat » note le général dans son rapport.

Vers huit heures, Guillampey lui apporte la première mauvaise nouvelle de la journée : « La téléphoniste des PTT de Sewen n'accepte de transmettre nos messages que sous la menace.

— Expulsez les agents des PTT de tous les villages et remplacez-les par des sapeurs des transmissions. »

La deuxième mauvaise nouvelle est donnée à Salvan par le médecin lieutenant-colonel Longuet : « Le curé de Sewen vient de m'apprendre que le maréchal Pétain a demandé l'armistice. »

L'allocution radiodiffusée du chef du gouvernement date maintenant de trois jours mais dans cette petite localité de la montagne vosgienne, l'information circule avec un certain retard. Salvan pense que si le curé a dit la vérité, le moral des hommes risque d'être entamé. Aussi recommande-t-il la discrétion au Dr Longuet. Les Allemands, de leur côté, ont au contraire le plus grand intérêt à diffuser la demande d'armistice formulée par le maréchal Pétain. A 7 h 30, un appareil de type *Fieseler-Storch* survole Sewen et lance des milliers de tracts dans lesquels l'adversaire exige que les Français cessent le combat, conformément au désir exprimé par Pétain.

Salvan : « C'est un coup terrible pour le moral de nos troupes déjà inquiètes depuis le dernier message du maréchal qui leur a été communiqué par la population. »

Après en avoir parlé avec le capitaine de Quincerot, sous-chef d'état-major, les capitaines Heymann et Florentin, respectivement des 2e et 3e Bureaux, le général prend sa décision :

« Je fais savoir à tous mes cadres de ne pas lâcher leurs hommes d'une minute, de leur parler sans cesse. C'est l'officier qui est le seul maître de la situation [1]. »

1. Nous retrouverons Salvan et Parvy ainsi que le général Didio dans le tome III des *Combattants du 18 juin :* la fin des généraux.

# CHAPITRE XXXI

# « On ne voit que des tourelles ! »

Jeudi 20 juin. Le jour qui se lève sur Le Thillot révèle un spectacle saisissant ; ravagée par la destruction du dépôt d'explosifs, la ville est maintenant la proie du feu.

« Il me fut dit, note le colonel Conraux, que les Allemands avaient incendié la mairie et que par suite du vent les maisons voisines avaient été la proie des flammes. »

La rue Louis Pariset et le passage de la Fonderie sont en flammes et la fumée rend de nombreuses artères impraticables. Des caisses de munitions explosent à l'intérieur du restaurant Bontemps et les fûts d'essence du garage Dreyer alimentent le sinistre. Devant la mairie, la voiture criblée de balles des sapeurs du 13e corps a été abandonnée. Les Allemands ne s'occupent que de leurs tués. Crait est recroquevillé à « la place du mort » et, sur la banquette arrière, le sous-lieutenant Courreaux s'est couché sur le côté en mourant. Sur la rive gauche de la Moselle, des chasseurs pyrénéens de la compagnie Belhomme tirent sur les *Schützen* qui explorent chaque pâté de maisons sans autrement s'émouvoir des coups de fusil dont ils sont la cible.

« J'ai aperçu les premiers Allemands se disposant à traverser la Moselle à hauteur d'un petit barrage, se souvient l'aspirant Gendre. J'ai fait ouvrir le feu au FM en donnant l'ordre de tirer seulement sur les objectifs bien visibles. »

La puissance de son adversaire et la brutalité de sa riposte, sidèrent l'aspirant : « Nous fûmes littéralement arrosés de balles au point que, couchés au sol, sous les buissons, nous avions l'impression qu'il pleuvait au soleil levant, feuilles et branches tombant sur nous, hachées en menus fragments [1]. »

La section a plusieurs blessés et le FM est brisé entre les mains du tireur. Gendre profitera de la première accalmie pour déplacer ses

1. Lettre du 21 novembre 1983 adressée à l'auteur par M. Paul Gendre.

hommes vers l'extérieur de la ville et reprendre le tir. Son souci permanent est celui d'un grand nombre de chefs de section : les cartouches diminuent et le ravitaillement en munitions n'est pas assuré. Deux chasseurs envoyés au PC du 1er Pyrénéens en reviennent avec des cartouches de fusil, inutilisables pour le FM. En outre, la nouvelle qu'ils apportent n'est pas de nature à maintenir le moral : le lieutenant Belhomme vient d'être tué. Ancien chasseur alpin, Louis Belhomme, né à Brest le 26 avril 1908, avait compris dès l'aube que sa compagnie ne tiendrait pas devant les blindés et les fantassins qui descendaient du col des Croix.

« Puisqu'il faut y rester, aurait-il dit, autant finir en chasseur ! »

Retirant sa capote kaki, l'officier apparut en tenue bleue et, un FM à la hanche, s'engagea dans le combat à côté de ses hommes. Quelques instants plus tard, une rafale mieux ajustée l'abattait sur son arme. Avec Belhomme mourait la résistance. Les Pyrénéens sortent des caves et des abris en agitant des mouchoirs ou des serviettes blanches. Les derniers défenseurs du Thillot se rendent. Au PC du bataillon, le commandant Llense juge inutile de faire tuer ses officiers armés de pistolets et réussit à obtenir pour la dernière fois le colonel Conraux au téléphone.

« C'est fini, mon colonel, ils arrivent... Belhomme vient d'être tué et ses chasseurs ont été très bien. Je fais détruire le central... »

Les *Schützen* opèrent sans manifester de hâte. Ils fouillent sommairement les prisonniers et les dirigent vers le stade. A la section Gendre, l'aspirant est maintenant convaincu que sa puissance de feu est négligeable face aux moyens adverses. S'il insiste, ses hommes seront massacrés.

« Je décidai de me rendre et attachai mon mouchoir blanc à la baïonnette fixée au canon de mon fusil. Je l'agitai en me levant pour faire cesser le tir des armes automatiques. Une trentaine d'Allemands sortirent du bois, tous très jeunes, armés de mitraillettes, armes que je voyais pour la première fois. »

A l'école Jules-Ferry, Conraux est prévenu par le téléphoniste militaire resté à la poste : « L'ennemi tient la ville qui compte plusieurs points d'incendie. » Le colonel l'autorise à détruire son central et à essayer de rentrer dans « les lignes françaises » puis il téléphone lui-même au Ménil afin de rendre compte au PC de la 63e DI.

« Avant une heure, nous serons faits prisonniers. L'ordre de rester sur place est maintenu », écrit Conraux dans son rapport [1].

Le motocycliste Toustou porte au Ménil le dernier compte rendu écrit

1. Conraux prétend qu'il a rendu compte au général Parvy alors que celui-ci, à la même heure, est dans sa voiture, à proximité du carrefour des Baranges. Conraux a sans doute eu au téléphone l'officier de permanence, le capitaine des Roseaux, mais il est peu vraisemblable que celui-ci lui ait confirmé l'ordre « de rester sur place ».

tandis qu'au-dessus du Thillot où meurent et renaissent les brasiers, un avion d'observation, brillant sous le soleil, décrit des cercles qui vont s'élargissant. Arme à la hanche, les premiers soldats de la *1re Panzer* font leur entrée à l'école Jules-Ferry.

« Tout l'état-major de la demi-brigade est rassemblé et conduit au terrain de sport », rapporte le lieutenant Henri Doucet, de Béziers.

L'adjudant Payrar porte sur lui le fanion de la 1re demi-brigade de chasseurs pyrénéens qui sera caché à Belfort avant d'être récupéré par l'adjudant Armengau et remis au colonel Conraux. Ce dernier est séparé de ses officiers et, après avoir traversé la Moselle sur une passerelle lancée par les *Pionniers* de la *1re Panzer* à côté du pont détruit, il est conduit en voiture au col des Croix et présenté à l'*Oberst* Krüger qui lui adresse les félicitations d'usage « sur la belle tenue de ses hommes au feu et l'âpreté de la résistance qui lui fut opposée ». Krüger n'en croit pas un mot mais il a vraisemblablement reçu des ordres. Nombreux sont en effet les documents de source française où des officiers supérieurs affirment qu'au moment de leur reddition un colonel, voire un général allemand leur a déclaré « qu'il n'avait pas rencontré une telle résistance depuis Sedan », Rethel ou Dunkerque se substituant parfois à Sedan. Il est évident que cette petite phrase correspond à des consignes précises : « Rendez hommage à la vaillance de l'adversaire, même s'il capitule sans tirer un coup de fusil. Flattez-le pour qu'il ne se livre pas à des actions telles que : sabotage de matériel, d'armement, de munitions, de documents, etc. [1] »

Le colonel Conraux est emmené à Belfort où, après un bref arrêt au PC du *39e Korps* — où on l'abreuve encore de félicitations — il est interné à la caserne Béchaud. Le 21 juin il se fera porter malade et le médecin-lieutenant Decourt l'hospitalisera pour « angoisse, fatigue, troubles cardiaques, dyspnée d'efforts ». L'ancien chef de la 1re demi-brigade de chasseurs pyrénéens étalera devant les Allemands ses états de service, 38 ans dont 10 aux colonies, 5 citations et une blessure. Il sera libéré le 26 septembre et sera chez lui, à Perpignan, deux jours plus tard, sans avoir compris que l'adversaire ne le croyait pas malade mais parfaitement inoffensif.

Au PC de la 63e DI, au Ménil, le capitaine des Roseaux assume par devoir ses fonctions d'officier de permanence mais il ne dissimule pas qu'il aimerait être ailleurs.

1. Les « honneurs de la guerre » sont une autre application de cette politique qui est une véritable intoxication psychologique. Aujourd'hui encore, d'anciens combattants de 39-40 sont persuadés qu'au début de leur captivité, ils n'ont pas été des prisonniers comme les autres mais des « internés d'honneur ». Nous en verrons de nombreux exemples dans le tome III des *Combattants du 18 juin :* la fin des généraux.

« Vers 3 h 30, écrit-il, j'entends du côté du Thillot des bruits de chenilles. Sont-ce les chars ennemis ? Il me tarde de voir arriver 4 heures. »

Occupés à réduire les défenses du Thillot, à lancer un pont de bateaux sur la Moselle, à rassembler butin et prisonniers, les hommes du *Kampfgruppe* Krüger ne se pressent pas. A 4 heures, aucune patrouille motocycliste n'a encore fait son apparition au Ménil et des Roseaux peut enfin monter dans sa voiture et s'éloigner. A quelques kilomètres, il retrouve le convoi de l'état-major de la division où tout le monde dort encore.

« Je réveille le général Parvy ; il faut tout de même prendre une décision ! »

La même valse-hésitation que la veille. Sortant de son sommeil écourté, Parvy retrouve une situation qu'il est incapable de maîtriser : « Allez demander au général Tencé ce que je dois faire ! » dit-il finalement à des Roseaux. Celui-ci reprend la route et pousse jusqu'à la mairie de Cornimont où il voit l'officier de permanence du 44e corps, le capitaine Larmat, auquel il fait part de ses préoccupations.

« Le général dort encore, lui confie Larmat, il faut attendre son réveil ou celui du chef d'état-major. »

Déçu, des Roseaux repart pour le carrefour des Baranges et perd du temps sur la route encombrée par des convois circulant pare-choc contre pare-choc. Partie du Ménil dans la soirée du 19, une colonne de l'intendance du 44e corps vient seulement d'entrer à Cornimont. Une nuit de trajet pour effectuer une dizaine de kilomètres ! Le général Parvy a fait sa toilette, s'est rasé et il accueille des Roseaux avec le sourire : « Retournez à Cornimont, lui dit-il, et demandez au général Tencé de m'autoriser à rejoindre à Urbès le PC du dernier régiment de ma division, le 238e RI. »

A coups d'avertisseur, le capitaine s'ouvre un passage entre les convois qui serrent sur Cornimont. Tencé et le lieutenant-colonel Plagnol viennent de prendre leur café. Des Roseaux leur expose la suggestion du général Parvy et le commandant du 44e corps ne réfléchit pas longtemps pour y souscrire.

« Plutôt que de nous avoir dans ses jambes, note des Roseaux, je crois que le général Tencé est enchanté de cette proposition qu'il approuve. »

Nouveau retour au PC volant de la 63e DI où tout le monde accueille la nouvelle avec satisfaction. L'essentiel n'est-il pas de gagner du temps en attendant la conclusion de l'armistice ? Les voitures s'engagent sur la route du col d'Oderen. Exit Parvy que nous retrouverons à Bussang, théâtre de ses derniers exploits.

A Cornimont, une heure plus tard, Tencé a compris que les centaines de véhicules qui paralysent la circulation dans la localité et aux abords, doivent recevoir l'ordre d'aller quelque part. Mais quelle direction faut-il leur donner ? Finalement, Tencé confie à Plagnol la mission de lancer les convois du 44e corps en pleine montagne et de les faire stationner à proximité du lac des Corbeaux. Ces chemins ne comportent aucune issue et tous les véhicules seront bientôt à l'image des armées encerclées : dans un cul-de-sac.

« Nos véhicules s'intégrèrent à l'énorme colonne, rapporte le lieutenant d'administration André Lorgnier mais, après Xoulces, certains convois s'égarèrent dans les chemins forestiers du massif du Grand Ventron. Je me souviens d'un groupe de sanitaires qui avaient renoncé à aller plus loin. A quelque distance de la crête, je retrouvai l'intendant militaire Chiny, le lieutenant Voinier et d'autres officiers du 44e corps. Qu'allions-nous attendre à cet endroit sinon la fin de la guerre ? »

Si les « bureaucrates » attendent le cessez-le-feu, certains combattants ne désarment pas. Le lieutenant Platonoff a fait mettre en position les trois derniers 75 du I/69e RAMF à quelques centaines de mètres du Ménil.

« Nous ouvrirons le feu lorsque nous aurons un bel objectif dans la descente du col des Croix ou si l'ennemi cherche à sortir du Thillot pour venir sur nous », a dit le commandant de batterie au sous-lieutenant Demotes-Mainard.

Les trois pièces se trouvent à cent mètres près à l'emplacement choisi la veille par le commandant Escourrou pour les trois derniers autocanons du V/403e DCA. Escourrou dépend des Forces aériennes de la VIIIe armée et, lorsqu'il s'est rendu au PC de celles-ci, à La Bresse, le colonel Germain a estimé que les trois 75 seraient plus utiles à la sortie sud de Cornimont et il a donné l'ordre à Escourrou de les déplacer et de les faire tirer en DCB contre tous les chars qui se présenteront. Vers neuf heures, des fantassins se présentent devant la batterie Platonoff. Ce sont les derniers éléments du II/23e RIF qui se replient avec le commandant de Nexon.

« Une section de chars du lieutenant Striblen était également là, affirme Nexon. Pas d'infanterie. Je les entendrai tirer vers 10 heures pendant une heure environ puis se taire. »

« Pas d'infanterie », dit Nexon. Personne ne lui interdit de se joindre aux artilleurs ! Quant aux chars, ce sont ceux de l'Arlésienne. Certains les voient, d'autres ne les entendent même pas. Ce qui est exact c'est que Platonoff tire sur les Allemands sortant du Thillot ou descendant du col des Croix vers la ville. Les 75 interdisent à l'*Oberst* Krüger de lancer une colonne blindée vers Le Ménil et Cornimont et ce sont les *Schützen* qui vont essayer de régler le sort de la 3e batterie. Platonoff ne les attend pas et, lorsque les rafales de mitrailleuses deviennent trop proches à son gré, il donne l'ordre de décrocher en direction de La Bresse où le général Menu lui confiera une mission antichars aux issues du village.

Dans la matinée du 19 juin, le commandant Pasquier, du 158e bataillon du génie, a quitté le colonel Duluc au profit duquel ses sapeurs travaillaient depuis deux jours. Sur l'ordre du général Têtevuide, du génie de la VIIIe armée, il est allé s'installer à Cornimont. De son PC fixé à la poste, il a téléphoné à son adjoint, le lieutenant Guilly, resté à Lepuix-Gy, et lui a demandé de le rejoindre. Les chefs de section qui se trouvaient encore dans la nature après avoir procédé à des destructions, arrivèrent les uns après les autres : les lieutenants Vasseur, Dessaut, Giret, Bedat ont opéré vers Mélisey et devant Faucogney, Tibéri avec la 3e compagnie, Michenet au col des Croix et au col du Mont de Fourche. Le lieutenant Collard, de la 2e compagnie, rejoint avec trois de ses sections. Pasquier suppose qu'il restera là jusqu'à l'armistice mais le 20 à 11 heures du matin, un ordre écrit du général Laure lui enjoint « d'organiser la défense de Cornimont. »

« Il met à ma disposition, écrit Pasquier, trois compagnies du 418e Pionniers, une batterie d'artillerie et tous les éléments épars (*sic*) qui sont dans la localité. »

La batterie est constituée par les trois autocanons du groupe Escourrou placés sous les ordres du capitaine Douzon. Pasquier fait dire au commandant Bordez, du 418e Pionniers, de placer deux sections en soutien d'infanterie avec les autocanons et de répartir le reste de son unité sur les pentes de la cote 862, au-dessus du village. Les sapeurs, avec une centaine de fusils et une mitrailleuse Saint-Étienne, vont se mettre en place sur les cotes 980 et 981.

Les motocyclistes, les automitrailleuses et les camions du *Kampfgruppe* Krüger ont quitté Le Thillot en direction du col du Ménil et de Cornimont. Ils ont traversé la Moselle à gué car le pont de 16 tonnes auquel travaille le *Panzer Pionnier Bataillon 37* ne sera pas achevé avant midi. Premier arrêt au Ménil pour attendre l'infanterie qui rassemble des prisonniers. Deuxième arrêt pour dégager la route des camions-citernes que le général Tencé a fait coucher en travers. Les Allemands ne se pressent toujours pas.

« L'attaque se déclenche vers 17 heures, rapporte le commandant Pasquier. Une demi-heure plus tard, ma droite est débordée sous la pression d'une colonne motorisée allemande [1]. »

Qu'attendent les autocanons du capitaine Douzon pour ouvrir le feu ?

« Les pièces sont prises à revers par l'infanterie ennemie », écrit le lieutenant Tiers dans son rapport.

Décidément, depuis le 15 juin sur la Saône, la consommation de

1. Le commandant Pasquier, originaire de Rochefort (Charente-Maritime) a écrit son rapport le 25 février 1941.

projectiles du groupe Escourrou n'a pas été très élevée. Les hommes du 418e Pionniers ouvrent le feu mais l'un d'eux, Marcel Callioli, est tué, et la vigoureuse riposte des premières patrouilles de la *1re Panzer* les incite à lever les bras. A la poste, M. Minette, le receveur, lance à Jeanne Curien la téléphoniste : « Appelez La Bresse ! Prévenez-les et débranchez tout ! »

Mme Curien a fait le nécessaire puisque le général Tencé qui est à La Bresse, note dans son rapport : « A 18 heures, le bureau de poste de Cornimont prévient de l'entrée des Allemands [1]. »

Sur les pentes proches de la localité, le commandant Pasquier ne profite pas de sa position dominante ; il lui faudrait d'autres mitrailleuses, des mortiers... Les motocyclistes sont à 200 mètres de ses premiers éléments et le tout-terrain ne leur fait pas peur.

Pasquier : « Je donne l'ordre au lieutenant Tibéri de faire face au sud avec sa section et de protéger le repli des sapeurs. Nous partons, en combattant, dans la direction de La Bresse... Les motocyclistes allemands lâchent le contact. »

Le baroud d'honneur des sapeurs et des pionniers aurait eu une autre allure avec la participation effective des trois autocanons du V/403e DCA ! A Cornimont, de nombreux officiers et hommes de troupe du 44e corps rendent leurs armes, du moins ceux qui les possèdent encore. Avec l'aide du lieutenant Friard, le lieutenant Vernier, de la 665e compagnie d'exploitation du génie, a rassemblé 120 sapeurs, plus ou moins armés, qu'il a répartis au début de l'après-midi dans les fermes voisines de la localité. Dans son rapport, Vernier affirme « qu'il a réuni armes et munitions à l'école de Parfongoutte à la demande du sénateur-maire de Cornimont, M. Louis Gaillemin, la ville ne devant pas être défendue [2] ».

On a vu au contraire que la VIIIe armée en avait confié la défense au commandant Pasquier qui disposait d'une centaine de sapeurs, trois compagnies du 418e Pionniers et trois autocanons.

« Les Allemands ont continué leur route en direction de La Bresse, écrit Vernier, mais ayant rencontré de la résistance, ils sont rentrés à Cornimont pour y passer la nuit. »

Le général de Saint-Céran, des Forces aériennes de la VIIIe armée, est à La Bresse avec le général Laure et il évoque dans ses carnets la défense organisée « en direction de Cornimont où des éléments d'une division blindée ont été signalés ». Et Saint-Céran précise : « Une première reconnaissance vers La Bresse est repoussée. » A la date du 21 juin, le

1. Retirée à Rambervillers, Mme Curien a confirmé les faits à l'auteur (lettre du 14 avril 1981).

2. Selon son fils, l'abbé André Gaillemin, de Remiremont, le sénateur-maire de Cornimont n'aurait laissé aucun document sur cette période.

général Tencé confirmera : « De Cornimont, l'ennemi se contente de pousser des automitrailleuses sur La Bresse, qui prennent le contact sans insister. »

L'*Oberst* Krüger ne lancera pas d'attaque sur La Bresse parce que la *1re Panzer* a atteint la limite fixée au groupement Gudérian. Krüger peut envoyer des patrouilles en avant de Cornimont mais il n'a plus de conquête à faire, la campagne est terminée. Un des derniers ordres reçus le 20 juin au PC du *Kampfgruppe* est le suivant : « Tous les chars doivent faire l'objet de révisions mécaniques et le *General* Kirchner interdit de les engager plus loin dans la montagne. »

***

Remiremont. 20 juin. Le soleil monte derrière les grands sapins et, à la caserne Gobert, le lieutenant-colonel Avenel, commandant la Place, n'a pas profité de la nuit pour prendre la mesure qui s'imposait : établir enfin des liaisons entre les compagnies du dépôt d'infanterie 204 dispersées aux issues de la ville et avec celles du 79e RIF. Le « bataillon » du capitaine Carribou est dans une situation analogue, ses trois compagnies de mitrailleuses s'ignorant mutuellement, sans contact avec le dépôt 204. Après l'abandon de la position qu'elle occupait la veille de part et d'autre de la route du Val d'Ajol, la CM 9 du lieutenant Georges s'est regroupée dans les jardins du Calvaire, au sud de la ville. Avec trois sections sans mitrailleuses, Georges n'entretient pas l'espoir d'arrêter une nouvelle fois les blindés adverses et il craint que les *Schützen* n'aient profité de la nuit pour s'infiltrer jusqu'aux lisières de la cité.

« Nous attendons l'attaque, assure le chef de la CM 9, mais après la nuit blanche, nos nerfs sont à fleur de peau. »

Il envisage un instant de réoccuper la position évacuée hâtivement dans la nuit et donne l'ordre au chef Leblond de patrouiller avec ses voltigeurs jusqu'à l'emplacement tenu le 19 juin par la section du lieutenant Frantz. Lorsque Leblond reviendra, trois quarts d'heure plus tard, il rendra compte que l'ennemi s'est volatilisé, la barricade est toujours en place sur la D 23 et personne n'a touché aux mitrailleuses sabotées de la section Grosbuis. La CM 9 s'est peut-être repliée sans raison !

A la CM 3, le lieutenant Allard a décidé dans la nuit de quitter la maison de tolérance de l'impasse de la Joncherie, trop facilement repérable à son gré, et son PC s'est porté à quelques centaines de mètres, dans un petit immeuble abandonné par ses propriétaires. Au lever du jour, tourmenté par son isolement, Allard désigne un caporal-chef et deux hommes et leur confie la mission de rechercher la liaison avec la compagnie Georges. Il ne les reverra pas. Au PC du lieutenant-colonel

Avenel, le réveil a lieu vers 4 h 30. Brutalement. « Les premiers fusants éclatent au-dessus de l'église, raconte le lieutenant Bidegain. L'artillerie allemande est arrivée pendant la nuit et procède aux premiers réglages. »

Le bombardement commence à 6 heures et les canons du *Kampfgruppe* de l'*Oberst* von Aerts tirent à la fois sur les entrées sud de la ville et sur les approches du pont du Prieur qui enjambe la Moselle. Sur la rive droite, les cavaliers de l'escadron du capitaine Rossignol (GRDI 51) sont à leurs postes de combat, renforcés par deux sections de la CM 2 du 79ᵉ RIF placées sous les ordres de l'adjudant Mur et du sous-lieutenant René Andlauer, un Saint-Maixentais de 24 ans. Le lieutenant de Salettes, du GR 39, confirme l'heure du début du tir d'artillerie : 6 heures.

Selon le lieutenant Bidegain, le quartier Gobert commence à brûler vers 6 h 45[1]. Le lieutenant Schwartz, officier d'approvisionnement, réussit à sortir ses camionnettes de la caserne et traverse la Moselle pour s'arrêter à Saint-Étienne. Au Calvaire, le lieutenant Georges supporte mal l'attente. Si au moins le capitaine Carribou arrivait et donnait des ordres... Une violente fusillade se fait entendre du côté du Parmont. Georges sait que le lieutenant Allard est de ce côté et il a la même idée que le chef de la CM 3 : établir la liaison entre les deux compagnies. Il confie cette mission à l'un de ses hommes mais, craignant qu'il ne s'égare, décide de « l'accompagner un bout de chemin ».

« Nous n'irons pas loin, écrit Georges. Au premier carrefour, alors que nous demandons un renseignement à un civil, nous sommes surpris par une patrouille ennemie. Tout geste de défense est tellement inutile que l'on ne nous donne même pas l'ordre de lever les bras. Nous sommes désarmés et conduits dans le centre de la ville que je découvre, à ma grande stupéfaction, grouillante d'Allemands. »

Pendant ce temps, au Calvaire, le chef Maïer et les rescapés de la section Frantz, l'aspirant Grosbuis et ses hommes, attendent le retour de leur commandant de compagnie. Sans doute ont-ils négligé de se garder car pour eux aussi l'effet de surprise va jouer à plein.

Grosbuis : « Le boche arrive par le bois sans rencontrer personne et ouvre le feu sans crier gare. Débandade[2] au bout de laquelle je me retrouve avec trois, quatre hommes et deux FM. » Et l'aspirant a cette formule qui montre que l'ennemi a manœuvré avec la discrétion d'une troupe aguerrie et bien entraînée : « Brusquement, tout cède, autant essayer d'arrêter l'eau après la rupture d'une digue. »

1. Le bombardement cause plusieurs blessés et trois morts : Joseph Magron, Henri Scheuer, du DI 204, et Albert Multin, du 79ᵉ RIF.

2. Albert Curien, de Cornimont (Vosges) confirme : « Nous sommes surpris par les Allemands qui débouchent sur le belvédère, à 50 mètres au-dessus de nous, et nous mitraillent abondamment. C'est la débandade ! » (lettre du 4 juillet 1984 adressée à l'auteur).

On entend tirer à la périphérie de la ville et, à la CM 3, le lieutenant Allard a pris un mousqueton et s'est dirigé vers la barricade tenue par ses hommes sur une bretelle de la route de Plombières. Au moment où il s'apprête à sortir des sapins, au pied du Parmont, deux blindés ennemis apparaissent et, depuis la tourelle du premier, un gradé allemand crie « que la guerre est finie et que les Français doivent se rendre ». Kuehn, le tireur de la mitrailleuse, appuie sur la détente et brûle une demi-bande. Allard épaule, vise le chef de char et lâche un coup de mousqueton. Manqué, mort ou blessé, l'homme disparaît et les deux blindés reculent en tirant de toutes leurs armes.

Allard : « Le chargeur de la mitrailleuse a les poignets fracassés, Kuehn reçoit une rafale dans le ventre; on l'évacue sur une planche posée sur une échelle. Quelle bêtise d'avoir installé une mitrailleuse dans l'axe de la route. Aujourd'hui encore, j'en ai des remords [1]. »

Depuis le sommet du Parmont qu'ils ont occupé sans rencontrer de résistance [2], les Allemands « font du tir au lapin sur tout soldat français repéré, ce qui ne nous donne guère envie de bouger » dit encore le chef de la CM 3.

Les Allemands sont en force à Remiremont et le lieutenant Bidegain le reconnaît dès 8 h 30 : « L'ennemi a pris pied dans la ville et avance irrésistiblement grâce à ses blindés et à son artillerie. »

A 9 heures, le lieutenant-colonel Avenel décide de se replier sur la rive droite de la Moselle où il pense regrouper quelques unités du dépôt 204 pour les réinstaller en défensive. Des agents de liaison partent vers les compagnies mais celles-ci sont dispersées et nombreuses sont les sections qui ont déjà levé les bras. Les autres vont essayer de gagner le pont du Prieur où le trafic augmente de minute en minute. Prêt à ouvrir le feu avec son canon de 25, le lieutenant de Salettes écrit : « Beaucoup de monde passe, voiturettes d'infanterie, fantassins dont on ne connaît pas la mission mais qui s'en vont. »

Le capitaine Rossignol a mis son escadron en alerte et mitrailleuses et pièces de 25 sont braquées sur la rive gauche. Dans Remiremont et ses faubourgs, rafales et coups de feu alternent mais il s'agit souvent de tirs d'intimidation allemands destinés à provoquer la reddition des éléments du dépôt 204 et du 79e RIF qui tentent de quitter la ville. Le lieutenant Allard, qui cherche toujours la liaison avec la CM 9 de Georges, a soudain le souffle coupé. Il aperçoit « une interminable colonne motorisée allemande avec side-cars, transports de troupes, blindés,

1. Lettre du 20 mai 1984 adressée à l'auteur par M. Henry Allard.

2. Le capitaine Carribou a rédigé une belle citation à Allard « pour avoir continué à assurer jusqu'au 18 juin *(sic)* à la grenade la défense du fort dont il avait la charge ». « C'est une affabulation car je n'ai jamais occupé le fort » dit Allard qui recevra pourtant l'homologation de sa citation en... 1947 alors qu'il commandait une compagnie du 3e Étranger à Dong-Khé, dans le secteur de Cao-Bang.

peut-être une centaine. Elle s'est arrêtée, a orienté ses armes face au nord, sans doute pour faire une démonstration de la puissance de ses feux... »

Allard n'est pas long à se décider : il doit sortir de Remiremont le plus vite possible. Avec une trentaine d'hommes de la section de commandement ou récupérés à la barricade « nous fonçons vers l'ouest, se souvient-il, pour essayer de traverser la route de Plombières avant l'encerclement total ». Une heure plus tard, après une course harassante, l'officier se retrouvera à l'abri des grands sapins mais avec la moitié de son effectif initial. Il hésite sur la direction à prendre et supposant — à tort — que l'ennemi a certainement pris pied sur la rive droite de la Moselle, il décide d'entraîner son détachement vers le sud, à travers bois.

« Le lendemain, écrit-il, 13 de mes hommes m'avertirent qu'ils n'iraient pas plus loin. Le régime fraises des bois-myrtilles arrosées de l'eau du ruisseau ne leur convenait pas. En outre, étant Alsaciens, ils pensaient pouvoir rentrer chez eux. La CM 3 se trouva réduite à l'effectif de deux : David, mon ordonnance, et moi-même [1]. »

Le chef Leblond et quelques hommes de sa section traversent la Moselle et disparaissent dans la nature. L'aspirant Grosbuis rencontre sur sa route un poste avancé du GRDI 51 installé près de la voie ferrée, à l'ouest du pont du Prieur. Grosbuis a regroupé 13 soldats du 79e RIF avec quatre FM mais l'ennemi occupe bientôt la gare de Remiremont et il apparaît que la position tenue par les cavaliers n'est pas des meilleures.

Grosbuis : « Nous sommes dans la plaine de la Moselle, plate comme un billard, entre les deux routes qui la longent. Des automitrailleuses filent sur la rive gauche, nous canardent, nous dépassent... Des mitraillettes s'infiltrent à travers les blés, il faut se replier [2]. »

De l'autre côté de la rivière « des fusants éclatent au-dessus de l'usine, à 300 mètres derrière moi, présage évident d'un allongement des tirs », observe le lieutenant Bidegain.

L'usine de textile Géliot, PC du « bataillon » Carribou, est vide. Carribou aurait reçu vers 10 h 30 « l'ordre d'effectuer en combattant pied à pied le repli de Gérardmer ». Il ne précise pas de quelle autorité il tient cet ordre mais ne dissimule pas qu'il l'exécute avec célérité — sauf le combat pied à pied — en entraînant avec lui la CHR du lieutenant Auer. Quant à la CM 2 du lieutenant Trendel, une partie reste sur la

1. Allard emmènera David chez ses grands-parents, M. et Mme Guillerez, à Dampierre-sur-Salon (Haute-Saône) où les deux hommes se mettront en civil. Après un arrêt chez Mme Choppard, à Pontarlier, ils passeront la ligne de démarcation sous un camion de légumes et se présenteront aux autorités militaires de Lyon le 5 juillet.

2. Lettre du 16 février 1941 adressée par M. Julien Grosbuis à son frère Adrien.

Moselle avec les cavaliers de l'escadron Rossignol, le reste suit son chef qui exécute sans doute l'ordre transmis par Carribou et décroche en direction de Gérardmer [1].

Passé l'un des premiers sur la rive droite, le lieutenant Bidegain aurait reçu pour mission de placer de part et d'autre du pont du Prieur, les détachements du dépôt 204 qui se présenteront. Les obus allemands encadrant le pont, la traversée de celui-ci s'effectue au pas de course, parfois plus vite.

Bidegain : « Je refoule par trois fois des éléments du dépôt et du 79e RIF qui essaient de fuir en profitant du décrochage vers l'arrière de l'échelon d'une compagnie du 79e RIF. Vers 10 heures, le premier blindé allemand apparaît au bout du pont qui saute dans un fracas épouvantable... »

Avec un léger décalage d'horaire, le lieutenant de Salettes témoigne : « A 9 h 30, le pont saute. Le brigadier-chef Dalloz est tué à côté de moi. J'aperçois de l'autre côté une colonne de chars arrêtés. Impossible de les compter mais ils sont nombreux. On ne voit que des tourelles ! »

Pour les Français qui s'échappent encore de Remiremont, une seule solution désormais : le passage à gué, en aval du pont [2]. Des soldats du 79e RIF le font « en abandonnant leur sac et quelques mitrailleuses » (rapport Carribou). Le lieutenant-colonel Avenel lui-même rejoindra Bidegain avec le lieutenant Ritz après avoir traversé la Moselle avec de l'eau jusqu'aux cuisses. Les capitaines Vescher et Aimar auraient été blessés, le second grièvement. La compagnie du capitaine Casaromani reflue vers l'arrière et Avenel tente, en vain, de la renvoyer en ligne sur la Moselle. La compagnie Willerwald s'est réfugiée dans la forêt et celle du capitaine Desbois marche sur Gérardmer. Avenel et ses officiers décideront d'en faire autant.

Tirant à balles perforantes, les mitrailleuses de l'escadron Rossignol font écho aux coups de départ des canons de 25. Sous le feu des chars allemands, le duel est inégal. Le GRDI 51 a en face de lui la 8e compagnie du *II/Panzer Regiment 3* placée sous les ordres du *Hauptmann* Maerker. Celui-ci rapporte : « On atteignit le pont de la Moselle déjà détruit. La tête de la compagnie fut accueillie par des tirs violents de *Pak* et de mitrailleuses. Assez rapidement, quatre des canons de *Pak* furent démolis par nos premiers chars, un *Panzer IV* et deux *Panzers III* qui furent pourtant atteints par de nombreux coups au but. »

1. Curé de Krautergersheim (Bas-Rhin) l'abbé Trendel affirme dans son rapport du 20 juin 1945 que sa compagnie « a arrêté trois *Panzerdivisionen* pendant trois jours à Remiremont ».

2. Dans une lettre du 17 juillet 1984, le Dr Baumgartner, président de la Société d'histoire locale de Remiremont et de sa région, a confirmé à l'auteur que le pont du Prieur avait sauté à 9 h 30.

L'objectif des Allemands est d'obliger les cavaliers français à se rendre ou à se replier afin que les *Pionniers* du *Kampfgruppe* von Aerts puissent se mettre au travail et lancer un pont provisoire sur lequel passeront les blindés. Au peloton de 25 du GRDI 39, le lieutenant de Salettes a confié le poste de tireur au brigadier-chef Sangout avec Casenave comme chargeur. Abrités dans la tranchée creusée la veille, Jorda et Pailhe, tous les deux tireurs, sont en réserve, avec deux chargeurs, Ward et Rouglan.

« A cette distance (300 mètres) tous les coups portent, écrit Salettes. Dès que la riposte arrive, je fais cesser le tir, nous nous écrasons par terre, nous faisons les morts. Au quatrième char, Casenave est blessé, Pailhe le remplace. Nous tirons un cinquième char et, à ce moment, nous sommes littéralement écrasés par un feu intense... »

Pailhe est atteint au pied. Le lieutenant appelle Jorda et Ward et leur ordonne de venir au canon. Ils ne répondent pas. Croyant que la peur les paralyse, Salettes rampe jusqu'à la tranchée : Jorda est touché à la tête et dans le dos, sa face ruisselle de sang. Ward se dresse pour obéir mais « ses yeux seuls sont gris de poussière, le reste de sa figure est rouge, son crâne est fendu et laisse passer de la matière cérébrale ». Le chef de peloton envoie Laporte, son agent de liaison, rendre compte au capitaine Rossignol puis il conduit ses blessés jusqu'à une maison proche du carrefour « où une jeune fille pleine de sang-froid » leur donne les premiers soins. Un quart d'heure plus tard, Salettes les amènera 200 mètres plus loin, dans une cave où ils ne craindront plus les obus.

A Seux, au PC du chef d'escadrons Gigandet, les cavaliers courbent la tête. Repérés par le « mouchard » qui observe la vallée, ils sont l'objet d'un tir d'artillerie et plusieurs maisons sont en flammes.

« Il nous est possible de voir les pièces allemandes installées sur les hauteurs, hors de notre portée » écrit le sous-lieutenant Paulmier.

Hors de portée des mitrailleuses et des canons de 25 qui se font démolir à la sortie du pont du Prieur, c'est l'évidence même, mais que sont devenues les quatre pièces de 75 de la 3/26$^{e}$ RA du capitaine Roger-Petit ? Celui-ci est victime des ordres, des contrordres, sans parler des hésitations de Gigandet qui a voulu placer deux tubes face au nord, orientés vers Jarménil dont l'ennemi s'est emparé la veille. Pour les deux autres, ils ont une mission antichars et sont installés sur plate-forme Arbel « près de la dernière maison à l'ouest de Seux ». Bien camouflés, les canons subissent le feu adverse et personne n'a demandé à Roger-Petit de faire, le cas échéant, de la contre-batterie.

« Je craignis d'abord, dit-il, que mes pièces soient l'objet d'un tir de destruction, ce qui ne présentait aucune difficulté, l'ennemi tirant à vue à moins de 2 000 mètres. Mais au lieu de se concentrer, les coups suivants se dispersent et bientôt tout le village est bombardé. »

L'école où se trouve le PC du groupe d'escadrons reçoit deux coups de 105 et commence à brûler. Gigandet fait évacuer la cave.

« La compagnie entière prit l'attaque à son compte et, après environ deux heures trente d'un violent combat, l'adversaire montra le drapeau blanc » écrit le *Hauptmann* Maerker dont les chars stationnent devant le pont du Prieur.

Dans la cave où sont les blessés du GR 39, l'agent de liaison Laporte transmet en effet au lieutenant de Salettes une nouvelle qui a visiblement du mal à franchir ses lèvres : « Le capitaine Rossignol donne l'ordre de déposer les armes ! »

Salettes tremble de rage contenue. Il ignore qu'un quart d'heure plus tôt, le sous-lieutenant Albert Chapelard s'est présenté au PC de Seux, porteur d'un message verbal de Rossignol. Selon le lieutenant de Favitski, il rendit compte au chef d'escadrons Gigandet qu'il avait 8 tués, 23 blessés, et que ses canons étaient hors de combat. Rossignol « se voyait obligé de se rendre comme l'exigeaient les parlementaires allemands qui s'étaient avancés devant ses lignes. » Toujours selon Favitski, Gigandet a renvoyé Chapelard avec l'ordre « de continuer la lutte sans esprit de recul [1] ». Une demi-heure plus tard le sous-lieutenant était de retour : le capitaine Rossignol avait cessé le feu et les fantassins en feldgrau traversaient la Moselle sous la protection de leurs chars.

Le lieutenant de Salettes qui revenait vers l'emplacement de son canon de 25 pour saboter celui-ci, aperçoit un Allemand qui lui fait signe d'approcher : « Je vais à lui, raconte l'officier, il me prend mon pistolet ; j'appelle mes hommes. C'est fini. J'ai retrouvé le capitaine Rossignol sur la place de l'église de Remiremont [2]. »

A Seux, le dénouement est proche. Les tirs de l'artillerie adverse sont devenus sporadiques mais ses salves montrent que les observateurs restent vigilants.

« Vers 15 heures, écrit le lieutenant de Favitski, nous reçûmes l'ordre du lieutenant-colonel d'Hausen de nous replier. Le commandant me dit alors de partir dans la montagne avec tous les officiers et hommes valides et d'essayer d'atteindre Gérardmer. Lui-même et le sous-lieutenant Paulmier restèrent avec le capitaine de Brantès qui, blessé quelques jours auparavant dans un accident, ne pouvait pas marcher. »

L'officier de renseignement du GR 51 ne parle pas des canons de la 3/26e RA dont la participation aux combats de Remiremont a été nulle puisqu'ils n'ont pas tiré un projectile. Pourquoi d'Hausen, qui n'avait que cette batterie comme artillerie d'appui, ne lui a-t-il pas fixé comme

1. Le chef d'escadrons Gigandet et le capitaine Rossignol n'ayant pas rédigé de rapport connu, les détails manquent sur la reddition.

2. Sur les indications du lieutenant de Salettes, les brancardiers allemands sont allés chercher les blessés du GRDI 39 dans leur cave et le service de Santé de la *2e Panzer* les a pris en charge.

objectif la rive gauche de la Moselle aux abords du pont du Prieur ? Les chars du *Hauptmann* Maerker auraient sans doute plus souffert qu'avec les 25 de l'escadron Rossignol ! Le capitaine Roger-Petit rapporte que le chef d'escadrons Gigandet l'a convoqué pour lui faire part « de sa décision de décrocher » et lui demander « ce qu'il avait l'intention de faire ». *(sic)* Gigandet n'a donc pas parlé d'un ordre envoyé par le lieutenant colonel d'Hausen ?

« Avec vos éléments motorisés, aurait répliqué l'artilleur, vous partirez à 60 km/h alors que mes chevaux ne marchent qu'à 4 km/h ; de plus mes avant-trains ne peuvent arriver en plein jour jusqu'aux pièces sans être démolis et, y arriveraient-ils qu'ils ne pourraient pas échapper sur la route qui est vue de partout.

— Alors, faites sauter vos pièces !

— C'est ce que je fis ! » conclut Roger-Petit qui oublie que si « la route est vue de partout », c'est-à-dire par les observateurs allemands, ceux-ci ne laisseront pas davantage circuler une batterie d'artillerie hippomobile que les motos et camionnettes du GRDI 51. C'est sans doute pour cette raison que, à 16 h 20, Favitski, Chapelard et une trentaine d'hommes laissent Seux derrière eux et gravissent le plateau boisé de la forêt de Fossard [1].

Avec les servants de ses pièces sabotées, Roger-Petit rejoint ses avant-trains camouflés sous les arbres d'un bois. Le destin des cavaliers se sépare de celui des artilleurs, ce double départ marquant d'une certaine façon la fin des combats de Remiremont. Le feu des blindés et surtout les tirs de l'artillerie de la *2e Panzer* ont causé des pertes que, pour diverses raisons, il est difficile d'évaluer. Deux chiffres peuvent cependant être retenus : 33 morts identifiés et plus de 120 blessés. Pour la majorité des tués, l'unité à laquelle ils appartenaient n'est pas connue [2].

1. Le chef d'escadrons Gigandet et le sous-lieutenant Paulmier partiront de leur côté avec l'intention de passer en Suisse. Ils seront faits prisonniers le 23 juin près de Granges-sur-Vologne (Vosges). Après diverses péripéties, le lieutenant de Favitski sera admis à l'hôpital de Remiremont pour un épanchement de synovie. Dénoncé par le médecin militaire qui l'a soigné, il sera envoyé à l'Oflag V-A, à 50 km de Stuttgart.

2. Outre Magron et Scheuer tués à la caserne Gobert, Jacob, Vincent, Carrey et Reif, du dépôt 204. Avec Lancelot mort le 19, Multin à la caserne Gobert, Mattel, Starke et Kallebrum, du 79e RIF. Quatre cavaliers : Moreau, Bouzigues, Descours et Legallet. Les corps de Lesecq, Gasquet, du caporal Dangreau, du sergent Krust et d'un sous-officier de cavalerie inconnu seront retrouvés aux Grands Moulins. Les tués dont l'unité n'est pas connue : Gallois, Riedinger, Canivet, Balloux, Aubin, Pécheu, Jung, Géhin, Barba, Moutaux, Forbault et le maréchal des logis Thiébaut. Le lieutenant Jacques Bichat est décédé à l'hôpital le 20 juillet.

# CHAPITRE XXXII

# « Que peuvent nos soldats contre cette avalanche... »

« La matinée du 20 juin est calme. » Lorsqu'il écrit ces mots, le lieutenant-colonel Ferroni, du 168ᵉ RIF, se trouve à son PC de Saint-Amé, à moins de huit kilomètres à l'est de Remiremont. Il faut croire qu'il n'entend pas l'artillerie allemande, qu'il ne voit pas passer les détachements qui se replient sur Gérardmer et surtout que le lieutenant-colonel d'Hausen dont le PC est également à Saint-Amé ne l'entretient pas, heure par heure, de l'évolution de la situation. Ferroni se préoccupe davantage, et c'est normal, de ses deux bataillons, en particulier du III/168ᵉ RIF du commandant de La Fournière qui a pris un contact d'une extrême brutalité la veille devant le col du Mont de Fourche. Toute la nuit, les *Pionniers* de la *2ᵉ Panzer* ont travaillé à rétablir la circulation sur la route de Corravillers éventrée à l'explosif par les sapeurs du lieutenant Michenet. Aussi le calme de la matinée étonne-t-il Ferroni.

« On s'attendait à une reprise de l'attaque au lever du jour », reconnaît-il.

A son PC de Ferdrupt, sur la RN 66, le colonel Duluc se trouve beaucoup plus au sud que Ferroni et l'on comprend que Remiremont ne l'intéresse pas au premier chef. Le PC est à six kilomètres à l'ouest du Thillot où les *Schützen* de l'*Oberst* Krüger sont en train de débusquer des caves les derniers chasseurs du 1ᵉʳ Pyrénéens. La *1ʳᵉ Panzer* va poursuivre son attaque en direction du Ménil et de Cornimont mais elle prend ses précautions sur la RN 66, comme en témoigne Duluc : « L'ennemi se couvre sur sa gauche face à Ramonchamp car un officier de transmissions de la VIIIᵉ armée mis à ma disposition, le lieutenant Trève, est blessé vers 9 heures à l'est de Ramonchamp en effectuant une liaison. »

Le capitaine Bonnet, du III/79ᵉ RIF, a pris des dispositions face au Thillot et la défense du pont de Saulx a été confiée au sous-lieutenant Bickar avec trois canons de 25 et un FM. Ne pensons pas à ce qui se produirait si Krüger envoyait quelques automitrailleuses et un *Panzer IV* contre ce modeste barrage. Duluc sait que l'attaque contre ses forces peut être lancée de trois directions : du Thillot, de Remiremont ou du col du Mont de Fourche. Aucune aide, aucun appui ou renfort ne pouvant être espérés de la VIII^e^ armée ou du 13^e^ corps, la situation du groupement est désespérée. Les hommes qui vont mourir le 20 juin ne peuvent plus rien changer et, lorsque la *2^e^ Panzer* passera à l'attaque, ce sera, pour reprendre l'expression de l'aspirant Grosbuis à Remiremont, « comme si on voulait arrêter l'eau après la rupture d'une digue ».

Préparé depuis le début de la guerre à se battre sur la ligne Maginot — avec tous ses moyens — le 168^e^ RIF va livrer bataille sur une position improvisée et sur un front d'une trop grande étendue. Le bataillon La Fournière tient le col du Mont de Fourche mais, dans la vallée de la Moselle, Rupt se trouve également dans son quartier. L'adjudant-major du bataillon, le capitaine Leloutre, défend la localité avec quelques officiers aux barricades, deux sections de mitrailleuses et une pièce de 25. Le premier village au nord, Maxonchamp, est dans le quartier du II/168^e^ RIF du capitaine Collilieux. S'y trouve la CM 6 du lieutenant Lecoq-Vallon, en liaison avec la CM 7 du capitaine Pichat à Vecoux, la CM 5 du capitaine Fosse s'échelonnant au nord entre Dommartin et Celles où la section du lieutenant Decou vient d'être détachée. L'adjudant-major de Collilieux, le capitaine Robert Grellou, ne masque pas son inquiétude de voir le bataillon étiré sur une ligne de plus de 10 kilomètres. Chez les Français, c'est une constante ; on ne cherche jamais à être fort à un endroit mais à tenir le plus de terrain possible, ce qui implique un émiettement des forces. Et lorsque l'ennemi lance son coup de bélier quelque part, le dispositif est trop faible pour résister et aucune réserve n'est prévue pour se porter au secours du point menacé.

« Il faisait un temps magnifique qui contrastait avec l'inquiétude que nous ne pouvions pas ne pas ressentir », écrit Grellou qui, profitant du calme de la matinée, accompagne Collilieux sur la position. A Maxonchamp, le lieutenant Lecoq-Vallon les accueille avec le sourire. S'il a des soucis — comment n'en aurait-il pas ? — le commandant de la CM 6 les dissimule derrière un moral de fer. Il écrivait dans une des dernières lettres envoyées à son épouse : « Les hommes prétendent que j'ai la baraka et m'attribuent la veine dont nous avons bénéficié jusqu'à présent. » Profondément croyant, il ajoutait cette phrase que n'eut pas désavouée Maritain : « Cette époque doit être une occasion d'avancement moral et d'élévation spirituelle. »

La compagnie a deux passages à interdire : le pont de la voie ferrée de Lépanges confié à la section Borre, et le pont de la Moselle sur lequel le sous-lieutenant Grob a fait édifier un solide barrage. Le lieutenant Guesquin et ses voltigeurs surveillent une passerelle pour piétons et un petit pont de bois qui, on ignore pourquoi, n'ont pas été détruits.

Lecoq-Vallon a une requête à présenter : « Mon capitaine, les trois pièces de 75 qui m'ont été envoyées doivent monter à Saint-Amé au début de l'après-midi. Je n'aurai plus d'artillerie.

— C'est un ordre du lieutenant-colonel Ferroni, répond Collilieux ; la menace est paraît-il plus sérieuse du côté de Remiremont et le colonel veut interdire l'accès de Saint-Amé [1]. »

La 4/6e batterie du capitaine Meaux Saint-Marc a reçu l'ordre de quitter Maxonchamp et de faire mouvement, selon le journal du 168e RIF, « au début de l'après-midi [2] ». Ferroni a-t-il été informé de la chute de Remiremont ? Il reste que la mauvaise coordination entre les PC Ferroni et d'Hausen laisse la CM 6 de Lecoq-Vallon avec des mitrailleuses et des FM pour arrêter une éventuelle attaque de chars.

Ferroni profite lui aussi du « calme » de la matinée pour rendre visite à ses subordonnés. Au Chêne, il s'arrête pour faire le point avec Cruse et Réthoré et monte ensuite au col du Mont de Fourche. Pendant le trajet, l'artillerie allemande tire à nouveau sur Rupt et le carrefour situé à l'est de Maxonchamp. Au PC du III/168e RIF, le commandant de La Fournière rend compte du dispositif adopté : la CM 10 du capitaine Preux et la CM 11 du capitaine Goedert sont de part et d'autre de la route de Corravillers, la CM 9 du capitaine Betat prolonge la position à l'ouest et la compagnie d'engins du lieutenant Lessieux — devenue compagnie de voltigeurs faute d'engins — est répartie sur l'ensemble de la ligne. Deux chars ont été envoyés à La Fournière mais, dit celui-ci, « ils ne peuvent plus être employés comme tels, ils peuvent à peine se mouvoir et ils serviront de blockhaus pour enrayer une progression venant du sud-est [3] ».

Satisfait, Ferroni remonte dans sa voiture et retourne dans la vallée de la Moselle. Il ne sait pas qu'il ne reverra jamais le commandant de La Fournière. Se présente alors au PC de ce dernier le capitaine Pierre Betat, de la CM 9. Nous ne savons rien de la conversation des deux hommes sinon qu'elle fut démoralisante pour Betat.

« En vous quittant, écrira-t-il à son chef de bataillon [4], je revins à mon PC, le cœur très gros suite à vos derniers avis. Sur mon passage, je

1. Si Ferroni se confiait au lieutenant-colonel d'Hausen dont le PC est à Saint-Amé ce dernier lui parlerait peut-être de la 3/26e RA du capitaine Roger-Petit. Mais d'Hausen connaît-il l'existence de celle-ci ?

2. Le chef d'escadron Cruse, du 69e RAMF indique que la 4/6e batterie a reçu l'ordre de faire mouvement à midi.

3. La Fournière parle de chars FT, le capitaine Bonnet, du III/79e RIF, assure qu'il s'agit de R 35. Ceux de la 1/16e BCC du lieutenant Michalet ? Le colonel Duluc écrit : « Les trois derniers chars de la 1/16e BCC qui ont pu reprendre le combat sont rapidement hors d'usage ; ils ne sont pas incendiés pour éviter de mettre le feu aux sapins qui couvrent la crête » (lettre du 14 avril 1981 adressée à l'auteur).

4. Lettre du 7 mai 1941 adressée au commandant de La Fournière.

rencontrai Lessieux[1] qui me parut particulièrement affecté avec quelques-uns de ces hommes déjà désarmés (*sic*). Des vivres et les pièces comptables de sa compagnie en vrac sur le sol ; tableau bien pénible à voir mais, en vieux soldat, je ne pouvais croire à une telle réalité. »

Quelle signification peut-on donner à cette phrase extraite d'une lettre à caractère privé ? La Fournière a-t-il confié à Betat que le combat était joué d'avance mais qu'il convenait de faire son devoir et au besoin se sacrifier ? Ce serait bien dans le tempérament de ce chef exceptionnel onze fois cité en 14-18 qui, en 1943, mourra sous la torture dans les locaux de la Gestapo. Mais pourquoi Lessieux est-il « particulièrement affecté » et surtout, pourquoi certains de ses hommes sont-ils « déjà désarmés[2] » ? L'énigme ne sera sans doute jamais éclaircie.

« Vers 12 h 30, écrit La Fournière, alors que le colonel vient de quitter la position, des chars sont de nouveau signalés montant de Corravillers la route en lacets vers le col. Ils sont environ cinquante et portent le drapeau rouge à croix gammée. »

Cette information extraite d'un brouillon de rapport rédigé par La Fournière pose une nouvelle énigme. On peut supposer en effet qu'il s'agit des chars du *Kampfgruppe* von Priwitz qui, arrêtés la veille par la coupure de route pratiquée par les sapeurs du lieutenant Michenet, seraient descendus passer la nuit à Corravillers. Or, un document de source privée fait douter de cette hypothèse. Il s'agit d'une lettre du sergent André Karcher adressée à son commandant de compagnie le capitaine Betat[3] :

« A l'aube du 20 juin, écrit Karcher, j'ai repéré les chars allemands, embossés et camouflés dans le talus de la route ; j'ai fait un croquis et un plan de leur position et l'ai fait porter au commandant dans l'espoir de les voir arrosés par l'artillerie de Rupt. Mais ceci n'a pas eu lieu. »

Puisque La Fournière signale la montée des chars de Corravillers vers 12 h 30, quels sont ceux que Karcher aperçoit à l'aube, NEUF heures plus tôt, « embossés et camouflés dans le talus de la route » ? Von Priwitz n'aurait-il pas envoyé une ou deux compagnies reconnaître les hameaux, les fermes situés à l'ouest du col du Mont de Fourche, sur des petites routes d'accès difficile : le Grand Saucis, le Marchessant, Pont de la Scie, etc. ? Le gros du *Kampfgruppe* qui monte de Corravillers est sans doute précédé par les blindés qui, la veille, ont détruit la 8/26e RA du capitaine Grobbe, poursuivi les R 35 de la compagnie Michalet et tué Roeder, Affler et le chef Hauprich derrière leur canon de 25. Karcher ne

1. Commandant la CEFV/3. Betat écrit « Lisieux ».

2. Lieutenant au 11e régiment de tirailleurs algériens en poste à Tafraout (Maroc), Lessieux a rédigé une fiche de renseignements datée du 20 février 1941. Elle ne peut être retenue comme un document sérieux.

3. Lettre du 9 mars 1942 adressée par Karcher au capitaine Betat, demeurant à Montmirail (Marne).

s'est pas inquiété de l'absence de réaction suscitée par son message. Si le commandant ne déclenchait pas les tirs de l'artillerie, c'est qu'il avait ses raisons. Pour Karcher, la matinée est aussi calme que si les chars allemands n'existaient pas : le groupe de mitrailleuses du sergent Duquesnoy s'est installé sur une butte derrière son propre groupe, il a perçu 10 grenades et la position a été survolée à plusieurs reprises par le « mouchard ». Pas de quoi se montrer « particulièrement affecté » comme le lieutenant Lessieux !

« Peu avant midi, note Karcher, j'ai envoyé la corvée, quatre hommes, au ravitaillement. »

Si les *Panzers* sont toujours contre le talus, à deux pas, l'atmosphère qui règne à la CM 9 n'est pas celle d'une alerte générale. La « corvée de soupe » se dirige vers la cuisine roulante et dans la demi-heure qui suit, le *Kampfgruppe* von Priwitz, de la *2e Panzerdivision,* attaque avec tous ses moyens.

« L'attaque est précédée et accompagnée par de violents tirs dans la vallée de la Moselle et notamment sur Rupt, écrit Duluc. Lorsqu'elle se déclenche, elle est très puissamment appuyée et acquiert tout de suite une extrême violence. »

Pendant que les blindés se dirigent vers les crêtes, le bombardement les précède et le col du Mont de Fourche disparaît dans la fumée et la poussière.

« Des obus éclatent près de mon PC et sur la section Buisine, note le capitaine Betàt. Le feu se propage et m'oblige à déplacer la section de commandement et un groupe de la section Berthelot. »

Même observation du commandant de La Fournière : « Les fougères qui tapissent le terrain s'enflamment... » Moteurs lancés au maximum les chars précèdent l'infanterie et leur assaut semble dirigé contre la CM 10 du capitaine Preux. Le nombre des blindés leur permet de manœuvrer, de forcer le passage sur le flanc gauche, de rejoindre d'autres éléments vers le fort de Rupt. Les mitrailleuses françaises tirent à balles perforantes mais les impacts ne causent pas les dégâts espérés. Le 13 novembre 1939, le général Cousse, du Secteur fortifié de Thionville, avait transmis à ses unités, dont le 168e RIF faisait partie, une note « confidentielle » sur les méthodes d'emploi et les caractéristiques des chars allemands en Pologne. Le colonel O'Sullivan, de l'infanterie du secteur, avait ajouté au bas de cette note : « Les chars allemands sont peu blindés, bien moins que les nôtres. Donc, nos canons de 25 et même nos balles perforantes sont efficaces. La seule condition est que les tireurs soient instruits et résolus. Fuir devant les chars est une lâcheté et un suicide. » Le 20 juin au col du Mont de Fourche, les officiers du III/168e RIF regrettent certainement que le colonel O'Sullivan ne soit pas là[1] pour tester l'efficacité des balles perforantes !

A la section de l'aspirant Ohl et à celle du lieutenant Le Ralle, les chargeurs ne lésinent pas sur la consommation des bandes rigides mais les *Schützen* qui marchent derrière les chars usent abondamment de l'arme automatique et, sans la poussière et la fumée qui permet des replis discrets, la CM 10 serait déjà écrasée. Blessé une première fois, le capitaine Preux est resté à son PC mais une seconde blessure, plus grave, à la jambe, oblige les brancardiers du médecin-auxiliaire Desprez à l'évacuer. Près du hameau de La Rosière, le lieutenant Joseph Le Ralle, 40 ans, Breton de Saint-Connec (Côtes-du-Nord) est tué à trente mètres de l'école auprès de sa dernière mitrailleuse. Le commandant de La Fournière rend compte au lieutenant-colonel Réthoré par la ligne téléphonique de campagne et demande une intervention des 155 sur les lacets de la route où se succèdent les blindés. Réthoré répond qu'il va faire son possible et transmet l'appel au chef d'escadron Cruse. Protégé par le lieutenant Pujol et une poignée de volontaires, le groupe du capitaine Chartier est en position derrière Rupt avec ses six dernières pièces mais il manque d'observatoires et son stock de munitions a singulièrement baissé. Les tirs s'abattent dans la zone du col du Mont de Fourche mais La Fournière espérait une puissance de feu beaucoup plus élevée. La liaison téléphonique avec le PC Réthoré est interrompue et, malgré la sortie du soldat Chatillon qui tente de réparer les coupures, elle ne sera pas rétablie. Entre La Montagne et le fort de Rupt, les blindés allemands sont en train de tourner le III/168e RIF rivé à la défense du col et s'apprêtent à descendre par le versant nord pour attaquer leur second objectif de l'après-midi : la vallée de la Moselle.

Réthoré : « Environ soixante-dix chars et une trentaine de véhicules tout-terrain dévalent les pentes du fort de Rupt vers la Moselle (...). Simultanément, l'infanterie ennemie s'infiltrant dans les bois approche du Chêne et coupe la retraite au bataillon du 168e RIF demeuré au col du Mont de Fourche. »

C'est le tour de la CM 9 du capitaine Betat de subir le choc. Le combat devient aveugle, Betat étant coupé à la fois du point d'appui du lieutenant Buisine, le plus exposé, et du PC du commandant de La Fournière. Vers 14 h 30, une attaque de front se développe contre la section du lieutenant Marcou. Le groupe du sergent Colas se laisse impressionner et lève les bras. Marcou, avec le groupe du sergent Tincq, commande lui-même le feu et arrête l'assaut des *Schützen.* Ses hommes capturent même un blessé que les brancardiers portent au poste de

1. Le colonel O'Sullivan est resté sur la ligne Maginot pour assurer le commandement des ouvrages fortifiés du Secteur de Thionville. (Voir *On a livré la ligne Maginot,* Fayard, 1975.)

secours du Mont de Fourche… enlevé par l'ennemi dix minutes plus tôt. La position française ne peut être réduite mais elle est entamée, grignotée, et chaque PA fait l'objet d'une manœuvre visant d'abord à l'isoler puis d'une attaque destinée à l'éliminer. Tel sera le sort du PA Buisine où le chef Urbain, les caporaux Leblanc et Schemesser, tiendront leurs hommes en main jusqu'au bout, jusqu'au moment où les culasses claqueront sur des chambres vides.

« L'ennemi est en grand nombre au Mont de Fourche et aux abords de la route ! » rend compte le sergent Balet au capitaine Betat.

Aux mitrailleuses du groupe Karcher, les caporaux Auguste et de Rutter ont pris la place du tireur.

« Avec eux, il y aura moins de balles perdues », a confié Karcher au commandant de la CM 9. Les armes de tourelle des chars tirent systématiquement sur bosquets et buissons mais, bien camouflé, le groupe n'est pas repéré.

« Vers 14 h 30, raconte le sergent, une cinquantaine de fantassins allemands débouchent des lacets de la route de Corravillers, colonne par un, montant vers le col du Mont de Fourche. »

L'occasion attendue par le sous-officier se présente enfin. L'ennemi est à environ 300 mètres mais Karcher ne veut rien brusquer et préfère ouvrir le feu à 100 mètres de manière à faucher la file.

« Encore 20 mètres ! » souffle-t-il à Auguste et à de Ritter qui ne quittent pas leur objectif des yeux.

Karcher a trop attendu. A la guerre, chaque seconde compte et une situation peut se renverser en l'espace d'un instant. Des *Schützen* ont capturé discrètement le groupe Duquesnoy et débouchent derrière les mitrailleuses qui s'apprêtent à tirer…

« Jugez de ma stupeur, écrira Karcher à son capitaine, quand, me croyant bien gardé sur mes arrières, l'ennemi me met, on peut le dire, la main sur l'épaule. »

Vers 16 heures, le commandant de La Fournière est fait prisonnier à son PC dans les mêmes conditions. Il observait la route montant du sud et c'est du nord que des mitraillettes le menacent. Pendant près d'une heure, il entendra, poings serrés, la CM 11 poursuivre le combat après la destruction de la CM 10. Le capitaine Goedert sera lui aussi blessé et la compagnie, victime de la défaillance du ravitaillement en munitions, jettera ses armes vides aux pieds du vainqueur. A la CM 9, les tirs cessent également mais, plus éloignés de la route et du col, les hommes peuvent se regrouper autour du capitaine Betat et se camoufler dans la végétation.

« Les deux chars surveillant le sud-est n'ont même pas ouvert le feu ! » remarque La Fournière qui rejoint les soldats de son bataillon prisonniers de la *2e Panzer*. Avec autorité, on les forme en colonne et ils descendent de la montagne jusqu'à Faucogney où ils passeront leur première nuit de captivité [1].

Lorsque les blindés du *Kampfgruppe* von Priwittz ont donné l'assaut à la position défendue par le bataillon La Fournière, le lieutenant-colonel Réthoré a estimé que le PC du sous-groupement pouvait se trouver rapidement en première ligne. L'ennemi étant également signalé à Ramonchamp, venant du Thillot par la vallée de la Moselle, une évacuation rapide s'imposait et Réthoré note dans son rapport qu'il a transféré son PC « à l'est de la Moselle, en direction du col du Rhamné ». Son adjoint, le capitaine Boutry, utilise une formule qui, en 1940, n'est pas encore passée dans les mœurs ; il indique en effet qu'une partie des hommes placés sous les ordres de son colonel va « prendre le maquis ».

« Devant la menace qui se précise sur nos deux flancs, écrit-il, il est décidé de replier les éléments du 79e RIF et l'état-major du 69e RAMF sur Saulx puis sur le col du Rhamné (fond du ravin nord-est de Saulx, dans la forêt de Longegoutte). Le détachement du capitaine Bonnet — 4 officiers, une cinquantaine d'hommes et 3 canons de 25 — s'établissant sur le chemin entre Saulx et le col et en interdisant l'accès. »

Boutry estime que le mouvement a eu lieu peu après 14 heures, c'est-à-dire un quart d'heure après le début de l'attaque contre le col du Mont de Fourche. Le capitaine Bonnet confirme que « le PC du colonel et le détachement du Chêne se sont repliés vers 14 heures au nord de la Moselle, par la route de Saulx, au col du Rhamné ».

La présence des Allemands à Ramonchamp, à mi-chemin entre Le Thillot et Ferdrupt, a sans doute été déterminante dans la décision prise par le colonel Duluc mais il est tout de même surprenant de voir les derniers éléments du groupement se retirer dans la montagne vosgienne au lieu de renforcer le capitaine Leloutre à Rupt-sur-Moselle ou le II/168e RIF du capitaine Collilieux à Maxonchamp et à Vecoux.

Duluc : « Je donne au lieutenant-colonel Réthoré l'ordre de replier son artillerie en direction du col du Rhamné... »

Réthoré a transmis à Cruse mais celui-ci n'a pas l'intention de « prendre le maquis » tant qu'il a des tubes et des obus. Il a quitté Le Chêne pour rejoindre dans la vallée le capitaine Chartier, du III/69e RAMF. Les Allemands sont à Remiremont au nord, au Thillot au sud, ce qui écarte toute idée de repli faute de route. Aussi Cruse donne-t-il au commandant du groupe des instructions pour « terminer

1. Le lieutenant Lessieux, de la CEFV/3, écrit qu'il a été conduit au Thillot. Il aurait donc quitté la position du III/168e RIF et pris la direction du sud-est car les hommes de la *2e Panzer* ne conduisent pas leurs prisonniers au Thillot, dans le secteur de la *1re Panzer.*

en beauté » : « Vous épuisez vos munitions sur l'ennemi observé, vous attendez la prise de contact pour détruire les pièces et, à ce moment seulement, vous repliez le personnel sur le col du Rhamné. »

Voulant montrer à ses artilleurs qu'il ne les abandonne pas, il ajoute : « Je reste avec vous jusqu'au bout, vous me trouverez à la 7e batterie du capitaine Hottinguer. »

Le IIIe groupe du 69e RAMF exécute les ordres de son chef de corps, le 155 tirant à vue sur les chars qui évoluent sur les pentes et descendent vers la vallée de la Moselle. Dirigée par avion, la contre-batterie adverse ne laisse aucun répit aux six pièces du capitaine Chartier. La « 8 » du capitaine Robert reçoit plusieurs salves qui mettent les matériels hors service. Le lieutenant Merlin et l'aspirant Moingeon sont blessés ainsi que le commandant de batterie [1] ; le maréchal des logis Graff a une jambe à demi arrachée, Gaudry est mortellement atteint, Vauthier et Bougel sont tués. La plupart en état de choc, les rescapés se replieront sur la forêt vers 16 heures. A la 9e batterie, le lieutenant Muguet fait tirer la trentaine d'obus qui lui reste et sabote ses canons. Même attitude à la « 7 » où le capitaine Hottinguer vide ses coffres mais se voit interdire le sabotage par Cruse.

« Amenez vos tracteurs, nous allons essayer de conduire les pièces au col du Rhamné ! » ordonne le chef de corps.

Malgré leurs efforts, les artilleurs seront obligés de laisser les trois derniers 155 dans une ferme située à mi-pente, le chemin s'avérant ensuite impraticable pour un aussi lourd convoi. Cruse a néanmoins gagné son pari : les trois canons n'ont pas été abandonnés à l'ennemi.

Après-midi difficile également pour la 4/6e batterie du capitaine Meaux Saint-Marc qui a reçu l'ordre de se porter de Maxonchamp à Saint-Amé. Le chef d'escadron de Kergaradec dont c'est la dernière batterie, est autorisé par Cruse à partir avec elle. Lorsque la colonne s'ébranle, l'attaque lancée par la *2e Panzer* sur le fort de Rupt et le col du Mont de Fourche est en plein développement et le bombardement atteint la vallée. L'aspirant Pouyat, de l'état-major du groupe, est un des premiers blessés. Cependant, le convoi quitte Maxonchamp sans attirer sur lui un tir de destruction réglé par avion et franchit le passage à niveau sans incident, les conducteurs des véhicules veillant à conserver de larges intervalles entre eux. Environ 500 mètres avant l'entrée de Vecoux, des pièces de 20 et des mitrailleuses ouvrent le feu depuis la rive

1. Le capitaine Robert sera évacué sur Remiremont puis sur Haxo, à Épinal. Il rapporte que si le médecin-capitaine Renard et le médecin-auxiliaire Desjardins « ont pris des risques pour favoriser les évasions », le médecin-lieutenant-colonel B... les a au contraire signalées aux Allemands. Le lieutenant de Favitski, du GR 51, a-t-il été victime de ce B... ?

gauche de la Moselle. Ce serait le moment d'accélérer pour se tirer de ce mauvais pas mais la colonne est obligée de s'arrêter.

« La route était barrée par une chenillette en panne qui avait une voiture en remorque », explique le lieutenant Pierre Janin, officier de tir de la 6e batterie.

Une gerbe de traceuses suivie de quelques obus de 20 cingle un camion de munitions qui prend feu avant d'exploser dans un grand jet de flammes et de fumée. Deux tracteurs subissent le même sort et Meaux Saint-Marc comprend qu'il n'ira jamais à Saint-Amé. Les véhicules étant arrêtés sur la route, les Allemands font du tir sur cible. Comme dans un stand. A bord d'une voiture tout terrain, le sous-lieutenant Gérard et l'aspirant Bro sortent de l'itinéraire et parviennent à se réfugier dans la forêt. Un second camion brûle puis, une à une, les voitures de liaison reçoivent traceuses et projectiles de 20. Perdus pour le lieutenant Lecoq-Vallon, les 75 le sont aussi pour le lieutenant-colonel Ferroni.

« Le chemin étant bloqué par la chenillette en panne, rapporte le sous-lieutenant Guillerminet, le convoi est détruit et nous gagnons les bois avec le capitaine et le lieutenant Bertier [1]. »

Un tracteur Kégresse et sa pièce de 75 parviendront à faire demi-tour et se réfugieront au col du Rhamné. Repli symbolique puisque le canon ne tirera plus.

Maxonchamp aurait été bombardé en fin de matinée par des pièces installées sur les hauteurs, à environ 3 000 mètres [2].

« Je voyais très bien le feu des départs ainsi que les officiers qui dirigeaient le tir, rapporte le sous-lieutenant Jean Grob. Avec nos mitrailleuses il était impossible de réagir et nos artilleurs ont plié bagages et filé sur Vecoux. »

Les premiers blessés appartiennent au groupe Nicolas ; Charff reçoit un éclat dans le ventre, Rollin est blessé au bras et Vignerelle a deux doigts arrachés. Comme au col du Mont de Fourche, les obus incendient buissons et bruyères et sous la menace des flammes, les mitrailleuses du groupe Nicolas sont évacuées. On sauve de justesse l'unique caisse de cartouches de réserve. Après une accalmie pendant laquelle le lieutenant Lecoq-Vallon fait abattre des platanes en travers de la route, le bombardement reprend. Debaisieux a la cuisse labourée par un éclat et la section Borre a ses premiers tués : Henri Martin et le sergent Gustave

1. Lucien Guillerminet perdra ses deux compagnons ; marchant la nuit et se ravitaillant dans des fermes isolées, il traversera la Loue au sud de Dôle le 30 juillet et passera en zone libre.

2. Le bombardement a certainement commencé au début de l'après-midi et non en fin de matinée comme le dit Grob puisque la batterie Meaux Saint-Marc a quitté Maxonchamp sur ordre (ce que Grob ignore) vers 14 heures.

Poulin. Démoralisé, le groupe Nicolas « traîne les pieds » pour regagner ses emplacements et Grob est obligé « de le ramener d'autorité ».

A Vecoux, à quatre kilomètres au nord, le lieutenant René Hasse, officier de renseignement du II/168e RIF, rapporte que l'ennemi est apparu peu de temps après midi : « Un convoi de 40 véhicules était visible sur la rive gauche de la Moselle (sur la pente à environ 1 000 mètres) ; après un essai d'infiltration, les Allemands ont bombardé au *Minenwerfer...* »

Le lieutenant-colonel Isch, du dépôt de cavalerie de Baccarat, confirme que l'adversaire a débouché de La Croisette, à l'ouest de la RN 66 et, empruntant les petites routes, a essayé d'aborder le pont de Vecoux. Circulant par groupes de deux à trois, des automitrailleuses, six voitures blindées et une trentaine d'autres véhicules descendent vers la Moselle.

« A chaque tournant, écrit Isch, les voitures ralentissent et d'autres, arrêtées en arrière, exécutent des tirs de *minen* qui impressionnent beaucoup nos combattants. »

Vers la fin de l'après-midi, les effectifs de l'ennemi vont s'étoffer et, protégés par les tirs des blindés, les *Schützen* vont attaquer les défenseurs du pont. Le sous-lieutenant Meylaender, qui commande un peloton, sera blessé à la tête, le sous-lieutenant Bauer, plus légèrement atteint, pourra se replier sur le PC du II/168e RIF avec une dizaine de cavaliers mais le groupe de l'aspirant Farey sera cerné et fait prisonnier.

Trois chars allemands auraient fait leur apparition sur la crête, au sud de Rupt-sur-Moselle et ouvert le feu. C'est ce que rapporta le capitaine Leloutre à son chef de bataillon, le commandant de La Fournière. « Cinq incendies ont éclaté dans le quartier de l'église et vers la mairie », ajoutera-t-il.

Leloutre a sous ses ordres les sections du sous-lieutenant Boehrer et de l'aspirant Thirion et deux jeunes officiers le secondent, les sous-lieutenants Wasser et Minette. Des barricades ont été dressées dans les rues et le capitaine attend l'attaque de pied ferme après avoir fait distribuer des bouteilles d'essence. La technique est empirique et si elle est souvent envisagée, elle est rarement employée. Agresser un char avec pour seule arme une bouteille d'essence requiert un sang-froid exceptionnel et une volonté de se battre qui, à la date du 20 juin, commence à faire défaut dans de nombreuses unités. Ce ne sera pas le cas à Rupt-sur-Moselle où la détermination des hommes du 168e RIF est solide. Vers 16 heures, deux chars, sans doute des *Panzers II,* se joignent aux premiers et tirent, eux aussi, sur les barricades mais la distance est telle qu'ils ne causent pas de dégâts particuliers. Un peu plus tard, un motocycliste s'arrête au PC de Leloutre et rend compte « qu'une colonne d'infanterie ennemie partie du Thillot arrive par Ferdrupt. » Il s'agit sans doute d'une patrouille de la *1re Panzer* observée à Ramonchamp, nouvelle quelque peu amplifiée et déformée par l'agent de liaison. Si le capitaine Bonnet, du III/79e RIF avait conservé la liaison avec Leloutre à Rupt, celui-ci pourrait recevoir des informations vérifiées et non des ragots colportés par motocycliste. Ce qui est exact, c'est qu'après avoir détruit le pont de Saulx, les hommes du 79e RIF ont pris le chemin de montagne qui monte vers le col du Rhamné. Le sous-lieutenant Bickar a été une nouvelle fois désigné pour constituer un point d'appui avec les derniers canons de 25 et interdire le chemin. La RN 66 entre Le Thillot et Rupt-sur-Moselle est-elle abandonnée à l'ennemi [1] ? Les trois 25 de Bickar feraient bien l'affaire du capitaine Leloutre qui renforce la barricade sud où se trouve le sous-lieutenant Wasser. Un quart d'heure après, le jeune officier signale non une colonne d'infanterie venant de Ferdrupt mais une quinzaine de chars éclairés par des side-cars armés de mitrailleuses. Ils ont franchi le col du Mont de Fourche où le bataillon La Fournière vient de succomber et descendent vers la vallée avec une allure pataude qui ne fait pas illusion sur leurs intentions. Leloutre fait mettre en alerte les sous-lieutenants Minette et Boehrer qui, de la barricade ouest où ils se trouvent, ne peuvent apercevoir les blindés. Prévenu, Minette décide de dégager de son épaulement le canon de 25 braqué sur le pont de la Moselle pour essayer de prendre la rue principale en enfilade. Les chars disparaissent dans les lacets de la route mais le bruit des moteurs et les claquements des chenilles rappellent leur présence. Les voici vers La Roche, au sud de Rupt.

« A la barricade sud, dira Leloutre à La Fournière, le choc s'est produit vers 18 heures. Trois chars roulant de front ont démoli l'obstacle au canon et sont passés, suivis par quatre autres blindés qui ont avancé jusqu'au centre de Rupt en tirant à la mitrailleuse. »

Minette n'a pas eu assez de temps pour remettre le 25 en batterie et les balles des FM ricochent sur les blindages. Le combat pour Rupt est-il déjà terminé ? Ce serait mal connaître Leloutre qui vient de faire placer deux chenillettes en travers de la rue. L'obstacle est moins vulnérable qu'il y paraît car les bennes à munitions sont remplies d'essence. Dans les étages des maisons encadrant cette barricade d'un nouveau type, les hommes du 168e RIF attendent l'attaque. Pinet et le sergent Sautreuil ont des grenades et, de l'autre côté de la rue, Dupuy et le chef Chrétien rangent leurs bouteilles d'essence sous la fenêtre, à portée de la main. Lorsque les chars sont signalés, les fenêtres restent entrouvertes. De quoi passer un bras avec une grenade ou une bouteille d'essence. Les

1. Dans une lettre du 24 avril 1970 adressée à l'auteur, le général Duluc prétend qu'il a quitté son PC de Ferdrupt, une maison située en bordure de la RN 66, le 20 juin « à la tombée de la nuit ».

Allemands se méfient et les moteurs se font moins bruyants, les blindés ralentissent. La rue étrangement silencieuse les inquiète. Ils s'arrêtent à une trentaine de mètres du barrage, prêts à faire demi-tour. Par la fenêtre Chrétien fait un geste ; une minute plus tard, les grenades explosent dans les bennes, des bouteilles s'écrasent devant les chars et s'enflamment, un rideau de feu semble danser au-dessus des chenillettes. Les *Panzers* reculent en tirant sur les fenêtres derrière lesquelles les hommes du 168e RIF se sont jetés à terre. D'autres engins contournent la localité et prennent à revers le sous-lieutenant Boehrer aux prises avec des *Schützen* au pont de la Moselle. Des tirs nourris éclatent dans le voisinage de l'église et de nouveaux incendies se développent.

« Que peuvent faire nos soldats contre cette avalanche de chars avec seulement des bouteilles d'essence ! » se plaint Leloutre.

Lorsque les FM ont épuisé leurs boîtes-chargeurs les tireurs démontent les armes et dispersent les pièces. Les blessés ne peuvent être évacués, ils attendent les Allemands. Le combat s'éteint vers 20 heures lorsque le capitaine Jean Leloutre est fait prisonnier en sortant de son PC. Les morts passeront la nuit dans la rue, à l'endroit où ils sont tombés [1].

A Maxonchamp, le bombardement a cessé et, peu après 20 heures, une petite colonne motorisée allemande approche par le nord, venant sans doute de La Croisette. Le sous-lieutenant Grob a interdit de tirer sans qu'il en donne l'ordre. Les véhicules de tête, deux automitrailleuses, s'arrêtent devant le barrage du pont.

« Tout étant silencieux, raconte Grob, l'ennemi descend des blindés et des camions et se prépare à dégager la route. Des fantassins traversent le pont et capturent le soldat Arrondel... C'est dans le groupe compact d'Allemands affairés au barrage que je fais déclencher le feu des deux mitrailleuses du groupe Nicolas. La précision du tir est surprenante ! »

Des hommes tombent, s'écroulent, s'affaissent mais Grob ne va pas aux résultats et il est impossible de compter ceux qui se jettent à terre pour échapper aux balles et ceux qui sont atteints. Arrondel profite du désarroi, saute dans la Moselle mais reçoit une balle dans le dos en gagnant la rive droite. Les Allemands laissent leurs véhicules sur place et se replient. Laconique, Grob note à 20 h 30 : « Reprise du bombardement d'artillerie. Vittault, Kintzing et Enginger sont blessés. 21 h 30 : deuxième essai pour enlever le pont. L'ennemi se retire encore. »

Lorsque la nuit tombe, la 2e *Panzer* attaque Maxonchamp par le nord

1. Richard Linck, André Oliger, Émile Barret Waldemar du Moulin, Georges Descamps, Henri Vauthier, Marcel Lion, Albert Bischoff et le caporal-chef Albert Krémer.

et par Rupt qui lui sert de base de départ. Côté sud, la section Borre flanche. « Elle s'est rendue sans résister », dira le chef Paquet. Il est vrai que la CM 6 présente maintenant un sérieux handicap : elle n'est plus commandée. Son chef, le lieutenant Lecoq-Vallon a été grièvement blessé par une balle dans le haut de la cuisse lors de la deuxième tentative exercée par l'ennemi pour enlever le pont. Ses hommes l'ont transporté dans un café proche de la rivière mais la compagnie n'a pas de médecin et les blindés tiennent la route de Vecoux où se trouve le poste de secours. Il faut donc attendre le dénouement, la prise de Maxonchamp, pour que Lecoq-Vallon puisse être soigné par l'adversaire. L'officier n'a pas eu de pressentiment mais, comme beaucoup de combattants, l'idée de la mort le tourmentait parfois, ce qui ne l'empêchait pas d'en parler avec sérénité.

« L'Au-delà a pris une singulière présence, écrivait-il, il touche le monde de partout, maintenant que tant de portes y mènent à tous les instants et au coin de tous les arbres [1]. »

Le sous-lieutenant Grob a encore deux FM avec 10 boîtes-chargeurs. La nuit est claire et permet de voir à 200 mètres. Des *Schützen* se glissent furtivement entre les blindés et les camions et tentent de s'infiltrer dans la position. Le tir des FM les fait refluer mais les flammes de départ ont été repérées et les armes de tourelle ripostent. Dans l'obscurité, les gerbes de balles traceuses semblent chercher une proie. Les fantassins allemands glissent vers la droite en espérant trouver une faille dans la défense et Grob jubile en pensant à la mitrailleuse qu'il a installée de ce côté. Mais le temps passe et aucune arme ne tire, française ou allemande. En quelques bonds, l'officier est à l'emplacement de la mitrailleuse : « Il n'y a plus personne ! dit-il. La pièce y est mais démontée, inutilisable. J'ai un moment de découragement... »

Un quart d'heure plus tard, cartouches épuisées, les servants des FM se rendent. Le lieutenant Guesquin tente une sortie avec un groupe de voltigeurs mais il tombe dans une embuscade. La défense de Maxonchamp se meurt. On peut imaginer ce qu'elle aurait pu être avec Lecoq-Vallon vivant et l'appui des trois pièces de 75 de la batterie Meaux Saint-Marc. Grob refuse de capituler et, prenant la tête d'un groupe de volontaires, il s'éloigne du village et s'enfonce dans la montagne couverte de noirs sapins.

« Physiquement et moralement, dira-t-il, j'étais à bout [2] ! »

1. Agé de 38 ans, Georges Lecoq-Vallon était Secrétaire général des carburateurs Zénith. Pris en charge avec un certain retard par les Allemands il succombera dans une formation sanitaire de Montbéliard. « Mon père est mort le 6 juillet 1940, écrit son fils François, et nous ne l'avons appris que le 6 décembre » (lettre du 26 septembre 1983 adressée à l'auteur).

2. Jean Grob était avant la guerre chargé du contentieux à la Société métallurgique de Knutange (Moselle). Il se réfugiera à Bussang où habite son père et fera soigner la blessure de Vittault qui rentrera ensuite chez lui, à Belfort.

# CHAPITRE XXXIII

## « Les chars sont attaqués à la grenade, à la bouteille d'essence... »

Saint-Amé. Jeudi 20 juin, 22 heures. Le lieutenant-colonel Ferroni est aussi inquiet que son chef d'état-major, le commandant Glotz, qui vient de lui apprendre qu'on se bat à Rupt-sur-Moselle et à Maxonchamp mais qu'à Vecoux, le capitaine Collilieux dit avoir la situation en main. Ferroni n'a pas de nouvelles du col de Mont de Fourche et ignore si le III/168e RIF tient encore, ce qui est peu probable puisqu'on se bat dans la vallée de la Moselle.

Bien qu'il sache peu de choses, le chef de corps du 168e RIF envoie un motocycliste pour rendre compte au général Misserey, du 13e corps. Lorsque l'agent de liaison reviendra, il dira au colonel que « le III/168e RIF a dû abandonner le Mont de Fourche », ce qui est contraire à la vérité, le commandant de La Fournière ayant été fait prisonnier à son PC de combat. Misserey prescrit à Ferroni de transférer son PC au Tholy, sur la route de Gérardmer, où il devra fonctionner le 21 juin à partir de 5 heures du matin. Le lieutenant-colonel d'Hausen assurera seul le commandement du point d'appui de Saint-Amé, c'est-à-dire une section de mitrailleuses de la CM 7 du capitaine Pichat (II/168e RIF) et deux chars FT embossés à la barricade fermant l'entrée ouest de la rue principale. D'Hausen a appris par un de ses officiers, le capitaine Halftermayer, que l'ennemi patrouille sur la rive droite de la Moselle, au nord d'Eloyes, et qu'il travaille activement à la mise en place d'un pont provisoire entre Remiremont et Saint-Étienne[1]. L'attaque peut donc venir du nord ou de l'ouest. Ou du sud si Vecoux est emporté.

Secondé par son adjoint le commandant Sigisbert, le commandant Chaton a installé ses deux compagnies du dépôt d'infanterie 203 sur la face sud du dispositif, entre Saint-Amé et Le Syndicat. Le capitaine

1. La voiture du capitaine Halftermayer a été renversée par l'éclatement d'un obus mais l'officier (5 blessures et 2 citations en 14-18) le bras enflé et à demi paralysé, a repris son service à Saint-Amé sans dire un mot de « l'incident ».

Grat défend le passage de la Moselotte dans cette dernière localité et, au pont de Saint-Amé, la compagnie Hamel a changé de chef. Le capitaine Blanc a succédé au capitaine Hamel relevé dans la soirée « à la suite d'une défaillance grave » (rapport Chaton). Le lieutenant-colonel d'Hausen est sceptique sur les capacités de résistance des hommes du dépôt 203 qui n'ont pas d'arme automatique. Chaton lui-même ne masque pas que leur valeur combative est nulle : « Ceux des plus anciennes classes avaient participé à la guerre de 14-18, écrit-il. Ils étaient courageux et n'auraient pas voulu déchoir mais ils étaient devenus lourds et inaptes à la marche. Leurs cadets se ressentaient du service d'un an. Aucun réflexe ne subsistait en eux, ils avaient tout oublié. »

A Dommartin-les-Remiremont, les compagnies du dépôt 204 des capitaines Cherouvrier et Barthélemy se sont bien tenues sous le bombardement d'artillerie qui s'est abattu sur la localité en fin d'après-midi. Le capitaine Fosse, de la CM 5 du II/168e RIF a été grièvement blessé et Cherouvrier lui a succédé à la tête du PA [1]. Entre Remiremont et Dommartin, l'ennemi ne se contente pas d'attendre l'achèvement du passage provisoire sur la Moselle, il tente d'élargir sa tête de pont sur la rive droite et recherche le contact.

« Toute la nuit, raconte le lieutenant Magon-Pujo du dépôt 204, la section de l'aspirant Christophe sera harcelée à la barricade ouest du village. Précédés par de violents tirs de *minen,* les Allemands se rapprochent de Dommartin. »

A Vecoux, la situation se détériore à la tombée de la nuit. Les assaillants envoient un prisonnier français à la barricade du pont de la Moselle ; l'homme se présente au lieutenant Burrmeyer, du dépôt de cavalerie n° 40 et répète sa leçon : l'armistice est signé, Vecoux est encerclé et les défenseurs feraient bien de se rendre pour éviter des représailles. Burrmeyer, qui n'a pourtant que trois groupes de combat sous ses ordres, refuse toute idée de reddition et renvoie le prisonnier dans l'autre camp. Pendant une demi-heure, entre chien et loup, il va épuiser toutes ses cartouches, donnera l'ordre de repli et se jettera littéralement dans les bras d'une patrouille motorisée ennemie qui a traversé la rivière en aval, au gué de La Poirie. Incendiée par l'artillerie allemande, une usine brûle lentement dans le soir. Des *Schützen* font irruption au domicile du maire de Vecoux et capturent le lieutenant-colonel Isch et ses officiers. Le PC du II/168e RIF n'a pas été repéré — ou dénoncé — mais le capitaine Collilieux a bien envie de changer d'emplacement.

1. Après Preux, Goedert et Lecoq-Vallon mortellement atteint, Fosse est le quatrième commandant de compagnie du 168e RIF mis hors de combat depuis la veille.

« A 21 heures, note le lieutenant Hasse, des motos sont apparues à la barricade ouest et sont reparties. A la tombée de la nuit, trois ou quatre automitrailleuses pénètrent dans le village, tirent dans toutes les directions et repartent, elles aussi. »

Hasse n'explique pas comment les blindés sont entrés dans la localité. Les rues ne sont-elles pas fermées par des barricades ? Le calme étant revenu, le PC du II/168e RIF va s'installer dans une cave assez vaste dont les cinq soupiraux donnent sur la place. Collilieux décide d'envoyer une patrouille cycliste à Dommartin. Le sergent Daureu, accompagné du caporal Winckel, reçoit pour mission de prévenir l'adjudant-chef Martin qu'il prend le commandement des éléments du 168e RIF en attendant qu'un officier remplace le capitaine Fosse.

A bicyclette, plongeant à terre dès qu'une fusée éclairante monte dans le ciel, les deux hommes trouvent Martin dans un fossé, derrière une mitrailleuse prête à balayer la route. Le dialogue est court et Martin ne s'étend pas : non, il n'a pas encore vu l'ennemi ; oui, il remplacera le capitaine à la tête du PA. Les deux cyclistes font demi-tour mais, à l'entrée de Vecoux, ils se heurtent à une patrouille de cinq Allemands à pied aussi surpris qu'eux. Les deux Français appuient de toutes leurs forces sur les pédales et foncent, tête baissée. Daureu passe mais le caporal reçoit une balle qui, tirée à bout portant, lui fracture la cuisse gauche. Il est fait prisonnier [1].

Le reste de la nuit s'écoule sans autre heurt mais, en capturant le lieutenant-colonel Isch, les Allemands n'ont-ils pas cru avoir décapité la défense de Vecoux ? Au lever du jour, vers 3 h 45, le PC du II/168e RIF est mis en alerte par des grondements de moteurs ; des camions allemands débouchent sur la place. Par un soupirail, un homme du PC épaule son mousqueton et tire sur le premier. Le conducteur à qui l'on avait sans doute affirmé que Vecoux était tombé, descend en moins d'une seconde de sa cabine et, abandonnant le véhicule sans même couper le moteur, se sauve à toutes jambes en direction des autres camions qui reculent en accélérant. Quelques minutes s'écoulent puis deux officiers, le lieutenant Hasse et le sous-lieutenant Hoehe, montent l'escalier et se risquent sur la place. Personne ! Hasse coupe le moteur et découvre avec une grimace le chargement : une cuisine roulante. D'esprit pratique, Hoehe [2] récupère les armes restées dans la cabine : une mitraillette et un parabellum P.38. Ils redescendent dans la cave-PC pour y attendre à l'abri la réaction de l'adversaire. Celle-ci ne tarde pas

1. Originaire de Steevoorde (Nord) Maurice Winckel sera transporté le 21 juin à l'hôpital Saint-Jacques, à Besançon, où il sera opéré.

2. Né le 1er novembre 1916 à Schirmeck (Bas-Rhin) et sorti nº 2 de Saint-Maixent, Pierre Hoehe combattra dans la Résistance sous le pseudonyme de « Hoche ». Arrêté à Nantes le 15 octobre 1941, il sera condamné à mort le 6 août 1942 et fusillé à Fresnes le 9 septembre.

et, vers 4 h 15, des chars se présentent sur la place et tirent sans préavis sur tous les soupiraux de cave soupçonnés de dissimuler des Français. Quelques fantassins les suivent, rasant les murs. L'un d'eux se hisse dans le camion abandonné que Hasse et Hoehe n'ont pas eu le temps de saboter, le remet en marche et s'éloigne sous la protection des blindés.

Si pendant la nuit des échanges de coups de feu se sont produits dans le village, celui-ci, après la rapide incursion des chars, semble avoir retrouvé le calme. Le capitaine Collilieux hésite sur la conduite à tenir. Il souhaiterait recevoir des ordres et, pour les provoquer, il envoie le lieutenant Hasse et le médecin-capitaine Villat en liaison au PC du lieutenant-colonel Isch. Cette initiative prouve au moins deux choses : Collilieux ignore que Isch a été fait prisonnier dans la soirée du 20 juin, et la liaison entre le bataillon de forteresse et les cavaliers était très mal assurée.

Hasse : « Ne trouvant pas le commandant du dépôt de cavalerie, je donne l'ordre à un sous-officier de brûler les archives. A mon retour, vers 6 heures, le capitaine Collilieux a déplacé de nouveau le PC pour s'installer dans une usine désaffectée, à la sortie de Vecoux. »

Étrange, ce chassé-croisé d'Allemands et de Français qui, depuis la veille, circulent dans la localité sans vraiment chercher à s'affronter[1]. Collilieux rédige un dernier compte rendu destiné au lieutenant-colonel Ferroni à qui il fait part de sa « situation désespérée » et de la « supériorité écrasante de l'ennemi ». Guidé par un habitant de Vecoux, le sergent Loué portera le message en empruntant les sentiers de la forêt. Pendant ce temps, le sous-lieutenant Hoehe dissimule la mitraillette et le parabellum trouvés dans le camion. Une heure plus tard, évitant soigneusement la rue principale où circulent maintenant les convois de la 2^e^ *Panzerdivision,* le lieutenant Hasse rencontre le maire-adjoint : « Il me donne des renseignements sur l'importance de la colonne ennemie mais refuse de nous ravitailler », raconte l'officier.

Sur quel terrain la conversation entre les deux hommes glisse-t-elle ensuite ? Le maire-adjoint a-t-il insisté auprès de Hasse pour que l'état-major du II/168e RIF accepte l'inéluctable ? Le lieutenant le conduit au PC dissimulé dans la vieille usine et, en présence de Collilieux, le représentant de la municipalité a sans doute développé des arguments visant d'abord à épargner d'éventuelles représailles au village. Car enfin, le maréchal Pétain a bien annoncé officiellement quatre jours plus tôt qu'il demandait l'armistice ! Et les Allemands affirment qu'il est entré en vigueur. Selon Hasse, tous les officiers présents sont consultés sur le thème : faut-il se rendre ? Le maire-adjoint propose de « négocier » la reddition de l'état-major du IIe bataillon. Collilieux accepte. Moins de

1. Le II/168e RIF a tout de même trois tués : Michel Roux, Alfred Sueur et Joseph Nicolas.

deux heures plus tard, suivi de ses officiers, il prendra le chemin de la captivité [1].

Dommartin-les-Remiremont. La 3e compagnie du dépôt d'infanterie 204 défend la localité sur ses flancs. Avec de vieux fusils. Lorsque la *2e Panzer* lance sur le village un bataillon de *Schützen* transporté par camions et véhicules semi-chenillés, précédés par une demi-douzaine de chars et d'automitrailleuses, la défense mise sur pied par le capitaine Barthélemy n'a pas le temps de se ressaisir et de se porter sur le flanc ouest. C'est la débandade ! La section de l'adjudant-chef Baudet met bas les armes, imitée par celle du lieutenant Mailhot. La section du lieutenant Feuerstein s'enfuit vers la forêt, suivie par quelques hommes du chef Gougon. Le lieutenant Magnon-Pujo tente de rejoindre les éléments du II/168e RIF qui vident leurs dernières boîtes-chargeurs mais il tombe entre les mains de l'ennemi avant d'y parvenir. Dans son rapport du 16 novembre 1942 rédigé à Nancy où il résidait, le capitaine Barthélemy écrit : « Je n'ai pas donné l'ordre de reddition ! »

Ce n'est pas une circonstance atténuante et ne change rien au fait que ses hommes ne se sont pas battus.

Celles est un hameau situé à mi-chemin entre Saint-Amé et Saint-Étienne-les-Remiremont. Dans l'après-midi du 20, le capitaine Pichat, de la CM 7 du II/168e RIF, a envoyé le lieutenant Decou y constituer un bouchon avec sa section de mitrailleuses. Decou se sait vulnérable car du côté de Saint-Étienne, rien ne le sépare de l'ennemi. Et ce que lui ont dit les officiers réfugiés à son PA la veille dans la soirée n'est pas fait pour lui donner une « âme de vainqueur ». Le capitaine Casaromani, dont la compagnie du dépôt d'infanterie 204 a fini par se débander, a juré à Decou « que Remiremont grouillait de chars boches ». L'aspirant Grosbuis, du « bataillon » Carribou, s'est arrêté chez Decou avec une dizaine d'hommes et trois FM. L'aspirant a confirmé la présence d'un grand nombre de blindés à Remiremont. « Nous sommes à votre disposition et acceptons de nous battre avec vous ! » a-t-il ajouté. Decou ayant ses mitrailleuses orientées vers l'ouest, les trois FM du 79e RIF ont reçu pour mission de protéger le flanc sud. La nuit a été calme et le 21 à cinq heures du matin de puissants ronflements de moteur indiquent qu'une colonne motorisée traverse Saint-Étienne. Toutes les armes automatiques sont mises en alerte et les défenseurs de Celles attendent...

Vers 6 heures, deux sides montés chacun par trois hommes casqués ralentissent en abordant le barrage en chicane et tentent de passer. La première pièce de Decou ouvre le feu : des Allemands tombent, les

1. Capitaine depuis mars 1932, Auguste Collilieux prendra sa retraite à Belfort en 1946 avec ses trois galons.

autres plongent dans le champ de blé le plus proche. Une puis deux automitrailleuses apparaissent sur la route et la deuxième pièce, qui a six bandes de cartouches à balles perforantes en réserve, les prend pour cible. Le premier blindé s'arrête et riposte, le second reste en retrait. Derrière eux, d'autres véhicules avancent et le flot ne cessera plus de grossir : pièces de *37 Pak,* canons de 20 sur camion, *minen...* Les tirs prennent du volume, le bruit devient assourdissant et l'on devine que les Allemands préfèrent écraser la position française sous leur feu avant de donner l'assaut.

Decou : « Je fais tirer les mitrailleuses et les FM en économisant les munitions mais les Allemands se dissimulent très bien et parviennent à nous canarder de près. Ils réussissent à s'infiltrer sur ma droite... »

Sur sa gauche, défendue par les FM de l'aspirant Grosbuis, la situation n'est pas meilleure. L'ennemi se montre très mordant. Il sait que le PA ne représente qu'une résistance isolée et qu'il suffit de la tourner.

Grosbuis : « Le boche gagne de plus en plus. Très difficile de repérer leurs sacrées mitraillettes dont les balles s'écrasent devant nos emplacements. Nous sommes maintenant assaillis de flanc. »

Marchant derrière le tir de *minen* qui fait baisser la tête aux défenseurs de Celles, les *Schützen* resserrent leur étau... Grosbuis traverse la route en deux bonds et rejoint Decou : « Ils cherchent à nous coincer et les munitions vont manquer dans quelques minutes. »

Le problème étant posé, le lieutenant du 168e RIF prend la responsabilité de la décision : « Nous allons nous replier sur Saint-Amé ! »

Le mouvement est difficile à exécuter car il faut d'abord transmettre l'ordre, veiller à ne pas le transformer en débandade et emporter armes et munitions. Pris par l'ambiance du combat, certains soldats ne veulent même pas entendre parler de repli ; c'est le cas de Albert Curien, de Cornimont, que Grosbuis est obligé de semoncer pour l'amener à décrocher avec son FM brûlant. La première mitrailleuse tire encore pendant que la deuxième est démontée et emportée. La troisième s'est tue et les servants, sans doute faits prisonniers, ne rejoindront pas. Decou part avec le capitaine Casaromani.

Grosbuis : « Mes hommes oublient le peu de ravitaillement qui nous reste : un bidon de lait et des œufs dans une musette ; je vais le chercher. Des rafales de mitraillette font voler la terre à mes pieds. Je file. Mes types ont dû croire que j'avais mon compte et ils sont partis par la vallée alors que j'obliquais vers la montagne. »

Ayant fait sauter le verrou de Celles, le *Kampfgruppe* de l'*Oberst* von Aerts lance ses reconnaissances en direction de Saint-Amé par la route directe, la D 417 qui longe la rive nord de la Moselotte. Au sud de celle-ci, une autre colonne, celle qui a enlevé sans effort Dommartin, se dirige aussi vers Saint-Amé par Franould et Peccavillers avec l'intention d'attaquer les ponts par le sud.

Avec les moyens qui lui restent, le lieutenant-colonel d'Hausen ne peut espérer qu'un baroud d'honneur : quelques pelotons de cavaliers à pied venus avec lui du dépôt de Lunéville, le capitaine Pichat et la valeur d'une section du II/168e RIF, deux chars FT placés en barricade et les deux compagnies de fantassins du dépôt d'infanterie 203 dont le chef, le commandant Chaton, reconnaît qu'ils sont « peu instruits, peu entraînés et de faible valeur combative. » Vers 6 h 45, un motocycliste allemand venant de Dommartin fait son apparition au carrefour, à 200 mètres au sud du pont de Saint-Amé ; il aperçoit la première barricade et fait demi-tour. Une voiture légère effectue la même manœuvre une demi-heure plus tard tandis qu'un *Henschel* bourdonne au-dessus des crêtes et semble s'amuser à plonger dans la vallée, comme s'il cherchait à provoquer les tirs d'une DCA qui n'existe pas. A 7 h 30 enfin, une forte colonne est observée à environ deux kilomètres, émergeant d'un énorme nuage de poussière. Elle semble venir de Vecoux et se compose d'une centaine de véhicules précédés par des blindés.

« Deux automitrailleuses et trois chars se détachent, rapporte Chaton. Ils prennent position face au pont, à quelques centaines de mètres. Des fantassins se déploient, le combat s'engage. La défense est enterrée et ne subit pas de pertes. La barricade a été garnie de balles de coton imbibées d'essence ; on y met le feu et les blindés restent impuissants devant les flammes. »

La colonne nord qui a délogé la section Decou de Celles aborde Saint-Amé avec plus d'agressivité. Tirs nourris d'armes automatiques de part et d'autre qui coûtent la vie à deux soldats du 168e RIF dont Daniel Geeraert. Les Allemands affrontent aussi les deux chars FT formant barricade dont les armes de tourelle les tiennent à distance. La pièce de 20 d'un *Panzer II* ne paraissant pas obtenir de résultats, un *Panzer III* est poussé en avant et attaque avec son *37 Pak* de tourelle. Un des FT est touché et commence à brûler ; l'équipage l'évacue et disparaît dans une maison voisine. Dans le second, menacé par l'incendie, le brigadier Émile Didierlaurent poursuit le duel avec le *Panzer III.* Rapidement, des flammes courent sur l'engin, atteignent le moteur et le carburant mais le brigadier reste sourd aux appels qui lui sont lancés. Il charge, il tire. Il recharge, il tire. Jusqu'au moment où il est tué et tombe au fond du char où son corps sera carbonisé. Couverts par leurs *minen,* les *Schüzten* avancent dans les hautes herbes, de buisson en buisson, de part et d'autre du pont de la Moselotte. Le capitaine Blanc choisit cet instant pour remanier le dispositif de sa compagnie de dépôt et mieux se couvrir à l'ouest. Le mouvement est trop difficile pour les réservistes et un certain nombre en profitent pour se rendre ou prendre le large.

« Un certain flottement se manifeste parmi les hommes qui jugent la partie inégale » reconnaît le commandant Chaton. Il ajoute, comme s'il voulait leur trouver une excuse : « De plus, c'est leur baptême du feu ! »

Le lieutenant Marichal, dont la section est en surveillance au nord-ouest de la localité, vient au PC Chaton pour demander des instructions ; lorsqu'il regagne son poste, la section a disparu dans la forêt. Au pont de Brettavillers, la compagnie du capitaine Grat décroche sous les *minen* de la première attaque. Chaton et le personnel de son PC quittent Saint-Amé avant d'être capturés, le lieutenant-colonel d'Hausen partant de son côté avec un de ses cavaliers originaire de la région. Il est plus de 11 heures lorsque les blindés allemands traversent le centre de Saint-Amé et continuent vers Le Syndicat[1]. La *2e Panzer* a passé l'essentiel de la matinée du 21 juin à réduire des bouchons mais l'*Oberst* von Aerts pense en avoir fini avec la résistance française. Il se trompe car ses chars vont encore marquer le pas devant une dernière défense, celle que le lieutenant-colonel Ferroni a mis en place à son PC du Tholy.

Le village se compose de deux hameaux formant une même commune : Tholy-Haut où se trouve la mairie, et Tholy-Bas, à l'entrée de la route de Saint-Amé. La localité est un carrefour qui conduit à l'est vers Gérardmer, à l'ouest dans la direction de Bruyères. Le noyau dur de la défense est constitué par le groupe franc du 168e RIF placé sous les ordres du sous-lieutenant François Vanthuyne. Trois barricades ont été dressées, dont deux à Tholy-Bas où un canon de 25 et cinq FM accueilleront l'assaillant attendu ensuite par deux mitrailleuses camouflées à l'entrée de Tholy-Haut. Une cinquantaine de grenades et 80 bouteilles d'essence ont été préparées et la compagnie de commandement a détaché la moitié de ses effectifs aux barricades. Le sous-lieutenant André Bauer, qui s'est échappé de Vecoux avec quelques cavaliers, a reçu sur sa demande un poste de combat dans le dispositif du 168e RIF. Le médecin-commandant Bloch a installé son PS à la sortie ouest du Tholy, direction Bruyères, mais il n'a plus de voitures sanitaires, celles qu'il a envoyées la veille à Rupt-sur-Moselle n'ayant pas reparu.

« Je me suis rendu à Gérardmer, raconte Bloch, et me suis adressé à un de mes camarades de l'école de Santé, le médecin-commandant Henri Thabourin, dans le civil radiologue à Clermont-Ferrand. Il m'a ouvert les portes d'un hangar qui abritait de nombreux véhicules et m'a dit :

1. L'adjudant-chef Roger Larrère, 28 ans, de Préhacq-les-Bains (Landes) est tué entre Saint-Amé et Le Syndicat.

« Au point où nous en sommes, tu peux te servir ! » J'ai pris deux sanitaires et suis rentré au Tholy [1]. »

Fiers de leur étoile noire cousue sur la manche de leur vareuse, étoile qui indique leur appartenance au groupe franc, les hommes de Vanthuyne encadrent la pièce de 25 et dévorent les vivres récupérés dans des fourgons abandonnés ou offerts par les habitants. Ceux-ci sont d'ailleurs devenus invisibles. Les uns sont dans leur cave, les autres ont préféré se réfugier dans la forêt.

« Qu'allait-il se passer ? écrit M. Gury, secrétaire de mairie. Quelle anxiété étreignait tous les cœurs ! Vers 14 h 15, redescendu à la mairie, comme à l'ordinaire, j'entendis un soldat dire : « Mon colonel, les Allemands arrivent en vue du village ! » Et celui-ci de répondre : « Eh bien, que chacun fasse ce qu'il a à faire [2]. »

Timidement, Gury accoste le lieutenant-colonel Ferroni et lui demande l'autorisation de placarder à la porte de la mairie « un petit avis invitant la population au calme et à l'abstention de tout acte de provocation ou d'hostilité à l'égard des soldats allemands. »

Gury : « Le colonel lut l'affiche et, d'un calme qui me frappa, je pourrais même dire d'un air quelque peu rieur, il me répondit : « Je crois bien, c'est le moment ou jamais d'inviter les gens au calme. »

A Remiremont, le pont du Prieur a été remplacé par un ouvrage provisoire que les *Pionniers* de la *2^e^ Panzer* ont achevé et ouvert à la circulation le 21 juin à 11 h 30. Derrière le bataillon motocycliste *K 2* dont les premiers pelotons ouvrent la route, les trois compagnies de chars du *II/Panzer Regiment 3* ont franchi la Moselle et, dans une poussière épaisse, ont pris la direction de Gérardmer.

« Prise de contact à Saint-Amé » note laconiquement le *Major* Kraeber, qui commande le bataillon.

Le Tholy va donner lieu dans un premier temps à une activité radio très chargée. L'avant-garde lance message sur message au PC de la *2^e^ Panzer* car, après les « tirailleries » de Saint-Amé, les blindés allemands ne pensaient plus se heurter à une telle résistance.

« Les premiers chars sont attaqués au canon de 25 et se trouvent arrêtés à environ 80 mètres, chenilles brisées, raconte le chef Mangematin. Les chars suivants sont attaqués à la grenade, avec les bouteilles d'essence enflammées, au FM, et même à coups de mousqueton. Ils n'insistent pas et se retirent. »

1. Lettre du 5 mars 1981 adressée à l'auteur par le Dr Raymond Bloch, d'Alençon (Orne).

2. Lettre de M. Auguste Gury, ancien directeur d'école, adressée le 21 juin 1941 au commandant de La Fournière. Agé de 64 ans en 1940, M. Gury est décédé le 18 juin 1943 au Tholy.

De leur côté, les Allemands admettent qu'ils sont obligés de marquer le pas devant Le Tholy. Un document du *II/Panzer Regiment 3* indique que deux chars sont détruits, un troisième, celui du *Leutnant* Goerke, est immobilisé par quatre coups au but dont un a traversé le blindage. « L'avant-garde se replie pour réorganiser l'attaque avec *minen* et appui d'artillerie. » lit-on encore.

Le combat n'a pas duré longtemps mais les premiers blindés allemands ayant chargé contre la première barricade en tirant avec leurs armes de bord, l'accrochage a été très violent. La pièce de 25 du 168e RIF a eu sa lunette brisée et les derniers projectiles ont été tirés par un homme du groupe franc. En effet, le tireur en titre a eu la moitié de la tête enlevée par un obus et le chargeur, commotionné, a été évacué sur le PS. En outre, le tube du 25 était bloqué par des matériaux de la barricade pulvérisés par les tirs de l'ennemi. Guillin, du groupe franc, est allé DEVANT l'obstacle sans même jeter un regard aux chars qui reculaient en tirant, a dégagé paisiblement le tube et, repassant derrière la pièce, s'est offert le plaisir de brûler une vingtaine de coups de 25.

L'accalmie qui succède à la rencontre est de courte durée car le *Kampfgruppe* von Aerts ne manque pas de moyens. Une batterie de 105 prend position à moins de 1 500 mètres du village et les *minen,* bien camouflés, sont approvisionnés en munitions. Pendant que tous les tubes ouvrent le feu sur le dernier noyau du 168e RIF, les *Schützen* descendus de leurs camions se préparent à appliquer leur méthode habituelle : l'attaque de flanc. Les coups de 105 et les *minen* se succèdent à forte cadence.

« En quelques minutes, écrit M. Gury, le combat prit une violence telle, et le bombardement aussi, que je descendis à la cave. »

On se bat une grande partie de l'après-midi, les Français ne cédant le terrain que mètre par mètre. Le char lourd du *Feldwebel* Stadelhofer a été envoyé en tête et il éventre les deux premières barricades. Cette fois, le canon de 25 ne pourra plus être récupéré. Pourtant, le *Panzer IV* de Stadelhofer est contraint de faire marche arrière sous les bouteilles d'essence enflammée qui se brisent sur son blindage. L'équipage doit même sortir pour enrayer un début d'incendie. Le *Leutnant* von Bennigsen est désigné par le *Major* Kraeber pour prendre le commandement d'une nouvelle avant-garde uniquement composée de chars. Sur les flancs, les armes automatiques des *Schützen* tirent sans discontinuer. Le lieutenant Robert Barbat, de l'état-major du 168e RIF, est grièvement blessé ; on le porte dans une cave et une infirmière bénévole reste auprès de lui. Le sous-lieutenant Bauer est également atteint et le chef du groupe franc, Vanthuyne, a les jambes fauchées par une rafale de mitrailleuse. Le lieutenant de Silly a constitué un PA avec les hommes des transmissions mais il ne dispose d'aucune arme automatique.

« Pris à revers vers 16 heures, écrit-il, j'ai dû me rendre avec mon personnel[1] ! »

Le combat se déplace vers Tholy-Haut et, à son PS, le Dr Bloch reçoit un nombre croissant de blessés. Stimulés par la présence de leur colonel, les hommes du 168e RIF se battent bien mais les bouteilles d'essence ne remplacent pas le canon de 25 détruit à la première barricade. Vers 17 heures, le chef Ligonat et ses hommes se rendent ; ils n'ont plus de cartouches. Une demi-heure après, c'est l'adjudant Blondel et, vers 18 heures, le dernier carré du groupe franc avec le chef Mangematin. Le lieutenant-colonel Ferroni n'a pas l'intention d'attendre l'ennemi et de se constituer prisonnier comme l'a fait le commandant du II/168e RIF à Vecoux. Au milieu du fracas des armes, il se précipite à la mairie et, dans le vestibule, arrache le drapeau du régiment à sa hampe. Il prend le temps d'enrouler la soie autour de sa poitrine, sous la tunique, et rejoint ses officiers, le commandant Glotz, les lieutenants Bourlart et Robitaillie qui l'attendent pour sortir du Tholy et se jeter dans les bois. Il est 18 h 45. Von Benningsen engage ses chars sur la route de Bruyères et la colonne se reforme derrière lui. Il s'arrêtera deux heures plus tard à Laneuveville — devant — Lépange où il passera la nuit. La *2e Panzer* termine la campagne dans ce village vosgien dont les habitants ignoreront toujours qu'ils ont vécu ce soir-là un événement historique.

Au Tholy, le chef Mangematin demande et obtient l'autorisation d'enterrer à côté de l'église le seul tué du groupe franc : Frédéric Devynck. Trois autres morts seront inhumés le lendemain par les habitants : Louis Huguenin, Fernand Larmat et le caporal-chef Henri Perrin[2]. Le dentiste-lieutenant Binn et le pharmacien-lieutenant Peyrole n'ont pu rejoindre le poste de secours où le médecin-commandant Bloch prépare l'évacuation des hommes les plus gravement atteints.

Bloch : « J'ai fait charger les blessés dans mes deux sanitaires qui étaient pleines. Au premier carrefour, les Allemands m'ont arrêté et m'ont dit de les conduire à Remiremont. Deux infirmiers de la *Panzerdivision* m'ont fait attendre un moment et m'ont remis deux officiers, Barbat et Vanthuyne, qui avaient été correctement pansés. A Remiremont, j'ai laissé mes blessés a un vieux camarade du lycée de Nancy, le Dr Bohême, chirurgien à Lunéville[3]. »

A Tholy-Haut, des flammes s'échappent d'une remise proche de la mairie. Des caisses de munitions qui s'y trouvaient entreposées explosent les unes après les autres et le feu gagne la mairie. Les hommes du

1. Lettre du 25 avril 1984 adressée à l'auteur par M. Vuillefroy de Silly, de Nantes.
2. Le 168e RIF a deux tués du même nom : Henri et Alfred Perrin.
3. Selon le chef Mangematin, un blessé du groupe franc, Fritsch, a refusé d'être soigné par les Allemands. Après qu'il ait parcouru plus de 80 kilomètres à pied avec la colonne de prisonniers, ses camarades l'amenèrent de force à un poste de secours où fut enfin extrait l'éclat qu'il avait dans le dos depuis Le Tholy.

village sont dans la forêt et de toute façon l'absence de pression dans les conduites d'eau empêcherait la mise en œuvre de la pompe à incendie. Il faudra se résoudre à faire la part du feu. Après le col du Mont de Fourche, Rupt-sur-Moselle et Maxonchamp, le 168e RIF vient de livrer son dernier combat. Le chef de corps, avec trois officiers et sept secrétaires et téléphonistes, a disparu au milieu des sapins qui enserrent le village. Restent les morts tombés dans ces derniers combats sans espoir. Les pertes du régiment s'élèvent entre le 19 juin au soir et le 21 au Tholy, à 38 morts identifiés. Le total est certainement plus élevé car les blessés ont été dispersés dans des hôpitaux et formations sanitaires de la région et plusieurs d'entre eux ont succombé. Les morts eux-mêmes n'ont pas toujours été inhumés à l'endroit où l'on pouvait supposer les retrouver. Le lieutenant Le Ralle, par exemple, a été enterré dans le jardin de l'école de La Rosière, sur les crêtes, avec Gaston Pezé, Georges Chenon et le sergent Valentin. Beaucoup de blessés du 168e RIF sont hospitalisés à Remiremont [1] où trois d'entre eux ne survivront pas : de Bovis, René Dupouy et Michel L'Honoré. D'autres blessés ont été dirigés sur Besançon où deux d'entre eux décéderont : Jean Pouyes et Marceau Rose. A part le lieutenant Lecoq-Vallon, nous ignorons si des blessés du 168e RIF ont été dirigés sur Montbéliard, voire même Luxeuil, Vesoul ou Belfort. Après la guerre, aucune recherche sérieuse n'a été entreprise, aucune liste n'a été dressée. Les hommes du « régiment de la Moselle » méritaient mieux que cet oubli qui, ce n'est pas une consolation, frappe tous les régiments de juin 1940.

Avec Le Tholy tombe le dernier bastion de la face sud. Celle-ci n'existe plus, faute de combattants, et Gudérian verrouille solidement la nasse où se débattent, chaque jour avec moins de vigueur, les quatre armées françaises encerclées depuis le 17 juin. Dans la montagne vosgienne, les acteurs du drame que nous avons vu se nouer ne sont plus que des fugitifs.

Le col du Rhamné est à 856 mètres d'altitude et la route forestière le long de laquelle se camouflent les derniers éléments du groupement Duluc relie la vallée de la Moselle, au sud, à celle de la Moselotte, au nord.

Duluc : « Le col fut organisé dès le 20 au soir en centre de résistance fermé, à l'intérieur duquel purent être rassemblés les hommes, l'armement, ainsi qu'une notable partie des trains de combat et des trains de ravitaillement motorisés du 69e RAMF. »

Le chef du groupement s'est installé au col avec ses officiers, Laherre

1. Onze d'entre eux seront transférés à Haxo, à Épinal : Boittaux, Cornu, Delouard, Forgeon, Lemoine, Mangin, Roelants, Wolff, le caporal Boniface, le lieutenant Barbat et le sous-lieutenant Vanthuyne.

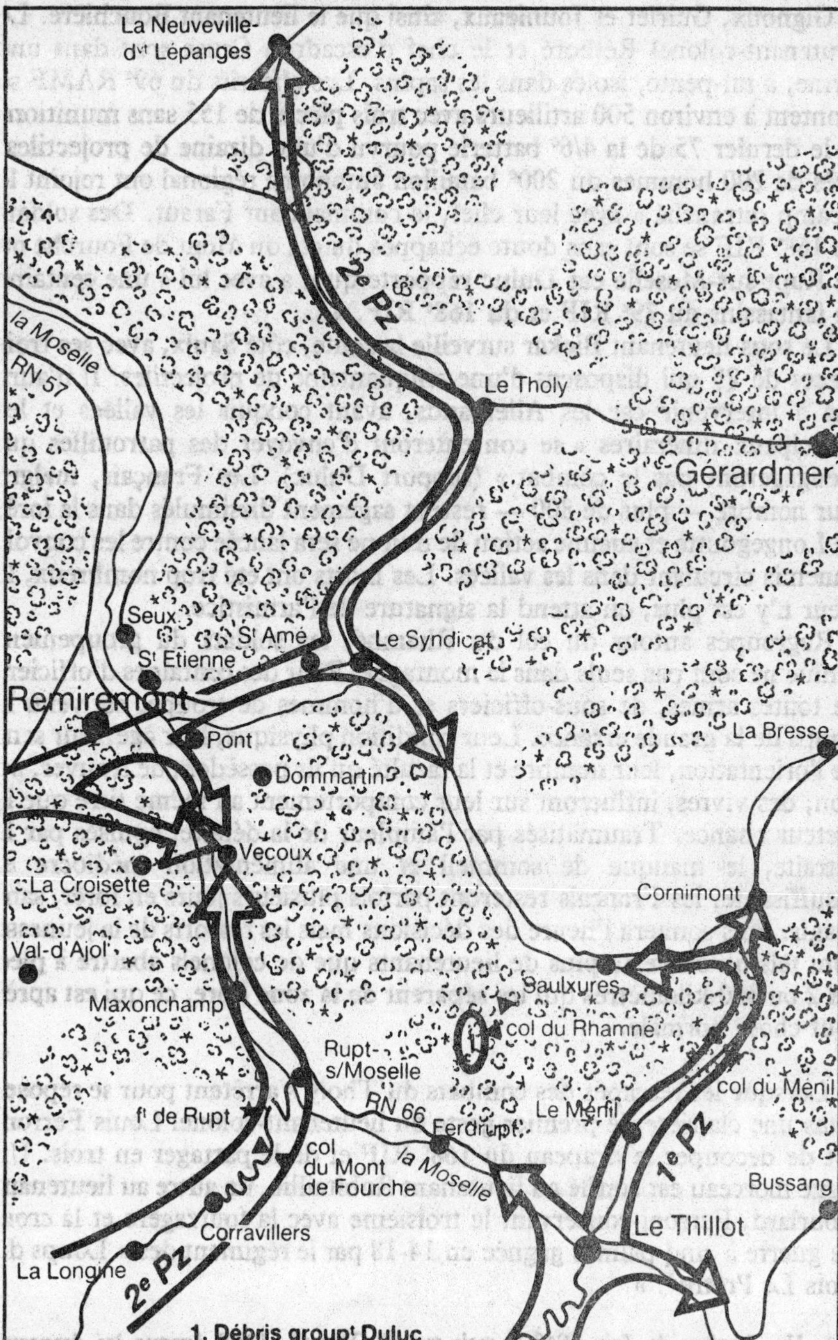


**Les 1e et 2e Panzerdivisionen du 19 au 21 juin**

et Gignoux, Guirlet et Jounieaux, ainsi que le lieutenant Bouchière. Le lieutenant-colonel Réthoré et le chef d'escadron Cruse sont dans une ferme, à mi-pente, isolés dans les sapins. Les effectifs du 69e RAMF se montent à environ 500 artilleurs avec trois pièces de 155 sans munitions et le dernier 75 de la 4/6e batterie pourvu d'une dizaine de projectiles. Près de 200 hommes du 200e bataillon autonome régional ont rejoint le « camp retranché » avec leur chef, le commandant Faraut. Des soldats du 168e RIF se sont sans doute échappés du col du Mont de Fourche ou de Rupt-sur-Moselle car Duluc rapporte qu'il a avec lui « une centaine de fantassins du 79e RIF et du 168e RIF. »

Le sous-lieutenant Bickar surveille la route, côté Saulx, avec ses trois pièces de 25 qui disposent d'une cinquantaine de projectiles. Il n'aura pas à intervenir car les Allemands, ayant conquis les vallées et les principaux itinéraires « se contenteront d'envoyer des patrouilles qui n'engageront pas le combat » (rapport Duluc). Les Français, malgré leur nombre — plus de 800 — restent sagement dissimulés dans la forêt de Longegoutte et aucune action de nuit ne sera lancée contre les convois ennemis circulant dans les vallées. Les morts ont été trop nombreux, le cœur n'y est plus, on attend la signature de l'armistice.

Regroupés autour du col du Rhamné, les soldats du groupement Duluc ne sont pas seuls dans la montagne. Pour des centaines d'officiers de toutes armes, de sous-officiers et d'hommes de troupe, est venu le temps de la grande errance. Leur condition physique, leur âge, leur sens de l'orientation, leur nombre et la faculté qu'ils possèdent de trouver, ou non, des vivres, influeront sur leur comportement au même titre que le facteur chance. Traumatisés par l'ampleur de la défaite, épuisés par la retraite, le manque de sommeil et une alimentation médiocre et insuffisante, les Français resteront parfois plusieurs jours en forêt, sans réagir. Puis sonnera l'heure des décisions mais les ressorts de la jeunesse sont tels qu'on verra plus de lieutenants que de colonels abattre à pied les 2 ou 300 kilomètres qui les séparent de la zone libre, ce qui est après tout chose normale.

Lorsque les rescapés des combats du Tholy s'arrêtent pour se reposer dans une clairière, le premier geste du lieutenant-colonel Louis Ferroni est de découper le drapeau du 168e RIF et de le partager en trois. Un large morceau est confié au lieutenant Robitaillie, un autre au lieutenant Bourlard, Ferroni conservant le troisième avec la fourragère et la croix de guerre à cinq palmes gagnée en 14-18 par le régiment des « Loups du Bois Le Prêtre [1]. »

1. Un chapitre de *Juin 1940 le mois maudit* (Fayard, 1980) évoque les drapeaux perdus, incinérés ou sauvés dans les jours qui précédèrent l'armistice.

« La lutte étant terminée, écrit le colonel, j'estime que mes responsabilités en tant que chef de corps n'existent plus. »

Parle-t-il des privilèges de son grade ou renonce-t-il à exercer son commandement sur ses compagnons ? Il est évident qu'il n'est plus qu'un fugitif comme les autres, pris au piège dans la forêt vosgienne, mais toute communauté, si petite soit-elle, doit être dirigée, voire commandée. Ferroni et ses subordonnés examinent d'abord les possibilités qui s'offrent à eux d'échapper à la capture. La conclusion qu'ils tirent de cet examen collectif est simple : ils vont marcher à la boussole en suivant les crêtes « de façon, suivant les circonstances, à gagner la Suisse ». A tour de rôle, Glotz, Robitaillie et Bourlard seront officier orienteur et entraîneront le petit groupe vers le sud-est. Les « évadés du 168e RIF », on ne sait pourquoi, ne parcourent pas des distances impressionnantes. Le colonel est-il trop âgé pour adopter un train rapide ? En cinq jours, ils vont traverser la vallée de la Moselotte sillonnée par les convois allemands et passer dans la forêt de Longegoutte. Le hasard n'a pas voulu que Ferroni rencontre sur sa route le PC du colonel Duluc, au col du Rhamné. Si le groupe a vraiment suivi les crêtes, les nombreux véhicules et les 800 hommes du groupement n'ont pas pu lui échapper. Ferroni n'en dit rien mais, sans doute par d'autres soldats errants, ou par les habitants d'une ferme, il apprend que l'armistice est signé. Épuisés par les marches en terrain montagneux et aussi par le manque de nourriture, le colonel et ses hommes décident de se présenter aux autorités allemandes. Comme des milliers d'autres, ils tiennent le raisonnement suivant : « L'armistice est signé, je n'ai pas été capturé avant le cessez-le-feu, donc je ne serai pas considéré comme prisonnier de guerre. D'ailleurs, je ne me suis pas rendu. »

Ferroni et ses compagnons oublient qu'il faut être deux pour tenir un tel raisonnement : le vainqueur et le vaincu. Si ce dernier soliloque pour son propre compte ou pour persuader son entourage, ses chances de rester libre sont faibles. Le colonel et ses officiers enterrent le drapeau et le journal de marche du 168e RIF près de la ferme de la Saille appartenant à M. Henri Vanson qui ne se doutera jamais de la présence du précieux dépôt sur ses terres. Le 28 juin, ils se présenteront aux Allemands à Rupt-sur-Moselle, là où le capitaine Leloutre et les derniers éléments du III/168e RIF ont vaillamment combattu huit jours plus tôt. Le vainqueur ne sera pas long à prendre sa décision.

« Nous fûmes considérés comme prisonniers et emmenés plus tard en captivité à l'Oflag X-B en Allemagne », écrit Robitaillie [1].

1. Lettre du 26 août 1982 adressée à l'auteur par le général Louis Robitaillie, de la Varenne Saint-Hilaire (Val-de-Marne).

Un autre chef de corps du front sud se trouve dans une situation proche de Ferroni, à cette exception près qu'il ne s'épuise pas à parcourir la montagne avec l'intention de se réfugier en Suisse. Le lieutenant-colonel Aubignat, du 321e RI, est caché dans une ferme et il n'entend pas en bouger. Avec quelques-uns de ses officiers, il s'est écarté du Ballon de Servance perdu par le 2e Pyrénéens le 19 juin et, pendant deux jours, le petit groupe a beaucoup marché, quasiment sans nourriture. Il était impossible de continuer ainsi !

« D'après la carte, a dit Aubignat, nous avons près de nous une maison forestière et, un peu plus loin, la ferme du Fray. C'est là que nous nous arrêterons après nous être assurés qu'il n'y a pas d'Allemands dans le voisinage. »

Le jeudi 20 juin, un nouveau contingent de fugitifs est arrivé à la ferme. A leur tête, le capitaine Fontaine, de la compagnie d'appui du 2e Pyrénéens, avec le lieutenant Enjalbert, l'aspirant Roubin, l'adjudant Hauvuy, le sergent Rocariès et trois de leurs hommes. Avec Aubignat, Fontaine retrouve 12 chasseurs pyrénéens et une trentaine d'artilleurs du 53e RA.

« Nous décidons de rester avec eux, écrit Fontaine. Ils sont au courant, par des civils, des pourparlers d'armistice. »

Chaque nuit, des Vosgiens leur apportent bénévolement des vivres et, même s'il faut se rationner, la vie à la ferme du Fray n'est pas désagréable.

« Dimanche 23 juin, note Aubignat. Service émouvant par l'aumônier Desplats, dans la cuisine. Nous voyons les Allemands qui vont et viennent sur la crête de Servance. »

Le lendemain lundi, le capitaine Fontaine observe que l'ennemi a évacué dans la nuit le Ballon de Servance. Il décide de s'y rendre avec Enjalbert et Roubin pour savoir si le corps du capitaine Eyrieux a été abandonné sur le terrain ou inhumé.

« Nous trouvons la tombe au carrefour, raconte l'officier, près de la maison forestière démolie. Il y a une croix et une inscription. Plus tard, le capitaine Sabineu me dira comment, une fois prisonnier et revenu au sommet, les Allemands l'ont autorisé à rendre les derniers honneurs à notre regretté chef de bataillon. »

Le même jour, l'aumônier Desplats qui, grâce à sa soutane, descend chaque matin au village voisin pour écouter la radio, remonte en apportant la nouvelle attendue par tous : l'armistice est signé et entrera en vigueur dans la nuit du 24 au 25 juin. Aubignat tient le même raisonnement que Ferroni : « Nous sommes intimement persuadés que les Allemands ne feront plus de prisonniers lorsque l'armistice sera exécutoire. »

La soirée du 25 juin est très animée. A part deux lieutenants du 321e RI qui obtiennent de leur colonel l'autorisation de quitter la ferme et d'essayer de passer en Suisse[1], l'unanimité se fait sur un point : chasseurs et fantassins, officiers et hommes de troupe descendront dans la matinée du 26 au Haut-du-Them et se présenteront à la première autorité allemande qu'ils rencontreront.

« Et les armes ? demande l'aspirant Roubin.

— Nous allons les cacher dans la ferme. L'armistice étant signé, nous ne devons plus porter d'armes », tranche le colonel.

Le 26 juin, vers 10 heures du matin, les fugitifs descendent vers la vallée de l'Ognon et rencontrent de forts contingents allemands au Haut-du-Them.

« Des officiers nous reçoivent courtoisement, raconte Fontaine, et nous dirigent sur Le Thillot. Là, un état-major de division fixe notre sort : nous sommes prisonniers. Départ par camion vers 14 heures et, par La Bresse et le col de la Schlucht, arrivons à Neuf-Brisach. Il y a là, entassés dans un camp, sans abri et dans la boue, plus de 40 000 prisonniers. »

Le commandant de Nexon, du II/23e RIF, a brûlé ses archives dans la soirée du 20 juin au col des Croix. Ensuite, pendant que les *Schützen* de la *1re Panzerdivision* descendaient vers Le Thillot, le chef de bataillon et les quelques hommes qui l'ont suivi ont traversé Le Ménil avant de bifurquer par la montagne en direction de Saulxures-sur-Moselotte « où des troupes françaises seraient encore en position ».

Nexon : « Après une marche excessivement pénible et un manque complet d'eau, j'y arrive le 21 vers 16 heures pour y trouver seulement des éléments du 15e Génie et un groupe du 168e RAP dont les canons sont sur un train, sans munitions ni moyens de transport. »

Il s'agit du II/168e RAP du chef d'escadron Sabatier dont le train a quitté Mertzviller (Bas-Rhin) le 14 juin à 22 heures avec 240 hommes, 16 pièces de 155 et 15 pièces de 65. Le groupe devait rejoindre celui du chef d'escadron Lecomte dont les 75 ont été mis en batterie dans le triangle Châtel-Moriville-Portieux mais Sabatier est victime de la pagaille qui règne dans les chemins de fer où nulle autorité ne consent à donner la priorité aux convois militaires. Le train du II/168e RAP a mis cinq jours pour atteindre Saulxures-sur-Moselotte. Que peut-il faire avec ses 155 dans cet endroit perdu des Vosges ? Sabatier réussit à faire porter par un motocycliste un billet au chef d'escadron Lecomte : « D'ordre du commandant Oudot, régulateur des chemins de fer, écrit-il, tout le train, sauf ce que j'ai pu jeter sur le quai, a été dirigé malgré mes protestations sur la voie en cul de sac de Remiremont à Cornimont. (...) Que les canons restent ici, soit, je vois mal leur débarquement sans

1. Leur identité n'est pas connue. Deux officiers du 2e Pyrénéens, les lieutenants Alberny et Égeley, réussiront à gagner la zone libre.

munitions mais, de grâce, qu'on fasse quelque chose des gens si possible ! »

Le 19 juin, la *8e Panzer* attaque sur la Moselle et Lecomte ayant d'autres problèmes à traiter ne pourra résoudre ceux du IIe groupe. Tout le personnel débarque à Saulxures le 21 juin et passe la journée sur le quai à attendre des ordres qui ne viendront pas. Sabatier envoie une équipe de sabotage chargée de mettre hors service les 155 et les 65 restés sur le train et, rencontrant Nexon, lui explique qu'il a décidé de gagner la forêt vers le Haut-du-Roc et d'y constituer un centre de résistance fermé. Nexon se rallie au projet et passe la nuit dans une ferme, au-dessus de Saulxures. Le lendemain matin il ne retrouve plus les artilleurs qui sont passés sur l'autre versant de la vallée [1] et descend vers les Bas-Rupts où la présence des Allemands l'incite à monter à 1 000 mètres d'altitude dans la forêt de Gérardmer ; il dort une nouvelle fois dans une ferme isolée. Passent des isolés, des petits groupes et quelques hommes acceptent de le suivre. Il redescend aux Bas-Rupts le dimanche 23 juin.

« Je trouve le chef d'un train de combat du 69e RAMF qui revient de Cornimont. Les Allemands lui ont donné deux heures pour se rendre avec ses 80 camions. Avant que le délai soit écoulé, des automitrailleuses viennent les chercher [2]. »

Voyant cela, Nexon décide de « démobiliser et de licencier tous les Vosgiens et Alsaciens qui peuvent ainsi tenter de gagner leur domicile ». Le lundi 24 juin, par un artilleur qui possède un poste de radio portatif, le commandant du II/23e RIF apprend que l'armistice serait signé. Il n'entreprend pas de vérifier si la nouvelle est exacte et si le cessez-le-feu est exécutoire alors qu'il le sera seulement le 25 juin à 0 h 35.

Nexon : « Je décide de déposer les armes avec mon détachement et je descends à Cornimont dans ce but après avoir fait détruire tout l'armement. »

Ayant entendu parler d'une manière ou d'une autre — le téléphone arabe — de la signature de l'armistice, des centaines d'hommes affamés sortent des forêts pour se livrer au vainqueur, persuadés au fond d'eux-mêmes de n'être pas prisonniers de guerre. A la surprise de Nexon, les Allemands semblent débordés par cette avalanche humaine et personne

1. Avec le lieutenant Gallet et le sous-lieutenant Ancelin, Sabatier conduira ses artilleurs dans la forêt où il leur accordera « liberté de manœuvre » le 26 juin. Le chef d'escadron ira se présenter aux Allemands qui l'enverront dans un camp de prisonniers. Le capitaine Aubert, le lieutenant Godefroy et un petit détachement ont rejoint le 21 la région de La Bourgonce, dans la forêt de Mortagne. Ils enterreront leurs munitions, saboteront leurs armes le 22 juin et partiront en captivité le 23.

2. Il s'agit sans doute de la CR du I/69e RAMF du lieutenant Velin qui a été rejointe sur ordre du chef d'escadron Ajoux par les lieutenants Devaux et Blain à bord des voitures de l'état-major du groupe.

ne s'occupe de lui. Est-il déçu qu'on ne lui accorde pas plus d'importance ? Il emprunte un chemin détourné et remonte vers les crêtes pour y passer la nuit. Une compagnie du 8e Train accepte de le nourrir mais « avec difficulté et parcimonie ».

Mardi 25 juin : « journée d'attente sous une pluie diluvienne ».

Le mercredi, le chef de bataillon se rend à Saulxures où il découvre les camions abandonnés du 8e Train, chargés de vivres en abondance. Puisque personne ne s'occupe de lui, Nexon s'empare d'une voiture de liaison et, puisant dans un camion, entreprend d'empiler des boîtes de conserves à l'arrière, ce qui devrait lui permettre de subsister dans la forêt une semaine ou deux. Mais le commandant du II/23e RIF a pris trop de risques ; des motocyclistes allemands s'arrêtent à sa hauteur et lui ordonnent de marcher en direction de Remiremont. Docile, il s'exécute et parcourt une dizaine de kilomètres jusqu'à Vagney [1]. Il ne tente rien, ses ressorts sont brisés. Un camion de la *Wehrmacht* s'arrête devant lui et une voix habituée au commandement lui prescrit de monter dans le véhicule. Dans cet équipage, il se joindra aux milliers de prisonniers en cours de regroupement à Remiremont. Le soir même, formés en colonne, ils seront conduits à pied jusqu'au Tholy. Une étape d'une vingtaine de kilomètres.

« C'est un des plus pénibles souvenirs de ma carrière d'officier, écrit Nexon. Toute discipline ayant cessé, je me suis fait dire que « la défaite étant consommée, je n'étais pas plus que n'importe quel soldat de 2e classe ». Je n'ai pu obtenir l'ordre qu'en faisant appel à plusieurs reprises aux quelques fantassins allemands qui accompagnaient la colonne. Quelle humiliation ! »

Submergée à Celles, la section du lieutenant Decou, du II/168e RIF, a littéralement éclaté. Une heure plus tard, sous les arbres qui tapissent les pentes du Saint-Mont, l'officier a fait le compte de ses effectifs : le capitaine Casaromani, l'aspirant Grosbuis et une douzaine d'hommes dont deux courageux qui portent sur leurs épaules le double fardeau de leur mitrailleuse. Ils décident de poursuivre leur chemin vers le nord, en direction de la Pierre Kerlinkin qu'ils laisseront sur la gauche pour ne pas trop s'écarter de la route de Gérardmer. Decou n'envisage pas de reprendre le combat et donne l'ordre de démonter et d'abandonner la mitrailleuse. Où trouverait-il des munitions ?

Vers 19 heures, le 21 juin, la petite troupe s'arrête dans une ferme, au-dessus de Cleurie. Pendant qu'ils découvrent le spectacle des colonnes motorisées allemandes circulant dans la vallée, quelques soldats de la section Decou se présentent à leur officier. Comment ont-ils pu le

1. La *2e Panzerdivision* s'est emparée à Vagney de 54 camions du Train en état de marche.

retrouver à cet endroit ? Ils portent leurs armes individuelles, ce qui les distingue des fuyards et autres déserteurs. La journée a été éprouvante et tout le monde se restaure avec les ressources de la ferme avant d'aller dormir dans le foin. Le samedi 22 juin, Decou décide de disperser la « section » et constitue des groupes de deux ou trois hommes qui, chacun de leur côté, tenteront leur chance en direction du sud ou de la Suisse. Boulnois, tireur à la première pièce, est volontaire pour accompagner les trois officiers. Les adieux sont brefs, chacun joue sa carte personnelle. Le groupe Decou marche en direction du Tholy mais il n'atteindra pas la localité où le 168e RIF a livré son dernier combat la veille. Du côté de Rehaupal, des bûcherons leur apprennent que toute résistance a cessé et que l'armistice est imminent.

« J'ai enterré mon pistolet ! » se souvient l'aspirant Grosbuis.

Les quatre hommes sont désorientés. Où aller ? Rejoindre qui ? Ils marchent, dorment à même le sol, sur la mousse, marchent encore, évitant les routes et les hameaux où cantonnent les Allemands. Dans une ferme ils rencontrent le lieutenant-colonel d'Hausen.

« J'apprends par lui, note Decou, que le capitaine Pichat et mes camarades du II/168e RIF ont été faits prisonniers à Saint-Amé[1]. »

Les fugitifs ne s'attardent pas car on leur fait savoir que les Allemands ont apposé une affiche à la mairie de Cleurie : le vainqueur donne 48 heures pour se rendre à tous les militaires qui se cachent dans la forêt. Passé ce délai, s'ils sont capturés, ils seront fusillés (rapport Decou).

« Ils bluffent ! » assure le capitaine Casaromani.

Ils conviennent que de toute façon il ne faut plus perdre de temps à chercher des poches de résistance qui, selon toutes les apparences, n'existent plus. Les trois officiers sont d'accord pour essayer d'atteindre la zone libre. Boulnois, qui est du Pas-de-Calais, préfère essayer de rentrer chez lui. Le groupe des officiers va marcher, souvent de nuit, franchir des rivières, des canaux, et le 17 juillet à 18 heures, Casaromani, Decou et Grosbuis franchiront la ligne de démarcation à Chapeau, dans l'Allier.

« Le 18 au matin, raconte Decou, nous nous sommes séparés. Le capitaine regagnait Toulouse, l'aspirant allait à Aurillac et moi à La Châtre où j'avais de la famille. »

Capturé le 20 juin au col du Mont de Fourche, le commandant Jacques de La Fournière retrouve le lendemain dans une colonne de prisonniers son adjudant-major, le capitaine Leloutre. Heureux d'être

1. M. Grosbuis confirme la rencontre alors que les états de services du lieutenant-colonel d'Hausen indiquent qu'il a été fait prisonnier à Saint-Amé le 21 juin, ce qui est inexact. D'Hausen connaîtra néanmoins la captivité outre-Rhin et sera rapatrié d'Allemagne le 15 août 1941 pour être démobilisé à Roanne le même jour.

sortis indemnes des derniers combats, les deux hommes se racontent les circonstances dans lesquelles chacun d'eux a été capturé. Ils évoquent les morts, les blessés, le régiment, l'avenir...

L'avenir ? Ni l'un ni l'autre ne l'imagine derrière les barbelés d'un camp. Se comprenant à demi-mot, ils patientent, observent les allées et venues des sentinelles allemandes qui encadrent la colonne, la fréquence des arrêts et surtout le terrain. Vient le moment où d'un pas traînant les captifs s'engagent sur une petite route forestière. Un *Unteroffizier* braillard vient de passer et remonte la colonne. Un regard de connivence, un acquiescement muet et les deux officiers du III/168e RIF sautent dans le fossé et s'enfoncent dans le sous-bois en courant de toutes leurs jambes. Pas un coup de fusil derrière eux ; leur disparition n'a pas été remarquée. Ils reprennent leur souffle puis s'éloignent, marchant d'un pas volontaire entre les sapins. Leloutre regagnera son domicile parisien et La Fournière son domaine agricole, proche de Vitry-le-François, où l'attend son destin de martyr de la Résistance.

Le médecin-commandant Raymond Bloch, du 168e RIF, n'a pas plus l'intention de moisir derrière des barbelés que La Fournière et Leloutre. Ayant conduit les blessés du Tholy à l'hôpital de Remiremont le lendemain, samedi 22 juin, un responsable du service de Santé de la *2e Panzerdivision* l'interpelle :

— Êtes-vous chirurgien ?
— Non, je suis...
— Alors, à l'église !

Aucune discussion n'est possible, les Allemands ne gardent que les chirurgiens ; les autres médecins, pharmaciens et vétérinaires rejoignent les prisonniers entassés dans l'église. Le dimanche matin, après une nuit passée « comme sardines en boîte », les vaincus sont formés en colonne et leurs gardiens leur font prendre la route du sud, celle du Thillot.

« Je me suis évadé à Ferdrupt, la première étape, raconte le Dr Bloch et, après maintes péripéties, j'ai atterri, après la signature de l'armistice, à l'hôpital Haxo, à Épinal. Je pensais échapper à la captivité, en réalité j'y suis resté treize mois. »

Les hommes du groupe franc et ceux de la compagnie de commandement du 168e RIF faits prisonniers au Tholy le 21 juin, se trouvent eux aussi à Ferdrupt le samedi soir et couchent dans une petite usine. Le lendemain dimanche, ils repartent et marchent toute la journée avant d'être enfermés, à la tombée de la nuit, dans l'église de Lepuix-Gy. Le chef Mangematin, l'adjudant Blondel et le chef Ligonat estiment d'un commun accord que la plaisanterie a assez duré. A l'aube du 24 juin, au moment où la colonne encore pleine de sommeil s'ébranle en direction de Giromagny, les trois sous-officiers du 168e RIF s'évadent avec suffisamment de discrétion pour ne pas éveiller l'attention des sentinelles. Ils vont traverser le Ballon d'Alsace, se cacheront trois jours dans une ferme près de Sewen, et deux jours à Saint-Maurice où les habitants leur procurent des vêtements civils. Uniformes et livrets militaires sont dissimulés sur les poutres d'un grenier et le lendemain, à Rupt-sur-Moselle, les trois compagnons d'armes se séparent. Blondel et Ligonat se dirigent vers Pont-à-Mousson mais Mangematin veut laisser « les choses se tasser ». Ses parents habitent à Ranguevaux, dans la Moselle, et les contrôles allemands seraient très sévères dans tout le département que les Allemands ont annexé comme ils l'ont fait en 1871. Jusqu'au 10 juillet, Ludovic Mangematin travaille à Rupt chez Mme Desclé qui possède une boucherie et un café. Elle le fait passer pour un parent affecté spécial, et l'évadé, avec la caution de son employeur, parvient à obtenir des papiers d'identité et un laissez-passer pour la Moselle. Parti de Rupt le 10 juillet, il sera à Ranguevaux trois jours plus tard.

« Mes parents se doutaient que le groupe franc du 168e RIF ne se laisserait pas vaincre facilement, dira-t-il. Aussi imaginaient-ils le pire et je n'oublierai jamais leur regard quand ils me virent débarquer... »

Si les habitants de Saint-Maurice n'ont éprouvé aucune difficulté à procurer des vêtements civils aux trois évadés du groupe franc du 168e RIF, un ecclésiastique de la région doit résoudre un tout autre problème. Curé de Étueffont (Territoire de Belfort) depuis 1927, l'abbé Félix Saugier a rencontré un groupe d'officiers qui se cachent avec une cinquantaine d'hommes dans un bois proche de Riervescemont. Parmi eux, les capitaines Rouzaud et Crépin-Leblond, du CID 63, le lieutenant Camus, de la compagnie divisionnaire antichars de la 63e DI et le lieutenant René Jeudy, du corps franc du III/321e RI qui était en arrière-garde de son bataillon à Giromagny, ce qui lui a permis de s'échapper vers la montagne protectrice.

« Grâce à un appui total et généreux de tous mes paroissiens, y compris ceux de La Madeleine, écrit l'abbé Saugier, j'ai pu habiller plus de 60 hommes qui ont ensuite essayé de gagner la zone libre [1]. »

Une fois en civil, officiers et soldats appliquent la vieille règle des clandestins : constituer des groupes de deux ou trois, en fonction des affinités ou des destinations choisies et se séparer le plus vite possible. La plupart d'entre eux, grâce aux vêtements civils de l'abbé Saugier, regagneront leur domicile ou passeront en zone libre.

Partis le dimanche 30 juin avec le capitaine Crépin-Leblond, le

1. Lettre du 6 janvier 1984 adressée à l'auteur par l'abbé Saugier qui, âgé de 91 ans, était alors aumônier des Religieuses de Saint-Nicolas, à quelques kilomètres au nord de Rougemont-le-Château.

lieutenant Jeudy et son ordonnance franchiront la ligne de démarcation et s'arrêteront le 6 juillet à Montluçon.

Il y a ceux qui se font prendre et s'évadent ; ceux qui n'ont pas été pris, se procurent des vêtements civils et tentent de se réfugier en zone libre, ceux qui regagnent tout bêtement leur domicile et se font démobiliser par le maire ou la gendarmerie. Et ceux qui restent dans la colonne de prisonniers, persuadés que la captivité est provisoire et qu'ils vont être rendus sous peu à leurs activités civiles. Surtout lorsque leurs supérieurs hiérarchiques, qui n'en savent pourtant pas plus, les confortent dans cette idée.

Capturé au Thillot avec les derniers éléments du 1er Pyrénéens, l'aspirant Paul Gendre regrettera toute sa vie d'avoir écouté les conseils qui lui ont valu de passer cinq années de sa jeunesse derrière les barbelés du célèbre « camp des aspirants ».

« Une fois prisonniers, écrit-il, nous nous sommes réunis, officiers et sous-officiers, pour décider si, en cours de route, entre Luxeuil, Lure et Belfort, nous tenterions de nous évader pour essayer de passer en Suisse. Les Allemands nous disaient que l'armistice était signé et que nous allions être libérés à Belfort. Nos officiers, pour la plupart anciens de 14-18, étaient eux aussi persuadés que notre libération était proche, ainsi que cela s'était passé en 1918. Croyant aux promesses des uns et aux certitudes de mes chefs, dont le commandant Llense, ami de mon père, je suis resté avec mes chasseurs... [1] »

Le lieutenant Albert Contal, chef de la section de mortiers du III/79e RIF, a appris dans l'après-midi du 20 juin, que le colonel Duluc constituait un centre de résistance au col du Rhamné. C'est le lieutenant Fix, de la section de 25 qui le lui a appris : « C'est fini, le colonel a dit qu'on prenait le maquis !

— Que fais-tu ? a demandé Contal.

— Je reste avec le colonel.

— Alors vous allez vous laisser prendre ici ? »

Contal : « Fix a haussé les épaules, désespéré. Je lui ai serré la main, lui disant à peine au revoir pour ne pas lui laisser voir que je pleurais. »

Le lieutenant s'écarte de la route du Thillot et s'enfonce dans la forêt avec l'intention de se rendre à Gérardmer où subsisterait une poche de résistance. Sur son chemin, il rencontre des hommes du 79e RIF, sans gradés, sans ordres. Il en regroupe 26 parmi lesquels André Géhin, de Cornimont, qui connaît bien la forêt, et Domptail, l'ordonnance du capitaine Bonnet.

« Il ne faut pas se rendre. Jamais ! » leur dit Contal.

1. Lettre du 21 novembre 1983 adressée à l'auteur par M. Paul Gendre.

Les fugitifs acceptent de le suivre. Ils se nourrissent de conserves abandonnées par d'autres. Géhin les guide et les conduit à un petit hangar proche de Travexin où habite sa sœur. La nuit venue, il rend visite à celle-ci et les nouvelles qu'il rapporte au lieutenant assombrissent le moral de tous : les Allemands sont aussi à Gérardmer, ils sont partout. La nuit portant conseil, Contal décide de la passer dans le foin du hangar. Pendant quelques jours, ils vont se reposer, buvant l'eau du ruisseau et épuisant leur petit stock de conserves. Lorsque se pose le problème de la nourriture, Contal divise son détachement en groupes de deux ou trois qui tenteront de rentrer chez eux ou d'aller vers la zone libre. La sœur de Géhin ne possédant pas la TSF, ils ne savent pas que l'armistice est signé. Géhin a apporté une carte des Vosges arrachée au calendrier des PTT et la remet au lieutenant en lui annonçant son intention d'aller chez lui, à Cornimont. Contal l'approuve, le remercie d'avoir pensé à la carte du calendrier et repart dans les bois avec Domptail.

Le 26 juin, sous une pluie battante, ils s'abritent dans un refuge où des « tringlots » ont allumé du feu pour se réchauffer. Ce sont eux qui apprennent aux deux hommes que l'armistice est entré en vigueur.

Contal : « Je décide alors de regagner Nancy pour avoir des nouvelles de ma famille, et de laisser Domptail chez lui, à Roville-aux-Chênes, en passant. »

L'officier met son projet à exécution et, une fois rassuré sur le sort des siens, prend une décision frisant l'inconscience : il veut aller se faire démobiliser en zone libre afin d'être en règle et ne plus vivre en proscrit comme il le fait depuis le 20 juin. Le plus fort, c'est qu'il réussira ! Le 15 août, il franchit la ligne de démarcation en fraude près de Chalon-sur-Saône et le 13 septembre, il est démobilisé à Bourg-en-Bresse.

« Je suis rentré à Nancy le 23 septembre, écrit-il, ayant passé la ligne de la zone occupée dans le train grâce à une carte d'identité établie à Mâcon, et celle de la zone interdite à Choignes, près de Chaumont, celle-là plus difficilement. Démobilisé, j'ai pu reprendre mon poste d'instituteur [1]. »

Le capitaine Auger Carribou essaie comme beaucoup d'autres, de tirer son épingle d'un jeu qui ne souffre pas l'amateurisme. Il a quitté Saint-Étienne-les-Remiremont dans la matinée du 20 juin — sur ordre, dit-il — et, passant par Saint-Amé où les lieutenants-colonels Ferroni et d'Hausen avaient leur PC, le chef du « bataillon » du 79e RIF n'a vu personne et s'est arrêté le soir dans un bois près de Gérardmer. Il y fut rejoint par la CHR du lieutenant Auer et une section de mitrailleuses du 79e RIF échappée à l'on ne sait quelle compagnie. Le lendemain

1. Lettre du 15 février 1984 adressée à l'auteur par M. Contal.

vendredi 21 juin... Dans son rapport, Carribou est muet sur la journée du 21 juin. Une journée escamotée alors qu'à Gérardmer, nous le verrons, on se prépare à défendre la ville. Le 22, Carribou ne « marche pas au canon » vers Gérardmer mais prend la direction opposée, celle de Bruyères. Il n'atteindra pas la localité car il est surpris en cours de route par des motocyclistes allemands débouchant de la route de Corcieux. Panique ! Des hommes lèvent les bras, d'autres se jettent dans les bois et parviennent à prendre le large. Carribou est de ceux-là. Suivi du soldat Charlanne qui ne le quitte pas d'une semelle, il marche une partie de la journée et, se dirigeant vers Épinal, troque son uniforme contre des vêtements civils à un fermier compatissant.

Après Épinal, on ne sait pas très bien quel itinéraire ont suivi les deux hommes mais c'est en marchant en direction de Bar-le-Duc qu'ils apprennent le cessez-le-feu et l'entrée en vigueur de l'armistice. Charlanne se déclare dégagé de toute obligation militaire et il se démobilise sur-le-champ. « Je rentre chez moi, à Paris, mon capitaine ! »

Carribou n'y voit pas d'objection et accorde volontiers son autorisation à son compagnon. Pour lui, la route va être longue ; originaire de la Haute-Garonne, il va tenter de passer en zone libre. Toujours à pied, échappant aux contrôles de la *Feldgendarmerie,* aux patrouilles lancées à la recherche des prisonniers évadés, Carribou franchit la Marne à Saint-Dizier, l'Aube près de Brienne-le-Château, la Seine à Bar, l'Yonne au nord d'Auxerre, la Loire à Cosne, le Cher entre Vierzon et Bourges. La nourriture n'est pas aussi abondante que les kilomètres mais le capitaine serre son ceinturon d'un cran, de deux ou trois quand il le faut et, le 9 juillet, il s'arrête à Argenton-sur-Creuse, en zone libre.

Les trains circulent et le lendemain, redevenu le capitaine Carribou, du 79$^{e}$ RIF, il se présente à l'état-major de la 17$^{e}$ Région, à Toulouse, où il reçoit une affectation : l'arrondissement de Saint-Gaudens. Le 11 juillet, il prend le commandement du centre de passage de Saint-Martory, dans l'Ariège. C'est à ce poste relativement peu chargé en responsabilités, que le 14 juillet 1940, Carribou rédige son rapport de fin d'opérations. Ce document est intéressant car s'il comporte de sérieuses lacunes sur l'organisation de la défense de Remiremont, il est en revanche très riche en « observations faites en cours d'évasion ». Cet homme qui a soigneusement évité toutes les localités où cantonnait l'armée allemande, qui a recherché avec raison les itinéraires les moins fréquentés à travers champs et forêts, cet homme apporte à ses supérieurs des renseignements sur le vainqueur et son comportement en zone occupée. Où diable ce fugitif, ce traqué, a-t-il pu recueillir ces informations ? Il n'en dit rien et, dans son rapport, les silences sont plus nombreux que les révélations. Celles-ci vont-elles intéresser la hiérarchie militaire de zone libre ? Il est permis d'en douter à la lecture de ces quelques échantillons.

*Armée allemande,* note Carribou : *impression de force, de cohésion, de mobilité, d'ordre et de discipline formidable. Uniformité de tenue, uniformité d'organisation. Pas d'oisiveté (...) Les voitures hippomobiles sont pourvus* (sic) *de pneumatiques.*

Les liaisons dans la Wehrmacht laissent le capitaine admiratif : *Le soir même de leur arrivée en territoire occupé, alors que toutes nos communications postales, téléphoniques et télégraphiques étaient coupées, les gradés et soldats avaient le courrier et les journaux. Relations avec la population civile : partout où les municipalités étaient présentes, relations très bonnes, régime adouci. Dans l'ensemble, l'occupation s'est faite sous le signe de la pitié et sans brutalité, avec beaucoup de respect pour les nombreuses douleurs et tristesses rencontrées.*

Encore une fois, auprès de qui Carribou a-t-il puisé ses informations ? Quand il écrit que « *l'occupation s'est faite sous le signe de la pitié et sans brutalité* » on ne peut s'empêcher de revivre l'entrée de la *198^e^ ID* à Domptail et de penser aux 20 fusillés du 21/146^e^ RIF ; à l'arrivée de la *1^re^ Panzerdivision* à Arc-les-Gray et aux chars mitraillant femmes, enfants et militaires sans défense ; à Sainte-Suzanne et aux sept soldats du 61^e^ régiment régional abattus lâchement par les *Schützen* de la même *I^re^ Panzerdivision :* à Dounoux où le lieutenant de Bronac, un prêtre, a été fusillé avec neuf hommes du 55^e^ bataillon de mitrailleurs par l'avant-garde de la *6^e^ Panzer.* N'oublions pas les ordres transmis par le *General* Guderian, en particulier la prise d'otages au sein de la population, comme ce fut le cas à Héricourt. Malheureux Carribou qui a fait la guerre sans la voir, pourquoi a-t-il écrit cette phrase au lieu de se contenter des autres « informations » qui figurent dans son rapport et, comme celle-ci, prêtent plutôt à sourire :

*Le soldat de la Wehrmacht est moins bien nourri que le nôtre mais il s'en montre satisfait. Le chocolat semble être la base de l'alimentation.*

Les blessés du médecin-commandant Favarel, du 51^e^ RMIC, capturés le 20 juin à Moriville, ont surtout apprécié les restes de choux au lard de la « roulante » allemande. Ils n'ont pas imaginé ce jour-là que le chocolat pouvait constituer la nourriture de base de leurs adversaires.

# Table des cartes

Front de la cavalerie le 18 juin . . . . . . . . . . 46
Front de la Moselle le 19 juin . . . . . . . . . . 82
Front du 6e CA le 19 juin au matin . . . . . . . . . . 107
Front du 6e CA le 20 à midi . . . . . . . . . . 164
Front du 6e CA le 20 juin au soir . . . . . . . . . . 182
Division de Girval le 19 juin à midi . . . . . . . . . . 206
Aile gauche de la division de Girval le 19 juin . . . . . . . . . . 214
Front de la division Dagnan le 19 juin au matin . . . . . . . . . . 217
Front de la division Dagnan le 19 juin vers 14 heures . . . . . . . . . . 233
La 52e DI et la division Dagnan le 20 juin à l'aube . . . . . . . . . . 264
La division de Girval le 20 juin après-midi . . . . . . . . . . 283
Repli de la division Senselme le 20 juin au matin . . . . . . . . . . 310
Front de la Saône le 15 juin à 16 heures . . . . . . . . . . 335
Groupement Duluc le 17 juin au matin et défense de Vesoul . . . . 372
L'aile droite du groupement Gudérian les 17 et 18 juin . . . . . . . . 435
La *1re Panzer* attaque Belfort . . . . . . . . . . 464
Belfort le 18 juin . . . . . . . . . . 515
Front de la Haute-Moselle le 19 juin à midi . . . . . . . . . . 542
Réorganisation (théorique) du 44e corps le 19 juin . . . . . . . . . . 550
Les *1re* et *2e Panzerdivisionen* du 19 au 21 juin . . . . . . . . . . 633

# Table des matières

Abréviations françaises et allemandes ................ 11

PREMIÈRE PARTIE

## La cavalerie française sacrifiée

1. Koll à *6e Panzer :* « J'attaque Xertigny ! » ............... 17
2. « Sommes entrés dans Épinal ! » ........................ 36
3. « On se fait tuer sur place ou l'on essaie d'en sortir ? » ..... 54
4. « La tenue des cavaliers est admirable ! » ................ 73

DEUXIÈME PARTIE

## La fin du 6e corps d'armée

5. « Un casque apparaît, qui n'est pas de chez nous. »......... 101
6. « L'heure H est fixée à midi. »........................... 115
7. « J'ai reçu l'ordre de cesser le feu... » .................. 130
8. « Pour abandon de poste devant l'ennemi et reddition volontaire. » ........................................ 144
9. « J'ai tiré dans le tas ! » .................................. 161
10. « Allez dire à votre général que je souhaite lui parler. »..... 175

TROISIÈME PARTIE

## La III^e armée coupée en deux


11. « Sans ordre écrit, je ne bouge pas d'ici. » ............... 193
12. « Nous tenons toujours ! » ............................ 208
13. « Celui qui sera tué a un pressentiment... » .............. 228
14. L'hypothèse « Donon » ............................ 242
15. « J'ai eu la jambe fauchée par l'obus... »................ 262
16. « Des grappes humaines coiffent les chenillettes. » ........ 275
17. « A cheval, on est un homme mort ou un homme libre ! » .. 289
18. « Les adieux furent amicaux et empreints de tristesse. ».... 305


QUATRIÈME PARTIE

## Le groupement de la Saône


19. « Pont de Quitteur non détruit ! » ..................... 331
20. « Réoccupez Vesoul ! ».............................. 360
21. « Vesoul, pivot d'une puissante contre-attaque... »........ 376
22. « Les Polonais nous lâchent. »......................... 397
23. « Commence alors un violent tir de destruction. »......... 415


CINQUIÈME PARTIE

## De Belfort aux cols vosgiens


24. Ordres, contrordres, désordre ........................ 443
25. « Les blindés ennemis viennent d'entrer à Belfort. »....... 462
26. Les ponts de la Savoureuse............................ 486
27. « Pour éviter un massacre de la population... » ........... 507

SIXIÈME PARTIE

## L'effondrement du front sud

28. « Nous sommes dans un filet gigantesque... » ............ 531
29. « Je suis sorti de ma tourelle en deux secondes... » ........ 555
30. « En quelques minutes, Le Thillot était sinistrée... » ...... 572
31. « On ne voit que des tourelles ! » ........................ 592
32. « Que peuvent nos soldats contre cette avalanche ? »....... 607
33. « Les chars sont attaqués à la grenade, à la bouteille d'essence... » .................................... 621

TABLE DES CARTES ..................................... 647

*Achevé d'imprimer en octobre 1984*
*sur presse CAMERON,*
*dans les ateliers de la S.E.P.C.*
*à Saint-Amand-Montrond (Cher)*
*pour le compte de la librairie Arthème Fayard*
*75, rue des Saints-Pères-75006 Paris*

ISBN 2-213-01188-5

Dépôt légal : octobre 1984
N° d'Édition : 6983. N° d'Impression : 2210-1586.

*Imprimé en France*

35-6965-4